"十四五"职业教育国家规划教材

icve 智慧职教 高等职业教育在线开放课程配套教材

高等职业教育校企"双元"合作开发教材

# ERP财务业务一体化实训教程

## （第三版）（用友U8V10.1版）

新准则 新税率


主　编　牛永芹　杨　琴　喻　竹

副主编　宋士显　金　阳　王　竞


ERP CAIWU YEWU YITIHUA SHIXUN JIAOCHENG

新形态教材

本书另配：账　套
录　屏
课　件
教　案
课程标准


中国教育出版传媒集团

高等教育出版社·北京

## 内容提要

本书是“十四五”职业教育国家规划教材，是高等职业教育校企“双元”合作开发教材。

本书以一个工业企业的经济业务为原型，重点介绍了信息环境下财务与供应链业务的处理方法和处理流程。全书精心设计了四十余个实训并提供了实训账套，每个实训既环环相扣，又可独立操作，适应了不同层次教学需求。

本书共分十二个项目，项目一至项目三介绍了用友 ERP U8V10.1 管理软件的使用基础——账套创建与管理、基础信息设置、业务子系统初始设置；项目四至项目九介绍了总账管理系统日常业务处理、采购与应付款管理系统业务处理、销售与应收款管理系统业务处理、库存管理系统业务处理、固定资产管理系统业务处理和薪资管理系统业务处理六个模块的业务；项目十至项目十二介绍了期末业务处理、报表管理系统业务处理、系统结账与对账。

为利教便学，本书以二维码形式提供录屏资源，可扫描获取。此外，本书另配账套、课件、教案等教学资源，供教师教学使用。

本书可作为高等职业院校财经商贸大类相关课程教材，也可作为社会从业人员自学用书。

## 图书在版编目(CIP)数据

ERP 财务业务一体化实训教程 / 牛永芹，杨琴，喻竹主编.—3 版.—北京：高等教育出版社，2021.7(2024.1 重印)

ISBN 978-7-04-056446-4

Ⅰ. ①E… Ⅱ. ①牛… ②杨… ③喻… Ⅲ. ①财务软件—高等职业教育—教材 Ⅳ. ①F232

中国版本图书馆 CIP 数据核字(2021)第 143533 号

策划编辑 毕颖娟 责任编辑 蒋 芬 封面设计 张文豪 责任印制 高忠富

| | | | |
|---|---|---|---|
| 出版发行 | 高等教育出版社 | 网 址 | http://www.hep.edu.cn |
| 社 址 | 北京市西城区德外大街 4 号 | | http://www.hep.com.cn |
| 邮政编码 | 100120 | 网上订购 | http://www.hepmall.com.cn |
| 印 刷 | 江苏德埔印务有限公司 | | http://www.hepmall.com |
| 开 本 | 787mm×1092mm 1/16 | | http://www.hepmall.cn |
| 印 张 | 24.75 | 版 次 | 2016 年 4 月第 1 版 |
| 字 数 | 598 千字 | | 2021 年 7 月第 3 版 |
| 购书热线 | 010-58581118 | 印 次 | 2024 年 1 月第 8 次印刷 |
| 咨询电话 | 400-810-0598 | 定 价 | 49.80 元 |



**物 料 号 56446-A0**

# 第三版前言

本书是“十四五”职业教育国家规划教材，是高等职业教育校企“双元”合作开发教材。

《ERP财务业务一体化实训教程》(用友U8V10.1版)自2016年4月出版以来，承蒙读者厚爱，取得了较好的效果。应广大读者的要求，同时为体现最新财税政策的变化，我们对第二版教材的内容进行了全面更新。本书通过有机融入文化自信、诚实守信、协同创新、工匠精神等课程思政内容，全面贯彻党的教育方针，落实立德树人根本任务，培养德智体美劳全面发展的中国式现代化的建设者和接班人。

本次修订主要在以下方面进行了改进：

1. 依据企业会计准则及新修订的有关财经法规更新了内容。

2. 为适应移动互联时代需求，书中案例提供操作录屏，以二维码的形式呈现在书中，在智慧职教平台上线了“ERP财务业务一体化应用”课程。

本书具有以下特点：

1. 实用性强。本书以某工业企业一个月的业务为主要素材进行编写，业务类型丰富且业务描述以原始单据形式呈现，能够更好地培养学生的会计职业操作能力。

2. 教学资源丰富。校企合作共同开发教材资源，包括教学课件、电子教案、操作录屏、账套等。丰富的资源为教师和学生提供了全面教学支持。教师如需资源，按本书末页“教学资源服务指南”与高等教育出版社联系索取。会计信息化教学研讨QQ群458574367或会计教师论坛QQ群370279388，也可为教师提供服务。

3. 教学与竞赛相结合。在本书编写过程中，编者深入企业、财务咨询公司等单位进行调研，收集了大量素材和业务资料，进而使本书内容能与实践接轨。部分业务的编写以赛题链接形式展现历年会计技能大赛真题，体现以赛促教、教学与竞赛融合，满足不同层次需求。

本书由安徽商贸职业技术学院牛永芹、杨琴和遵义职业技术学院喻竹担任主编，河南工业职业技术学院金阳、浙江旅游职业学院宋士显、衡水职业技术学院王竞担任副主编。全书共分12个项目，具体编写分工如下：项目一、项目二、项目三、项目四由牛永芹编写，项目五由喻竹编写，项目六、项目七由金阳编写，项目八、项目九由杨琴编写，项目十由宋士显编写，项目十一、项目十二由王竞编写。本书也是安徽省高校优秀青年人才支持计划项目(项目编号：gxyq2021088)的成果之一。

由于编者水平有限，对实际工作研究存在一定的局限性，书中难免存在疏漏和不当之处，在此，我们期待使用本书的教师和同学不吝指正，以便今后不断完善。

编　者

# 目 录

# 资源导航

# 项目一　账套创建与管理

## 实训一　企业背景资料

### 一、企业基本情况

安徽环宇仓储设备有限公司（简称环宇仓储），是专门从事货架、仓储笼等仓储设备生产、销售的工业企业，公司法人代表为李金泽。

公司开户银行及账号：中国工商银行芜湖市经开区支行，1307100026160024388。

公司纳税登记号：913402076897786088。

公司地址及电话：芜湖市经济技术开发区港湾路188号，0553－4471388。

公司生产组织与工艺流程：公司生产部门下设两个生产车间，一车间单步骤大量生产货架，二车间单步骤大量生产仓储笼。

某企业生产车间实景图

### 二、操作员及权限

软件应用操作员及操作权限分工，如表1－1所示。

某企业生产车间实景视频

表1－1　软件应用操作员及操作权限分工表

| 编码 | 姓　名 | 隶属部门 | 职　务 | 操　作　分　工 |
|---|---|---|---|---|
| A01 | 李金泽 | 总经办 | 总经理 | 账套主管 |
| W01 | 宋　清 | 财务部 | 财务经理 | 总账的审核凭证、查询凭证、对账、结账；UFO报表 |
| W02 | 黄小明 | 财务部 | 会　计 | 总账（填制凭证、查询凭证、账表、期末、记账）；应收款和应付款管理（不含收付款单填制、选择收款和选择付款权限）；固定资产；薪资管理；存货核算的所有权限 |
| W03 | 李　卉 | 财务部 | 出　纳 | 应收应付的收付款单填制、选择收款和选择付款权限、票据管理；总账的出纳签字、出纳 |
| X01 | 张　立 | 销售部 | 销售员 | 销售管理的所有权限 |
| G01 | 叶　敏 | 采购部 | 采购员 | 采购管理的所有权限 |
| C01 | 李　红 | 仓储部 | 库管员 | 公共单据；库存管理的所有权限 |

注：操作员无密码。

## 1 三、操作要求

（1）科目设置要求："应付账款"科目下设"暂估应付账款"和"一般应付账款"两个二级科目，其中"一般应付账款"设置为受控于应付款系统，"暂估应付账款"科目设置为不受控于应付款系统。

（2）辅助核算要求：

日记账：库存现金、银行存款。

银行账：银行存款。

客户往来：应收票据/银行承兑汇票、应收票据/商业承兑汇票、应收账款、预收账款。

供应商往来：应付票据/银行承兑汇票、应付票据/商业承兑汇票、应付账款/一般应付账款、应付账款/暂估应付账款、预付账款。

个人往来：其他应收款/个人。

部门、项目核算：生产成本子科目。

（3）会计凭证的基本规定：录入或生成"记账凭证"均由指定的会计人员操作，含有"库存现金"和"银行存款"科目的记账凭证均需出纳签字。采用复式记账凭证，采用单一凭证格式。对已记账凭证的修改，只采用红字冲销法。为保证财务与业务数据的一致性，能在业务系统生成的记账凭证不得在总账系统直接录入。根据原始单据生成记账凭证时，除特殊规定外不采用合并制单。出库单与入库单原始凭证以软件系统生成的为准；**除指定业务外，在业务发生当日，收到发票并支付款项的业务使用现付功能处理，开出发票并收到款项的业务使用现结功能处理**。

（4）结算方式：公司采用的结算方式包括现金、支票、托收承付、委托收款、银行汇票、商业汇票、电汇等。收、付款业务由财务部门根据有关凭证进行处理，在系统中没有对应结算方式时，其结算方式为"其他"。

（5）薪酬业务的处理：由公司承担并缴纳的养老保险、医疗保险、失业保险、工伤保险、住房公积金分别按16%、8.8%、1%、0.8%、12%的比例计算；职工个人承担的养老保险、医疗保险、失业保险、住房公积金分别按8%、2%、0.2%、10%的比例计算。按工资总额的2%计提工会经费，按工资总额的8%计提职工教育经费，职工福利费按实际发生数列支，不按比例计提。按照国家有关规定，公司代扣代缴个人所得税，其费用扣除标准为每月5 000元。工资分摊时勾选"合并科目相同、辅助项相同的分录"选项制单。

（6）固定资产业务的处理：公司固定资产包括房屋及建筑物、运输工具、办公设备，均为在用状态；采用平均年限法（一）按月计提折旧；同期增加多个固定资产时，采用合并制单。

（7）存货业务的处理：公司存货主要包括原材料、周转材料、产成品、资产和应税劳务五大类，按存货分类进行存放及项目核算。各类存货按照实际成本核算，采用永续盘存制；发出材料采用"先进先出法"，发出产成品采用"全月平均法"，按仓库进行核算，采购入库存货对方科目全部使用"在途物资"科目。**采购、销售必有订单，订单号为合同号，到货必有到货单，发货必有发货单，存货按业务发生日期逐笔记账并制单，暂估业务除外**。［存货核算制单时不允许勾选"已结算采购入库单自动选择全部结算单上单据（包括入库单、发票、付款单），非本月采购入库单按蓝字报销单制单"选项］

（8）税费的处理：公司为增值税一般纳税人，增值税税率为13%，按月缴纳，按当期应交增值税的7%计算城市维护建设税、3%计算教育费附加和2%计算地方教育附加；企业所得税采用资产负债表债务法，除应收账款外，假设资产、负债的账面价值与其计税基础一致，未产生暂时性差异，企业所得税的计税依据为应纳税所得额，税率为25%，按月预计，按季预缴，全年汇算清缴。

(9) 财产清查的处理：公司每年年末对存货及固定资产进行清查，根据盘点结果编制“盘点表”，并与账面数据进行比较，由库存管理员审核后进行处理。

(10) 坏账损失的处理：除应收账款外，其他的应收款项不计提坏账准备。每年年末，按应收账款余额百分比法计提坏账准备，提取比例为0.5%。

(11) 成本的计算：公司产品生产耗用的原材料和包装物可以直接计入各种产品的成本；直接人工和制造费用采用生产工时分配法在各种产品之间分配(分车间)；由于产品生产周期短，月末在产品比较少，采用不计算在产品成本法处理月末在产品。

(12) 损益类账户的结转：每月末将各损益类账户余额转入“本年利润”账户，结转时按收入和支出分别生成记账凭证。

# 实训二　增加用户

## 【业务描述】

2020年1月1日，环宇仓储账套用户信息如表1-2所示，请以【Admin系统管理员】身份登录系统管理，增加用户信息。

增加用户

表1-2　用户信息表

| 用户编号 | 用户姓名 | 隶属部门 | 所属角色 |
|---|---|---|---|
| A01 | 李金泽 | 总经办 | 账套主管 |
| W01 | 宋　清 | 财务部 | |
| W02 | 黄小明 | 财务部 | |
| W03 | 李　卉 | 财务部 | |
| X01 | 张　立 | 销售部 | |
| G01 | 叶　敏 | 采购部 | |
| C01 | 李　红 | 仓储部 | |

## 【岗位说明】

【Admin系统管理员】增加用户。

## 【操作指导】

1. 登录系统管理

(1) 执行【开始】|【所有程序】|【用友U8V10.1】|【系统服务】|【系统管理】命令，打开【系统管理】对话框。

(2) 执行【系统】|【注册】命令，打开【登录】对话框。

(3) 在【登录】对话框中输入服务器，此处为默认；输入用户名称【admin】；密码为空；选择

1 系统默认账套【default】,单击【登录】按钮,以系统管理员身份进入系统管理,如图 1-1 所示。

图 1-1 【登录】对话框

**温馨提示**

系统管理员的初始密码为空。为保证系统运行的安全性,在企业实际应用中应及时为系统管理员设置密码。

设置系统管理员密码的操作步骤是:在系统管理员登录对话框中勾选【修改密码】复选框,单击【登录】按钮,打开【设置用户密码】对话框,在【新密码】和【确认新密码】文本框中均输入新密码,最后单击【确定】按钮,返回系统管理。

在教学过程中,由于多人共用一套系统,为避免由于他人不知道系统管理员密码而无法以其身份登录系统管理的情况出现,请不要给系统管理员设置密码。

2. 增加用户

(1) 以系统管理员身份登录系统管理,执行【权限】|【用户】命令,打开【用户管理】窗口,如图 1-2 所示。

图 1-2 【用户管理】窗口

（2）单击【增加】按钮，打开【操作员详细情况】窗口，录入编号【A01】、姓名【李金泽】、所属部门【总经办】，在所属角色列表中勾选【账套主管】前的复选框，如图 1－3 所示。

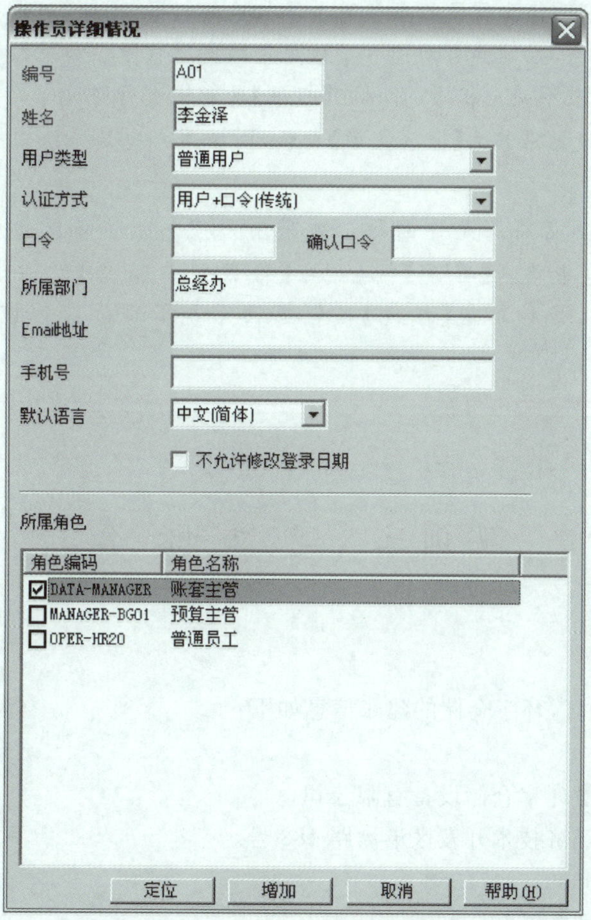


图 1－3 【操作员详细情况】窗口

（3）单击【增加】按钮，根据表 1－2 中的资料，依次设置其他用户，操作结果如图 1－4 所示。

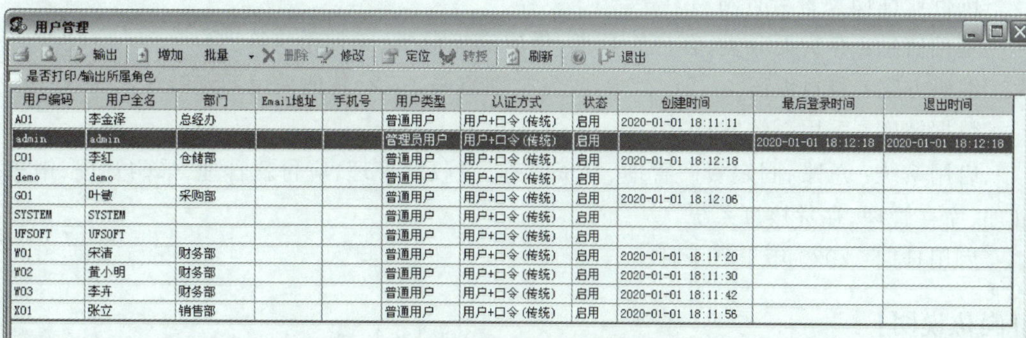


图 1－4 【用户管理】窗口操作结果

**温馨提示**

在增加用户时可以直接指定用户所属角色。如李金泽的角色为【账套主管】。由于系统中已经为预设的角色赋予了相应的权限，因此，如果在增加用户时就指定了相应的角色，则其就自动拥有了该角色的所有权限。如果该用户所拥有的权限与该角色的权限不完全相同，可以在【权限】功能中进行修改。

如果已设置用户为【账套主管】角色，则该用户也是系统内所有账套的账套主管。

用户启用后将不允许删除。如果用户使用过系统又被调离单位，应在【用户管理】窗口中单击【修改】按钮，在【修改用户信息】对话框中单击【注销当前用户】按钮，最后单击【修改】按钮返回系统管理。此后该用户无权再进入系统。

# 实训三 建立账套

建立账套

**【业务描述】**

2020年1月1日，环宇仓储的建账信息如下：

账套号：616。

账套名称：安徽环宇仓储设备有限公司。

地址：芜湖市经济技术开发区港湾路188号。

电话及传真：0553-4471388。

税号：913402076897786088。

法人代表：李金泽。

启用日期：2020年1月1日。

企业类型：工业企业。

行业性质：2007年新会计制度科目。

按行业性质预置会计科目。

基础信息：存货无分类、客户无分类、供应商无分类、无外币核算。

编码方案：科目编码4-2-2-2，收发类别编码1-2，其他采用系统默认。

数据精度：采用系统默认。

启用系统：总账、固定资产管理、薪资管理、应收款管理、应付款管理、采购管理、销售管理、库存管理、存货核算系统。

启用日期：2020年1月1日。

**【岗位说明】**

【Admin 系统管理员】建立账套。

**【操作指导】**

（1）以系统管理员身份注册进入系统管理，执行【账套】|【建立】命令，打开【创建账套】对话框，选择【新建空白账套】，单击【下一步】按钮，如图 1－5 所示。

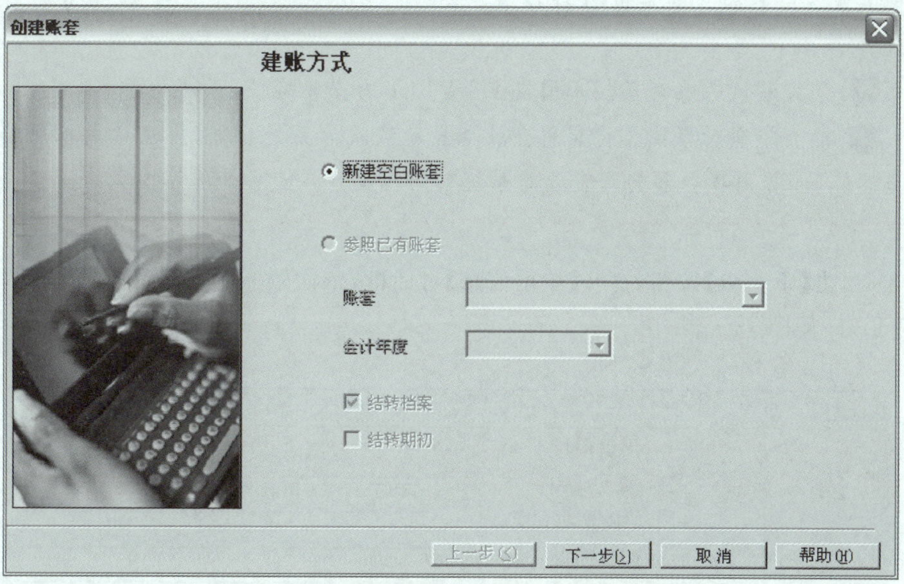


图 1－5　【创建账套——建账方式】对话框

（2）在【账套信息】对话框中，输入账套号【616】，账套名称【安徽环宇仓储设备有限公司】，启用会计期【2020 年 1 月】，如图 1－6 所示。

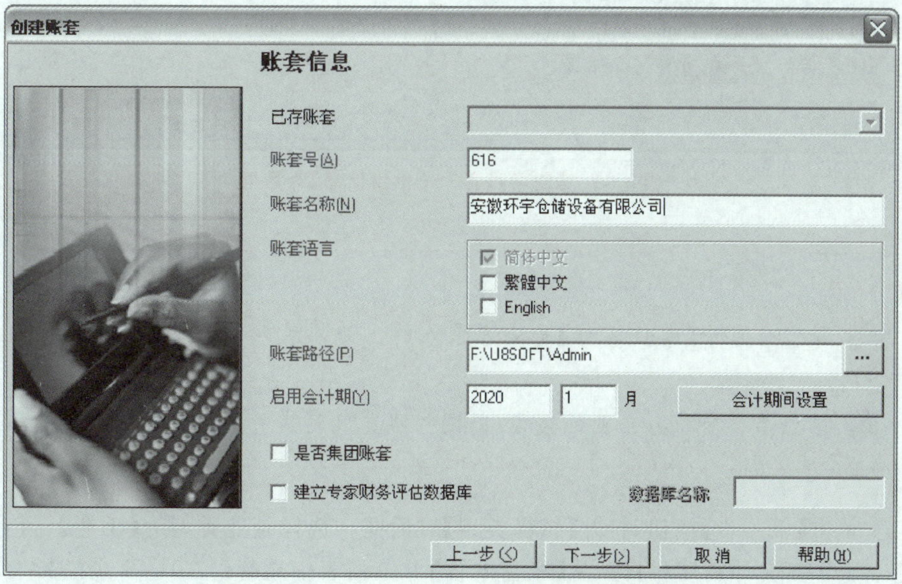


图 1－6　【创建账套——账套信息】对话框

**温馨提示**

账套号是账套的唯一标识，可以自行设置3位数字，但不允许与已存账套的账套号重复，账套号设置后将不允许修改。

账套名称是账套的另一种标识方法，它将与账套号一起显示在系统运行的屏幕上，账套名称可以自行设置，并可以由账套主管在修改账套功能中进行修改。

系统默认的账套路径是用友U8 V10.1的安装路径，可以进行修改。

建立账套时系统会将启用会计期自动默认为系统日期，应注意根据所给资料进行修改，否则将会影响到企业的系统初始化及日常业务处理等内容的操作。

(3) 单击【下一步】按钮，打开【单位信息】对话框，依次输入单位名称、单位简称、单位地址等信息，如图1-7所示。

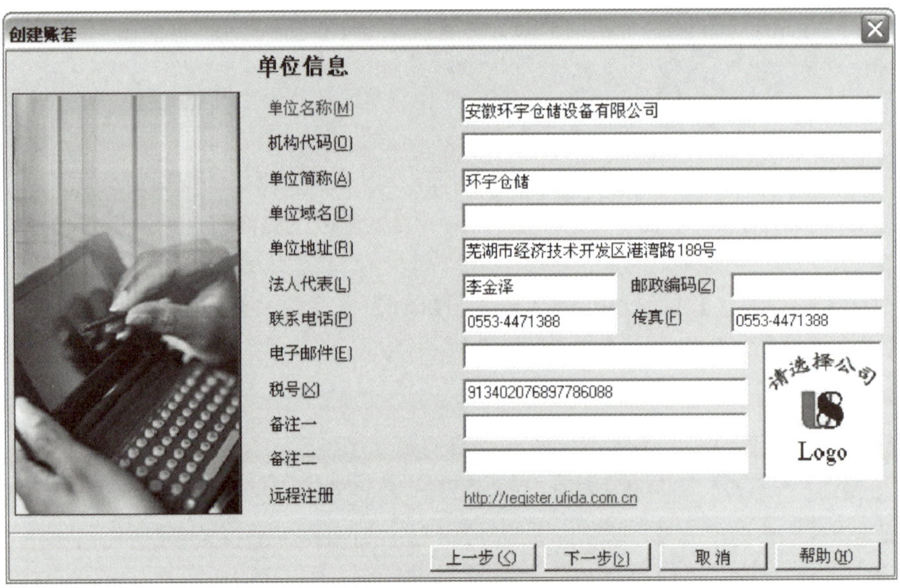


图1-7 【创建账套——单位信息】对话框

**温馨提示**

单位信息中【单位名称】是必须录入的。必须录入的信息以蓝色字体标识（以下同）。

单位名称应录入企业的全称，以便打印发票时使用。

(4) 单击【下一步】按钮，打开【核算类型】对话框。选择企业类型为【工业】，行业性质选择【2007年新会计制度科目】，从【账套主管】下拉列表中选择【[A01]李金泽】，勾选【按行业性质预置会计科目】复选框，如图1-8所示。

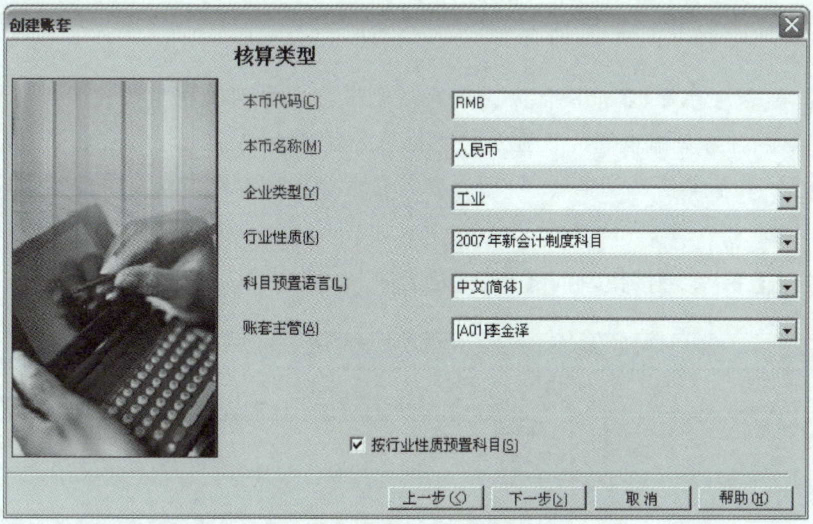


图 1-8　【创建账套——核算类型】对话框

**温馨提示**

行业性质将决定系统预置科目的内容，必须选择正确。

如果事先增加了用户，则可以在建账时选择该用户为该账套的账套主管。如果建账前未设置用户，建账过程中可以先选一个用户作为该账套的主管，待账套建立完成后再到【权限】功能中进行账套主管的设置。

如果选择了按行业性质预置科目，则系统根据您所选择的行业类型自动添加国家规定的一级科目。

(5) 单击【下一步】按钮，打开【基础信息】对话框，取消勾选【存货是否分类】【客户是否分类】【供应商是否分类】以及【有无外币核算】复选框，如图 1-9 所示。

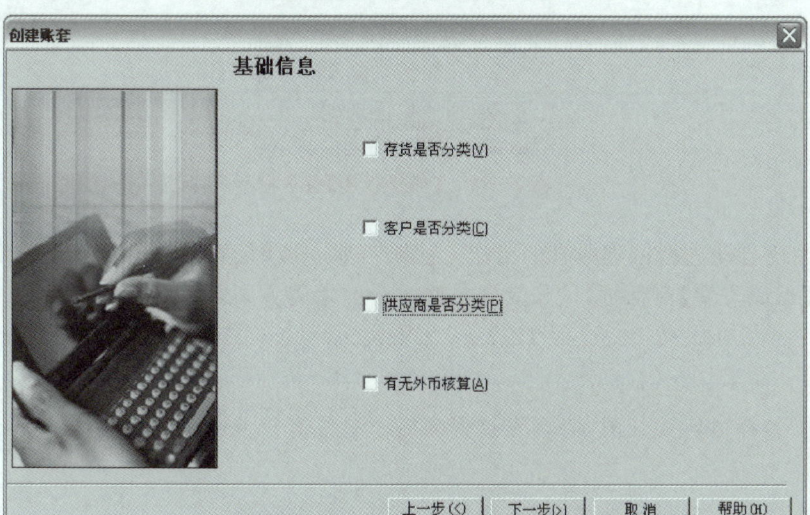


图 1-9　【创建账套——基础信息】对话框

**温馨提示**

- 是否对存货、客户及供应商进行分类将会影响到其档案的设置。有无外币核算将会影响到基础信息的设置及日常能否处理外币业务。
- 如果基本信息设置错误，可以由账套主管在修改账套功能中进行修改。

（6）单击【下一步】按钮，打开【开始】对话框，如图 1-10 所示。

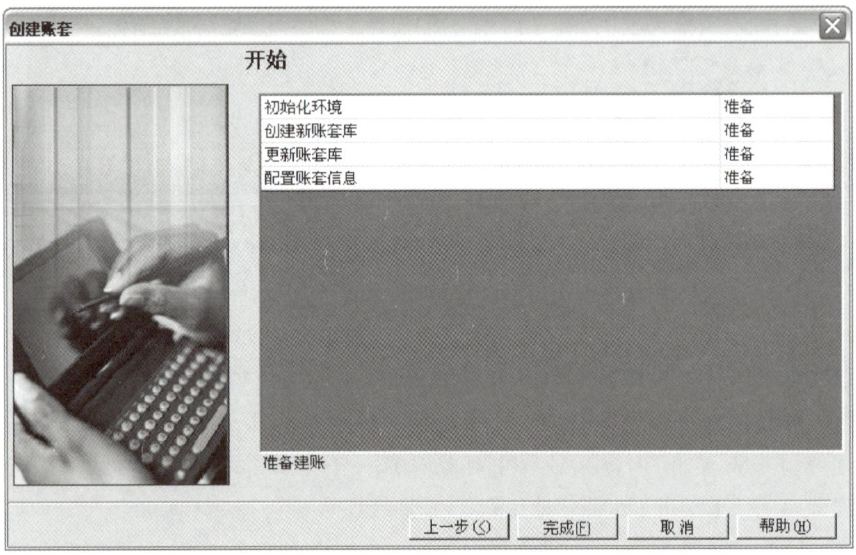


图 1-10 【创建账套——开始】对话框

（7）单击【完成】按钮，系统提示【可以创建账套了么?】。单击【是】按钮，如图1-11所示。

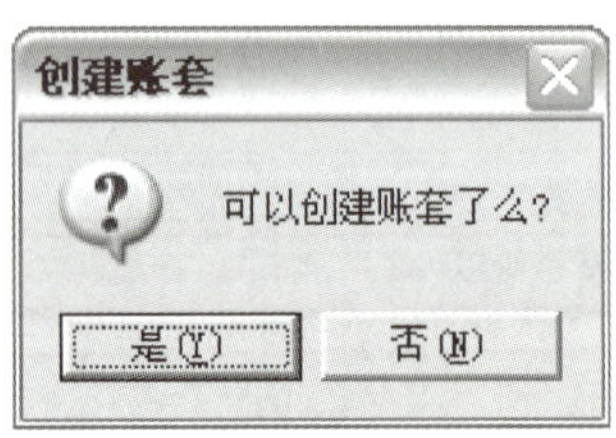


图 1-11 【创建账套】提示框

（8）系统自动进行创建账套的工作。建账需要一段时间，请耐心等候。建账完成后，自动打开【编码方案】对话框，按账套资料修改分类编码方案，如图 1-12 所示。

**温馨提示**

- 编码方案的设置，将会直接影响到基础信息设置中相应内容的编码级次及每级编码的位长。
- 删除编码级次时，必须从最后一级依次向前删除。

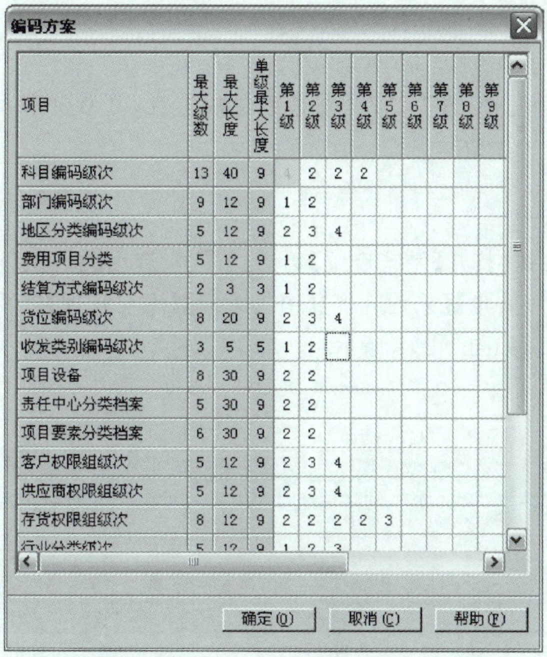


图 1-12 【编码方案】对话框

(9) 单击【确定】按钮，再单击【取消】按钮，进入【数据精度】对话框，如图 1-13 所示。

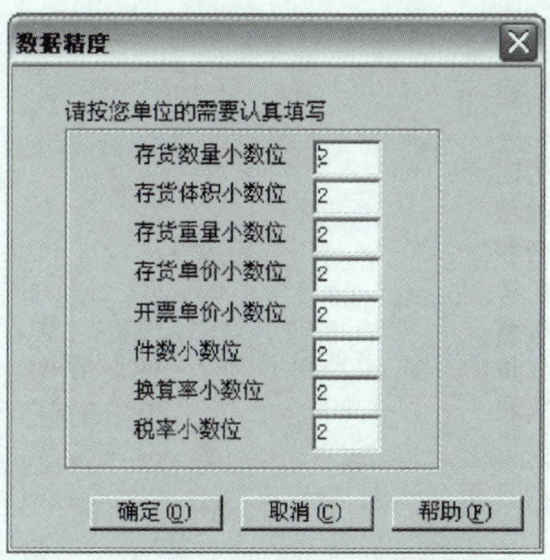


图 1-13 【数据精度】对话框

(10) 默认系统预置的数据精度的设置，单击【取消】按钮，系统提示【[616]建账成功】，如图 1-14 所示。

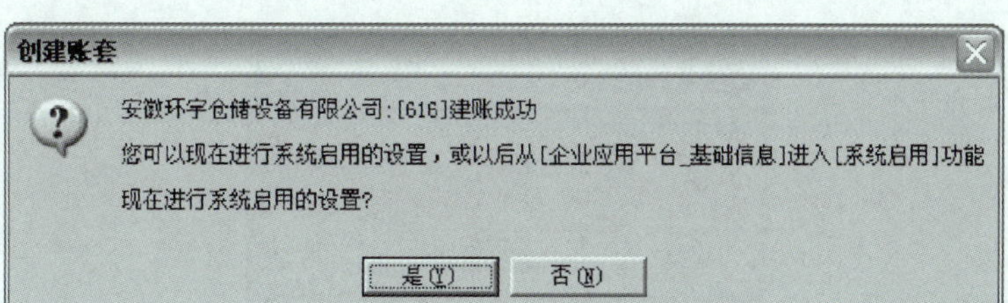


图 1-14 【建账成功】提示框

**温馨提示**

如果选择单击【否】按钮，则先结束建账过程，之后可再在企业应用平台中的基础信息中进行系统启用。

(11) 单击【是】按钮，打开【系统启用】对话框，依次启用【总账】【应收款管理】【应付款管理】【固定资产】【薪资管理】【采购管理】【销售管理】【库存管理】以及【存货核算】，启用日期为 2020 年 1 月 1 日，如图 1-15 所示。

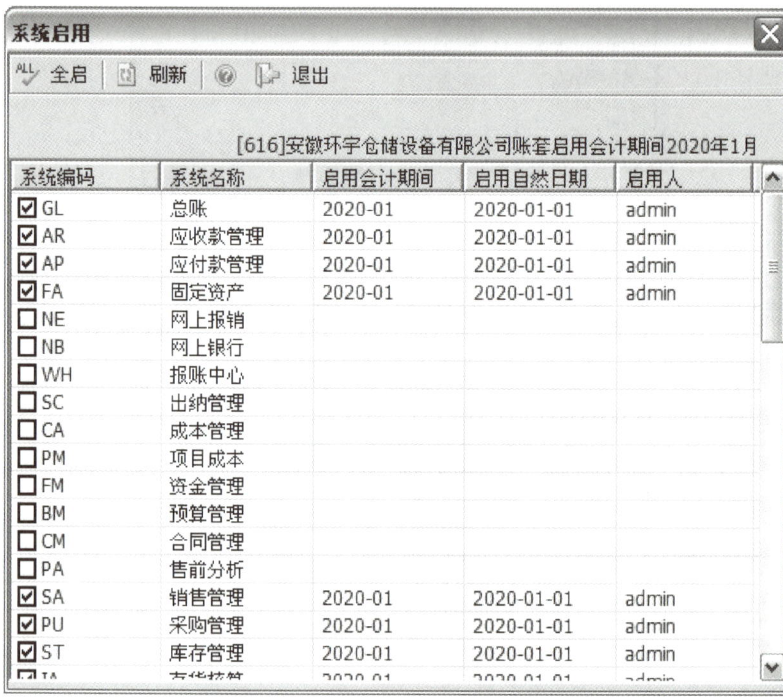


图 1-15 【系统启用】对话框

(12) 结束建账过程，系统提示【请进入企业应用平台进行业务操作!】，如图1-16所示，单击【确定】按钮返回。

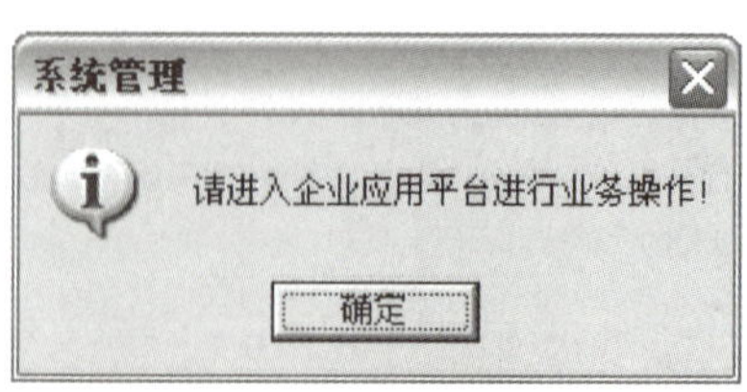


图 1-16 【系统管理】提示框

# 实训四 设置用户权限

设置用户权限

## 【业务描述】

2020 年 1 月 1 日，环宇仓储的用户权限分工如表 1－1 所示，请以【Admin 系统管理员】身份登录【系统管理】为七位用户授权，以账套主管身份登录企业应用平台取消【仓库】【科目】【工资权限】以及【用户】的记录级数据权限控制。

## 【岗位说明】

【Admin 系统管理员】设置用户权限，【A01 李金泽】取消相关记录级数据权限控制。

## 【操作指导】

1. 查看李金泽是否是 616 账套的账套主管

（1）【Admin 系统管理员】在系统管理中，执行【权限】|【权限】命令，打开【操作员权限】窗口。

（2）在右边的下拉列表中，选中【[616]安徽环宇仓储设备有限公司】账套。

（3）在左侧的用户列表中，选中【A01 李金泽】，右侧显示该用户拥有本账套的所有权限，如图 1－17 所示。

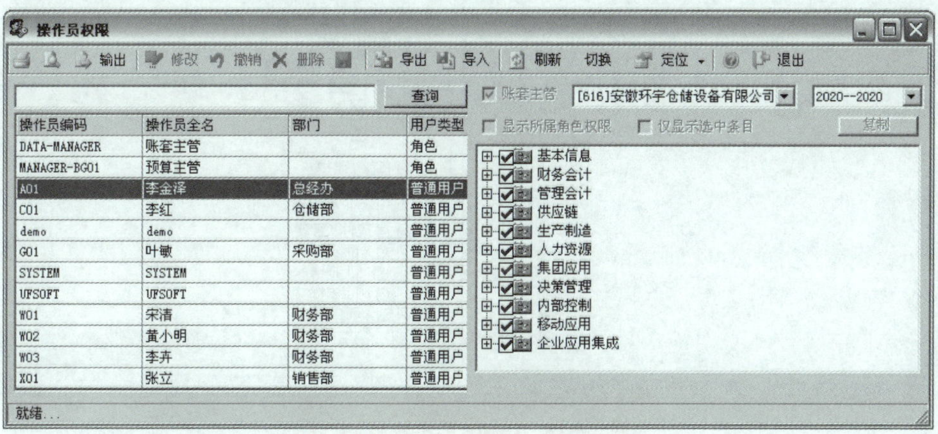


图 1－17 【A01 操作员权限】窗口

**温馨提示**

- 只有系统管理员(admin)才有权限设置或取消账套主管。而账套主管只有权对所辖账套进行用户的权限设置。
- 设置权限时应注意分别选中【账套】及相应的【用户】。
- 账套主管拥有该账套的所有权限，因此无须为账套主管另外赋权。
- 一个账套可以有多个账套主管。

1

2. 设置其他用户权限

（1）在【用户权限】窗口中，选中【W01 宋清】。

（2）单击【修改】按钮。

（3）在右侧窗口中，单击展开【财务会计】|【总账】，勾选【总账】的【审核凭证】【查询凭证】【对账】以及【结账】，勾选【UFO 报表】，如图 1－18 所示。

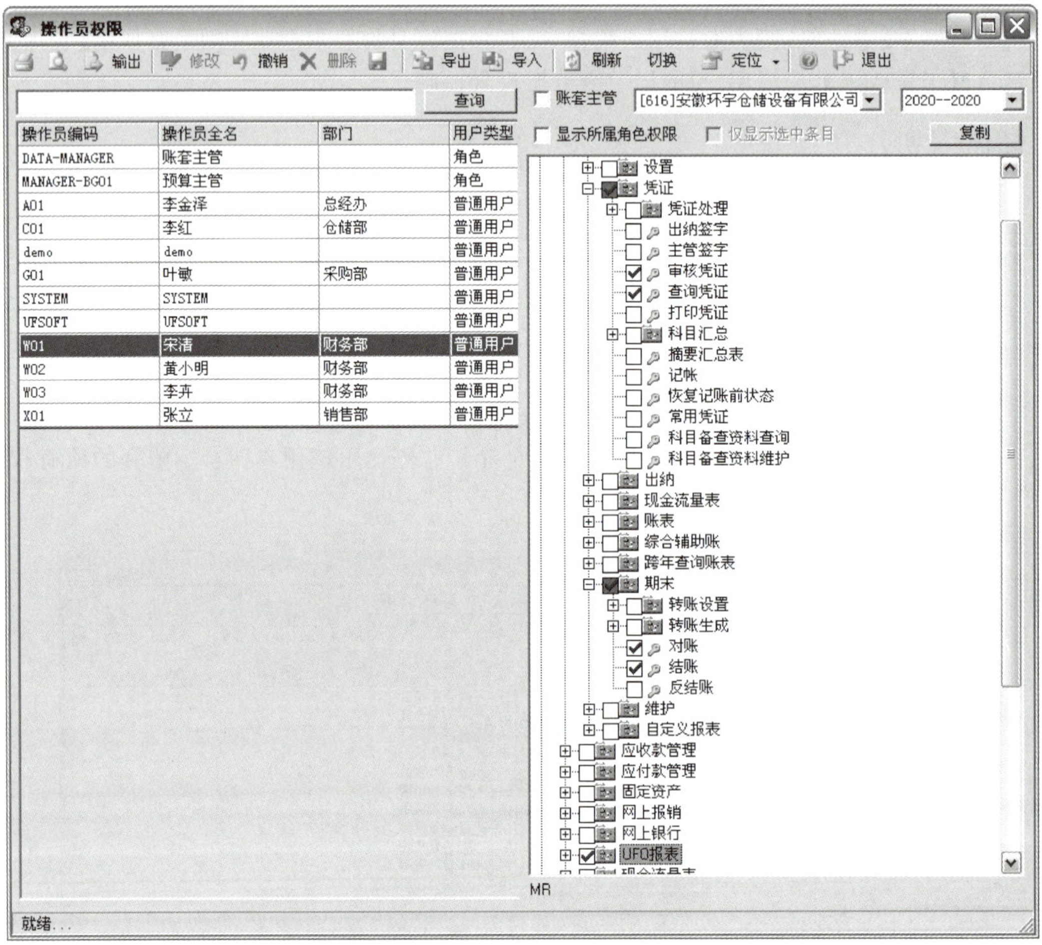


图 1－18 【W01 用户权限】窗口

（4）单击【保存】按钮返回。

（5）以此方法依次设置【W02 黄小明】【W03 李卉】【X01 张立】【G01 叶敏】以及【C01 李红】的权限，操作结果分别如图 1－19～图 1－23 所示。

4. 取消所有记录级数据权限控制

（1）账套主管【A01 李金泽】登录企业应用平台，执行【系统服务】|【权限】|【数据权限控制设置】命令，打开【数据权限控制设置】对话框。

（2）取消勾选【仓库】【科目】【工资权限】以及【用户】前的【是否控制】复选框，单击【确定】按钮，如图 1－24 所示。

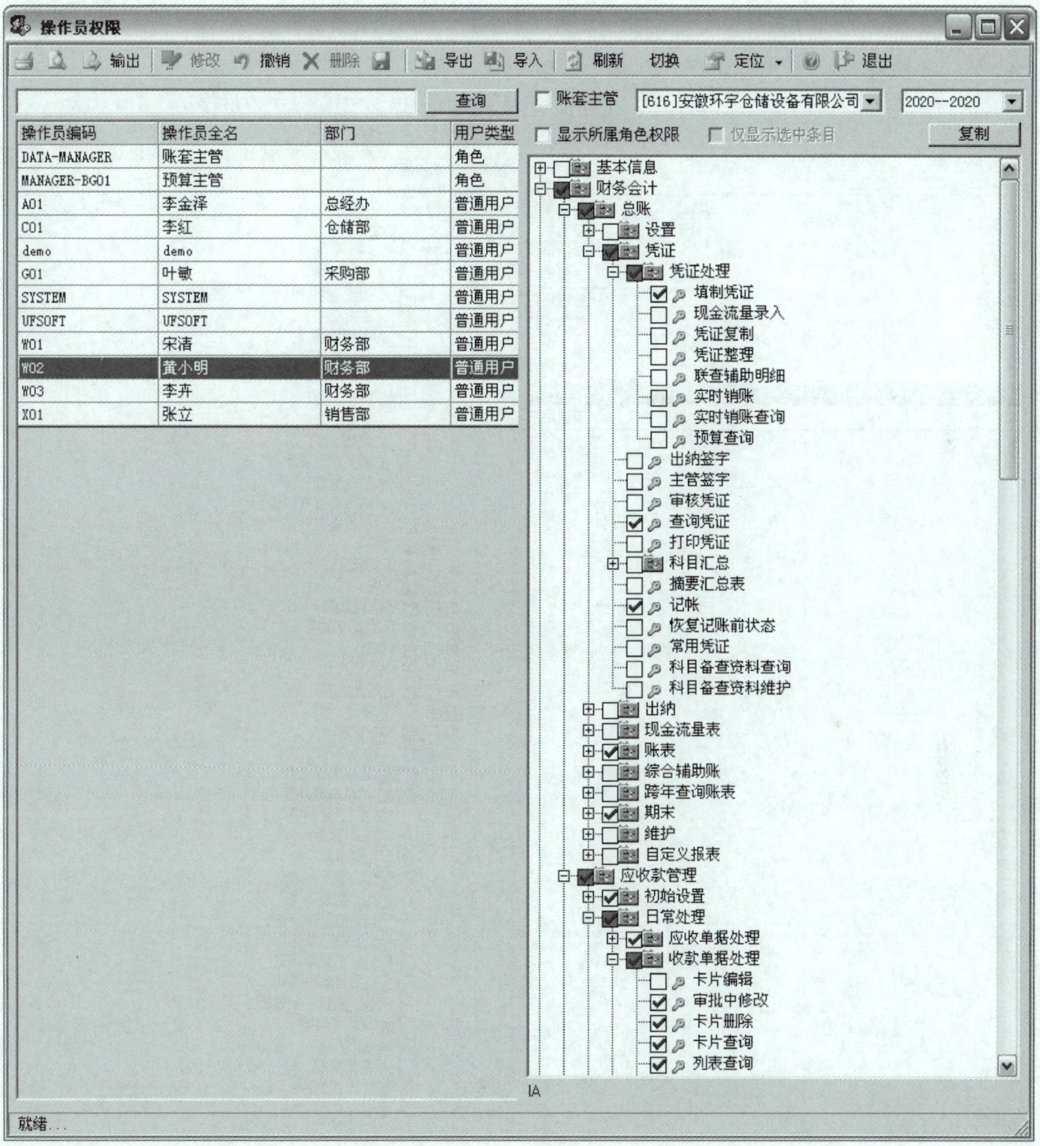

图 1-19 【W02 操作员权限】窗口

1

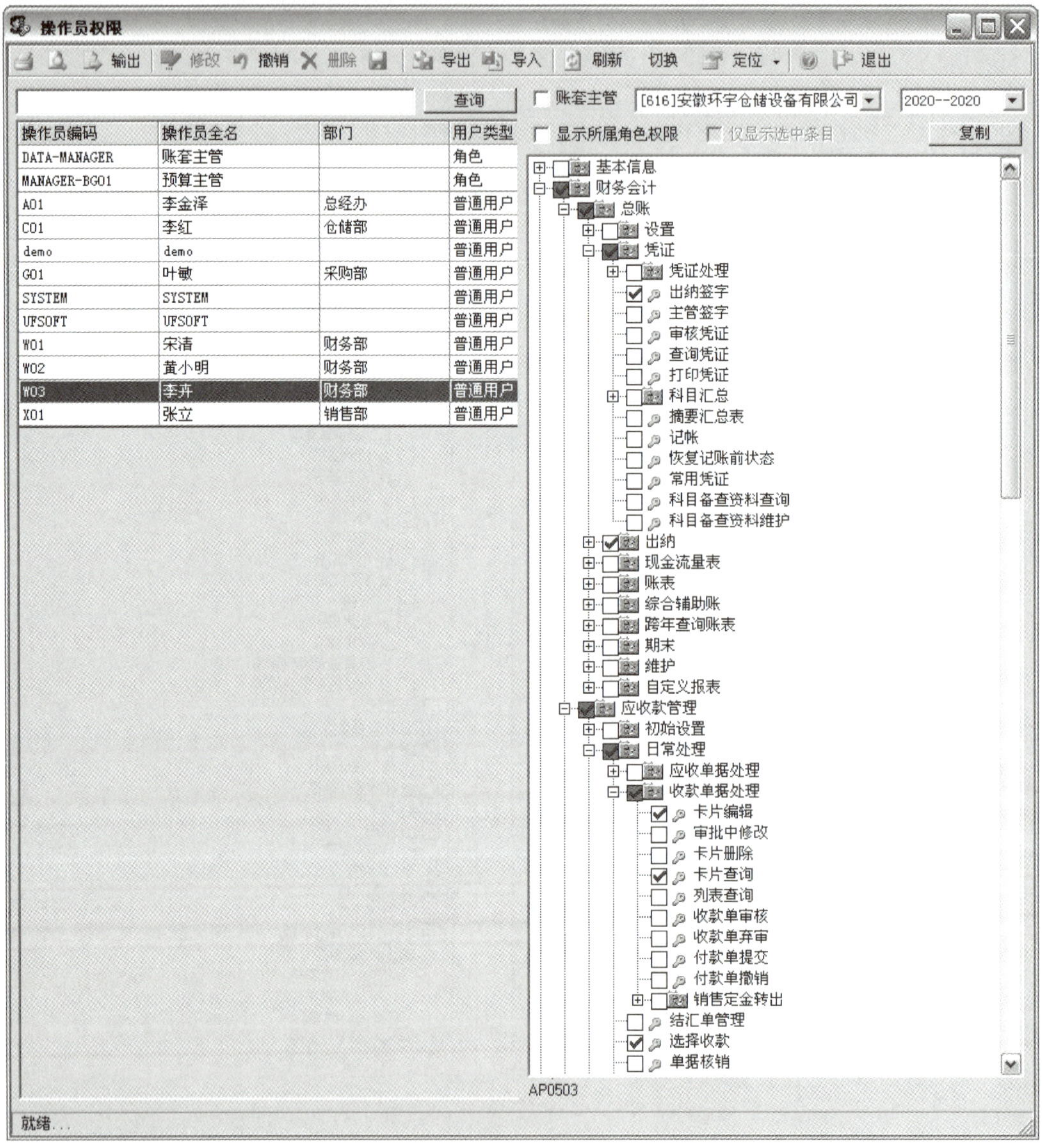

图 1-20 【W03 操作员权限】窗口

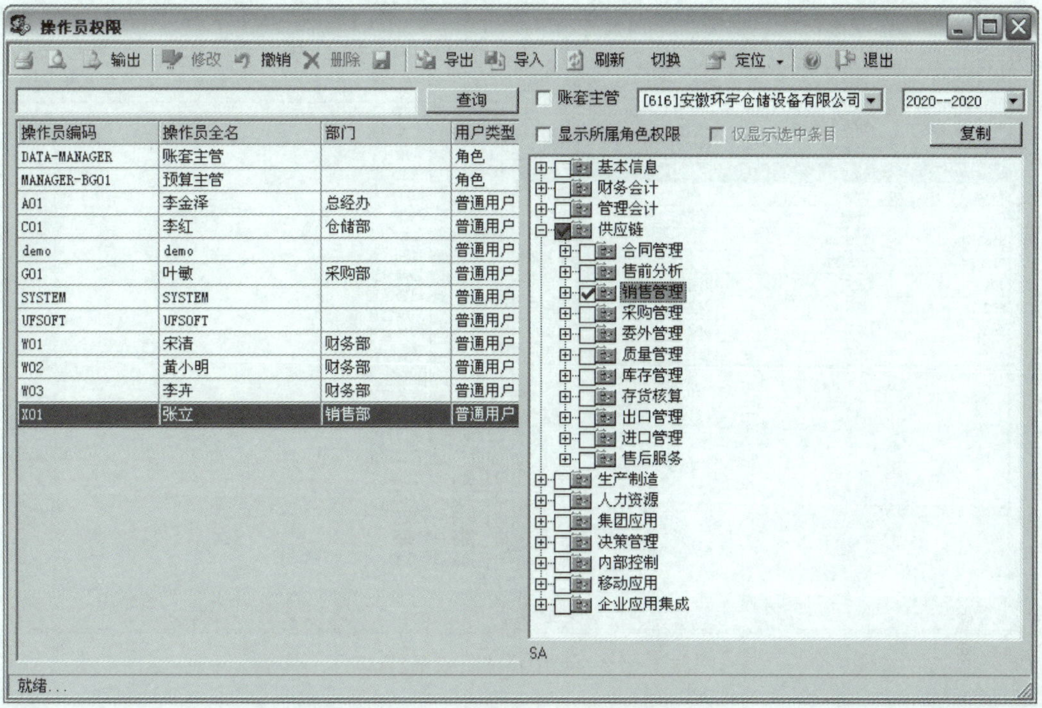


图 1-21 【X01 操作员权限】窗口

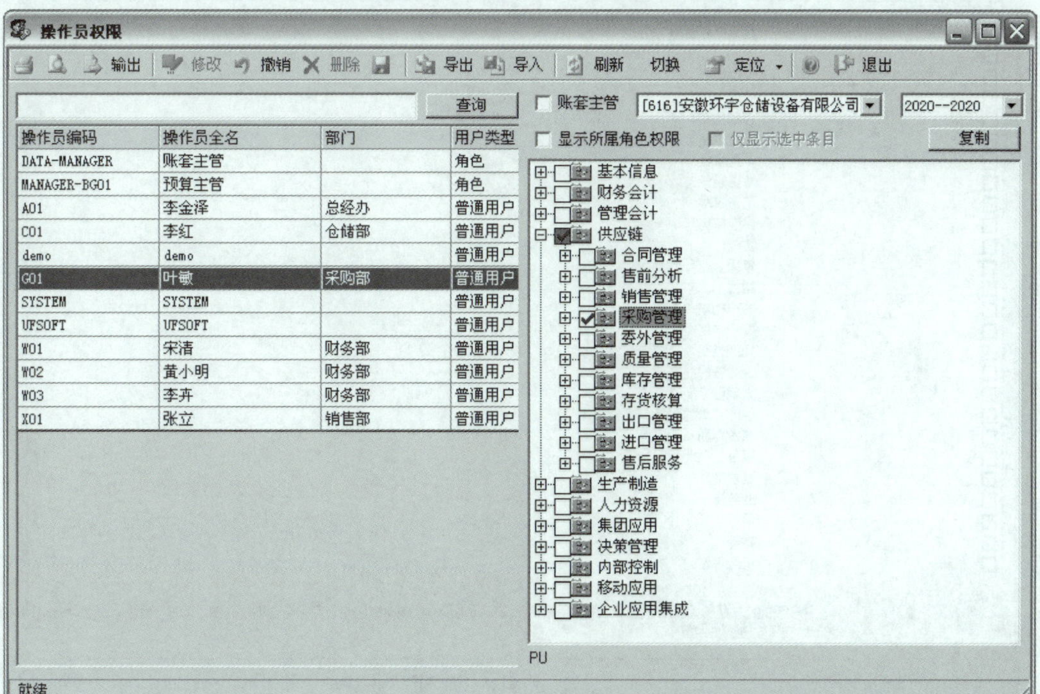


图 1-22 【G01 操作员权限】窗口

1

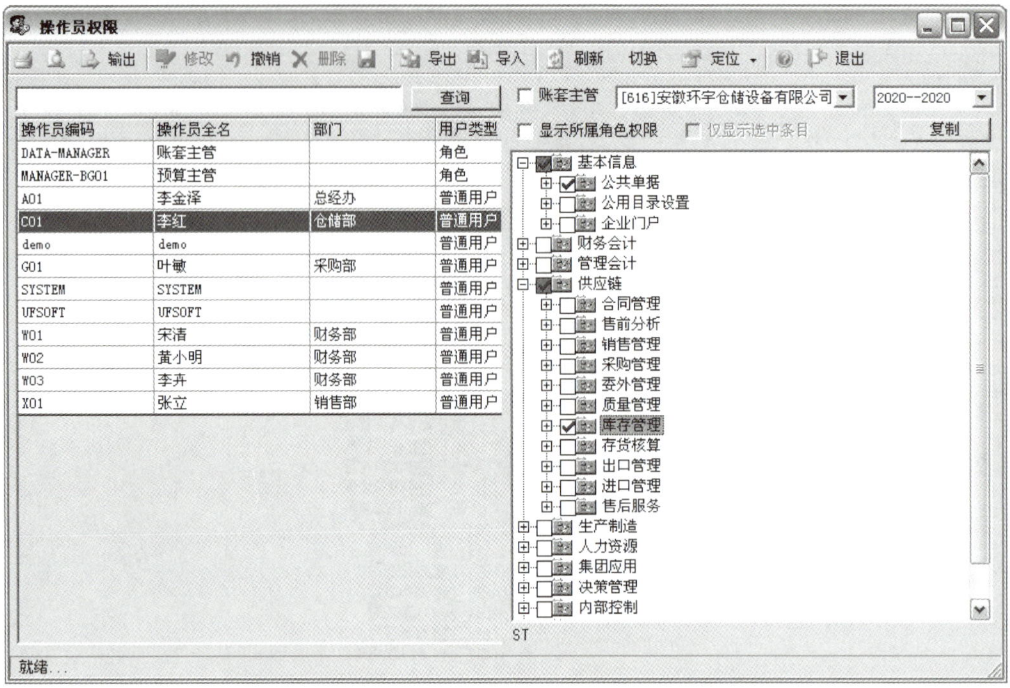

图 1－23 【C01 操作员权限】窗口

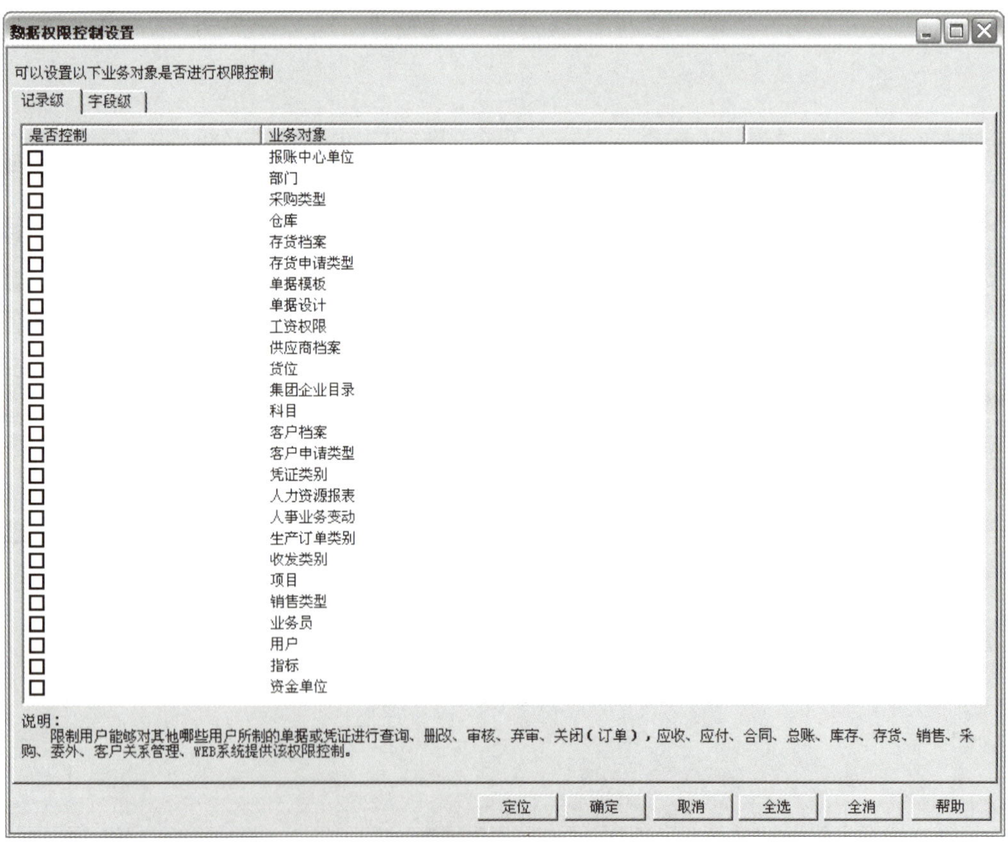

图 1－24 【数据权限控制设置】对话框

# 实训五 账套管理

## 业务一 账套备份

账套备份

### 【业务描述】

2020 年 1 月 1 日，输出【[616]安徽环宇仓储设备有限公司】账套至【F:\616 账套备份\1】文件夹中保存。

### 【岗位说明】

【Admin 系统管理员】备份账套。

### 【操作指导】

(1) 在 F 盘中新建【616 账套备份】文件夹，再在该文件夹中新建【1】文件夹。

(2)【Admin 系统管理员】登录【系统管理】，如图 1-25 所示。

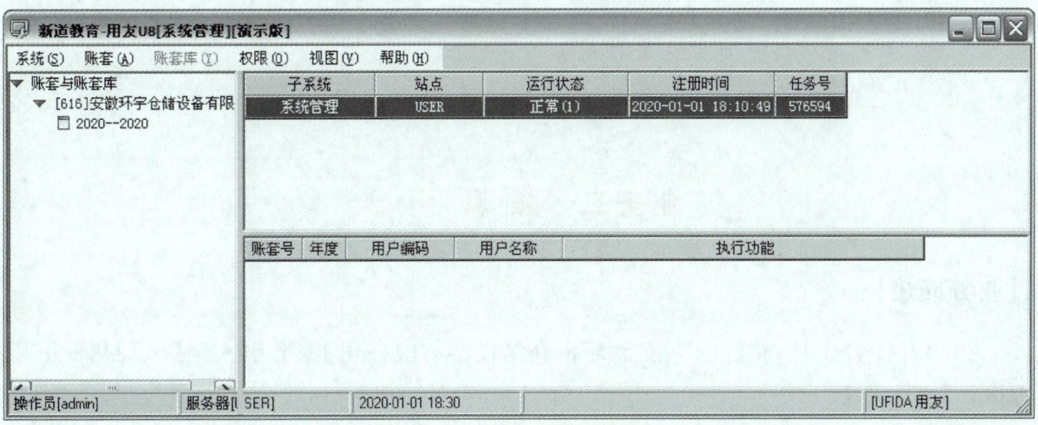


图 1-25 【系统管理】窗口

(3) 执行【账套】|【输出】命令，打开【账套输出】对话框。单击【账套号】栏的下三角按钮，选择【[616]安徽环宇仓储设备有限公司】，输出文件位置选择【F:\616 账套备份\1\】，如图 1-26 所示。

(4) 单击【确认】按钮，系统进行账套数据输出，完成后，系统提示【输出成功】，如图 1-27所示，单击【确定】按钮返回。

**温馨提示**

利用账套输出功能还可以进行【删除账套】的操作。方法是在账套输出对话框中勾选【删除当前输出账套】复选框，单击【确认】按钮，系统在删除账套前同样

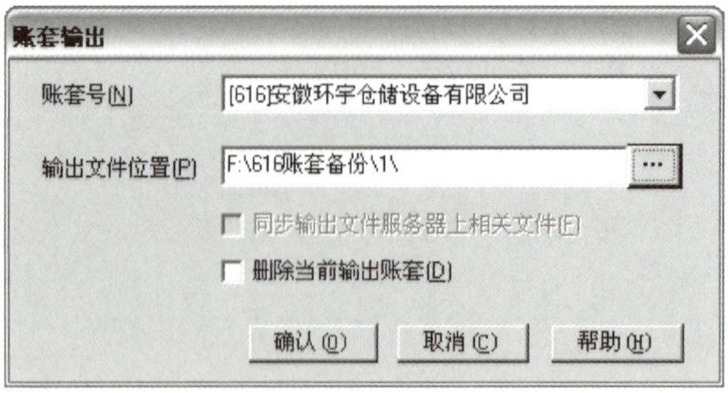


图 1-26 【账套输出】对话框

图 1-27 【输出成功】提示框

要进行账套输出，当输出完成后，系统提示【真要删除该账套吗?】，单击【是】按钮则可以删除该账套。

- 只有系统管理员(admin)有权进行账套输出。
- 正在使用的账套可以进行账套输出而不允许进行账套删除。
- 备份账套时应先建立一个备份账套的文件夹，以便将备份数据存放在目标文件夹中。
- 系统管理员也可以设置自动备份计划。

## 业务二 账套引入

账套引入

### 【业务描述】

2020 年 1 月 1 日，将【[616]安徽环宇仓储设备有限公司】账套引入至【F:\U8SOFT\Admin】文件夹中。

### 【岗位说明】

【Admin 系统管理员】引入账套。

### 【操作指导】

(1)【Admin 系统管理员】登录【系统管理】。

(2) 执行【账套】|【引入】命令，打开【请选择账套备份文件】对话框，选择将要引入的账套数据，如图 1-28 所示，单击【确定】按钮。

(3) 系统会自动引入账套数据，打开【请选择账套引入的目录】对话框，选择引入目录为【F:\U8SOFT\Admin】，如图 1-29 所示，单击【确定】按钮。

(4) 引入账套需要一定的时间，请耐心等候，引入完成后，系统提示【账套[616]引入成功!】，如图 1-30 所示，单击【确定】按钮。

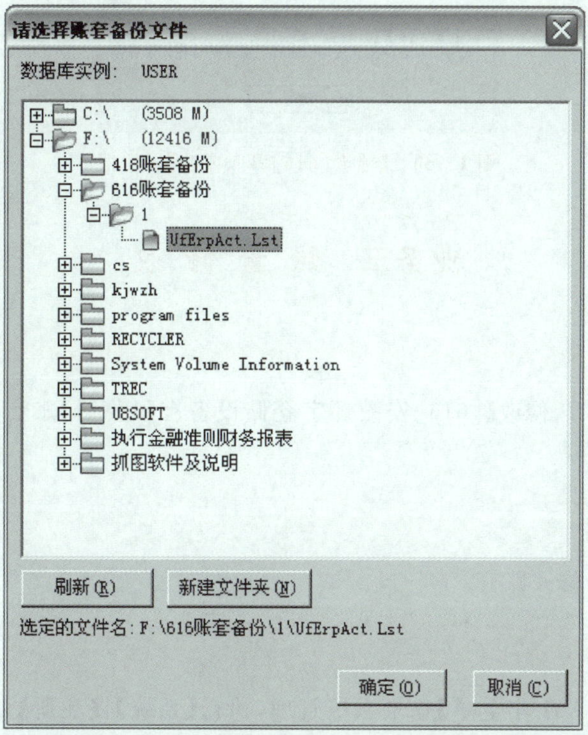


图 1－28 【请选择账套备份文件】对话框

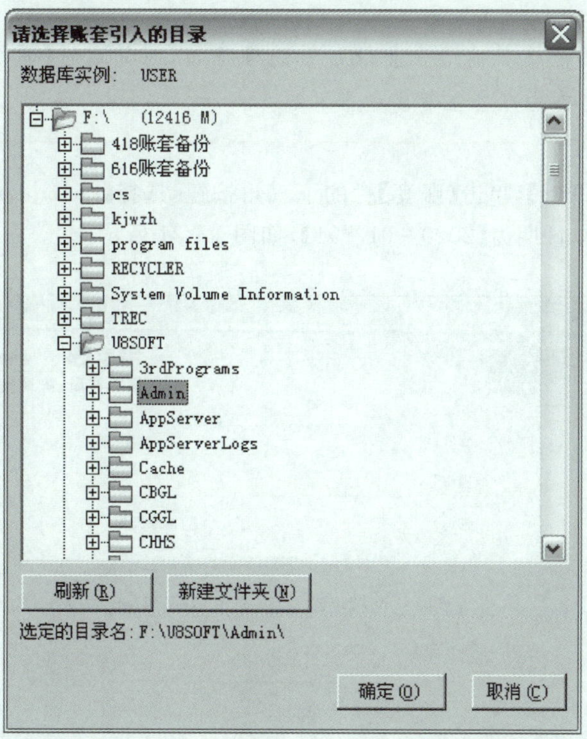


图 1－29 【请选择账套引入的目录】对话框

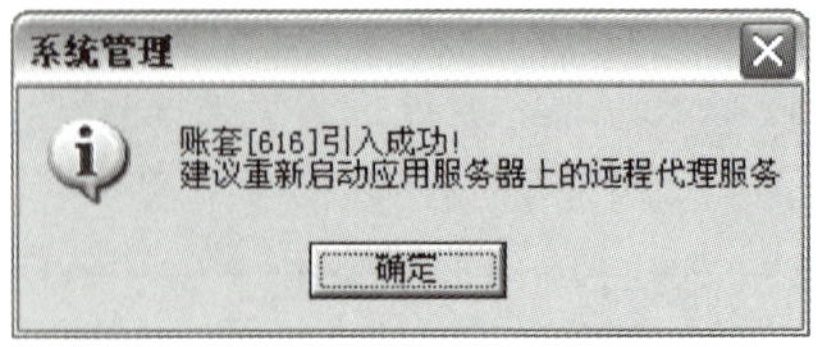


图 1-30 【账套[616]引入成功】提示框

## 业务三 账 套 修 改

账套修改

### 【业务描述】

2020 年 1 月 1 日，修改【[616]安徽环宇仓储设备有限公司】账套的基础信息中的存货分类。

### 【岗位说明】

【A01 李金泽】修改账套。

### 【操作指导】

(1) 账套主管【A01 李金泽】登录系统管理，执行【系统】|【注册】命令，打开【登录】对话框。

> **温馨提示**
>
> 如果此时已有其他用户登录了系统管理，则应先通过【系统】|【注销】命令注销当前用户后，再由账套主管重新登录。

(2) 输入用户【A01】，单击【账套】栏的下三角按钮，选择【[616]default 安徽环宇仓储设备有限公司】，操作日期为【2020-01-01】，如图 1-31 所示。

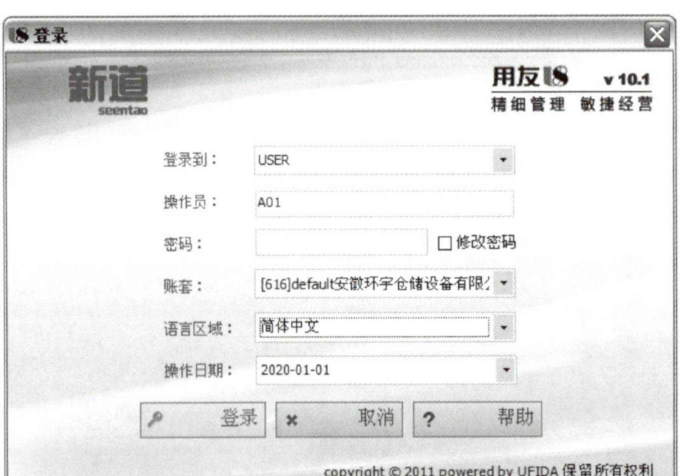


图 1-31 【登录】对话框

(3) 单击【登录】按钮，以账套主管身份登录系统管理。

(4) 执行【账套】|【修改】命令，打开【修改账套】对话框。

(5) 单击【下一步】按钮，打开【单位信息】对话框。

(6) 单击【下一步】按钮，打开【核算类型】对话框。

(7) 单击【下一步】按钮，打开【基础信息】对话框。

(8) 勾选【存货是否分类】复选框，如图 1－32 所示。

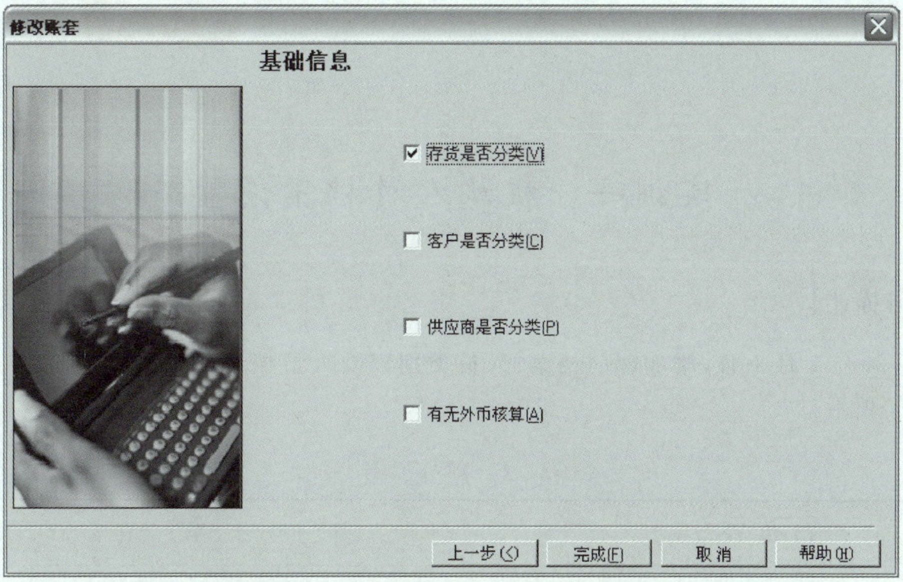


图 1－32 【修改账套——基础信息】对话框

(9) 单击【完成】按钮，系统提示【确认修改账套了么?】，如图 1－33 所示。

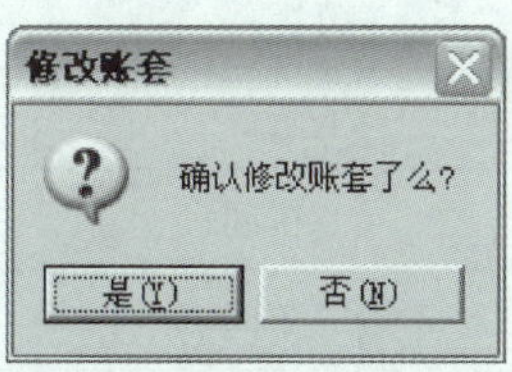


图 1－33 【修改账套】提示框

图 1－34 【修改账套成功】提示框

(10) 单击【是】按钮，并在【编码方案】和【数据精度】窗口中分别单击【取消】按钮后确定修改成功，系统提示【修改账套成功】，如图 1－34 所示。

# 项目二　基础信息设置

## 实训一　机构人员档案设置

### 【业务描述】

2020 年 1 月 1 日，增加部门档案、人员类别以及人员档案，相关信息如表 2－1～表 2－3 所示。

设置部门档案

表 2－1　部门档案

| 部门编码 | 部门名称 |
| --- | --- |
| 1 | 总经办 |
| 2 | 财务部 |
| 3 | 采购部 |
| 4 | 销售部 |
| 5 | 生产部 |
| 501 | 一车间 |
| 502 | 二车间 |
| 6 | 仓储部 |

设置人员类别

表 2－2　人员类别

| 一级分类编码 | 二级分类编码 | 分类名称 |
| --- | --- | --- |
| 101 | 1 | 企业管理人员 |
| 101 | 2 | 采购人员 |
| 101 | 3 | 销售人员 |
| 101 | 4 | 车间管理人员 |
| 101 | 5 | 生产人员 |

表 2-3 人员档案

| 人员编码 | 人员名称 | 雇佣状态 | 所属部门 | 人员类别 | 性别 | 是否业务员 | 业务或费用部门 |
|---|---|---|---|---|---|---|---|
| 101 | 李金泽 | 在职 | 总经办 | 企业管理人员 | 男 | 是 | 总经办 |
| 201 | 宋　清 | 在职 | 财务部 | 企业管理人员 | 男 | 是 | 财务部 |
| 202 | 黄小明 | 在职 | 财务部 | 企业管理人员 | 男 | 是 | 财务部 |
| 203 | 李　卉 | 在职 | 财务部 | 企业管理人员 | 女 | 是 | 财务部 |
| 301 | 叶　敏 | 在职 | 采购部 | 采购人员 | 女 | 是 | 采购部 |
| 302 | 王　智 | 在职 | 采购部 | 采购人员 | 男 | 是 | 采购部 |
| 401 | 张　立 | 在职 | 销售部 | 销售人员 | 男 | 是 | 销售部 |
| 402 | 杨　慧 | 在职 | 销售部 | 销售人员 | 女 | 是 | 销售部 |
| 501 | 秦　昊 | 在职 | 一车间 | 车间管理人员 | 男 | | |
| 502 | 何家鸿 | 在职 | 一车间 | 生产人员 | 男 | | |
| 503 | 许志军 | 在职 | 一车间 | 生产人员 | 男 | | |
| 504 | 郑　彦 | 在职 | 二车间 | 车间管理人员 | 男 | | |
| 505 | 沈　伟 | 在职 | 二车间 | 生产人员 | 男 | | |
| 506 | 吕　宏 | 在职 | 二车间 | 生产人员 | 男 | | |
| 601 | 李　红 | 在职 | 仓储部 | 企业管理人员 | 女 | 是 | 仓储部 |

设置人员档案

2

## 【岗位说明】

【A01 李金泽】设置机构人员档案。

## 【赛题链接】

根据人员档案(表 2-4)修改完善人员档案信息(缺省请默认)。

表 2-4 人员档案(赛题)

| 人员编码 | 人员姓名 | 性别 | 行政部门 | 人员类别 | 工资开户行及账号 | 是否业务员 | 生效日期 | 业务或费用部门 |
|---|---|---|---|---|---|---|---|---|
| F01 | 薛　琪 | 女 | 人力资源部 | 企管人员 | 中国建设银行 5322002952334073874 | 是 | 2018-01-01 | 人力资源部 |
| X01 | 崔　浩 | 男 | 销售部 | 销售人员 | 中国建设银行 5322002952332073827 | 是 | 2018-01-01 | 销售部 |

## 【操作指导】

1. 设置部门档案

(1) 账套主管【A01 李金泽】登录企业应用平台,在【基础设置】选项卡中,执行【基础档案】|【机构人员】|【部门档案】命令,打开【部门档案】窗口。

(2) 单击【增加】按钮,录入部门编码【1】、部门名称【总经办】,如图 2-1 所示。

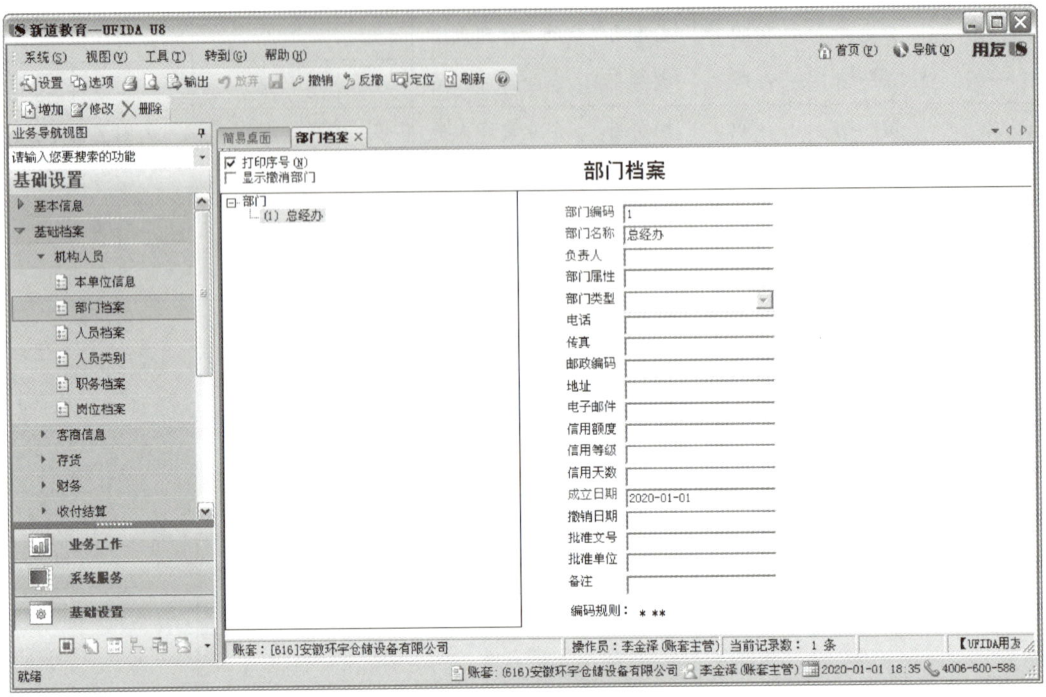

图 2-1 【部门档案】窗口

(3) 单击【保存】按钮。以此方法,依次录入其他部门档案,操作结果如图 2-2 所示。

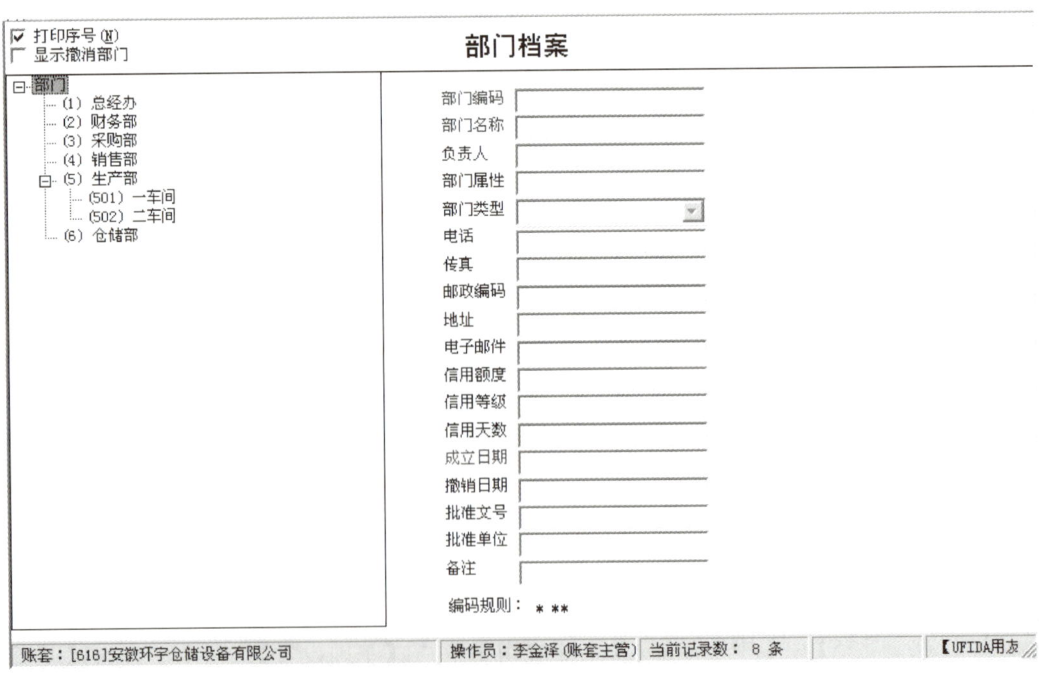

图 2-2 【部门档案】窗口操作结果

**温馨提示**

部门编码必须符合在分类编码中定义的编码规则。

由于此时还未设置【人员档案】，因此部门中的【负责人】暂时不能设置，如果需要设置，必须在完成【人员档案】设置后，再回到【部门档案】中以修改的方式补充设置。

2. 设置人员类别

(1)【A01 李金泽】在【基础设置】选项卡中，执行【基础档案】|【机构人员】|【人员类别】命令，打开【人员类别】窗口。

(2) 选择【正式工】类别，单击【增加】按钮，根据表 2-2 中的资料，在正式工下增加【企业管理人员】类别，如图 2-3 所示。

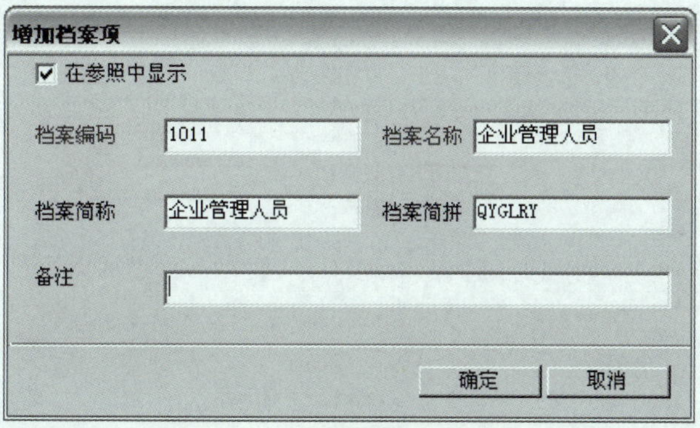


图 2-3 【增加档案项】对话框

(3) 以此方法，依次增加其他四类人员类别，操作结果如图 2-4 所示。

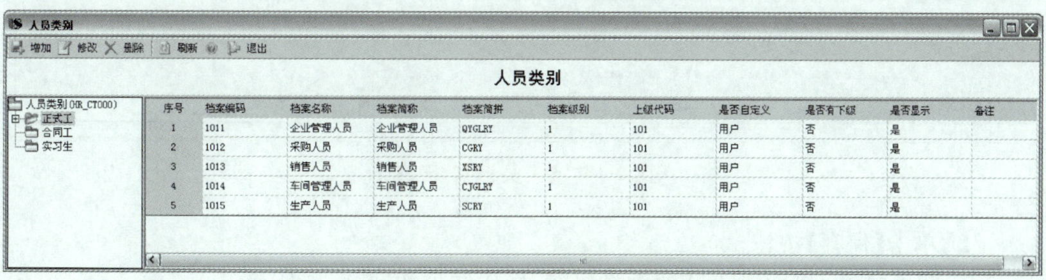


图 2-4 【人员类别】页面

**温馨提示**

人员类别与工资费用的分配、分摊有关，工资费用的分配及分摊是薪资管理系统的一项重要功能。人员类别设置的目的是为工资分摊生成凭证设置相应的入账科目作准备，可以按不同的入账科目需要设置不同的人员类别。

- 人员类别是人员档案中的必选项目，需要在人员档案建立之前设置。
- 人员类别名称可以修改，但已使用的人员类别名称不能删除。



3. 设置人员档案

(1)【A01 李金泽】在【基础设置】选项卡中，执行【档案基础】|【机构人员】|【人员档案】命令，打开【人员列表】窗口。

(2) 单击左侧窗口中【部门分类】下的【总经办】。

(3) 单击【增加】按钮，根据表 2-3 中的资料，输入人员信息，如图 2-5 所示。

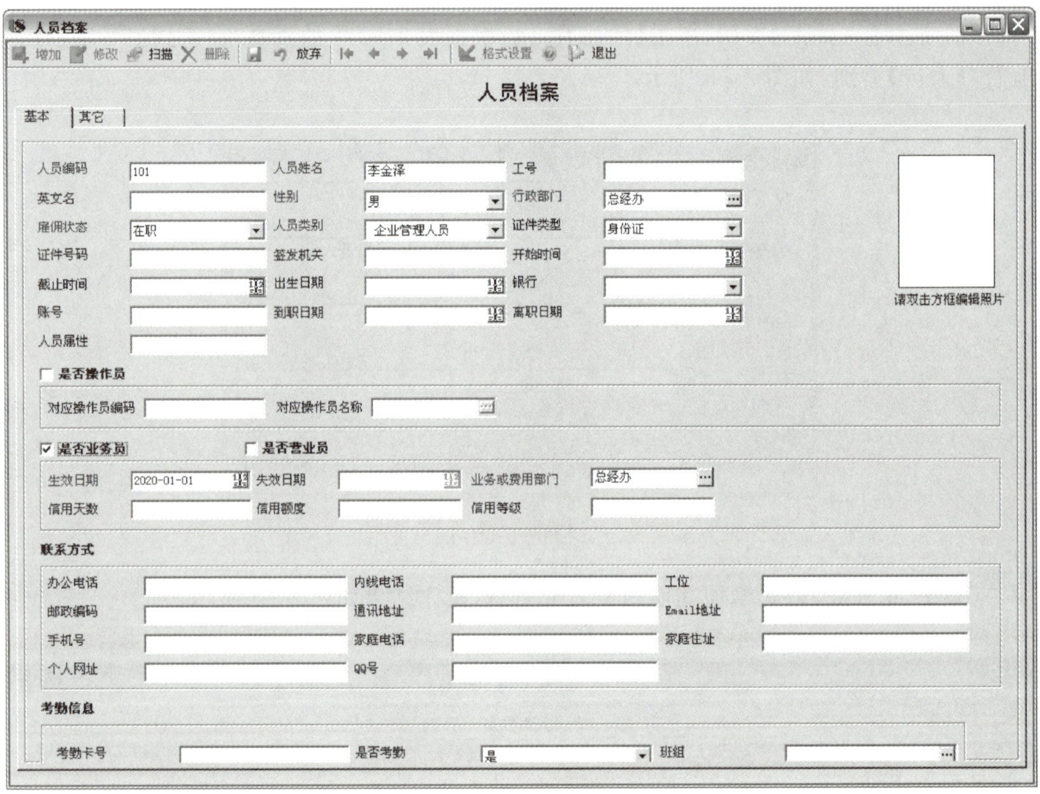


图 2-5 【人员档案】窗口

(4) 单击【保存】按钮。

(5) 以此方法，依次录入其他人员档案，操作结果如图 2-6 所示。

**温馨提示**

- 此处的人员档案应该包括企业所有员工。
- 人员编码必须唯一，行政部门只能是末级部门。
- 如果该员工需要在其他档案或者其他单据的【业务员】项目中被参照，需要选中【是否业务员】选项。

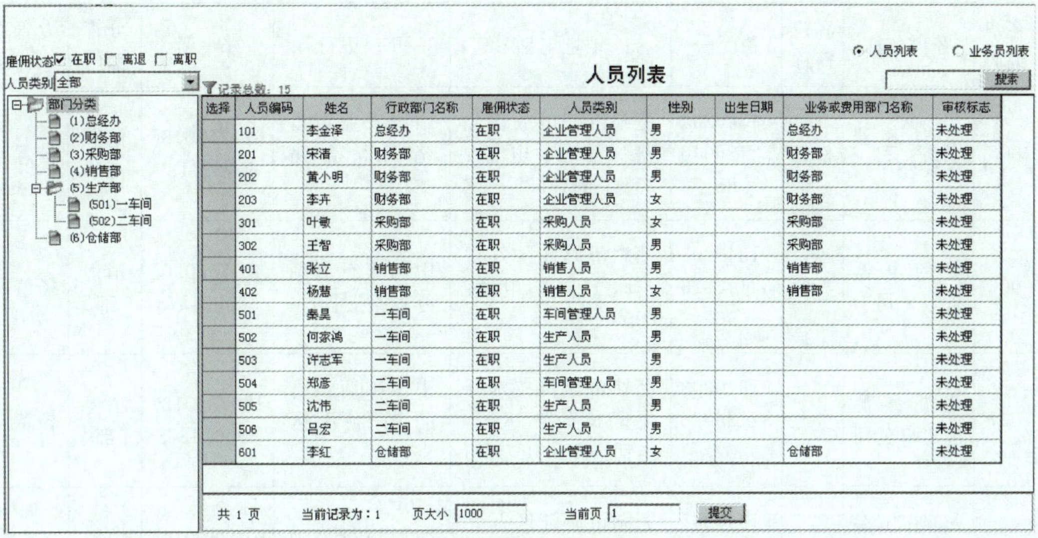


图 2－6　【人员列表】页面

4. 账套备份

将账套输出至【F:\616 账套备份\2－1】文件夹。

# 实训二　客商信息设置

## 【业务描述】

2020 年 1 月 1 日，增加客户档案和供应商档案，相关信息如表 2－5、表 2－6 所示。

设置客户档案

表 2－5　客户档案

| 客户编码 | 客户名称 | 客户简称 | 税　号 | 地址电话 | 开户银行 | 账　号 | 分管部门 | 专管员 |
|---|---|---|---|---|---|---|---|---|
| 001 | 沃尔玛超市有限公司 | 沃尔玛 | 913402017357608878 | 芜湖市镜湖区中山路 308 号，电话：0553－3522166 | 中国工商银行芜湖中山路支行 | 1307310182600024932 | 销售部 | 张立 |
| 002 | 华润苏果超市有限公司 | 华润苏果 | 913402020747907576 | 芜湖市镜湖区赭山东路 58 号，电话：0553－3424632 | 中国银行芜湖赭山路支行 | 6217620205600024346 | 销售部 | 张立 |
| 003 | 欧尚超市有限公司 | 欧尚 | 913402028652303336 | 芜湖市弋江区花津南路 28 号，电话：0553－4795488 | 中国建设银行芜湖花津路支行 | 6217620205600024642 | 销售部 | 张立 |
| 004 | 世纪联华超市有限公司 | 世纪联华 | 913402013212603486 | 芜湖市镜湖区中山路 8 号，电话：0553－3272287 | 交通银行芜湖中山路支行 | 6222680183600024178 | 销售部 | 张立 |

续 表

| 客户编码 | 客户名称 | 客户简称 | 税 号 | 地址电话 | 开户银行 | 账 号 | 分管部门 | 专管员 |
|---|---|---|---|---|---|---|---|---|
| 005 | 格力电器有限公司 | 格力 | 913402043212604688 | 芜湖市三山区联合路 18 号，电话：0553-6916585 | 中国农业银行芜湖联合路支行 | 6217680186600024189 | 销售部 | 杨慧 |
| 006 | 美的电器有限公司 | 美的 | 913402033212602696 | 芜湖市鸠江区万春东路 151 号，电话：0553-5779548 | 中国银行芜湖万春路支行 | 6217620206600024378 | 销售部 | 杨慧 |
| 007 | 芜湖鑫源进出口公司 | 鑫源 | 913402033212603869 | 芜湖市经济技术开发区长春路 18 号，电话：0553-4578276 | 中国工商银行芜湖经开区支行 | 1307310182600024678 | 销售部 | 杨慧 |
| 008 | 芜湖恒泰贸易有限公司 | 恒泰 | 913402036834608668 | 芜湖市鸠江区万春西路 199 号，电话：0553-5576489 | 交通银行芜湖万春路支行 | 6222680146900066358 | 销售部 | 杨慧 |

设置供应商档案

## 表 2-6 供应商档案

| 供应商编码 | 供应商名称 | 供应商简称 | 税 号 | 地址电话 | 开户银行 | 账 号 | 分管部门 | 专管员 |
|---|---|---|---|---|---|---|---|---|
| 001 | 嘉兴百盛脚轮有限公司 | 百盛脚轮 | 912302857233544866 | 嘉兴市滨湖区迎春路 88 号，电话：0573-82301288 | 中国工商银行嘉兴迎春路支行 | 1307022029249363661 | 采购部 | 叶敏 |
| 002 | 芜湖新兴铸管有限公司 | 新兴铸管 | 913402047773216638 | 芜湖市三山区聚工路 27 号，电话：0553-6685898 | 中国银行芜湖聚工路支行 | 6217600597934526278 | 采购部 | 叶敏 |
| 003 | 天津恒大焊条有限公司 | 恒大焊条 | 911203005457313477 | 天津市西青区明清路 148 号，电话：022-81204793 | 交通银行天津明清路支行 | 6222600236934526237 | 采购部 | 叶敏 |
| 004 | 芜湖金海木业有限公司 | 金海木业 | 913402056102665566 | 芜湖市殷港工业园金海大道 1 号，电话：0553-8269018 | 中国建设银行芜湖殷港支行 | 6217600236934526237 | 采购部 | 王智 |
| 005 | 芜湖恒泰贸易有限公司 | 恒泰 | 913402036834608669 | 芜湖市鸠江区万春西路 199 号，电话：0553-5576489 | 交通银行芜湖万春路支行 | 6222680146900066358 | 采购部 | 王智 |
| 006 | 芜湖江森仓储设备有限公司 | 江森仓储 | 913402048969502886 | 芜湖市三山区浮山路 166 号，电话：0553-6578276 | 中国建设银行芜湖浮山支行 | 6217800228934835876 | 采购部 | 王智 |

2

## 【岗位说明】

【A01 李金泽】设置客商信息。

## 【赛题链接】

根据客户档案(表 2-7),修改完善客户档案信息(缺省请默认)。

表 2-7 客户档案

| 编号 | 客户名称 | 开户行及账号 | 地址及电话 | 纳税人登记号 |
|---|---|---|---|---|
| 0101 | 广东万源商贸有限公司 | 中国工商银行广州市天河支行 060013429089 | 广州市天河中路 18 号 020-89770344 | 710332516 |
| 0103 | 武汉远程商贸有限公司 | 中国工商银行武汉市汉江支行 060100045637 | 武汉市汉江区幸福路 113 号 027-84722888 | 342792456 |

## 【操作指导】

1. 设置客户档案

(1) 账套主管【A01 李金泽】登录企业应用平台,在【基础设置】选项卡中,执行【基础档案】|【客商信息】|【客户档案】命令,打开【客户档案】窗口。窗口分为左右两部分,左窗口显示已经设置的客户分类,单击选中某一客户分类,右窗口显示该分类下所有的客户列表。

(2) 单击【增加】按钮,打开【增加客户档案】窗口。窗口中共包括 4 个选项卡,即【基本】【联系】【信用】和【其它】,用于对客户不同的属性分别归类记录。

(3) 根据表 2-5 中的资料,输入【客户编码】【客户名称】【客户简称】【所属分类】【税号】【分管部门】【专管业务员】以及【客户银行档案】等相关信息,操作结果如图 2-7~图 2-9 所示。

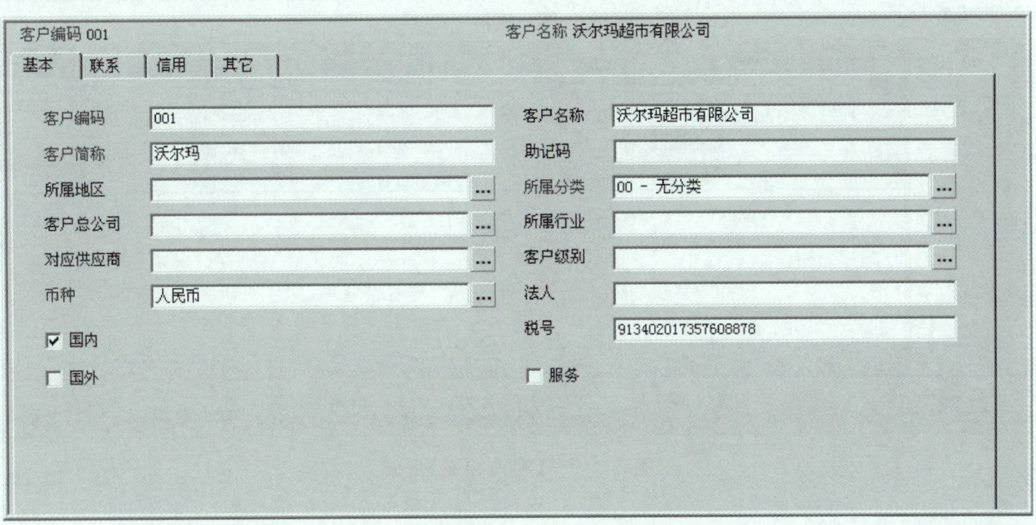


图 2-7 【客户档案——基本】窗口

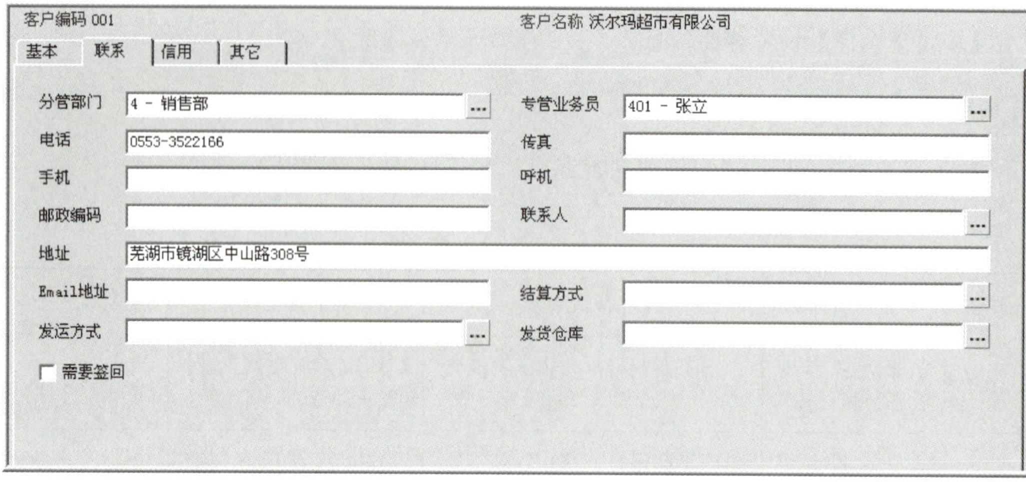


图 2-8 【客户档案——联系】窗口

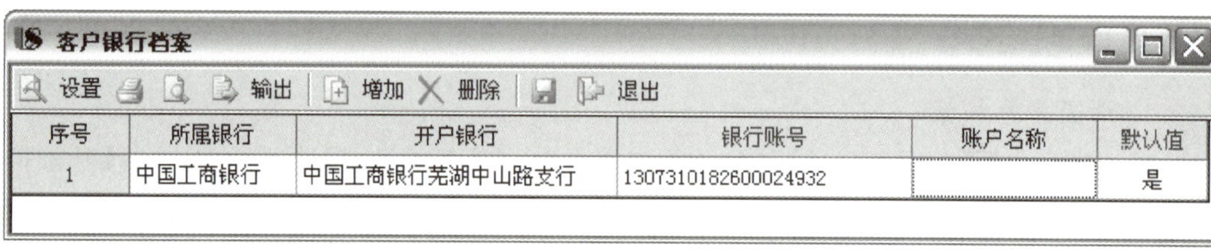


图 2-9 【客户银行档案】窗口

（4）单击【保存】按钮。

（5）以此方法，依次录入其他的客户档案，操作结果如图 2-10 所示。

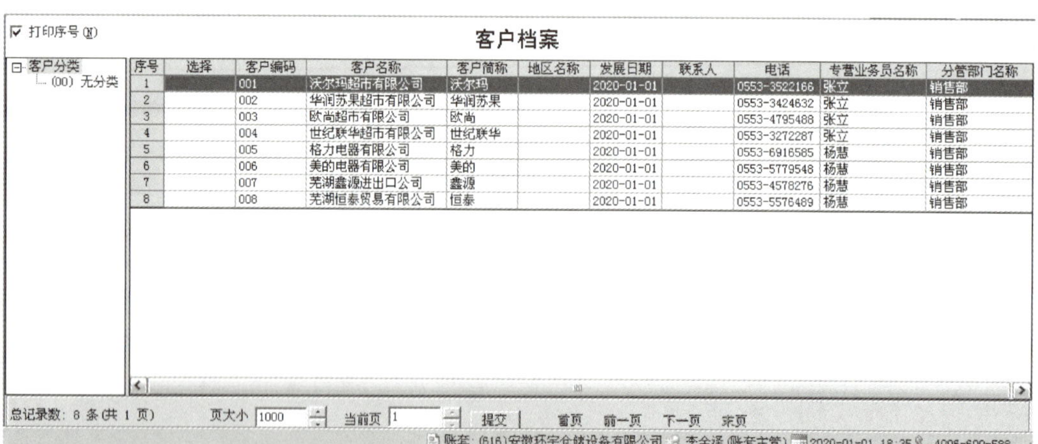


图 2-10 【客户档案】页面

**温馨提示**

- 在录入客户档案时，客户编码及客户简称必须录入，客户编码必须唯一。
- 由于账套中并未对客户进行分类，因此所属分类为【无分类】。
- 客户是否分类应在建立账套时确定，此时不能修改，如果修改只能在未建立客户档案的情况下，在系统管理中以修改账套的方式进行。
- 设置客户的【分管部门】和【专管业务员】，是为了在销售管理系统填制发票等原始单据时能自动根据客户显示部门及业务员信息。

2. 设置供应商档案

（1）【A01 李金泽】在【基础设置】选项卡中，执行【基础档案】|【客商信息】|【供应商档案】命令，打开【供应商档案】窗口。窗口分为左右两部分，左窗口显示已经设置的供应商分类，单击选中某一供应商分类，右窗口显示该分类下所有的供应商列表。

（2）单击【增加】按钮，打开【增加供应商档案】窗口。窗口中共包括 4 个选项卡，即【基本】【联系】【信用】和【其它】，用于对供应商不同的属性分别归类记录。

（3）根据表 2－6 中的资料，输入【供应商编码】【供应商名称】【供应商简称】【所属分类】【税号】【分管部门】【专管业务员】以及【供应商银行档案】等相关信息，操作结果如图 2－11～图 2－13 所示。

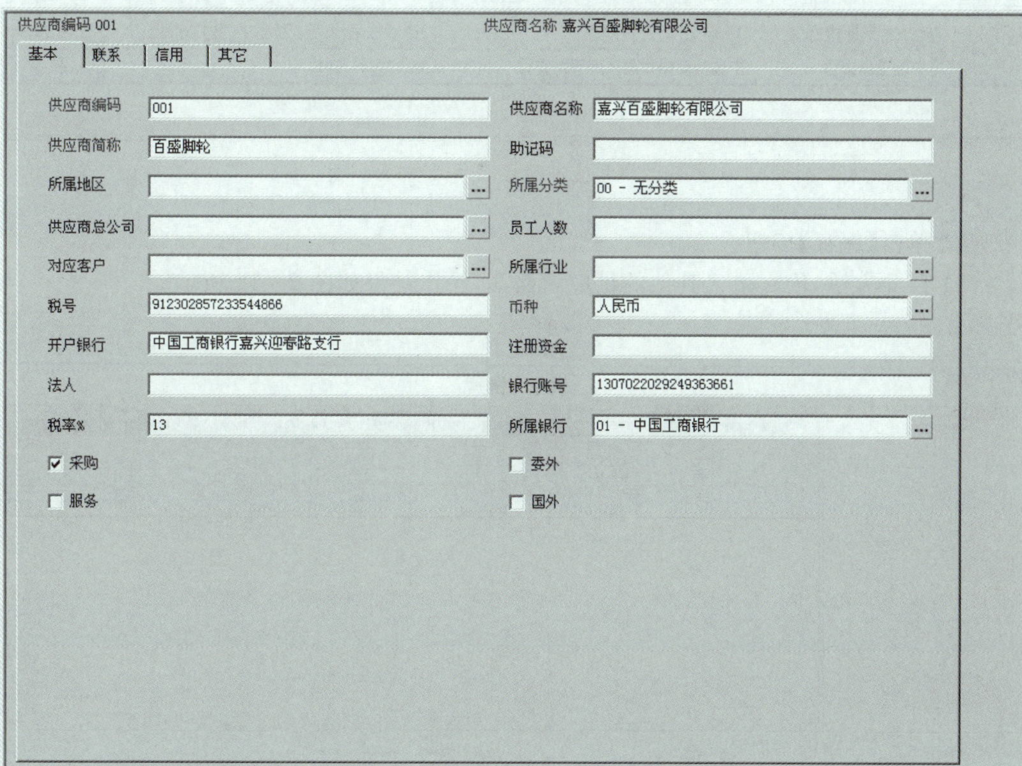


图 2－11　【供应商档案——基本】窗口

2

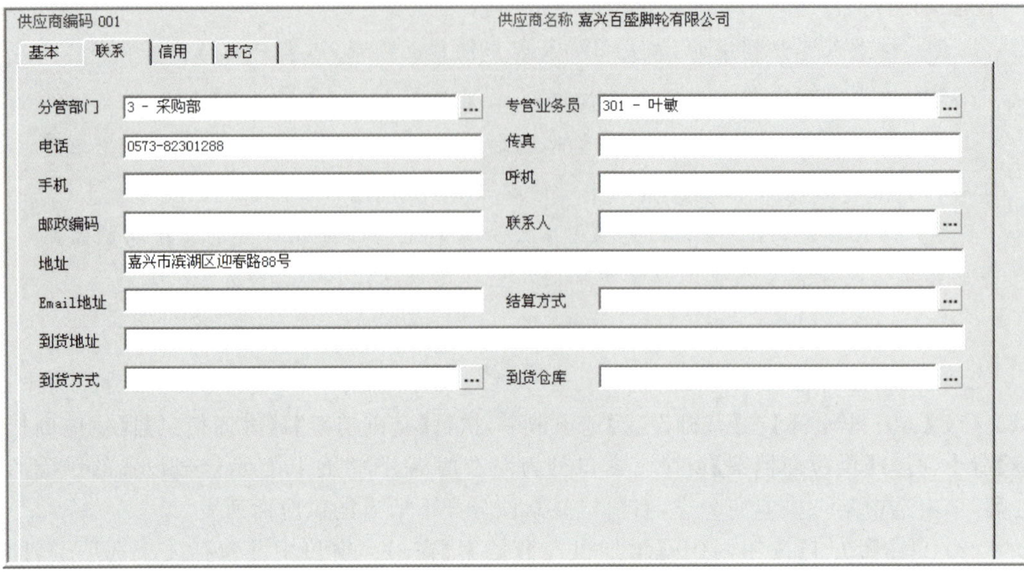


图 2-12 【供应商档案——联系】窗口

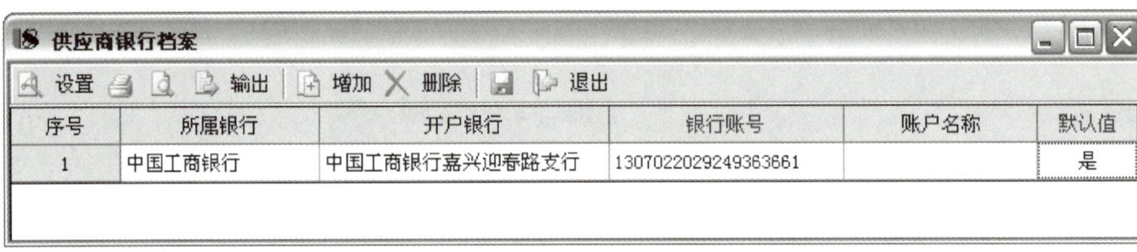


图 2-13 【供应商银行档案】窗口

（4）单击【保存】按钮。

（5）以此方法，依次录入其他的供应商档案，操作结果如图 2-14 所示。

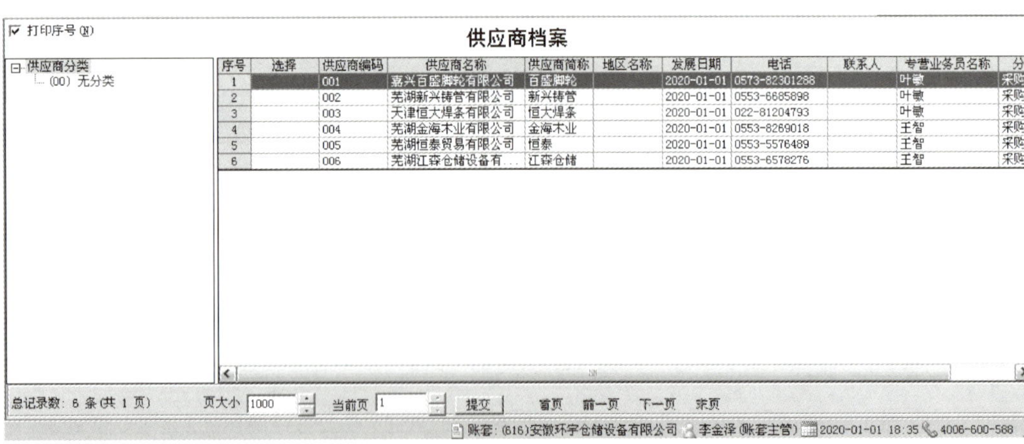


图 2-14 【供应商档案】页面

3. 账套备份

将账套输出至【F:\616 账套备份\2－2】文件夹。

温馨提示

在录入供应商档案时，供应商编码及供应商简称必须录入，供应商编码必须唯一。

由于账套中并未对供应商进行分类，因此所属分类为【无分类】。

设置供应商的【分管部门】和【专管业务员】，是为了在采购管理系统填制发票等原始单据时能自动根据供应商显示部门及业务员信息。



# 实训三 存货信息设置

## 【业务描述】

2020 年 1 月 1 日，增加计量单位、存货分类以及存货档案，相关信息如表 2－8～表 2－10所示。

表 2－8 计量单位

| 计量单位组编码 | 计量单位组名称 | 计量单位组类别 | 计量单位编码 | 计量单位 |
|---|---|---|---|---|
| 01 | 自然单位组 | 无换算 | 01 | 米 |
| 01 | 自然单位组 | 无换算 | 02 | 个 |
| 01 | 自然单位组 | 无换算 | 03 | 盒 |
| 01 | 自然单位组 | 无换算 | 04 | 台 |
| 01 | 自然单位组 | 无换算 | 05 | 公里 |
| 01 | 自然单位组 | 无换算 | 06 | 辆 |

设置计量单位

表 2－9 存货分类

| 分类编码 | 分类名称 |
|---|---|
| 01 | 原材料 |
| 02 | 产成品 |
| 03 | 周转材料 |
| 04 | 资产 |
| 09 | 其他 |

设置存货分类

设置存货档案

2

表 2-10 存货档案

| 分类编码 | 所属类别 | 存货编码 | 存货名称 | 计量单位 | 税率 | 存货属性 |
|---|---|---|---|---|---|---|
| 01 | 原材料 | 001 | 脚轮 | 个 | 13% | 外购、生产耗用 |
| | | 002 | 钢管 | 米 | 13% | 外购、生产耗用 |
| | | 003 | 方管 | 米 | 13% | 外购、生产耗用 |
| | | 004 | 角钢 | 米 | 13% | 外购、生产耗用 |
| | | 005 | 焊条 | 盒 | 13% | 外购、生产耗用 |
| | | 006 | 木托盘 | 个 | 13% | 外购、生产耗用 |
| 02 | 产成品 | 007 | 货架 | 个 | 13% | 自制、内销、外销、外购 |
| | | 008 | 仓储笼 | 个 | 13% | 自制、内销、外销 |
| 03 | 周转材料 | 009 | 包装箱 | 个 | 13% | 外购、生产耗用 |
| 04 | 资产 | 010 | 液压扳料折弯机 | 台 | 13% | 外购、资产 |
| 09 | 其他 | 011 | 运输费 | 公里 | 9% | 内销、外购、应税劳务 |

## 【岗位说明】

【A01 李金泽】设置存货信息。

## 【赛题链接】

根据存货分类(表 2-11)以及存货档案(表 2-12),修改完善存货信息。

表 2-11 存货分类(赛题)

| 分类编码 | 分类名称 |
|---|---|
| 04 | 应税劳务 |

表 2-12 存货档案(赛题)

| 存货编码 | 存货名称 | 存货分类 | 存货属性 | 计量单位组 | 主计量单位 | 税率/% |
|---|---|---|---|---|---|---|
| 0401 | 运费 | 应税劳务 | 应税劳务 | 里程 | 公里 | 11 |

## 【操作指导】

1. 设置计量单位

(1)【A01 李金泽】登录企业应用平台,在【基础设置】选项卡中,执行【基础档案】|【存货】|【计量单位】命令,打开【计量单位】窗口。

(2)单击【分组】按钮,打开【计量单位组】窗口。

(3)单击【增加】按钮,录入计量单位组编码为【01】,计量单位组名称为【自然单位组】,单击【计量单位组类别】栏的下三角按钮,选择【无换算率】,如图 2-15 所示。

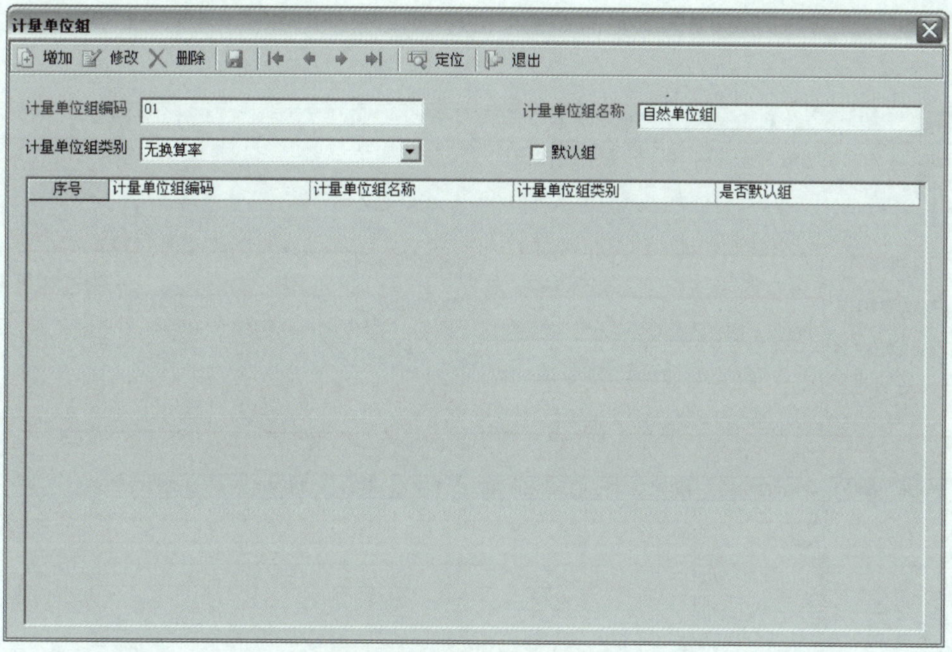


图 2-15 【计量单位组】窗口

(4) 单击【保存】按钮，再单击【退出】按钮。

(5) 单击【单位】按钮，打开【计量单位】窗口。

(6) 单击【增加】按钮，录入计量单位编码为【01】，计量单位名称为【米】，单击【保存】按钮，如图 2-16 所示。

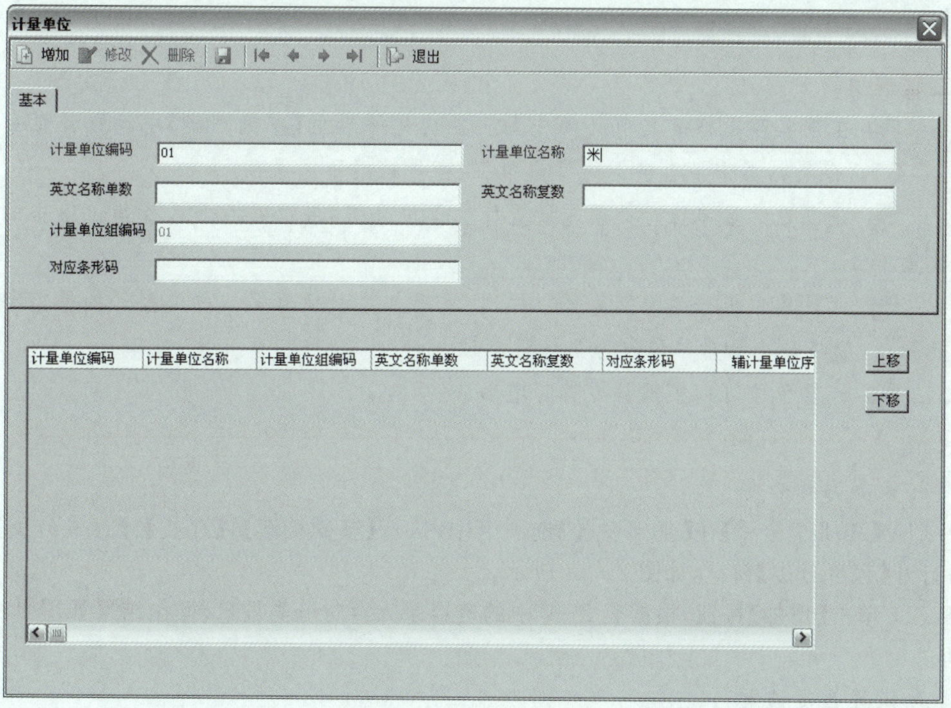


图 2-16 【计量单位】窗口

（7）以此方法，依次录入其他的计量单位，操作结果如图 2－17 所示。

2

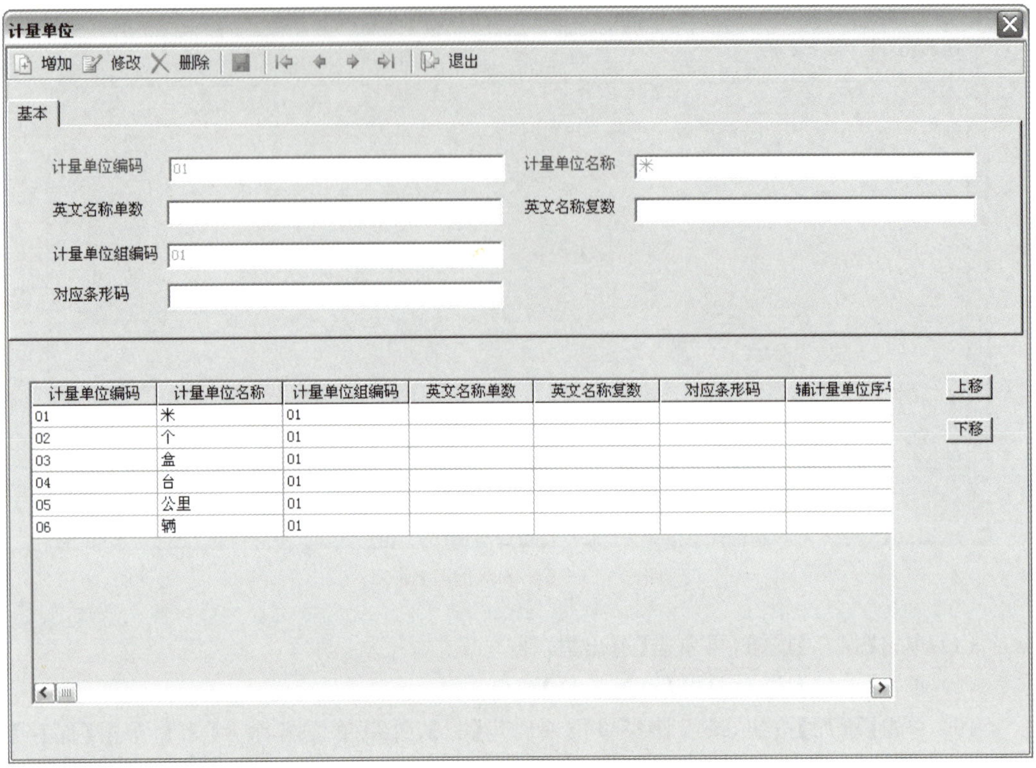


图 2－17 【计量单位】窗口操作结果

**温馨提示**

在设置存货档案之前必须先到企业应用平台的【基础档案】中设置计量单位，否则，存货档案中没有被选的计量单位，存货档案不能保存。

在设置计量单位时必须先设置计量单位分组，再设置各个计量单位组中的计量单位。

计量单位组分为无换算率、固定换算率和浮动换算率三种类型。如果需要换算，一般将最小计量单位作为主计量单位。

计量单位可以根据需要随时增加。

2. 设置存货分类

（1）【A01 李金泽】在【基础设置】选项卡中，执行【基础档案】|【存货】|【存货分类】命令，打开【存货分类】窗口，如图 2－18 所示。

（2）单击【增加】按钮，根据表 2－9 中的资料录入存货分类信息，操作结果如图 2－19 所示。

3. 设置存货档案

（1）【A01 李金泽】在【基础设置】选项卡中，执行【基础档案】|【存货】|【存货档案】命

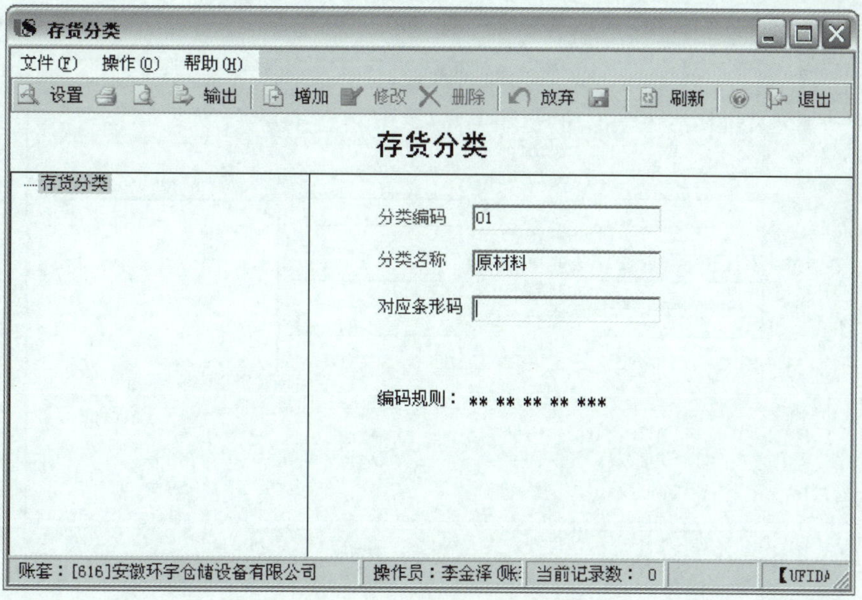


图 2－18　【存货分类】窗口

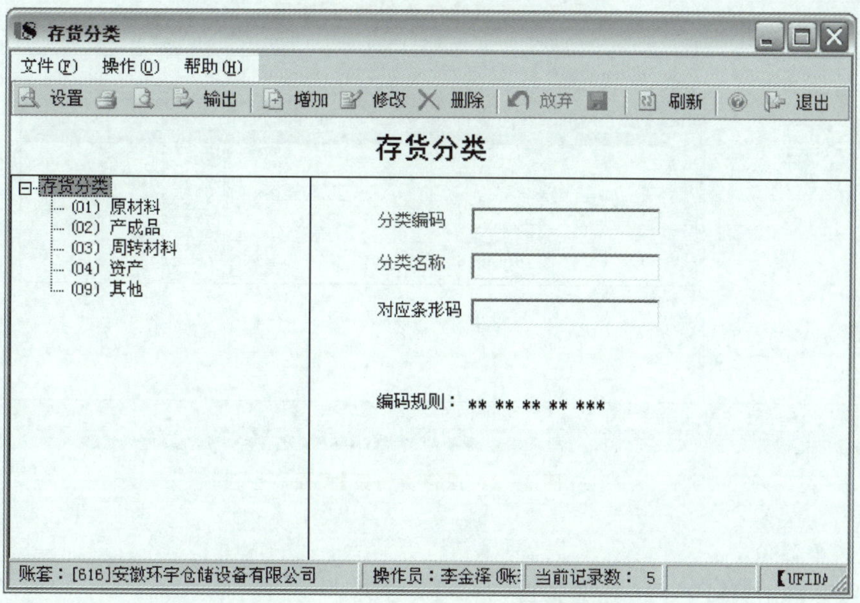


图 2－19　【存货分类】窗口操作结果

令，打开【存货档案】窗口。

（2）单击存货分类中的【原材料】，再单击【增加】按钮，录入存货编码为【001】，存货名称为【脚轮】，单击【计量单位组】栏的参照按钮，选择【自然单位组】，单击【主计量单位】栏的参照按钮，选择【个】，勾选存货属性【外购】和【生产耗用】复选框，如图 2－20 所示。

（3）单击【保存】按钮，以此方法依次增加其他的存货档案，操作结果如图 2－21 所示。

2

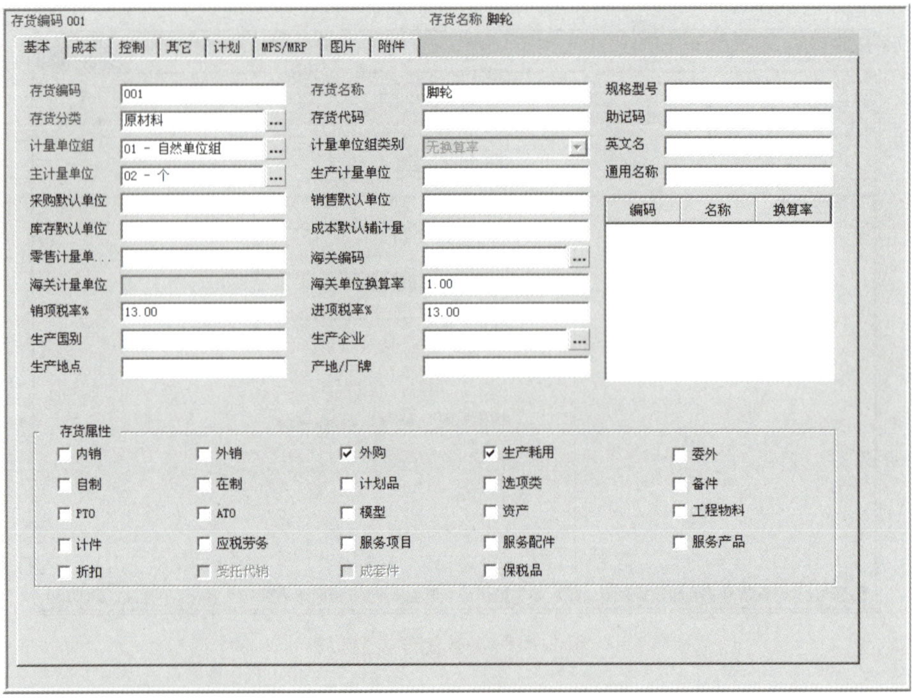


图 2-20 【增加存货档案】窗口

图 2-21 【存货档案】页面

4. 账套备份

将账套输出至【F:\616 账套备份\2-3】文件夹。

温馨提示

- 在录入存货档案时，如果存货类别不符合要求，应重新进行选择。
- 在录入存货档案时，如果直接列示的计量单位不符合要求，应先将不符合要求的计量单位删除，再单击参照按钮就可以在计量单位表中重新选择计量单位。
- 存货档案中的存货属性必须选择正确，否则，在填制相应单据时就不会在存货列表中出现。

# 实训四 财务信息设置



## 【业务描述】

2020年1月1日，设置凭证类别、会计科目及项目核算信息。

1. 凭证类别设置

环宇仓储的凭证类别设置为记账凭证。

设置凭证类别

2. 会计科目设置

(1) 环宇仓储的会计科目信息如表2-13所示。

设置会计科目

**表2-13 会计科目表**

| 科目名称 | 方向 | 辅助核算 |
| --- | --- | --- |
| 库存现金1001(修改科目) | 借 | 日记账 |
| 银行存款1002(修改科目) | 借 | 日记账、银行账 |
| 应收票据1121 | 借 | |
| 银行承兑汇票112101(增加科目) | 借 | 客户往来，应收系统 |
| 商业承兑汇票112102(增加科目) | 借 | 客户往来，应收系统 |
| 应收账款1122(修改科目) | 借 | 客户往来，应收系统 |
| 预付账款1123(修改科目) | 借 | 供应商往来，应付系统 |
| 合同资产1481(增加科目) | 借 | 客户往来，应收系统 |
| 应付票据2201 | 贷 | |
| 银行承兑汇票220101(增加科目) | 贷 | 供应商往来，应付系统 |
| 商业承兑汇票220102(增加科目) | 贷 | 供应商往来，应付系统 |
| 应付账款2202 | 贷 | |
| 一般应付款220201(增加科目) | 贷 | 供应商往来，应付系统 |
| 暂估应付款220202(增加科目) | 贷 | 供应商往来 |
| 预收账款2203(修改科目) | 贷 | 客户往来，应收系统 |
| 合同负债2204(增加科目) | 贷 | 客户往来，应收系统 |
| 应付职工薪酬2211 | 贷 | |
| 工资221101(增加科目) | 贷 | |
| 职工福利费221102(增加科目) | 贷 | |
| 非货币性福利221103(增加科目) | 贷 | |
| 社会保险费221104(增加科目) | 贷 | |
| 设定提存计划221105(增加科目) | 贷 | |
| 住房公积金221106(增加科目) | 贷 | |
| 工会经费221107(增加科目) | 贷 | |

2

续 表

| 科 目 名 称 | 方向 | 辅 助 核 算 |
|---|---|---|
| 职工教育经费 221108(增加科目) | 贷 | |
| 其他 221109(增加科目) | 贷 | |
| 应交税费 2221 | 贷 | |
| 应交增值税 222101(增加科目) | 贷 | |
| 进项税额 22210101(增加科目) | 借 | |
| 销项税额 22210102(增加科目) | 贷 | |
| 进项税额转出 22210103(增加科目) | 贷 | |
| 转出未交增值税 22210104(增加科目) | 贷 | |
| 未交增值税 222102(增加科目) | 贷 | |
| 应交城建税 222103(增加科目) | 贷 | |
| 应交教育费附加 222104(增加科目) | 贷 | |
| 应交地方教育费附加 222105(增加科目) | 贷 | |
| 应交印花税 222106(增加科目) | 贷 | |
| 应交企业所得税 222107(增加科目) | 贷 | |
| 应交个人所得税 222108(增加科目) | 贷 | |
| 利润分配 4104 | 贷 | |
| 未分配利润 410415(增加科目) | 贷 | |
| 生产成本 5001 | 借 | |
| 直接材料 500101 (增加科目) | 借 | 部门、项目核算 |
| 直接人工 500102(增加科目) | 借 | 部门、项目核算 |
| 制造费用 500103(增加科目) | 借 | 部门、项目核算 |
| 制造费用 5101 | 借 | |
| 折旧费 510101(增加科目) | 借 | |
| 工资 510102(增加科目) | 借 | |
| 其他 510109(增加科目) | 借 | |
| 资产处置损益 6115(增加科目) | 收入 | |
| 其他收益 6117(增加科目) | 收入 | |
| 税金及附加 6403(修改科目) | 支出 | |
| 销售费用 6601 | 支出 | |
| 职工薪酬 660101(增加科目) | 支出 | |
| 广告费 660102(增加科目) | 支出 | |
| 业务招待费 660103(增加科目) | 支出 | |
| 折旧费 660104(增加科目) | 支出 | |
| 其他 660109(增加科目) | 支出 | |
| 管理费用 6602 | 支出 | |
| 职工薪酬 660201(增加科目) | 支出 | |

续　表

| 科　目　名　称 | 方向 | 辅　助　核　算 |
| --- | --- | --- |
| 办公费 660202(增加科目) | 支出 | |
| 业务招待费 660203(增加科目) | 支出 | |
| 折旧费 660204(增加科目) | 支出 | |
| 差旅费 660205(增加科目) | 支出 | |
| 其他 660209(增加科目) | 支出 | |
| 信用减值损失 6702(增加科目) | 支出 | |

(2) 指定现金总账和银行总账科目。

3. 项目设置

环宇仓储的项目目录信息如表 2－14 所示。

设置项目

**表 2－14　项目目录表**

| 项目设置步骤 | 设　置　内　容 |
| --- | --- |
| 项目大类 | 生产成本核算 |
| 核算科目 | 生产成本——直接材料(500101)<br>生产成本——直接人工(500102)<br>生产成本——制造费用(500103) |
| 项目分类 | 1 自产产品 |
| 项目目录 | 项目编号：1<br>项目名称：货架<br>是否结算：否<br>所属分类码：1 |
| | 项目编号：2<br>项目名称：仓储笼<br>是否结算：否<br>所属分类码：1 |

## 【岗位说明】

【A01 李金泽】设置财务信息。

指定总账科目

## 【赛题链接】

指定现金总账科目和银行总账科目。

根据项目目录(表 2－15),在项目档案中增加相关信息。

**表 2－15　项目目录表(赛题)**

| 项目大类 | 项目分类定义 | 项　目　目　录 |
| --- | --- | --- |
| 商品项目 | 1 男装 | 106 男式皮衣 |
| | 2 女装 | 206 女式皮衣 |
| | | 207 女式皮手套 |

## 【操作指导】

1. 设置凭证类别

(1)【A01 李金泽】登录企业应用平台，在【基础设置】选项卡中，执行【基础档案】|【财务】|【凭证类别】命令，打开【凭证类别预置】对话框。

(2) 选中【记账凭证】前的单选按钮，如图 2-22 所示。

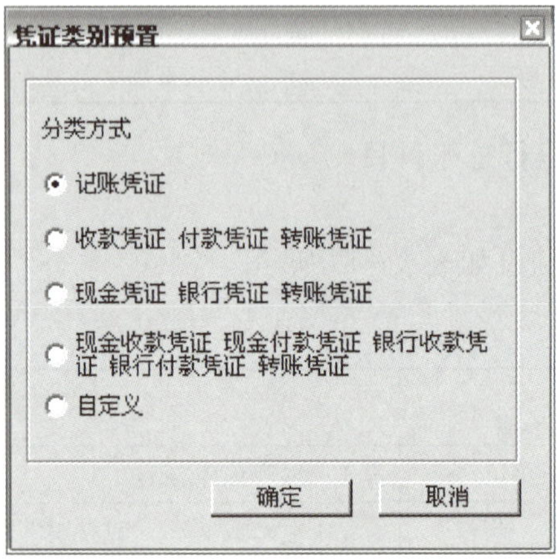


图 2-22 【凭证类别预置】对话框

(3) 单击【确定】按钮，打开【凭证类别】窗口，如图 2-23 所示。

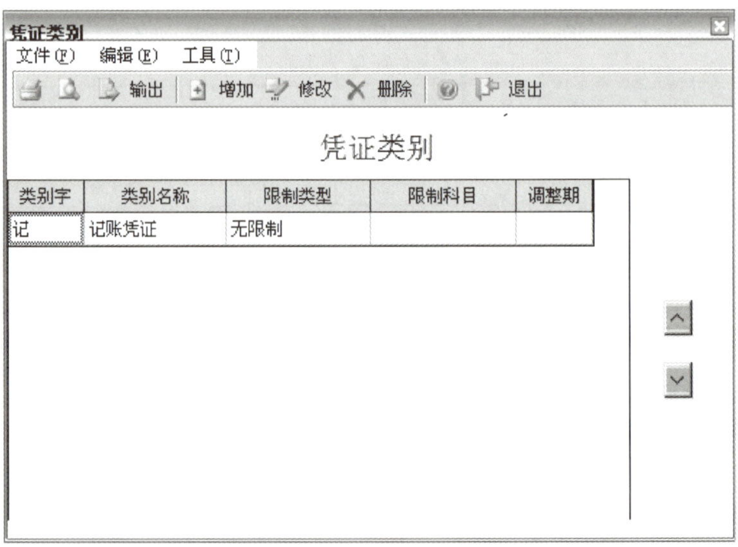


图 2-23 【凭证类别】窗口

**温馨提示**

- 已使用的凭证类别不能删除，也不能修改类别字。

2. 修改会计科目

(1)【A01 李金泽】在【基础设置】选项卡中，执行【基础档案】|【财务】|【会计科目】命令，打开【会计科目】窗口。

(2) 双击【1001 库存现金】后，单击【修改】按钮，打开【会计科目_修改】对话框。

(3) 单击【修改】按钮，勾选【日记账】前的复选框，如图 2-24 所示。

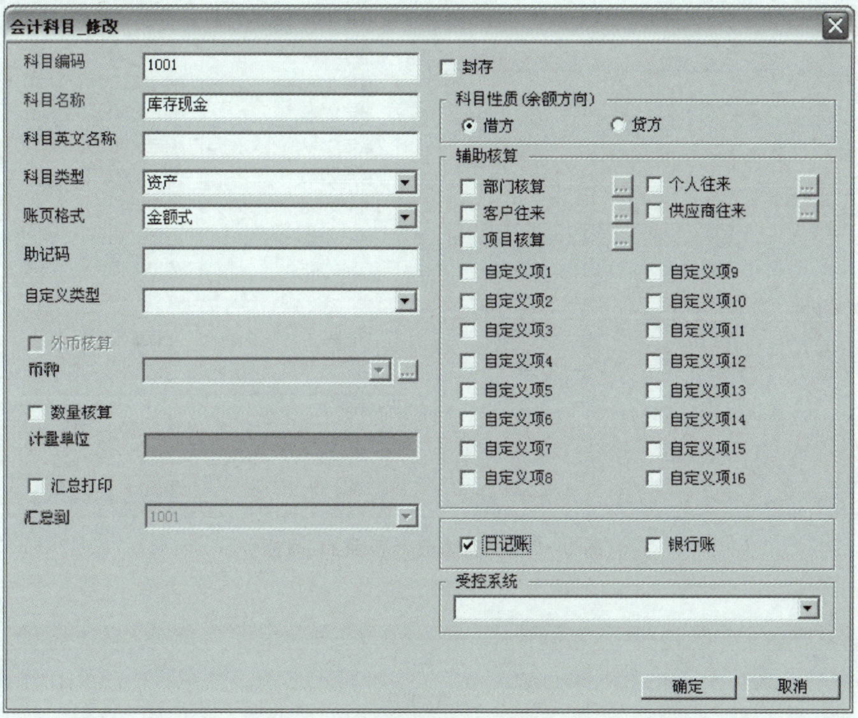


图 2-24　【会计科目_修改】对话框

(4) 单击【确定】按钮。

(5) 以此方法依次修改其他科目。

**温馨提示**

在会计科目使用前一定要先检查系统预置的会计科目是否能够满足需求，如果不能满足需求，则以增加和修改的方式增加新的会计科目及修改已经存在的会计科目，如果系统预置的会计科目中有不需要的，可以删除。

3. 增加会计科目

(1)【A01 李金泽】在【基础设置】选项卡中，执行【基础档案】|【财务】|【会计科目】命令，打开【会计科目】窗口，单击【增加】按钮，打开【新增会计科目】对话框。

(2) 录入科目编码为【112101】，科目名称为【银行承兑汇票】，勾选【客户往来】辅助核算，如图 2-25 所示。

(3) 单击【确定】按钮。

(4) 以此方法，依次增加其他会计科目，操作结果如图 2-26 所示。

2

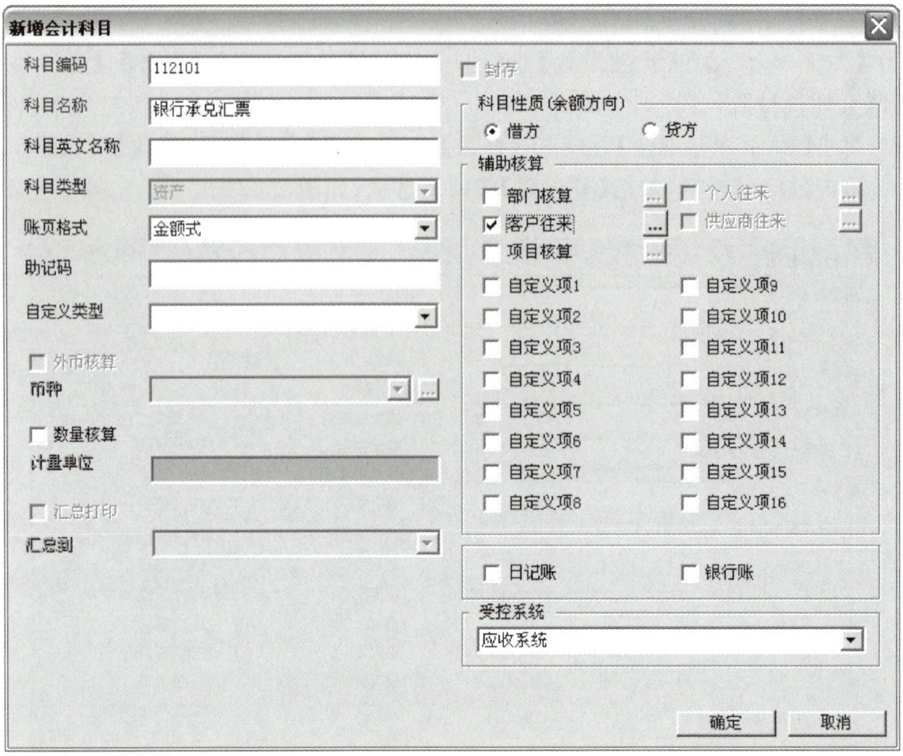


图 2－25　【新增会计科目】对话框

图 2－26　【会计科目】页面

**温馨提示**

- 会计科目编码应符合编码规则。
- 如果会计科目已经使用，则不能被修改或删除。
- 设置会计科目时，应注意会计科目的【账页格式】，一般情况下应为【金额式】，也有可能是【数量金额式】。如果是数量金额式还应继续设置计量单位，否则仍不能同时进行数量金额式的核算。
- 【无受控系统】即该账套不使用【应收】及【应付】系统，【应收】及【应付】业务均以辅助账的形式在总账系统中进行核算。
- 凡是设置有辅助核算内容的会计科目，在填制凭证时都需填制具体的辅助核算内容。
- 如果新增科目与原有某一科目相同或类似，则可采用复制的方法，但是要特别注意复制后的科目是否需要修改科目性质（余额方向）。

4. 指定会计科目

（1）【A01 李金泽】在【基础设置】选项卡中，执行【基础档案】|【财务】|【会计科目】命令，打开【会计科目】窗口。

（2）执行【编辑】|【指定科目】命令，打开【指定科目】对话框。

（3）单击【〉】按钮将【1001 库存现金】从【待选科目】窗口选入【已选科目】窗口，如图 2 - 27 所示。

（4）单击选择【银行科目】选项，单击【〉】按钮将【1002 银行存款】从【待选科目】窗口选入【已选科目】窗口，如图 2 - 28 所示。

（5）单击【确定】按钮。

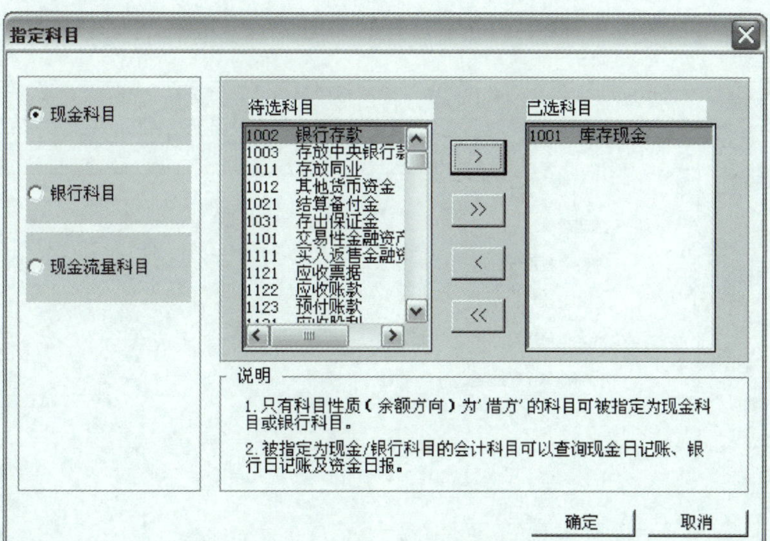


图 2 - 27　【指定现金科目】对话框

2

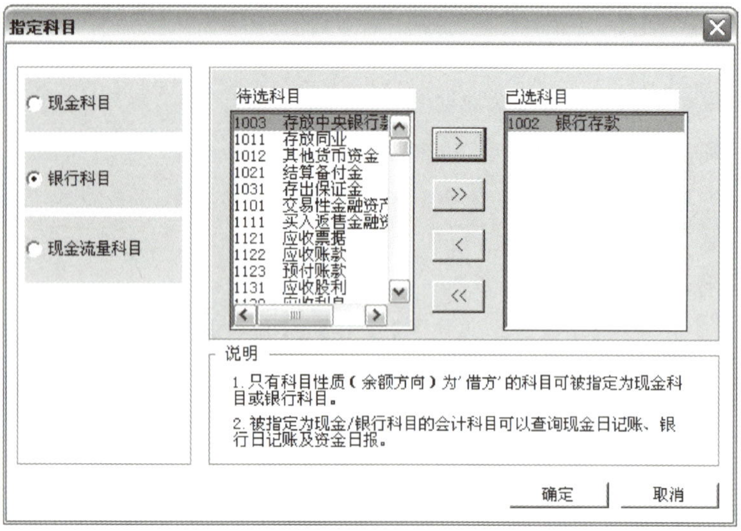

图 2－28 【指定银行科目】对话框

**温馨提示**

- 被指定的【现金科目】及【银行科目】必须是一级会计科目。
- 只有指定现金及银行总账科目才能进行出纳签字的操作。
- 只有指定现金及银行总账科目才能查询现金日记账和银行存款日记账。

5. 设置项目目录

（1）【A01 李金泽】在【基础设置】选项卡中，执行【基础档案】|【财务】|【项目目录】命令，打开【项目档案】窗口。

（2）单击【增加】按钮，打开【项目大类定义_增加】对话框。

（3）录入新项目大类名称【生产成本核算】，如图 2－29 所示。

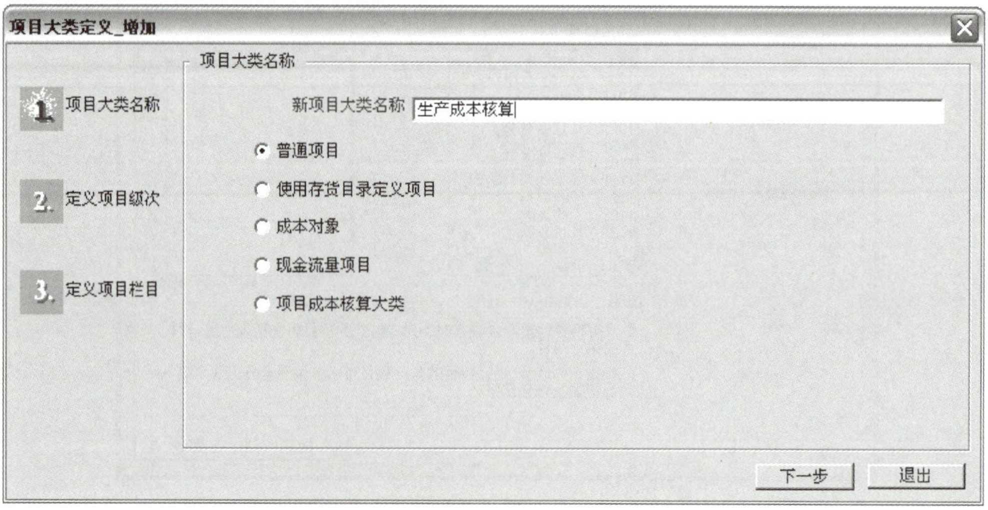

图 2－29 【项目大类定义_增加】对话框

(4) 单击【下一步】按钮，打开【定义项目级次】对话框，如图 2－30 所示。

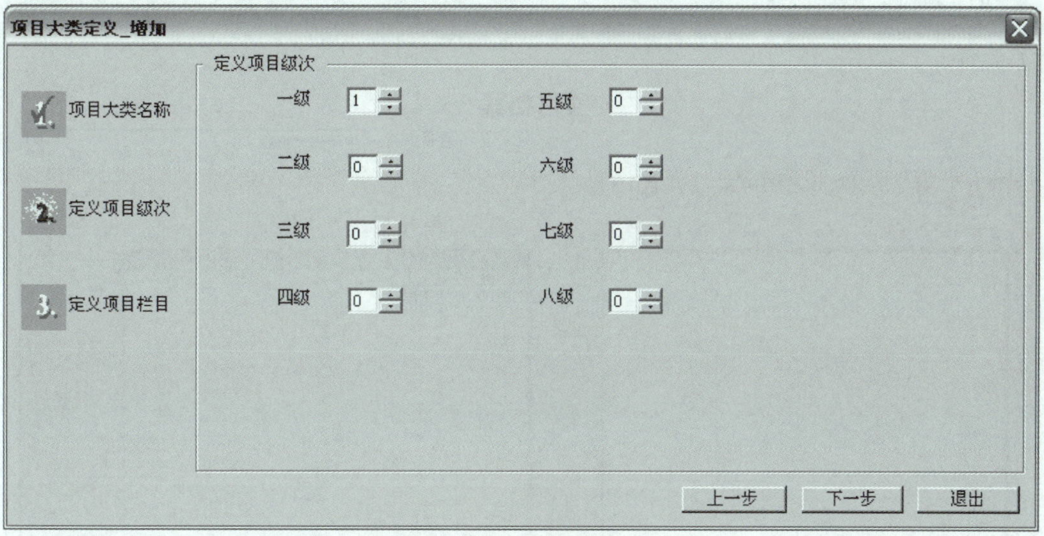


图 2－30 【定义项目级次】对话框

(5) 默认系统设置，单击【下一步】按钮，打开【定义项目栏目】对话框，如图 2－31 所示。

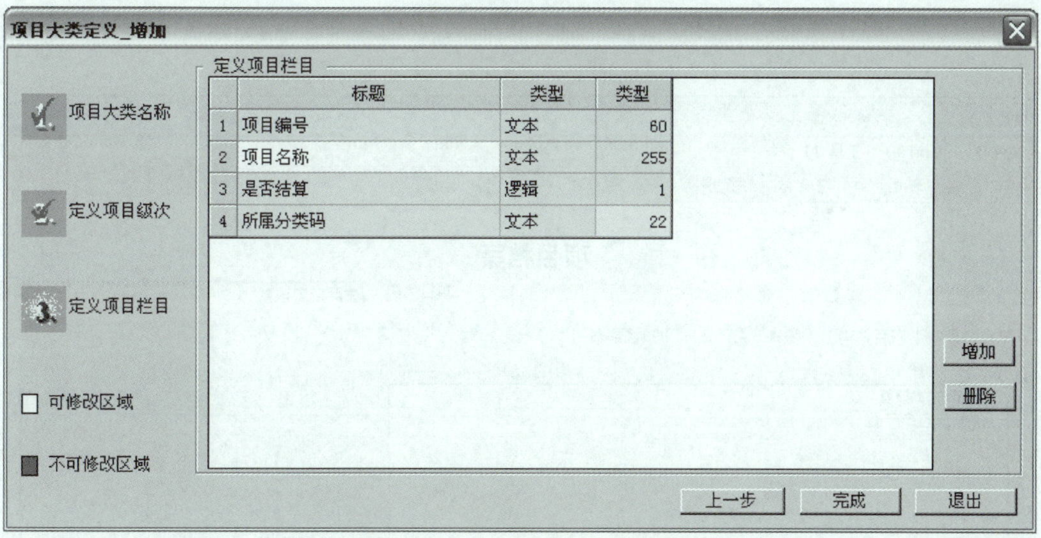


图 2－31 【定义项目栏目】对话框

(6) 单击【完成】按钮，返回【项目档案】窗口。

(7) 单击【项目大类】栏的下三角按钮，选择【生产成本核算】项目大类。

(8) 单击【核算科目】选项卡，单击【》】按钮，将生产成本明细科目从【待选科目】列表中选入【已选科目】列表，如图 2－32 所示。

(9) 单击【确定】按钮。

(10) 单击【项目分类定义】选项卡。

(11) 录入分类编码为【1】，分类名称为【自产产品】，单击【确定】按钮，如图 2－33 所示。

2

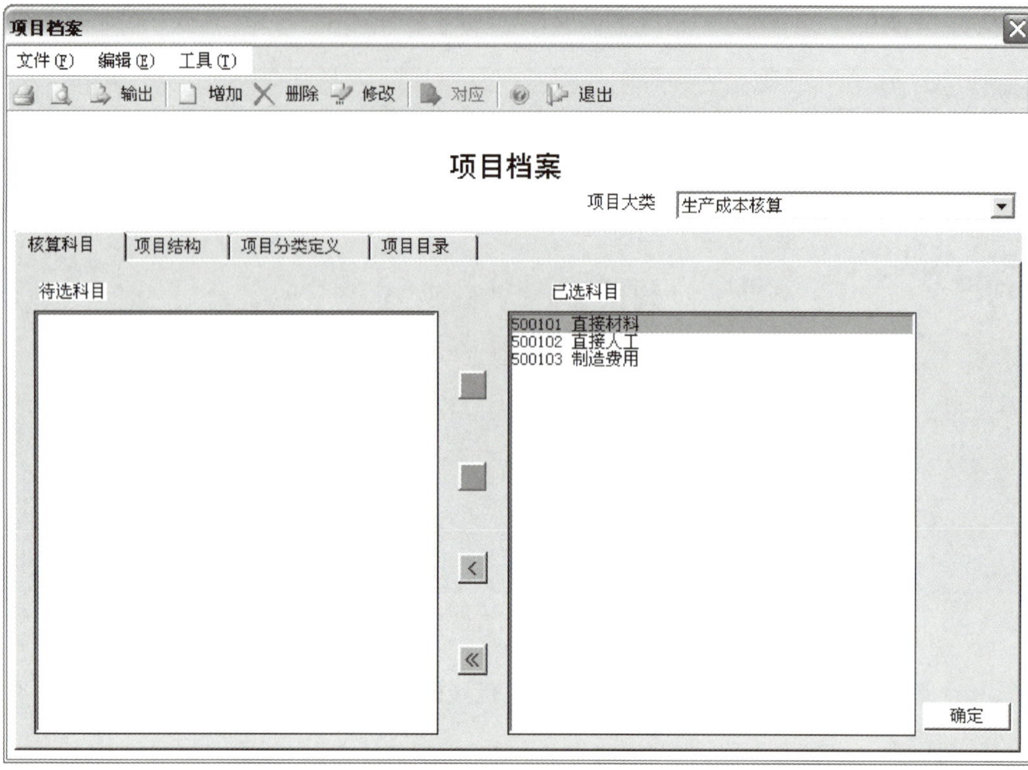


图 2-32 【核算科目】窗口

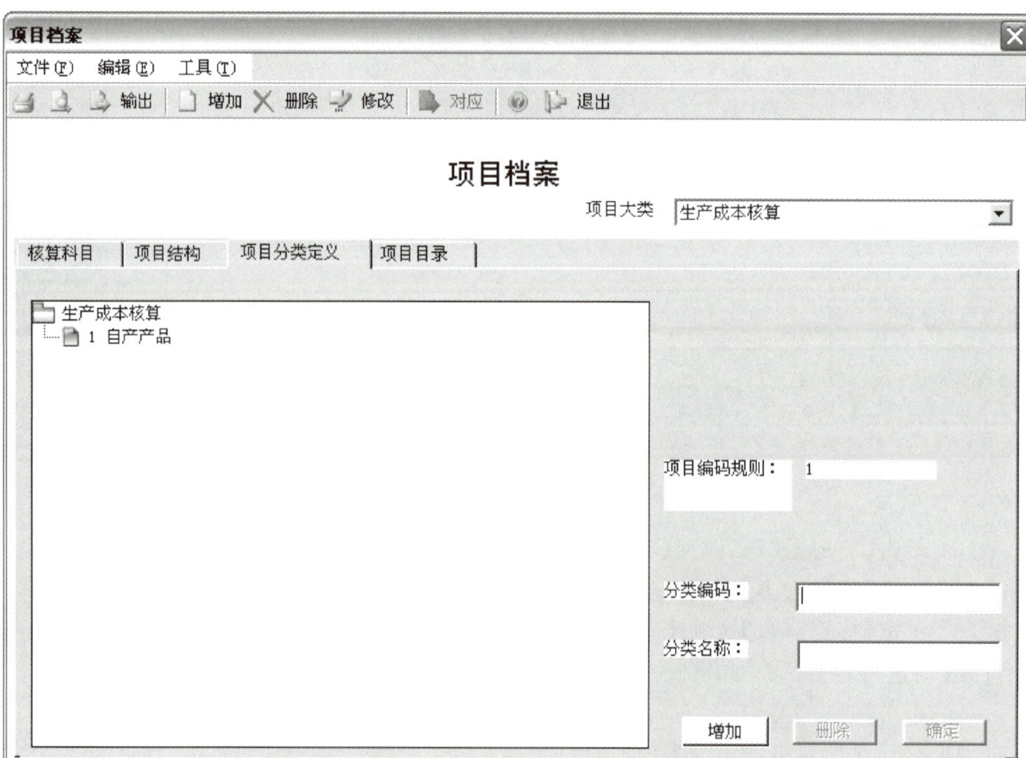


图 2-33 【项目分类定义】窗口

（12）选中【项目目录】选项卡，单击【维护】按钮，打开【项目目录维护】窗口。

（13）单击【增加】按钮，录入项目编号为【1】、项目名称为【货架】，单击【所属分类码】栏参照按钮，选择【自产产品】。依此方法增加其他项目，操作结果如图 2－34 所示。

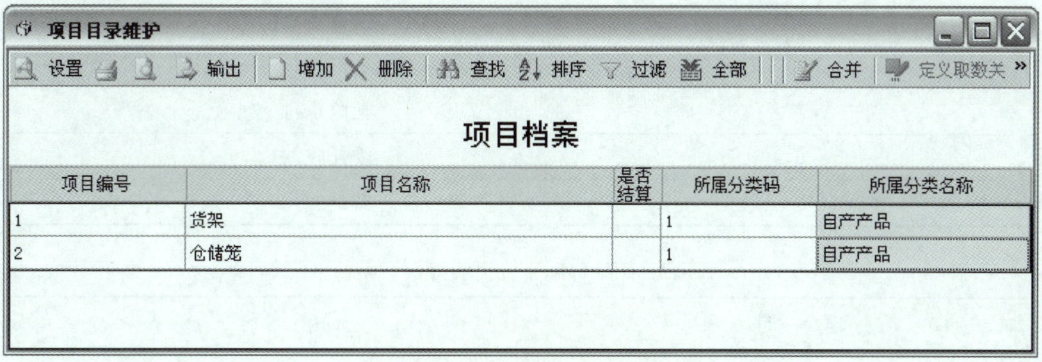


图 2－34　【项目目录维护】窗口

6. 账套备份

将账套输出至【F:\616 账套备份\2－4】文件夹。

**温馨提示**

- 一个项目大类可以指定多个科目，一个科目只能属于一个项目大类。
- 在每年年初应将已结算或不用的项目删除。
- 标识结算后的项目将不能再使用。

# 实训五　收付结算信息设置

## 【业务描述】

2020 年 1 月 1 日，增加结算方式、本单位开户银行以及付款条件，相关信息如表 2－16～表 2－18 所示。

设置结算方式

表 2－16　结　算　方　式

| 编　　号 | 结算方式名称 |
|---|---|
| 1 | 现金 |
| 2 | 支票 |
| 201 | 现金支票 |
| 202 | 转账支票 |
| 3 | 汇票 |

续 表

| 编 号 | 结算方式名称 |
| --- | --- |
| 301 | 银行承兑汇票 |
| 302 | 商业承兑汇票 |
| 4 | 电汇 |
| 5 | 托收承付 |
| 6 | 委托收款 |
| 9 | 其他 |

设置本单位开户银行

表 2－17 本单位开户银行信息

| 项 目 | 内 容 |
| --- | --- |
| 企业开户银行编码 | 01 |
| 开户银行 | 中国工商银行芜湖经开区支行 |
| 银行账号 | 1307100026160024388 |
| 账户名称 | 安徽环宇仓储设备有限公司 |
| 币种 | 人民币 |
| 所属银行 | 中国工商银行 |

设置付款条件

表 2－18 付 款 条 件

| 付款条件编码 | 信用天数 | 优惠天数 1 | 优惠率 1 | 优惠天数 2 | 优惠率 2 |
| --- | --- | --- | --- | --- | --- |
| 01 | 30 | 10 | 2 | 20 | 1 |

## 【岗位说明】

【A01 李金泽】设置收付结算信息。

## 【赛题链接】

根据表 2－19 中的资料，修改完善结算方式信息。

表 2－19 结算方式（赛题）

| 结算方式编码 | 结算方式名称 |
| --- | --- |
| 402 | 商业承兑汇票 |
| 6 | 同城特约委托收款 |

## 【操作指导】

1. 设置结算方式

（1）【A01 李金泽】登录企业应用平台，在【基础设置】选项卡中，执行【基础档案】|【收付结算】|【结算方式】命令，打开【结算方式】窗口。

（2）单击【增加】按钮，录入结算方式编码为【1】，结算方式名称为【现金】，如图 2-35 所示，单击【保存】按钮。

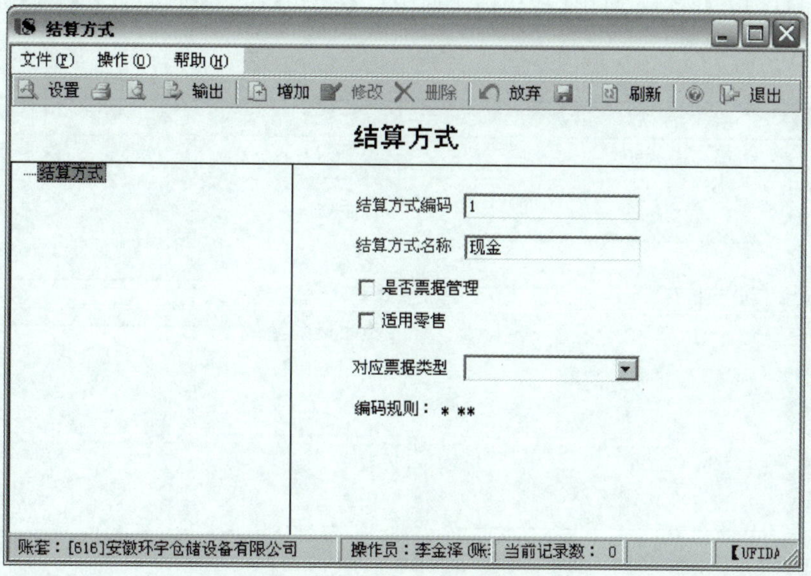


图 2-35　【结算方式】窗口

（3）以此方法，依次增加其他结算方式，操作结果如图 2-36 所示。

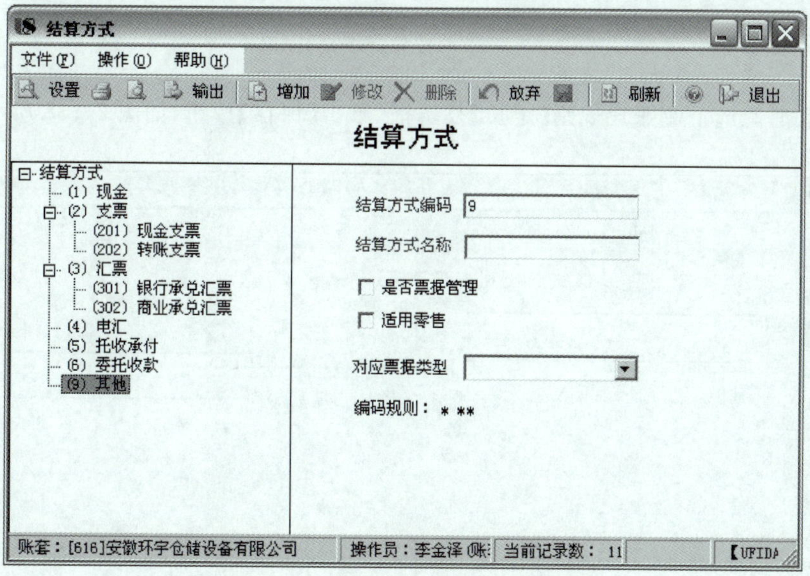


图 2-36　【结算方式】窗口操作结果

**温馨提示**

在总账系统中，结算方式将在使用【银行账】类科目填制凭证时使用，并可作为银行对账的一个参数。

2 设置本单位开户银行

(1)【A01 李金泽】在【基础设置】选项卡中,执行【基础档案】|【收付结算】|【银行档案】命令,打开【银行档案】窗口。选中【01 中国工商银行】,单击【修改】按钮,打开【修改银行档案】窗口,如图 2-37 所示。

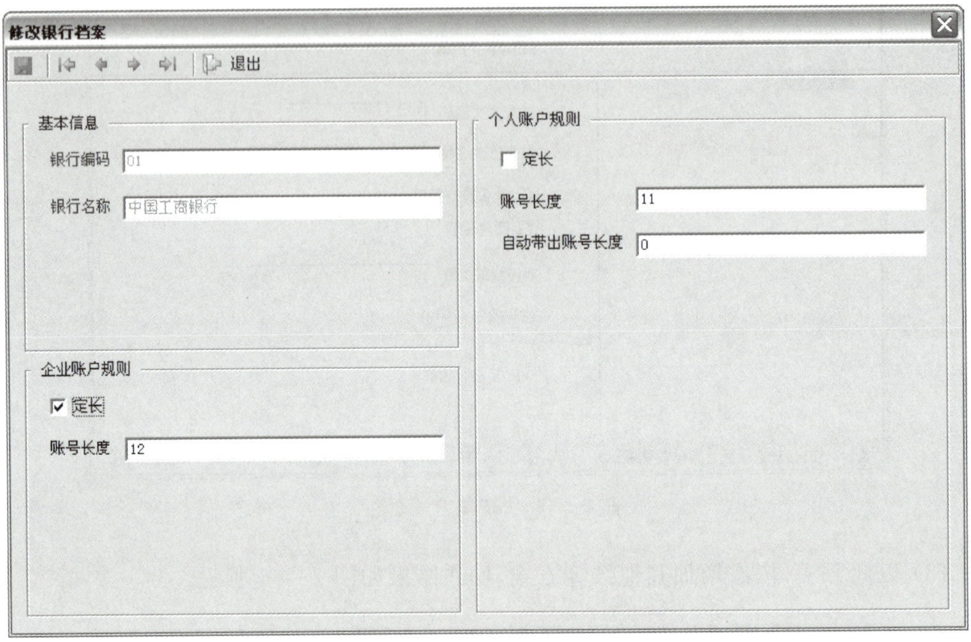


图 2-37 【修改银行档案】窗口 1

(2)取消勾选企业账户规则【定长】复选框,单击【保存】按钮,如图 2-38 所示。

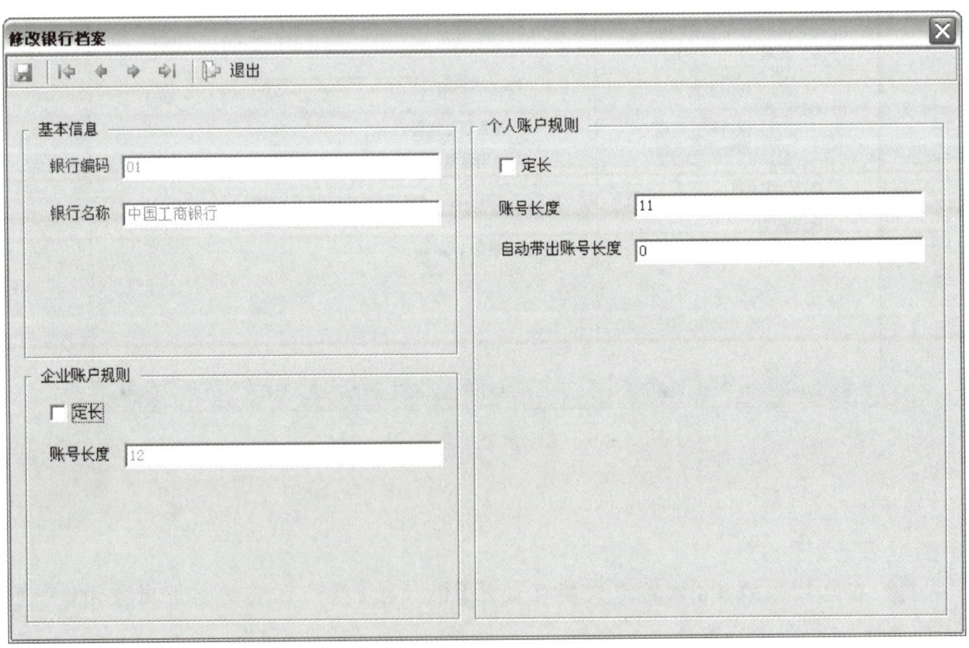


图 2-38 【修改银行档案】窗口 2

(3) 在【基础设置】选项卡中，执行【基础档案】|【收付结算】|【本单位开户银行】命令，打开【增加本单位开户银行】窗口，按表 2－17 中的资料录入开户银行信息，操作结果如图 2－39、图2－40 所示。

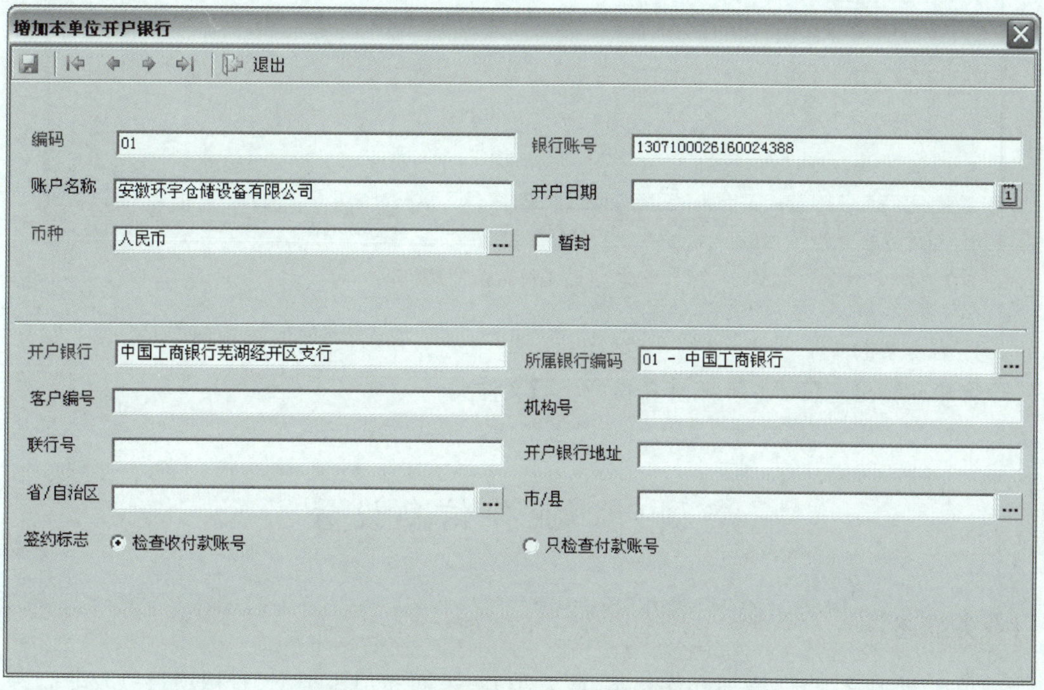


图 2－39 【增加本单位开户银行】窗口

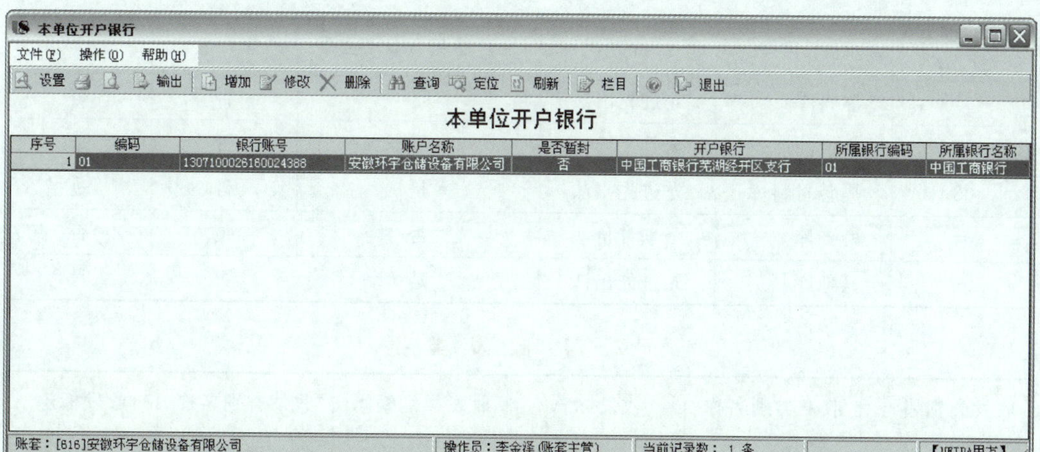


图 2－40 【本单位开户银行】窗口

3. 设置付款条件

(1)【A01 李金泽】在【基础设置】选项卡中，执行【基础档案】|【收付结算】|【付款条件】命令，打开【付款条件】窗口。

(2) 按表 2－18 中的资料录入付款条件信息，操作结果如图 2－41 所示。

2

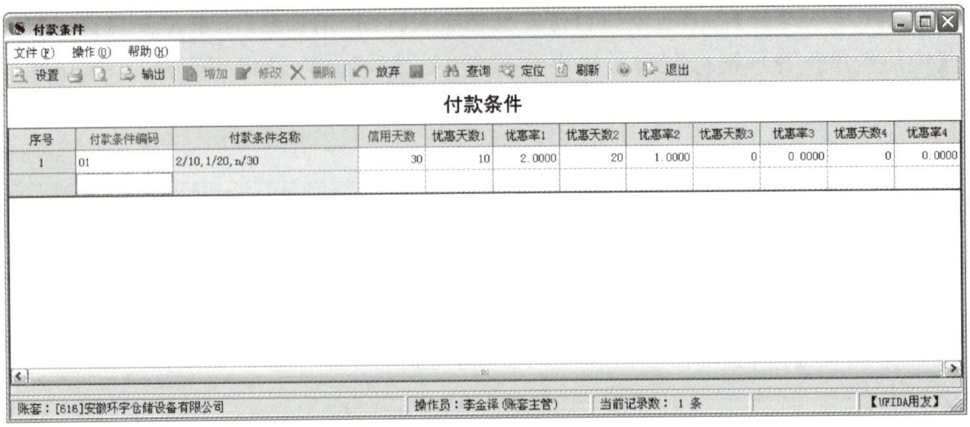


图 2-41 【付款条件】窗口

4. 账套备份

将账套输出至【F:\616 账套备份\2-5】文件夹。

# 实训六 业务信息设置

## 【业务描述】

2020 年 1 月 1 日，增加仓库档案、收发类别、采购和销售类型、费用项目以及非合理损耗类型，相关信息如表 2-20～表 2-24 所示。

设置仓库档案

表 2-20 仓库档案

| 仓库编码 | 仓库名称 | 计价方式 | 是否参与 MRP 运算 | 资产仓 | 记入成本 |
|---|---|---|---|---|---|
| 01 | 原料库 | 先进先出法 | 是 | 否 | 是 |
| 02 | 产成品库 | 全月平均法 | 是 | 否 | 是 |
| 03 | 周转材料库 | 先进先出法 | 是 | 否 | 是 |
| 04 | 资产库 | 个别计价法 | 否 | 是 | 否 |
| 09 | 其他库 | 先进先出法 | 是 | 否 | 是 |

设置收发类别

表 2-21 收发类别

| 收发类别编码 | 收发类别名称 | 收发标志 | 收发类别编码 | 收发类别名称 | 收发标志 |
|---|---|---|---|---|---|
| 1 | 入库 | 收 | 2 | 出库 | 发 |
| 101 | 采购入库 | 收 | 201 | 销售出库 | 发 |
| 102 | 采购退货 | 收 | 202 | 销售退货 | 发 |
| 103 | 盘盈入库 | 收 | 203 | 盘亏出库 | 发 |
| 104 | 产成品入库 | 收 | 204 | 材料出库 | 发 |
| 109 | 其他入库 | 收 | 209 | 其他出库 | 发 |

设置采购和销售类型

2

设置费用项目

设置非合理损耗类型

**表 2-22 采购和销售类型**

| 采购类型 | 名　　称 | 出入库类别 | 销售类型 | 名　　称 | 出入库类别 |
|---|---|---|---|---|---|
| | 01 正常采购 | 采购入库 | | 01 正常销售 | 销售出库 |
| | 02 采购退货 | 采购退货 | | 03 销售退货 | 销售退货 |

**表 2-23 费 用 项 目**

| 费用项目分类编码 | 费用项目分类名称 | 费用项目编码 | 费用项目名称 |
|---|---|---|---|
| 0 | 无分类 | 01 | 运输费 |

**表 2-24 非合理损耗类型**

| 非合理损耗类型编码 | 非合理损耗类型名称 |
|---|---|
| 01 | 运输部门责任 |

## 【操作指导】

1. 设置仓库档案

(1)【A01 李金泽】登录企业应用平台,在【基础设置】选项卡中,执行【基础档案】|【业务】|【仓库档案】命令,打开【仓库档案】窗口。

(2) 单击【增加】按钮,打开【增加仓库档案】窗口,录入仓库编码为【01】、仓库名称为【原料库】,选择计价方式为【先进先出法】,勾选【参与 MRP 运算】【记入成本】复选框,取消勾选【资产仓】复选框,如图 2-42 所示。

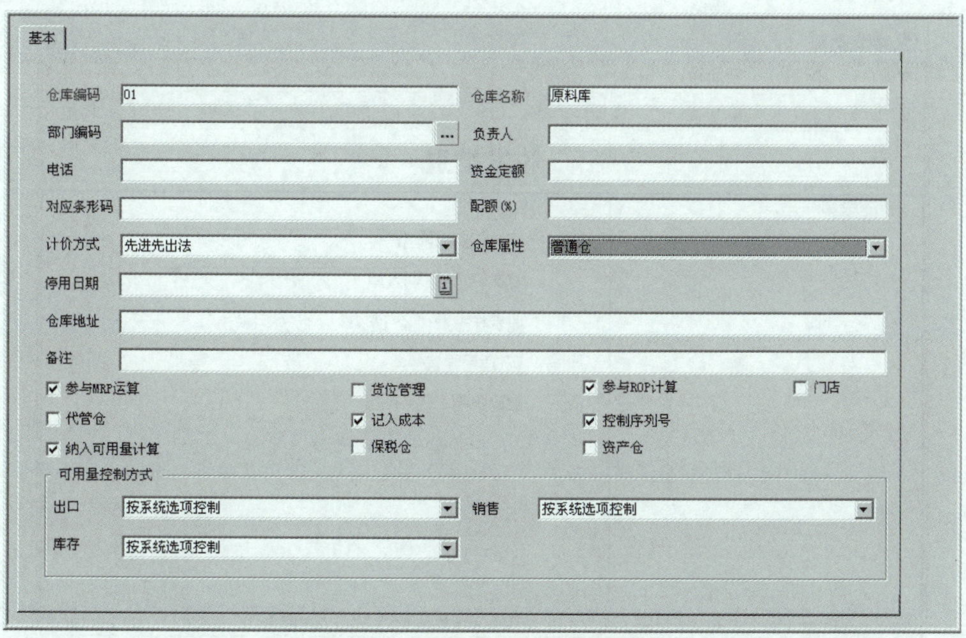


图 2-42 【增加仓库档案】窗口

（3）以此方法，依次录入其他仓库档案信息，操作结果如图 2－43 所示。

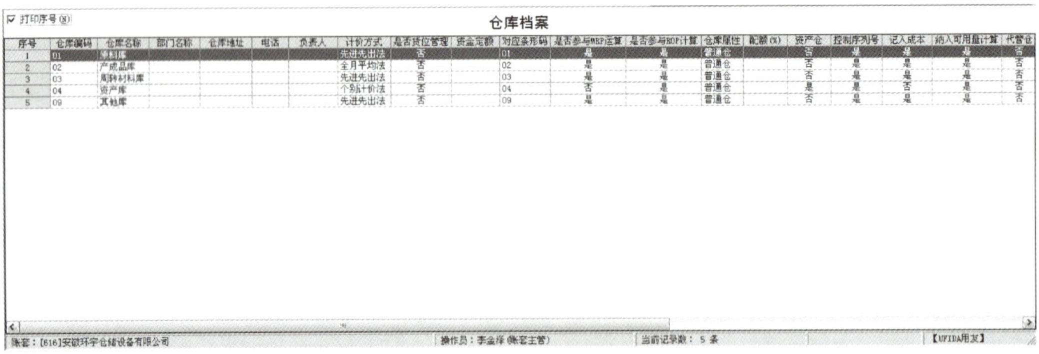


图 2－43 【仓库档案】页面

**温馨提示**

每个仓库必须选择一种计价方式。系统提供五种计价方式，工业企业为计划价法，全月平均法，移动平均法，先进先出法和个别计价法；商业企业为销售价法，全月平均法，移动平均法，先进先出法和个别计价法。

2. 设置收发类别

（1）【A01 李金泽】在【基础设置】选项卡中，执行【基础档案】|【业务】|【收发类别】命令，打开【收发类别】窗口。

（2）单击【增加】按钮，根据表 2－21 中的资料，录入收发类别编码为【1】、收发类别名称为【入库】，单击选择收发标志【收】，如图 2－44 所示，单击【保存】按钮。

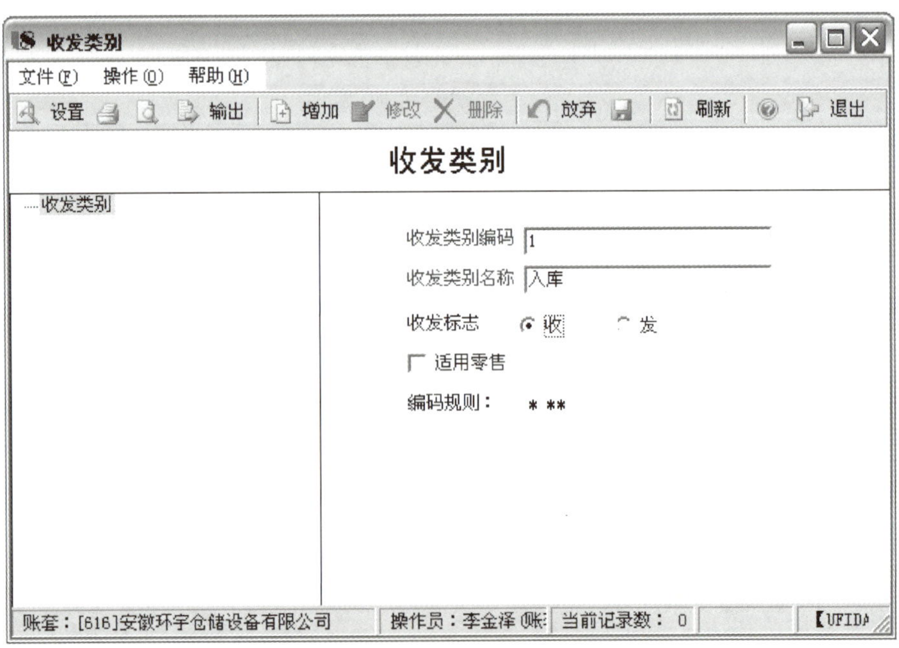


图 2－44 【收发类别】窗口

（3）以此方法，依次录入其他收发类别，操作结果如图 2 - 45 所示。

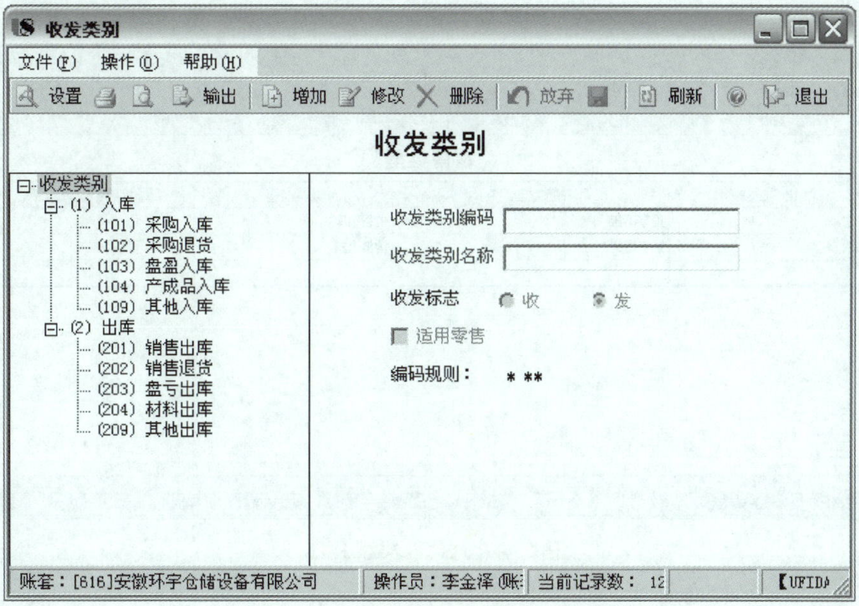


图 2 - 45 【收发类别】窗口操作结果

3. 设置采购类型

（1）【A01 李金泽】在【基础设置】选项卡中，执行【基础档案】|【业务】|【采购类型】命令，打开【采购类型】窗口。

（2）单击【增加】按钮，根据表 2 - 22 中的资料，录入采购类型信息，操作结果如图 2 - 46所示。

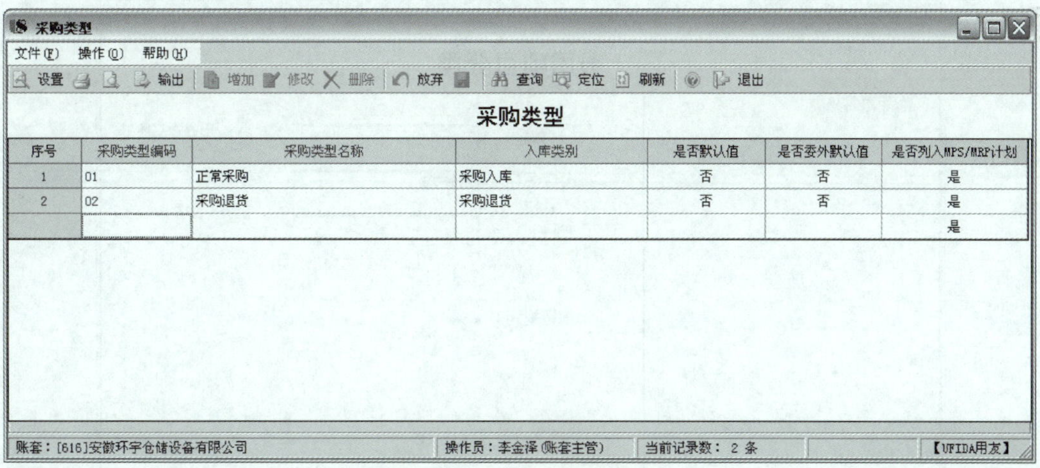


图 2 - 46 【采购类型】窗口

4. 设置销售类型

（1）【A01 李金泽】在【基础设置】选项卡中，执行【基础档案】|【业务】|【销售类型】命令，打开【销售类型】窗口。

（2）单击【增加】按钮，根据表 2－22 中的资料，录入销售类型信息，操作结果如图 2－47所示。

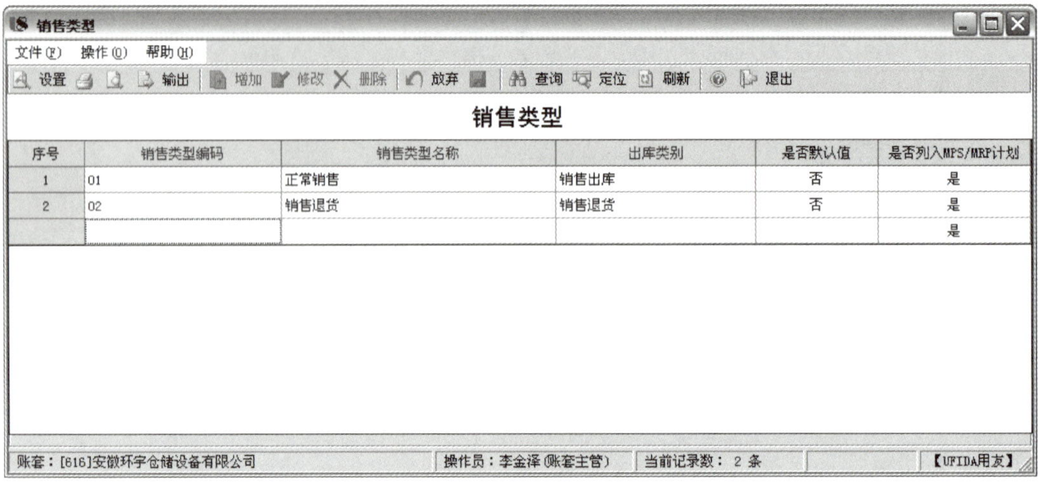


图 2－47 【销售类型】窗口

5. 设置费用项目

（1）【A01 李金泽】在【基础设置】选项卡中，执行【基础档案】|【业务】|【费用项目分类】命令，打开【费用项目分类】窗口。

（2）单击【增加】按钮，录入分类编码为【0】、分类名称为【无分类】，如图 2－48 所示，单击【保存】按钮。

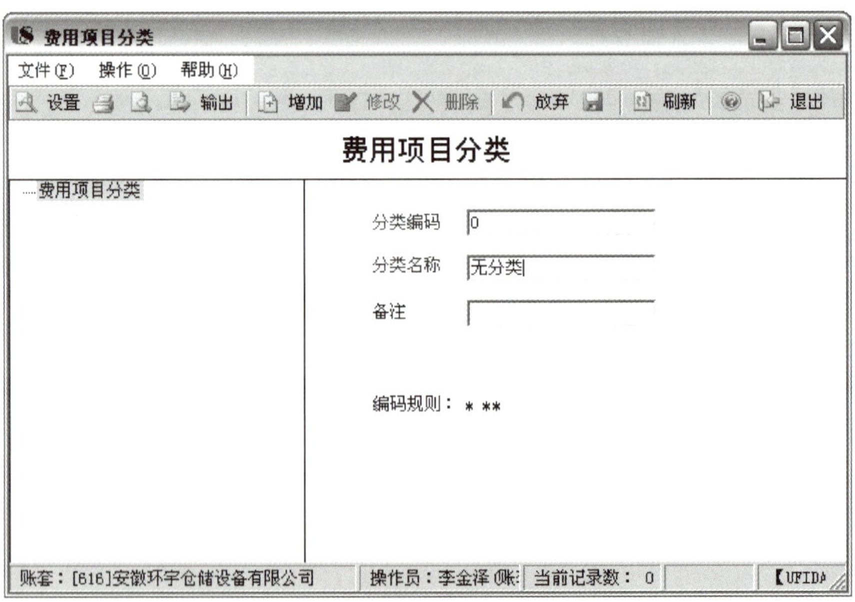


图 2－48 【费用项目分类】窗口

（3）在【基础设置】选项卡中，执行【基础档案】|【业务】|【费用项目】命令，打开【费用项目】窗口。

（4）单击【增加】按钮，录入费用项目编码为【01】，费用项目名称为【运输费】，单击【保存】按钮，操作结果如图 2－49 所示。

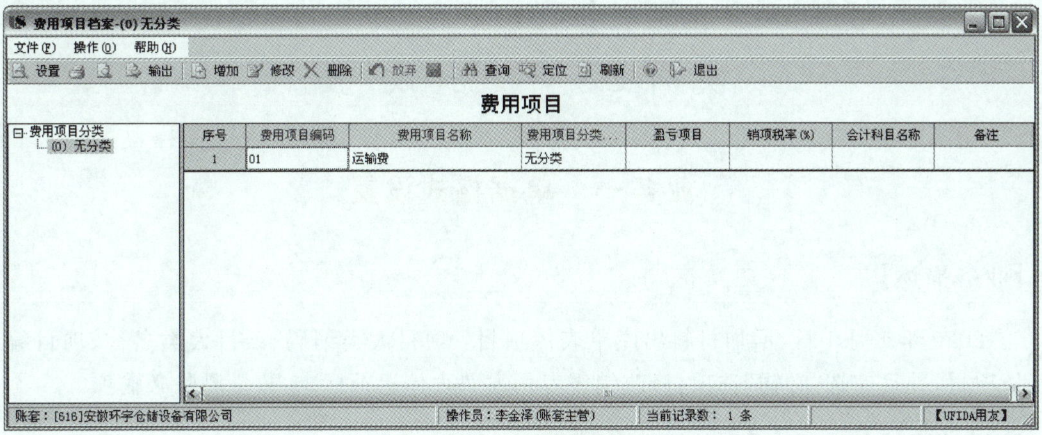


图 2－49　【费用项目】窗口

**温馨提示**

先建立费用项目分类，再添加费用项目。

6. 设置非合理损耗

（1）【A01 李金泽】在【基础设置】选项卡中，执行【基础档案】|【业务】|【非合理损耗类型】命令，打开【非合理损耗类型】窗口。

（2）单击【增加】按钮，录入非合理损耗类型编码为【01】、非合理损耗类型名称为【运输部门责任】，单击【保存】按钮，操作结果如图 2－50 所示。

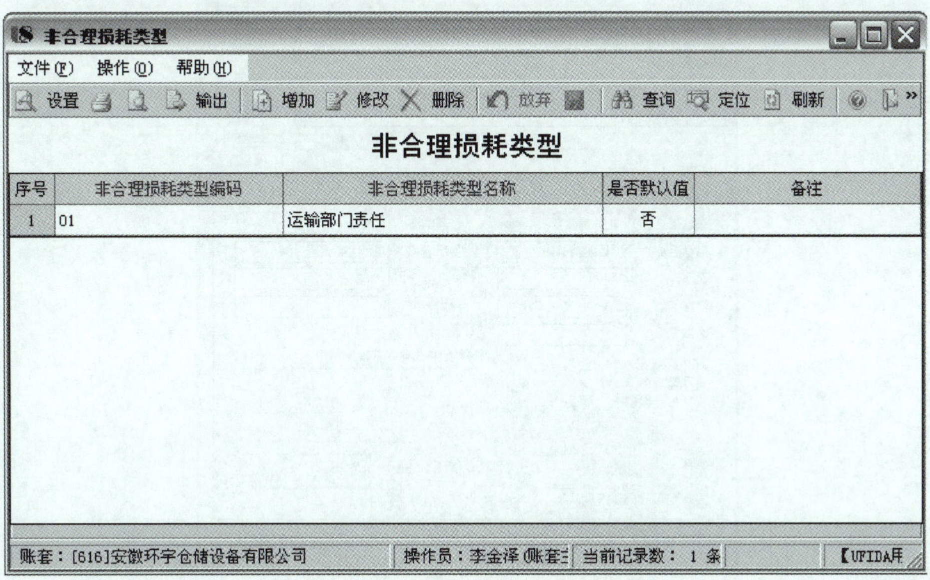


图 2－50　【非合理损耗类型】窗口

7. 账套备份

将账套输出至【F:\616 账套备份\2－6】文件夹。



# 实训七 单 据 设 置

## 业务一 单据格式设置

设置单据格式

### 【业务描述】

2020 年 1 月 1 日，增加材料出库单表体项目：项目大类编码、项目大类名称、项目编码、项目，并且勾选“必输”选项；修改销售专用发票表体退补标志，数量删除必输项。

### 【岗位说明】

【A01 李金泽】设置单据格式。

### 【操作指导】

1. 增加材料出库单表体项目

（1）【A01 李金泽】登录企业应用平台，在【基础设置】选项卡中，执行【单据设置】|【单据格式设置】命令，打开【单据格式设置】窗口，选择【材料出库单】，打开【表体】窗口。

（2）在材料出库单的表体项目【项目大类编码】【项目大类名称】【项目编码】和【项目】前，勾选【必输】复选框，如图 2－51 所示。单击【保存】按钮。

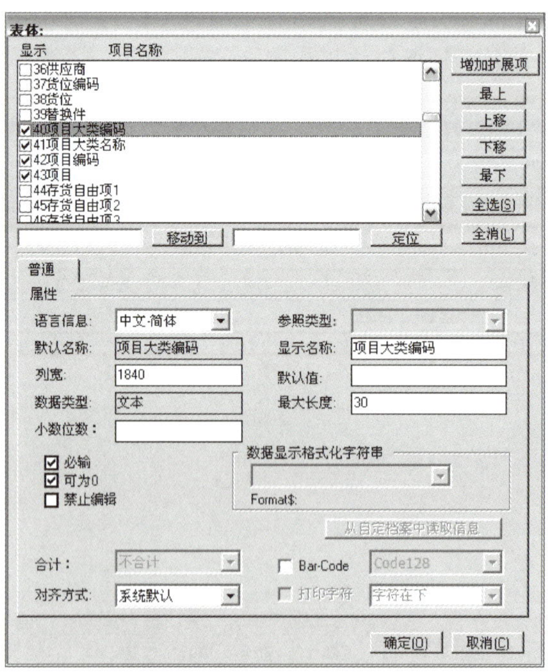


图 2－51 【单据格式设置——表体】窗口 1

2. 修改销售专用发票表体项目

(1)【A01 李金泽】在【基础设置】选项卡中,执行【单据设置】|【单据格式设置】命令,打开【单据格式设置】窗口,选择【销售专用发票】,打开【表体】窗口。

(2) 修改销售专用发票的表体项目【数量】,取消勾选【必输】复选框,增加表体项目【退补标志】,如图 2-52、图 2-53 所示,单击【保存】按钮。



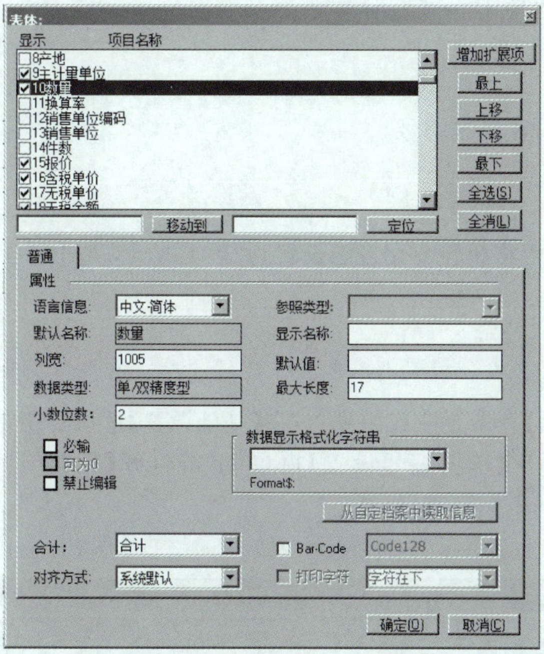

图 2-52 【单据格式设置——表体】窗口 2

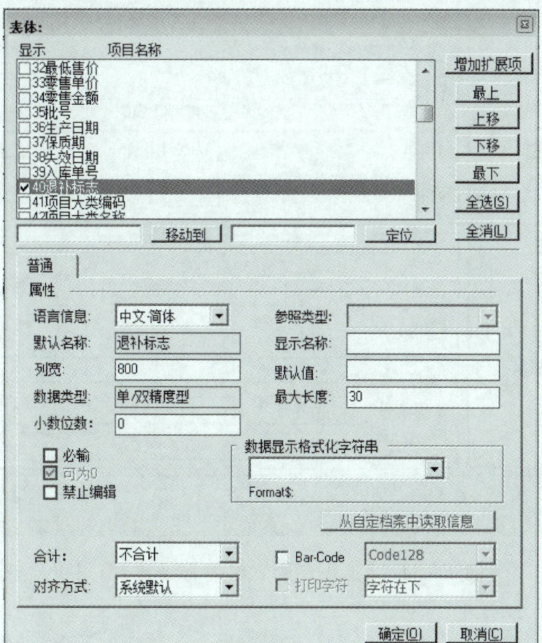

图 2-53 【单据格式设置——表体】窗口 3

设置单据编号

2

## 业务二 单据编号设置

### 【业务描述】

2020 年 1 月 1 日，设置采购订单和采购（专用/普通）发票为完全手工编号；销售订单和销售（专用/普通）发票为完全手工编号。

### 【岗位说明】

【A01 李金泽】设置单据编号。

### 【赛题链接】

在单据编号设置中将销售专用发票设置为“手工改动，重号时自动重取”。

### 【操作指导】

1. 设置单据编号

（1）【A01 李金泽】登录企业应用平台，在【基础设置】选项卡中，执行【单据设置】|【单据编号设置】命令，打开【单据编号设置】窗口，单击打开【销售专用发票】编号设置，如图 2－54 所示。

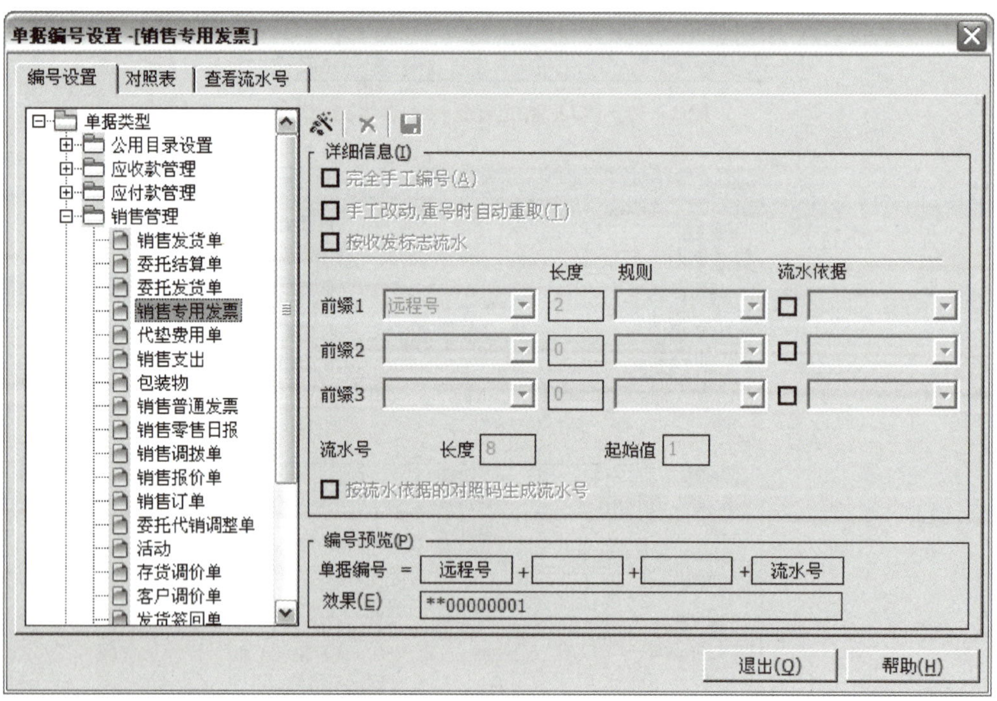


图 2－54 【销售专用发票编号设置】窗口 1

（2）单击【修改】按钮，勾选【完全手工编号】复选框，如图 2－55 所示，单击【保存】按钮。

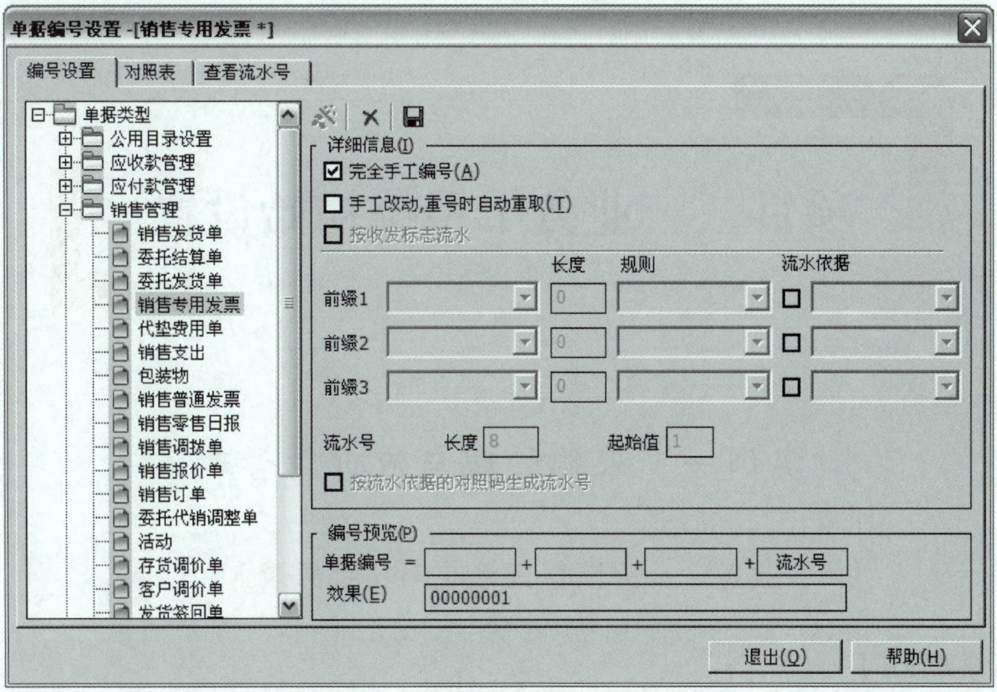


图 2-55 【销售专用发票编号设置】窗口 2

(3) 以此方法,修改销售普通发票、销售订单、采购专用发票、采购普通发票、采购订单的编号方式为【完全手工编号】。

2. 账套备份

将账套输出至【F:\616 账套备份\2-7】文件夹。

# 项目三　业务子系统初始设置

## 实训一　采购管理与应付款管理

### 业务一　采购管理系统期初余额录入

采购期初余额录入

**【业务描述】**

2020 年 1 月 1 日，录入采购期初数据：

2019 年 12 月 19 日，采购部叶敏采购角钢 100 米，不含税单价为每米 100 元，已入原料仓库。属正常采购，入库类别为【采购入库】，购自芜湖新兴铸管有限公司，采购发票未到，款未付。

**【岗位说明】**

【A01 李金泽】录入采购管理系统期初数据。

**【操作指导】**

（1）【A01 李金泽】在企业应用平台中，执行【业务工作】|【供应链】|【采购管理】|【采购入库】|【入库单】命令，打开【期初采购入库单】窗口。

（2）单击【增加】按钮，根据资料录入期初采购入库单信息，操作结果如图 3－1 所示。

（3）单击【保存】按钮。

**温馨提示**

- 在采购管理系统期初记账前，采购管理系统的采购入库，只能录入期初入库单。期初记账后，采购入库单需要在库存系统录入或生成。
- 如果采购货物尚未运达企业但发票已经收到，则可以录入期初采购发票，表示企业的在途物资，待货物运达后，再办理采购结算。

图 3-1 【期初采购入库单】页面

## 业务二 采购期初记账

### 【业务描述】

2020 年 1 月 1 日，对采购管理系统进行期初记账。

采购管理系统期初记账

### 【岗位说明】

【A01 李金泽】采购管理系统期初记账。

### 【操作指导】

(1)【A01 李金泽】在企业应用平台中，执行【业务工作】|【供应链】|【采购管理】|【设置】|【采购期初记账】命令，打开【期初记账】对话框，如图 3-2 所示。

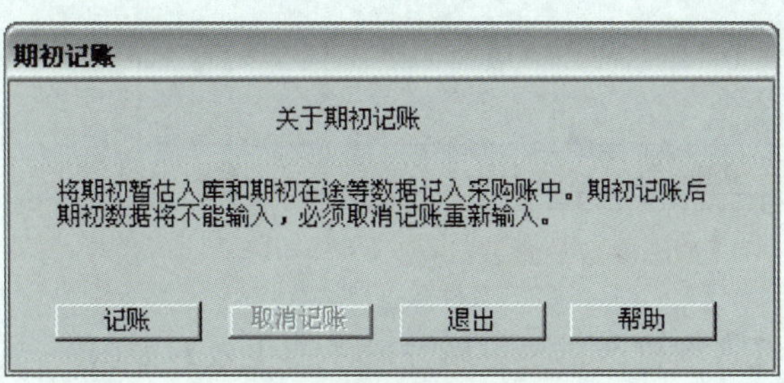


图 3-2 【期初记账】对话框

图 3-3 【期初记账完毕】提示框

(2) 单击【记账】按钮，系统提示【期初记账完毕!】，如图 3-3 所示。

(3) 单击【确定】按钮。

## 业务三 应付款管理系统参数设置

应付款管理系统参数设置

3

### 【业务描述】

2020 年 1 月 1 日，设置应付款管理系统的相关参数：

单据审核日期依据为【单据日期】，勾选【自动计算现金折扣】，受控科目制单方式为【明细到单据】。

### 【岗位说明】

【A01 李金泽】设置应付款管理系统参数。

### 【赛题链接】

在应付款管理系统中设置采购科目依据“按采购类型”。

### 【操作指导】

（1）【A01 李金泽】在企业应用平台中，执行【业务工作】|【财务会计】|【应付款管理】|【设置】|【选项】命令，打开【账套参数设置】对话框，如图 3－4 所示。

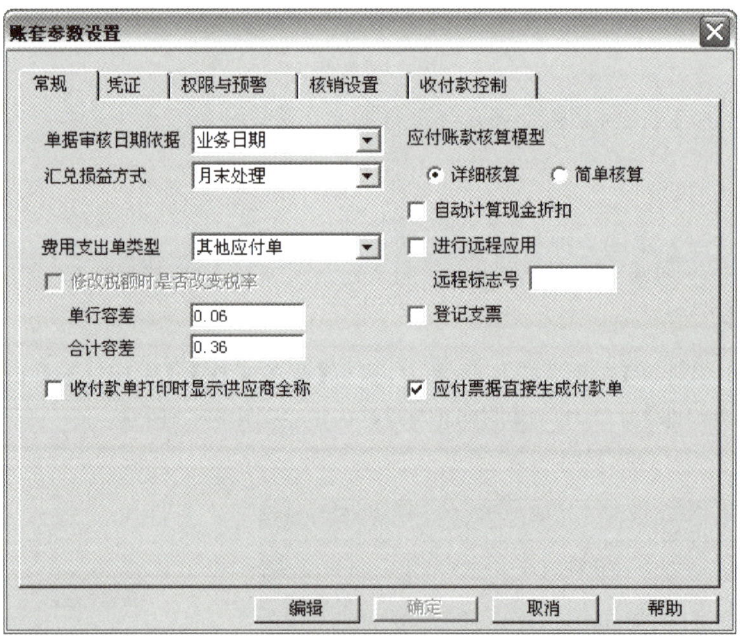


图 3－4 【账套参数设置】对话框

（2）单击【编辑】按钮，系统提示【选项修改需要重新登录才能生效】，如图3－5 所示，单击【确定】按钮。

（3）打开【常规】选项卡，选择单据审核日期依据为【单据日期】，勾选【自动计算现金折扣】复选框，如图 3－6 所示。

（4）打开【凭证】选项卡，选择受控科目制单方式为【明细到单据】，如图 3－7 所示。

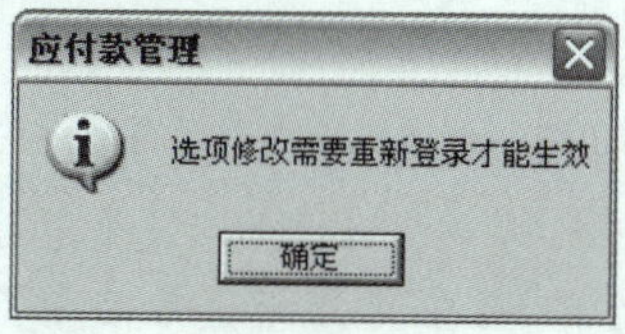


图 3-5 【选项修改需要重新登录才能生效】提示框

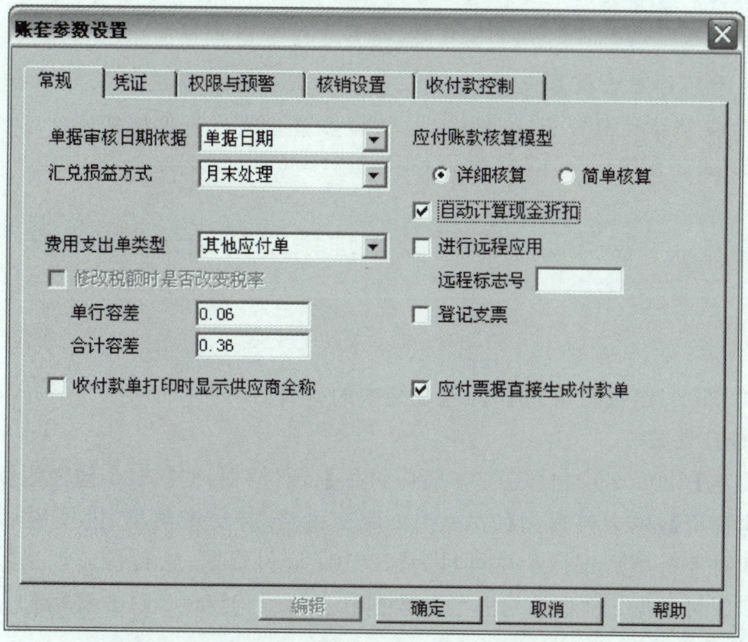


图 3-6 【账套参数设置——常规】选项卡

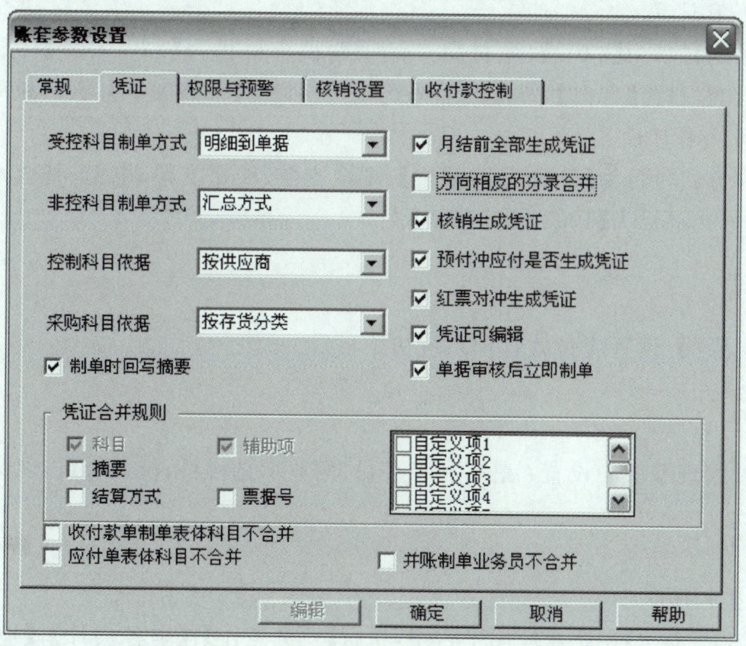


图 3-7 【账套参数设置——凭证】选项卡

（5）单击【确定】按钮。

温馨提示

在进入应付款系统之前，应在建立账套后启用应付款系统，或者在企业应用平台中启用应付款系统。应付款系统的启用会计期间必须大于或等于账套的启用时间。

在账套使用过程中可以随时修改账套参数。

如果选择单据日期为审核日期，则月末结账时单据必须全部审核。

关于应付账款核算模型，在系统启用时或者还没有进行任何业务处理的情况下才允许从简单核算改为详细核算。从详细核算改为简单核算随时可以修改。



## 业务四 应付款管理系统初始设置

应付款管理系统初始设置

**【业务描述】**

2020年1月1日，设置应付款管理系统中的科目。

1. 基本科目设置

应付科目为【220201 应付账款/一般应付款】，预付科目为【1123 预付账款】，采购科目为【1402 在途物资】，税金科目为【22210101 应交税费/应交增值税/进项税额】，现金折扣科目为【6603 财务费用】，银行承兑科目为【220101 应付票据/银行承兑汇票】，商业承兑科目为【220102 应付票据/商业承兑汇票】，票据利息科目为【6603 财务费用】。

2. 控制科目设置

应付科目为【220201 应付账款/一般应付款】，预付科目为【1123 预付账款】。

3. 产品科目设置

原材料采购科目为【1402】，原材料产品采购税金科目为【22210101】，原材料税率为【13】；资产采购科目为【1601】，资产产品采购税金科目为【22210101】，资产税率为【13】。

4. 结算方式科目设置

现金结算方式科目为【1001 库存现金】；现金支票、转账支票、电汇、托收承付、委托收款、其他结算方式科目为【1002 银行存款】。

**【岗位说明】**

【A01 李金泽】设置应付款管理系统初始科目。

**【赛题链接】**

在应付款管理系统中设置：票据利息科目、商业承兑科目、税金科目、现金折扣科目。

**【操作指导】**

1. 设置基本科目

（1）【A01 李金泽】在企业应用平台中，执行【业务工作】|【财务会计】|【应付款管理】|【设置】|【初始设置】命令，打开【初始设置】窗口。

（2）选择【设置科目】|【基本科目设置】，单击【增加】按钮，根据资料录入基本科目信息，操作结果如图 3－8 所示。

图 3－8　【初始设置——基本科目设置】窗口

**温馨提示**

只有在此设置了基本科目，在生成凭证时才能出现会计科目，否则凭证中将没有会计科目，相应的会计科目只能手工录入。

如果应付科目、预付科目按不同的供应商或供应商分类分别设置，则可在【控制科目设置】中进行设置。

如果针对不同的存货分别设置采购核算科目，可以在【产品科目设置】中进行设置。

2. 设置控制科目

（1）【A01 李金泽】在企业应用平台中，执行【业务工作】|【财务会计】|【应付款管理】|【设置】|【初始设置】命令，打开【初始设置】窗口。

（2）选择【设置科目】|【控制科目设置】，单击【增加】按钮，录入或选择供应商编码为【001】、应付科目为【220201】、预付科目为【1123】。

（3）以此方式，依次设置其他供应商的控制科目，操作结果如图 3－9 所示。

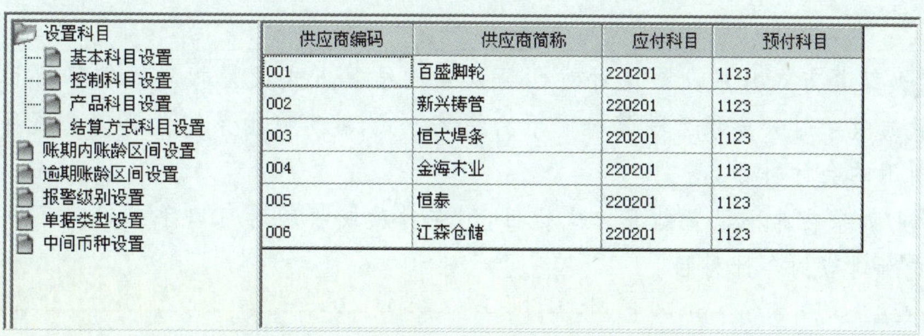


图 3－9　【初始设置——控制科目设置】窗口

3. 设置产品科目

（1）【A01 李金泽】在企业应用平台中，执行【业务工作】|【财务会计】|【应付款管理】|【设置】|【初始设置】命令，打开【初始设置】窗口。

（2）选择【设置科目】|【产品科目设置】，单击【增加】按钮，录入或选择原材料采购科目

为【1402】、原材料产品采购税金科目为【22210101】，原材料税率为【13】；录入或选择资产采购科目为【1601】、资产产品采购税金科目为【22210101】，资产税率为【13】，如图 3－10 所示。

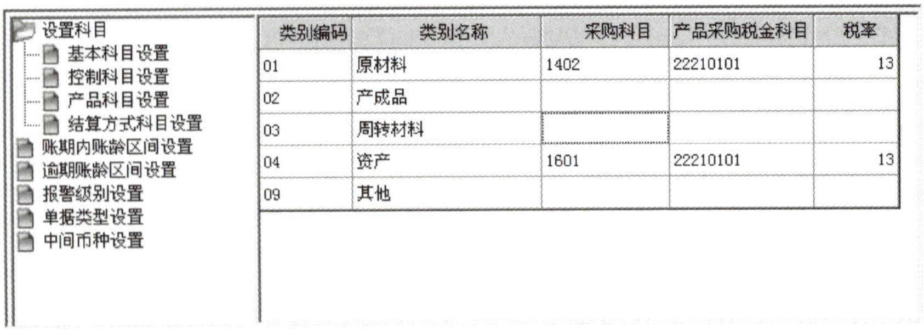


| 类别编码 | 类别名称 | 采购科目 | 产品采购税金科目 | 税率 |
|---|---|---|---|---|
| 01 | 原材料 | 1402 | 22210101 | 13 |
| 02 | 产成品 | | | |
| 03 | 周转材料 | | | |
| 04 | 资产 | 1601 | 22210101 | 13 |
| 09 | 其他 | | | |

图 3－10 【初始设置——产品科目设置】窗口

4. 设置结算方式科目

(1) 【A01 李金泽】在企业应用平台中，执行【业务工作】|【财务会计】|【应付款管理】|【设置】|【初始设置】命令，打开【初始设置】窗口。

(2) 选择【设置科目】|【结算方式科目设置】，选择结算方式为【现金】、币种为【人民币】，录入或选择现金结算方式科目为【1001】。

(3) 以此方法，依次录入其他的结算方式科目，操作结果如图 3－11 所示。

| 结算方式 | 币　种 | 本单位账号 | 科　目 |
|---|---|---|---|
| 1 现金 | 人民币 | 1307100026160024388 | 1001 |
| 201 现金支票 | 人民币 | 1307100026160024388 | 1002 |
| 202 转账支票 | 人民币 | 1307100026160024388 | 1002 |
| 4 电汇 | 人民币 | 1307100026160024388 | 1002 |
| 5 托收承付 | 人民币 | 1307100026160024388 | 1002 |
| 6 委托收款 | 人民币 | 1307100026160024388 | 1002 |
| 9 其他 | 人民币 | 1307100026160024388 | 1002 |

图 3－11 【初始设置——结算方式科目设置】窗口

**温馨提示**

结算方式科目设置是针对已经设置的结算方式设置相应的结算科目。即在付款或收款时只要录入结算时使用的结算方式，就可以由系统自动生成该种结算方式所用的会计科目。

如果在此不设置结算方式科目，则在付款或收款时可以手工输入不同的结算方式所对应的会计科目。

## 业务五 应付款管理系统期初余额录入

应付款管理系统期初余额录入

### 【业务描述】

2020 年 1 月 1 日，录入应付款系统期初余额，相关信息如表 3－1～表 3－3 所示。

表 3-1 应付账款——一般应付款(220201)期初余额

| 日 期 | 供应商名称 | 摘 要 | 方向 | 余额/元 |
| --- | --- | --- | --- | --- |
| 2019-12-19 | 百盛脚轮 | 采购脚轮，100 个，100 元/个，发票号 56738946 | 贷 | 11 300.00 |

表 3-2 应付票据——银行承兑汇票(220101)期初余额

| 日 期 | 供应商名称 | 摘 要 | 方向 | 余额/元 |
| --- | --- | --- | --- | --- |
| 2019-12-09 | 恒大焊条 | 采购焊条，100 盒，180 元/盒，银行承兑汇票票号 64374789，票面利率 6%，到期日 2020-01-09，承兑银行：中国工商银行 | 贷 | 20 340.00 |



表 3-3 预付账款(1123)期初余额

| 日 期 | 供应商名称 | 摘 要 | 方向 | 余额/元 |
| --- | --- | --- | --- | --- |
| 2019-12-16 | 新兴铸管 | 采购钢管，1 000 米，50 元/米，转账支票票号 64334865 | 借 | 10 000.00 |

## 【岗位说明】

【A01 李金泽】录入应付款管理系统期初余额。

## 【操作指导】

1. 录入期初采购发票

(1)【A01 李金泽】在企业应用平台中，执行【业务工作】|【财务会计】|【应付款管理】|【设置】|【期初余额】命令，打开【期初余额——查询】对话框，如图 3-12 所示。

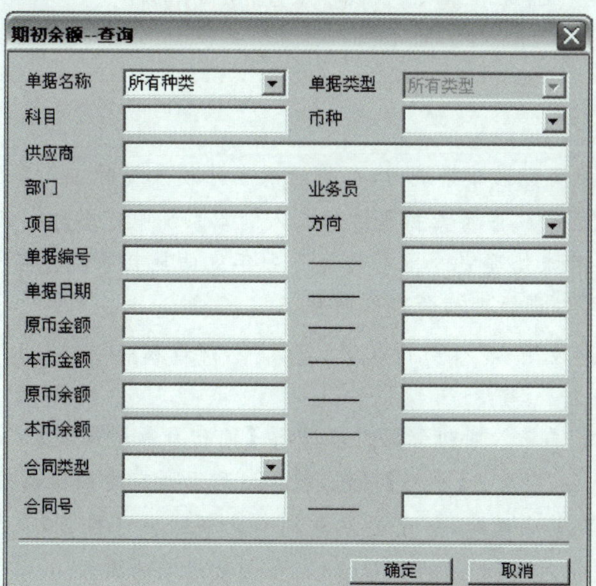


图 3-12 【期初余额——查询】对话框

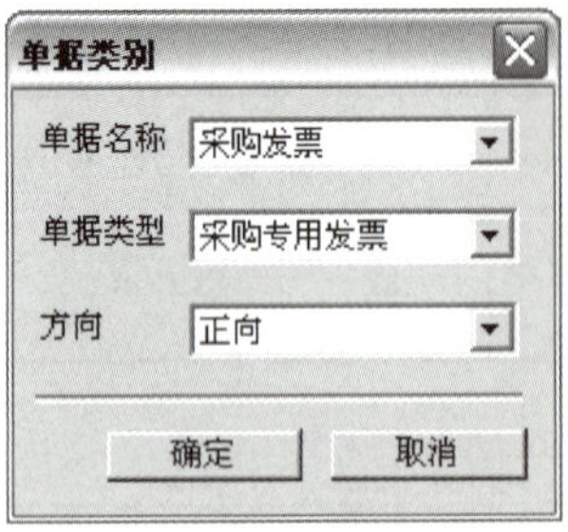


图 3-13 【单据类别】对话框

（2）单击【确定】按钮，打开【期初余额明细表】窗口。

（3）单击【增加】按钮，打开【单据类别】对话框，选择单据名称为【采购发票】，单据类型为【采购专用发票】，方向为【正向】，如图 3-13 所示。

（4）单击【确定】按钮，打开【采购专用发票】窗口。

（5）单击【增加】按钮，修改开票日期为【2019-12-19】，录入发票号为【56738946】；单击【供应商】栏的参照按钮，选择【百盛脚轮】；在【部门】栏选择【采购部】；录入备注为【采购脚轮】，税率为【13】，存货编码为【001】，或单击【存货编码】栏的参照按钮，选择【001】；录入数量为【100.00】，原币单价为【100.00】，单击【保存】按钮，如图 3-14 所示。



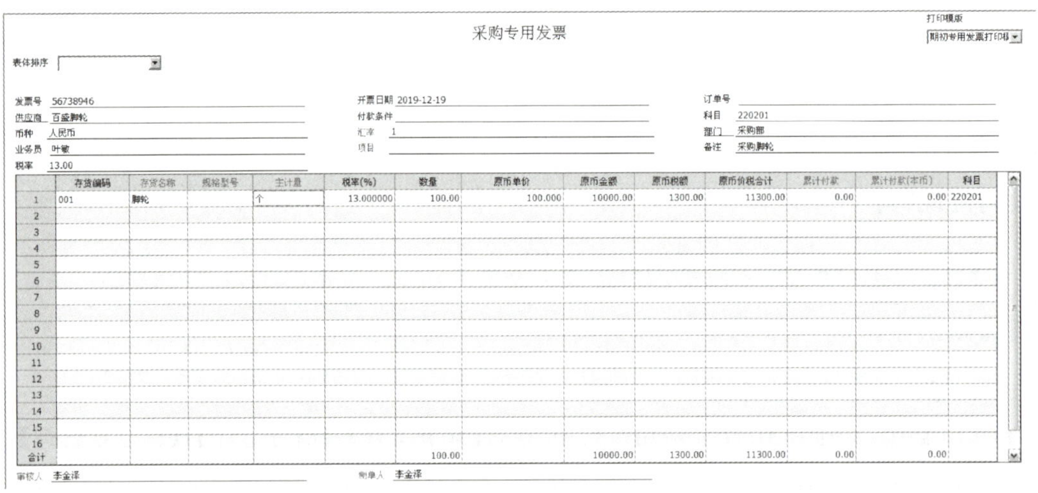


图 3-14 【采购专用发票】窗口

**温馨提示**

- 在初次使用应付款系统时，应将启用应付款系统时未处理完的所有供应商的应付账款、预付账款、应付票据等数据录入到本系统中。当进入第二个年度时，系统会自动将上年度未处理完的单据转为下一年度的期初余额。在下一年度的第一个会计期间里，可以进行期初余额的调整。
- 在日常业务中，可对期初发票、应付单、预付款、票据进行后续的核销及转账处理。
- 如果退出了录入期初余额的单据，在【期初余额明细表】窗口中并没有看到新录入的期初余额，应单击【刷新】按钮，就可以列示所有的期初余额的内容。
- 在录入期初余额时，一定要注意期初余额的会计科目，应付款系统的期初余额应与总账进行对账，如果科目错误，将会导致对账错误。

如果并未设置允许修改采购专用发票的编号，则在填制采购专用发票时不允许修改采购专用发票的编号。其他单据的编号也一样，系统默认的状态是不允许修改。

2. 录入期初票据

(1)【A01 李金泽】在企业应用平台中，执行【业务工作】|【财务会计】|【应付款管理】|【设置】|【期初余额】命令，打开【期初余额——查询】对话框。

(2) 单击【确定】按钮，打开【期初余额明细表】窗口。

(3) 单击【增加】按钮，打开【单据类别】对话框，选择单据名称为【应付票据】，单据类型为【银行承兑汇票】，如图3-15所示。

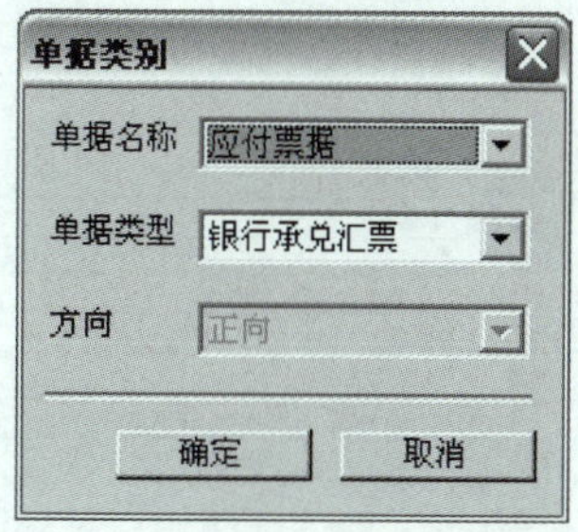


图 3-15 【单据类别】对话框

(4) 单击【确定】按钮，打开【期初票据】窗口。

(5) 单击【增加】按钮，录入票据编号为【64374789】；单击收票单位栏的参照按钮，选择【恒大焊条】；选择科目为【220101】；录入票据面值为【20340.00】；录入面值利率为【6】；选择签发日期为【2019-12-09】；选择到期日为【2020-01-09】；选择部门为【采购部】；录入摘要为【采购焊条】，单击【保存】按钮，如图 3-16 所示。

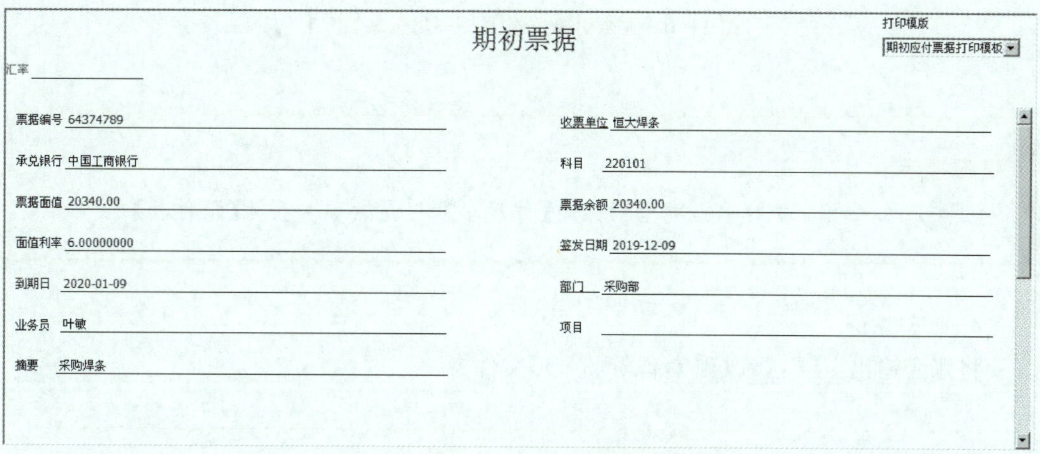


图 3-16 【期初单据录入——期初票据】窗口

3. 录入预付款单

(1)【A01 李金泽】在企业应用平台中，执行【业务工作】|【财务会计】|【应付款管理】|【设置】|【期初余额】命令，打开【期初余额——查询】对话框。

(2) 单击【确定】按钮，打开【期初余额明细表】窗口。

(3) 单击【增加】按钮，打开【单据类别】对话框，选择单据名称为【预付款】，单据类型为【付款单】，如图 3-17 所示。

图 3-17 【单据类别】对话框

(4) 单击【确定】按钮，打开【付款单】窗口。

(5) 单击【增加】按钮,修改日期为【2019－12－16】;单击【供应商】栏的参照按钮,选择【新兴铸管】;单击【结算方式】栏的参照按钮,选择【转账支票】;录入金额为【10000.00】,票据号为【64334865】,摘要为【采购钢管预付款】;在付款单表体中,选择款项类型为【预付款】,单击【保存】按钮,如图 3－18 所示。

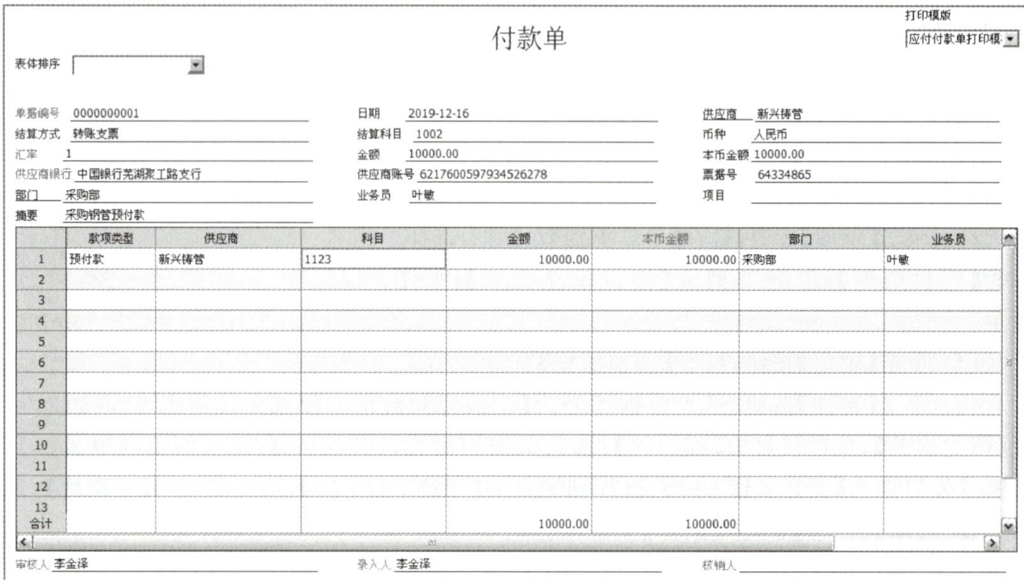


图 3－18 【期初单据录入——付款单】窗口

温馨提示

- 录入预付款的单据类型仍然是【付款单】,但是款项类型为【预付款】。

4. 账套备份

将账套输出至【F:\616 账套备份\3－1】文件夹。

温馨提示

- 完成全部应付款期初余额的录入后,应通过【对账】功能将应付款管理系统期初余额与总账系统期初余额进行核对。
- 若保存了期初余额结果,或在第二年的使用中需要调整期初余额,可以进行修改。当第一个会计期已结账后,期初余额只能查询不能再修改。
- 期初余额所录入的票据保存后,系统会自动进行审核。
- 应付款管理系统与总账系统对账,必须要在总账系统与应付款管理系统同时启用后才可以进行。

# 实训二　销售管理与应收款管理

## 业务一　销售管理系统参数设置

销售管理系统参数设置

3

### 【业务描述】

2020 年 1 月 1 日，设置销售管理系统的相关参数：

取消销售生成出库单，新增退货单默认参照发货。

### 【岗位说明】

【A01 李金泽】设置销售管理系统参数。

### 【操作指导】

（1）【A01 李金泽】在企业应用平台中，执行【业务工作】|【供应链】|【销售管理】|【设置】|【销售选项】命令，打开【销售选项】对话框。

（2）打开【业务控制】选项卡，取消勾选【销售生成出库单】复选框，如图 3－19 所示。

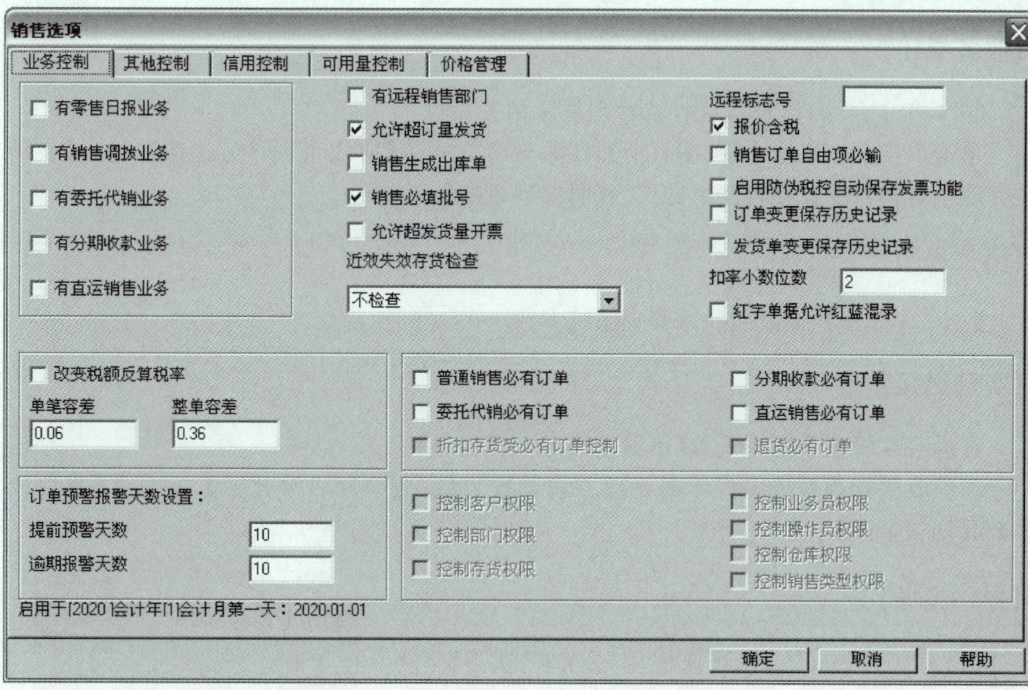


图 3－19　【销售选项——业务控制】选项卡

（3）打开【其他控制】选项卡，选择新增退货单默认为【参照发货】，其他的选项按照默认设置，如图 3－20 所示。

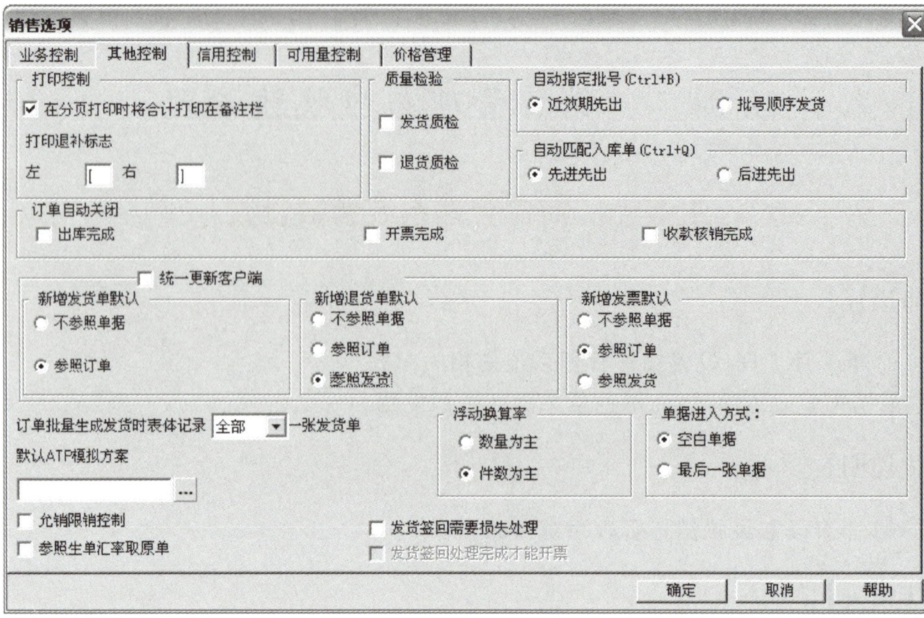


图 3-20 【销售选项——其他控制】选项卡

(4) 单击【确定】按钮。



## 业务二 应收款管理系统参数设置

应收款管理系统参数设置

### 【业务描述】

2020 年 1 月 1 日，设置应收款管理系统相关参数：

单据审核日期依据为【单据日期】，坏账处理方式为【应收余额百分比法】，勾选【自动计算现金折扣】；受控科目制单方式为【明细到单据】。

### 【岗位说明】

【A01 李金泽】设置应收款管理系统参数。

### 【赛题链接】

在应收款管理系统中设置【单据审核后立即制单】。

在应收款管理系统中将坏账处理方式设置为【应收余额百分比法】，并设置【提取比率】和【期初余额】。

### 【操作指导】

(1)【A01 李金泽】在企业应用平台中，执行【业务工作】|【财务会计】|【应收款管理】|【设置】|【选项】命令，打开【账套参数设置】窗口，系统提示【选项修改需要重新登录才能生效】，如图 3-21 所示。

图 3-21 【选项修改需要重新登录才能生效】提示框

(2) 单击【确定】按钮，打开【常规】选项卡，修改单据审核日期依据为【单据日期】;单击【坏账处理方式】栏的下三角按钮,选择【应收余额百分比法】,勾选【自动计算现金折扣】复选框,如图 3-22 所示。

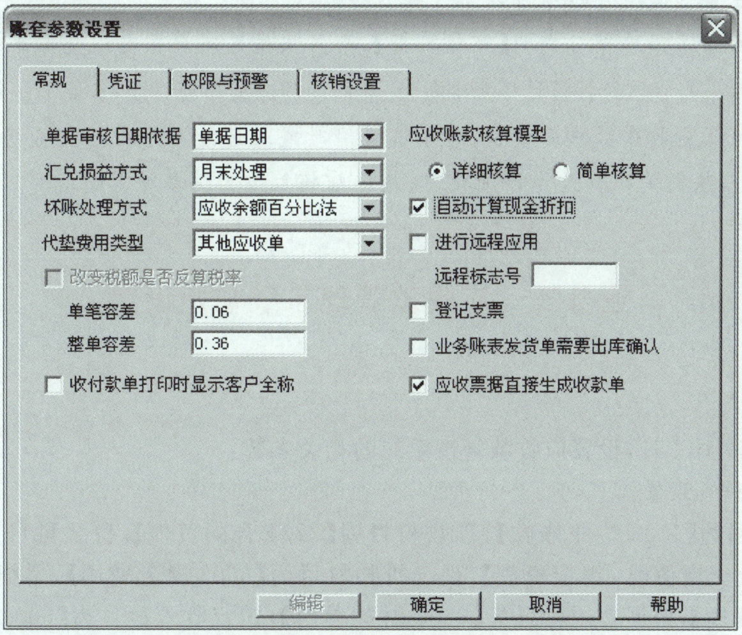


图 3-22 【账套参数设置——常规】选项卡

(3) 打开【凭证】选项卡,选择受控科目制单方式为【明细到单据】,如图 3-23 所示。

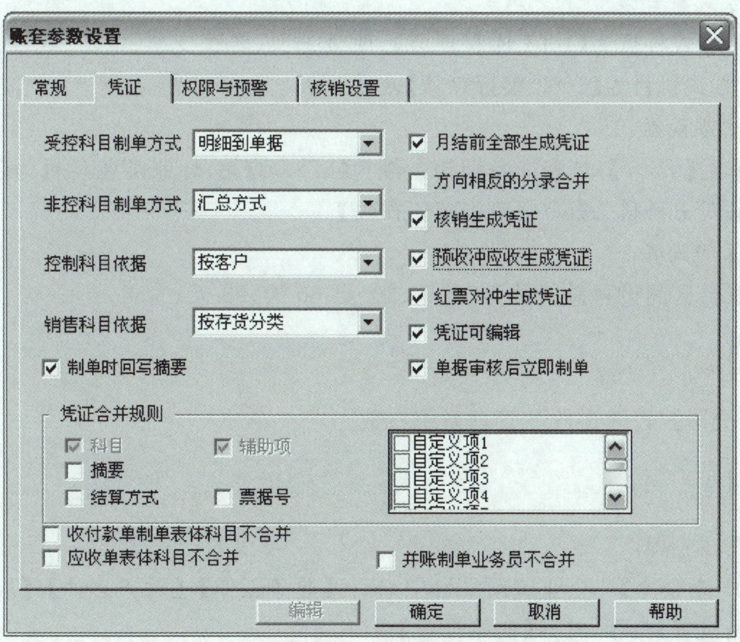


图 3-23 【账套参数设置——凭证】选项卡

（4）单击【确定】按钮。

**温馨提示**

- 在账套使用过程中可以修改账套参数。
- 如果选择单据日期为【审核日期】，则月末结账时单据必须全部审核。
- 如果当年已经计提过坏账准备，则坏账处理方式不能修改，只能下一年度修改。
- 关于应收账款核算模型，在系统启用时或者还没有进行任何业务处理的情况下才允许从简单核算改为详细核算；从详细核算改为简单核算随时可以进行。



## 业务三 应收款管理系统初始设置

应收款管理系统初始设置

### 【业务描述】

2020年1月1日，设置应收款管理系统的相关参数：

1. 基本科目设置

应收科目为【1122 应收账款】，预收科目为【2204 合同负债】，税金科目为【22210102 应交税费/应交增值税/销项税额】，现金折扣科目为【6603 财务费用】，票据利息科目为【6603 财务费用】，票据费用科目为【6603 财务费用】，销售收入科目为【6001 主营业务收入】，销售退回科目为【6001 主营业务收入】，银行承兑科目为【112101 应收票据/银行承兑汇票】，商业承兑科目为【112102 应收票据/商业承兑汇票】。

2. 控制科目设置

应收科目为【1122 应收账款】，预收科目为【2204 合同负债】。

3. 结算方式科目设置

现金结算方式科目为【1001 库存现金】；现金支票、转账支票、电汇、托收承付、委托收款、其他结算方式科目为【1002 银行存款】。

4. 坏账准备设置

提取比率为【0.5%】，坏账准备期初余额为【678.00】元，坏账准备科目为【1231 坏账准备】，坏账准备对方科目为【6702 信用减值损失】。

5. 账龄区间设置

账期内账龄区间设置总天数为10天、30天、60天、90天。

### 【岗位说明】

【A01 李金泽】设置应收款管理系统参数。

### 【操作指导】

1. 设置基本科目

（1）【A01 李金泽】在企业应用平台中，执行【业务工作】|【财务会计】|【应收款管理】|【设置】|【初始设置】命令，打开【初始设置】窗口。

（2）选择【设置科目】|【基本科目设置】，单击【增加】按钮，从基础科目种类列表中选

择【应收科目】，选择科目为【1122】。

(3) 以此方法，依次录入其他基本科目信息，操作结果如图 3-24 所示。

图 3-24 【初始设置——基本科目设置】窗口

**温馨提示**

只有在这里设置了基本科目，在生成凭证时才能显示凭证中的会计科目，否则凭证中将没有会计科目，相应的会计科目只能手工录入。

如果应收科目、预收科目按不同的客户或客户分类分别设置，可以在【控制科目设置】中设置。

如果针对不同的存货分别设置销售收入核算科目，可以在【产品科目设置】中进行设置。

2. 设置控制科目

(1)【A01 李金泽】在企业应用平台中，执行【业务工作】|【财务会计】|【应收款管理】|【设置】|【初始设置】命令，打开【初始设置】窗口。

(2) 选择【设置科目】|【控制科目设置】，单击【增加】按钮，从【客户编码】列表中选择【001】，选择应收科目为【1122】，预收科目为【2204】。

(3) 以此方法，依次录入其他控制科目信息，操作结果如图 3-25 所示。

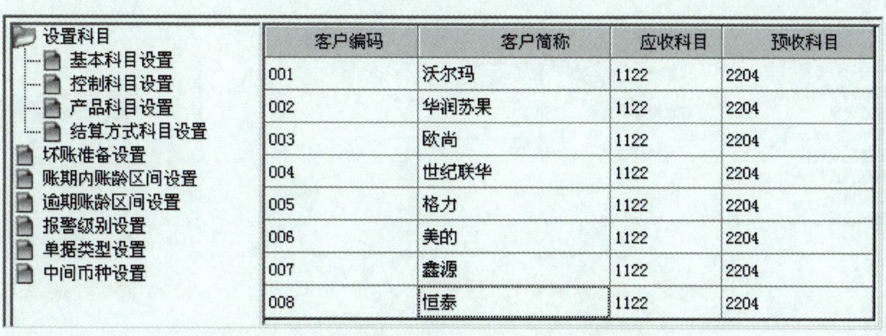


图 3-25 【初始设置——控制科目设置】窗口

3. 设置结算方式科目

(1)【A01 李金泽】在企业应用平台中,执行【业务工作】|【财务会计】|【应收款管理】|【设置】|【初始设置】命令,打开【初始设置】窗口。

(2) 选择【设置科目】|【结算方式科目设置】,单击【增加】按钮,在结算方式栏下拉列表中选择【现金】;单击币种栏,选择【人民币】;录入科目为【1001】。

(3) 以此方法,依次录入其他的结算方式科目,操作结果如图 3-26 所示。

图 3-26 【初始设置——结算方式科目设置】窗口

**温馨提示**

结算方式科目设置是针对已经设置的结算方式设置相应的结算科目。即在收款或付款时只要录入结算时使用的结算方式,就可以由系统自动生成该种结算方式所使用的会计科目。

如果在此不设置结算方式科目,则在收款或付款时可以手工录入不同结算方式对应的会计科目。

4. 设置坏账准备

(1)【A01 李金泽】在企业应用平台中,执行【业务工作】|【财务会计】|【应收款管理】|【设置】|【初始设置】命令,打开【初始设置】窗口。

(2) 选择【坏账准备设置】,录入提取比率为【0.5%】,坏账准备期初余额为【678.00】,坏账准备科目为【1231】,坏账准备对方科目为【6702】,如图 3-27 所示。

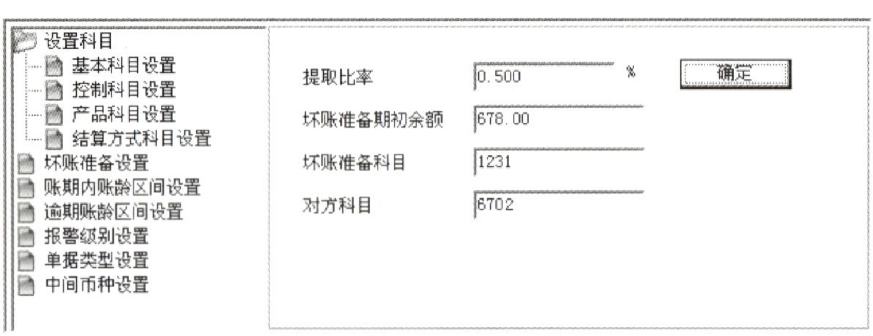


图 3-27 【坏账准备设置】窗口

图 3-28 【储存完毕】提示框

(3) 单击【确定】按钮,系统提示【储存完毕】,如图 3-28 所示。

**温馨提示**

- 如果在选项中并未选中坏账处理的方式为【应收余额百分比法】，则在此处就不能录入【应收余额百分比法】所需要的初始设置，即此处的初始设置是与选项中所选择的坏账处理方式相对应的。
- 坏账准备的期初余额应与总账系统中所录入的坏账准备的期初余额相一致，但是，系统没有坏账准备期初余额的自动对账功能，只能人工核对。坏账准备的期初余额如果在借方，则用【-】表示，如果没有期初余额，应将期初余额录入【0】，否则，系统将不予确认。
- 坏账准备期初余额被确认后，只要进行了坏账准备的日常业务处理就不允许再修改。下一年度使用本系统时，可以修改提取比率、区间和科目。
- 如果在系统选项中默认坏账处理方式为【直接转销法】，则不用进行坏账准备设置。

5. 设置账期内账龄区间

（1）【A01 李金泽】在企业应用平台中，执行【业务工作】|【财务会计】|【应收款管理】|【设置】|【初始设置】命令，打开【初始设置】窗口。

（2）选择【账期内账龄区间设置】，在总天数栏录入【10】，按回车键，再在总天数栏录入【30】后回车。

（3）以此方法，依次录入其他的总天数，操作结果如图 3-29 所示。

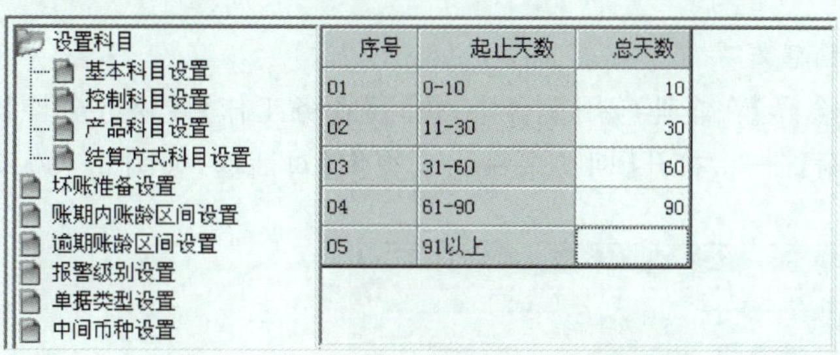


图 3-29　【账期内账龄区间设置】窗口

**温馨提示**

- 序号由系统自动生成，不能修改和删除。
- 总天数栏直接输入该区间的账龄总天数。
- 最后一个区间不能修改和删除。

## 业务四　录入应收款管理系统期初余额

应收款管理系统期初余额录入

**【业务描述】**

2020 年 1 月 1 日，录入应收款管理系统期初余额，相关信息如表 3-4～表 3-6 所示。

表 3-4 应收账款(1122)期初余额

| 日　期 | 客户名称 | 摘　　要 | 方向 | 余额/元 |
|---|---|---|---|---|
| 2019-12-16 | 世纪联华 | 销售货架,100 个,480 元/个,发票号64378946 | 借 | 54 240.00 |
| 2019-12-30 | 美的 | 销售仓储笼 160 个,450 元/个,发票号86549368 | 借 | 81 360.00 |

表 3-5 应收票据——银行承兑汇票(112101)期初余额

| 日　期 | 客户名称 | 摘　　要 | 方向 | 余额/元 |
|---|---|---|---|---|
| 2019-12-18 | 华润苏果 | 销售货架,100 个,480 元/个,银行承兑票号84378948,票面利率 6%,到期日 2020-02-18,承兑银行:中国银行 | 借 | 54 240.00 |

表 3-6 合同负债(2204)期初余额

| 日　期 | 客户名称 | 摘　　要 | 方向 | 余额/元 |
|---|---|---|---|---|
| 2019-12-28 | 欧尚 | 预收货架款,100 个,480 元/个,转账支票票号 84378958 | 贷 | 10 000.00 |

## 【岗位说明】

【A01 李金泽】录入应收款管理系统期初余额。

## 【操作指导】

1. 录入期初销售发票

(1)【A01 李金泽】在企业应用平台中,执行【业务工作】|【财务会计】|【应收款管理】|【设置】|【期初余额】命令,打开【期初余额——查询】对话框,如图 3-30 所示。

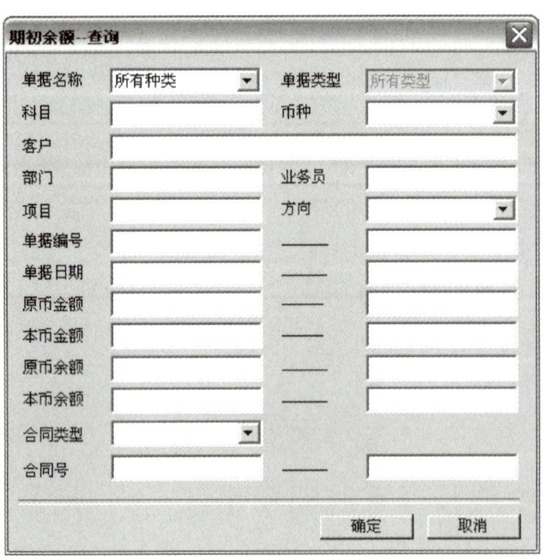


图 3-30 【期初余额——查询】对话框

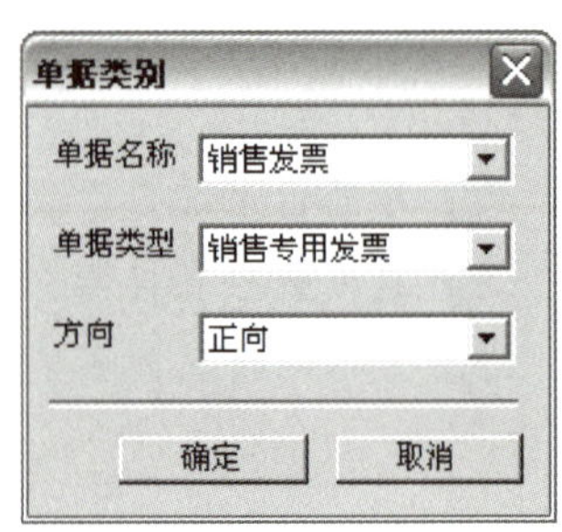


图 3-31 【单据类别】对话框

(2)单击【确定】按钮,打开【期初余额明细表】窗口。

（3）单击【增加】按钮，打开【单据类别】对话框，选择单据名称为【销售发票】，单据类型为【销售专用发票】，方向为【正向】，如图 3－31 所示。

（4）单击【确定】按钮，打开【销售专用发票】窗口。

（5）单击【增加】按钮，修改开票日期为【2019－12－16】，录入发票号为【64378946】，单击客户名称栏的参照按钮，选择【世纪联华】，系统自动带出客户相关信息；录入税率为【13】；选择货物编号为【货架】；录入数量为【100.00】，无税单价为【480.00】，单击【保存】按钮，如图 3－32 所示。

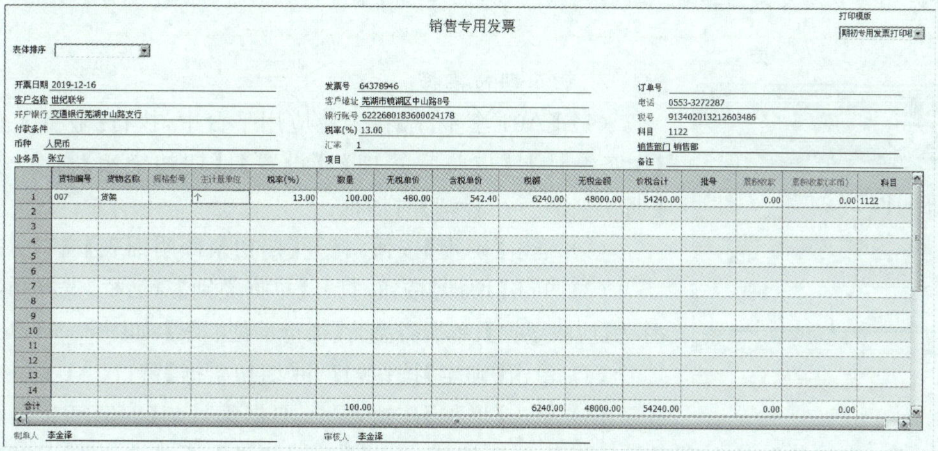


图 3－32 【销售专用发票】窗口 1

（6）以此方法，继续录入第 2 张销售专用发票，操作结果如图 3－33 所示。

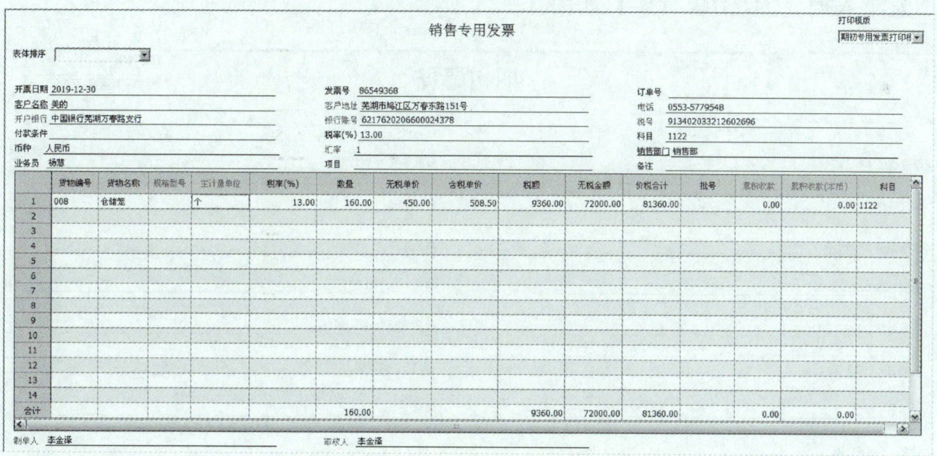


图 3－33 【销售专用发票】窗口 2

**温馨提示**

在初次使用应收款管理系统时，应将启用应收款管理系统时未处理完的所有科目的应收账款、预收账款、应收票据等数据录入到该系统。当进入第二个年度时，系统自动将上年度未处理完的单据转为下一年度的期初余额。在下一年度的第一会计期间里，可以进行期初余额的调整。

如果退出了录入期初余额的单据，在【期初余额明细表】窗口中并没有看到新录入的期初余额，应单击【刷新】按钮，就可以列示所有的期初余额的内容。

在录入期初余额时一定要注意期初余额的会计科目，应收款管理系统的期初余额应与总账进行对账，如果科目错误将会导致对账错误。

如果并未设置允许修改销售专用发票的编号，则在填制销售专用发票时不允许修改销售专用发票的编号。其他单据的编号也一样，系统默认的状态是不允许修改的。

3

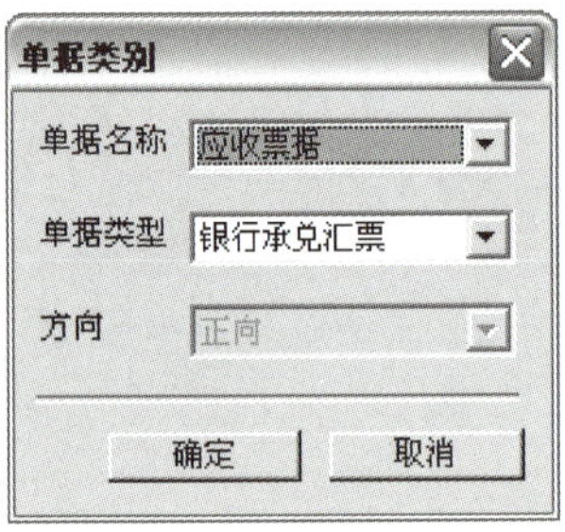


图 3－34 【单据类别】对话框

2. 录入期初票据

（1）【A01 李金泽】在企业应用平台中，执行【业务工作】|【财务会计】|【应收款管理】|【设置】|【期初余额】命令，打开【期初余额——查询】对话框。

（2）单击【确定】按钮，打开【期初余额明细表】窗口。

（3）单击【增加】按钮，打开【单据类别】对话框，选择单据名称为【应收票据】，单据类型为【银行承兑汇票】，如图 3－34 所示。

（4）单击【确定】按钮，打开【期初票据】窗口。

（5）单击【增加】按钮，录入票据编号为【84378948】，承兑银行为【中国银行】，单击开票单位栏的参照按钮，选择【华润苏果】，系统自动带出客户相关信息；录入票据面值为【54240.00】；选择科目为【112101 应收票据/银行承兑汇票】；选择签发日期为【2019－12－18】；选择收到日期为【2019－12－18】；选择到期日为【2020－02－18】；录入摘要为【销售货架】，如图 3－35 所示。

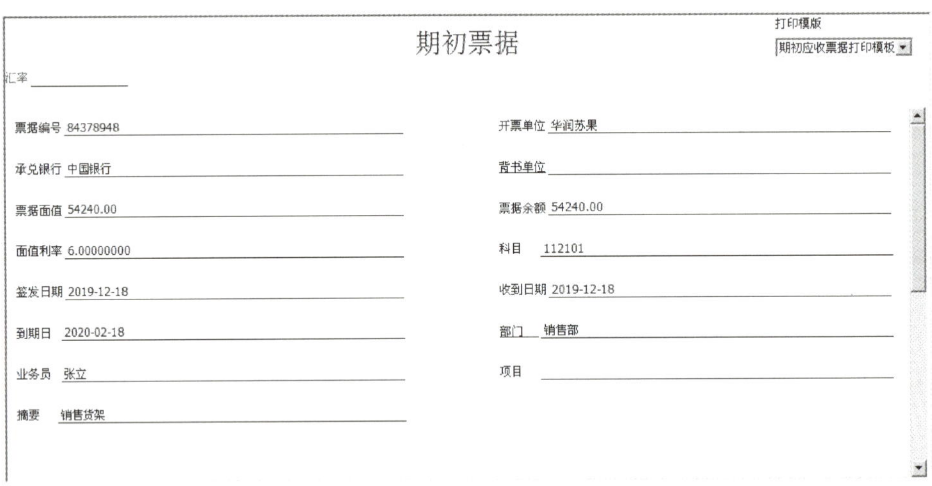


图 3－35 【期初单据录入——期初票据】窗口

（6）单击【保存】按钮，返回【期初余额明细表】窗口。

3. 录入预收款单

（1）【A01 李金泽】在企业应用平台中，执行【业务工作】|【财务会计】|【应收款管理】|【设置】|【期初余额】命令，打开【期初余额——查询】窗口。

（2）单击【确定】按钮，打开【期初余额明细表】窗口。

(3) 单击【增加】按钮，打开【单据类别】对话框，选择单据名称为【预收款】，单据类别为【收款单】，如图 3-36 所示。

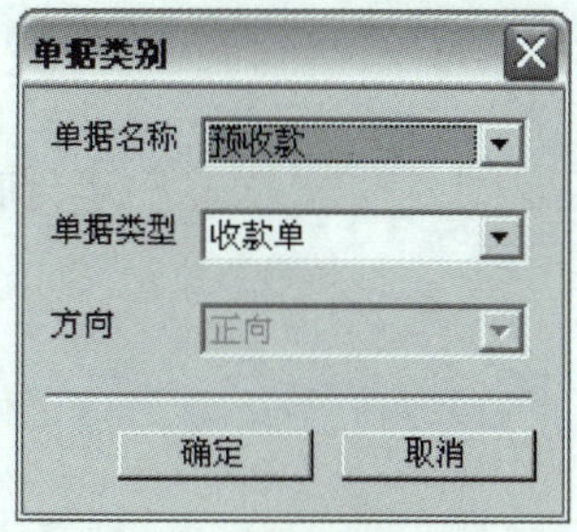


图 3-36 【单据类别】对话框

(4) 单击【确定】按钮，打开【收款单】窗口。

(5) 单击【增加】按钮，修改日期为【2019-12-28】，在客户栏参照按钮，选择【欧尚】；单击结算方式栏的参照按钮，选择【转账支票】；录入金额为【10000.00】，票据号为【84378958】，摘要为【预收货架款】；在收款单表体中，选择款项类型为【预收款】，单击【保存】按钮，如图3-37 所示。

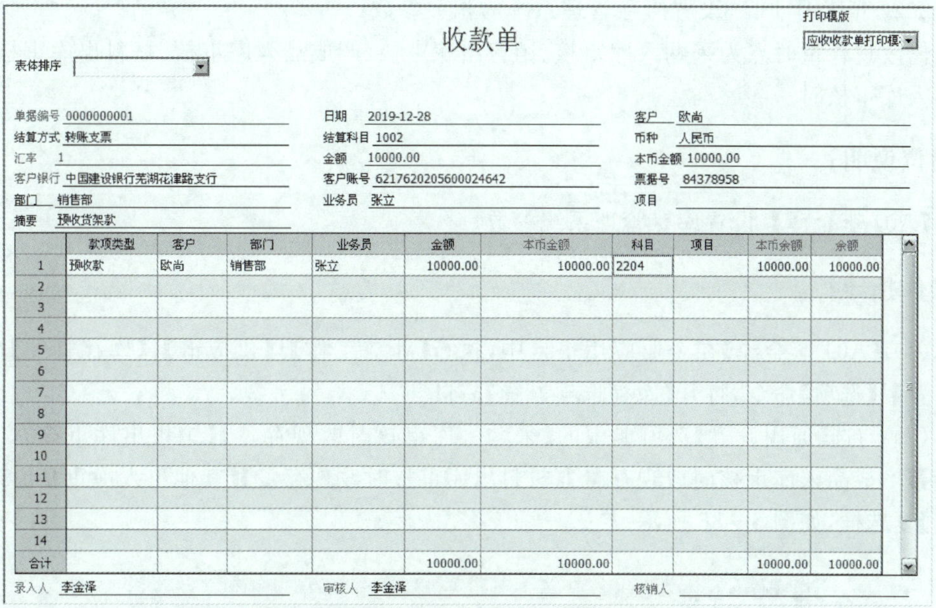


图 3-37 【期初单据录入——收款单】窗口

**温馨提示**

- 录入预收款的单据类型仍然是【收款单】，但是款项类型为【预收款】。

4. 账套备份

将账套输出至【F:\616 账套备份\3-2】文件夹。

**温馨提示**

- 完成全部应收期初余额录入后，应通过【对账】功能将应收款管理系统期初余额与总账系统期初余额进行核对。
- 若保存了期初余额结果，或在第二年使用时需要调整期初余额，可以对其进行修改。当第一个会计期已结账后，期初余额只能查询不能再修改。
- 期初余额所录入的票据保存后，系统自动审核。
- 应收款管理系统与总账系统对账，必须要在总账与应收款管理系统同时启用后才可以进行。

# 实训三 库存管理与存货核算

## 业务一 库存管理系统参数设置

库存管理系统参数设置

3

### 【业务描述】

2020 年 1 月 1 日，设置库存管理系统的相关参数：

修改现存量时点为采购入库审核、销售出库审核、产成品入库审核、材料出库审核、其他出入库审核时。

### 【岗位说明】

【A01 李金泽】设置库存管理系统参数。

### 【操作指导】

（1）【A01 李金泽】在企业应用平台中，执行【业务工作】|【供应链】|【库存管理】|【初始设置】|【选项】命令，打开【库存选项设置】窗口。

（2）勾选【通用设置】选项卡中的【采购入库审核时改现存量】【销售出库审核时改现存量】【产成品入库审核时改现存量】【材料出库审核时改现存量】【其他出入库审核时改现存量】复选框，如图 3－38 所示。

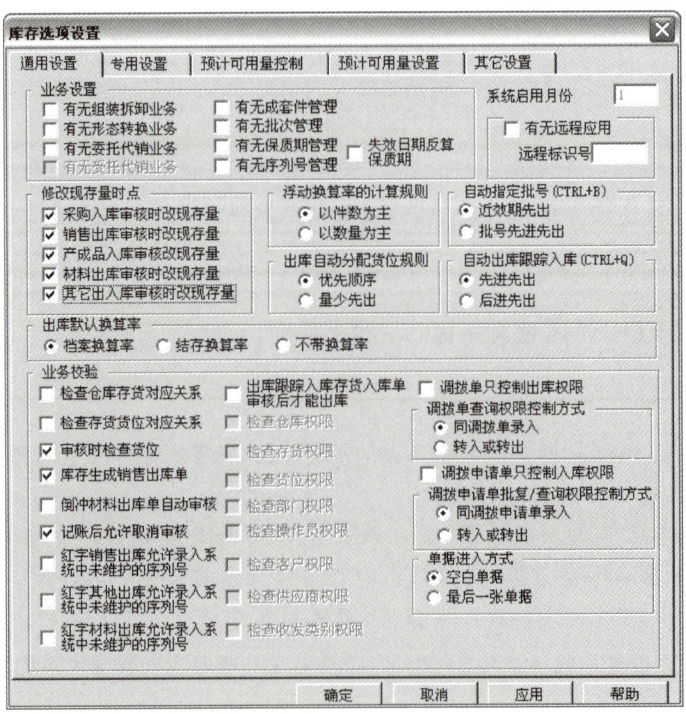


图 3－38 【库存选项设置——通用设置】选项卡

（3）单击【确定】按钮。

## 业务二　库存管理系统期初数据录入

库存管理系统期初数据录入

3

### 【业务描述】

2020 年 1 月 1 日，录入库存期初数据，相关信息如表 3－7 所示。

表 3－7　库存期初数据

金额单位：元

| 分类编码 | 所属类别 | 存货编码 | 存货名称 | 计量单位 | 税率 | 数量 | 单价 | 金　额 |
|---|---|---|---|---|---|---|---|---|
| 01 | 原材料 | 001 | 脚　轮 | 个 | 13% | 1 000 | 100.00 | 100 000.00 |
| | | 002 | 钢　管 | 米 | 13% | 1 000 | 50.00 | 50 000.00 |
| | | 003 | 方　管 | 米 | 13% | 1 000 | 80.00 | 80 000.00 |
| | | 004 | 角　钢 | 米 | 13% | 1 000 | 100.00 | 100 000.00 |
| | | 005 | 焊　条 | 盒 | 13% | 1 000 | 180.00 | 180 000.00 |
| | | 006 | 木托盘 | 个 | 13% | 1 000 | 60.00 | 60 000.00 |
| 02 | 产成品 | 007 | 货　架 | 箱 | 13% | 3 000 | 300.00 | 900 000.00 |
| | | 008 | 仓储笼 | 箱 | 13% | 2 000 | 280.00 | 560 000.00 |
| 03 | 周转材料 | 009 | 包装箱 | 箱 | 13% | 1 600 | 50.00 | 80 000.00 |
| | | | 合　计 | | | 12 600 | | 2 110 000.00 |

### 【岗位说明】

【A01 李金泽】录入库存管理系统期初数据。

### 【操作指导】

（1）【A01 李金泽】在企业应用平台中，执行【业务工作】|【供应链】|【库存管理】|【初始设置】|【期初结存】命令，打开【库存期初数据录入】窗口。

（2）在【库存期初】窗口中，选择仓库为【原料库】。

（3）单击【修改】按钮，单击存货编码栏中的参照按钮，选择【001 脚轮】，录入数量为【1000.00】，单价为【100.00】。

（4）以此方法，依次录入【原料库】的其他期初结存数据，单击【保存】按钮，保存录入存货信息，单击【批审】按钮，操作结果如图 3－39 所示。

（5）在【库存期初】窗口中，选择仓库为【产成品库】，单击【修改】按钮，依次录入【产成品库】的期初结存数据并保存，单击【批审】按钮，操作结果如图 3－40 所示。

（6）在【库存期初】窗口中，选择仓库为【周转材料库】，单击【修改】按钮，依次录入【周转材料库】的期初结存数据并保存，单击【批审】按钮，操作结果如图 3－41 所示。

3

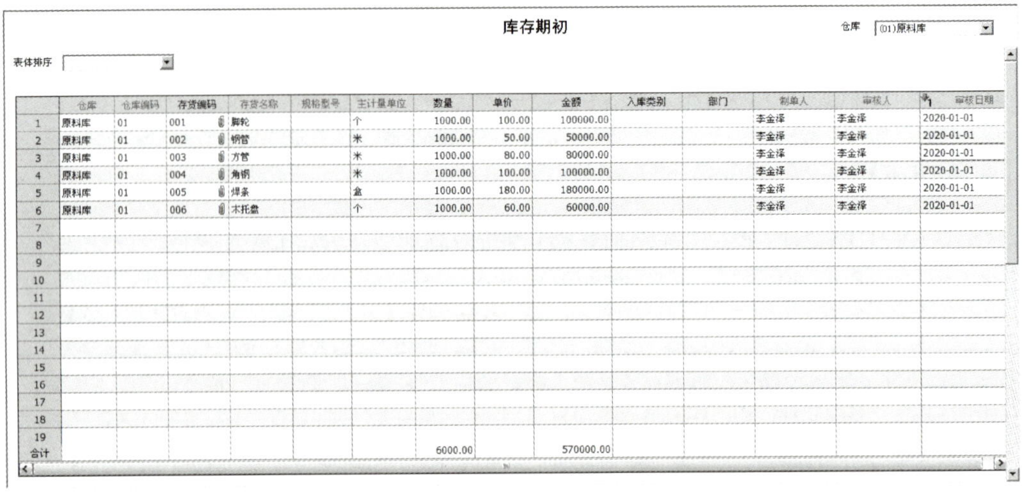

库存期初

仓库 (01)原料库

表体排序

| | 仓库 | 仓库编码 | 存货编码 | 存货名称 | 规格型号 | 主计量单位 | 数量 | 单价 | 金额 | 入库类别 | 部门 | 制单人 | 审核人 | 审核日期 |
|---|---|---|---|---|---|---|---|---|---|---|---|---|---|---|
| 1 | 原料库 | 01 | 001 | 脚轮 | | 个 | 1000.00 | 100.00 | 100000.00 | | | 李金泽 | 李金泽 | 2020-01-01 |
| 2 | 原料库 | 01 | 002 | 钢管 | | 米 | 1000.00 | 50.00 | 50000.00 | | | 李金泽 | 李金泽 | 2020-01-01 |
| 3 | 原料库 | 01 | 003 | 方管 | | 米 | 1000.00 | 80.00 | 80000.00 | | | 李金泽 | 李金泽 | 2020-01-01 |
| 4 | 原料库 | 01 | 004 | 角钢 | | 米 | 1000.00 | 100.00 | 100000.00 | | | 李金泽 | 李金泽 | 2020-01-01 |
| 5 | 原料库 | 01 | 005 | 焊条 | | 盒 | 1000.00 | 180.00 | 180000.00 | | | 李金泽 | 李金泽 | 2020-01-01 |
| 6 | 原料库 | 01 | 006 | 木托盘 | | 个 | 1000.00 | 60.00 | 60000.00 | | | 李金泽 | 李金泽 | 2020-01-01 |
| 7 | | | | | | | | | | | | | | |
| 8 | | | | | | | | | | | | | | |
| 9 | | | | | | | | | | | | | | |
| 10 | | | | | | | | | | | | | | |
| 11 | | | | | | | | | | | | | | |
| 12 | | | | | | | | | | | | | | |
| 13 | | | | | | | | | | | | | | |
| 14 | | | | | | | | | | | | | | |
| 15 | | | | | | | | | | | | | | |
| 16 | | | | | | | | | | | | | | |
| 17 | | | | | | | | | | | | | | |
| 18 | | | | | | | | | | | | | | |
| 19 | | | | | | | | | | | | | | |
| 合计 | | | | | | | 6000.00 | | 570000.00 | | | | | |

图 3-39 【库存期初数据录入——原料库】窗口

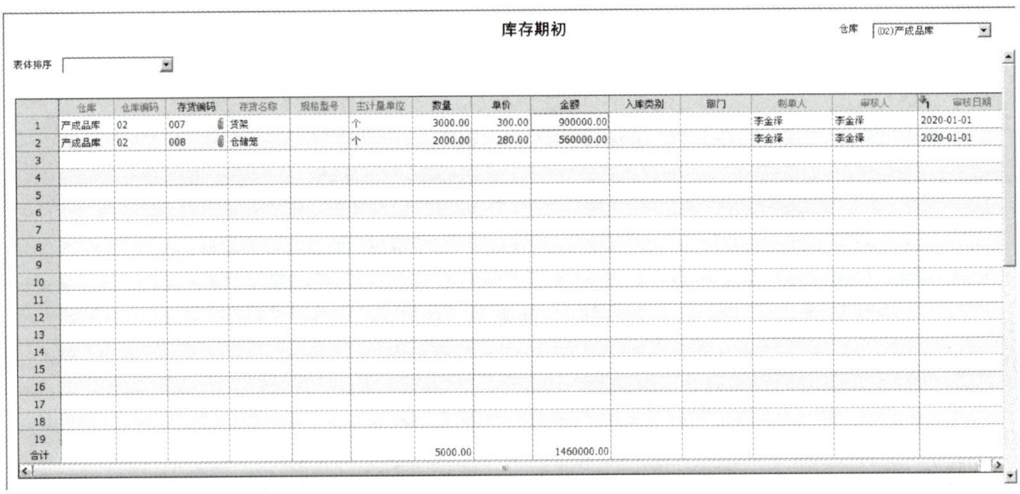

库存期初

仓库 (02)产成品库

表体排序

| | 仓库 | 仓库编码 | 存货编码 | 存货名称 | 规格型号 | 主计量单位 | 数量 | 单价 | 金额 | 入库类别 | 部门 | 制单人 | 审核人 | 审核日期 |
|---|---|---|---|---|---|---|---|---|---|---|---|---|---|---|
| 1 | 产成品库 | 02 | 007 | 货架 | | 个 | 3000.00 | 300.00 | 900000.00 | | | 李金泽 | 李金泽 | 2020-01-01 |
| 2 | 产成品库 | 02 | 008 | 仓储笼 | | 个 | 2000.00 | 280.00 | 560000.00 | | | 李金泽 | 李金泽 | 2020-01-01 |
| 3 | | | | | | | | | | | | | | |
| 4 | | | | | | | | | | | | | | |
| 5 | | | | | | | | | | | | | | |
| 6 | | | | | | | | | | | | | | |
| 7 | | | | | | | | | | | | | | |
| 8 | | | | | | | | | | | | | | |
| 9 | | | | | | | | | | | | | | |
| 10 | | | | | | | | | | | | | | |
| 11 | | | | | | | | | | | | | | |
| 12 | | | | | | | | | | | | | | |
| 13 | | | | | | | | | | | | | | |
| 14 | | | | | | | | | | | | | | |
| 15 | | | | | | | | | | | | | | |
| 16 | | | | | | | | | | | | | | |
| 17 | | | | | | | | | | | | | | |
| 18 | | | | | | | | | | | | | | |
| 19 | | | | | | | | | | | | | | |
| 合计 | | | | | | | 5000.00 | | 1460000.00 | | | | | |

图 3-40 【库存期初数据录入——产成品库】窗口

库存期初

仓库 (03)周转材料库

表体排序

| | 仓库 | 仓库编码 | 存货编码 | 存货名称 | 规格型号 | 主计量单位 | 数量 | 单价 | 金额 | 入库类别 | 部门 | 制单人 | 审核人 | 审核日期 |
|---|---|---|---|---|---|---|---|---|---|---|---|---|---|---|
| 1 | 周转材料库 | 03 | 009 | 包装箱 | | 个 | 1600.00 | 50.00 | 80000.00 | | | 李金泽 | 李金泽 | 2020-01-01 |
| 2 | | | | | | | | | | | | | | |
| 3 | | | | | | | | | | | | | | |
| 4 | | | | | | | | | | | | | | |
| 5 | | | | | | | | | | | | | | |
| 6 | | | | | | | | | | | | | | |
| 7 | | | | | | | | | | | | | | |
| 8 | | | | | | | | | | | | | | |
| 9 | | | | | | | | | | | | | | |
| 10 | | | | | | | | | | | | | | |
| 11 | | | | | | | | | | | | | | |
| 12 | | | | | | | | | | | | | | |
| 13 | | | | | | | | | | | | | | |
| 14 | | | | | | | | | | | | | | |
| 15 | | | | | | | | | | | | | | |
| 16 | | | | | | | | | | | | | | |
| 17 | | | | | | | | | | | | | | |
| 18 | | | | | | | | | | | | | | |
| 19 | | | | | | | | | | | | | | |
| 合计 | | | | | | | 1600.00 | | 80000.00 | | | | | |

图 3-41 【库存期初数据录入——周转材料库】窗口

## 业务三　存货核算系统参数设置

存货核算系统参数设置

### 【业务描述】

2020 年 1 月 1 日，设置存货核算系统的相关参数：

暂估方式为【单到回冲】，其余默认系统提供参数。

### 【岗位说明】

【A01 李金泽】设置存货核算系统参数。

3

### 【操作指导】

(1)【A01 李金泽】在企业应用平台中，执行【业务工作】|【供应链】|【存货核算】|【初始设置】|【选项】|【选项录入】命令，打开【选项录入】窗口。

(2) 在【核算方式】选项卡中，选择暂估方式为【单到回冲】，如图 3-42 所示。

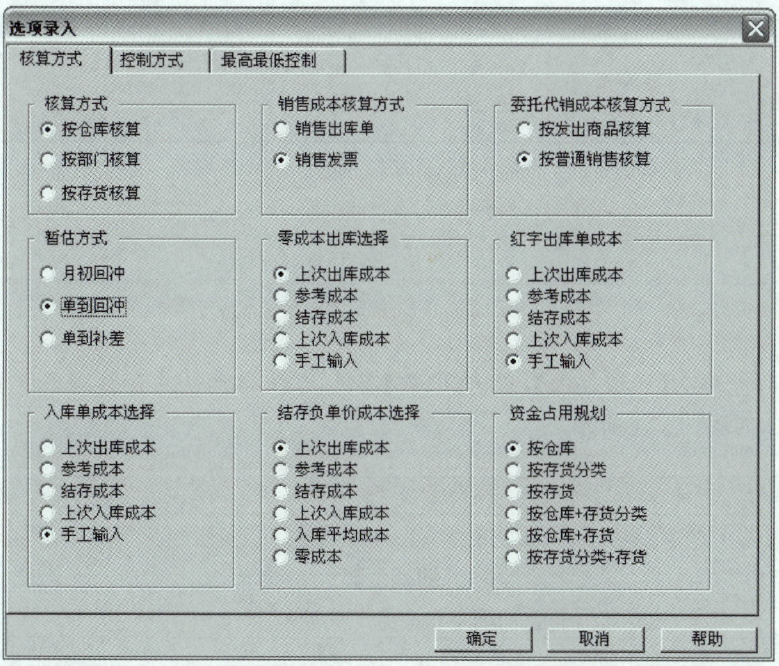


图 3-42 【选项录入——核算方式】选项卡

(3) 单击【确定】按钮，系统提示【是否保存当前设置】，单击【是】按钮。

## 业务四　存货核算系统期初数据录入

存货核算系统期初数据录入

### 【业务描述】

2020 年 1 月 1 日，录入存货核算系统期初数据，存货核算系统期初数据与库存管理系统期初数据相同。

## 【岗位说明】

【A01 李金泽】录入存货核算系统期初数据。

## 【操作指导】



(1)【A01 李金泽】在企业应用平台中,执行【业务工作】|【供应链】|【存货核算】|【初始设置】|【期初数据】|【期初余额】命令,打开【期初余额】窗口,选择仓库为【原料库】,单击【取数】按钮,系统自动从库存管理系统取出该仓库的存货信息,如图 3-43 所示。

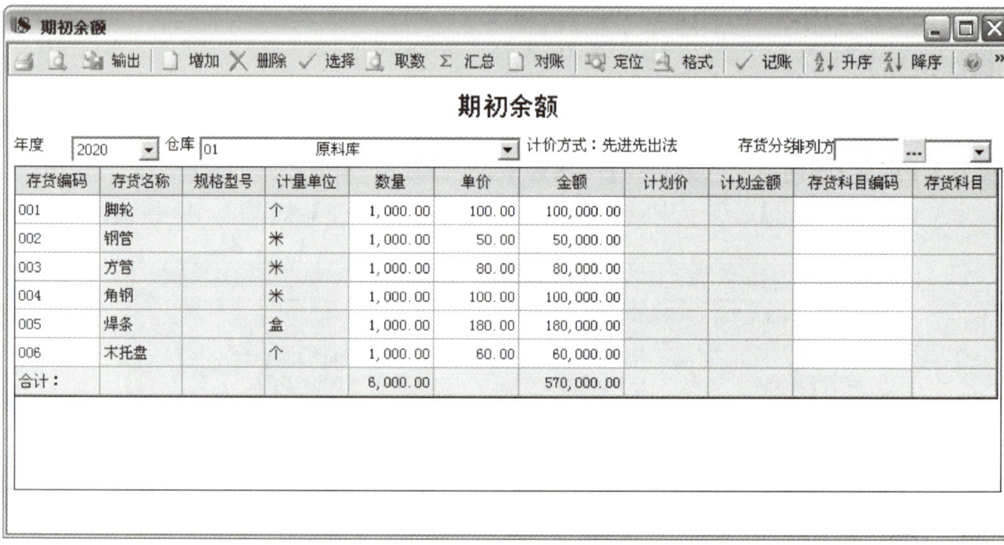


| 存货编码 | 存货名称 | 规格型号 | 计量单位 | 数量 | 单价 | 金额 | 计划价 | 计划金额 | 存货科目编码 | 存货科目 |
|---|---|---|---|---|---|---|---|---|---|---|
| 001 | 脚轮 | | 个 | 1,000.00 | 100.00 | 100,000.00 | | | | |
| 002 | 钢管 | | 米 | 1,000.00 | 50.00 | 50,000.00 | | | | |
| 003 | 方管 | | 米 | 1,000.00 | 80.00 | 80,000.00 | | | | |
| 004 | 角钢 | | 米 | 1,000.00 | 100.00 | 100,000.00 | | | | |
| 005 | 焊条 | | 盒 | 1,000.00 | 180.00 | 180,000.00 | | | | |
| 006 | 木托盘 | | 个 | 1,000.00 | 60.00 | 60,000.00 | | | | |
| 合计: | | | | 6,000.00 | | 570,000.00 | | | | |

图 3-43 【期初余额——原料库】窗口

(2)选择仓库为【产成品库】,单击【取数】按钮,系统自动从库存管理系统取出该仓库的存货信息,如图 3-44 所示。

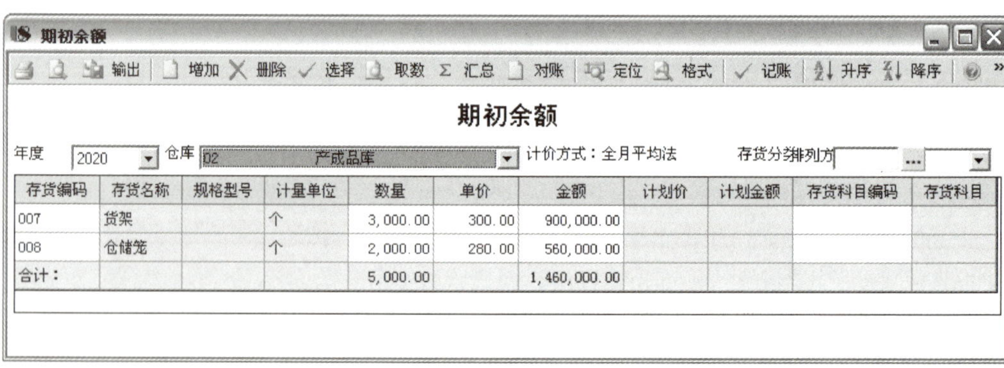


| 存货编码 | 存货名称 | 规格型号 | 计量单位 | 数量 | 单价 | 金额 | 计划价 | 计划金额 | 存货科目编码 | 存货科目 |
|---|---|---|---|---|---|---|---|---|---|---|
| 007 | 货架 | | 个 | 3,000.00 | 300.00 | 900,000.00 | | | | |
| 008 | 仓储笼 | | 个 | 2,000.00 | 280.00 | 560,000.00 | | | | |
| 合计: | | | | 5,000.00 | | 1,460,000.00 | | | | |

图 3-44 【期初余额——产成品库】窗口

(3)选择仓库为【周转材料库】,单击【取数】按钮,系统自动从库存管理系统取出该仓库的存货信息,如图 3-45 所示。

(4)单击【对账】按钮,选择所有仓库,系统自动对存货核算与库存管理系统的存货数据进行核对,系统提示【对账成功!】,如图 3-46 所示,单击【确定】按钮。

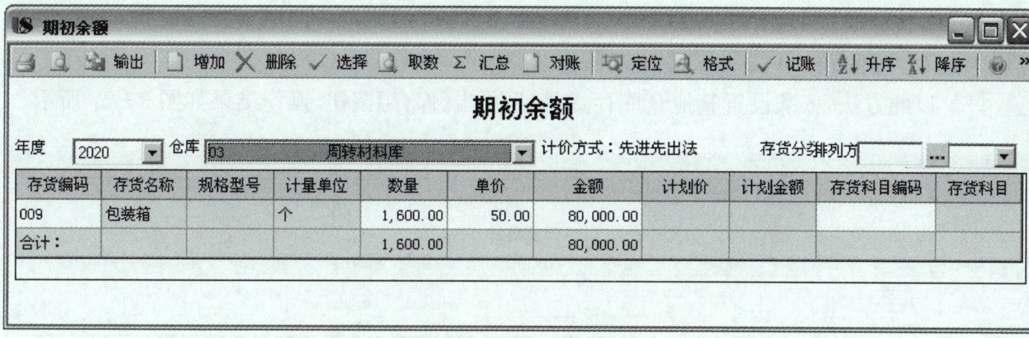


图 3-45 【期初余额——周转材料库】窗口

图 3-46 【对账成功】提示框

## 业务五 存货核算系统科目设置

### 【业务描述】

存货核算科目设置

2020 年 1 月 1 日，设置存货核算系统中的科目：

1. 存货科目设置

原料库的存货科目为【1403 原材料】；产成品库的存货科目为【1405 库存商品】；周转材料库的存货科目为【1411 周转材料】。

2. 存货对方科目设置

采购入库的对方科目为【1402 在途物资】，暂估科目为【220202 应付账款/暂估应付款】；采购退货的对方科目为【1402 在途物资】；盘盈入库的对方科目为【1901 待处理财产损溢】；产成品入库对方科目为【1405 库存商品】；销售出库、销售退货对方科目均为【6401 主营业务成本】；盘亏出库的对方科目为【1901 待处理财产损溢】；

材料出库中，项目名称【货架】的对方科目为【500101 直接材料】，项目名称【仓储笼】的对方科目为【500101 直接材料】。

### 【岗位说明】

【A01 李金泽】设置存货核算系统科目。

### 【操作指导】

(1)【A01 李金泽】在企业应用平台中，执行【业务工作】|【供应链】|【存货核算】|【初

始设置】|【科目设置】|【存货科目】命令，打开【存货科目】窗口，单击【增加】按钮，选择仓库编码为【01】，“存货科目编码”为【1403】。

（2）以此方法，依次设置其他仓库存货科目，单击【保存】按钮，操作结果如图 3－47 所示。

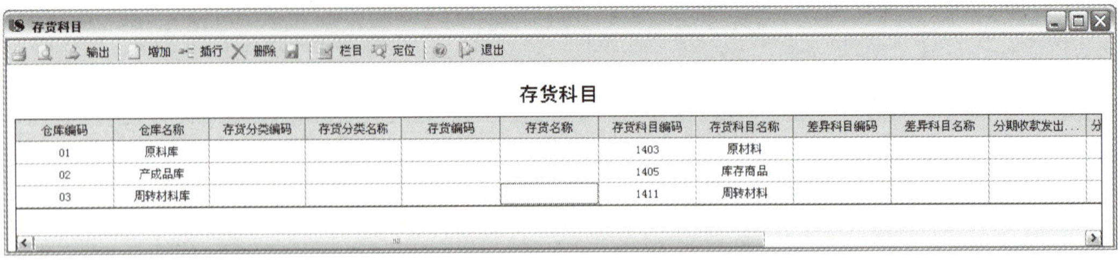


| 仓库编码 | 仓库名称 | 存货分类编码 | 存货分类名称 | 存货编码 | 存货名称 | 存货科目编码 | 存货科目名称 | 差异科目编码 | 差异科目名称 | 分期收款发出… |
|---|---|---|---|---|---|---|---|---|---|---|
| 01 | 原料库 | | | | | 1403 | 原材料 | | | |
| 02 | 产成品库 | | | | | 1405 | 库存商品 | | | |
| 03 | 周转材料库 | | | | | 1411 | 周转材料 | | | |

图 3－47 【存货科目】窗口



（3）在企业应用平台中，执行【业务工作】|【供应链】|【存货核算】|【初始设置】|【科目设置】|【对方科目】命令，打开【对方科目】窗口，单击【增加】按钮，选择收发类别编码为【101】，对方科目编码为【1402 在途物资】，暂估科目编码为【220202 应付账款/暂估应付款】。

（4）以此方法，依次设置其他收发类别的对方科目，单击【保存】按钮，操作结果如图 3－48所示。

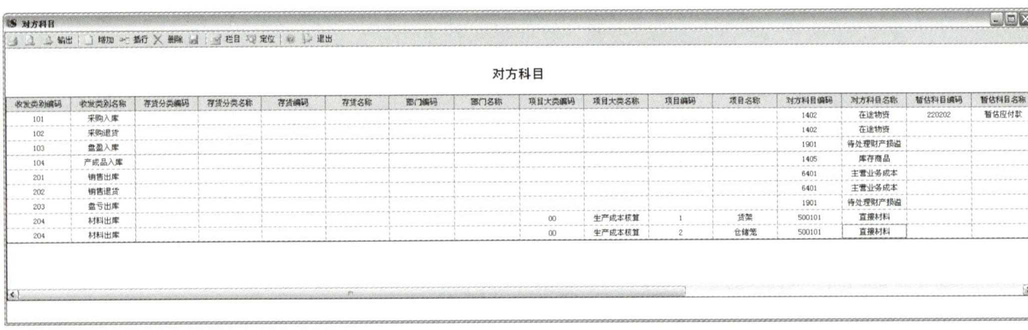


| 收发类别编码 | 收发类别名称 | 存货分类编码 | 存货分类名称 | 存货编码 | 存货名称 | 部门编码 | 部门名称 | 项目大类编码 | 项目大类名称 | 项目编码 | 项目名称 | 对方科目编码 | 对方科目名称 | 暂估科目编码 | 暂估科目名称 |
|---|---|---|---|---|---|---|---|---|---|---|---|---|---|---|---|
| 101 | 采购入库 | | | | | | | | | | | 1402 | 在途物资 | 220202 | 暂估应付款 |
| 102 | 采购退货 | | | | | | | | | | | 1402 | 在途物资 | | |
| 103 | 盘盈入库 | | | | | | | | | | | 1901 | 待处理财产损溢 | | |
| 104 | 产成品入库 | | | | | | | | | | | 1405 | 库存商品 | | |
| 201 | 销售出库 | | | | | | | | | | | 6401 | 主营业务成本 | | |
| 202 | 销售退货 | | | | | | | | | | | 6401 | 主营业务成本 | | |
| 203 | 盘亏出库 | | | | | | | | | | | 1901 | 待处理财产损溢 | | |
| 204 | 材料出库 | | | | | | | 00 | 生产成本核算 | 1 | 货架 | 500101 | 直接材料 | | |
| 204 | 材料出库 | | | | | | | 00 | 生产成本核算 | 2 | 仓储笼 | 500101 | 直接材料 | | |

图 3－48 【对方科目】窗口

## 业务六 存货核算系统期初记账

存货核算系统期初记账

### 【业务描述】

2020 年 1 月 1 日，对存货核算系统进行期初记账。

### 【岗位说明】

【A01 李金泽】存货核算系统期初记账。

### 【操作指导】

1. 存货核算系统期初记账

【A01 李金泽】在企业应用平台中，执行【业务工作】|【供应链】|【存货核算】|【初始设置】|【期初数据】|【期初余额】命令，打开【期初余额】窗口，单击【记账】按钮，系统提示【期初记账成功!】，如图 3－49 所示，单击【确定】按钮，完成期初记账工作。

图 3-49 【期初记账成功】提示框

2. 账套备份

将账套输出至【F:\616 账套备份\3-3】文件夹。



# 实训四 总 账

## 业务一 总账管理系统参数设置

总账管理系统参数设置

### 【业务描述】

2020 年 1 月 1 日,设置(修改)总账管理系统相关参数:

(1) 凭证选项卡:取消现金流量科目必录现金流量项目;勾选自动填补凭证断号;取消制单序时控制。

(2) 权限选项卡:不允许修改、作废他人填制的凭证;勾选出纳凭证必须经由出纳签字。

(3) 会计日历选项卡:数量小数位 2,单价小数位 2。

(4) 其他选项卡:部门、个人、项目排序方式选择按编码排序。

### 【岗位说明】

【A01 李金泽】设置总账管理系统参数。

### 【赛题链接】

在总账中设置数量小数位、单价小数位、本位币精度分别为 5、5、2。

### 【操作指导】

(1)【A01 李金泽】在企业应用平台中,执行【业务工作】|【财务会计】|【总账】|【设置】|【选项】命令,打开【选项】窗口,单击【编辑】按钮,如图 3-50 所示。

(2) 在【凭证】选项卡中,取消勾选【制单序时控制】【现金流量科目必录现金流量项目】复选框,勾选【自动填补凭证断号】复选框,如图 3-51 所示。

(3) 在【权限】选项卡中,取消勾选【允许修改、作废他人填制的凭证】复选框,如图 3-52所示。

(4) 在【会计日历】选项卡中,分别修改数量小数位和单价小数位为【2】,如图 3-53 所示。

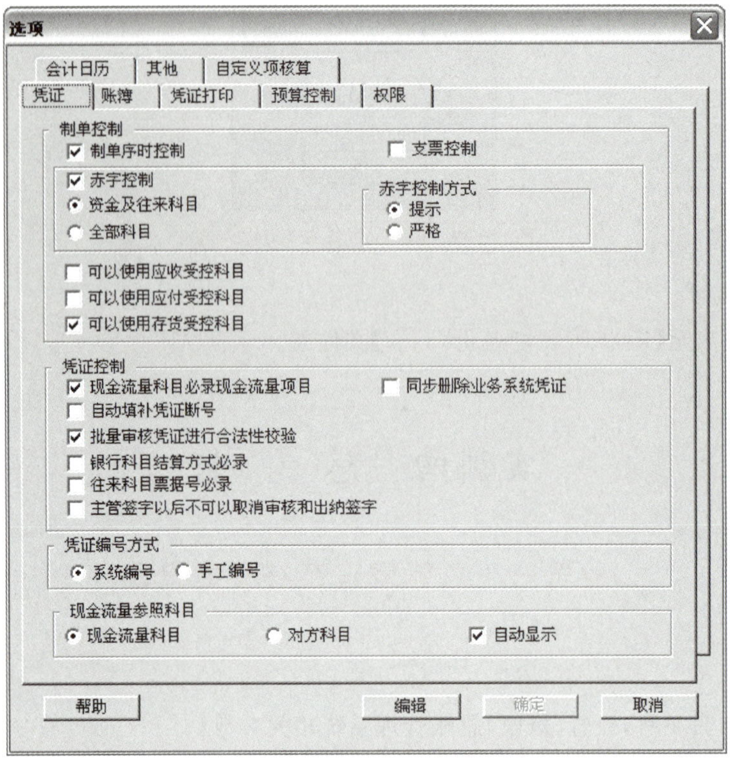


图 3－50 【选项】窗口

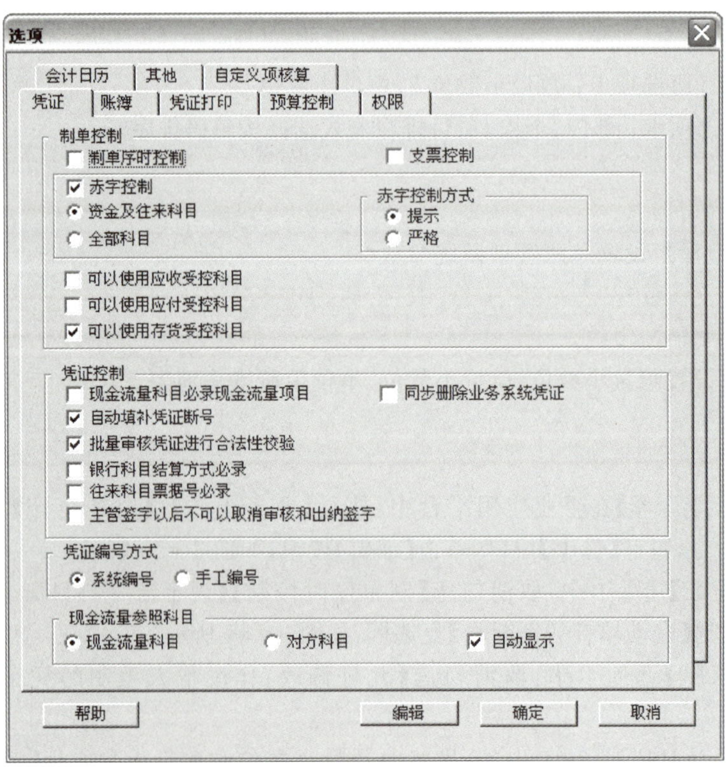


图 3－51 【选项——凭证】选项卡

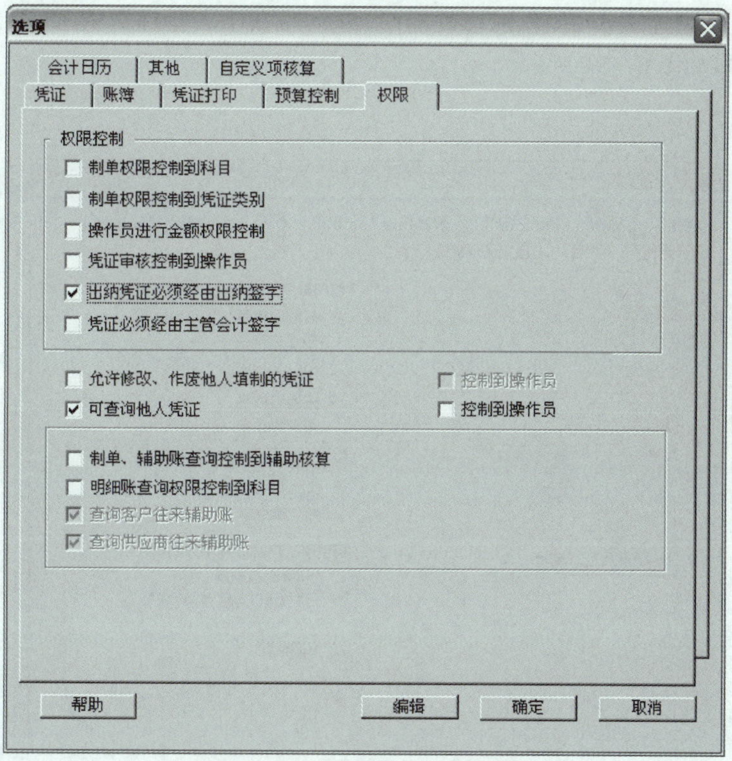


图 3-52 【选项——权限】选项卡

图 3-53 【选项——会计日历】选项卡

(5) 在【其他】选项卡中，分别修改部门排序方式、个人排序方式和项目排序方式为【按编码排序】，如图 3-54 所示。

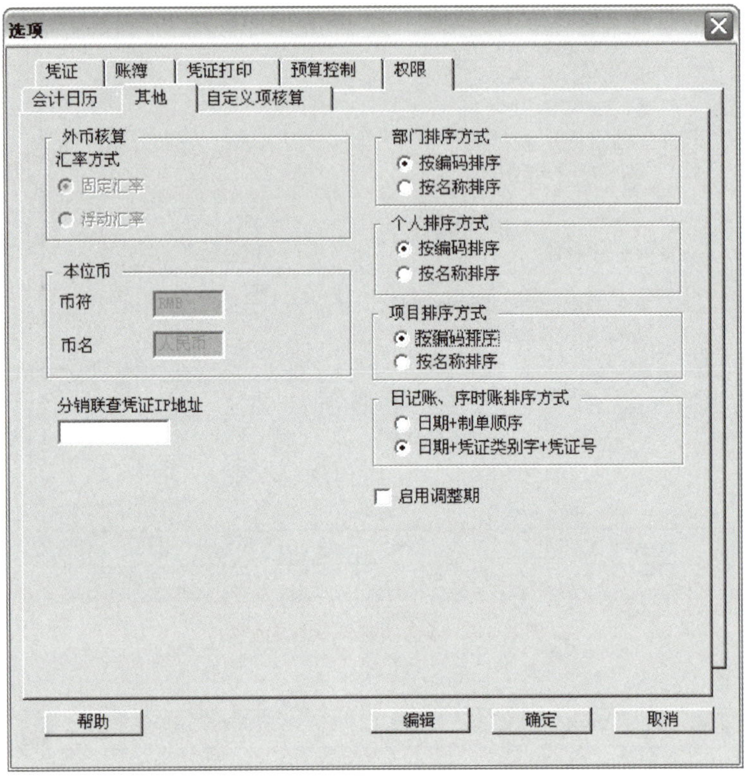


图 3-54 【选项——其他】选项卡



(6) 单击【确定】按钮，保存并返回。

温馨提示

总账系统中的参数设置将决定总账系统的输入控制、处理方式、数据流向、输出格式等，设定后一般不能随意改变。

## 业务二 录入总账管理系统期初余额

总账管理系统期初余额录入

**【业务描述】**

2020 年 1 月 1 日，录入总账管理系统期初余额并进行试算平衡，相关信息如表3-8～表 3-15 所示。

表 3－8　总账期初余额

| 科 目 名 称 | 方向 | 期 初 余 额/元 |
|---|---|---|
| 库存现金 1001 | 借 | 10 000.00 |
| 银行存款 1002 | 借 | 259 990.20 |
| 应收账款 1122 | 借 | 135 600.00 |
| 应收票据 1121 | 借 | 54 240.00 |
| 银行承兑汇票 112101 | 借 | 54 240.00 |
| 预付账款 1123 | 借 | 10 000.00 |
| 坏账准备 1231 | 贷 | 678.00 |
| 原材料 1403 | 借 | 570 000.00 |
| 库存商品 1405 | 借 | 1 460 000.00 |
| 周转材料 1411 | 借 | 80 000.00 |
| 固定资产 1601 | 借 | 347 000.00 |
| 累计折旧 1602 | 贷 | 47 183.33 |
| 短期借款 2001 | 贷 | 200 000.00 |
| 应付票据 2201 | 贷 | 20 340.00 |
| 银行承兑汇票 220101 | 贷 | 20 340.00 |
| 应付账款 2202 | 贷 | 21 300.00 |
| 一般应付款 220201 | 贷 | 11 300.00 |
| 暂估应付款 220202 | 贷 | 10 000.00 |
| 合同负债 2204 | 贷 | 10 000.00 |
| 应付职工薪酬 2211 | 贷 | 82 244.00 |
| 工资 221101 | 贷 | 50 000.00 |
| 职工福利费 221102 | 贷 | 14 800.00 |
| 社会保险费 221104 | 贷 | 3 600.00 |
| 设定提存计划 221105 | 贷 | 7 880.00 |
| 住房公积金 221106 | 贷 | 4 280.00 |
| 工会经费 221107 | 贷 | 748.00 |
| 职工教育经费 221108 | 贷 | 936.00 |
| 应交税费 2221 | 贷 | 111 055.00 |
| 未交增值税 222102 | 贷 | 67 890.00 |
| 应交城建税 222103 | 贷 | 4 752.30 |
| 应交教育费附加 222104 | 贷 | 2 036.70 |
| 应交地方教育费附加 222105 | 贷 | 1 357.80 |

3

3

续 表

| 科 目 名 称 | 方向 | 期 初 余 额 |
|---|---|---|
| 应交企业所得税 222107 | 贷 | 34 880.00 |
| 应交个人所得税 222108 | 贷 | 138.20 |
| 实收资本 4001 | 贷 | 2 000 000.00 |
| 资本公积 4002 | 贷 | 378 029.87 |
| 利润分配 4104 | 贷 | 56 000.00 |
| 未分配利润 410415 | 贷 | 56 000.00 |

表 3-9 应收账款(1122)期初余额

| 日 期 | 客户名称 | 摘 要 | 方向 | 余额/元 |
|---|---|---|---|---|
| 2019-12-16 | 世纪联华 | 销售货架 100 个,480 元/个,发票号 64378946 | 借 | 54 240.00 |
| 2019-12-30 | 美的 | 销售仓储笼 160 台,450 元/个,发票号 86549368 | 借 | 81 360.00 |

表 3-10 应收票据——银行承兑汇票(112101)期初余额

| 日 期 | 客户名称 | 摘 要 | 方向 | 余额/元 |
|---|---|---|---|---|
| 2019-12-18 | 华润苏果 | 销售货架 100 个,480 元/个,银行承兑票号 84378948,票面利率 6%,到期日 2020-02-18,承兑银行:中国银行 | 借 | 54 240.00 |

表 3-11 预付账款(1123)期初余额

| 日 期 | 供应商名称 | 摘 要 | 方向 | 余额/元 |
|---|---|---|---|---|
| 2019-12-16 | 新兴铸管 | 采购钢管 1 000 米,50 元/米,转账支票票号 64334865 | 借 | 10 000.00 |

表 3-12 应付账款——一般应付款(220201)期初余额

| 日 期 | 供应商名称 | 摘 要 | 方向 | 余额/元 |
|---|---|---|---|---|
| 2019-12-19 | 百盛脚轮 | 采购脚轮 100 个,100 元/个,票号 56738946 | 贷 | 11 300.00 |

表 3-13 应付账款——暂估应付款(220202)期初余额

| 日 期 | 供应商名称 | 摘 要 | 方向 | 余额/元 |
|---|---|---|---|---|
| 2019-12-19 | 新兴铸管 | 采购角钢 100 米,100 元/米 | 贷 | 10 000.00 |

表 3-14 应付票据——银行承兑汇票(220101)期初余额

| 日 期 | 供应商名称 | 摘 要 | 方向 | 余额/元 |
|---|---|---|---|---|
| 2019-12-09 | 恒大焊条 | 采购焊条 100 盒,180 元/盒,银行承兑汇票票号 64374789,票面利率 6%,到期日 2020-01-09,承兑银行:中国工商银行 | 贷 | 20 340.00 |

表 3-15 合同负债(2204)期初余额

| 日 期 | 客户名称 | 摘 要 | 方向 | 余额/元 |
|---|---|---|---|---|
| 2019-12-28 | 欧尚 | 预收货架款,100 个,480 元/个,转账支票票号 84378958 | 贷 | 10 000.00 |

## 【岗位说明】

【A01 李金泽】录入总账管理系统期初余额。

## 【赛题链接】

根据表 3-16 中的资料,录入“在途物资”账户期初余额。

表 3-16 供应商档案

| 日 期 | 供应商 | 摘 要 | 金额/元 |
|---|---|---|---|
| 2014-03-31 | 武汉佳慧电子 | 购买商品 | 450 000.00 |

## 【操作指导】

1. 录入期初余额

(1)【A01 李金泽】在企业应用平台中,执行【业务工作】|【财务会计】|【总账】|【设置】|【期初余额】命令,打开【期初余额录入】窗口。

(2) 白色的单元为末级科目,可以直接输入期初余额。如:库存现金 10 000.00、银行存款 259 990.20,如图 3-55 所示。

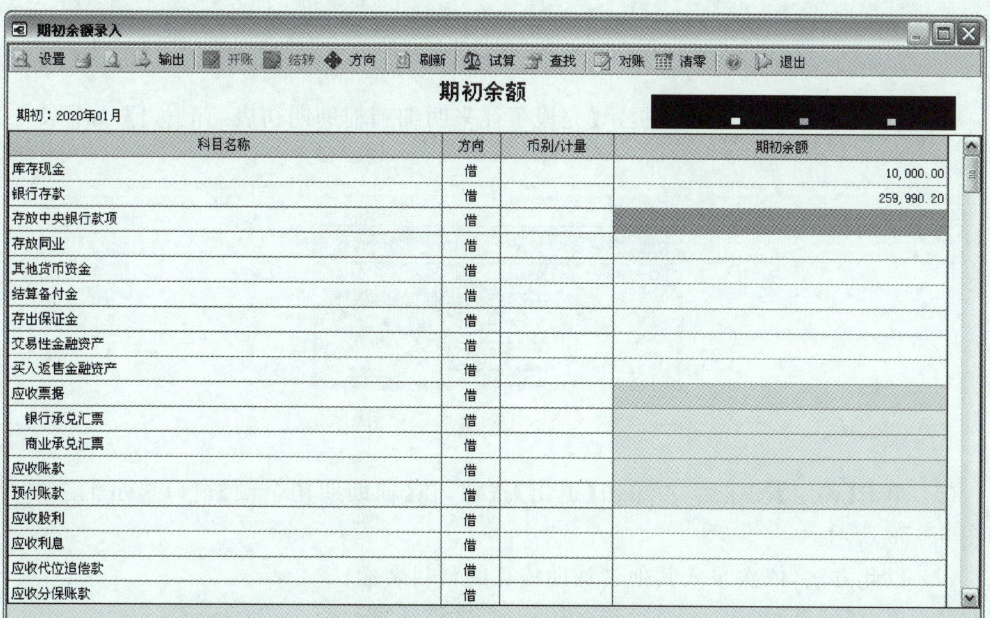


图 3-55 【期初余额录入】窗口

**温馨提示**

灰色的单元为非末级科目，不允许录入期末余额，待下级科目余额录入完成后自动汇总生成。

(3) 黄色的单元代表此科目设置了辅助核算，不允许直接录入余额，需要在该单元格中双击进入辅助账期初设置。在辅助账中输入期初数据，完成后自动返回总账期初余额表中。如双击【应收票据——银行承兑汇票】所在行的【期初余额】栏，打开【辅助期初余额】窗口。



(4) 单击【往来明细】按钮，打开【期初往来明细】窗口，单击【引入】按钮，系统提示【确定要引入期初吗?】，单击【是】，将从【应收款管理系统】引入【应收票据——银行承兑汇票】的期初余额，如图 3-56 所示。

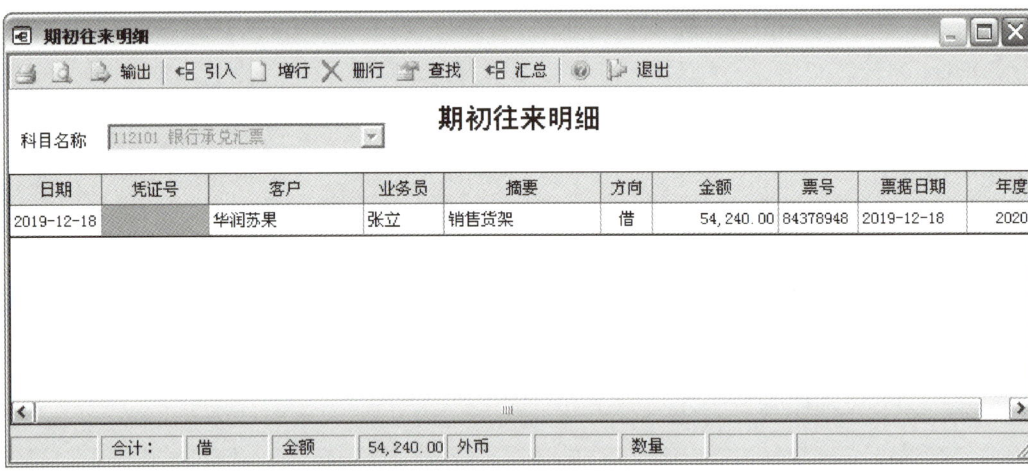


图 3-56 【期初往来明细】窗口

(5) 单击【汇总】按钮，系统提示【完成了往来明细到辅助期初表的汇总!】，如图 3-57 所示。

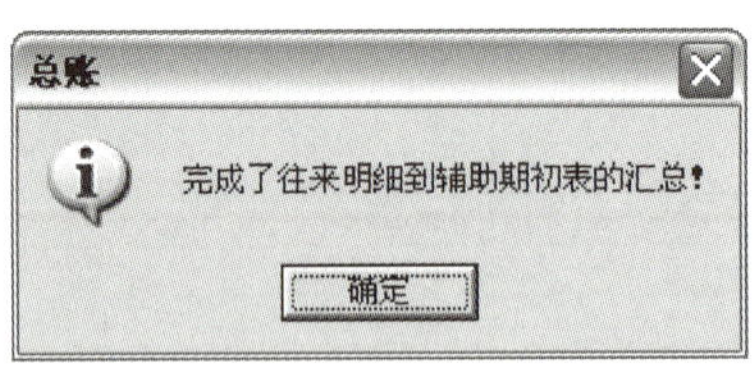


图 3-57 【往来明细辅助汇总】提示框

(6) 单击【确定】按钮后，再单击【退出】按钮，在【辅助期初余额】窗口显示汇总结果，如图 3-58 所示。

(7) 以此方法，依次录入其他带辅助核算的科目余额。

(8) 单击【试算】按钮，系统进行试算平衡，试算结果如图 3-59 所示。

(9) 单击【确定】按钮。

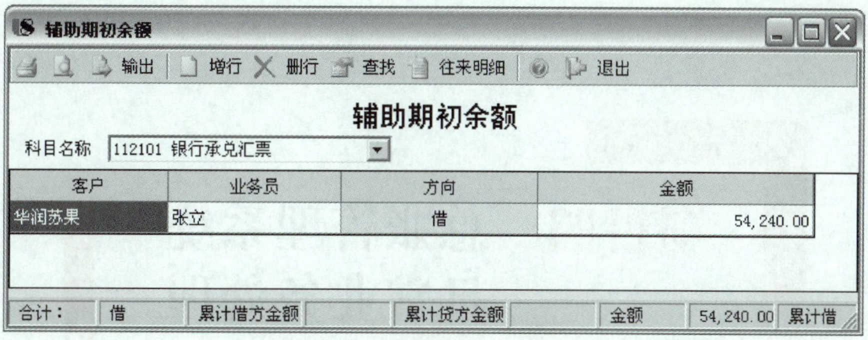


图 3-58 【辅助期初余额】窗口

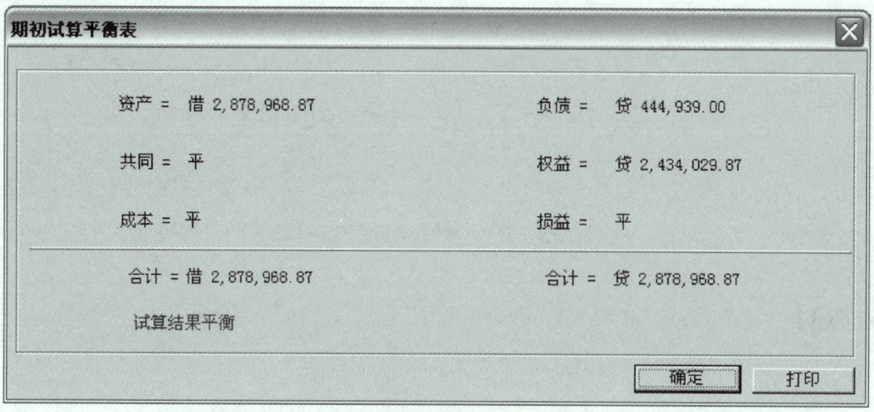


图 3-59 【期初试算平衡表】窗口

2. 账套备份

将账套输出至【F:\616 账套备份\3-4】文件夹。

**温馨提示**

- 只需输入末级科目的余额，非末级科目的余额由系统自动计算生成。
- 如果要修改余额的方向，可以在未录入余额的情况下，单击【方向】按钮改变余额的方向。
- 如果录入余额的科目有辅助核算的内容，则在录入余额时必须录入辅助核算的明细内容，而修改时也应修改明细内容。
- 如果某一科目有数量（外币）核算的要求，则录入余额时还应输入该余额的数量（外币）。
- 如果年中某月开始建账，需要输入启用月份的月初余额及年初到该月的借贷方累计发生额（年初余额由系统根据月初余额及借贷方累计发生额自动计算生成）。
- 系统只能对月初余额的平衡关系进行试算，而不能对年初余额进行试算。
- 如果期初余额不平衡，可以填制凭证但是不允许记账。
- 凭证记账后，期初余额变为只读状态，不能再修改。

# 项目四　总账管理系统日常业务处理

## 实训一　凭 证 处 理

### 业务一　填 制 凭 证

**【业务描述】**

1. 凭证填制

对环宇仓储 2020 年 1 月发生的以下 3 笔业务进行账务处理：

填制凭证 1

(1) 1 日，财务部开出现金支票提现备用，取得与业务相关的原始单据如图 4－1 所示。

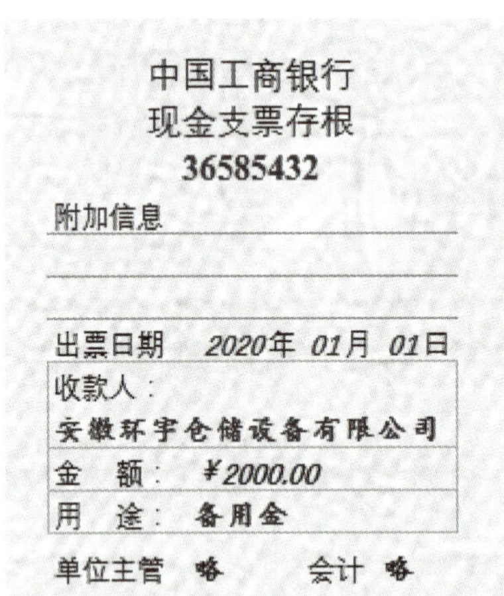
中国工商银行
现金支票存根
36585432
附加信息
出票日期　2020年 01月 01日
收款人：安徽环宇仓储设备有限公司
金　额：¥2000.00
用　途：备用金
单位主管　略　　会计　略

图 4－1 【业务一——现金支票存根】

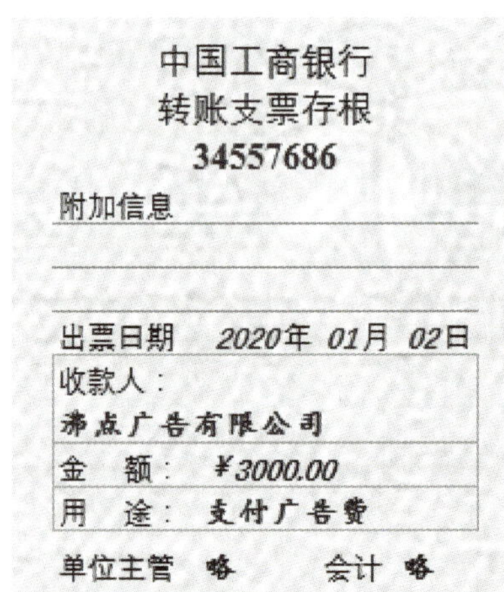
中国工商银行
转账支票存根
34557686
附加信息
出票日期　2020年 01月 02日
收款人：沸点广告有限公司
金　额：¥3000.00
用　途：支付广告费
单位主管　略　　会计　略

图 4－2 【业务二——转账支票存根】

填制凭证 2

(2) 2 日，支付销售部广告费，取得与业务相关的原始单据如图 4－2、图 4－3 所示。

(3) 3 日，总经办报销业务招待费，取得与业务相关的原始单据如图 4－4、图 4－5 所示。

**安徽增值税专用发票**

NO.46545658 3402194130 46545658

**发票联**

开票日期：2020年01月02日

| 购买方 | 名称：安徽环宇仓储设备有限公司<br>纳税人识别号：913402076897786088<br>地址、电话：芜湖市经济技术开发区港湾路188号，0553-4471388<br>开户行及账号：中国工商银行芜湖市经开区支行1307100026160024388 | 密码区 | 略 |
|---|---|---|---|

| 货物或应税劳务、服务名称 | 规格型号 | 单位 | 数量 | 单价 | 金额 | 税率 | 税额 |
|---|---|---|---|---|---|---|---|
| *广告服务*广告费 | | | | | 2830.19 | 6% | 169.81 |
| 合计 | | | | | ¥2830.19 | | ¥169.81 |
| 价税合计（大写） | ⊗叁仟元整 | | | | （小写）¥3000.00 | | |

| 销货方 | 名称：沸点广告有限公司<br>纳税人识别号：913402017233586886<br>地址、电话：芜湖市镜湖区中和路88号，0553-3201688<br>开户行及账号：中国工商银行芜湖市北京路支行，1307022029249363888 | 备注 | |
|---|---|---|---|

收款人：略　复核：略　开票人：略　销售方（章）：

税总函〔2019〕124号南宋印钞有限公司　第三联：发票联　购买方记账凭证

图 4-3 【业务二——增值税专用发票】

**安徽增值税普通发票**

NO.71982068

**发票联**

开票日期：2020年01月03日

| 购买方 | 名称：安徽环宇仓储设备有限公司<br>纳税人识别号：913402076897786088<br>地址、电话：芜湖市经济技术开发区港湾路188号，0553-4471388<br>开户行及账号：中国工商银行芜湖市经开区支行，1307100026160024388 | 密码区 | 略 |
|---|---|---|---|

| 货物或应税劳务、服务名称 | 规格型号 | 单位 | 数量 | 单价 | 金额 | 税率 | 税额 |
|---|---|---|---|---|---|---|---|
| *餐饮服务*餐费 | | | | | 800.00 | 6% | 48.00 |
| 合计 | | | | | ¥800.00 | | ¥48.00 |
| 价税合计（大写） | ⊗捌佰肆拾捌元整 | | | | （小写）¥848.00 | | |

| 销货方 | 名称：成都印象餐饮有限公司<br>纳税人识别号：913402469368768466<br>地址、电话：芜湖市镜湖区新芜路99号，0553-3231288<br>开户行及账号：中国工商银行新芜路支行，1300045678985446788 | 备注 | |
|---|---|---|---|

收款人：略　复核：略　开票人：略　销售方（章）：

税总函〔2019〕562号上海印钞有限公司　第三联：发票联　购买方记账凭证

图 4-4 【业务三——增值税普通发票】

2. 常用凭证

编码为【1】，说明为【提现备用】。

设置常用凭证

## 【岗位说明】

【W02 黄小明】填制记账凭证；【A01 李金泽】设置常用凭证。

**报 销 单**

填报日期： 2020年 01月 03日

| 姓名 | 李金泽 | 所属部门 | 总经办 | 报销形式 | 现金 |
|---|---|---|---|---|---|
| | | | | 支票号码 | |
| 报销项目 | | 金额 | 报销项目 | | 金额 |
| 业务招待费 | | 848.00 | | | |
| | | | | | |
| | | | 以上单据共 1 张 | 现金付讫 | ¥848.00 |
| 总金额（大写） | 零拾零万零仟捌佰肆拾捌元零角零分 | | 预支备用金 | | 应缴备用金额 |

总经理：略　　财务经理：略　　部门经理：略　　会计：略　　出纳：略　　报销人：略

图 4－5 【业务三——报销单】

4

## 【赛题链接】

1 日，王红签发现金支票提取现金（现金支票等原始单据略）。

2 日，销售部经理刘奇峰借支差旅费（借支单等原始单据略）。

28 日，办公室报销招待费 3 000 元，以现金支付（业务招待费报销审批单等原始单据略）。

## 【操作指导】

1. 填制第 1 笔业务的记账凭证

（1）2020 年 1 月 1 日，在企业应用平台中，单击【重注册】，以【W02 黄小明】用户身份进入企业应用平台。

（2）执行【业务工作】|【财务会计】|【总账】|【凭证】|【填制凭证】命令，打开【填制凭证】窗口。

（3）单击【增加】按钮或者按 F5 键。

（4）单击【凭证类别】的参照按钮，选择【记账凭证】。

（5）修改凭证日期为【2020.01.01】。

（6）在摘要栏录入【提现备用】。

（7）按回车键，或用鼠标单击科目名称栏的参照按钮（或按 F2 键），选择【1001 库存现金】，或者直接在科目名称栏输入【1001】。

（8）按回车键，或用鼠标单击借方金额栏，录入借方金额为【2000】。

（9）按回车键（复制上一行的摘要），再按回车键，或用鼠标单击科目名称栏（第二行）的参照按钮（或按 F2 键），选择【1002 银行存款】，或者直接在科目名称栏输入【1002】。

（10）按回车键，打开【辅助项】对话框，录入结算方式为【201】，票号为【36585432】，选择发生日期为【2020－01－01】，如图 4－6 所示，单击【确定】按钮。

（11）按回车键，或用鼠标单击贷方金额栏，录入贷方金额为【2000】，或直接按【＝】键，单击【保存】按钮，如图 4－7 所示。

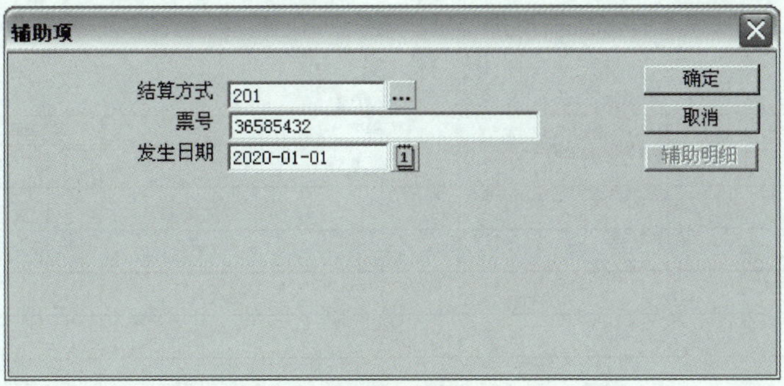


图 4-6 【辅助项】对话框

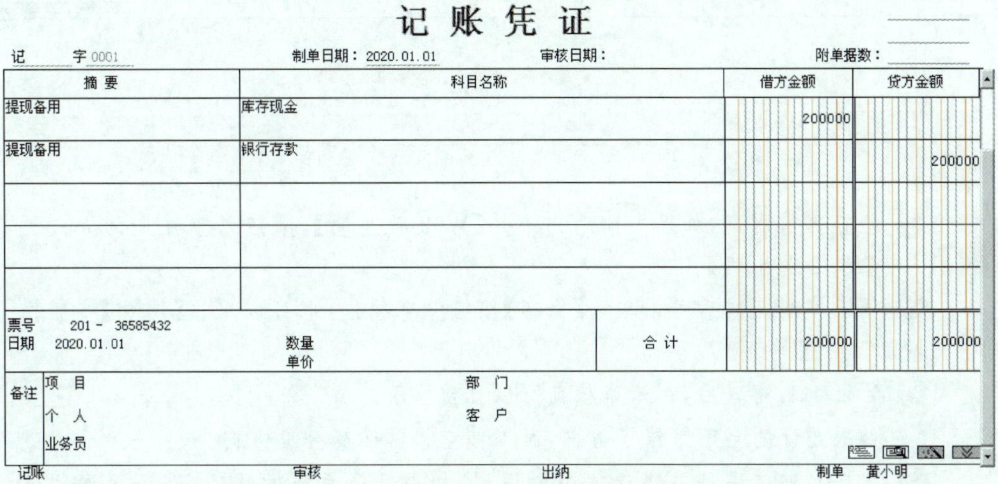


图 4-7 【第 1 笔业务记账凭证】页面

(12) 以此方法，依次填制第 2 笔、第 3 笔业务的记账凭证，操作结果如图 4-8、图4-9所示。

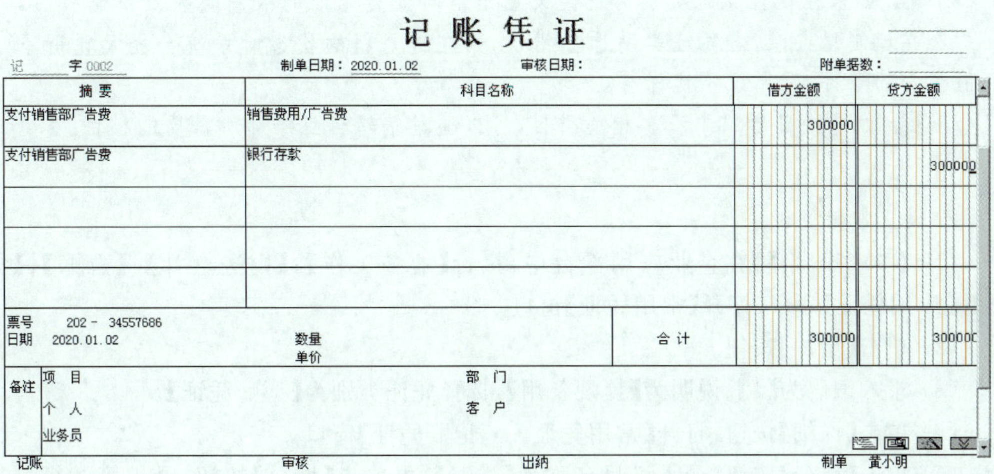


图 4-8 【第 2 笔业务记账凭证】页面

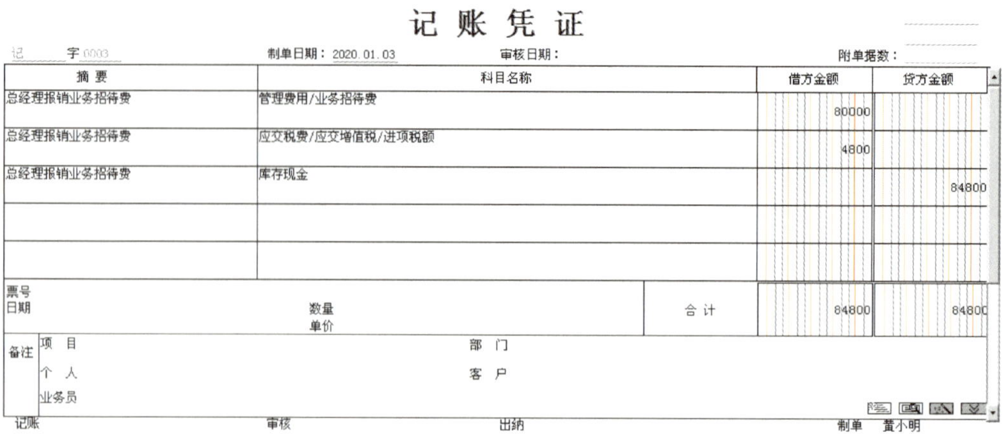

记 账 凭 证

记 字 0003 制单日期：2020.01.03 审核日期： 附单据数：

| 摘要 | 科目名称 | 借方金额 | 贷方金额 |
| --- | --- | --- | --- |
| 总经理报销业务招待费 | 管理费用/业务招待费 | 80000 | |
| 总经理报销业务招待费 | 应交税费/应交增值税/进项税额 | 4800 | |
| 总经理报销业务招待费 | 库存现金 | | 84800 |
| | | | |
| | | | |
| 票号 日期 | 数量 单价 合计 | 84800 | 84800 |

备注 项 目 部 门

个 人 客 户

业务员

记账 审核 出纳 制单 黄小明

图 4－9 【第 3 笔业务记账凭证】页面



温馨提示

检查当前用户，如果当前用户不是【W02 黄小明】，则应以重注册的方式更换用户为【W02 黄小明】。

凭证填制完成后可以单击【保存】按钮保存凭证，也可以单击【增加】按钮保存并增加下一张凭证。

凭证填制完成后，在未审核前可以直接修改。

如果凭证的金额录错了方向，可以按空格键改变金额方向。

凭证日期应满足总账选项中的设置，如果默认系统的选项，则不允许凭证日期逆序。

在填制凭证时，如果使用含有辅助核算内容的会计科目，则应选择相应的辅助核算内容，否则将不能查询到辅助核算的相关资料。

【＝】键意为取借贷方差额到当前光标位置、每张凭证上只能使用一次。

如果在设置凭证类别时已经设置了不同种类凭证的限制类型及限制科目，那么在填制凭证时，若凭证类别选择错误，则在进入新的状态时系统会提示凭证不能满足的条件，且凭证不能保存。

如果科目参照中没有相关科目，可以通过编辑科目添加所需要的科目。

2. 设置常用凭证

(1) 【A01 李金泽】在企业应用平台中，执行【业务工作】|【财务会计】|【总账】|【凭证】|【常用凭证】命令，打开【常用凭证】窗口。

(2) 单击【增加】按钮。

(3) 录入编码为【1】、说明为【提现备用】，选择凭证类别为【记账凭证】。

(4) 单击【详细】按钮，打开【常用凭证——记账凭证】窗口。

(5) 单击【增分】按钮，录入科目名称为【1001】；再单击【增分】按钮，录入第 2 行科目名称为【1002】；选择结算方式为【现金支票】，如图 4－10 所示。

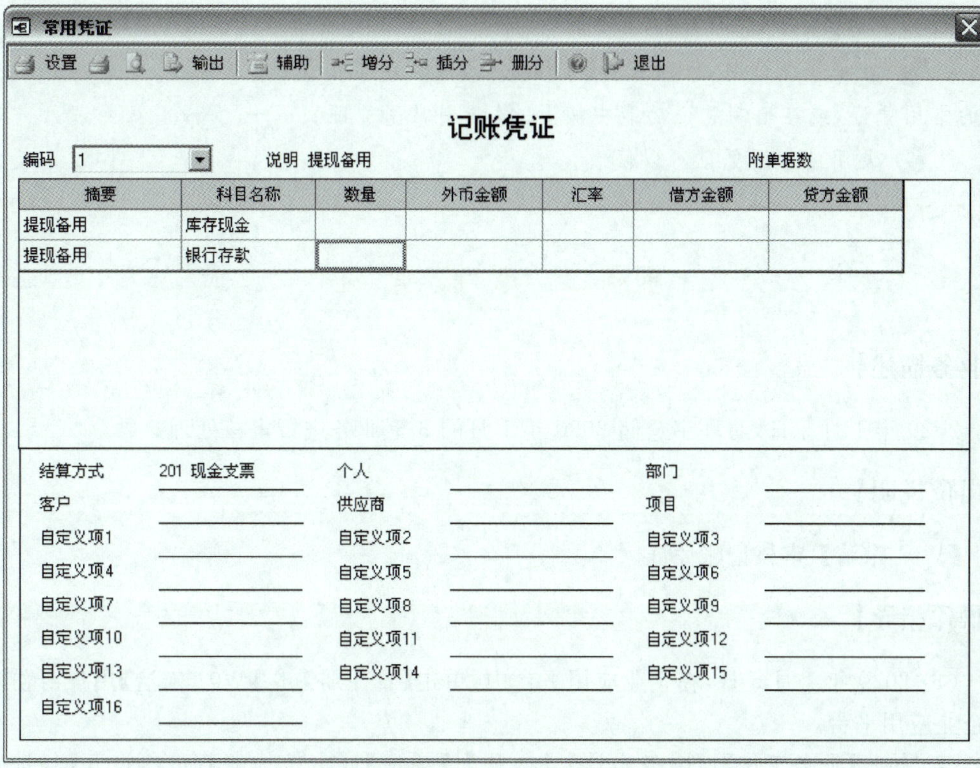


图 4-10 【常用凭证——记账凭证】窗口

（6）单击【退出】按钮，在【常用凭证】窗口可以看到一条常用凭证记录，如图 4-11 所示。

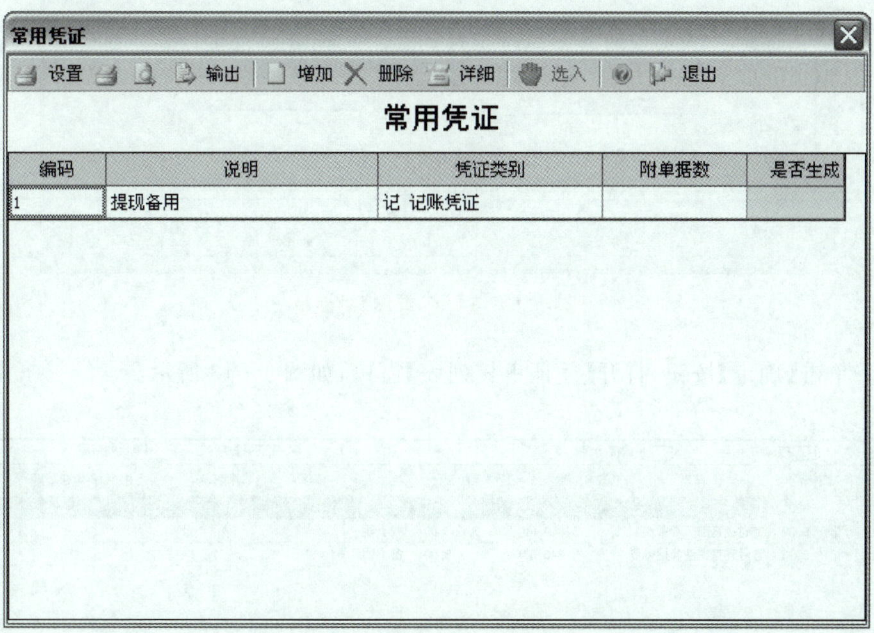


图 4-11 【常用凭证】窗口

温馨提示

在填制凭证时，可以执行【常用凭证】|【调用常用凭证】命令，调用事先定义的常用凭证，或在填制凭证功能中按 F4 键调用常用凭证。

调用的常用凭证可以修改。

## 业务二 审 核 凭 证

审核凭证

4

### 【业务描述】

2020 年 1 月 5 日，对环宇仓储 2020 年 1 月的 3 笔业务进行审核处理。

### 【岗位说明】

【W01 宋清】审核记账凭证。

### 【操作指导】

(1) 2020 年 1 月 5 日，在企业应用平台中，单击【重注册】，以【W01 宋清】用户身份进入企业应用平台。

(2) 执行【业务工作】|【财务会计】|【总账】|【凭证】|【审核凭证】命令，打开【凭证审核】对话框，如图 4－12 所示。

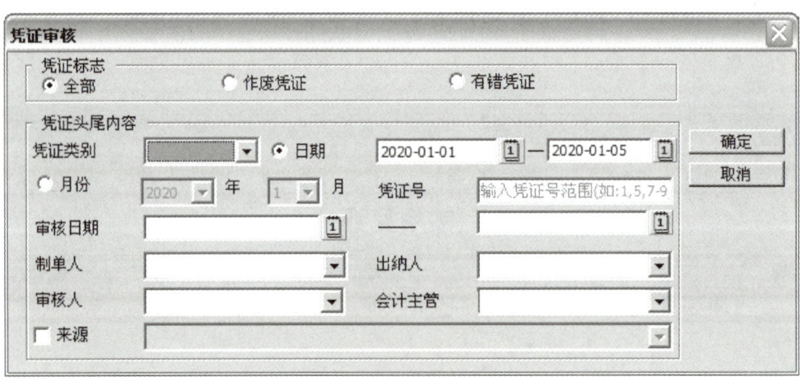


图 4－12 【凭证审核】对话框

(3) 单击【确定】按钮，打开【凭证审核列表】窗口，如图 4－13 所示。

图 4－13 【凭证审核列表】窗口

（4）双击打开待审核的第 1 号【记账凭证】页面，如图 4－14 所示。

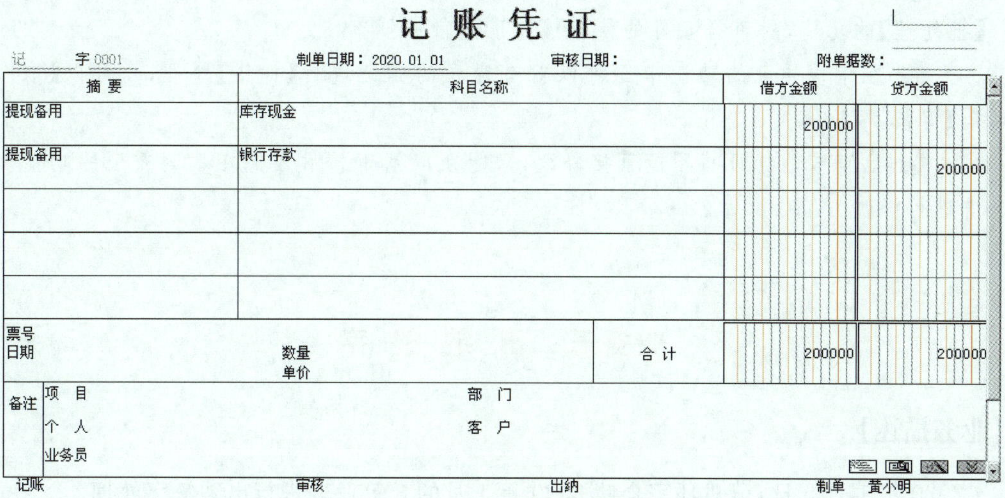


图 4－14　【记账凭证】页面

（5）单击【审核】按钮（第 1 号审核凭证完成后，系统自动翻页到第 2 张待审核的凭证），再单击【审核】按钮，或执行【批处理】|【成批审核凭证】命令，将已经填制的 3 张凭证全部审核签字，如图 4－15 所示。

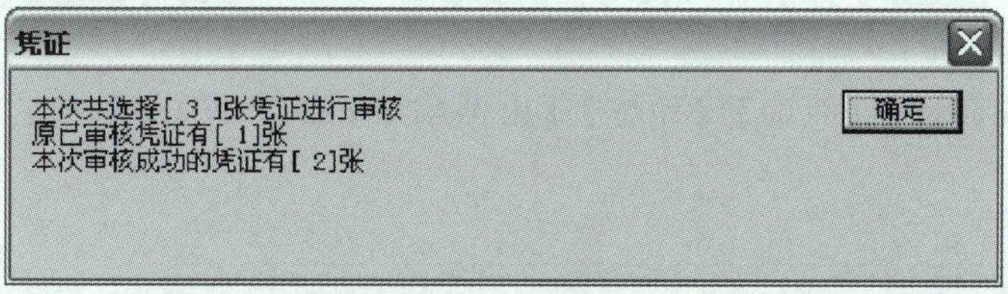


图 4－15　【凭证审核成功】对话框

图 4－16　【是否重新刷新凭证列表数据】提示框

（6）单击【确定】按钮，系统提示【是否重新刷新凭证列表数据】，如图 4－16 所示，单击【是】按钮。

**温馨提示**

系统要求制单人和审核人不能是同一个人，因此在审核凭证前一定要检查当前用户是否就是制单人，如果是，则应更换用户。

凭证审核的操作权限应首先在【系统管理】的权限中进行赋权，其次还要注意在总账管理系统的选项中是否设置了【凭证审核控制到用户】的选项，如果设置了该选项，则应继续设置审核的明确权限，即【数据权限】中的【用户】权限，只有在【数据权限】中设置了某用户有权审核其他某一用户所填制凭证的权限，该用户才真正拥有了审核凭证的权限。

◕ 在凭证审核的功能中除了可以分别对单张凭证进行审核外，还可以执行【批处理】的功能，对符合条件的待审核凭证进行成批审核。

◕ 在审核凭证的功能中还可以对有错误的凭证进行【标错】处理，还可以【取消】审核。

◕ 已审核的凭证将不能直接修改，只能在取消审核后才能在填制凭证的功能中进行修改。

出纳签字

4

## 业务三 出纳签字

### 【业务描述】

2020 年 1 月 5 日，请对环宇仓储 2020 年 1 月的 3 笔业务进行出纳签字处理。

### 【岗位说明】

【W03 李卉】审核出纳凭证进行出纳签字。

### 【操作指导】

(1) 2020 年 1 月 5 日，在企业应用平台中，单击【重注册】，以【W03 李卉】的身份进入企业应用平台。

(2) 执行【业务工作】|【财务会计】|【总账】|【凭证】|【出纳签字】命令，打开【出纳签字】对话框，如图 4－17 所示。

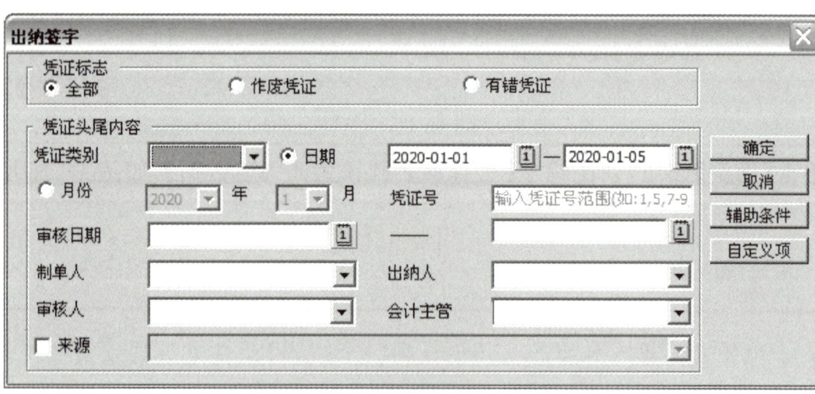


图 4－17 【出纳签字】对话框

(3) 单击【确定】按钮，打开【出纳签字列表】窗口。

(4) 双击打开待签字的第 1 号【记账凭证】页面，如图 4－18 所示。

(5) 单击【签字】按钮，接着单击【下张】按钮，再单击【签字】按钮，或执行【批处理】|【成批出纳签字】命令，将已经填制的所有收付凭证进行出纳签字，如图 4－19～图4－21 所示。

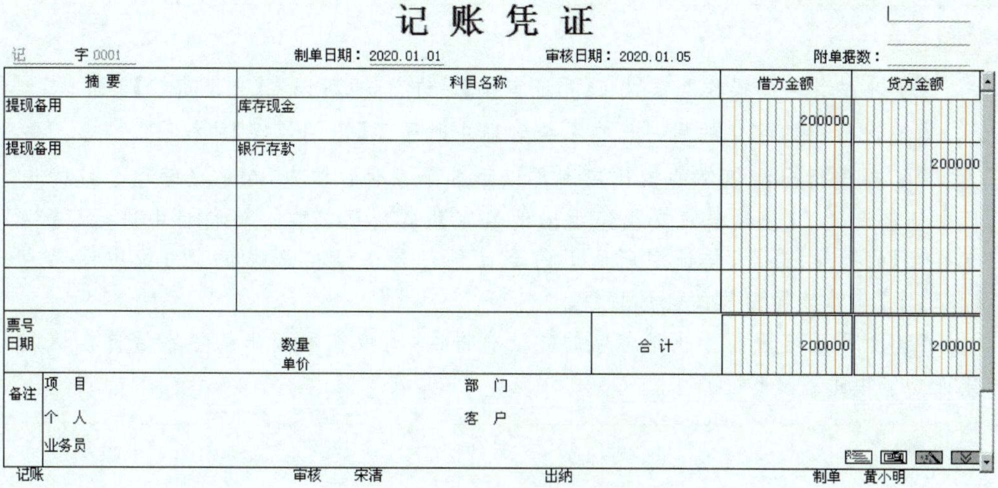


图 4－18 【记账凭证】页面

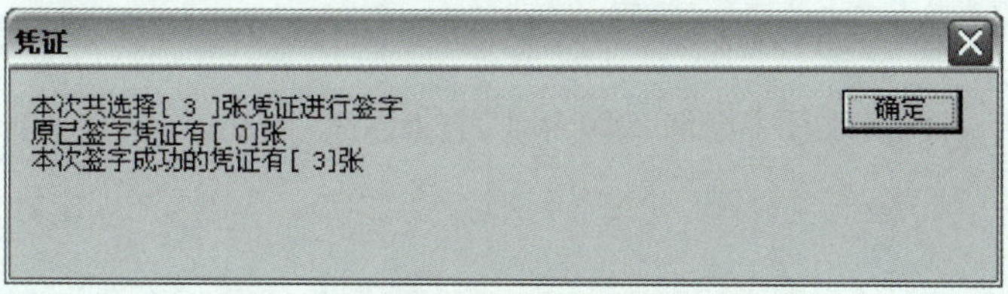


图 4－19 【成批出纳签字】成功对话框

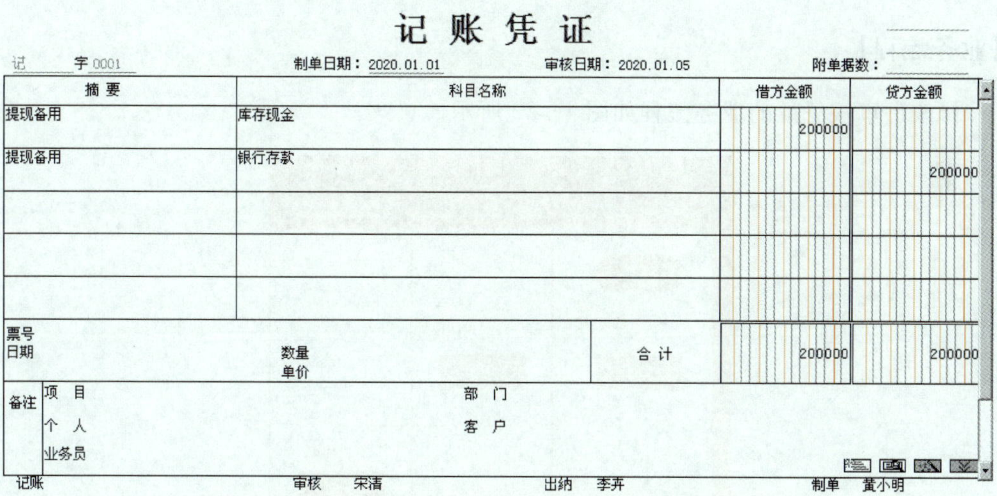


图 4－20 【已出纳签字付款凭证】页面

凭证共 3张 已签字 3张 未签字 0张 ⊙凭证号排序 ○制单日期排序

| 制单日期 | 凭证编号 | 摘要 | 借方金额合计 | 贷方金额合计 | 制单人 | 签字人 | 系统名 | 备注 | 审核日期 | 年度 |
|---|---|---|---|---|---|---|---|---|---|---|
| 2020-01-01 | 记 - 0001 | 提现备用 | 2,000.00 | 2,000.00 | 黄小明 | 李卉 | | | 2020-01-05 | 2020 |
| 2020-01-02 | 记 - 0002 | 支付销售部广告费 | 3,000.00 | 3,000.00 | 黄小明 | 李卉 | | | 2020-01-05 | 2020 |
| 2020-01-03 | 记 - 0003 | 总经理报销业务招待费 | 848.00 | 848.00 | 黄小明 | 李卉 | | | 2020-01-05 | 2020 |

图 4－21 【出纳签字列表】窗口

温馨提示

出纳签字的操作既可以在【凭证审核】后进行，也可以在【凭证审核】前进行。

进行出纳签字的用户已在系统管理中赋予了【出纳签字】的权限。

要进行出纳签字的操作应满足以下3个条件：首先，在总账管理系统的选项中已经设置了【出纳凭证必须经由出纳签字】；其次已经在会计科目中进行了【指定科目】的操作；最后，凭证中所使用的会计科目是已经在总账管理系统中设置为【日记账】辅助核算内容的会计科目。

如果已经进行了出纳签字的凭证有错误，则应在取消出纳签字后再在填制凭证功能中进行修改。

## 业务四 修改已审核凭证

4

修改已审核凭证

### 【业务描述】

2020年1月5日，修改环宇仓储2020年1月的记字3号凭证。

### 【岗位说明】

【W01 宋清】取消凭证的审核；【W03 李卉】取消凭证的出纳签字；【W02 黄小明】修改凭证；【W03 李卉】对凭证进行出纳签字；【W01 宋清】审核凭证。

### 【业务流程】

修改已审核凭证的业务流程如图4-22所示。

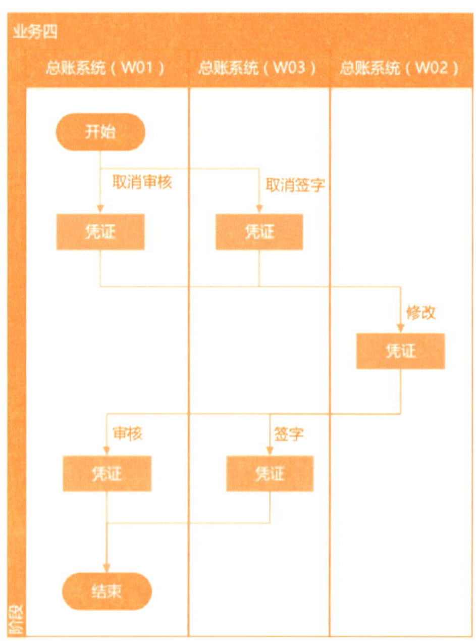


图4-22 【修改已审核凭证】流程图

## 【操作指导】

(1)【W03 李卉】在企业应用平台中，执行【业务工作】|【财务会计】|【总账】|【凭证】|【出纳签字】命令，打开【出纳签字】对话框，如图4－23 所示。

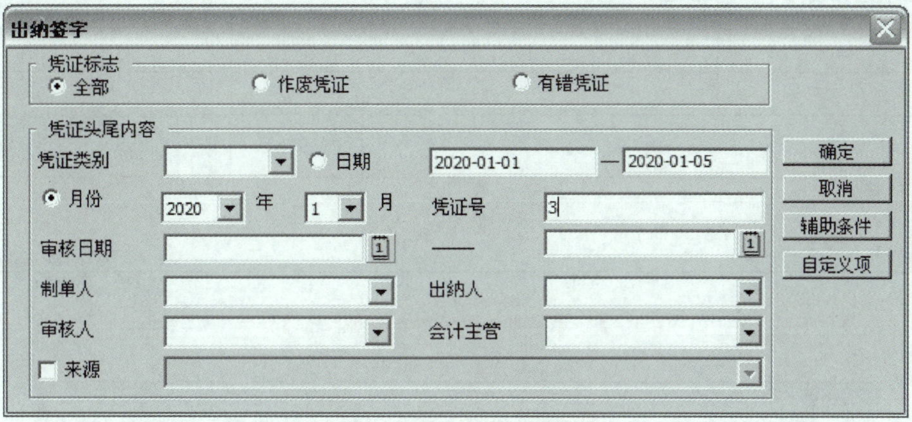


图 4－23 【出纳签字】对话框

(2) 单击【月份】选项，录入凭证号为【3】。

(3) 单击【确定】按钮，打开【出纳签字列表】窗口。

(4) 双击进入【第 3 号记账凭证】页面，如图 4－24 所示。

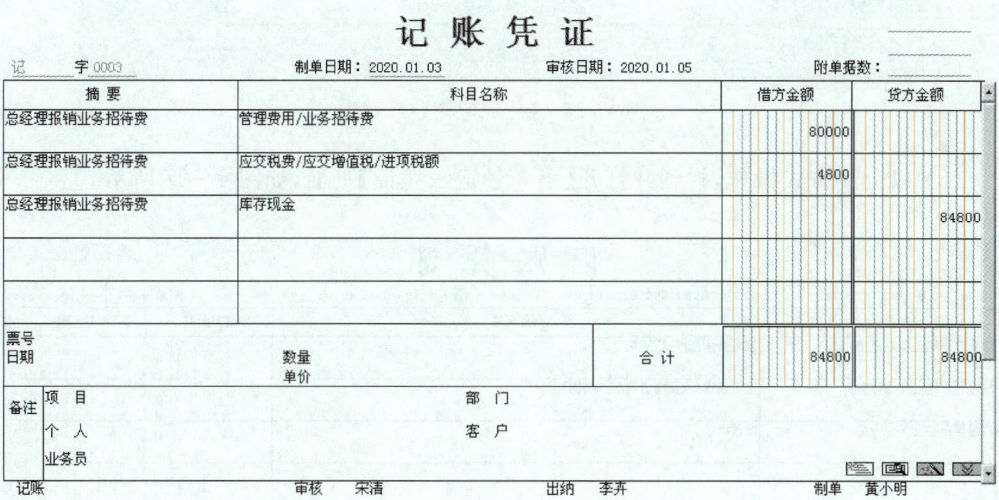


图 4－24 【第 3 号记账凭证】页面

(5) 单击【取消】按钮，取消出纳签字，如图 4－25 所示，再单击【退出】按钮。

(6) 单击【重注册】，以【W01 宋清】的身份进入企业应用平台。

(7) 执行【业务工作】|【财务会计】|【总账】|【凭证】|【凭证审核】命令，打开【凭证审核】对话框，如图 4－26 所示。

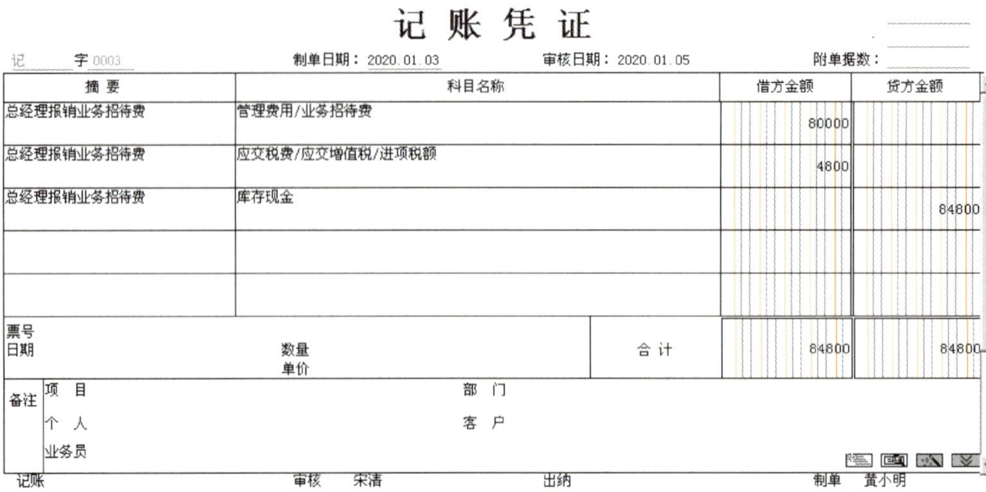


图 4-25 【已取消出纳签字记账凭证】页面

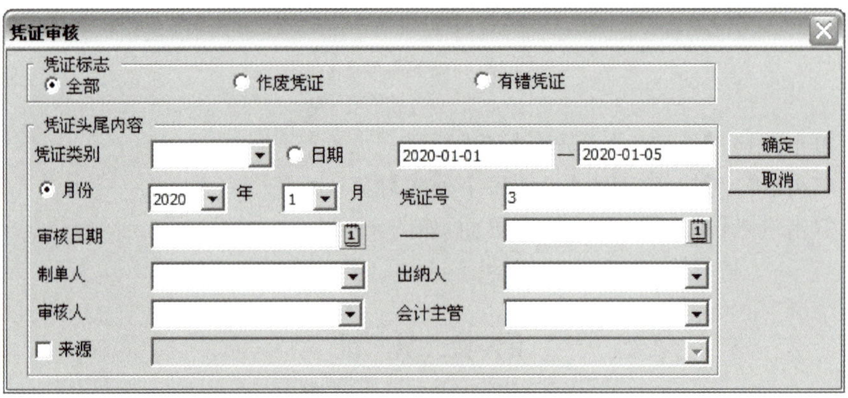


图 4-26 【凭证审核】对话框

（8）以上述方式操作，找到并打开【第 3 号记账凭证】页面，如图 4-27 所示。

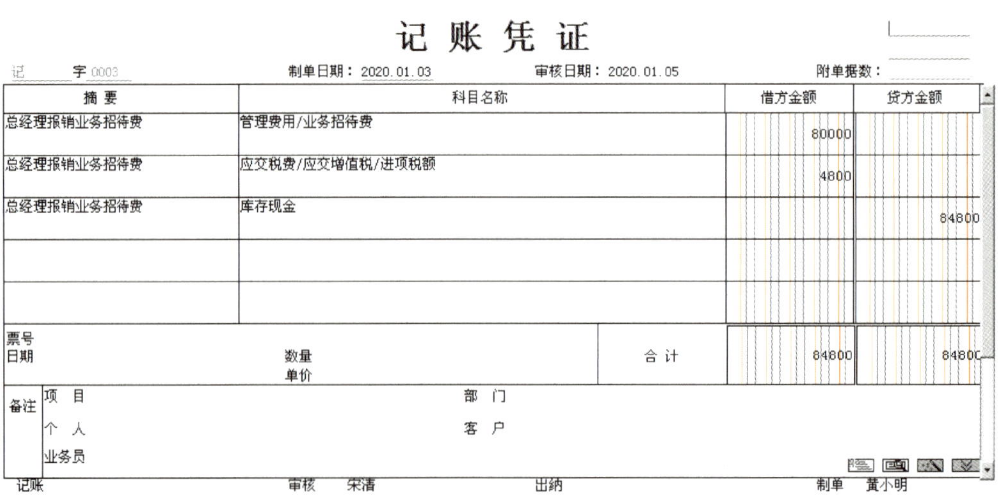


图 4-27 【第 3 号记账凭证】页面

（9）单击【取消】按钮，取消审核签字，如图 4－28 所示，然后单击【退出】按钮。

**记账凭证**

记　字 0003　　制单日期：2020.01.03　　审核日期：　　附单据数：

| 摘要 | 科目名称 | 借方金额 | 贷方金额 |
|---|---|---|---|
| 总经理报销业务招待费 | 管理费用/业务招待费 | 80000 | |
| 总经理报销业务招待费 | 应交税费/应交增值税/进项税额 | 4800 | |
| 总经理报销业务招待费 | 库存现金 | | 84800 |
| | | | |
| | | | |
| 票号<br>日期 | 数量<br>单价　　合计 | 84800 | 84800 |
| 备注 | 项目　部门<br>个人　客户<br>业务员 | | |

记账　　审核　　出纳　　制单　黄小明

图 4－28　【已取消审核记账凭证】页面

（10）单击【重注册】，以【W02 黄小明】的身份进入企业应用平台。

（11）执行【业务工作】|【财务会计】|【总账】|【凭证】|【填制凭证】命令，打开【填制凭证】窗口。

（12）单击【上张】【下张】按钮，找到第 3 号记账凭证。

（13）在第 3 号记账凭证中，将借方【660203 管理费用／业务招待费】金额修改为【848.00】，删除第二行会计科目【22210101】，单击【保存】按钮，如图 4－29 所示。

**记账凭证**

记　字 0003　　制单日期：2020.01.03　　审核日期：　　附单据数：

| 摘要 | 科目名称 | 借方金额 | 贷方金额 |
|---|---|---|---|
| 总经理报销业务招待费 | 管理费用/业务招待费 | 84800 | |
| 总经理报销业务招待费 | 库存现金 | | 84800 |
| | | | |
| | | | |
| | | | |
| 票号<br>日期 | 数量<br>单价　　合计 | 84800 | 84800 |
| 备注 | 项目　部门<br>个人　客户<br>业务员 | | |

记账　　审核　　出纳　　制单　黄小明

图 4－29　【修改记账凭证】页面

（14）再更换用户，由【W01 宋清】对第 3 号记账凭证进行审核，由【W03 李卉】对第 3 号记账凭证进行出纳签字，如图 4－30、图 4－31 所示。

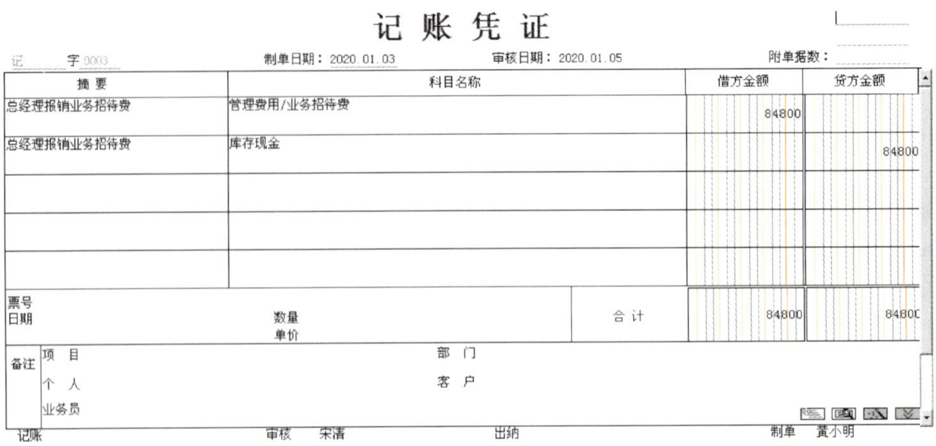


图 4-30 【已审核记账凭证】页面



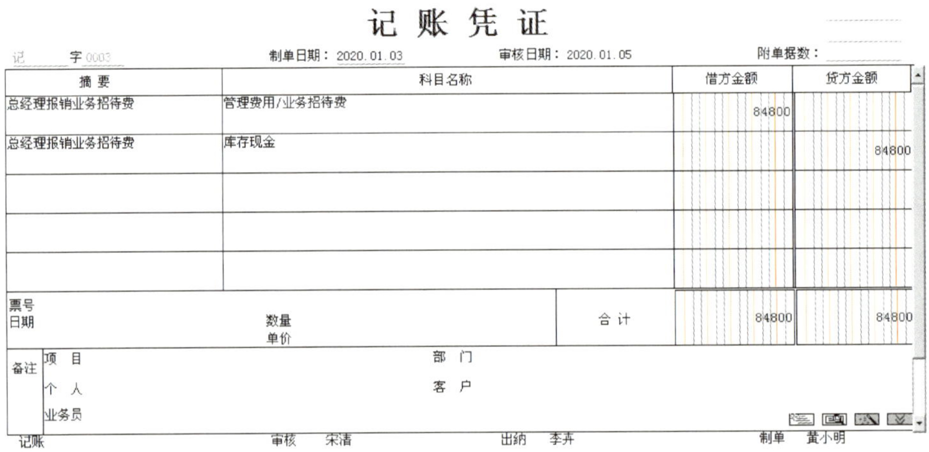


图 4-31 【已出纳签字记账凭证】页面

**温馨提示**

- 未审核的凭证可以直接修改，但是，凭证类别不能修改。
- 已进行出纳签字而未审核的凭证如果发现有错误，可以由原出纳签字的用户在【出纳签字】功能中取消出纳签字后，再由原制单人在填制凭证功能中修改备注。
- 如果在总账管理系统的选项中设置了【允许修改、作废他人填制的凭证】，则在填制凭证功能中可以由非原制单人修改或作废他人填制的凭证，被修改凭证的制单人将被修改为现在修改凭证的人。
- 如果在总账管理系统的选项中没有选中【允许修改、作废他人填制的凭证】，则只能由原制单人在填制凭证的功能中修改或作废凭证。
- 已审核的凭证如果发现有错误，应由原审核人在【审核凭证】功能中取消审核签字后，再由原制单人在填制凭证功能中修改凭证。

- 被修改的凭证应在保存后退出。
- 凭证的辅助项内容如果有错误，可以在单击含有错误项的会计科目后，将光标移到错误的辅助项所在位置，当出现笔头状光标时双击此处，弹出辅助窗口，直接修改辅助项的内容，或者按【Ctrl+S】键调出辅助项录入窗口后修改。

## 业务五 删除凭证

删除凭证

4

### 【业务描述】

2020 年 1 月 5 日，删除环宇仓储 2020 年 1 月的记 3 号凭证。

### 【岗位说明】

【W01 宋清】取消凭证的审核；【W03 李卉】取消凭证的出纳签字；【W02 黄小明】作废凭证；【A01 李金泽】整理凭证。

### 【操作指导】

(1)【W01 宋清】取消对该凭证的审核。

(2)【W03 李卉】取消对该凭证的出纳签字。

(3)【W02 黄小明】在企业应用平台中，执行【业务工作】|【财务会计】|【总账】|【凭证】|【填制凭证】命令，打开【填制凭证】窗口。

(4) 单击【上张】【下张】按钮，找到第 3 号记账凭证。

(5) 执行【作废/恢复】命令，将该张凭证打上【作废】标志，如图 4-32 所示。

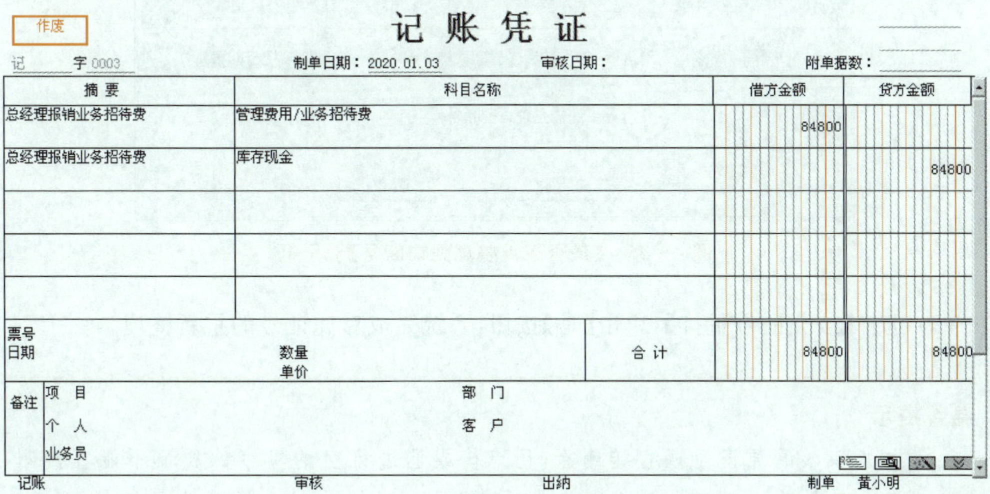


图 4-32 【作废凭证】页面

（6）【A01 李金泽】在企业应用平台中，执行【业务工作】|【财务会计】|【总账】|【凭证】|【填制凭证】|【整理凭证】命令，打开【凭证期间选择】对话框，选择凭证期间【2020.01】，如图 4－33 所示，单击【确定】按钮，打开【作废凭证表】对话框。

图 4－33 【凭证期间选择】对话框

（7）双击【作废凭证表】窗口中【删除？】栏，此时出现“Y”标记，如图 4－34 所示。

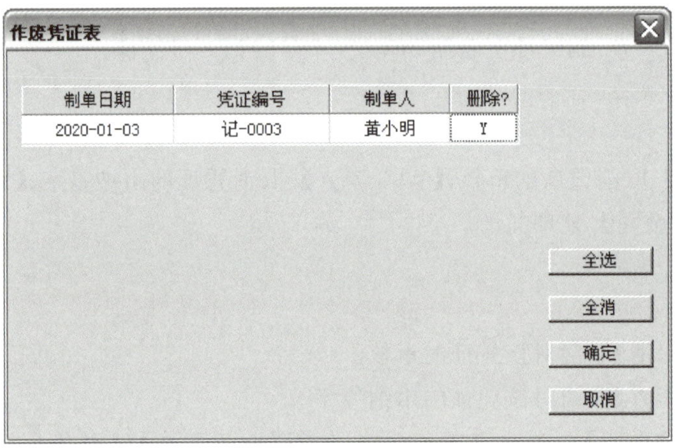


图 4－34 【作废凭证表】对话框



（8）单击【确定】按钮，系统提示【是否还需整理凭证断号】，如图 4－35 所示，并提供 3 种断号整理方式：【按凭证号重排】【按凭证日期重排】【按审核日期重排】。

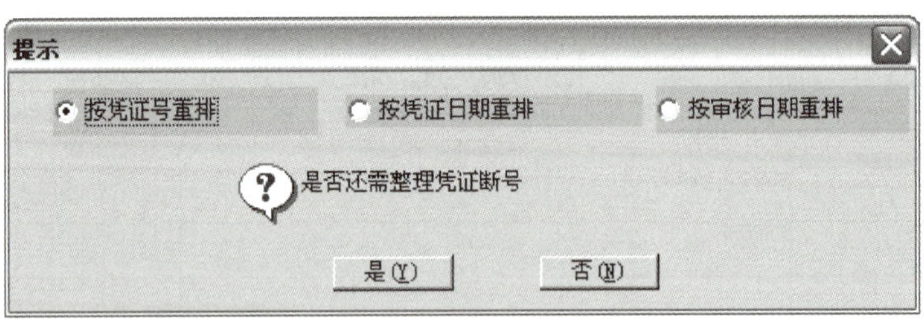


图 4－35 【是否还需整理凭证断号】提示框

（9）选择【按凭证号重排】，单击【是】按钮，系统完成对凭证号的重新整理。

**温馨提示**

未审核的凭证可以直接删除，已审核或已进行出纳签字的凭证不能直接删除，必须在取消审核及取消出纳签字后再删除。

- 若要删除凭证，必须先进行【作废】操作，而后再进行整理。如果在总账管理系统的选项中选中【自动填补凭证断号】及【系统编号】，那么整理作废凭证时，若选择不整理断号，则再填制凭证时可以由系统自动填补断号。否则，将会出现凭证断号。
- 对于作废凭证，可以单击【作废/恢复】按钮，取消【作废】标志。
- 作废凭证不能修改、不能审核，但应参与记账。
- 只能对未记账凭证进行凭证整理。
- 账簿查询时查不到作废凭证的数据。

## 业务六　记　　账

记账



### 【业务描述】

2020 年 1 月 5 日，对环宇仓储 2020 年 1 月的第 2 笔业务的凭证进行记账。

### 【岗位说明】

【W02 黄小明】记账。

### 【操作指导】

(1)【W02 黄小明】在企业应用平台中，执行【业务工作】|【财务会计】|【总账】|【凭证】|【记账】命令，打开【记账】窗口，记账选择为【2020.01 月份凭证】，如图 4 - 36 所示。

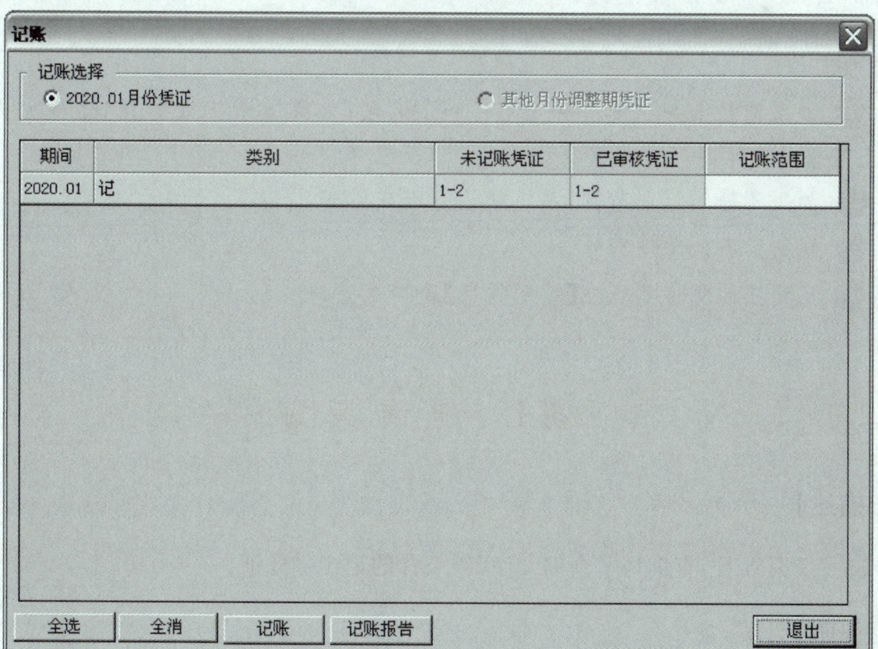


图 4 - 36　【记账】窗口

（2）单击【记账】按钮，打开【期初试算平衡表】对话框，如图 4－37 所示。

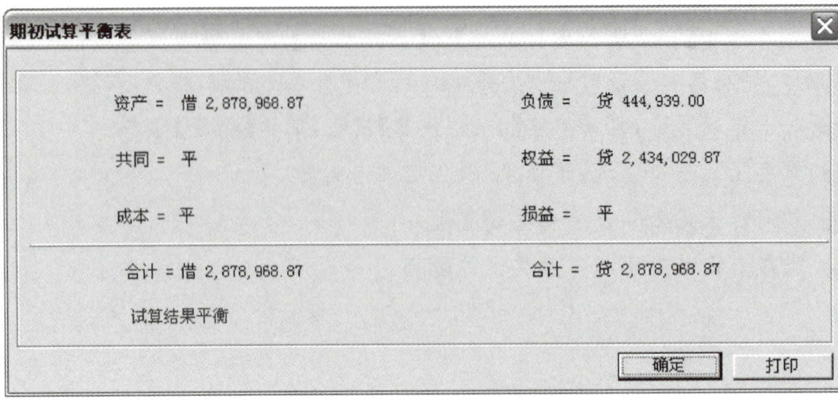


图 4－37 【期初试算平衡表】对话框

4

（3）单击【确定】按钮，系统自动进行记账，记账完成后，系统提示【记账完毕!】，如表 4－38 所示。

图 4－38 【记账完毕】提示框

（4）单击【确定】按钮。

**温馨提示**

- 如果期初余额试算不平衡，不允许记账；如果有未审核的凭证，不允许记账；上月未结账本月不能记账。
- 如果不输入记账范围，系统默认为所有凭证。
- 记账后不能整理断号。
- 已记账的凭证不能在【填制凭证】窗口中查询。

## 业务七 查询凭证

查询凭证

**【业务描述】**

2020 年 1 月 5 日，查询环宇仓储 2020 年 1 月的记 1 号凭证。

**【岗位说明】**

【W01 宋清】查询凭证。

## 【操作指导】

(1)【W01 宋清】在企业应用平台中，执行【业务工作】|【财务会计】|【总账】|【凭证】|【查询凭证】命令，打开【凭证查询】对话框。

(2) 选择【已记账凭证】，如图 4-39 所示。

图 4-39 【凭证查询】对话框

(3) 单击【确定】按钮，打开【查询凭证列表】窗口，如图 4-40 所示。

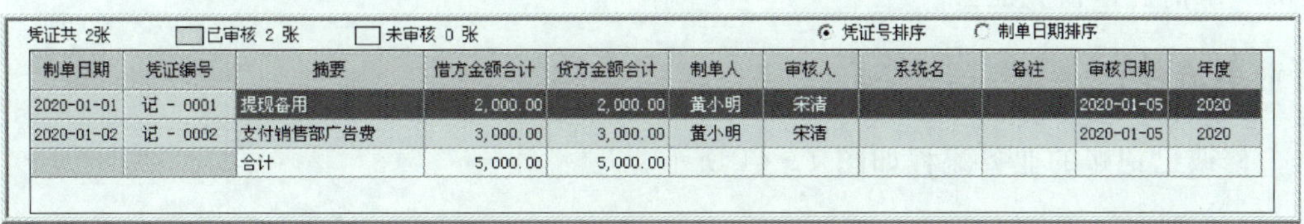


| 制单日期 | 凭证编号 | 摘要 | 借方金额合计 | 贷方金额合计 | 制单人 | 审核人 | 系统名 | 备注 | 审核日期 | 年度 |
|---|---|---|---|---|---|---|---|---|---|---|
| 2020-01-01 | 记 - 0001 | 提现备用 | 2,000.00 | 2,000.00 | 黄小明 | 宋清 | | | 2020-01-05 | 2020 |
| 2020-01-02 | 记 - 0002 | 支付销售部广告费 | 3,000.00 | 3,000.00 | 黄小明 | 宋清 | | | 2020-01-05 | 2020 |
| | | 合计 | 5,000.00 | 5,000.00 | | | | | | |

图 4-40 【查询凭证列表】窗口

(4) 双击打开记 1 号凭证进行查看，如图 4-41 所示。

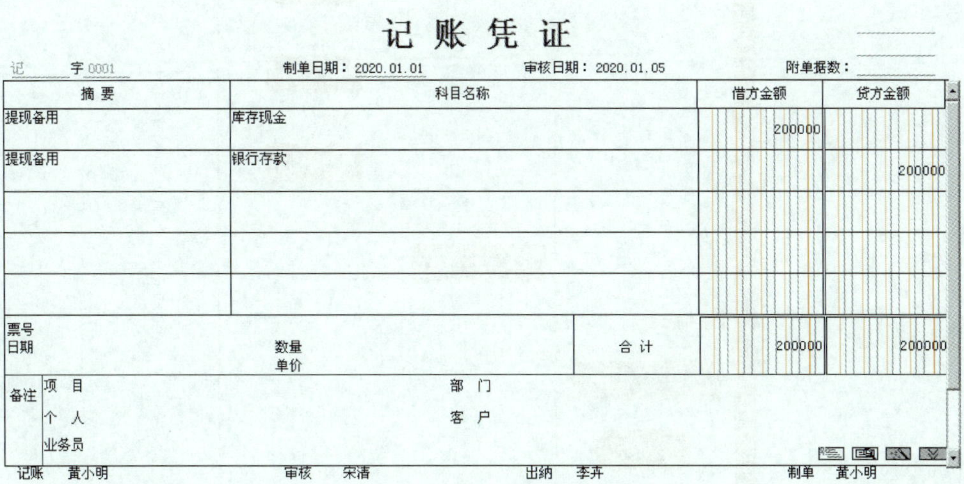


图 4-41 【记账凭证】页面

**温馨提示**

在【凭证查询】功能中既可以查询已记账凭证，也可以查询未记账凭证。而在填制凭证功能中只能查询到未记账凭证。

通过设置查询条件还可以查询【作废凭证】【有错凭证】【某制单人填制的凭证】【其他子系统传递过来的凭证】以及【一定日期区间、一定凭证号区间】的记账凭证。

已记账凭证除了可以在查询凭证功能中查询之外，还可以在查询账簿资料时，以联查的方式查询。

在【凭证查询】对话框中，单击【辅助条件】按钮，可以设定更多的查询条件。

## 业务八　修改已记账凭证

4

修改已记账凭证

### 【业务描述】

2020 年 1 月 5 日，修改环宇仓储 2020 年 1 月的记 2 号凭证。

### 【岗位说明】

【W02 黄小明】进行冲销凭证和补充登记凭证，记账；【W03 李卉】进行出纳签字，【W01 宋清】审核凭证。

### 【业务流程】

修改已记账的业务流程如图 4 - 41 所示。

图 4 - 42 【修改已记账凭证】流程图

## 【操作指导】

1. 修改已记账凭证

(1)【W02 黄小明】在企业应用平台中，执行【业务工作】|【财务会计】|【总账】|【凭证】|【填制凭证】命令，打开【填制凭证】窗口。

(2) 执行【冲销凭证】命令，打开【冲销凭证】对话框。

(3) 单击凭证类别栏的下三角按钮，选择【记 记账凭证】，在凭证号栏录入【2】，如图 4-43 所示。

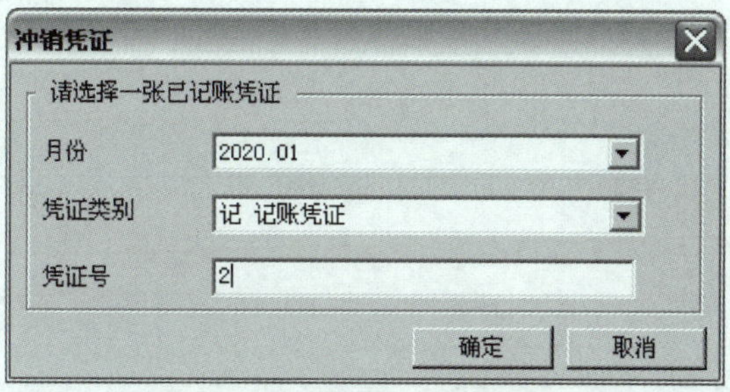


图 4-43 【冲销凭证】对话框

(4) 单击【确定】按钮，弹出【记账凭证】页面，如图 4-44 所示。

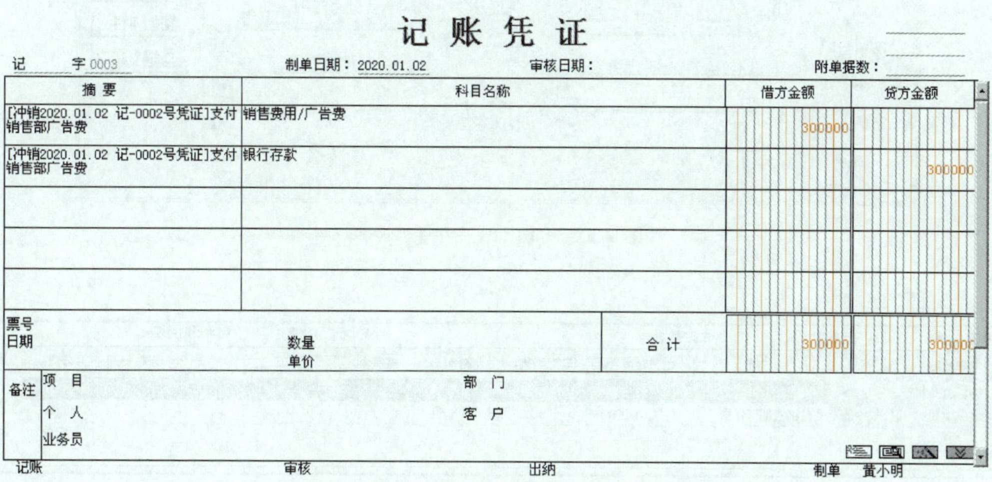


图 4-44 【记账凭证——3 号】页面

(5) 单击【增加】按钮，填制一张正确的凭证，单击【保存】按钮，如图 4-45 所示。

(6)【W03 李卉】在企业应用平台中，执行【业务工作】|【财务会计】|【总账】|【凭证】|【出纳签字】命令，打开【出纳签字】对话框，如图4-46 所示。

(7) 单击【确定】按钮，打开【出纳签字列表】窗口，如图 4-47 所示。

(8) 双击打开记 3 号凭证，执行【批处理】|【成批出纳签字】命令，系统提示【成批出纳签字成功】，如图 4-48 所示。

图 4－45 【记账凭证——4 号】页面

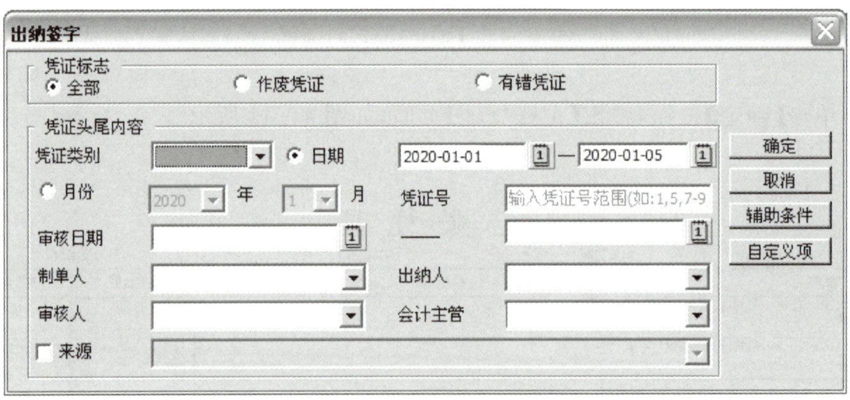


图 4－46 【出纳签字】对话框

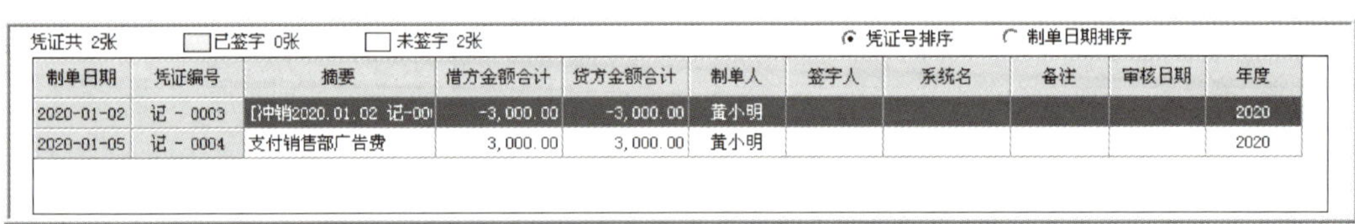


图 4－47 【出纳签字列表】窗口

图 4－48 【成批出纳签字成功】提示框

(9)【W01 宋清】在企业应用平台中,执行【业务工作】|【财务会计】|【总账】|【凭证】|【审核凭证】命令,打开【凭证审核】对话框,如图4-49所示。

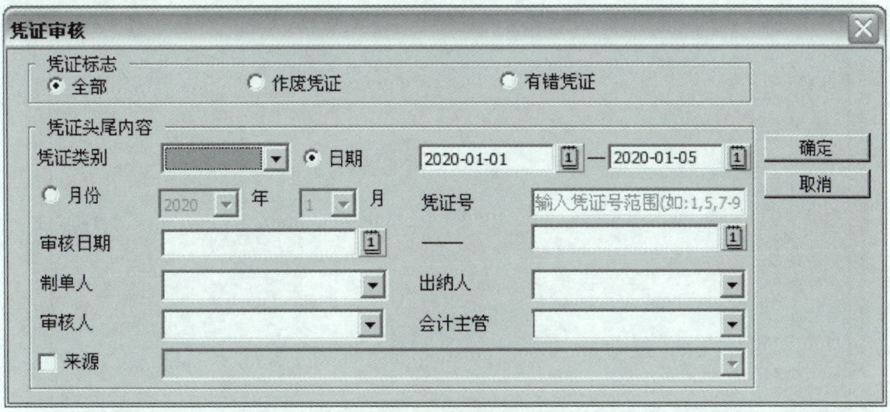


图 4-49 【凭证审核】对话框



(10) 单击【确定】按钮,打开【凭证审核列表】窗口,如图 4-50 所示。

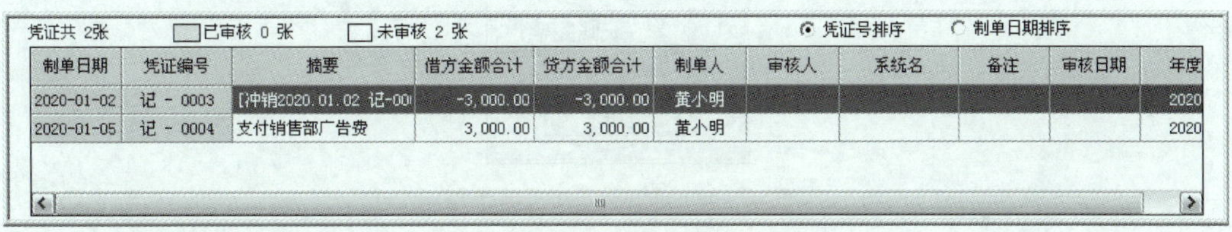


图 5-50 【凭证审核列表】窗口

(11) 双击打开记 3 号凭证,执行【批处理】|【成批审核凭证】命令,系统提示【成批审核凭证成功】,如图 4-51 所示。

图 4-51 【成批审核凭证成功】提示框

(12)【W02 黄小明】在企业应用平台中,执行【业务工作】|【财务会计】|【总账】|【凭证】|【记账】命令,打开【记账】对话框,如图 4-52 所示。

(13) 单击【记账】按钮,系统提示【记账完毕!】,如图 4-53 所示。

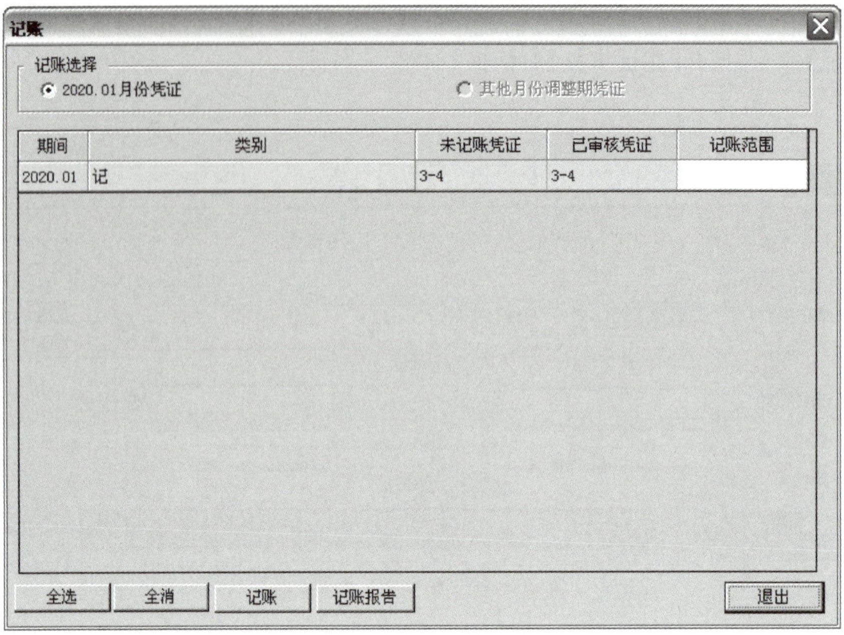


图 4-52 【记账】对话框

图 4-53 【记账完毕】提示框



2. 账套备份

将账套输出至【F:\616 账套备份\4-1】文件夹。

## 实训二 出纳处理

### 【业务描述】

2020 年 1 月 5 日,登记环宇仓储 2020 年 1 月的支票,并与银行对账。

### 【岗位说明】

【W03 李卉】登记支票,并与银行对账。

### 【操作指导】

登记支票登记簿

1. 登记支票登记簿

(1)【W03 李卉】在企业应用平台中,执行【业务工作】|【财务会计】|【出纳管理】|【支

票登记簿】命令，打开【银行科目选择】窗口。

(2) 单击【增加】按钮，录入或选择领用日期为【2020.01.01】、领用部门为【财务部】、领用人为【李卉】、支票号为【36585432】、预计金额为【2000.00】、用途为【备用金】，如图 4－54 所示。

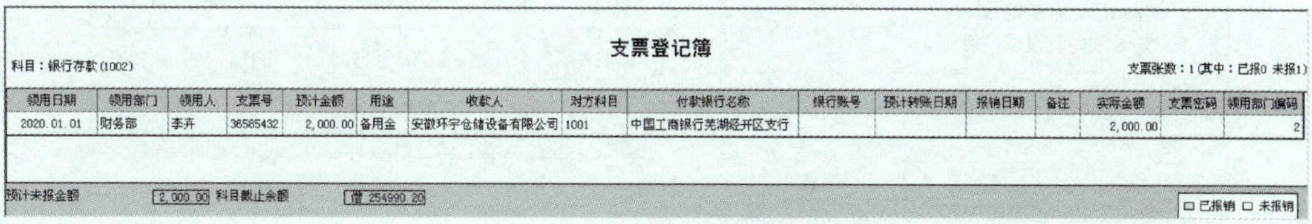

支票登记簿

科目：银行存款(1002)　　支票张数：1(其中：已报0 未报1)

| 领用日期 | 领用部门 | 领用人 | 支票号 | 预计金额 | 用途 | 收款人 | 对方科目 | 付款银行名称 | 银行账号 | 预计转账日期 | 报销日期 | 备注 | 实际金额 | 支票密码 | 领用部门编码 |
|---|---|---|---|---|---|---|---|---|---|---|---|---|---|---|---|
| 2020.01.01 | 财务部 | 李卉 | 36585432 | 2,000.00 | 备用金 | 安徽环宇仓储设备有限公司 | 1001 | 中国工商银行芜湖经开区支行 | | | | | 2,000.00 | | 2 |

预计未报金额 2,000.00　科目截止余额 借 254990.20　□已报销 □未报销

图 4－54 【支票登记簿】窗口

(3) 录入报销日期为【2020.01.01】，单击【保存】按钮，如图 4－55 所示。

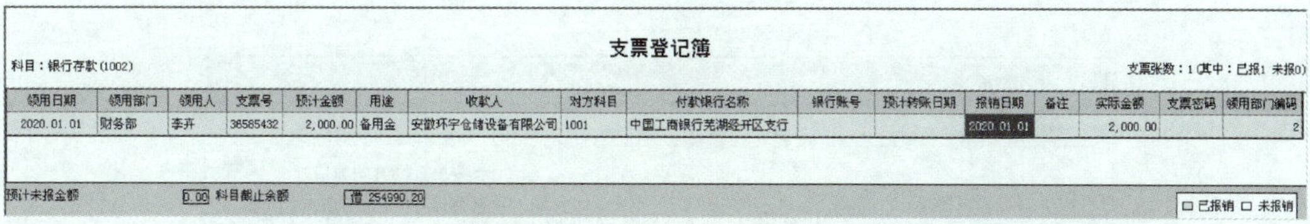

支票登记簿

科目：银行存款(1002)　　支票张数：1(其中：已报1 未报0)

| 领用日期 | 领用部门 | 领用人 | 支票号 | 预计金额 | 用途 | 收款人 | 对方科目 | 付款银行名称 | 银行账号 | 预计转账日期 | 报销日期 | 备注 | 实际金额 | 支票密码 | 领用部门编码 |
|---|---|---|---|---|---|---|---|---|---|---|---|---|---|---|---|
| 2020.01.01 | 财务部 | 李卉 | 36585432 | 2,000.00 | 备用金 | 安徽环宇仓储设备有限公司 | 1001 | 中国工商银行芜湖经开区支行 | | | 2020.01.01 | | 2,000.00 | | 2 |

预计未报金额 0.00　科目截止余额 借 254990.20　□已报销 □未报销

图 4－55 【已报销支票】窗口

**温馨提示**

- 只有在总账系统的初始设置选项中已选择【支票控制】，并在结算方式设置中已设置【票据结算】标志，在【会计科目】中已指定银行账的科目，才能使用支票登记簿。
- 针对不同的银行账户分别登记支票登记簿。
- 当支票登记簿中的报销日期为空时，表示该支票未报销，否则系统认为该支票已报销。
- 当支票支出后，在填制凭证时输入该支票的结算方式和结算号，则系统会自动在支票登记簿中的该号支票写上报销日期，该支票即为已报销。
- 单击【批删】按钮，输入需要删除的已报销支票的起止日期，即可删除此期间的已报销支票。
- 单击【过滤】按钮后，即可对支票按领用人或者部门进行各种统计。

2. 录入银行对账期初数据

(1)【W03 李卉】在企业应用平台中，执行【业务工作】|【财务会计】|【出纳管理】|【银行对账】|【银行对账期初录入】命令，打开【银行科目选择】对话框。

(2) 选择【银行存款(1002)】，如图 4－56 所示，单击【确定】按钮，打开【银行对账期初】窗口。

录入银行对账期初数据

(3) 单击【方向】按钮，调整银行对账单的余额方向为【贷方】，如图 4－57 所示。

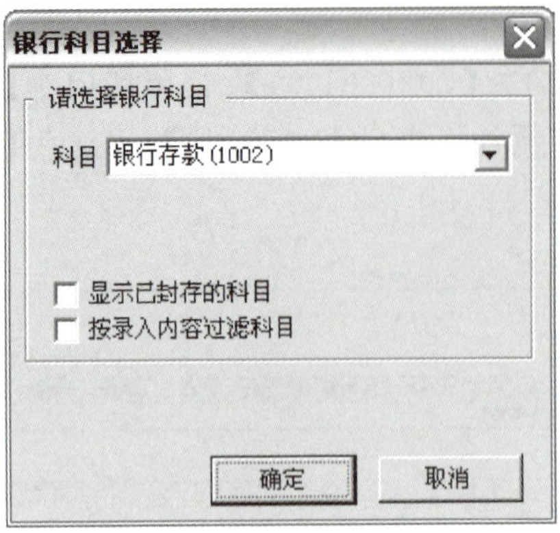


图 4-56 【银行科目选择】对话框

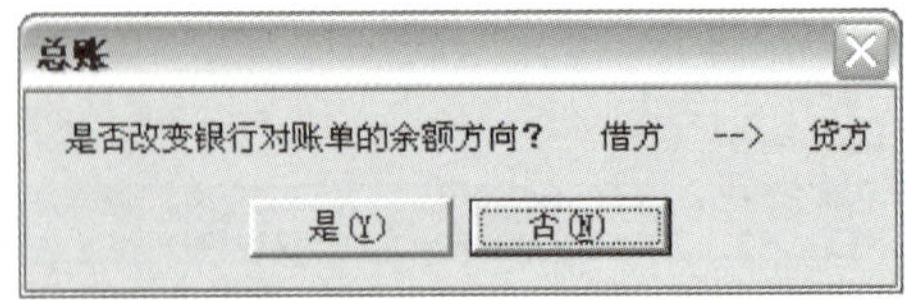


图 4-57 【银行对账单余额方向调整】对话框

(4) 录入单位日记账的调整前余额为【259990.20】，银行对账单的调整前余额为【257990.20】，如图 4-58 所示。

4

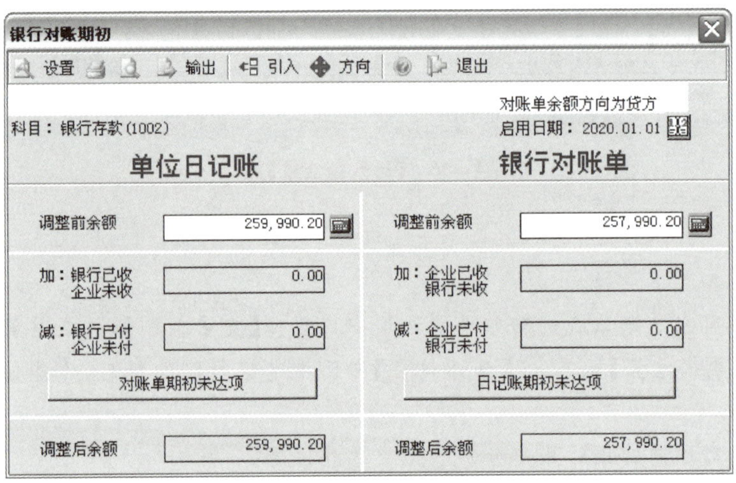


图 4-58 【银行对账期初】窗口

(5) 单击【对账单期初未达项】按钮，打开【银行方期初】窗口。

(6) 单击【增加】按钮，录入或选择日期为【2019.12.30】，选择结算方式为【202 转账支票】，录入票号为【23567643】，借方金额为【2000.00】，如图 4-59 所示。

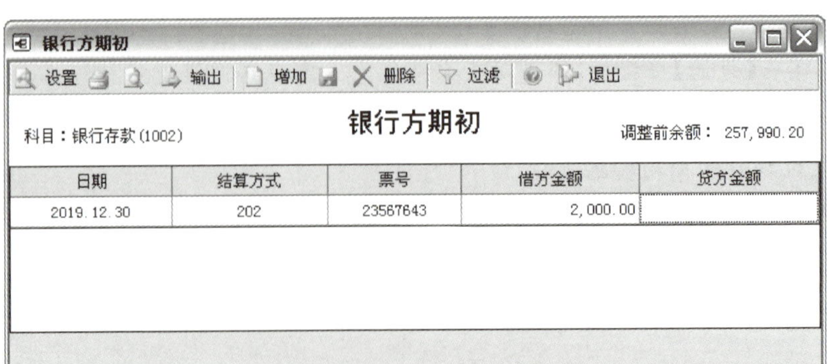


图 4-59 【银行方期初】窗口

（7）单击【保存】按钮，再单击【退出】按钮，返回【银行对账期初】窗口，如图 4 - 60 所示。

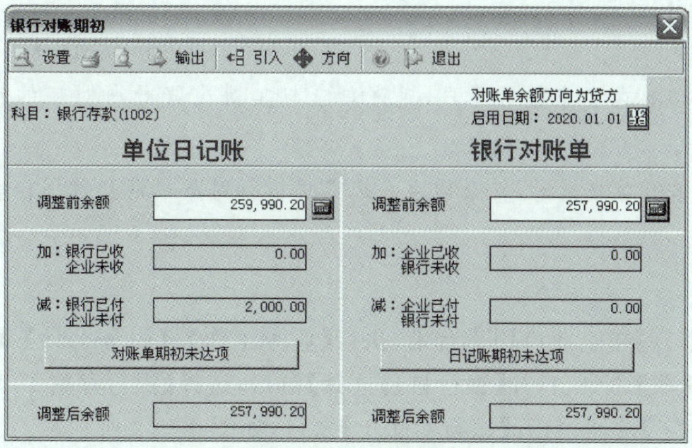


图 4 - 60 【银行对账期初】窗口



**温馨提示**

在第一次使用银行对账功能时，应录入单位日记账及银行对账单的期初数据，包括期初余额及期初未达账项。

系统默认银行对账单余额方向为借方，即银行对账单中借方发生额为银行存款增加，贷方发生额为银行存款减少，通过【方向】按钮可以调整银行对账单的余额方向，如果把余额方向调整为贷方，则银行对账单中借方发生额为银行存款减少，而贷方发生额为银行存款增加。

3. 录入银行对账单

录入银行对账单

（1）【W03 李卉】在企业应用平台中，执行【业务工作】|【财务会计】|【出纳管理】|【银行对账】|【银行对账单】命令，打开【银行科目选择】窗口。

（2）单击【确定】按钮，打开【银行对账单】窗口。

（3）单击【增加】按钮。

（4）录入或选择日期为【2020.01.03】，结算方式为【201 现金支票】，录入票号为【36585432】，借方金额为【2000.00】，如图 4 - 61 所示。

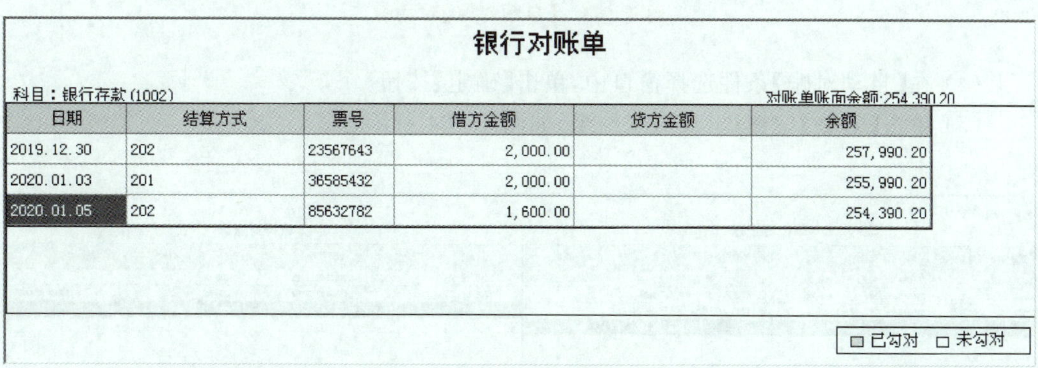


| 日期 | 结算方式 | 票号 | 借方金额 | 贷方金额 | 余额 |
|---|---|---|---|---|---|
| 2019.12.30 | 202 | 23567643 | 2,000.00 | | 257,990.20 |
| 2020.01.03 | 201 | 36585432 | 2,000.00 | | 255,990.20 |
| 2020.01.05 | 202 | 85632782 | 1,600.00 | | 254,390.20 |

图 4 - 61 【银行对账单】窗口

(5) 以此方法，依次录入银行对账单其他记录，单击【保存】按钮。

> **温馨提示**
>
> 如果企业在多家银行开户，对账单应与其对应账号所对应的银行存款下的末级科目一致。
>
> 录入银行对账单时，其余额由系统根据银行对账单期初数据自动计算生成。

4. 银行对账

银行对账

(1)【W03 李卉】在企业应用平台中，执行【业务工作】|【财务会计】|【出纳管理】|【银行对账】|【银行对账】命令，打开【银行科目选择】窗口，选择【银行存款 1002】。

(2) 单击【确定】按钮，打开【银行对账单】窗口，如图 4－62 所示。

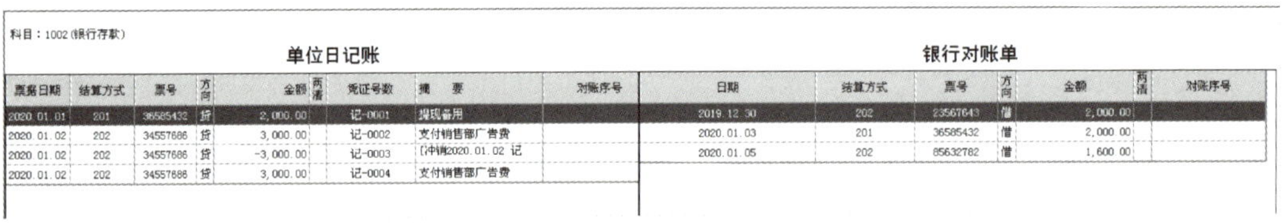


图 4－62 【银行对账单】窗口

(3) 单击【对账】按钮，打开【自动对账】对话框，如图 4－63 所示。

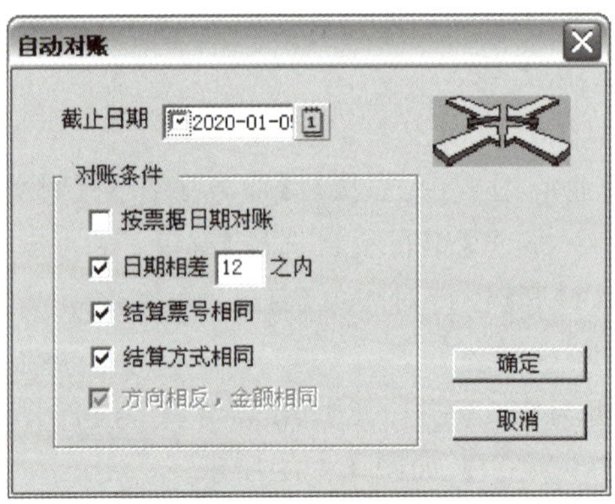


图 4－63 【自动对账】对话框

(4) 在【自动对账】条件选择窗口中，单击【确定】按钮。

(5) 单击【对账】按钮，出现对账结果，如图 4－64 所示。

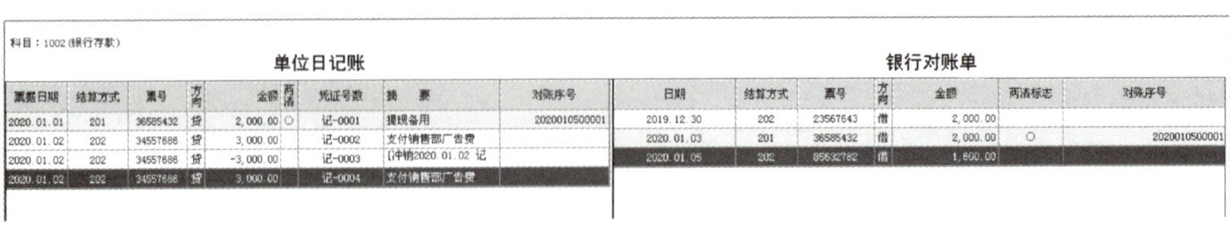


图 4－64 【银行对账勾对】窗口

**温馨提示**

● 如果在银行对账期初中默认银行对账单方向为借方，则对账条件为方向相同、金额相同的日记账与对账单进行勾对。如果在银行对账期初中将银行对账单的余额方向修改成了贷方，则对账条件为方向相反、金额相同的日记账与对账单进行勾对。

● 银行对账包括自动对账和手工对账两种形式。自动对账是系统根据对账依据自动进行核对、勾销，自动对账两清的标志为【O】。手工对账是自动对账的一种补充，手工对账的两清的标志为【Y】。

● 系统默认的自动对账的对账条件为【日期相差 12 天】【结算方式相同】【结算票号相同】，单击每一项对账条件前的复选框可以取消相应的对账条件，即在对账时不考虑相应的对账条件。

● 在自动对账后如果发现一些应勾对而未勾对上的账项，可以分别双击【两清】栏，直接进行手工调整。

● 如果在对账单中有两笔以上的记录同日记账对应，则所有对应的对账单都应标上两清标记。

● 如果想取消对账，可以采用自动取消和手工取消两种方式。单击【取消】按钮可以自动取消所有的两清标记；如果手工取消，则可以双击要取消对账标志业务的两清栏，取消【两清】标志。

4

5. 查看余额调节表

(1)【W03 李卉】在企业应用平台中，执行【业务工作】|【财务会计】|【出纳管理】|【银行对账】|【余额调节表查询】命令，打开【银行存款余额调节表】窗口，如图 4-65 所示。

查看余额调节表

银行存款余额调节表

| 银行科目(账户) | 对账截止日期 | 单位账账面余额 | 对账单账面余额 | 调整后存款余额 |
|---|---|---|---|---|
| 银行存款(1002) | 2020.01.05 | 254,990.20 | 254,390.20 | 251,390.20 |

图 4-65 【银行存款余额调节表】窗口

(2) 单击【查看】按钮，打开【银行存款余额调节表】对话框，如图 4-66 所示。

(3) 单击【详细】按钮，打开【余额调节表(详细)】窗口，如图 4-67 所示。

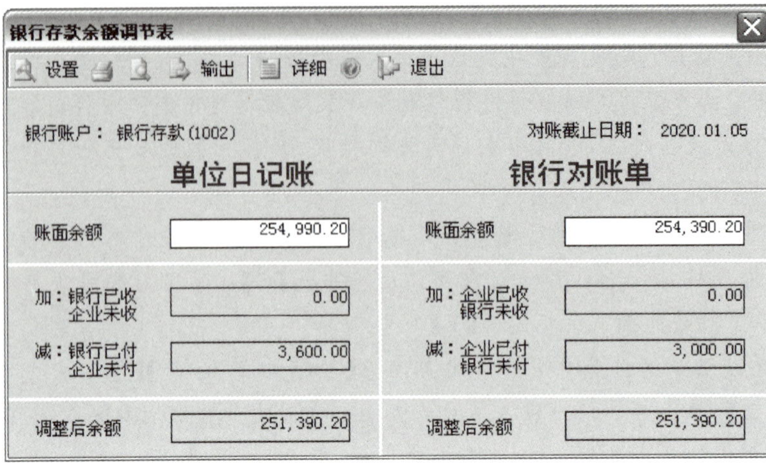


图 4－66　【银行存款余额调节表】对话框

4

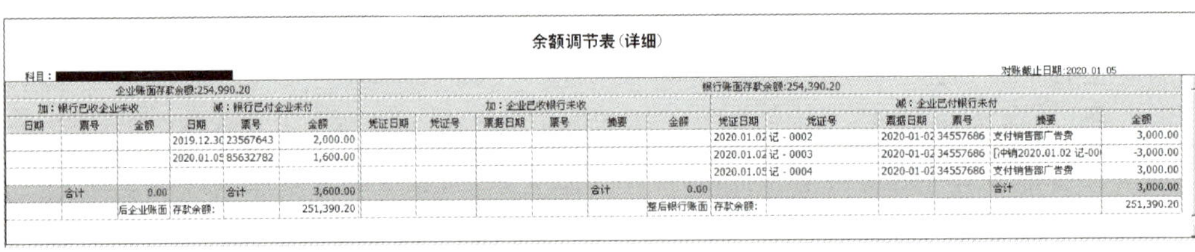

余额调节表(详细)

科目：

对账截止日期:2020.01.05

| 企业账面存款余额:254,990.20 | | | | | | 银行账面存款余额:254,390.20 | | | | | | | | | | | |
|---|---|---|---|---|---|---|---|---|---|---|---|---|---|---|---|---|---|
| 加：银行已收企业未收 | | | 减：银行已付企业未付 | | | 加：企业已收银行未收 | | | | | | 减：企业已付银行未付 | | | | | |
| 日期 | 票号 | 金额 | 日期 | 票号 | 金额 | 凭证日期 | 凭证号 | 票据日期 | 票号 | 摘要 | 金额 | 凭证日期 | 凭证号 | 票据日期 | 票号 | 摘要 | 金额 |
| | | | 2019.12.30 | 23567643 | 2,000.00 | | | | | | | 2020.01.02 | 记 - 0002 | 2020-01-02 | 34557686 | 支付销售部广告费 | 3,000.00 |
| | | | 2020.01.05 | 85632782 | 1,600.00 | | | | | | | 2020.01.02 | 记 - 0003 | 2020-01-02 | 34557686 | [冲销2020.01.02 记-00 | -3,000.00 |
| | | | | | | | | | | | | 2020.01.05 | 记 - 0004 | 2020-01-02 | 34557686 | 支付销售部广告费 | 3,000.00 |
| | 合计 | 0.00 | | 合计 | 3,600.00 | | | | | 合计 | 0.00 | | | | | 合计 | 3,000.00 |
| | | 后企业账面 | 存款余额: | | 251,390.20 | | | | | | 整后银行账面 | 存款余额: | | | | | 251,390.20 |

图 4－67　【余额调节表(详细)】窗口

6. 账套备份

将账套输出至【F:\616 账套备份\4－2】文件夹。

温馨提示

银行存款余额调节表应显示账面余额平衡，如果不平衡，应分别查看银行对账期初、银行对账单及银行对账是否正确。

在银行对账之后，可以查询对账勾对情况，如果确认银行对账结果是正确的，可以使用【核销银行账】功能核销已达账。

# 项目五 采购与应付款管理系统业务处理

## 实训一 普通采购业务

### 业务一 采购木托盘

采购木托盘

5

平等协商之友好合作——有付款条件的采购业务处理

**【业务描述】**

2020 年 1 月 5 日，从金海木业采购木托盘，取得与业务相关的原始单据如图 5－1～图 5－3 所示。

**购销合同**

供货方：芜湖金海木业有限公司　　合 同 号：cg0001

购买方：安徽环宇仓储设备有限公司　　签订日期：2020年01月05日

经双方协议，订立本合同如下：

| 商品型号 | 名　称 | 数　量 | 单　价 | 总　额 | 其他要求 |
|---|---|---|---|---|---|
| | 木托盘 | 1000.00 | 67.80 | 67800.00 | |
| | | | | | |
| | | | | | |
| | | | | | |
| | | | | | |
| 合　计 | | 1000.00 | | ¥67,800.00 | |
| 货款合计（大写）：人民币陆万柒仟捌佰元整 | | | | | |

质量验收标准 货物验收合格

交 货 日 期：2020年1月5日

交 货 地 点：安徽环宇仓储设备有限公司

结 算 方 式：转账支票，付款条件（2/10，1/20，n/30），计算现金折扣时不考虑增值税。

发 运 方 式：公路运输，运费由销售方承担。

违约条款：违约方需赔偿对方一切经济损失。但遇天灾人祸或其他不可抗力因素而导致延误交货，购买方不能要求供货方赔偿任何损失。

解决合同纠纷的方式：经双方有好协商解决，如协商不成的，可向当地仲裁委员会提出申诉解决。

本合同一式两份，供需双方各执一份，自签订之日起生效。

供货方（盖章）　　购买方（盖章）：

地　址：芜湖市殷港工业园金海大道1号　　地　址：芜湖市经济技术开发区港湾路188号

法定代表：张明健　　法定代表：李金泽

联系电话：0553-8269018　　联系电话：0553-4471388

图 5－1 【业务一——购销合同】

安徽增值税专用发票

NO.34658783 3402194130 34658783

发票联

开票日期：2020年01月05日

| 购买方 | 名称：安徽环宇仓储设备有限公司<br>纳税人识别号：913402076897786088<br>地址、电话：芜湖市经济技术开发区港湾路188号，0553-4471388<br>开户行及账号：中国工商银行芜湖市经开区支行，1307100026160024388 | 密码区 | 略 |
|---|---|---|---|

| 货物或应税劳务、服务名称 | 规格型号 | 单位 | 数量 | 单价 | 金额 | 税率 | 税额 |
|---|---|---|---|---|---|---|---|
| *木制品*木托盘 | | 个 | 1000.00 | 60.00 | 60000.00 | 13% | 7800.00 |
| 合计 | | | 1000.00 | | ￥60000.00 | | ￥7800.00 |
| 价税合计（大写） | ⊗陆万柒仟捌佰元整 | | | （小写）￥67800.00 | | | |

| 销货方 | 名称：芜湖金海木业有限公司<br>纳税人识别号：913402056102665566<br>地址、电话：芜湖市殷港工业园金海大道1号，0553-8269018<br>开户行及账号：中国建设银行芜湖殷港支行，6217600236934526237 | 备注 | |
|---|---|---|---|

收款人：略　复核：略　开票人：略　销售方（章）：

税总函〔2019〕124号安徽印刷有限公司

第三联：发票联 购买方记账凭证

图 5-2 【业务一——增值税专用发票】

入 库 单

2020年 01月 05日　单号：0001

| 交货部门 | 采购部 | 发票号码 | | 验收仓库 | 原料库 | 入库日期 | 2020/1/5 |
|---|---|---|---|---|---|---|---|
| 编号 | 名称及规格 | 单位 | 数量 | | 实际价格 | | 备注 |
| | | | 应收 | 实收 | 单价 | 金额 | |
| 006 | 木托盘 | 个 | 1000.00 | 1000.00 | | | |
| | | | | | | | |
| | | | | | | | |
| | | | | | | | |
| 合计 | | | 1000.00 | 1000.00 | | | |

部门经理：略　会计：略　仓库：略　经办人：略

会计联

图 5-3 【业务一——入库单】

## 【业务解析】

本笔是签订采购合同、采购到货、收到采购专用发票的业务。

## 【岗位说明】

采购部【G01 叶敏】填制采购订单（审核）、采购到货单（审核）、采购专用发票；仓储部【C01 李红】填制采购入库单（审核）；财务部【W02 黄小明】审核发票、单据记账并制单。

## 【赛题链接】

6 日，采购部李宇翔与杭州神州电子科技有限公司签订采购合同，采购电子产品一批（购销合同、增值税专用发票发票联等原始单据略）。

## 【业务流程】

采购木托盘业务流程如图 5－4 所示。

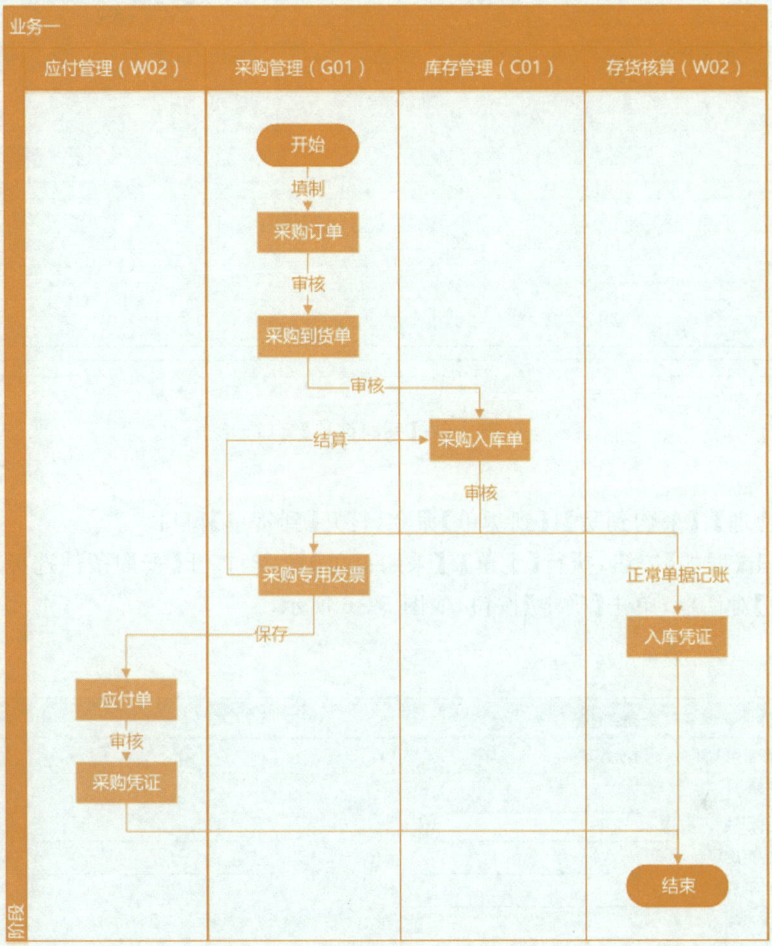


图 5－4　【采购木托盘业务】流程图



## 【操作指导】

1. 填制采购订单

(1) 2020 年 1 月 5 日，采购部【G01 叶敏】在企业应用平台中执行【业务工作】|【供应链】|【采购管理】|【采购订货】|【采购订单】命令，打开【采购订单】窗口。

(2) 单击【增加】按钮，修改订单编号为【CG0001】，选择采购类型为【正常采购】，选择供应商为【金海木业】，选择部门为【采购部】，选择业务员为【王智】，录入税率为【13.00】、付款条件为【01】；在表体中，选择存货编码为【006（木托盘）】，输入数量为【1000】、原币含税单价为【67.80】，修改计划到货日期为【2020－01－05】，单击【保存】按钮，如图 5－5 所示。

(3) 单击【审核】按钮，审核填制的采购订单。

2. 生成采购到货单

(1) 2020 年 1 月 5 日，采购部【G01 叶敏】在企业应用平台中执行【业务工作】|【供应

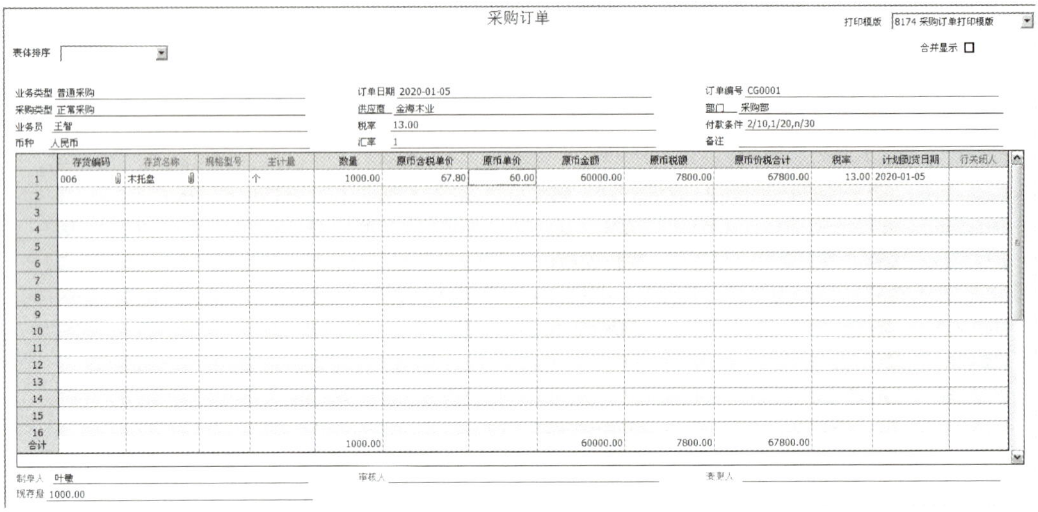


图 5－5　【采购订单】窗口

链】|【采购管理】|【采购到货】|【到货单】命令，打开【到货单】窗口。

（2）单击【增加】按钮，执行【生单】|【采购订单】命令，打开【查询条件选择——采购订单列表过滤】对话框，单击【确定】按钮，如图 5－6 所示。



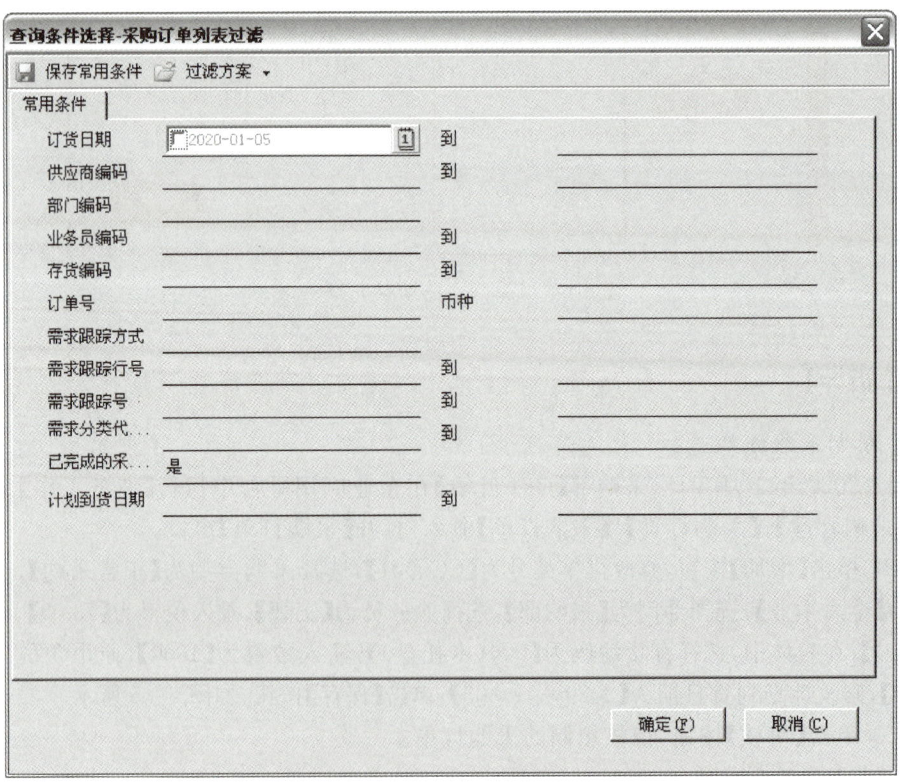


图 5－6　【查询条件选择——采购订单列表过滤】对话框

(3) 打开【拷贝并执行】窗口，选中所要拷贝的采购订单，如图 5－7 所示，单击【确定】按钮，系统自动生成到货单，单击【保存】按钮。

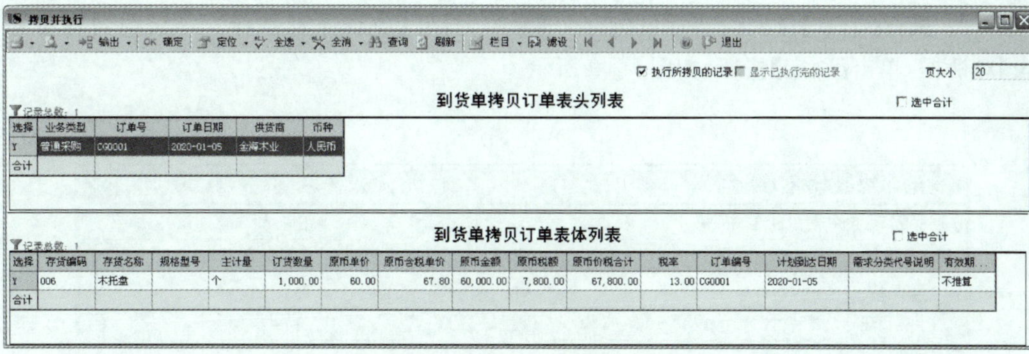


图 5－7 【拷贝并执行】窗口

(4) 单击【审核】按钮，根据采购订单生成的到货单如图 5－8 所示。

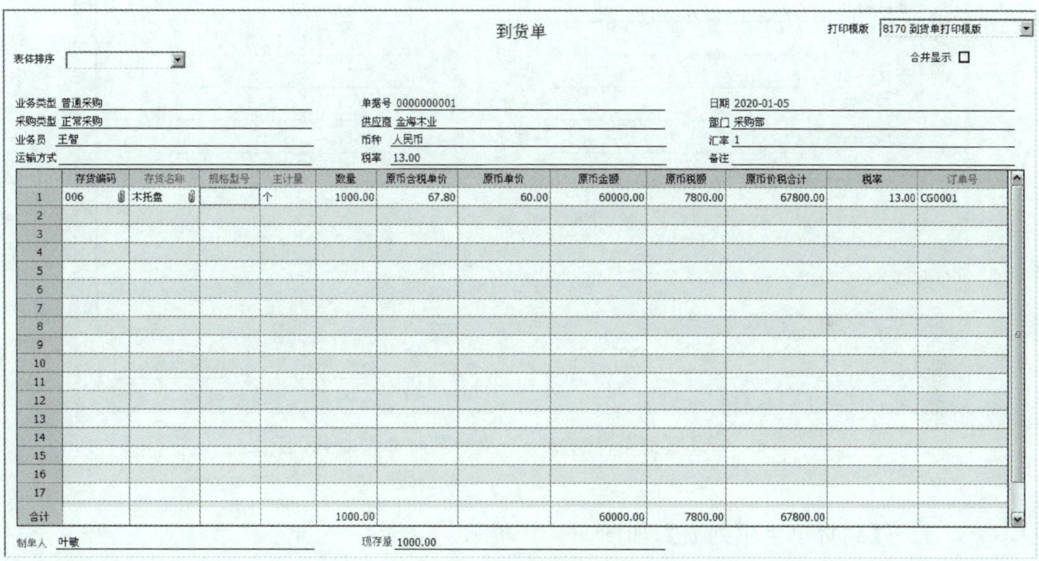


图 5－8 【到货单】页面

> **温馨提示**
>
> - 采购到货单可以手工录入，也可以拷贝采购订单生成到货单。
> - 如果采购到货单与采购订单信息有差别，可以直接据实录入到货单信息，或者直接修改生成的到货单信息，再单击【保存】按钮确认修改的到货单。
> - 没有生成下游单据的采购到货单可以直接删除。
> - 已经生成下游单据的采购到货单不能直接删除。需要先删除下游单据后，才能删除采购到货单。

5

3. 生成采购入库单

(1) 2020 年 1 月 5 日，仓储部【C01 李红】在企业应用平台中执行【业务工作】|【供应链】|【库存管理】|【入库业务】|【采购入库单】命令，打开【采购入库单】窗口。

(2) 执行【生单】|【采购到货单(蓝字)】命令，打开【查询条件选择——采购到货单列表】对话框，单击【确定】按钮，如图 5-9 所示。

5

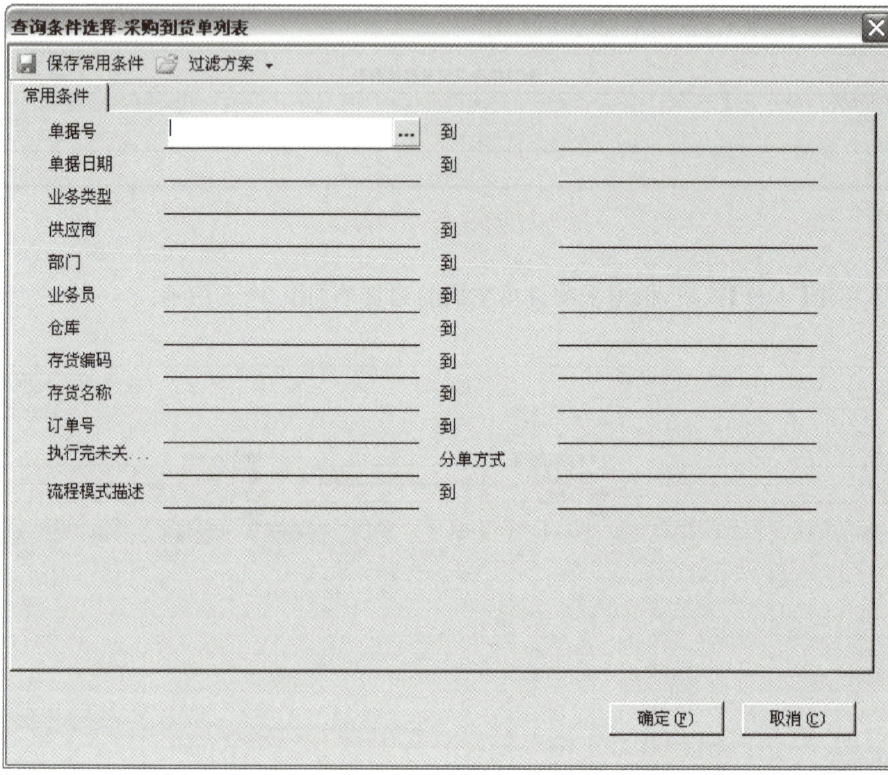


图 5-9 【查询条件选择——采购到货单列表】对话框

(3) 打开【到货单生单列表】，如图 5-10 所示。

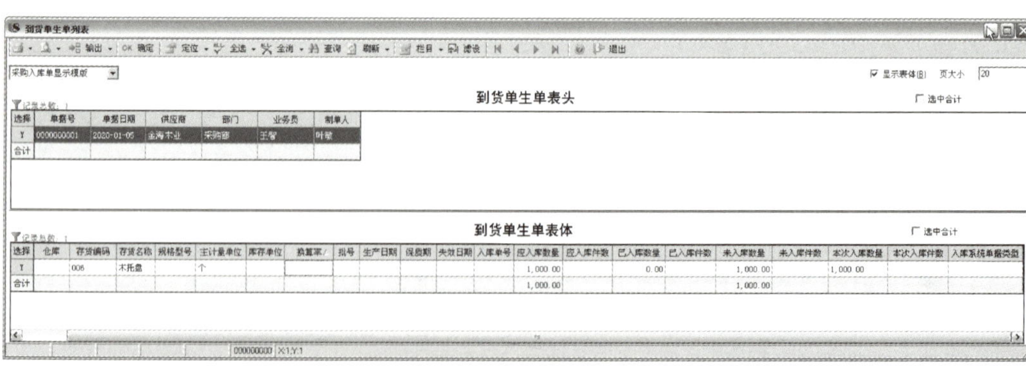


图 5-10 【到货单生单列表】窗口

（4）选择相应的【到货单生单表头】，单击【确定】按钮，系统自动生成采购入库单，选择仓库为【原料库】，单击【保存】按钮，如图 5－11 所示。

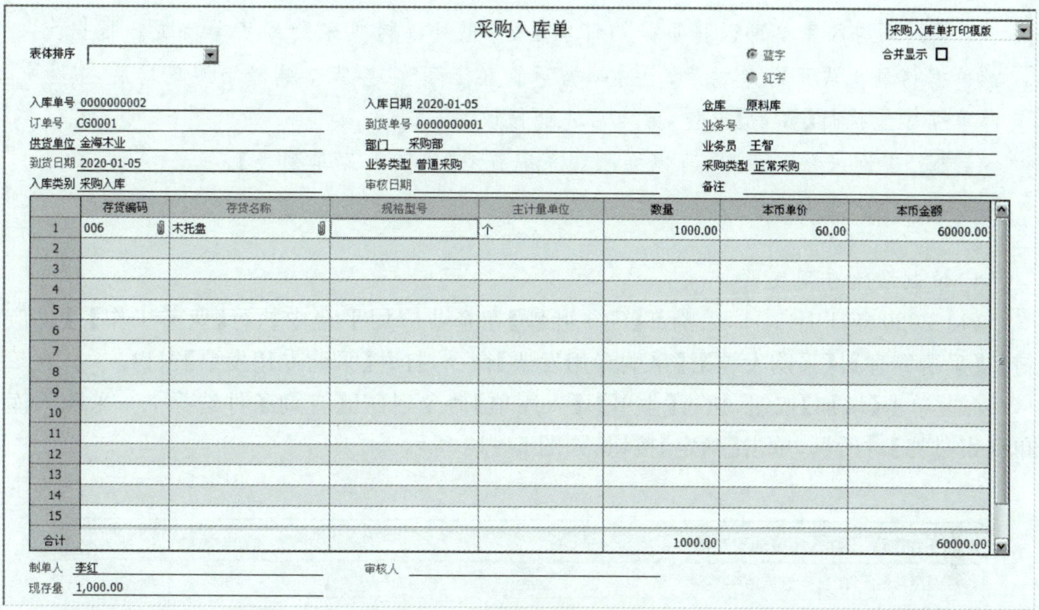


图 5－11 【采购入库单】页面



（5）单击【审核】按钮，系统提示【该单据审核成功!】，如图 5－12 所示。

图 5－12 【单据审核成功】提示框

温馨提示

- 以账套主管【A01 李金泽】打开数据权限控制设置，取消所有记录级数据权限控制。
- 采购入库单必须在库存管理系统录入或生成。
- 在库存管理系统录入或生成的采购入库单，可以在采购管理系统查看，但不能修改或删除。
- 如果需要手工录入采购入库单，则在库存管理系统打开【采购入库单】窗口时，单击【增加】按钮，可以直接录入采购入库单信息。
- 如果在采购选项中设置了【普通业务必有订单】，则采购入库单不能手工录入，只能参照生成。如果需要手工录入采购入库单，则需要先取消【普通业务必有订单】选项。

采购入库单可以拷贝采购订单生成，也可以拷贝采购到货单生成。根据上游单据拷贝生成下游单据后，上游单据不能直接修改、弃审。删除下游单据后，其上游单据才能执行【弃审】操作，弃审后才能修改。

查询采购入库单，可以在采购系统查看【采购入库单列表】。

4. 填制采购专用发票

(1) 2020 年 1 月 5 日，采购部【G01 叶敏】在企业应用平台中执行【业务工作】|【供应链】|【采购管理】|【采购发票】|【采购专用发票】命令，打开【采购专用发票】窗口。

(2) 单击【增加】按钮，执行【生单】|【入库单】命令，打开【查询条件选择——采购入库单列表过滤】对话框，单击【确定】按钮，如图 5 - 13 所示。

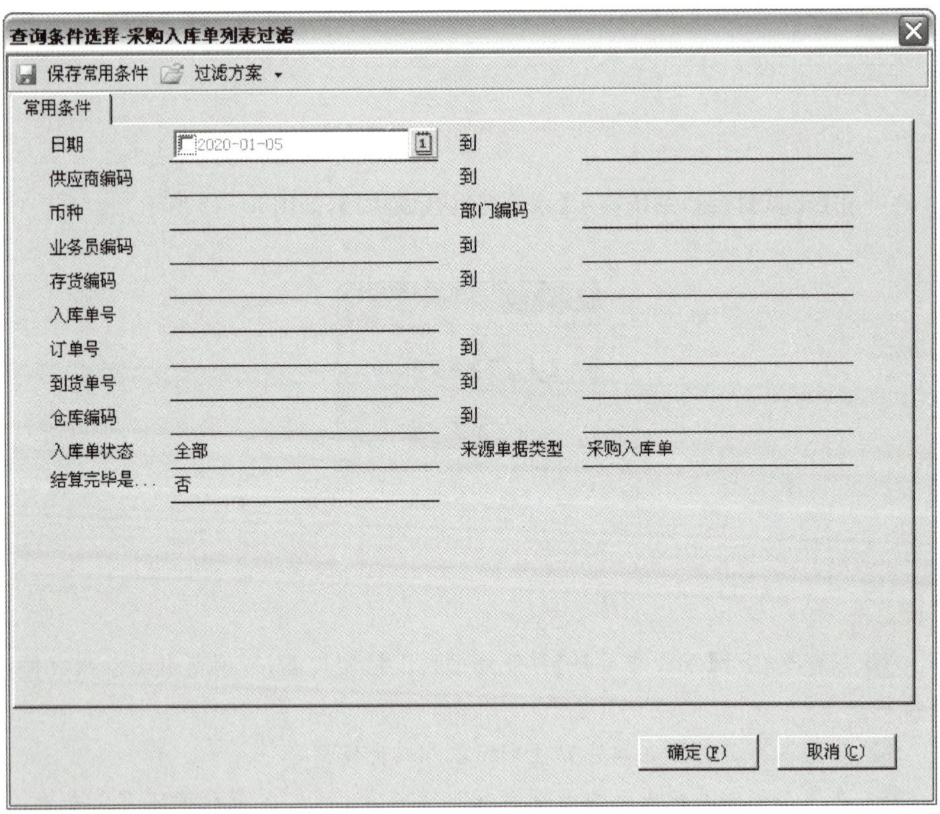


图 5 - 13 【查询条件选择——采购入库单列表过滤】对话框

(3) 系统弹出【拷贝并执行】窗口，选中所要拷贝的采购入库单，如图 5 - 14 所示。

(4) 单击【确定】按钮，系统自动生成采购专用发票，修改发票号为【34568783】，税率为【13.00】，如图 5 - 15 所示，单击【保存】按钮。

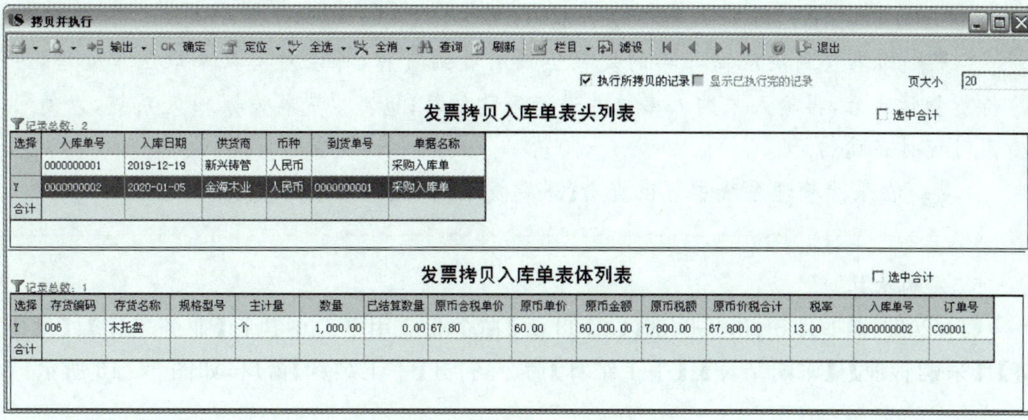


图 5-14 【拷贝并执行】窗口

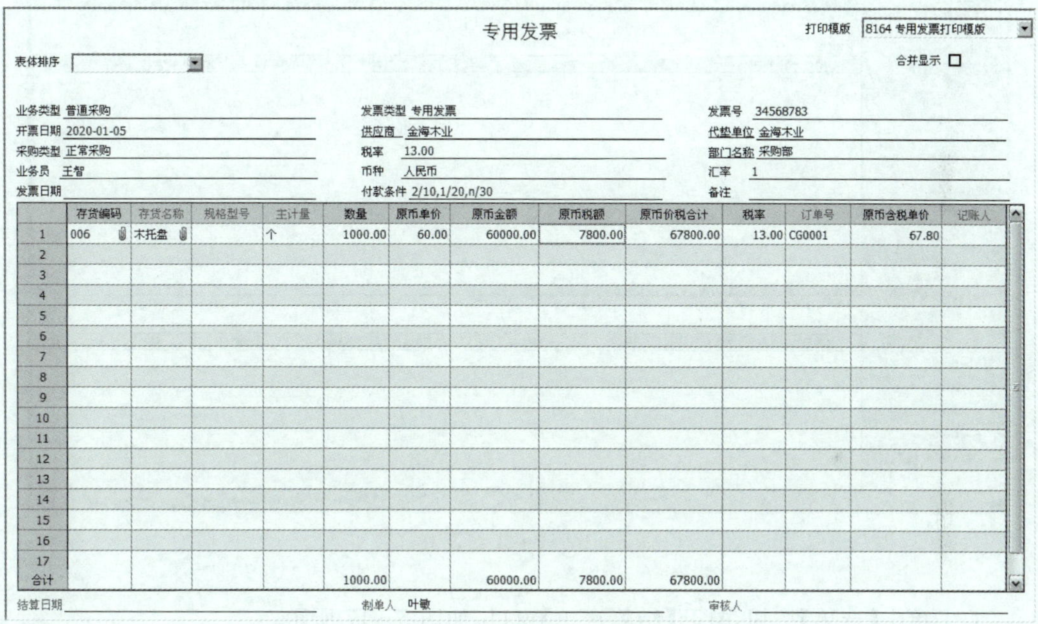


图 5-15 【采购专用发票】页面

**温馨提示**

- 采购发票可以手工输入，也可以根据采购订单、采购入库单参照生成。
- 如果在采购选项中设置了【普通采购必有订单】，则不能手工录入采购发票，只能参照生成采购发票。如果需要手工录入，则需要先取消【普通业务必有订单】选项。
- 如果录入采购专用发票，需要先在基础档案中设置有关开户银行信息，否则，只能录入普通发票。
- 采购发票中的表头税率是根据专用发票默认税率带入的，可以修改。采购专用发票的单价为无税单价，金额为无税金额，税额等于无税金额与税率的乘积。

5

如果收到供应商开具的发票但没有收到货物，可以对发票采取压单处理，待货物运达后，再输入采购入库单并进行采购结算；也可以先将发票输入系统，以便实时统计在途物资。

在采购管理系统中可以查看【采购发票列表】查询采购发票。

5. 采购结算

(1) 2020年1月5日，采购部【G01 叶敏】在企业应用平台中执行【业务工作】|【供应链】|【采购管理】|【采购结算】|【手工结算】命令，打开【手工结算】窗口，如图5-16所示。

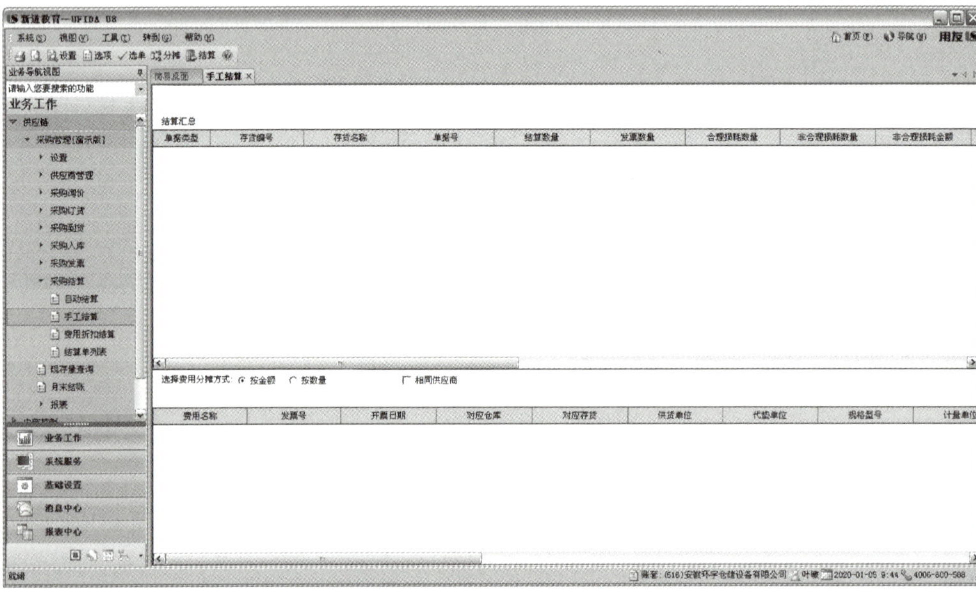

图 5-16 【手工结算】窗口

(2) 单击【选单】按钮，打开【结算选单】窗口，如图5-17所示。

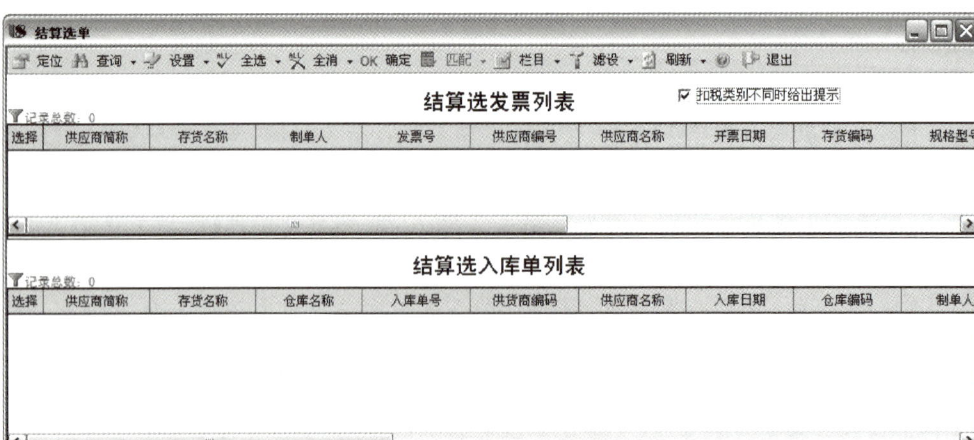

图 5-17 【结算选单】窗口

(3) 单击【查询】按钮，打开【查询条件选择——采购手工结算】对话框，如图5－18所示。

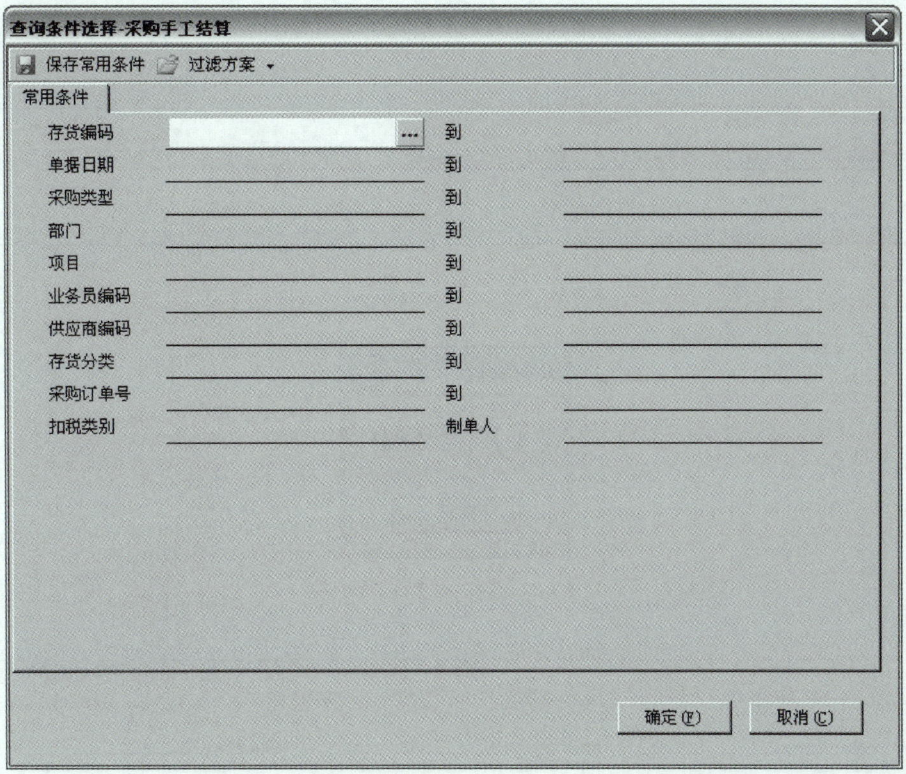


图 5－18 【查询条件选择——采购手工结算】对话框

(4) 选择相应的【采购发票】和【入库单】，如图 5－19 所示，单击【确定】按钮。

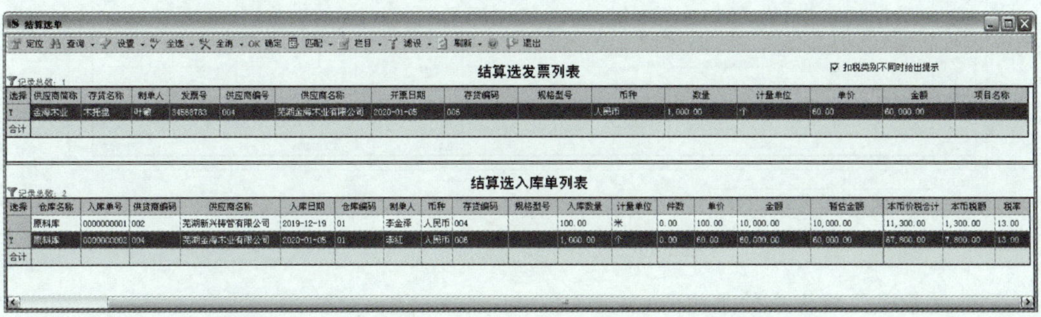


图 5－19 【结算选单】窗口

(5) 系统回到【手工结算】窗口，如图 5－20 所示，单击【结算】按钮，系统提示【完成结算！】，如图 5－21 所示。

(6) 执行【结算单列表】命令，双击需要查询的结算单，可以打开结算单，如图 5－22所示。

5

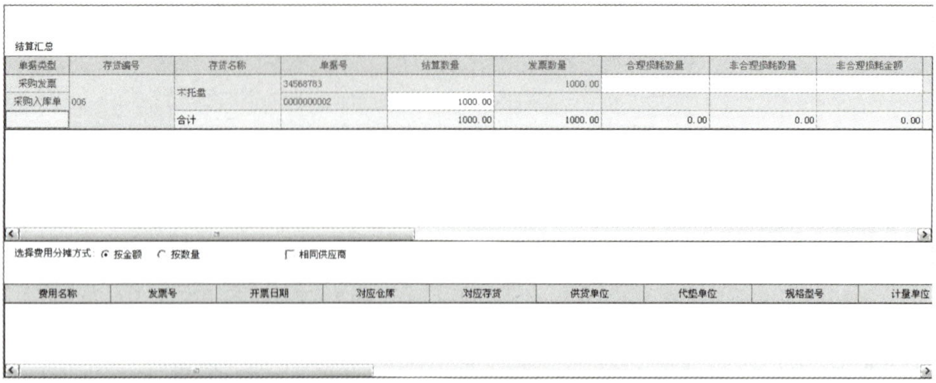

图 5-20 【手工结算】窗口

图 5-21 【完成结算】提示框



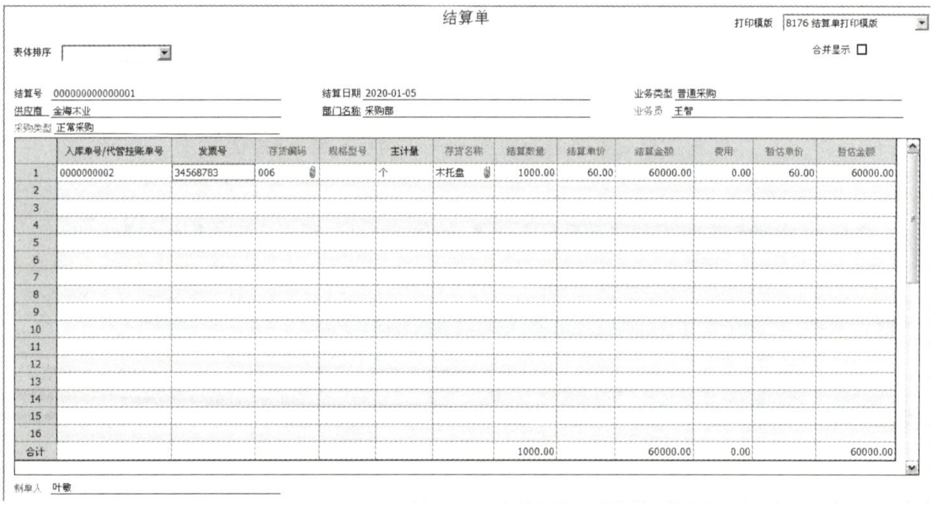

图 5-22 【结算单】页面

6. 财务部门确认应付账款

(1) 2020 年 1 月 5 日，财务部【W02 黄小明】在企业应用平台中执行【业务工作】|【财务会计】|【应付款管理】|【应付单据处理】|【应付单据审核】命令，打开【应付单查询条件】对话框，如图 5-23 所示。

(2) 单击【确定】按钮，打开【应付单据列表】窗口，如图 5-24 所示。

(3) 双击选择栏，或单击【全选】按钮，单击【审核】按钮，系统完成审核并给出审核报告，如图 5-25 所示。

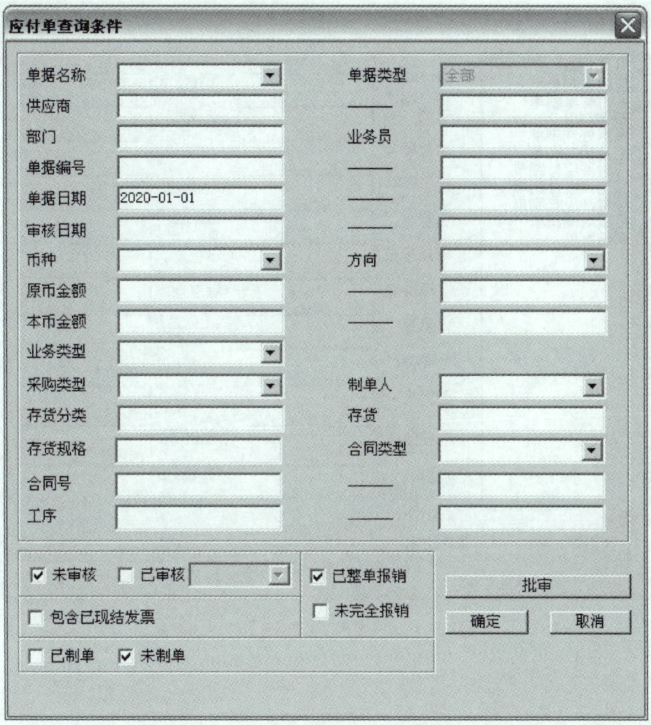


图 5-23　【应付单查询条件】对话框

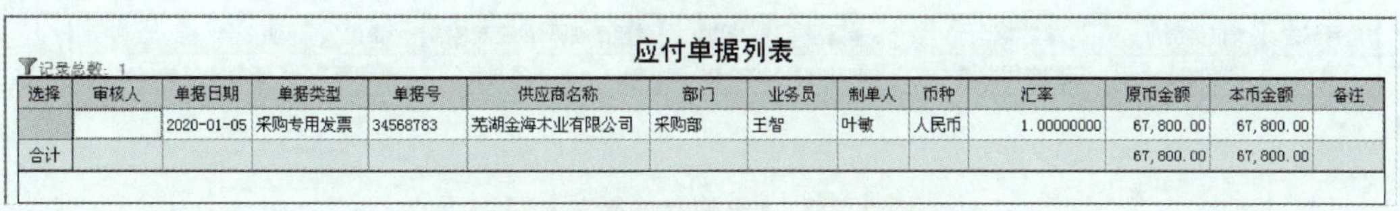

应付单据列表

记录总数：1

| 选择 | 审核人 | 单据日期 | 单据类型 | 单据号 | 供应商名称 | 部门 | 业务员 | 制单人 | 币种 | 汇率 | 原币金额 | 本币金额 | 备注 |
|---|---|---|---|---|---|---|---|---|---|---|---|---|---|
| | | 2020-01-05 | 采购专用发票 | 34568783 | 芜湖金海木业有限公司 | 采购部 | 王智 | 叶敏 | 人民币 | 1.00000000 | 67,800.00 | 67,800.00 | |
| 合计 | | | | | | | | | | | 67,800.00 | 67,800.00 | |

图 5-24　【应付单据列表】窗口

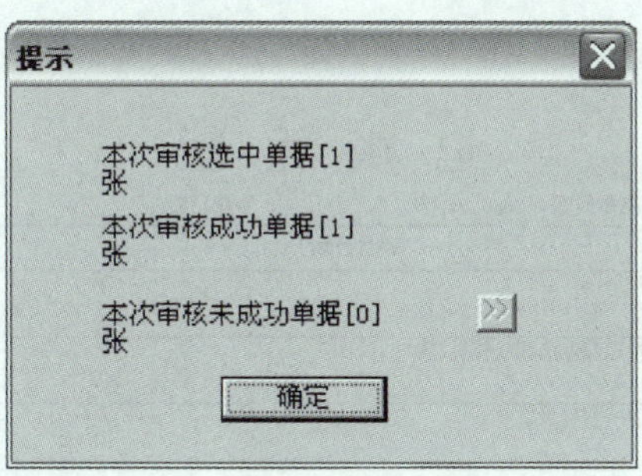


图 5-25　【应付单据审核】提示框

(4) 单击【确定】按钮后退出。

(5) 执行【制单处理】命令，打开【制单查询】对话框，勾选【发票制单】复选框，如图 5-26所示。

(6) 单击【确定】按钮，打开【采购发票制单】窗口。

(7) 选择凭证类别为【记账凭证】，再单击【全选】按钮，选中要制单的【采购专用发票】，如图 5-27 所示。

5

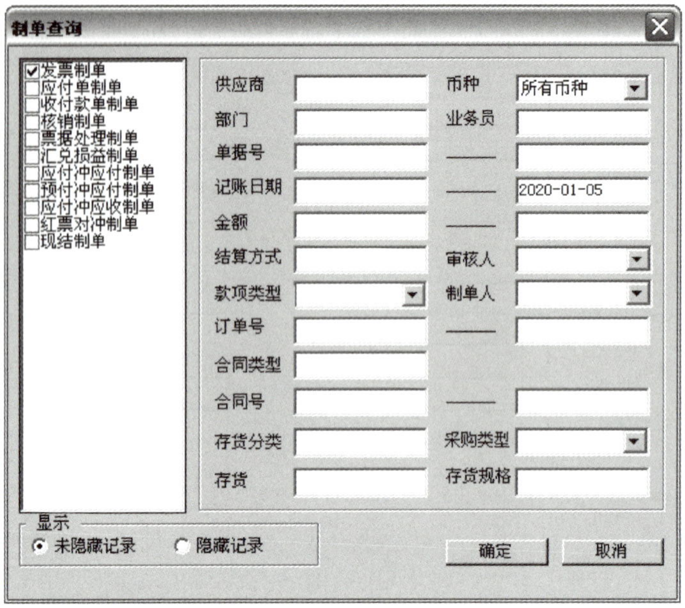


图 5-26 【制单查询】对话框

5

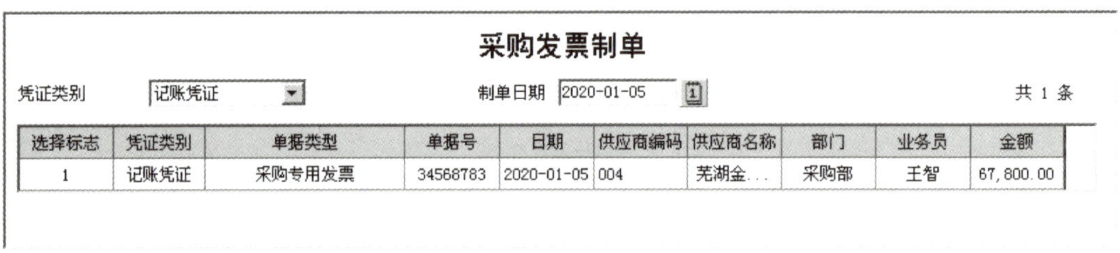

采购发票制单

凭证类别 记账凭证 制单日期 2020-01-05 共 1 条

| 选择标志 | 凭证类别 | 单据类型 | 单据号 | 日期 | 供应商编码 | 供应商名称 | 部门 | 业务员 | 金额 |
|---|---|---|---|---|---|---|---|---|---|
| 1 | 记账凭证 | 采购专用发票 | 34568783 | 2020-01-05 | 004 | 芜湖金... | 采购部 | 王智 | 67,800.00 |

图 5-27 【采购发票制单】窗口

（8）单击【制单】按钮，生成一张记账凭证，单击【保存】按钮，如图 5-28 所示。

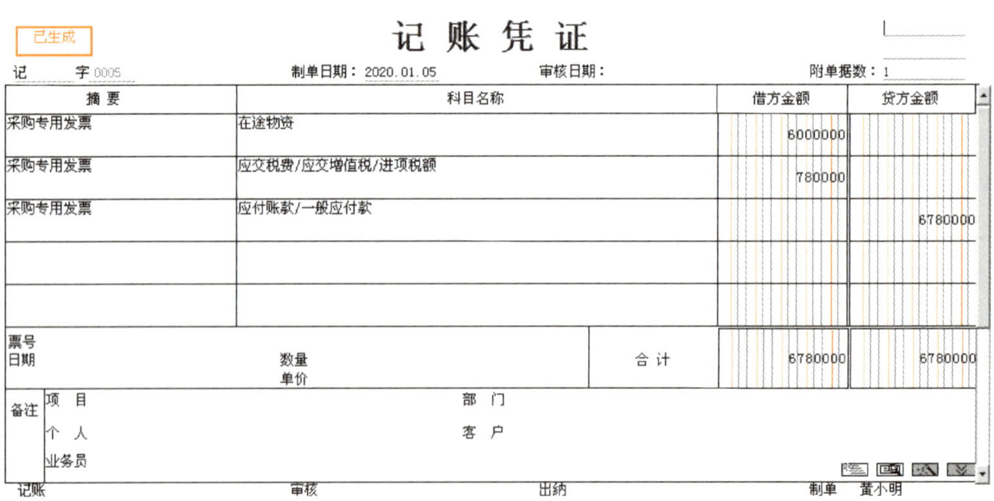


图 5-28 【记账凭证】页面

(9) 打开总账管理系统,执行【凭证】|【查询凭证】命令。选择【未记账凭证】,打开所选凭证,可以查询在应付款系统生成并传递至总账的记账凭证。

**温馨提示**

- 应付科目可以在应付款系统的初始设置中设置,如果账套未设置,可以在生成凭证后补充填入。
- 只有采购结算后的采购发票才能自动传递到应付款管理系统,并且需要在应付款管理系统中审核确认,才能形成应付账款。
- 在应付款管理系统中可以根据采购发票制单,也可以根据应付单或其他单据制单。
- 在应付款管理系统中可以根据一条记录制单,也可以根据多条记录合并制单,用户可以根据选择制单序号进行处理。
- 可以在采购结算后针对每笔业务立即制单,也可以月末一次制单。
- 采购发票需要在存货核算系统记账。但可以在采购发票记账前制单,也可以在采购发票记账后制单。

7. 采购成本核算

(1) 2020 年 1 月 5 日,财务部【W02 黄小明】在企业应用平台中执行【业务工作】|【供应链】|【存货核算】|【业务核算】|【正常单据记账】命令,打开【查询条件选择】对话框,如图 5-29 所示。



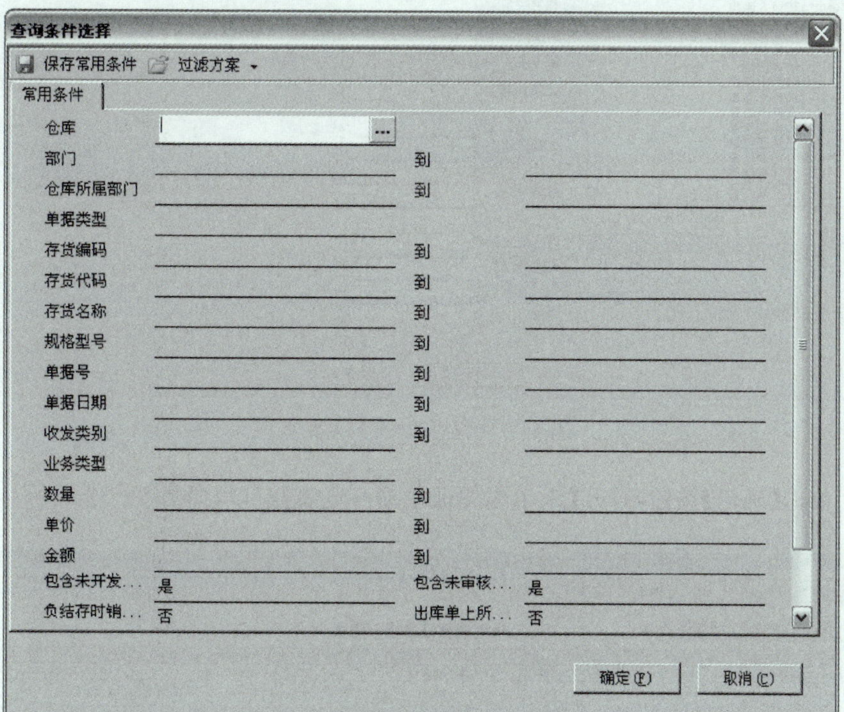


图 5-29 【查询条件选择】对话框

(2) 单击【确定】按钮,打开【正常单据记账列表】窗口。

(3) 单击【全选】按钮,如图 5-30 所示。

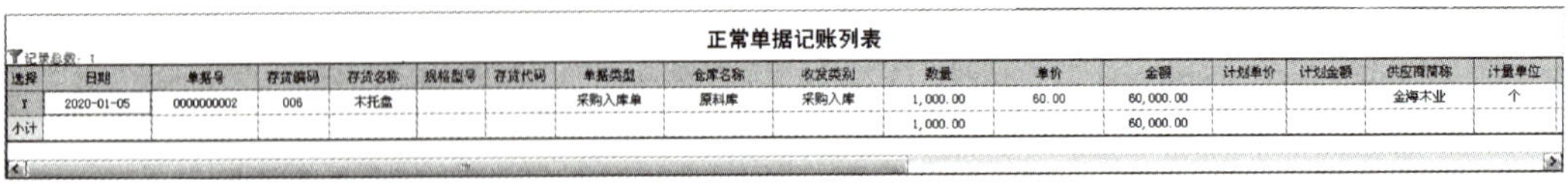


图 5-30 【正常单据记账列表】窗口

(4) 单击【记账】按钮,将采购入库单记账,系统提示【记账成功】,如图 5-31 所示。

图 5-31 【记账成功】提示框

(5) 单击【确定】按钮。

5

(6) 执行【财务核算】|【生成凭证】命令,打开【查询条件】对话框,如图 5-32 所示。

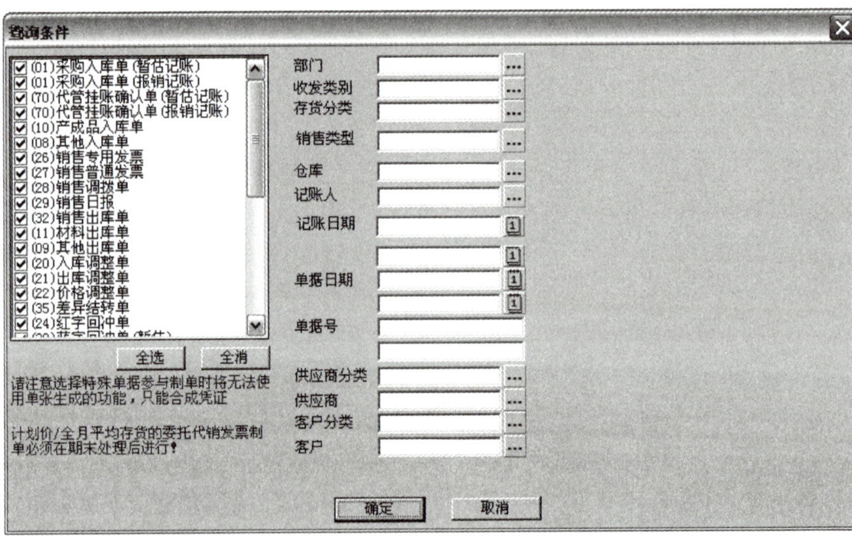


图 5-32 【查询条件】对话框

(7) 单击【确定】按钮,打开【未生成凭证单据一览表】窗口,如图 5-33 所示。

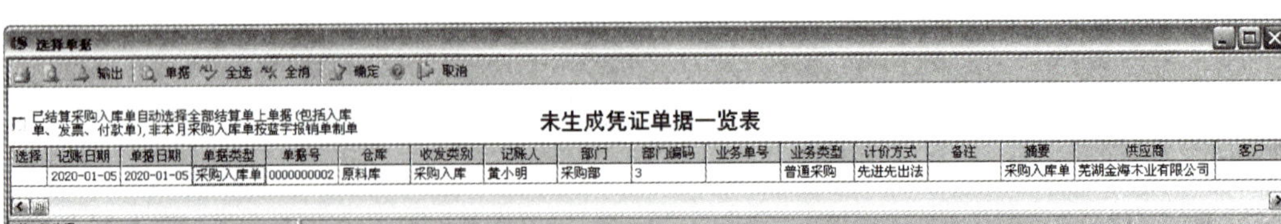


图 5-33 【未生成凭证单据一览表】窗口

（8）单击【选择】栏，或单击【全选】按钮，选中待生成凭证的单据，单击【确定】按钮。

（9）选择凭证类别为【记账凭证】，如图 5－34 所示。

凭证类别　记 记账凭证

| 选择 | 单据类型 | 单据号 | 摘要 | 科目类型 | 科目编码 | 科目名称 | 借方金额 | 贷方金额 | 借方数量 | 贷方数量 | 科目方向 | 存货编码 | 存货名称 | 存货代码 | 部门编码 | 部门名称 | 业务员编码 | 业务员名称 | 供应商编码 | 供应商名称 | 客户 |
|---|---|---|---|---|---|---|---|---|---|---|---|---|---|---|---|---|---|---|---|---|---|
| 1 | 采购入库单 | 0000000002 | 采购入库单 | 存货 | 1403 | 原材料 | 60,000.00 |  | 1,000.00 |  | 1 | 006 | 木托盘 |  | 3 | 采购部 | 302 | 王智 | 004 | 芜湖金海木业有限公司 |  |
|  |  |  |  | 对方 | 1402 | 在途物资 |  | 60,000.00 |  | 1,000.00 | 2 | 006 | 木托盘 |  | 3 | 采购部 | 302 | 王智 | 004 | 芜湖金海木业有限公司 |  |
| 合计 |  |  |  |  |  |  | 60,000.00 | 60,000.00 |  |  |  |  |  |  |  |  |  |  |  |  |  |

图 5－34　【生成凭证】窗口

（10）单击【生成】按钮，生成一张记账凭证，单击【保存】按钮，如图 5－35 所示。

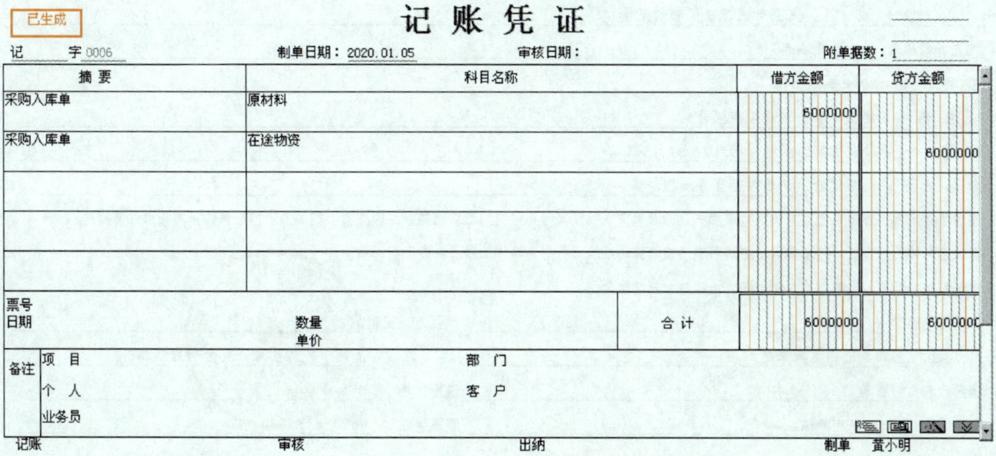


图 5－35　【记账凭证】页面

**温馨提示**

在【制单查询】对话框中，系统已默认制单内容为【发票制单】，如果需要选中其他内容进行制单，可以勾选要制单内容前的复选框。

如果一次生成了多张记账凭证，可以在保存了一张凭证后再打开其他的凭证，直到全部保存完毕为止，未保存的凭证视为放弃本次凭证生成的操作。

只有在凭证保存后才能传递到总账管理系统，再在总账管理系统中进行审核和记账等操作。

## 业务二　采购钢管

**【业务描述】**

2020 年 1 月 5 日，从新兴铸管采购方管，取得与业务相关的原始单据如图 5－36、图 5－37 所示。

5

**购销合同**

供货方：芜湖新兴铸管有限公司　　合同号：cg0002

购买方：安徽环宇仓储设备有限公司　　签订日期：2020年01月05日

经双方协议，订立本合同如下：

| 商品型号 | 名 称 | 数 量 | 单 价 | 总 额 | 其他要求 |
|---|---|---|---|---|---|
| | 方管 | 400.00 | 56.50 | 22600.00 | |
| | | | | | |
| | | | | | |
| | | | | | |
| | | | | | |
| 合 计 | | 400.00 | | ¥22,600.00 | |
| 货款合计（大写）：人民币贰万贰仟陆佰元整 | | | | | |

质量验收标准：货物验收合格

交 货 日 期：2020年1月5日

交 货 地 点：安徽环宇仓储设备有限公司

结 算 方 式：转账支票，付款时间2020年2月5日。

发 运 方 式：公路运输，运费由销售方承担。

违约条款：违约方需赔偿对方一切经济损失。但遇天灾人祸或其他不可抗力因素而导致延误交货，购买方不能要求供货方赔偿任何损失。

解决合同纠纷的方式：经双方友好协商解决，如协商不成的，可向当地仲裁委员会提出申诉解决。

本合同一式两份，供需双方各执一份，自签订之日起生效。

供货方（盖章）：　　购买方（盖章）：

地　址：芜湖市三山区晨工路27号　　地　址：芜湖市经济技术开发区港湾路188号

法定代表：刘明杰　　法定代表：李金泽

联系电话：0553-6685898　　联系电话：0553-4471388

图 5－36 【业务二——购销合同】

**入 库 单**

2020年 01月 05日　　单号：0002

| 交货部门 | 采购部 | 发票号码 | | 验收仓库 | 原料库 | 入库日期 | 2020/1/5 |
|---|---|---|---|---|---|---|---|
| 编号 | 名称及规格 | 单位 | 数量 | | 实际价格 | | 备注 |
| | | | 应收 | 实收 | 单价 | 金额 | |
| 003 | 方管 | 米 | 400.00 | 400.00 | | | |
| | | | | | | | |
| | | | | | | | |
| | | | | | | | |
| 合 计 | | | 400.00 | 400.00 | | | |

会计联

部门经理：略　　会计：略　　仓库：略　　经办人：略

图 5－37 【业务二——入库单】

## 【岗位说明】

采购部【G01 叶敏】填制采购订单（审核）、采购到货单（审核）；仓储部【C01 李红】填制采购入库单（审核）。

## 【业务解析】

本笔是签订采购合同、采购到货的业务。

## 【赛题链接】

27 日,采购分部王晨与维达公司签订购销合同,货物已验收入库,增值税发票需 1 个月后才能到达。(原始单据：购销合同、商品验收入库单略)。

## 【业务流程】

采购钢管业务流程如图 5－38 所示。

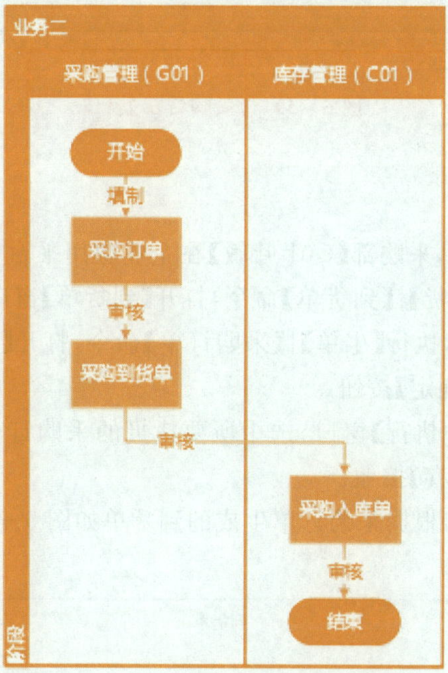


图 5－38　【采购钢管业务】流程图

## 【操作指导】

1. 填制采购订单

(1) 2020 年 1 月 5 日,采购部【G01 叶敏】在企业应用平台中执行【业务工作】|【供应链】|【采购管理】|【采购订货】|【采购订单】命令,打开【采购订单】窗口。

(2) 单击【增加】按钮,修改订单编号为【CG0002】,选择采购类型为【正常采购】,选择供应商为【新兴铸管】,选择部门为【采购部】,选择业务员为【叶敏】,税率修改为"13.00";在表体中,选择存货编码为【003(方管)】,输入数量为【400】,原币含税单价为【56.50】,修改计划到货日期为【2020－01－05】,其他信息由系统自动带出,单击【保存】按钮。

(3) 单击【审核】按钮,审核填制的采购订单,如图 5－39 所示。

5

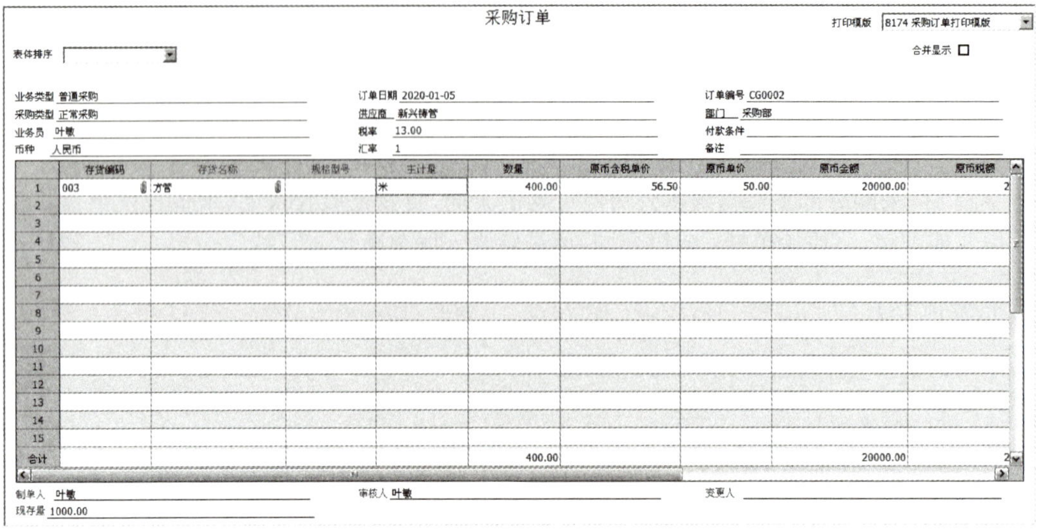


图 5-39 【采购订单】窗口

2. 生成采购到货单

(1) 2020 年 1 月 5 日，采购部【G01 叶敏】在企业应用平台中执行【业务工作】|【供应链】|【采购管理】|【采购到货】|【到货单】命令，打开【到货单】窗口。

(2) 单击【增加】按钮，执行【生单】|【采购订单】命令，打开【查询条件选择——采购订单列表过滤】窗口，单击【确定】按钮。

(3) 系统弹出【拷贝并执行】窗口，选中所要拷贝的采购订单，单击【确定】按钮，系统自动生成到货单，单击【保存】按钮。

(4) 单击【审核】按钮，根据采购订单生成的到货单如图 5-40 所示。

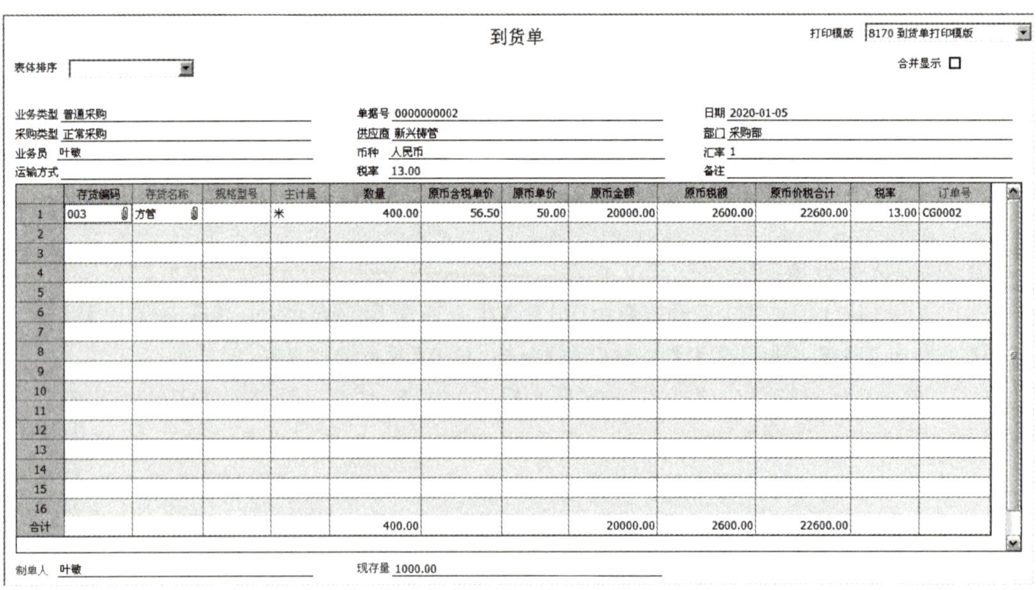


图 5-40 【到货单】窗口

3. 生成采购入库单

(1) 2020 年 1 月 5 日，仓储部【C01 李红】在企业应用平台中执行【业务工作】|【供应链】|【库存管理】|【入库业务】|【采购入库单】命令，打开【采购入库单】窗口。

(2) 执行【生单】|【采购到货单(蓝字)】命令，打开【查询条件选择——采购到货单列表】窗口，单击【确定】按钮。

(3) 打开【到货单生单列表】，选择相应的【到货单生单表头】，单击【确定】按钮，系统自动生成采购入库单，单击【保存】按钮。

(4) 单击【审核】按钮，如图 5-41 所示。

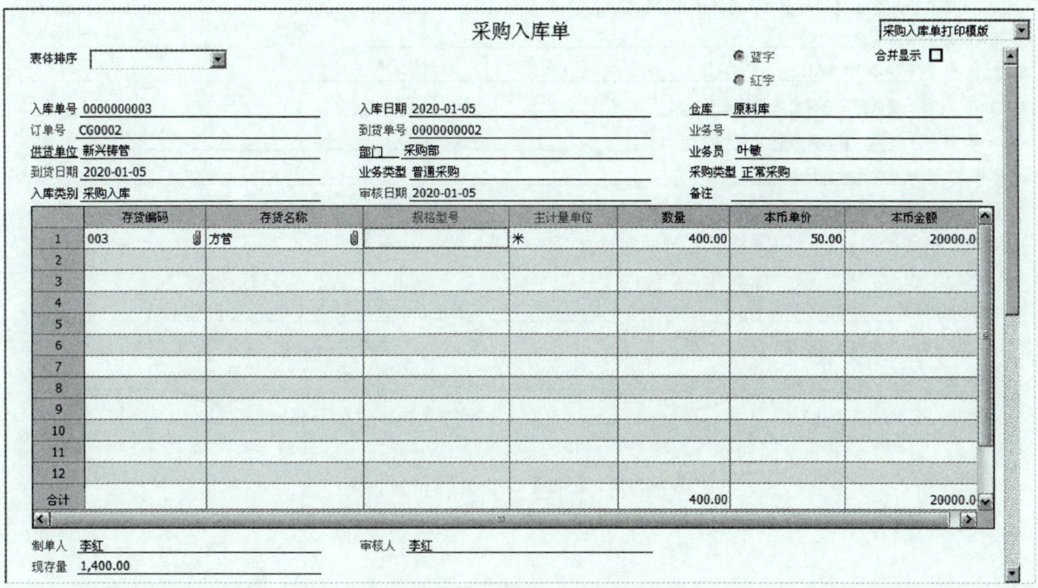

采购入库单

采购入库单打印模版

表体排序　　蓝字　红字　合并显示

入库单号 0000000003　入库日期 2020-01-05　仓库 原料库

订单号 CG0002　到货单号 0000000002　业务号

供货单位 新兴铸管　部门 采购部　业务员 叶敏

到货日期 2020-01-05　业务类型 普通采购　采购类型 正常采购

入库类别 采购入库　审核日期 2020-01-05　备注

| | 存货编码 | 存货名称 | 规格型号 | 主计量单位 | 数量 | 本币单价 | 本币金额 |
|---|---|---|---|---|---|---|---|
| 1 | 003 | 方管 | | 米 | 400.00 | 50.00 | 20000.0 |
| 2 | | | | | | | |
| 3 | | | | | | | |
| 4 | | | | | | | |
| 5 | | | | | | | |
| 6 | | | | | | | |
| 7 | | | | | | | |
| 8 | | | | | | | |
| 9 | | | | | | | |
| 10 | | | | | | | |
| 11 | | | | | | | |
| 12 | | | | | | | |
| 合计 | | | | | 400.00 | | 20000.0 |

制单人 李红　审核人 李红

现存量 1,400.00

图 5-41 【采购入库单】窗口

## 业务三 采购脚轮

采购脚轮

### 【业务描述】

2020 年 1 月 6 日，从百盛脚轮采购脚轮，取得与业务相关的原始单据如图 5-42～图 5-45 所示。

诚信经营之合作共赢——采购业务处理

### 【岗位说明】

采购部【G01 叶敏】填制采购订单(审核)、采购到货单(审核)、采购专用发票(现付)；仓储部【C01 李红】填制采购入库单(审核)；财务部【W02 黄小明】审核发票、单据记账并制单。

5

## 购销合同

供货方：嘉兴百盛脚轮有限公司　　　　合 同 号：cg0003

购买方：安徽环宇仓储设备有限公司　　　　签订日期：2020年01月06日

经双方协议，订立本合同如下：

| 商品型号 | 名 称 | 数 量 | 单 价 | 总 额 | 其他要求 |
|---|---|---|---|---|---|
| | 脚轮 | 200.00 | 113.00 | 22600.00 | |
| | | | | | |
| | | | | | |
| | | | | | |
| | | | | | |
| 合 计 | | 200.00 | | ¥22,600.00 | |
| 货款合计（大写）：人民币贰万贰仟陆佰元整 | | | | | |

质量验收标准：货物验收合格

交 货 日 期：2018年1月6日

交 货 地 点：安徽环宇仓储设备有限公司

结 算 方 式：电汇，付款时间2020年1月6日。

发 运 方 式：公路运输。运费由销售方承担。

违约条款：违约方需赔偿对方一切经济损失。但遇天灾人祸或其他不可抗力因素而导致延误交货，购买方不能要求供货方赔偿任何损失。

解决合同纠纷的方式：经双方友好协商解决，如协商不成的，可向当地仲裁委员会提出申诉解决。

本合同一式两份，供需双方各执一份，自签订之日起生效。

供货方（盖章）：嘉兴百盛脚轮有限公司 合同专用章　　　　购买方（盖章）：安徽环宇仓储设备有限公司 合同专用章

地　址：嘉兴市滨湖区迎春路88号　　　　地　址：芜湖市经济技术开发区港湾路188号

法定代表：薛健　　　　法定代表：李金泽

联系电话：0573-82301288　　　　联系电话：0553-4471388

图 5－42 【业务三——购销合同】

## 浙江增值税专用发票

NO.56632726　3302194130　56632726

发票联

开票日期：2020年01月06日

税总函〔2019〕124号西安印钞有限公司

| 购买方 | 名 称：安徽环宇仓储设备有限公司<br>纳税人识别号：913402076897786088<br>地 址、电 话：芜湖市经济技术开发区港湾路188号，0553-4471388<br>开户行及账号：中国工商银行芜湖市经开区支行，1307100026160024388 | | | | | 密码区 | 略 | |
|---|---|---|---|---|---|---|---|---|
| 货物或应税劳务、服务名称 | 规格型号 | 单位 | 数量 | 单价 | 金额 | 税率 | 税额 | |
| *金属制品*脚轮 | | 个 | 200.00 | 100.00 | 20000.00 | 13% | 2600.00 | |
| 合 计 | | | 1000.00 | | ¥20000.00 | | ¥2600.00 | |
| 价税合计（大写） | ⊗贰万贰仟陆佰元整 | | | | （小写）¥22600.00 | | | |
| 销货方 | 名 称：嘉兴百盛脚轮有限公司<br>纳税人识别号：913302857233544866<br>地 址、电 话：嘉兴市滨湖区迎春路88号，0573-82301288<br>开户行及账号：中国工商银行嘉兴迎春路支行，1307022029249363661 | | | | | 备注 | | |

收款人：略　　复核：略　　开票人：略　　销售方（章）：嘉兴百盛脚轮有限公司 913302857233544866 发票专用章

第三联：发票联　购买方记账凭证

图 5－43 【业务三——增值税专用发票】

中国工商银行银行电汇凭证（回单） 1

委托日期 2020年 01月 06日 NO.24267842

| | | | | | |
|---|---|---|---|---|---|
| 汇款人 | 全称 | 安徽环宇仓储设备有限公司 | 收款人 | 全称 | 嘉兴百盛脚轮有限公司 |
| | 账号 | 1307100026160024388 | | 账号 | 1307022029249363661 |
| | 开户银行 | 安徽省 芜湖市/县 | | 开户银行 | 浙江省 嘉兴市/县 |
| 汇出行名称 | | 中国工商银行芜湖市经开区支行 | 汇入行名称 | | 中国工商银行嘉兴迎春路支行 |
| 金额 | 人民币（大写） | 贰万贰仟陆佰元整 | | | ¥22600.00 |
| 中国工商银行芜湖市经开区支行 2020.01.06 转讫 | | | 支付密码 | | 5410136 |
| 复核 记账 | | | 附加信息及用途：支付采购原料款 | | |

此联汇出行给汇款人的回单

图 5-44 【业务三——电汇单】

5

入库单

2020年 01月 06日 单号：0003

| 交货部门 | 采购部 | 发票号码 | | 验收仓库 | 原料库 | 入库日期 | 2020/1/6 |
|---|---|---|---|---|---|---|---|
| 编号 | 名称及规格 | 单位 | 数量 | | 实际价格 | | 备注 |
| | | | 应收 | 实收 | 单价 | 金额 | |
| 001 | 脚轮 | 个 | 200.00 | 200.00 | | | |
| | | | | | | | |
| | | | | | | | |
| | | | | | | | |
| | 合计 | | 200.00 | 200.00 | | | |

部门经理：略 会计：略 仓库：略 经办人：略

会计联

图 5-45 【业务三——入库单】

## 【业务解析】

本笔是签订采购合同、采购到货、收到采购专用发票同时支付全部货款的业务。

## 【赛题链接】

8 日，采购部经理陈春和与浙江泰祥服装有限公司签订采购合同，货已全部验收入库，收到发票的同时支付了货款。（原始单据：购销合同、采购专用发票、转账支票存根略）

## 【业务流程】

采购脚轮业务流程如图 5 - 46 所示。

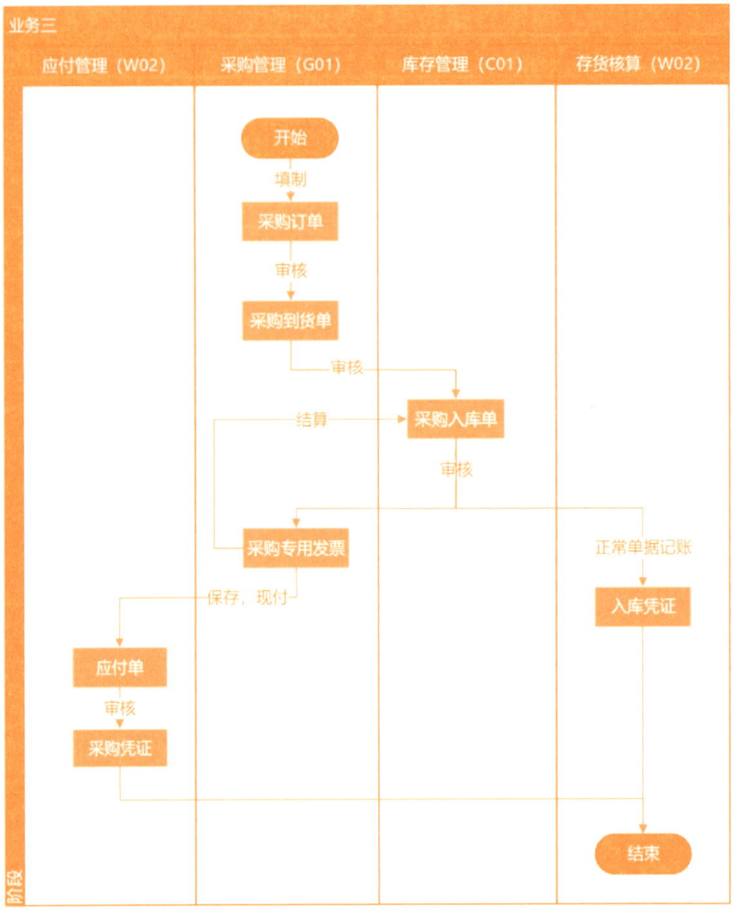


图 5 - 46 【采购脚轮业务】流程图



## 【操作指导】

1. 填制采购订单

(1) 2020 年 1 月 6 日，采购部【G01 叶敏】在企业应用平台中执行【业务工作】|【供应链】|【采购管理】|【采购订货】|【采购订单】命令，打开【采购订单】窗口。

(2) 单击【增加】按钮，修改订单编号为【CG0003】，选择采购类型为【正常采购】，选择供应商为【百盛脚轮】，录入税率为【13.00】；在表体中，选择存货编码为【001(脚轮)】，录入数量为【200】，原币含税单价为【113.00】，修改计划到货日期为【2020 - 01 - 06】，其他信息由系统自动带出，单击【保存】按钮。

(3) 单击【审核】按钮，审核填制的采购订单，如图 5 - 47 所示。

2. 生成采购到货单

(1) 2020 年 1 月 6 日，采购部【G01 叶敏】在企业应用平台中执行【业务工作】|【供应链】|【采购管理】|【采购到货】|【到货单】命令，打开【到货单】窗口。

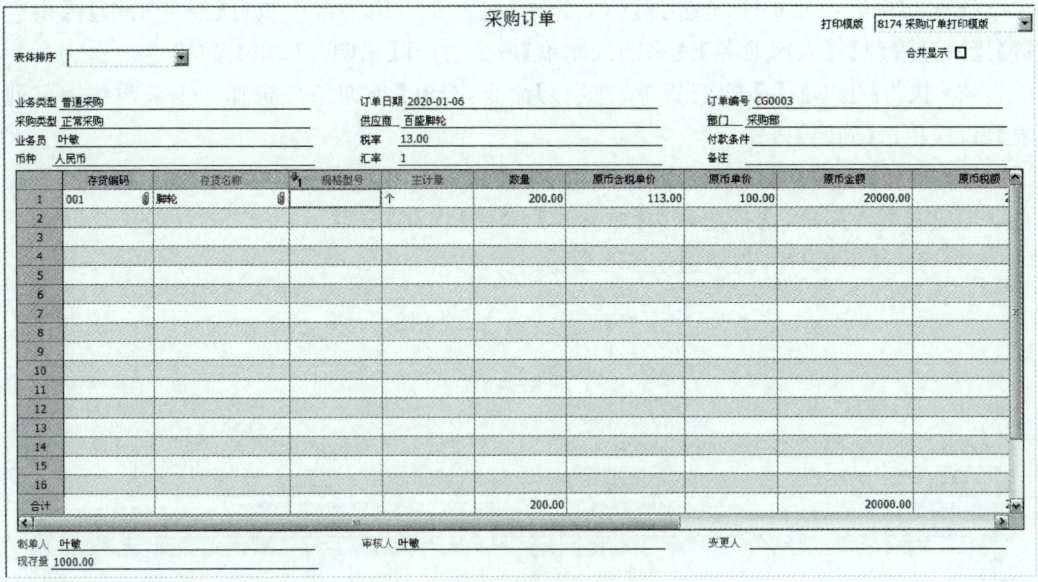


图 5-47　【采购订单】窗口

(2) 单击【增加】按钮，执行【生单】|【采购订单】命令，打开【查询条件选择——采购订单列表过滤】窗口，单击【确定】按钮。

(3) 系统弹出【拷贝并执行】窗口，选中所要拷贝的采购订单，单击【确定】按钮，系统自动生成到货单，单击【保存】按钮。

(4) 单击【审核】按钮，根据采购订单生成的到货单如图 5-48 所示。

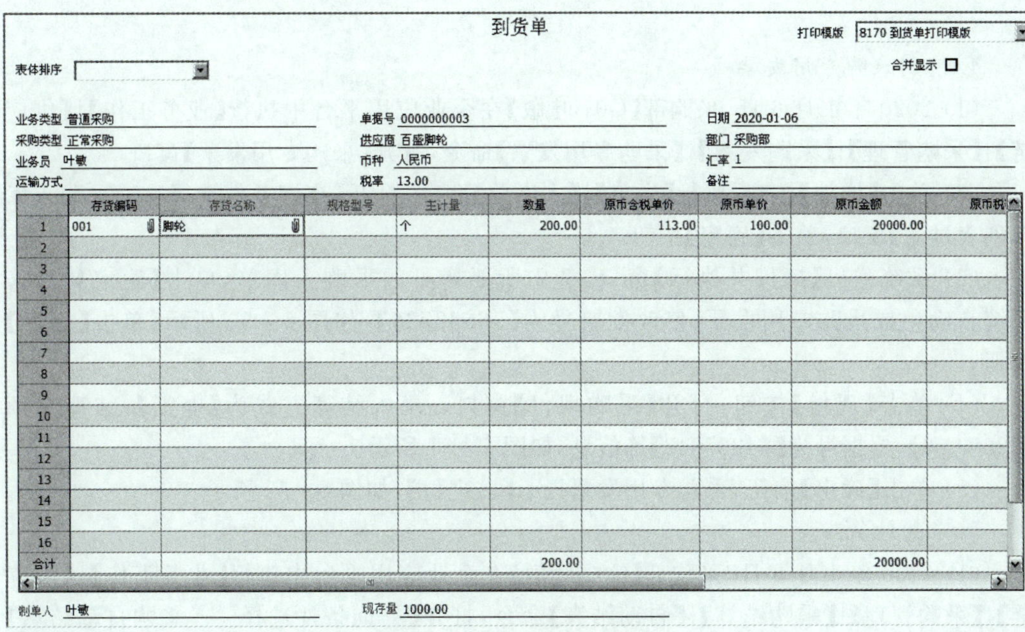


图 5-48　【到货单】窗口

5

3. 生成采购入库单

(1) 2020 年 1 月 6 日,仓储部【C01 李红】在企业应用平台中执行【业务工作】|【供应链】|【库存管理】|【入库业务】|【采购入库单】命令,打开【采购入库单】窗口。

(2) 执行【生单】|【采购到货单(蓝字)】命令,打开【查询条件选择——采购到货单列表】窗口,单击【确定】按钮。

(3) 打开【到货单生单列表】,选择相应的【到货单生单表头】,单击【确定】按钮,系统自动生成采购入库单,选择仓库为【原料库】,单击【保存】按钮。

(4) 单击【审核】按钮,如图 5-49 所示。

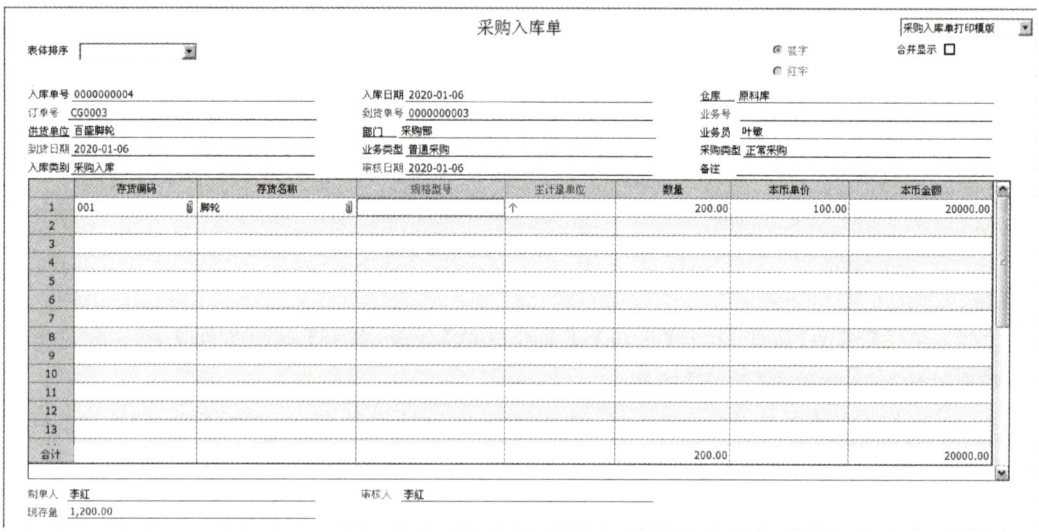


图 5-49 【采购入库单】窗口

4. 填制采购专用发票

(1) 2020 年 1 月 6 日,采购部【G01 叶敏】在企业应用平台中执行【业务工作】|【供应链】|【采购管理】|【采购发票】|【采购专用发票】命令,打开【采购专用发票】窗口。

(2) 单击【增加】按钮,执行【生单】|【入库单】命令,打开【查询条件选择——采购入库单列表过滤】窗口,单击【确定】按钮。

(3) 系统弹出【拷贝并执行】窗口,选中所要拷贝的采购入库单,单击【确定】按钮,系统自动生成采购专用发票,修改发票号为【56632726】,如图 5-50 所示,单击【保存】按钮。

(4) 单击【现付】按钮,打开【采购现付】窗口。录入结算方式为【电汇】,结算金额【22600.00】,票据号为【24267842】等信息,如图 5-51 所示。

(5) 单击【确定】按钮,采购专用发票提示【已现付】,如图 5-52 所示。

5. 采购结算

(1) 2020 年 1 月 6 日,采购部【G01 叶敏】在企业应用平台中执行【业务工作】|【供应链】|【采购管理】|【采购结算】|【自动结算】命令,打开【查询条件选择——采购自动结算】对话框,如图 5-53 所示。

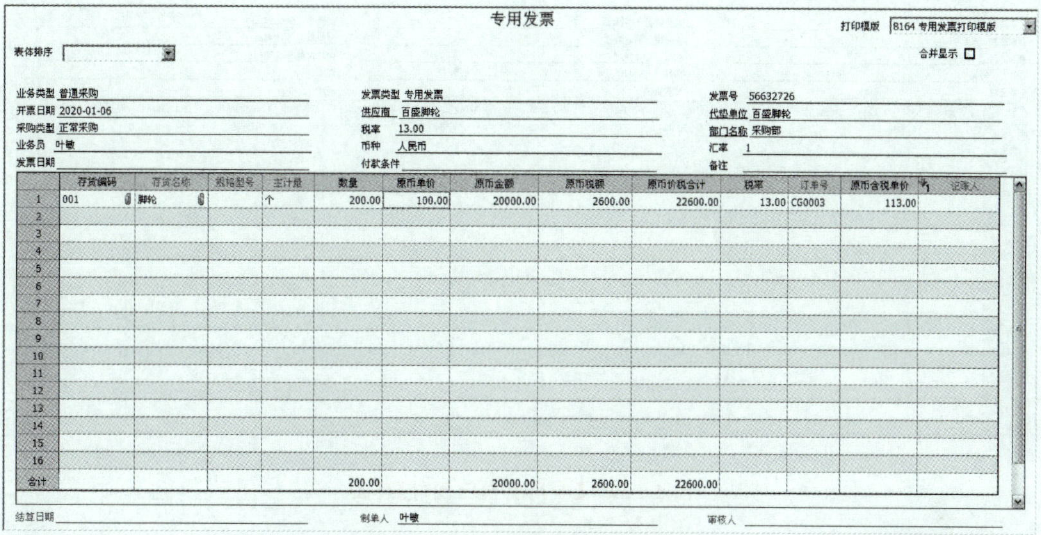


图 5－50 【采购专用发票】页面

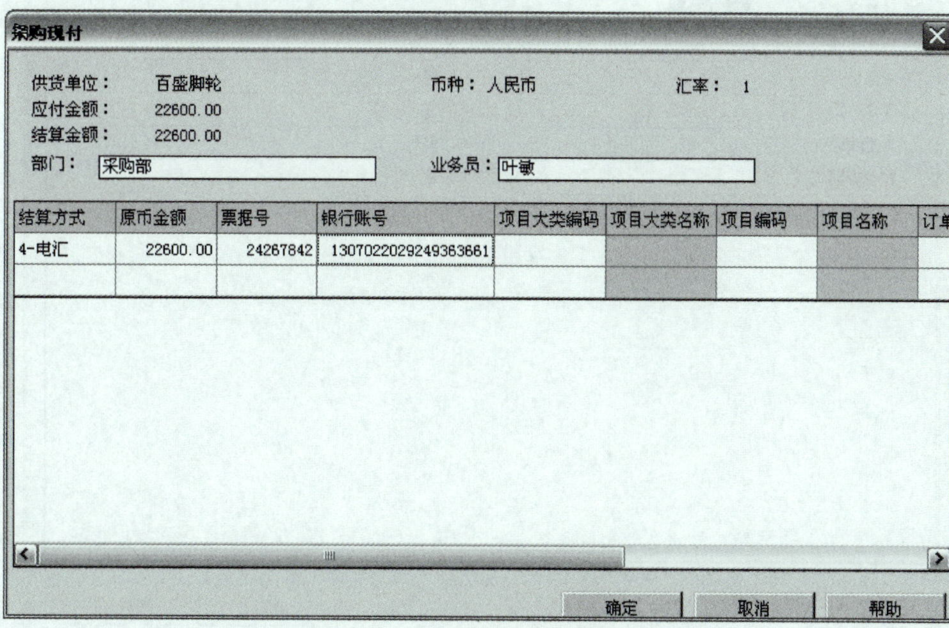


图 5－51 【采购现付】窗口

5

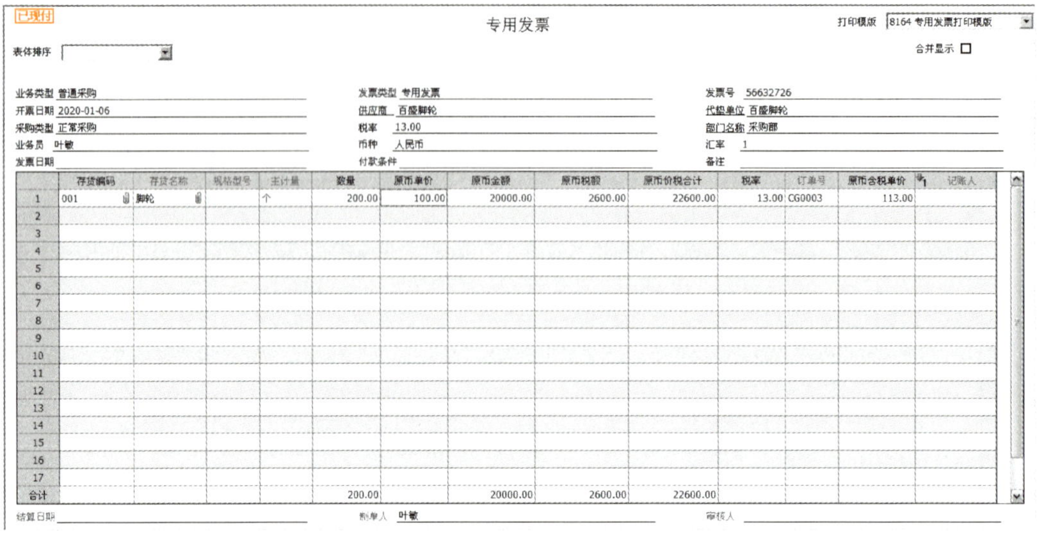


图 5－52 【专用发票已现付】页面



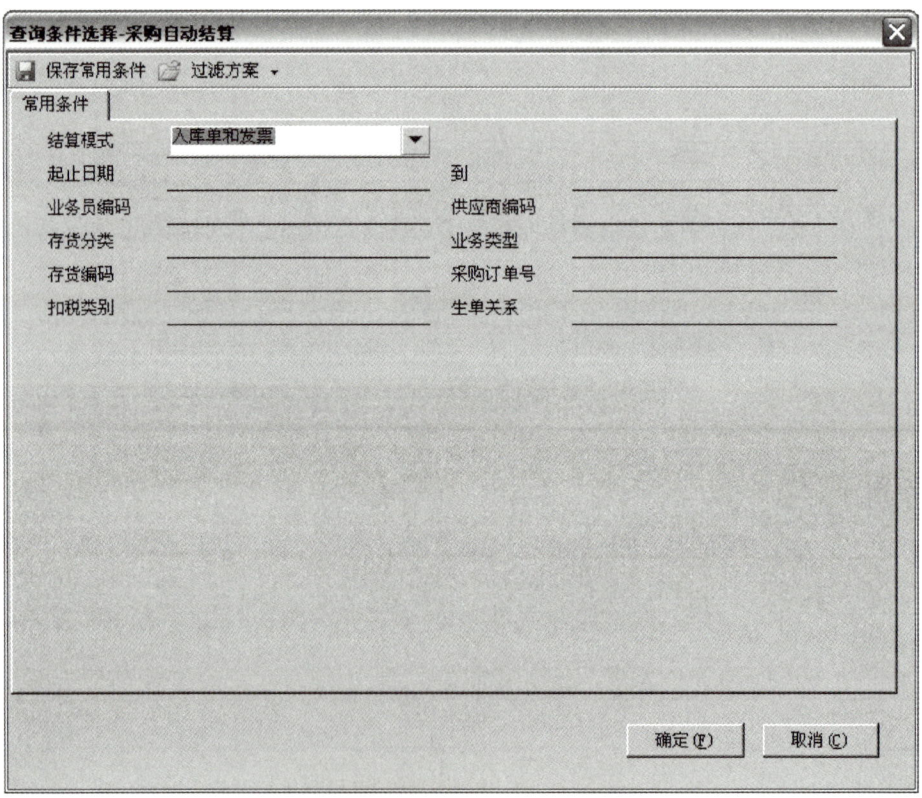


图 5－53 【查询条件选择——采购自动结算】对话框

（2）根据需要输入结算过滤条件和结算模式，如单据的起止日期，选择单据和发票结算模式，单击【确定】按钮，系统自动进行结算。如果存在完全匹配的记录，则系统提示【状态：全部成功】，如图 5－54 所示。如果不存在完全匹配的记录，则系统提示【状态：没有符合条件的红蓝入库单和发票】。

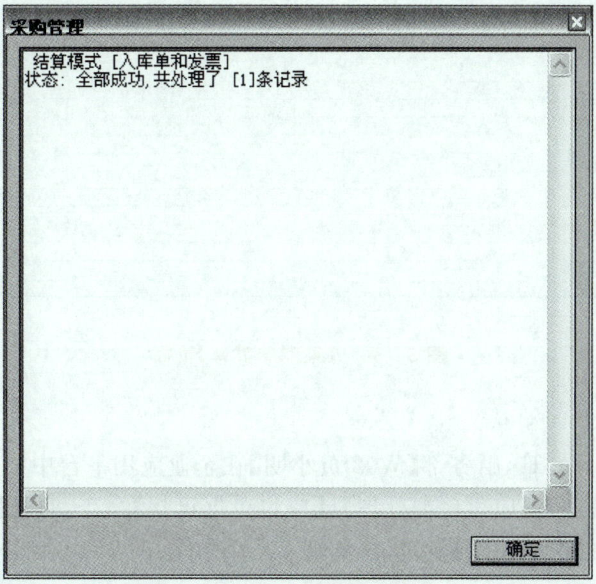


图 5－54　【成功结算信息】提示框

（3）结算完成后，采购专用发票提示【已结算】，如图 5－55 所示。

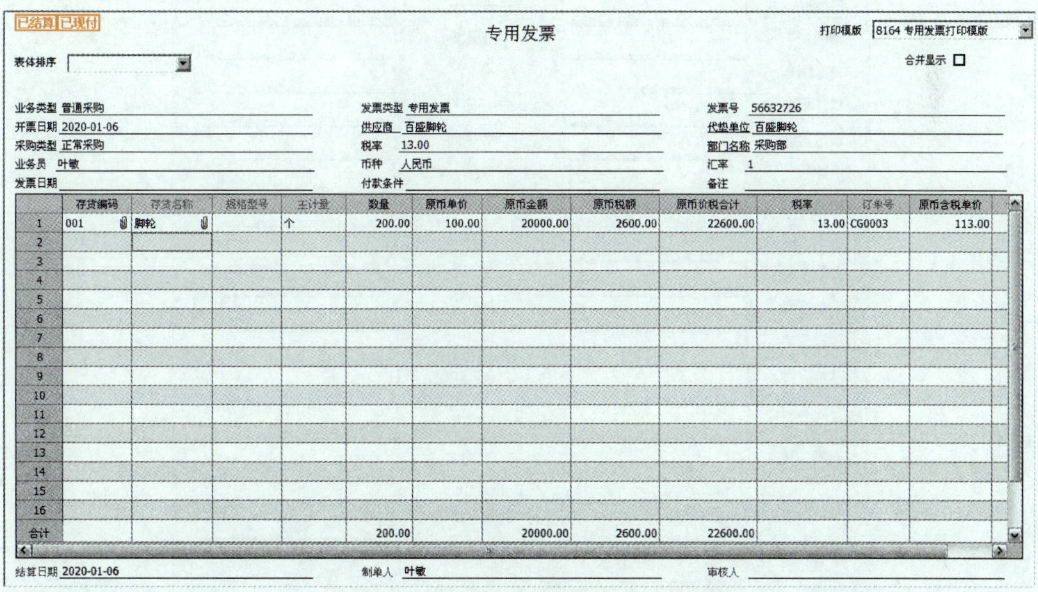


| | 存货编码 | 存货名称 | 规格型号 | 主计量 | 数量 | 原币单价 | 原币金额 | 原币税额 | 原币价税合计 | 税率 | 订单号 | 原币含税单价 |
|---|---|---|---|---|---|---|---|---|---|---|---|---|
| 1 | 001 | 脚轮 | | 个 | 200.00 | 100.00 | 20000.00 | 2600.00 | 22600.00 | 13.00 | CG0003 | 113.00 |
| 2 | | | | | | | | | | | | |
| 3 | | | | | | | | | | | | |
| 4 | | | | | | | | | | | | |
| 5 | | | | | | | | | | | | |
| 6 | | | | | | | | | | | | |
| 7 | | | | | | | | | | | | |
| 8 | | | | | | | | | | | | |
| 9 | | | | | | | | | | | | |
| 10 | | | | | | | | | | | | |
| 11 | | | | | | | | | | | | |
| 12 | | | | | | | | | | | | |
| 13 | | | | | | | | | | | | |
| 14 | | | | | | | | | | | | |
| 15 | | | | | | | | | | | | |
| 16 | | | | | | | | | | | | |
| 合计 | | | | | 200.00 | | 20000.00 | 2600.00 | 22600.00 | | | |

图 5－55　【已结算采购专用发票】页面

（4）执行【结算单列表】命令，双击需要查询的结算单，可以打开结算单，如图 5－56 所示。

5

图 5-56 【采购结算单】页面

6. 现付单据审核与制单

(1) 2020 年 1 月 6 日，财务部【W02 黄小明】在企业应用平台中执行【业务工作】|【财务会计】|【应付款管理】|【应付单据处理】|【应付单据审核】命令，打开【应付单查询条件】对话框，勾选【包含已现结发票】复选框，如图 5-57 所示。

5

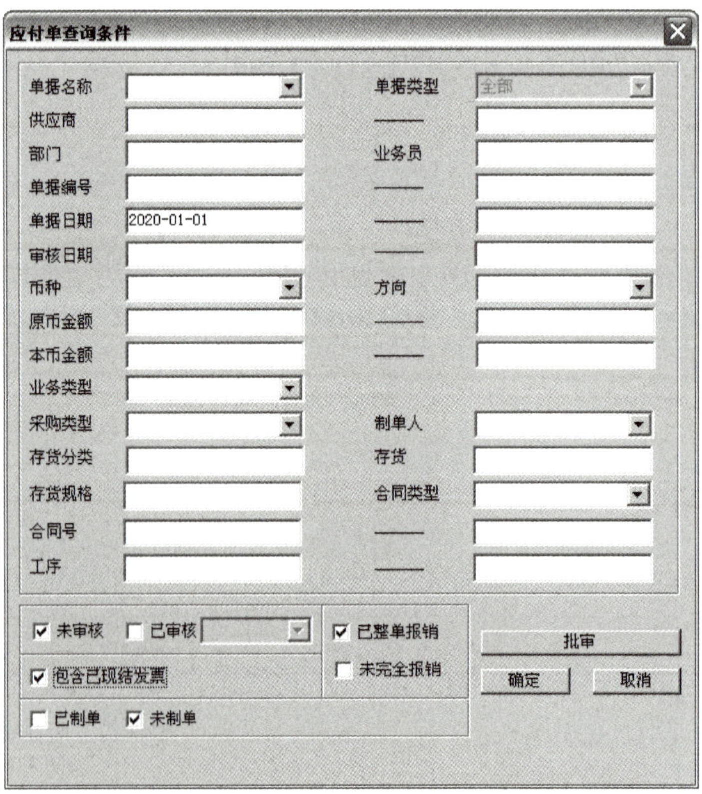


图 5-57 【应付单查询条件】对话框

（2）单击【确定】按钮，打开【应付单据列表】窗口，如图 5-58 所示。

应付单据列表

记录总数：1

| 选择 | 审核人 | 单据日期 | 单据类型 | 单据号 | 供应商名称 | 部门 | 业务员 | 制单人 | 币种 | 汇率 | 原币金额 | 本币金额 | 备注 |
|---|---|---|---|---|---|---|---|---|---|---|---|---|---|
| | | 2020-01-06 | 采购专用发票 | 56632726 | 嘉兴百盛脚轮有限公司 | 采购部 | 叶敏 | 叶敏 | 人民币 | 1.00000000 | 22,600.00 | 22,600.00 | |
| 合计 | | | | | | | | | | | 22,600.00 | 22,600.00 | |

图 5-58 【应付单据列表】窗口

（3）双击【选择】栏，或单击【全选】按钮，单击【审核】按钮，系统完成审核并给出审核报告，如图 5-59 所示。

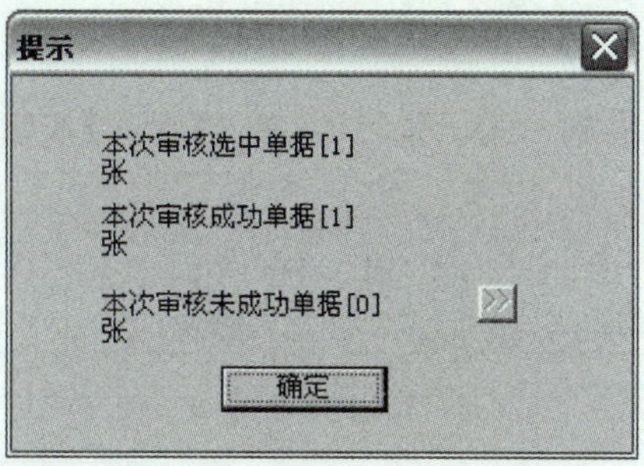


图 5-59 【应付单成功审核】提示框

（4）单击【确定】按钮后退出。

（5）执行【制单处理】命令，打开【制单查询】对话框，勾选【现结制单】复选框，如图 5-60 所示。

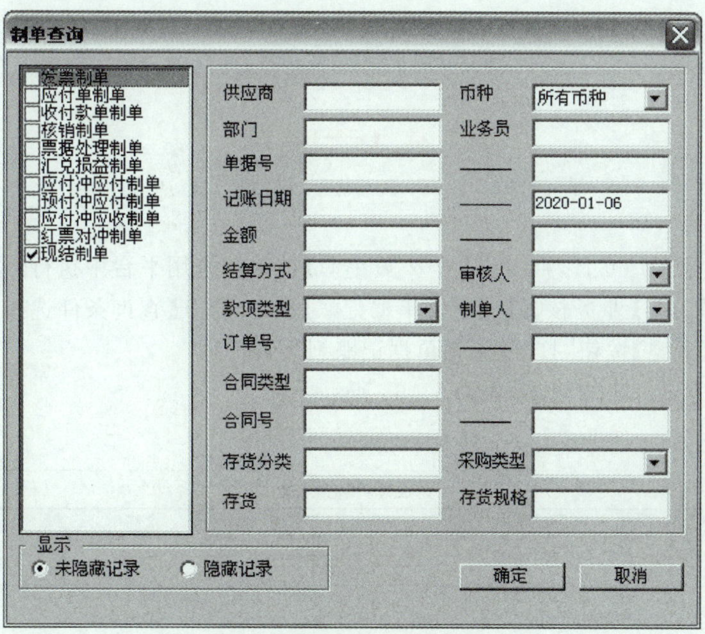


图 5-60 【制单查询】对话框

（6）单击【确定】按钮，打开【采购发票制单】窗口。

（7）选择凭证类别为【记账凭证】，再单击【全选】按钮，选中要制单的【采购专用发票】，如图 5-61 所示。

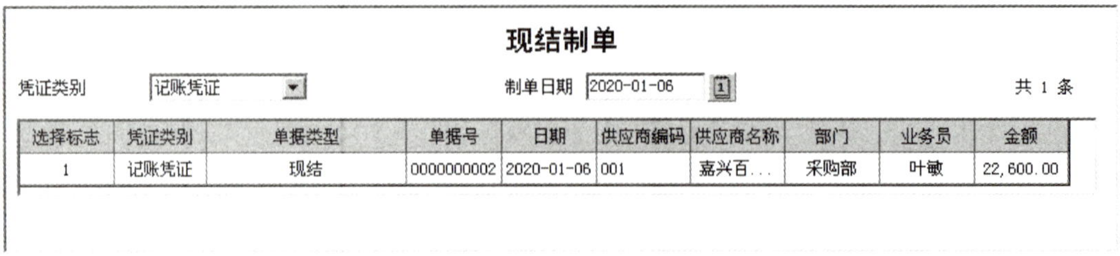

现结制单

凭证类别 记账凭证 制单日期 2020-01-06 共 1 条

| 选择标志 | 凭证类别 | 单据类型 | 单据号 | 日期 | 供应商编码 | 供应商名称 | 部门 | 业务员 | 金额 |
|---|---|---|---|---|---|---|---|---|---|
| 1 | 记账凭证 | 现结 | 0000000002 | 2020-01-06 | 001 | 嘉兴百... | 采购部 | 叶敏 | 22,600.00 |

图 5-61 【现结制单】窗口

（8）单击【制单】按钮，生成一张记账凭证，单击【保存】按钮，如图 5-62 所示。

已生成

记账凭证

记 字 0007 制单日期：2020.01.06 审核日期： 附单据数：1

| 摘要 | 科目名称 | 借方金额 | 贷方金额 |
|---|---|---|---|
| 现结 | 在途物资 | 2000000 | |
| 现结 | 应交税费/应交增值税/进项税额 | 260000 | |
| 现结 | 银行存款 | | 2260000 |
| | | | |
| | | | |
| 票号 日期 | 数量 单价 合计 | 2260000 | 2260000 |

备注 项目 部门
个人 客户
业务员

记账 审核 出纳 制单 黄小明

图 5-62 【记账凭证】页面

7. 采购成本核算

（1）2020 年 1 月 6 日，财务部【W02 黄小明】在企业应用平台中执行【业务工作】|【供应链】|【存货核算】|【业务核算】|【正常单据记账】命令，打开【查询条件选择】窗口。

（2）单击【确定】按钮，打开【正常单据记账列表】窗口。

（3）选择需要记账的记录，如图 5-63 所示。

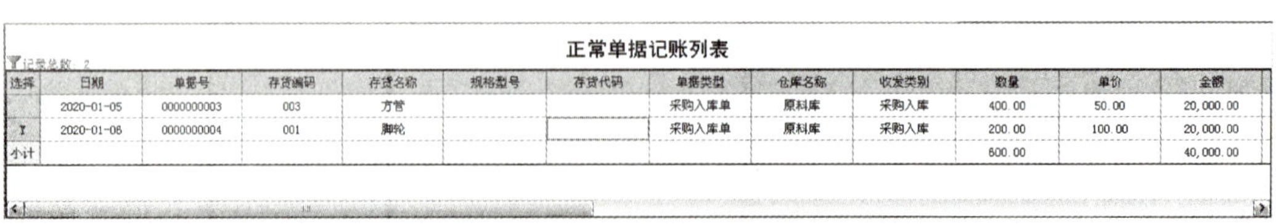

正常单据记账列表

记录总数：2

| 选择 | 日期 | 单据号 | 存货编码 | 存货名称 | 规格型号 | 存货代码 | 单据类型 | 仓库名称 | 收发类别 | 数量 | 单价 | 金额 |
|---|---|---|---|---|---|---|---|---|---|---|---|---|
| | 2020-01-05 | 0000000003 | 003 | 方管 | | | 采购入库单 | 原料库 | 采购入库 | 400.00 | 50.00 | 20,000.00 |
| Y | 2020-01-06 | 0000000004 | 001 | 脚轮 | | | 采购入库单 | 原料库 | 采购入库 | 200.00 | 100.00 | 20,000.00 |
| 小计 | | | | | | | | | | 600.00 | | 40,000.00 |

图 5-63 【正常单据记账列表】窗口

（4）单击【记账】按钮，将采购入库单记账，系统提示【记账成功！】。

（5）单击【确定】按钮。

（6）执行【财务核算】|【生成凭证】命令，打开【查询条件】窗口。

（7）单击【确定】按钮，打开【未生成凭证单据一览表】窗口。

（8）单击选择栏，或单击【全选】按钮，选中待生成凭证的单据，单击【确定】按钮。

（9）选择凭证类别为【记账凭证】，如图 5-64 所示。

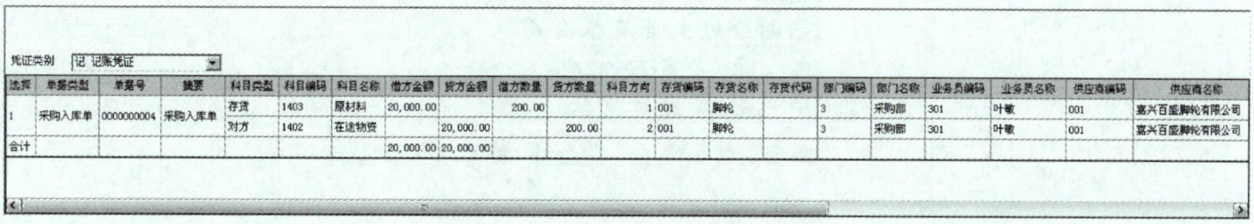

凭证类别 记 记账凭证

| 选择 | 单据类型 | 单据号 | 摘要 | 科目类型 | 科目编码 | 科目名称 | 借方金额 | 贷方金额 | 借方数量 | 贷方数量 | 科目方向 | 存货编码 | 存货名称 | 存货代码 | 部门编码 | 部门名称 | 业务员编码 | 业务员名称 | 供应商编码 | 供应商名称 |
|---|---|---|---|---|---|---|---|---|---|---|---|---|---|---|---|---|---|---|---|---|
| 1 | 采购入库单 | 0000000004 | 采购入库单 | 存货 | 1403 | 原材料 | 20,000.00 | | 200.00 | | 1 | 001 | 脚轮 | | 3 | 采购部 | 301 | 叶敏 | 001 | 嘉兴百盛脚轮有限公司 |
| | | | | 对方 | 1402 | 在途物资 | | 20,000.00 | | 200.00 | 2 | 001 | 脚轮 | | 3 | 采购部 | 301 | 叶敏 | 001 | 嘉兴百盛脚轮有限公司 |
| 合计 | | | | | | | 20,000.00 | 20,000.00 | | | | | | | | | | | | |

图 5-64 【生成凭证】窗口

（10）单击【生成】按钮，生成一张记账凭证，单击【保存】按钮，如图 5-65 所示。

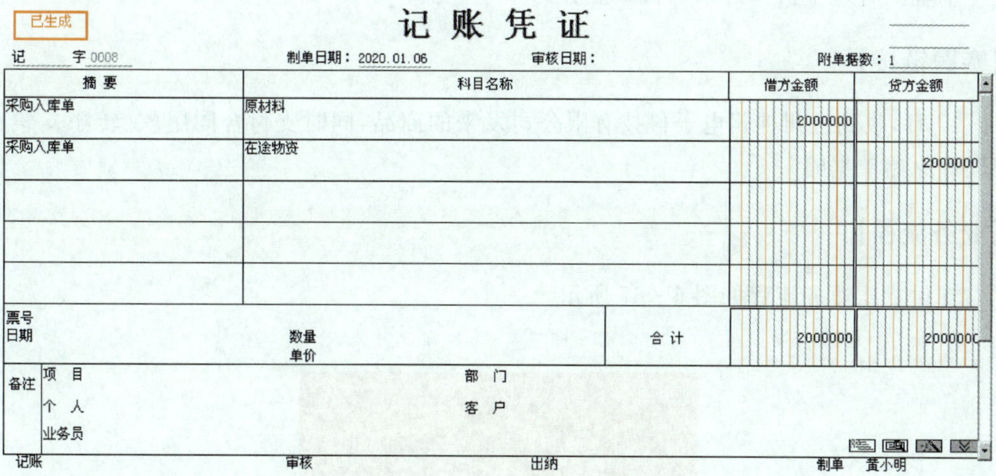


图 5-65 【记账凭证】页面

## 业务四 支付货款

### 【业务描述】

2020 年 1 月 7 日，支付从金海木业购买木托盘的价税款，取得与业务相关的原始单据如图 5-66 所示。

### 【岗位说明】

财务部【W03 李卉】填制付款单；财务部【W02 黄小明】审核付款单、核销并制单。

支付货款

一诺千金之团结合作——现金折扣付款业务处理

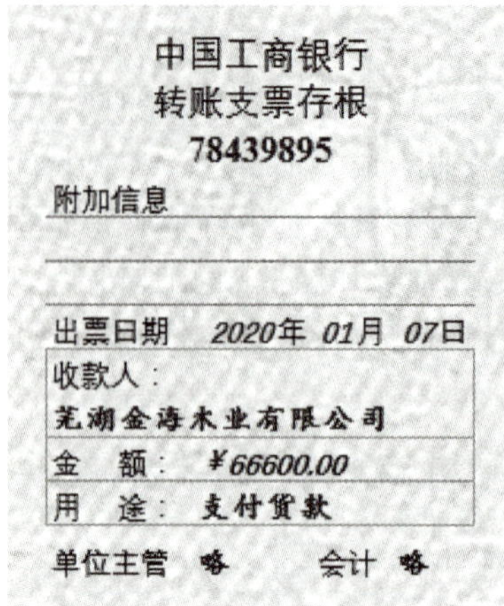
中国工商银行
转账支票存根
78439895

附加信息

出票日期 2020年 01月 07日

| 收款人：芜湖金海木业有限公司 |
|---|
| 金 额：¥66600.00 |
| 用 途：支付货款 |

单位主管 略 会计 略

图 5-66 【业务四——转账支票存根】

## 【业务解析】

本笔是有现金折扣的采购付款业务。



## 【赛题链接】

17 日，收到杭州神州电子科技有限公司发来的商品，同时支付合同尾款(转账支票存根联等原始单据略)。

## 【业务流程】

支付货款业务流程如图 5-67 所示。

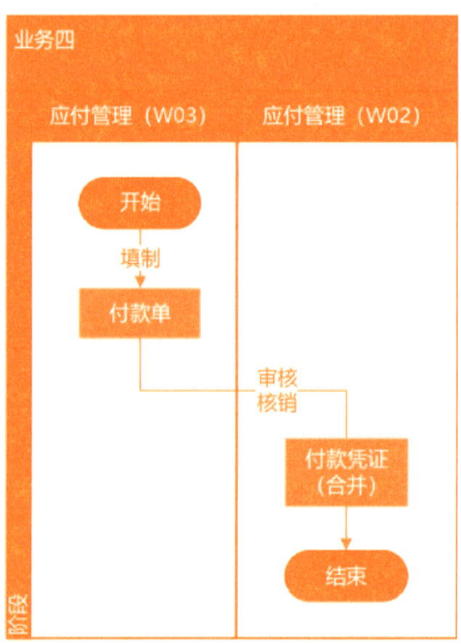


图 5-67 【支付货款】业务流程图

## 【操作指导】

1. 录入付款单

2020 年 1 月 7 日，财务部【W03 李卉】在企业应用平台中执行【业务工作】|【财务会计】|【应付款管理】|【付款单据处理】|【付款单据录入】命令，打开【付款单】窗口，录入电汇单的相关信息，单击【保存】按钮，如图 5-68 所示。

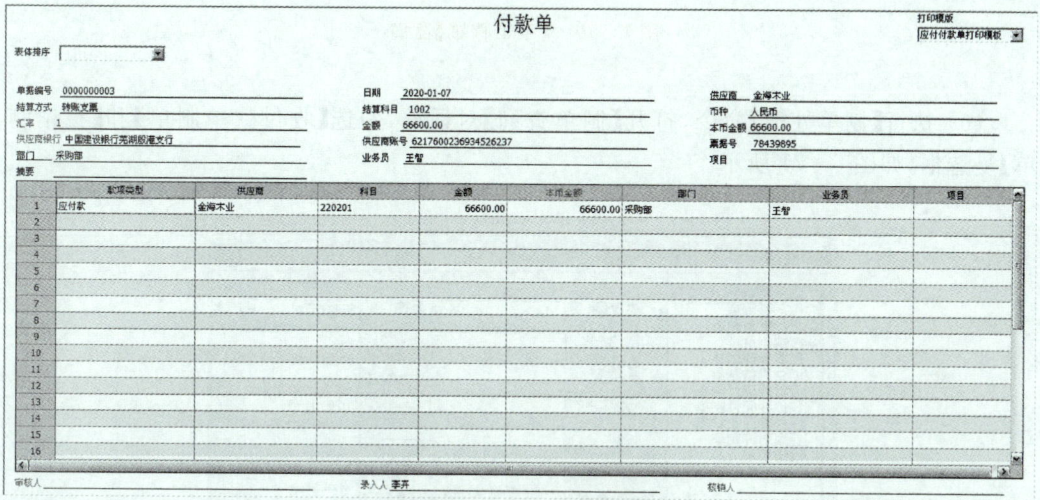


图 5-68 【付款单】窗口

2. 付款单据审核与制单

(1) 2020 年 1 月 7 日，财务部【W02 黄小明】在企业应用平台中执行【业务工作】|【财务会计】|【应付款管理】|【付款单据处理】|【付款单审核】命令，打开【付款单查询条件】窗口。

(2) 单击【确定】按钮，打开【收付款单列表】窗口，如图 5-69 所示。

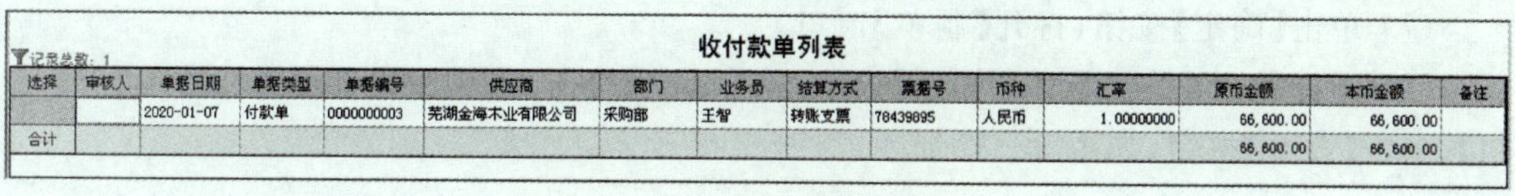


图 5-69 【收付款单列表】窗口

(3) 双击【选择】栏，或单击【全选】按钮，单击【审核】按钮，系统完成审核并给出审核报告。

(4) 单击【确定】按钮后退出。

(5) 执行【核销处理】|【手工核销】命令，在【核销条件】窗口选择供应商【金海木业】，单击【确定】按钮，打开【手工核销】窗口，录入本次结算金额为【66600.00】，本次折扣金额为【1200.00】，如图 5-70 所示，单击【保存】按钮。

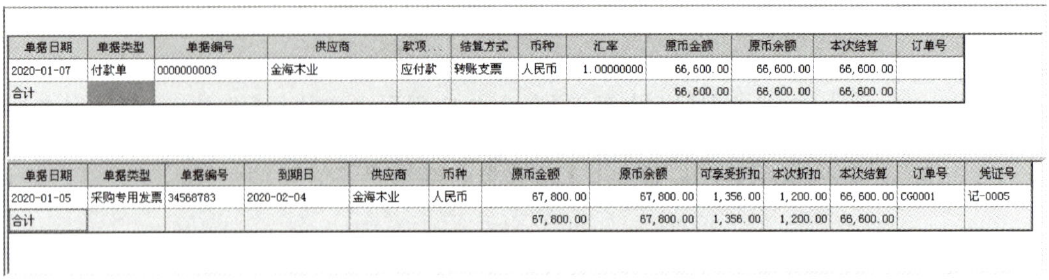

| 单据日期 | 单据类型 | 单据编号 | 供应商 | 款项... | 结算方式 | 币种 | 汇率 | 原币金额 | 原币余额 | 本次结算 | 订单号 |
| --- | --- | --- | --- | --- | --- | --- | --- | --- | --- | --- | --- |
| 2020-01-07 | 付款单 | 0000000003 | 金海木业 | 应付款 | 转账支票 | 人民币 | 1.00000000 | 66,600.00 | 66,600.00 | 66,600.00 | |
| 合计 | | | | | | | | 66,600.00 | 66,600.00 | 66,600.00 | |

| 单据日期 | 单据类型 | 单据编号 | 到期日 | 供应商 | 币种 | 原币金额 | 原币余额 | 可享受折扣 | 本次折扣 | 本次结算 | 订单号 | 凭证号 |
| --- | --- | --- | --- | --- | --- | --- | --- | --- | --- | --- | --- | --- |
| 2020-01-05 | 采购专用发票 | 34568783 | 2020-02-04 | 金海木业 | 人民币 | 67,800.00 | 67,800.00 | 1,356.00 | 1,200.00 | 66,600.00 | CG0001 | 记-0005 |
| 合计 | | | | | | 67,800.00 | 67,800.00 | 1,356.00 | 1,200.00 | 66,600.00 | | |

图 5－70 【手工核销】窗口

(6) 执行【制单处理】命令，打开【制单查询】对话框，勾选【收付款单制单】和【核销制单】复选框，如图 5－71 所示。

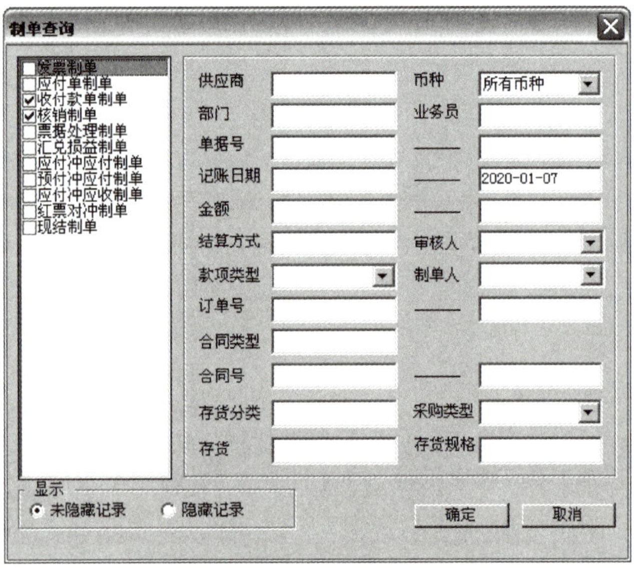


图 5－71 【制单查询】对话框

(7) 单击【确定】按钮，打开【制单】窗口。

(8) 选择凭证类别为【记账凭证】，再单击【全选】按钮，选中要制单的【付款单】和【核销】，单击【合并】按钮，如图 5－72 所示。

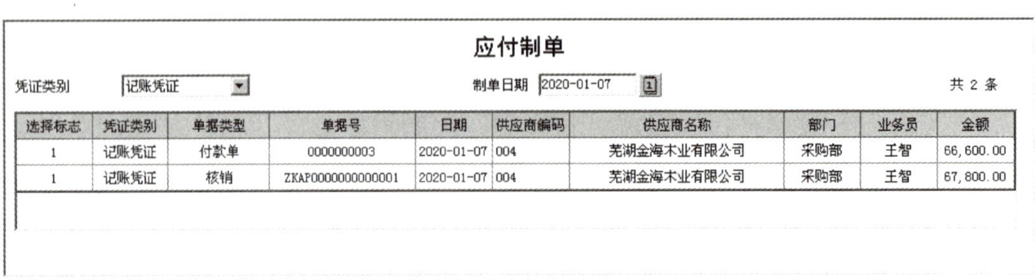

应付制单

凭证类别 记账凭证　　制单日期 2020-01-07　　共 2 条

| 选择标志 | 凭证类别 | 单据类型 | 单据号 | 日期 | 供应商编码 | 供应商名称 | 部门 | 业务员 | 金额 |
| --- | --- | --- | --- | --- | --- | --- | --- | --- | --- |
| 1 | 记账凭证 | 付款单 | 0000000003 | 2020-01-07 | 004 | 芜湖金海木业有限公司 | 采购部 | 王智 | 66,600.00 |
| 1 | 记账凭证 | 核销 | ZKAP0000000000001 | 2020-01-07 | 004 | 芜湖金海木业有限公司 | 采购部 | 王智 | 67,800.00 |

图 5－72 【应付制单】窗口

（9）单击【制单】按钮，生成一张记账凭证，修改【财务费用】的方向为【借方】，单击【保存】按钮，如图 5-73 所示。

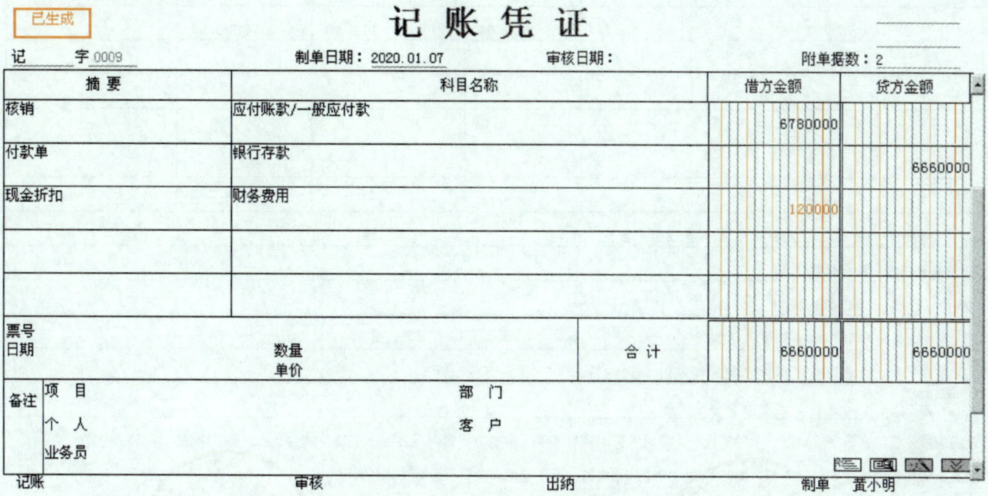

已生成

记账凭证

记　字 0009　　制单日期：2020.01.07　　审核日期：　　附单据数：2

| 摘要 | 科目名称 | 借方金额 | 贷方金额 |
| --- | --- | --- | --- |
| 核销 | 应付账款/一般应付款 | 6780000 | |
| 付款单 | 银行存款 | | 6660000 |
| 现金折扣 | 财务费用 | 120000 | |
| | | | |
| | | | |
| 票号 日期　数量 单价 | 合计 | 6660000 | 6660000 |

备注　项　目　　部　门
个　人　　客　户
业务员

记账　审核　出纳　制单　黄小明

图 5-73　【记账凭证】页面



**温馨提示**

在保存凭证前请调整损益类科目【6603 财务费用】的方向为借方红字。

## 业务五　采购角钢

### 【业务描述】

2020 年 1 月 8 日，从新兴铸管采购角钢，取得与业务相关的原始单据如图 5-74～图 5-77所示。

### 【岗位说明】

采购部【G01 叶敏】录入采购订单、采购到货单、采购专用发票；仓储部【C01 李红】录入采购入库单；财务部【W03 李卉】录入商业承兑汇票；财务部【W02 黄小明】审核应付单、付款单并制单、单据记账并制单。

### 【业务解析】

本笔是签订采购合同、收到采购发票并付款的业务。

5

## 购销合同

供货方：芜湖新兴铸管有限公司　　合同号：cg0004

购买方：安徽环宇仓储设备有限公司　　签订日期：2020年01月08日

经双方协议，订立本合同如下：

| 商品型号 | 名称 | 数量 | 单价 | 总额 | 其他要求 |
|---|---|---|---|---|---|
| | 角钢 | 500.00 | 113.00 | 56500.00 | |
| | | | | | |
| | | | | | |
| | | | | | |
| | | | | | |
| 合计 | | 500.00 | | ¥56,500.00 | |
| 货款合计（大写）：人民币伍万陆仟伍佰元整 | | | | | |

质量验收标准：货物验收合格

交货日期：2020年1月8日

交货地点：安徽环宇仓储设备有限公司

结算方式：商业承兑汇票，付款时间2020年1月8日。

发运方式：公路运输，运费由销售方承担。

违约条款：违约方需赔偿对方一切经济损失。但遇天灾人祸或其他不可抗力因素而导致延误交货，购买方不能要求供货方赔偿任何损失。

解决合同纠纷的方式：经双方友好协商解决，如协商不成的，可向当地仲裁委员会提出申诉解决。

本合同一式两份，供需双方各执一份，自签订之日起生效。

供货方（盖章）：　　购买方（盖章）：

地址：芜湖市三山区聚工路27号　　地址：芜湖市经济技术开发区港湾路188号

法定代表：刘明泽　　法定代表：李金泽

联系电话：0553-6685898　　联系电话：0553-4471388

（印章：芜湖新兴铸管有限公司 合同专用章；安徽环宇仓储设备有限公司 合同专用章）

图 5-74 【业务五——购销合同】

## 安徽增值税专用发票

NO.56262567　3402194130 56262567

发票联

开票日期：2020年01月08日

| 购买方 | 名称：安徽环宇仓储设备有限公司<br>纳税人识别号：913402076897786088<br>地址、电话：芜湖市经济技术开发区港湾路188号，0553-4471388<br>开户行及账号：中国工商银行芜湖市经开区支行，1307100026160024388 | 密码区 | 略 |
|---|---|---|---|

| 货物或应税劳务、服务名称 | 规格型号 | 单位 | 数量 | 单价 | 金额 | 税率 | 税额 |
|---|---|---|---|---|---|---|---|
| *金属制品*角钢 | | 个 | 500.00 | 100.00 | 50000.00 | 13% | 6500.00 |
| 合计 | | | 500.00 | | ¥50000.00 | | ¥6500.00 |
| 价税合计（大写） | ⊗伍万陆仟伍佰元整 | | | | （小写）¥56500.00 | | |

| 销售方 | 名称：芜湖新兴铸管有限公司<br>纳税人识别号：913402047773216638<br>地址、电话：芜湖市三山区聚工路27号，0553-6685898<br>开户行及账号：中国银行芜湖聚工路支行，6217600597934526278 | 备注 | |
|---|---|---|---|

收款人：略　复核：略　开票人：略　销售方（章）：

第三联：发票联 购买方记账凭证

税总函〔2019〕124号西安印钞有限公司

（印章：芜湖新兴铸管有限公司 913402047773216638 发票专用章）

图 5-75 【业务五——增值税专用发票】

**商业承兑汇票**（存根） 3

No.45252668

出票日期（大写） 贰零贰零年 零壹月 零捌日

<table>
<tr><td rowspan="3">付款人</td><td>全 称</td><td>安徽环宇仓储设备有限公司</td><td rowspan="3">收款人</td><td>全 称</td><td colspan="2">芜湖新兴铸管有限公司</td></tr>
<tr><td>账 号</td><td>1307100026160024388</td><td>账 号</td><td colspan="2">2700600597934526278</td></tr>
<tr><td>开户银行</td><td>中国工商银行芜湖经开区支行</td><td>开户银行</td><td colspan="2">中国银行芜湖聚工路支行</td></tr>
<tr><td colspan="2">出票金额</td><td colspan="4">人民币（大写） 伍万陆仟伍佰元整</td><td>亿 千 百 十 万 千 百 十 元 角 分<br>¥ 5 6 5 0 0 0 0</td></tr>
<tr><td colspan="2">汇票到期日（大写）</td><td>贰零贰零年零贰月零捌日</td><td colspan="2" rowspan="2">付款人开户行</td><td>行号</td><td>87765668</td></tr>
<tr><td colspan="2">交易合同号码</td><td>CG0004，票面利率8%</td><td>地址</td><td>安徽省芜湖市经开区港湾路48号</td></tr>
<tr><td colspan="3">备注</td><td colspan="4">中国工商银行芜湖经开区支行 2020.01.08 转讫</td></tr>
</table>

此联由出票人存查

图 5-76 【业务五——商业承兑汇票】

**入 库 单**

2020年 01月 08日 单号：0004

| 交货部门 | 采购部 | 发票号码 | | 验收仓库 | 原料库 | 入库日期 | 2020/1/8 |
|---|---|---|---|---|---|---|---|
| 编号 | 名称及规格 | 单位 | 数量 | | 实际价格 | | 备注 |
| | | | 应收 | 实收 | 单价 | 金额 | |
| 004 | 角钢 | 米 | 500.00 | 500.00 | | | |
| | | | | | | | |
| | | | | | | | |
| | | | | | | | |
| 合计 | | | 500.00 | 500.00 | | | |

部门经理：略 会计：略 仓库：略 经办人：略

会计联

图 5-77 【业务五——入库单】

## 【业务流程】

采购角钢业务流程如图 5－78 所示。

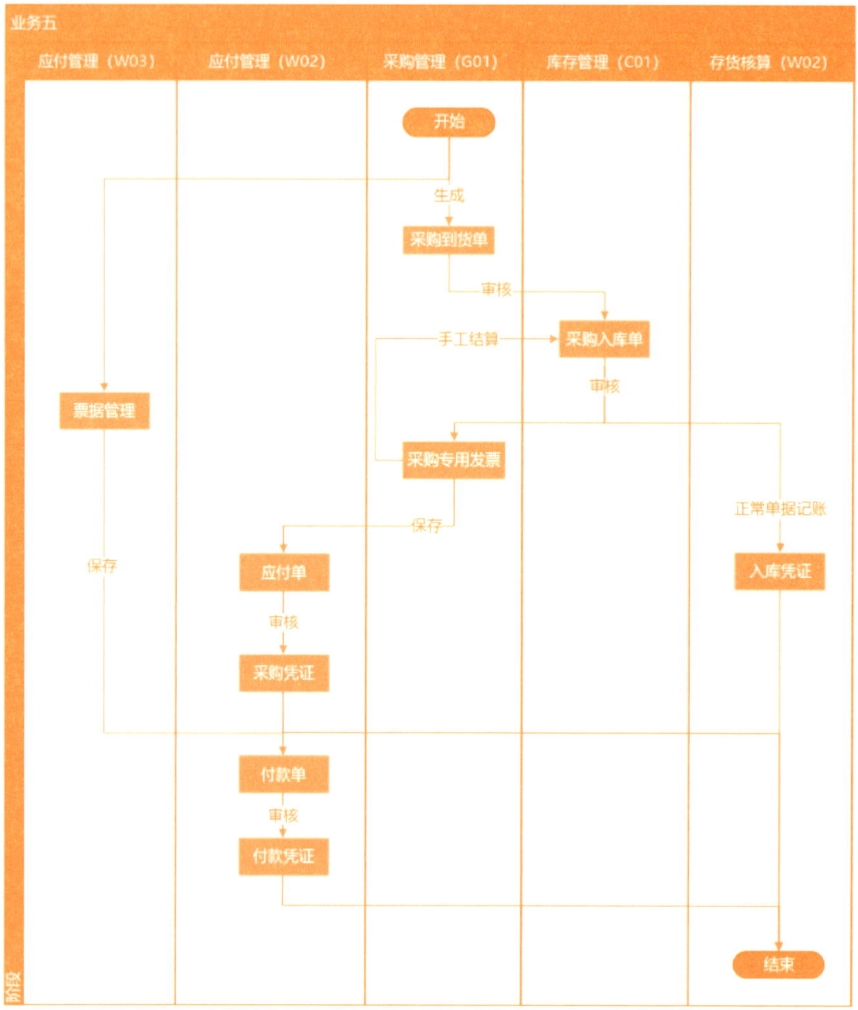


图 5－78 【采购角钢业务】流程图

## 【操作指导】

1. 填制采购订单

（1）2020 年 1 月 8 日，采购部【G01 叶敏】在企业应用平台中执行【业务工作】|【供应链】|【采购管理】|【采购订货】|【采购订单】命令，打开【采购订单】窗口。

（2）单击【增加】按钮，修改订单编号为【CG0004】，选择采购类型为【正常采购】，选择供应商为【新兴铸管】，选择部门为【采购部】，选择业务员为【叶敏】，录入税率为【13.00】；在表体中，选择存货编码为【004(角钢)】，录入数量为【500】，原币含税单价为【113.00】，修改计划到货日期为【2020－01－08】，其他信息由系统自动带出，单击【保存】按钮。

（3）单击【审核】按钮，审核填制的采购订单，如图 5－79 所示。

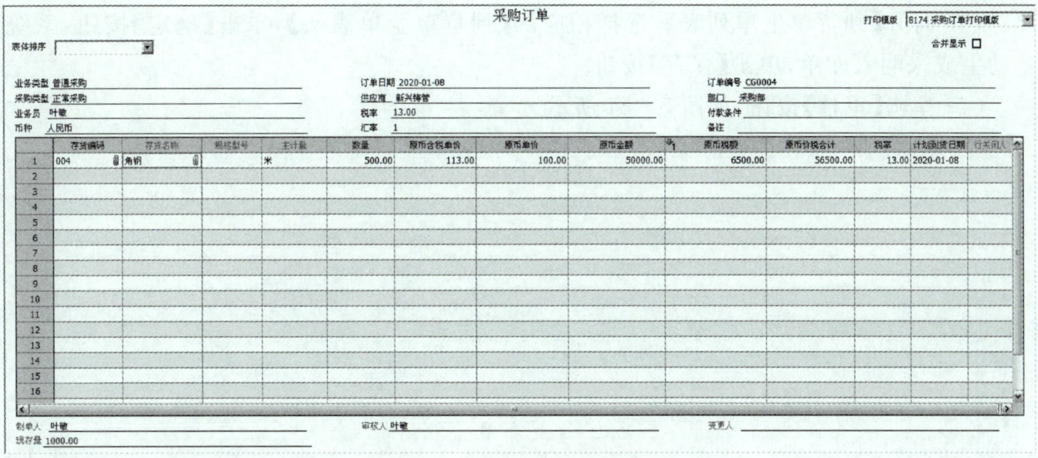


图 5-79 【采购订单】窗口

2. 生成采购到货单

(1) 2020 年 1 月 8 日，采购部【G01 叶敏】在企业应用平台中执行【业务工作】|【供应链】|【采购管理】|【采购到货】|【到货单】命令，打开【到货单】窗口。

(2) 单击【增加】按钮，执行【生单】|【采购订单】命令，打开【查询条件选择——采购订单列表过滤】窗口，单击【确定】按钮。

(3) 系统弹出【拷贝并执行】窗口，选中所要拷贝的采购订单，单击【确定】按钮，系统自动生成到货单，单击【保存】按钮。

(4) 单击【审核】按钮，根据采购订单生成的到货单如图 5-80 所示。

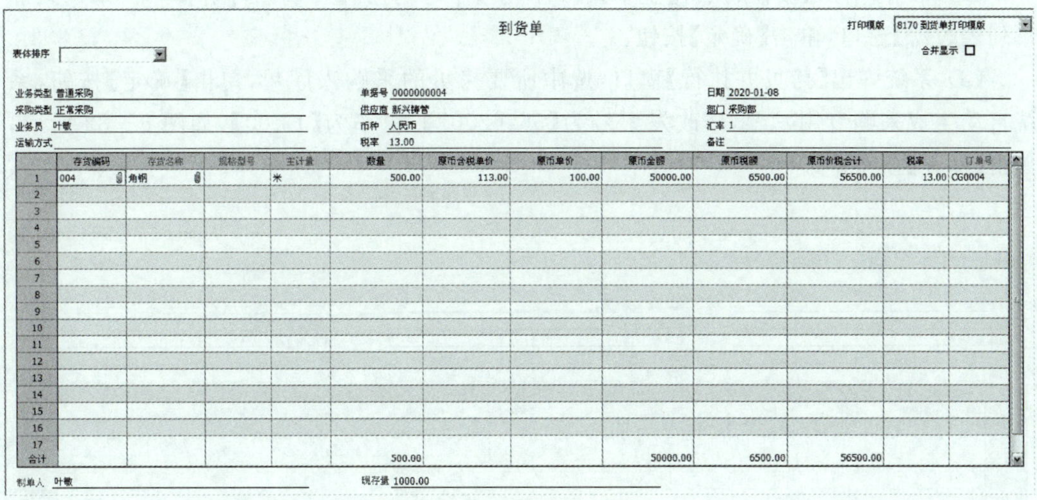


图 5-80 【到货单】窗口

3. 生成采购入库单

(1) 2020 年 1 月 8 日，仓储部【C01 李红】在企业应用平台中执行【业务工作】|【供应链】|【库存管理】|【入库业务】|【采购入库单】命令，打开【采购入库单】窗口。

(2) 执行【生单】|【采购到货单(蓝字)】命令，打开【查询条件选择——采购到货单列表】窗口，单击【确定】按钮。

（3）打开【到货单生单列表】，选择相应的【到货单生单表头】，单击【确定】按钮，系统自动生成采购入库单，单击【保存】按钮。

（4）单击【审核】按钮，如图 5－81 所示。

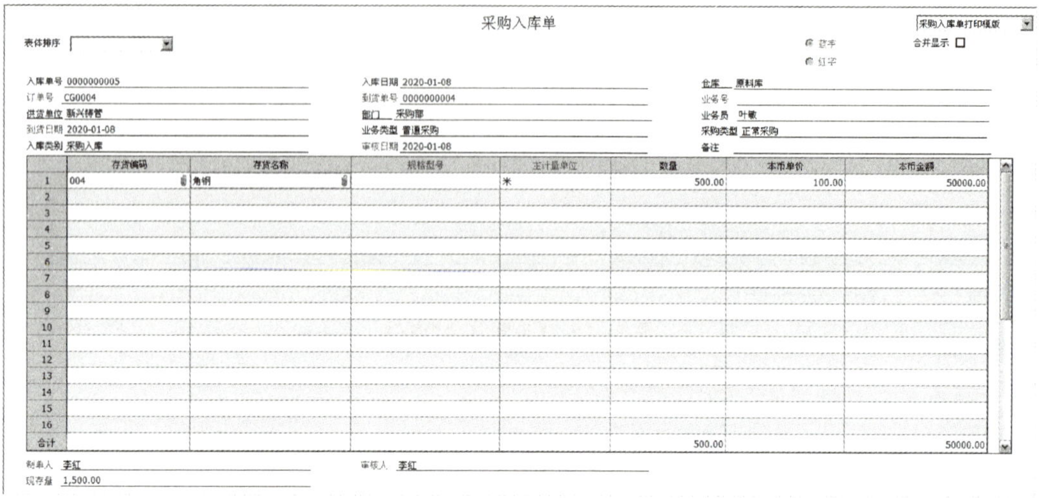


图 5－81 【采购入库单】窗口



4. 填制采购专用发票

（1）2020 年 1 月 8 日，采购部【G01 叶敏】在企业应用平台中执行【业务工作】|【供应链】|【采购管理】|【采购发票】|【采购专用发票】命令，打开【采购专用发票】窗口。

（2）单击【增加】按钮，执行【生单】|【入库单】命令，打开【查询条件选择——采购入库单列表过滤】窗口，单击【确定】按钮。

（3）系统弹出【拷贝并执行】窗口，选中所要拷贝的采购入库单，单击【确定】按钮，系统自动生成采购专用发票，修改发票号为【56262567】，税率为【13.00】，如图 5－82 所示，单击【保存】按钮。

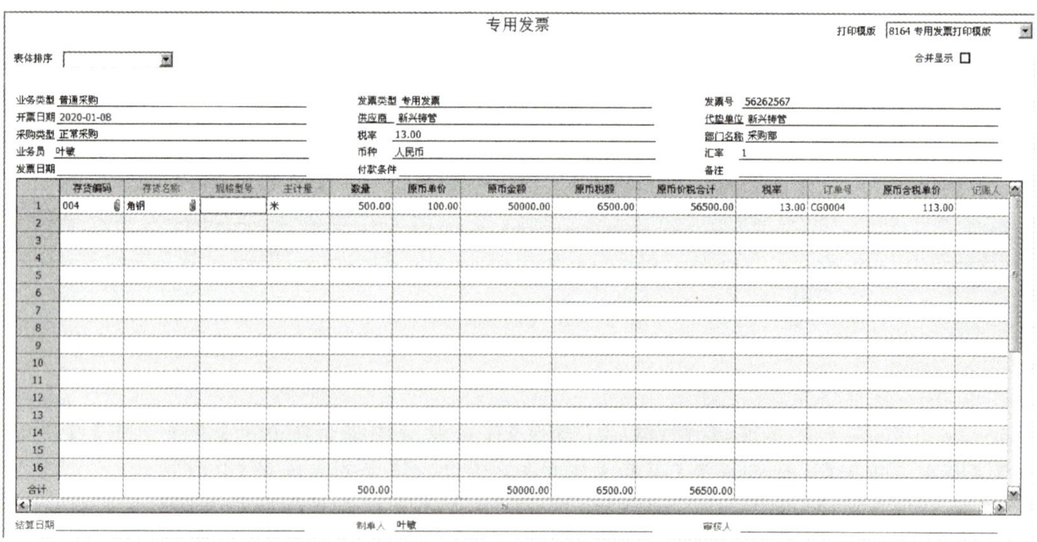


图 5－82 【采购专用发票】窗口

(4) 单击【结算】按钮。

5. 录入商业承兑汇票

(1) 2020 年 1 月 8 日,财务部【W03 李卉】在企业应用平台中执行【业务工作】|【财务会计】|【应付款管理】|【票据管理】命令,打开【查询条件选择】窗口,如图 5-83 所示。

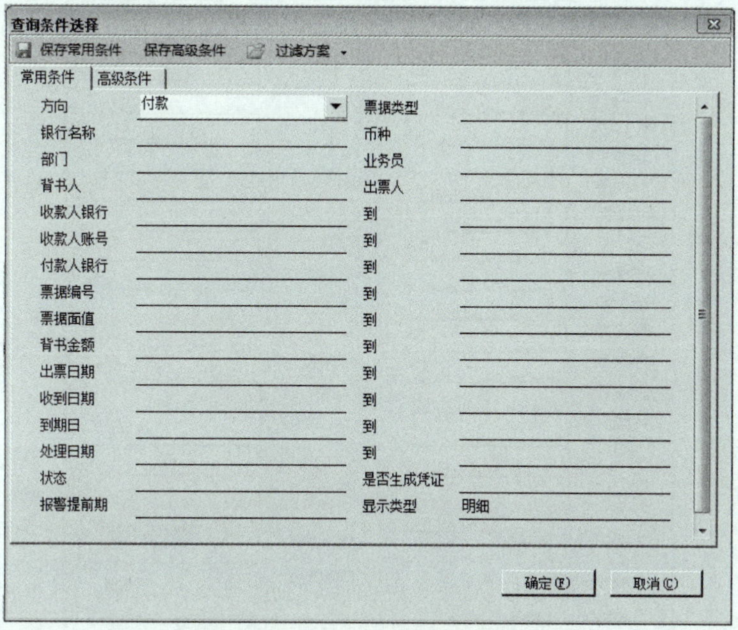


图 5-83　【查询条件选择】窗口

(2) 单击【确定】按钮,单击【增加】按钮,打开【商业汇票】窗口,选择票据类型为【商业承兑汇票】,录入票据编号为【45252668】,选择结算方式为【商业承兑汇票】,选择出票日期为【2020-01-08】,到期日为【2020-02-08】,录入金额为【56500.00】,票面利率为【8】,单击【保存】按钮,如图 5-84 所示。

图 5-84　【商业汇票】窗口

6. 审核应付单

(1) 2020 年 1 月 8 日，财务部【W02 黄小明】在企业应用平台中执行【业务工作】|【财务会计】|【应付款管理】|【应付单据处理】|【应付单据审核】命令，打开【应付单查询条件】对话框，如图 5－85 所示。

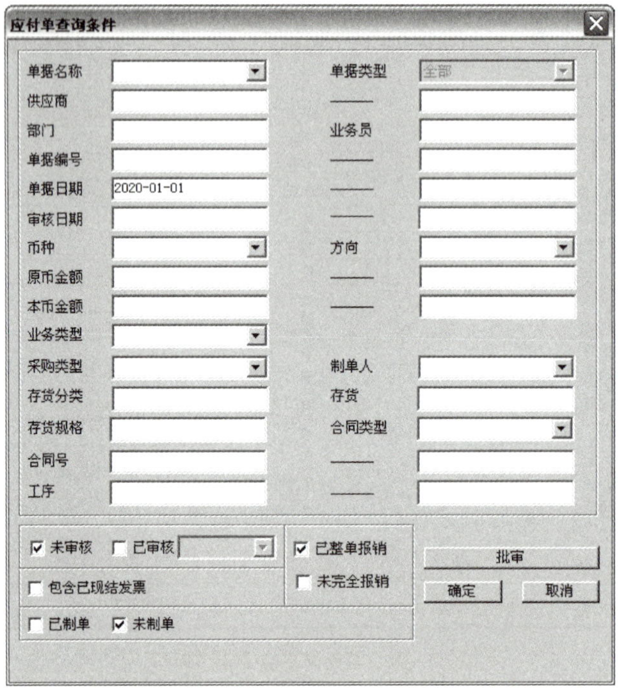


图 5－85 【应付单查询条件】对话框

(2) 单击【确定】按钮，打开【应付单据列表】窗口。

(3) 单击【全选】按钮，如图 5－86 所示。

应付单据列表

记录总数：1

| 选择 | 审核人 | 单据日期 | 单据类型 | 单据号 | 供应商名称 | 部门 | 业务员 | 制单人 | 币种 | 汇率 | 原币金额 | 本币金额 | 备注 |
|---|---|---|---|---|---|---|---|---|---|---|---|---|---|
| Y | | 2020-01-08 | 采购专用发票 | 56262567 | 芜湖新兴铸管有限公司 | 采购部 | 叶敏 | 叶敏 | 人民币 | 1.00000000 | 56,500.00 | 56,500.00 | |
| 合计 | | | | | | | | | | | 56,500.00 | 56,500.00 | |

图 5－86 【应付单据列表】窗口

(4) 单击【审核】按钮，系统提示【本次审核成功单据 1 张】，如图 5－87 所示。

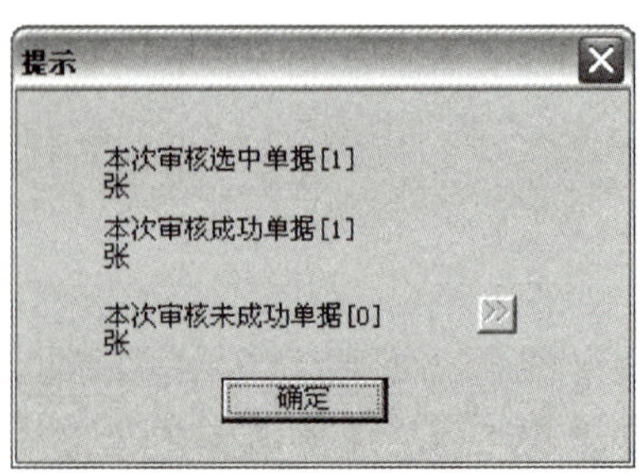


图 5－87 【审核成功】提示框

(5) 单击【确定】按钮。

7. 审核付款单据

(1) 2020 年 1 月 8 日，财务部【W02 黄小明】在企业应用平台中执行【业务工作】|【财务会计】|【应付款管理】|【付款单据处理】|【付款单据审核】命令，打开【付款单查询条件】对话框，如图 5-88 所示。

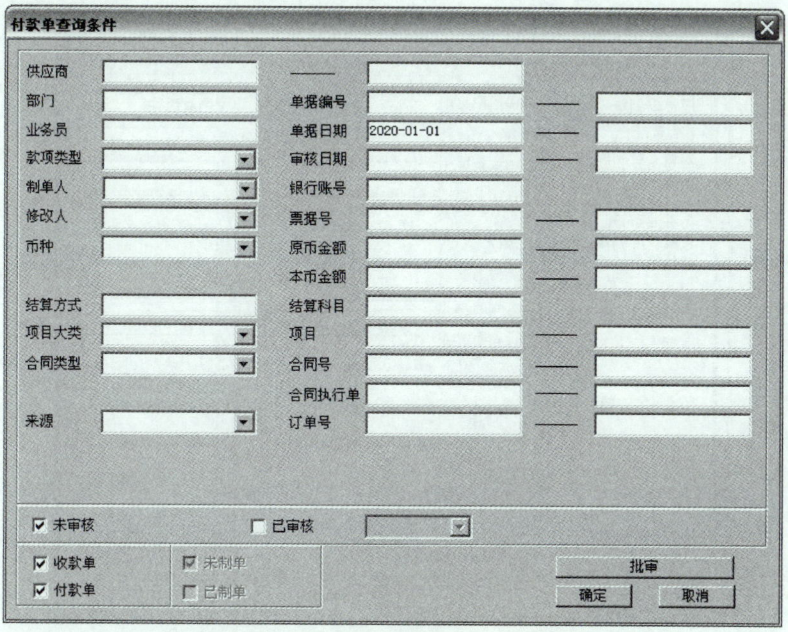


图 5-88 【付款单查询条件】对话框

(2) 单击【确定】按钮，打开【收付款单列表】窗口。

(3) 单击【全选】按钮，如图 5-89 所示。

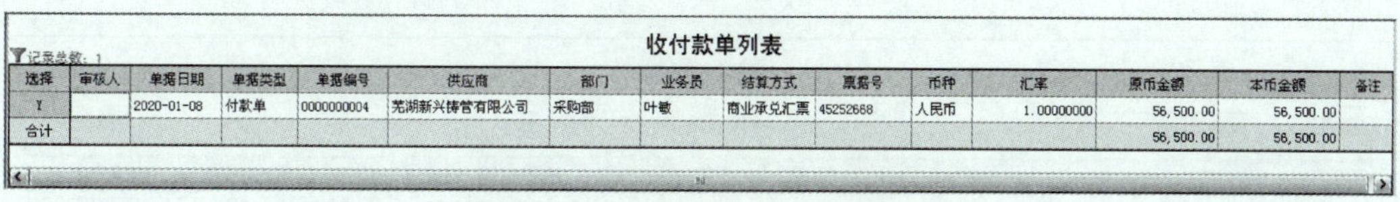

收付款单列表

记录总数：1

| 选择 | 审核人 | 单据日期 | 单据类型 | 单据编号 | 供应商 | 部门 | 业务员 | 结算方式 | 票据号 | 币种 | 汇率 | 原币金额 | 本币金额 | 备注 |
|---|---|---|---|---|---|---|---|---|---|---|---|---|---|---|
| Y | | 2020-01-08 | 付款单 | 0000000004 | 芜湖新兴铸管有限公司 | 采购部 | 叶敏 | 商业承兑汇票 | 45252668 | 人民币 | 1.00000000 | 56,500.00 | 56,500.00 | |
| 合计 | | | | | | | | | | | | 56,500.00 | 56,500.00 | |

图 5-89 【收付款单列表】窗口

(4) 单击【审核】按钮，系统提示【本次审核成功单据 1 张】，如图 5-90 所示。

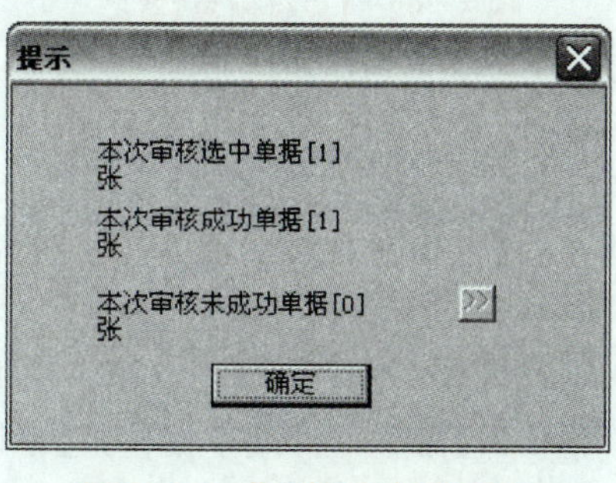


图 5-90 【审核成功】提示框

（5）单击【确定】按钮。

8. 应付单据制单

（1）2020年1月8日，财务部【W02 黄小明】在企业应用平台中执行【业务工作】|【财务会计】|【应付款管理】|【制单处理】命令，打开【制单查询】对话框。

（2）勾选【发票制单】【收付款单制单】复选框，如图5-91所示。

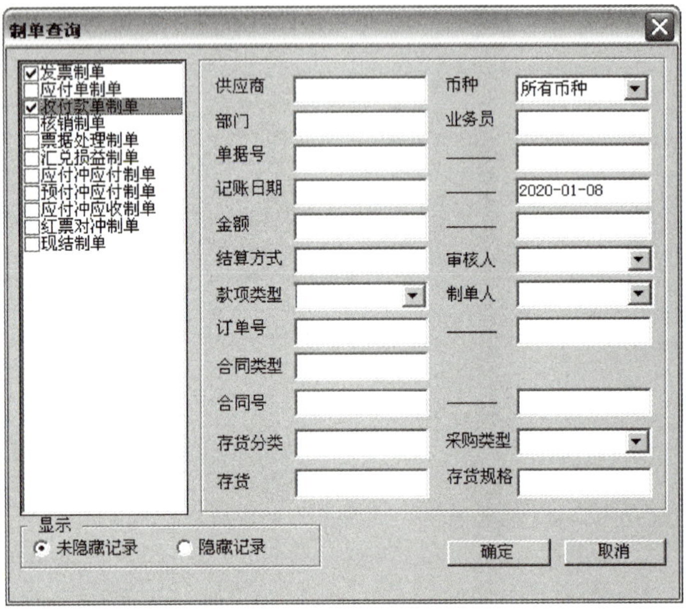


图5-91 【制单查询】对话框

（3）单击【确定】按钮，打开【应付制单】窗口。

（4）单击【全选】按钮，选择凭证类别为【记账凭证】，如图5-92所示。

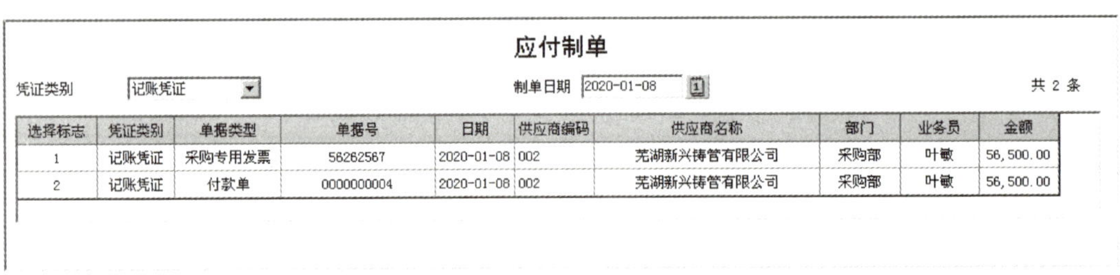


图5-92 【应付制单】窗口

（5）单击【制单】按钮，在应付款系统中生成1张记账凭证，单击【保存】按钮，如图5-93所示。

（6）单击【下张】按钮，再单击【保存】按钮，如图5-94所示。

9. 单据核销

（1）2020年1月8日，财务部【W02 黄小明】在企业应用平台中执行【业务工作】|【财务会计】|【应付款管理】|【单据核销】命令，打开【单据核销】窗口。

（2）录入本次结算金额为【56500.00】，如图5-95所示。

已生成

## 记账凭证

记 字 0010 制单日期：2020.01.08 审核日期： 附单据数：1

| 摘要 | 科目名称 | 借方金额 | 贷方金额 |
|---|---|---|---|
| 采购专用发票 | 在途物资 | 5000000 | |
| 采购专用发票 | 应交税费/应交增值税/进项税额 | 650000 | |
| 采购专用发票 | 应付账款/一般应付款 | | 5650000 |
| | | | |
| | | | |
| 票号<br>日期 | 数量<br>单价 合计 | 5650000 | 5650000 |

备注 项目 部门
个人 客户
业务员

记账 审核 出纳 制单 黄小明

图 5-93 【采购记账凭证】页面

已生成

## 记账凭证

记 字 0011 制单日期：2020.01.08 审核日期： 附单据数：1

| 摘要 | 科目名称 | 借方金额 | 贷方金额 |
|---|---|---|---|
| 付款单 | 应付账款/一般应付款 | 5650000 | |
| 付款单 | 应付票据/商业承兑汇票 | | 5650000 |
| | | | |
| | | | |
| | | | |
| 票号<br>日期 | 数量<br>单价 合计 | 5650000 | 5650000 |

备注 项目 部门
个人 供应商 新兴铸管
业务员 叶敏

记账 审核 出纳 制单 黄小明

图 5-94 【付款记账凭证】页面

| 单据日期 | 单据类型 | 单据编号 | 供应商 | 款项类型 | 结算方式 | 币种 | 汇率 | 原币金额 | 原币余额 | 本次结算 | 订单号 |
|---|---|---|---|---|---|---|---|---|---|---|---|
| 2019-12-16 | 付款单 | 0000000001 | 新兴铸管 | 预付款 | 转账支票 | 人民币 | 1.00000000 | 10,000.00 | 10,000.00 | | |
| 2020-01-08 | 付款单 | 0000000004 | 新兴铸管 | 应付款 | 商业承兑汇票 | 人民币 | 1.00000000 | 56,500.00 | 56,500.00 | 56,500.00 | |
| 合计 | | | | | | | | 66,500.00 | 66,500.00 | 56,500.00 | |

| 单据日期 | 单据类型 | 单据编号 | 到期日 | 供应商 | 币种 | 原币金额 | 原币余额 | 可享受折扣 | 本次折扣 | 本次结算 | 订单号 | 凭证号 |
|---|---|---|---|---|---|---|---|---|---|---|---|---|
| 2020-01-08 | 采购专用发票 | 56262567 | 2020-01-08 | 新兴铸管 | 人民币 | 56,500.00 | 56,500.00 | 0.00 | 0.00 | 56,500.00 | CG0004 | 记-0010 |
| 合计 | | | | | | 56,500.00 | 56,500.00 | 0.00 | | 56,500.00 | | |

图 5-95 【单据核销】窗口

5

(3) 单击【保存】按钮。

10. 采购成本核算

(1) 2020年1月8日,财务部【W02黄小明】在企业应用平台中执行【业务工作】|【供应链】|【存货核算】|【业务核算】|【正常单据记账】命令,打开【查询条件选择】窗口。

(2) 单击【确定】按钮,打开【正常单据记账列表】窗口。

(3) 选择日期为【2020-01-08】,存货为【角钢】的记录,如图5-96所示。

正常单据记账列表

记录总数: 2

| 选择 | 日期 | 单据号 | 存货编码 | 存货名称 | 规格型号 | 存货代码 | 单据类型 | 仓库名称 | 收发类别 | 数量 | 单价 | 金额 |
|---|---|---|---|---|---|---|---|---|---|---|---|---|
| | 2020-01-05 | 0000000003 | 003 | 方管 | | | 采购入库单 | 原料库 | 采购入库 | 400.00 | 50.00 | 20,000.00 |
| Y | 2020-01-08 | 0000000005 | 004 | 角钢 | | | 采购入库单 | 原料库 | 采购入库 | 500.00 | 100.00 | 50,000.00 |
| 小计 | | | | | | | | | | 900.00 | | 70,000.00 |

图5-96 【正常单据记账列表】窗口

(4) 单击【记账】按钮,将采购入库单记账,系统提示【记账成功!】。

(5) 单击【确定】按钮。

(6) 执行【财务核算】|【生成凭证】命令,打开【查询条件】窗口。

(7) 单击【确定】按钮,打开【未生成凭证单据一览表】窗口。

5 (8) 单击【选择】栏,或单击【全选】按钮,选中待生成凭证的单据,单击【确定】按钮。

(9) 选择凭证类别为【记账凭证】,如图5-97所示。

凭证类别 记 记账凭证

| 选择 | 单据类型 | 单据号 | 摘要 | 科目类型 | 科目编码 | 科目名称 | 借方金额 | 贷方金额 | 借方数量 | 贷方数量 | 科目方向 | 存货编码 | 存货名称 | 存货代码 | 部门编码 | 部门名称 | 业务员编码 | 业务员名称 | 供应商编码 | 供应商名称 |
|---|---|---|---|---|---|---|---|---|---|---|---|---|---|---|---|---|---|---|---|---|
| 1 | 采购入库单 | 0000000005 | 采购入库单 | 存货 | 1403 | 原材料 | 50,000.00 | | 500.00 | | 1 | 004 | 角钢 | | 3 | 采购部 | 301 | 叶敏 | 002 | 芜湖新兴铸管有限公司 |
| | | | | 对方 | 1402 | 在途物资 | | 50,000.00 | | 500.00 | 2 | 004 | 角钢 | | 3 | 采购部 | 301 | 叶敏 | 002 | 芜湖新兴铸管有限公司 |
| 合计 | | | | | | | 50,000.00 | 50,000.00 | | | | | | | | | | | | |

图5-97 【生成凭证】窗口

(10) 单击【生成】按钮,生成一张记账凭证,单击【保存】按钮,如图5-98所示。

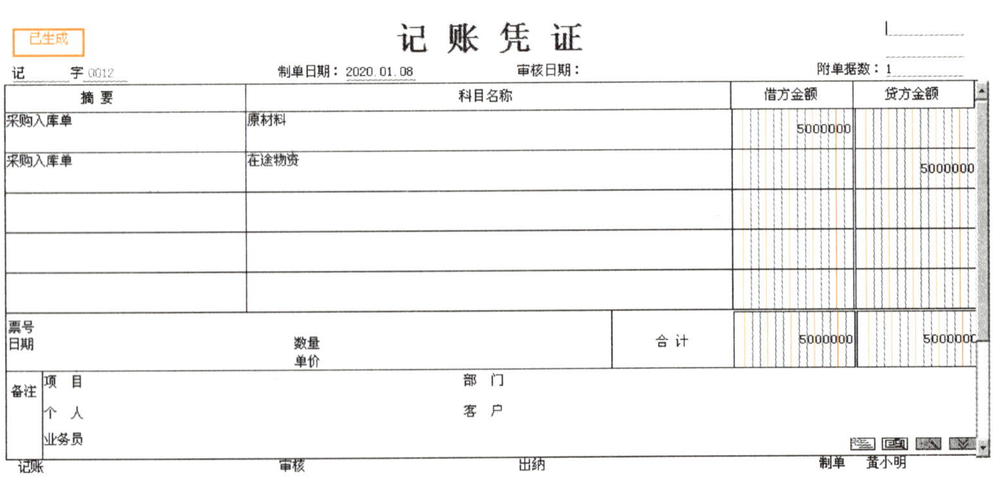
已生成

记账凭证

记 字 0012 制单日期: 2020.01.08 审核日期: 附单据数: 1

| 摘要 | 科目名称 | 借方金额 | 贷方金额 |
|---|---|---|---|
| 采购入库单 | 原材料 | 5000000 | |
| 采购入库单 | 在途物资 | | 5000000 |
| | | | |
| | | | |
| | | | |
| 票号 日期 | 数量 单价 合计 | 5000000 | 5000000 |

备注 项目 部门

个人 客户

业务员

记账 审核 出纳 制单 黄小明

图5-98 【采购入库记账凭证】页面

# 业务六 票据计息及结算

## 【业务描述】

2020 年 1 月 9 日，将应付恒大焊条的银行承兑汇票计息、结算并制单。

## 【业务解析】

本笔是票据的计息结算业务。

## 【岗位说明】

财务部【W03 李卉】对应付银行承兑汇票进行计息及结算；财务部【W02 黄小明】进行制单。

## 【业务流程】

票据计息及结算业务流程如图 5－99 所示。

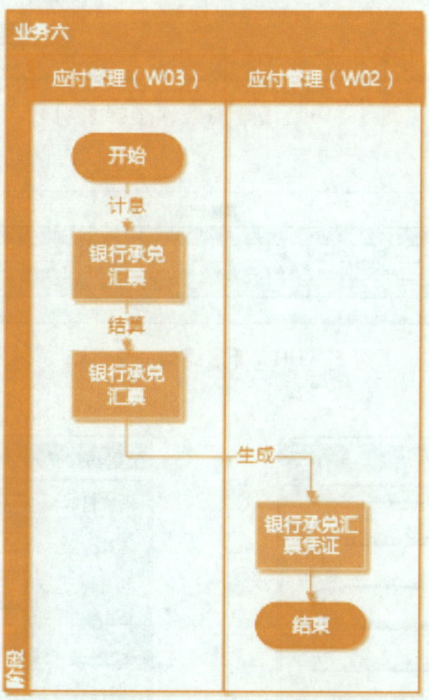


图 5－99 【票据计息及结算业务】流程图

5

## 【操作指导】

1. 银行承兑汇票计息

(1) 2020 年 1 月 9 日，财务部【W03 李卉】在企业应用平台中执行【业务工作】|【财务会计】|【应付款管理】|【票据管理】命令，打开【查询条件选择】窗口，如图 5－100 所示。

(2) 单击【确定】按钮，打开【票据管理】窗口，单击选中 2019 年 12 月 9 日的银行承兑汇票(64374789)，如图 5－101 所示。

(3) 单击【计息】按钮，打开【票据计息】对话框，如图 5－102 所示。

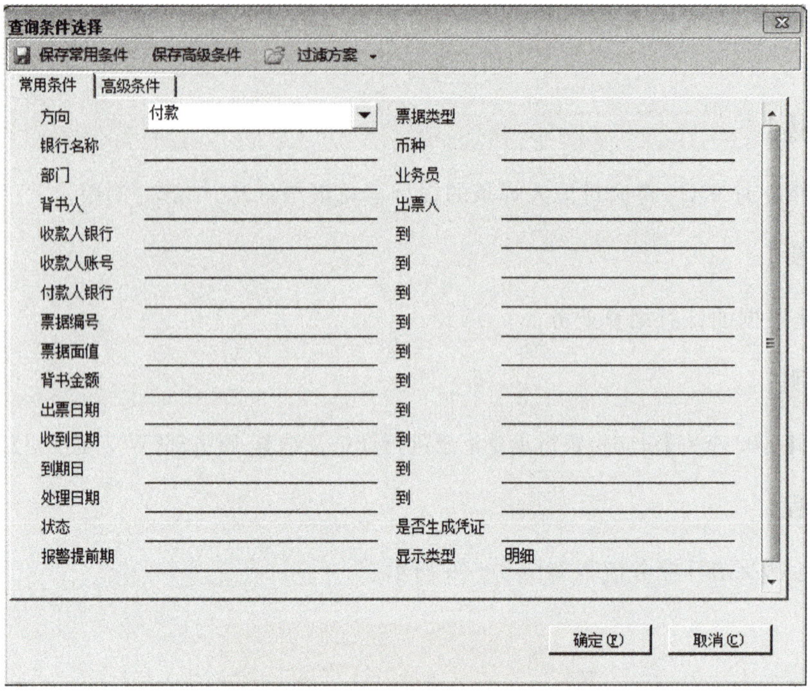


图 5-100 【查询条件选择】窗口



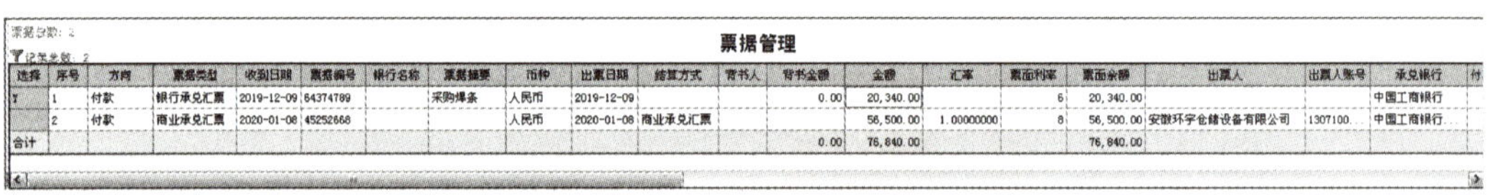
票据管理

| 选择 | 序号 | 方向 | 票据类型 | 收到日期 | 票据编号 | 银行名称 | 票据摘要 | 币种 | 出票日期 | 结算方式 | 背书人 | 背书金额 | 金额 | 汇率 | 票面利率 | 票面余额 | 出票人 | 出票人账号 | 承兑银行 |
|---|---|---|---|---|---|---|---|---|---|---|---|---|---|---|---|---|---|---|---|
| Y | 1 | 付款 | 银行承兑汇票 | 2019-12-09 | 64374789 | | 采购爆条 | 人民币 | 2019-12-09 | | | 0.00 | 20,340.00 | | 6 | 20,340.00 | | | 中国工商银行 |
| | 2 | 付款 | 商业承兑汇票 | 2020-01-08 | 45252668 | | | 人民币 | 2020-01-08 | 商业承兑汇票 | | | 56,500.00 | 1.00000000 | 8 | 56,500.00 | 安徽环宇仓储设备有限公司 | 1307100... | 中国工商银行... |
| 合计 | | | | | | | | | | | | 0.00 | 76,840.00 | | | 76,840.00 | | | |

图 5-101 【票据管理】窗口

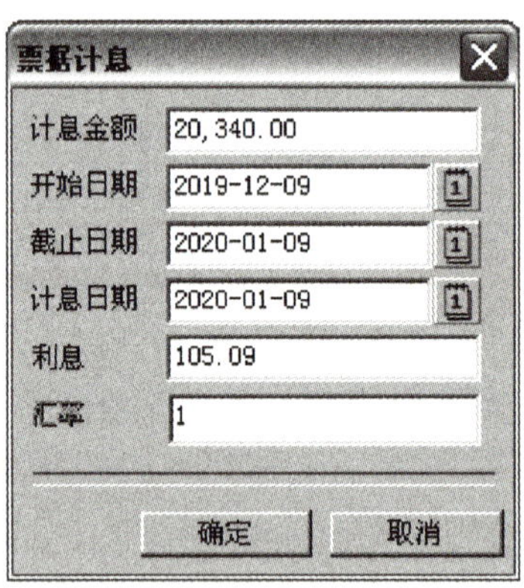


图 5-102 【票据计息】对话框

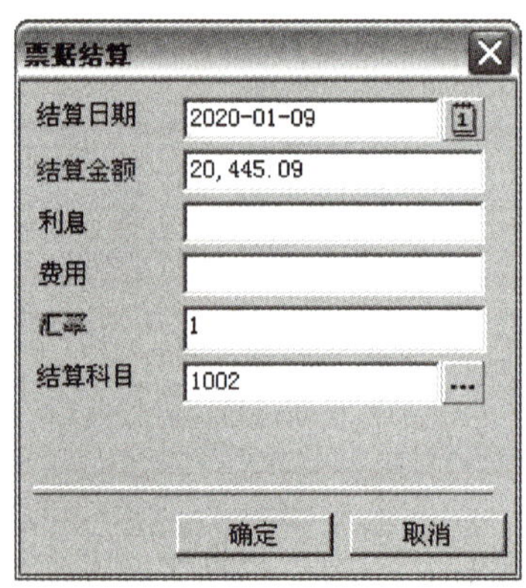


图 5-103 【票据结算】对话框

(4) 单击【确定】按钮，系统提示【是否立即制单?】。

(5) 单击【否】按钮。

2. 银行承兑汇票结算

(1) 2020 年 1 月 9 日，财务部【W03 李卉】在企业应用平台中执行【业务工作】|【财务会计】|【应付款管理】|【票据管理】命令，打开【查询条件选择】窗口。

（2）单击【确定】按钮，打开【票据管理】窗口，单击选中 2019 年 12 月 9 日的银行承兑汇票(64374789)。

（3）单击【结算】按钮，打开【票据结算】对话框，修改结算日期为【2020－01－09】，录入结算金额【20445.09】；选择结算科目为【1002】，或单击结算科目栏的参照按钮，选择【100201 人民币】，如图 5－103 所示。

（4）单击【确定】按钮，系统提示【是否立即制单？】。

（5）单击【否】按钮。

3. 票据处理制单

（1）2020 年 1 月 9 日，财务部【W02 黄小明】执行【业务工作】|【财务会计】|【应付款管理】|【制单处理】命令，打开【制单查询】窗口。

（2）在【制单查询】窗口中，勾选【票据处理制单】复选框。

（3）单击【确定】按钮，打开【票据处理制单】窗口。

（4）单击【全选】按钮，选择凭证类别为【记账凭证】，如图 5－104 所示。

**票据处理制单**

凭证类别 记账凭证　　制单日期 2020-01-09　　共 2 条

| 选择标志 | 凭证类别 | 单据类型 | 单据号 | 日期 | 供应商编码 | 供应商名称 | 部门 | 业务员 | 金额 |
|---|---|---|---|---|---|---|---|---|---|
| 1 | 记账凭证 | 票据计息 | 64374789 | 2020-01-09 | 003 | 天津恒大焊条有限公司 | 采购部 | 叶敏 | 105.09 |
| 2 | 记账凭证 | 票据结算 | 64374789 | 2020-01-09 | 003 | 天津恒大焊条有限公司 | 采购部 | 叶敏 | 20,445.09 |

图 5－104 【票据处理制单】窗口

（5）单击【制单】按钮，在应付款管理系统中生成 1 张记账凭证，单击【保存】按钮，如图 5－105 所示。

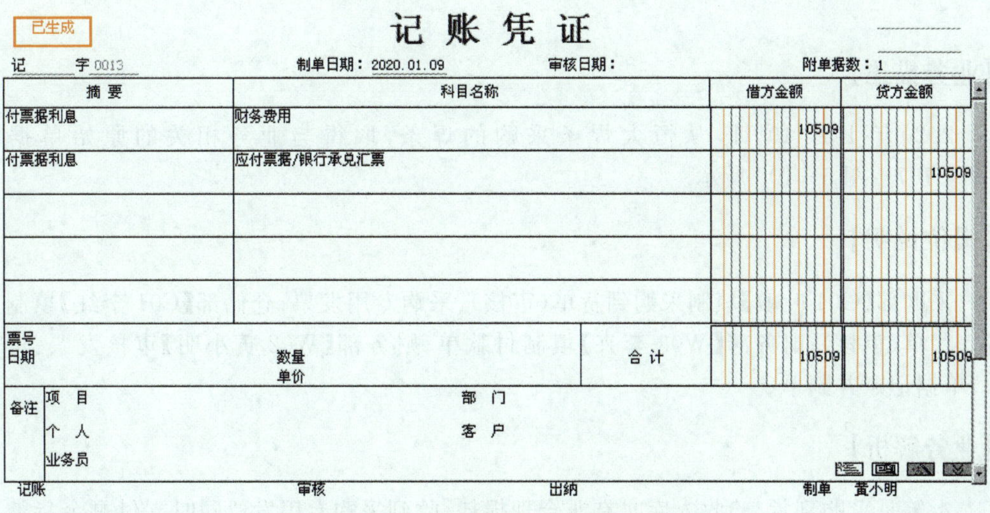


图 5－105 【票据利息记账凭证】页面

(6) 单击【下张】按钮,再单击【保存】按钮,如图 5-106 所示。

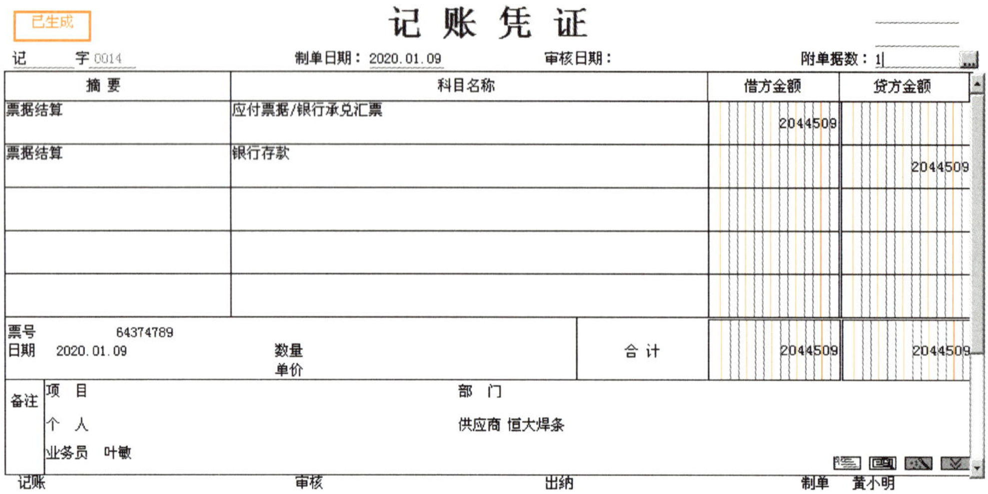
已生成

记账凭证

记 字 0014 制单日期:2020.01.09 审核日期: 附单据数:1

| 摘要 | 科目名称 | 借方金额 | 贷方金额 |
|---|---|---|---|
| 票据结算 | 应付票据/银行承兑汇票 | 2044509 | |
| 票据结算 | 银行存款 | | 2044509 |
| | | | |
| | | | |
| | | | |
| 票号 64374789<br>日期 2020.01.09 数量<br>单价 | 合计 | 2044509 | 2044509 |

备注 项目 部门

个人 供应商 恒大焊条

业务员 叶敏

记账 审核 出纳 制单 黄小明

图 5-106 【票据结算记账凭证】页面



温馨提示

- 当票据到期付款时,执行【票据结算】处理。
- 进行票据结算时,结算金额应是通过结算实际支付的金额。
- 票据结算后,不能再进行其他与票据相关的处理。

## 业务七 采购焊条

### 【业务描述】

2020 年 1 月 10 日,从恒大焊条采购的焊条,取得与业务相关的原始单据如图 5-107~图 5-109 所示。

### 【岗位说明】

采购部【G01 叶敏】填制采购到货单(审核)、采购专用发票;仓储部【C01 李红】填制采购入库单(审核);财务部【W03 李卉】填制付款单;财务部【W02 黄小明】审核发票、付款单、单据记账并制单。

### 【业务解析】

本笔是采购到货、验收入库时有非合理损耗,收到采购专用发票同时支付剩余货款的业务。

# 购销合同

供货方：天津恒大焊条有限公司　　　　合 同 号：cg0005

购买方：安徽环宇仓储设备有限公司　　　　签订日期：2020年01月10日

经双方协议，订立本合同如下：

| 商品型号 | 名　称 | 数　量 | 单　价 | 总　额 | 其他要求 |
|---|---|---|---|---|---|
| | 焊条 | 500.00 | 203.40 | 101700.00 | |
| | | | | | |
| | | | | | |
| | | | | | |
| | | | | | |
| 合　计 | | 500.00 | | ¥101,700.00 | |
| 货款合计（大写）：人民币壹拾万壹仟柒佰元整 | | | | | |

质量验收标准：货物验收合格

交 货 日 期：2020年1月8日

交 货 地 点：安徽环宇仓储设备有限公司

结 算 方 式：商业承兑汇票，付款时间2020年1月10日。

发 运 方 式：公路运输。运费由销售方承担。

违约条款：违约方需赔偿对方一切经济损失。但遇天灾人祸或其他不可抗力因素而导致延误交货，购买方不能要求供货方赔偿任何损失。

解决合同纠纷的方式：经双方有好协商解决，如协商不成的，可向当地仲裁委员会提出申诉解决。

本合同一式两份，供需双方各执一份，自签订之日起生效。

供货方（盖章）：　　　　购买方（盖章）：

地　址：天津市西青区明清路148号　　　　地　址：芜湖市经济技术开发区港湾路188号

法定代表：杨涛　　　　法定代表：李金泽

联系电话：022-81204793　　　　联系电话：0553-4471388

图 5-107　【业务七——购销合同】

# 天津增值税专用发票

发票联

NO.25768328　1200194130 25768328

开票日期：2020年01月10日

| 购买方 | 名称：安徽环宇仓储设备有限公司<br>纳税人识别号：913402076897786088<br>地址、电话：芜湖市经济技术开发区港湾路188号，0553-4471388<br>开户行及账号：中国工商银行芜湖市经开区支行，1307100026160024388 | 密码区 | 略 | | | | |
|---|---|---|---|---|---|---|---|
| 货物或应税劳务、服务名称 | 规格型号 | 单位 | 数量 | 单价 | 金额 | 税率 | 税额 |
| *金属制品*焊条 | | 盒 | 500.00 | 180.00 | 90000.00 | 13% | 11700.00 |
| 合　计 | | | 500.00 | | ¥ 90000.00 | | ¥ 11700.00 |
| 价税合计（大写） | ⊗壹拾万壹仟柒佰元整 | | | （小写）¥ 101700.00 | | | |
| 销售方 | 名称：天津恒大焊条有限公司<br>纳税人识别号：911203005457313477<br>地址、电话：天津市西青区明清路148号，022-81204793<br>开户行及账号：交通银行天津明清路支行，6222600236934526237 | 备注 | | | | | |

收款人：略　　复核：略　　开票人：略　　销售方（章）：

税总函〔2019〕124号西安印钞有限公司

第三联：发票联　购买方记账凭证

图 5-108　【业务七——采购专用发票】

**入 库 单**

2020年 01月 10日 单号：0005

| 交货部门 | 采购部 | 发票号码 | | 验收仓库 | 原料库 | 入库日期 | 2020/1/10 |
|---|---|---|---|---|---|---|---|
| 编号 | 名 称 及 规 格 | 单 位 | 数 量 | | 实际价格 | | 备 注 |
| | | | 应 收 | 实 收 | 单 价 | 金 额 | |
| 005 | 焊条 | 盒 | 500 | 490.00 | | | |
| | | | | | | | |
| | | | | | | | |
| | | | | | | | |
| | 合 计 | | 500 | 490.00 | | | |

部门经理：略 会计：略 仓库：略 经办人：略

会计联

图 5－109 【业务七——入库单】

## 【业务流程】

采购焊条业务流程如图 5－110 所示。



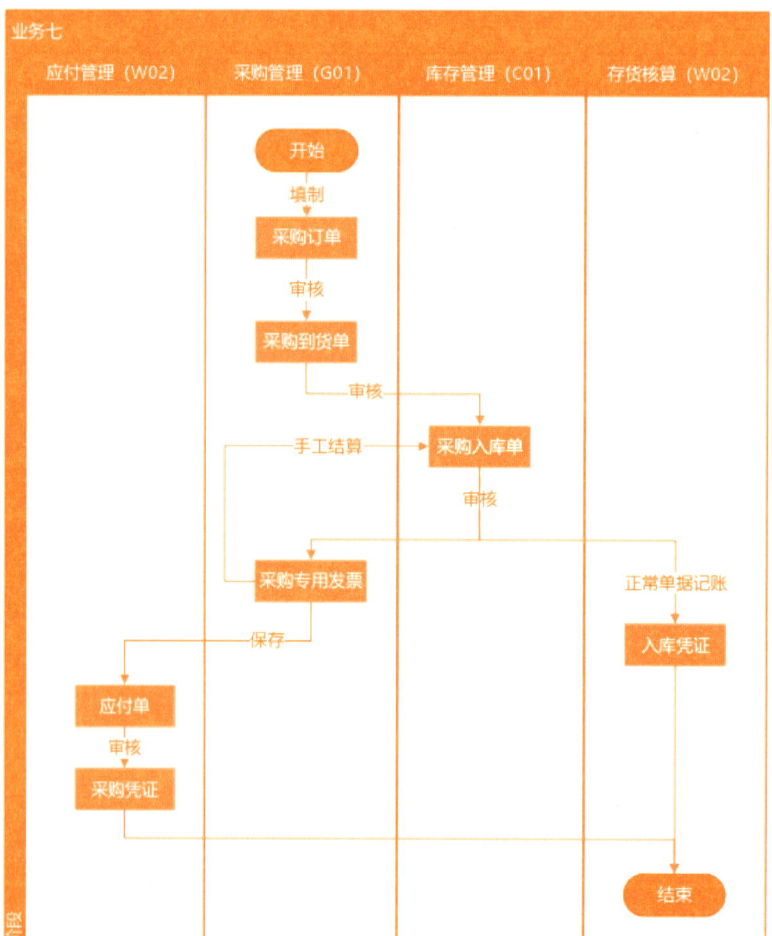


图 5－110 【采购焊条业务】流程图

## 【操作指导】

1. 填制采购订单

(1) 2020 年 1 月 10 日，采购部【G01 叶敏】在企业应用平台中执行【业务工作】|【供应链】|【采购管理】|【采购订货】|【采购订单】命令，打开【采购订单】窗口。

(2) 单击【增加】按钮，修改订单编号为【CG0005】，选择采购类型为【正常采购】，选择供应商为【恒大焊条】，选择部门为【采购部】，选择业务员为【叶敏】，录入税率为【13.00】；在表体中，选择存货编码为【005(焊条)】，录入数量为【500】，原币含税单价为【203.40】，修改计划到货日期为【2020 - 01 - 10】，其他信息由系统自动带出，单击【保存】按钮。

(3) 单击【审核】按钮，审核填制的采购订单，如图 5 - 111 所示。

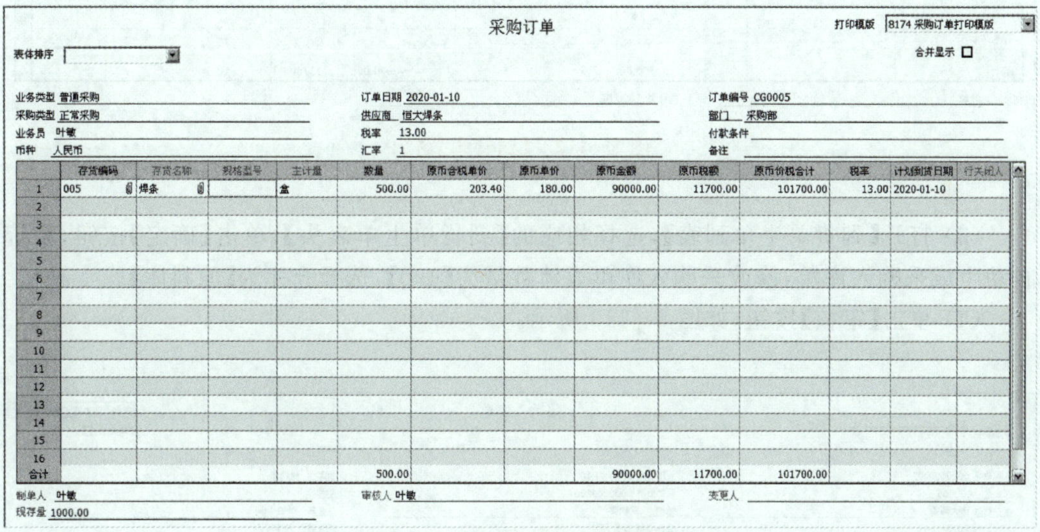


图 5 - 111 【采购订单】窗口

2. 生成采购到货单

(1) 2020 年 1 月 10 日，采购部【G01 叶敏】在企业应用平台中执行【业务工作】|【供应链】|【采购管理】|【采购到货】|【到货单】命令，打开【到货单】窗口。

(2) 单击【增加】按钮，执行【生单】|【采购订单】命令，打开【查询条件选择——采购订单列表过滤】窗口，单击【确定】按钮。

(3) 系统弹出【拷贝并执行】窗口，选中所要拷贝的采购订单，单击【确定】按钮，系统自动生成到货单，单击【保存】按钮。

(4) 单击【审核】按钮，根据采购订单生成的到货单如图 5 - 112 所示。

3. 生成采购入库单

(1) 2020 年 1 月 10 日，仓储部【C01 李红】在企业应用平台中执行【业务工作】|【供应链】|【库存管理】|【入库业务】|【采购入库单】命令，打开【采购入库单】窗口。

(2) 执行【生单】|【采购到货单(蓝字)】命令，打开【查询条件选择——采购到货单列表】窗口，单击【确定】按钮。

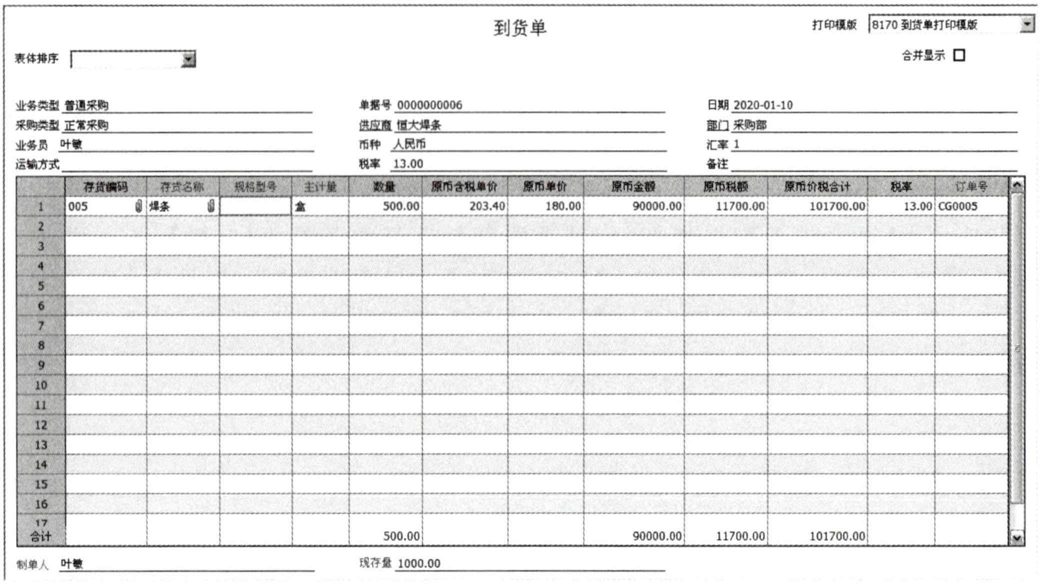


图 5-112 【到货单】窗口

(3) 打开【到货单生单列表】,选择相应的【到货单生单表头】,单击【确定】按钮,系统自动生成采购入库单,修改采购入库单表体数量为【490】,选择仓库为【原料库】。

(4) 单击【审核】按钮,如图 5-113 所示。

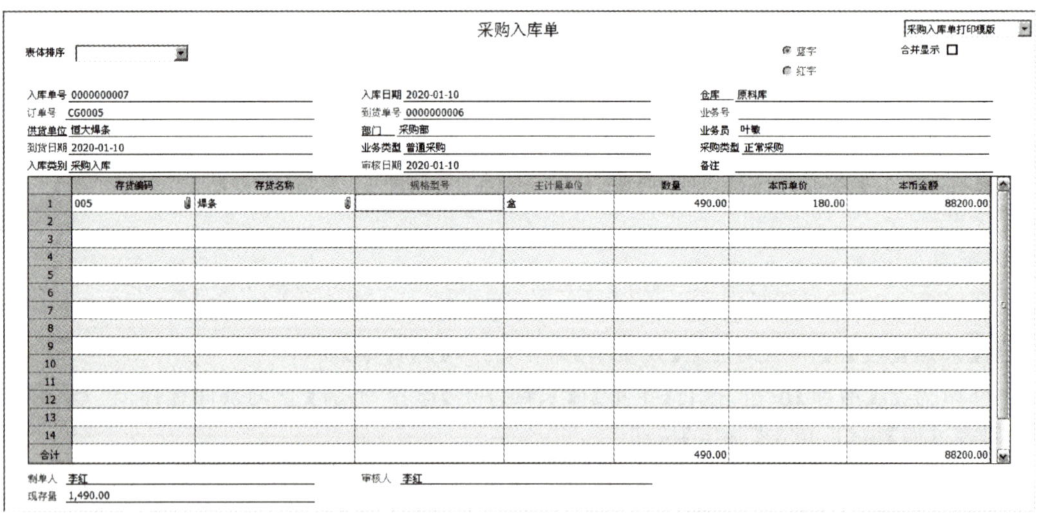


图 5-113 【采购入库单】窗口

4. 填制采购专用发票

(1) 2020 年 1 月 10 日,采购部【G01 叶敏】在企业应用平台中执行【业务工作】|【供应链】|【采购管理】|【采购发票】|【采购专用发票】命令,打开【采购专用发票】窗口。

(2) 单击【增加】按钮,执行【生单】|【订单】命令,打开【查询条件选择——采购订单列表过滤】窗口,单击【确定】按钮。

(3) 系统弹出【拷贝并执行】窗口，选中所要拷贝的采购订单，单击【确定】按钮，系统自动生成采购专用发票，录入发票号为【25768328】，税率为【13.00】，如图 5－114 所示，单击【保存】按钮。

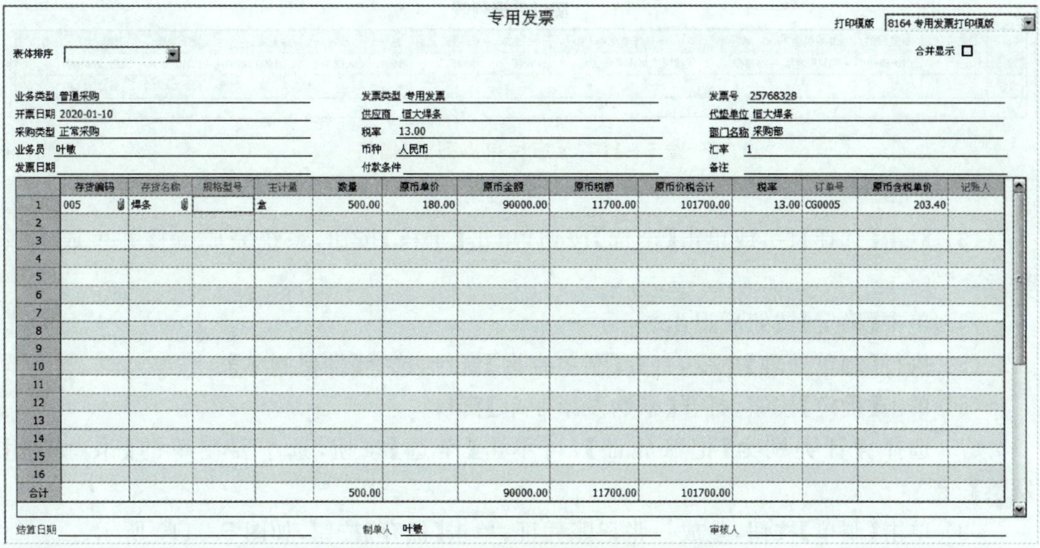


图 5－114 【采购专用发票】窗口



5. 采购结算(手工结算)

(1) 2020 年 1 月 10 日，采购部【G01 叶敏】在企业应用平台中执行【业务工作】|【供应链】|【采购管理】|【采购结算】|【手工结算】命令，打开【手工结算】窗口。

(2) 单击【选单】按钮，打开【结算选单】窗口，单击【查询】按钮，打开【查询条件选择——采购手工结算】窗口，单击【确定】按钮，选择相应的【采购发票】和【入库单】。

(3) 单击【确定】按钮，系统回到【手工结算】窗口，输入非合理损耗数量为【10】，非合理损耗金额为【1800.00】，如图 5－115 所示。

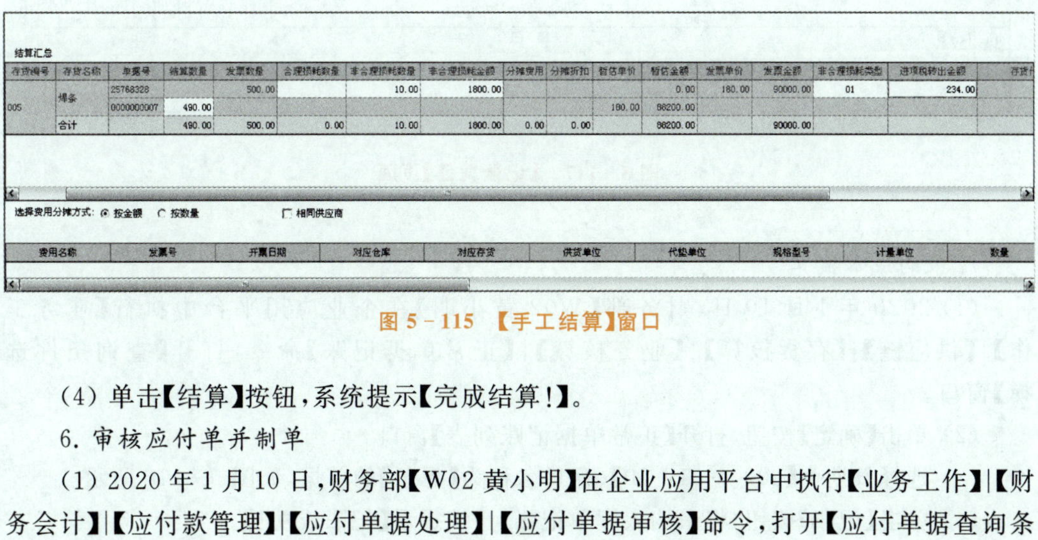


图 5－115 【手工结算】窗口

(4) 单击【结算】按钮，系统提示【完成结算！】。

6. 审核应付单并制单

(1) 2020 年 1 月 10 日，财务部【W02 黄小明】在企业应用平台中执行【业务工作】|【财务会计】|【应付款管理】|【应付单据处理】|【应付单据审核】命令，打开【应付单据查询条

件】窗口。

（2）单击【确定】按钮，打开【应付单据列表】窗口，如图 5-116 所示。

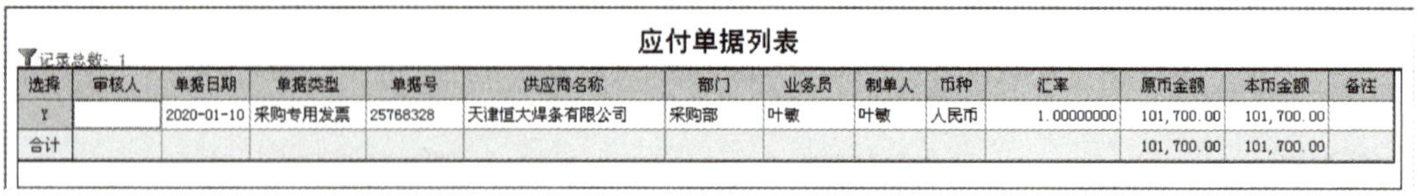

应付单据列表

记录总数：1

| 选择 | 审核人 | 单据日期 | 单据类型 | 单据号 | 供应商名称 | 部门 | 业务员 | 制单人 | 币种 | 汇率 | 原币金额 | 本币金额 | 备注 |
|---|---|---|---|---|---|---|---|---|---|---|---|---|---|
| Y |  | 2020-01-10 | 采购专用发票 | 25768328 | 天津恒大焊条有限公司 | 采购部 | 叶敏 | 叶敏 | 人民币 | 1.00000000 | 101,700.00 | 101,700.00 |  |
| 合计 |  |  |  |  |  |  |  |  |  |  | 101,700.00 | 101,700.00 |  |

图 5-116 【应付单据列表】窗口

（3）双击【选择】栏，或单击【全选】按钮，单击【审核】按钮，系统完成审核并生成审核报告。

（4）单击【确定】按钮后退出。

（5）执行【制单处理】命令，打开【制单查询】窗口，选择【发票制单】。

（6）单击【确定】按钮，打开【采购发票制单】窗口。

（7）选择凭证类别为【记账凭证】，再单击【全选】按钮，选中要制单的【采购专用发票】。

（8）单击【制单】按钮，生成一张记账凭证，单击【保存】按钮，如图 5-117 所示。

5

已生成

记账凭证

记 字 0015 制单日期：2020.01.10 审核日期： 附单据数：1

| 摘要 | 科目名称 | 借方金额 | 贷方金额 |
|---|---|---|---|
| 采购专用发票 | 在途物资 | 9000000 |  |
| 采购专用发票 | 应交税费/应交增值税/进项税额 | 1170000 |  |
| 采购专用发票 | 应付账款/一般应付款 |  | 10170000 |
| 票号 日期 | 数量 单价 合计 | 10170000 | 10170000 |

备注 项目 部门 个人 客户 业务员

记账 审核 出纳 制单 黄小明

图 5-117 【记账凭证】页面

7. 采购成本核算

（1）2020 年 1 月 10 日，财务部【W02 黄小明】在企业应用平台中执行【业务工作】|【供应链】|【存货核算】|【业务核算】|【正常单据记账】命令，打开【查询条件选择】窗口。

（2）单击【确定】按钮，打开【正常单据记账列表】窗口。

（3）选择日期为【2020-01-10】、存货名称为【焊条】的单据，如图 5-118 所示。

（4）单击【记账】按钮，将采购入库单记账，系统提示【记账成功!】。

正常单据记账列表

记录总数：2

| 选择 | 日期 | 单据号 | 存货编码 | 存货名称 | 规格型号 | 存货代码 | 单据类型 | 仓库名称 | 收发类别 | 数量 | 单价 | 金额 |
|---|---|---|---|---|---|---|---|---|---|---|---|---|
| | 2020-01-05 | 0000000003 | 003 | 方管 | | | 采购入库单 | 原料库 | 采购入库 | 400.00 | 50.00 | 20,000.00 |
| Y | 2020-01-10 | 0000000007 | 005 | 焊条 | | | 采购入库单 | 原料库 | 采购入库 | 490.00 | 180.00 | 88,200.00 |
| 小计 | | | | | | | | | | 890.00 | | 108,200.00 |

图 5－118 【正常单据记账列表】窗口

(5) 单击【确定】按钮。

(6) 执行【财务核算】|【生成凭证】命令，打开【查询条件】窗口。

(7) 单击【确定】按钮，打开【未生成凭证单据一览表】窗口。

(8) 单击【选择】栏，或单击【全选】按钮，选中待生成凭证的单据，单击【确定】按钮。

(9) 选择凭证类别为【记账凭证】，如图 5－119 所示。

凭证类别 记 记账凭证

| 选择 | 单据类型 | 单据号 | 摘要 | 科目类型 | 科目编码 | 科目名称 | 借方金额 | 贷方金额 | 借方数量 | 贷方数量 | 科目方向 | 存货编码 | 存货名称 | 存货代码 | 部门编码 | 部门名称 | 业务员编码 | 业务员名称 | 供应商编 |
|---|---|---|---|---|---|---|---|---|---|---|---|---|---|---|---|---|---|---|---|
| 1 | 采购入库单 | 0000000007 | 采购入库单 | 存货 | 1403 | 原材料 | 88,200.00 | | 490.00 | | 1 | 005 | 焊条 | | 3 | 采购部 | 301 | 叶敏 | 003 |
| | | | | 对方 | 1402 | 在途物资 | | 88,200.00 | | 490.00 | 2 | 005 | 焊条 | | 3 | 采购部 | 301 | 叶敏 | 003 |
| 合计 | | | | | | | 88,200.00 | 88,200.00 | | | | | | | | | | | |

图 5－119 【生成凭证】窗口

(10) 单击【生成】按钮，生成一张记账凭证，单击【保存】按钮，如图 5－120 所示。

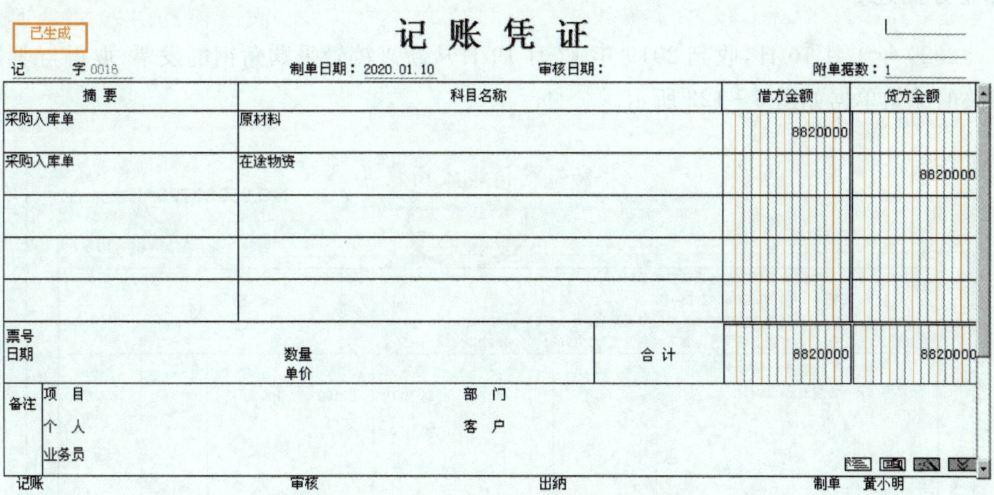


图 5－120 【采购入库记账凭证】页面

(11) 2020 年 1 月 10 日，财务部【W02 黄小明】在企业应用平台中执行【业务工作】|【财务会计】|【总账】|【凭证处理】|【填制凭证】命令，打开【填制凭证】窗口，填制如图 5－121所示的凭证，单击【保存】按钮。

5

记账凭证

记 字 0017　　制单日期：2020.01.10　　审核日期：　　附单据数：

| 摘要 | 科目名称 | 借方金额 | 贷方金额 |
| --- | --- | --- | --- |
| 应收运输部门赔偿款 | 其他应收款 | 203400 | |
| 应收运输部门赔偿款 | 在途物资 | | 180000 |
| 应收运输部门赔偿款 | 应交税费/应交增值税/进项税额转出 | | 23400 |
| | | | |
| | | | |
| 票号<br>日期　　数量<br>单价 | 合计 | 203400 | 203400 |

备注　项目　　部门<br>个人　　客户<br>业务员

记账　　审核　　出纳　　制单 黄小明

图 5-121 【赔偿款记账凭证】页面

8. 账套备份

将账套输出至【F:\616 账套备份\5-1】文件夹。

5

# 实训二　采购暂估业务

## 业务一　收到上期采购业务发票

采购暂估业务

### 【业务描述】

2020 年 1 月 10 日，收到 2019 年 12 月 19 日从新兴铸管采购角钢的发票，取得与业务相关的原始单据如图 5-122 所示。

安徽增值税专用发票

NO.98988736　3402193130　98988736

发票联

开票日期：2020年01月10日

| 购买方 | 名称：安徽环宇仓储设备有限公司<br>纳税人识别号：913402076897786088<br>地址、电话：芜湖市经济技术开发区港湾路188号，0553-4471388<br>开户行及账号：中国工商银行芜湖市经开区支行，1307100026160024388 | | | 密码区 | 略 | | |
| --- | --- | --- | --- | --- | --- | --- | --- |
| 货物或应税劳务、服务名称 | 规格型号 | 单位 | 数量 | 单价 | 金额 | 税率 | 税额 |
| *金属制品*角钢 | | 米 | 100.00 | 100.00 | 10000.00 | 13% | 1300.00 |
| 合计 | | | 100.00 | | ¥10000.00 | | ¥1300.00 |
| 价税合计（大写） | ⊗壹万壹仟叁佰元整 | | | | （小写）¥11300.00 | | |
| 销售方 | 名称：芜湖新兴铸管有限公司<br>纳税人识别号：913402047773216638<br>地址、电话：芜湖市三山区聚工路27号，0553-6685898<br>开户行及账号：中国银行芜湖聚工路支行，6217600597934526278 | | | 备注 | | | |

收款人：略　　复核：略　　开票人：略　　销售方（章）：

税总函［2019］124号西安印钞有限公司　　第三联：发票联 购买方记账凭证

图 5-122 【业务一——增值税专用发票】

## 【岗位说明】

采购部【G01 叶敏】填制采购专用发票；财务部【W02 黄小明】审核发票、结算成本处理并制单。

## 【业务解析】

本笔是期初入库、本期收到采购专用发票的暂估处理业务。

## 【赛题链接】

1 日，采购分部王晨收到恒安公司提交的增值税发票，该笔业务 2012 年 11 月 3 日已做入库处理，并支付了全额的货款，并做暂估回冲处理。（使用现结功能处理，暂估回冲红蓝字合并制单）（原始单据：采购专用发票、银行电汇存根略）

## 【业务流程】

收到上期采购业务发票的业务流程如图 5－123 所示。

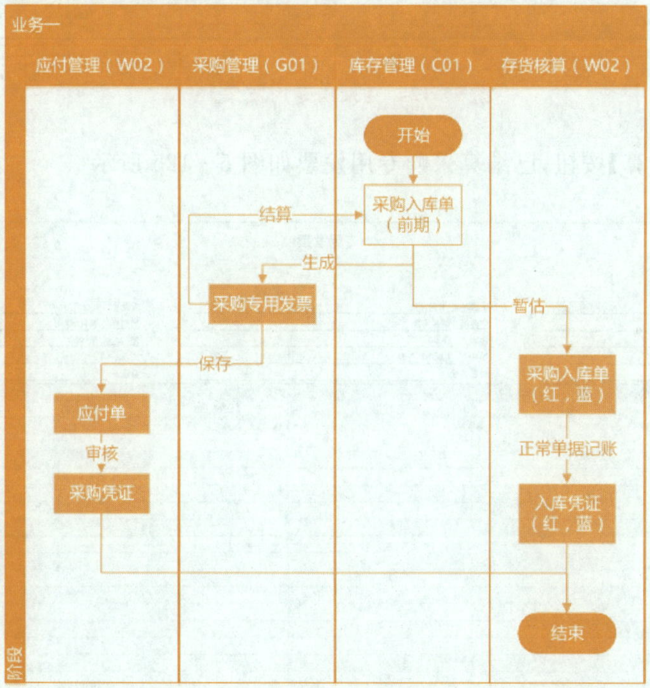


图 5－123 【收到上期采购业务发票的业务】流程图

## 【操作指导】

1. 生成采购专用发票

（1）2020 年 1 月 10 日，采购部【G01 叶敏】在企业应用平台中执行【业务工作】|【供应链】|【采购管理】|【采购发票】|【专用采购发票】命令，打开【采购专用发票】窗口。

（2）单击【增加】按钮，执行【生单】|【入库单】命令，打开【查询条件选择——采购入库

单列表过滤】窗口，单击【确定】按钮。

（3）系统弹出【拷贝并执行】窗口，选中所要拷贝的采购入库单，单击【确定】按钮，系统自动生成采购专用发票，修改发票号为【98988736】，税率为【13.00】，如图 5－124 所示，单击【保存】按钮。

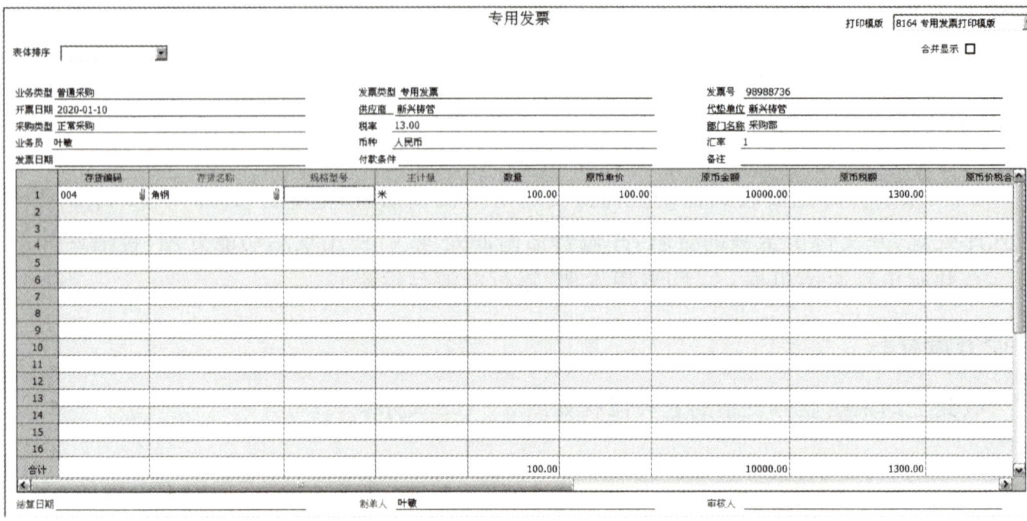


图 5－124 【采购专用发票】窗口

（4）单击【结算】按钮，已结算采购专用发票如图 5－125 所示。

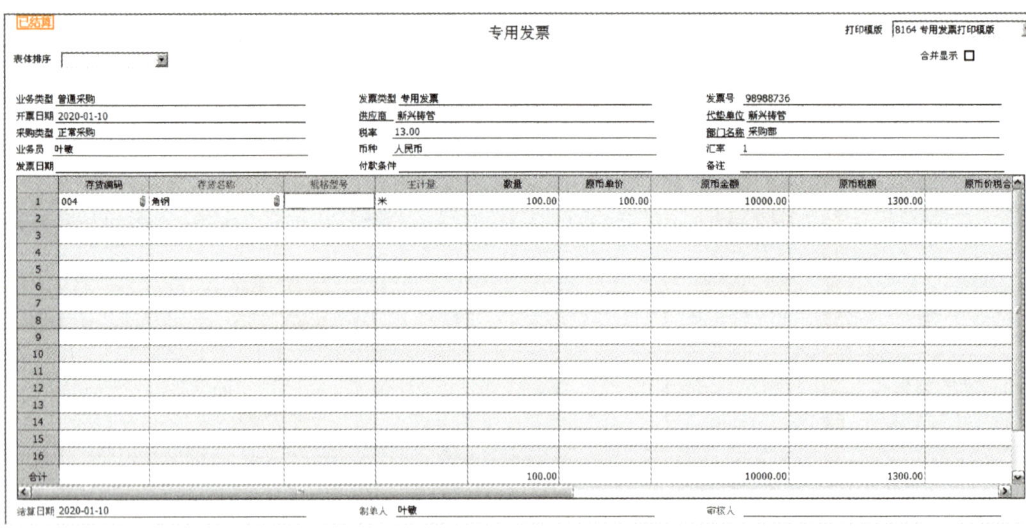


图 5－125 【已结算采购专用发票】窗口

**温馨提示**

对于上月末的暂估业务，执行采购结算后，还需要在存货核算系统进行暂估处理，以便根据采购发票价格改写账簿资料，确认采购成本。

- 采购溢缺处理需要分清溢缺原因和类型，并分别进行处理。
- 采购溢缺的结算只能采用手工结算。
- 只有“发票数量＝结算数量＋合理损耗数量＋非合理损耗数量”，该条入库单记录与发票记录才能进行采购结算。
- 本月对上月暂估业务执行采购结算后，还需要在存货核算系统记账后，执行结算成本处理。

2. 应付单据的审核与制单

（1）2020年1月10日，财务部【W02黄小明】在企业应用平台中执行【业务工作】|【财务会计】|【应付款管理】|【应付单据处理】|【应付单据审核】命令，打开【应付单据查询条件】窗口。

（2）单击【确定】按钮，打开【应付单据列表】窗口，如图5－126所示。

应付单据列表

记录总数：1

| 选择 | 审核人 | 单据日期 | 单据类型 | 单据号 | 供应商名称 | 部门 | 业务员 | 制单人 | 币种 | 汇率 | 原币金额 | 本币金额 | 备注 |
|---|---|---|---|---|---|---|---|---|---|---|---|---|---|
| | 黄小明 | 2020-01-10 | 采购专用发票 | 98988736 | 芜湖新兴铸管有限公司 | 采购部 | 叶敏 | 叶敏 | 人民币 | 1.00000000 | 11,300.00 | 11,300.00 | |
| 合计 | | | | | | | | | | | 11,300.00 | 11,300.00 | |

图5－126 【应付单据列表】窗口

5

（3）双击【选择】栏，或单击【全选】按钮，单击【审核】按钮，系统完成审核并给出审核报告。

（4）执行【制单处理】命令，打开【制单查询】窗口，勾选【发票制单】复选框。

（5）单击【确定】按钮，打开【采购发票制单】窗口。

（6）选择凭证类别为【记账凭证】，再单击【全选】按钮，选中要制单的【采购专用发票】。

（7）单击【制单】按钮，生成一张记账凭证，单击【保存】按钮，如图5－127所示。

已生成

记账凭证

记 字 0018　　制单日期：2020.01.10　　审核日期：　　附单据数：1

| 摘要 | 科目名称 | 借方金额 | 贷方金额 |
|---|---|---|---|
| 采购专用发票 | 在途物资 | 1000000 | |
| 采购专用发票 | 应交税费/应交增值税/进项税额 | 130000 | |
| 采购专用发票 | 应付账款/一般应付款 | | 1130000 |
| | | | |
| | | | |
| 票号 日期 | 数量 单价 合计 | 1130000 | 1130000 |

备注　项目　　部门

个人　　客户

业务员

记账　　审核　　出纳　　制单 黄小明

图5－127 【采购记账凭证】页面

3. 结算成本处理

(1) 2020 年 1 月 10 日，财务部【W02 黄小明】在企业应用平台中执行【业务工作】|【供应链】|【存货核算】|【业务核算】|【结算成本处理】命令，打开【暂估处理查询】窗口。

(2) 勾选【原料库】前的复选框，再选中【未全部结算完的单据是否显示】。

(3) 单击【确定】按钮，打开【结算成本处理】窗口。

(4) 单击【选择】按钮，或单击【全选】按钮，选中要暂估结算的结算单，如图 5－128 所示，再单击【暂估】按钮，系统提示【暂估处理完成】，单击【确定】按钮。

结算成本处理

○ 按数量分摊
◉ 按金额分摊

| 选择 | 结算单号 | 仓库编码 | 仓库名称 | 入库单号 | 入库日期 | 存货编码 | 存货名称 | 计量单位 | 数量 | 暂估单价 | 暂估金额 | 结算数量 | 结算单价 | 结算金额 | 收发类... | 材料费 |
|---|---|---|---|---|---|---|---|---|---|---|---|---|---|---|---|---|
| Y | 00000000000000005 | 01 | 原料库 | 0000000001 | 2019-12-19 | 004 | 角钢 | 米 | 100.00 | 100.00 | 10,000.00 | 100.00 | 100.00 | 10,000.00 | 采购入库 | |
| 合计 | | | | | | | | | 100.00 | | 10,000.00 | 100.00 | | 10,000.00 | | |

共1条记录

图 5－128 【结算成本处理】窗口

4. 生成红蓝回冲单凭证

(1) 2020 年 1 月 10 日，财务部【W02 黄小明】在企业应用平台中执行【业务工作】|【供应链】|【存货核算】|【财务核算】|【生成凭证】命令，打开【生成凭证】窗口。

(2) 单击【选择】按钮，打开【查询条件】窗口。

(3) 单击【确定】按钮，打开【未生成凭证单据一览表】窗口。

(4) 单击【全选】按钮，如图 5－129 所示。

选择单据

输出 单据 全选 全消 确定 取消

□ 已结算采购入库单自动选择全部结算单上单据(包括入库单、发票、付款单)，非本月采购入库单按蓝字报销单制单

未生成凭证单据一览表

| 选择 | 记账日期 | 单据日期 | 单据类型 | 单据号 | 仓库 | 收发类别 | 记账人 | 部门 | 部门编码 | 业务单号 | 业务类型 | 计价方式 | 备注 | 摘要 | 供应商 | 客户 |
|---|---|---|---|---|---|---|---|---|---|---|---|---|---|---|---|---|
| 1 | 2020-01-10 | 2019-12-19 | 红字回冲单 | 0000000001 | 原料库 | 采购入库 | 黄小明 | | | | 普通采购 | 先进先出法 | | 红字回冲单 | 芜湖新兴铸管有限公司 | |
| 1 | 2020-01-10 | 2019-12-19 | 蓝字回冲单 | 0000000001 | 原料库 | 采购入库 | 黄小明 | | | | 普通采购 | 先进先出法 | | 蓝字回冲单 | 芜湖新兴铸管有限公司 | |

共2条单据

图 5－129 【未生成凭证单据一览表】窗口

(5) 单击【确定】按钮，打开【生成凭证】窗口，如图 5－130 所示。

凭证类别 记 记账凭证

| 选择 | 单据类型 | 单据号 | 摘要 | 科目类型 | 科目编码 | 科目名称 | 借方金额 | 贷方金额 | 借方数量 | 贷方数量 | 科目方向 | 存货编码 | 存货名称 | 存货代码 | 部门编码 | 部门名称 | 业务员编码 | 业务员名称 |
|---|---|---|---|---|---|---|---|---|---|---|---|---|---|---|---|---|---|---|
| 1 | 红字回冲单 | 0000000001 | 红字回冲单 | 存货 | 1403 | 原材料 | -10,000.00 | | -100.00 | | 1 | 004 | 角钢 | | | | 301 | 叶敏 |
| | | | | 应付暂估 | 220202 | 暂估应付款 | | -10,000.00 | | -100.00 | 2 | 004 | 角钢 | | | | 301 | 叶敏 |
| | 蓝字回冲单 | | 蓝字回冲单 | 存货 | 1403 | 原材料 | 10,000.00 | | 100.00 | | 1 | 004 | 角钢 | | | | 301 | 叶敏 |
| | | | | 对方 | 1402 | 在途物资 | | 10,000.00 | | 100.00 | 2 | 004 | 角钢 | | | | 301 | 叶敏 |
| 合计 | | | | | | | 0.00 | 0.00 | | | | | | | | | | |

图 5－130 【生成凭证】窗口

(6) 单击【生成】按钮，生成两张记账凭证。

(7) 单击【保存】按钮，如图 5－131、图 5－132 所示。

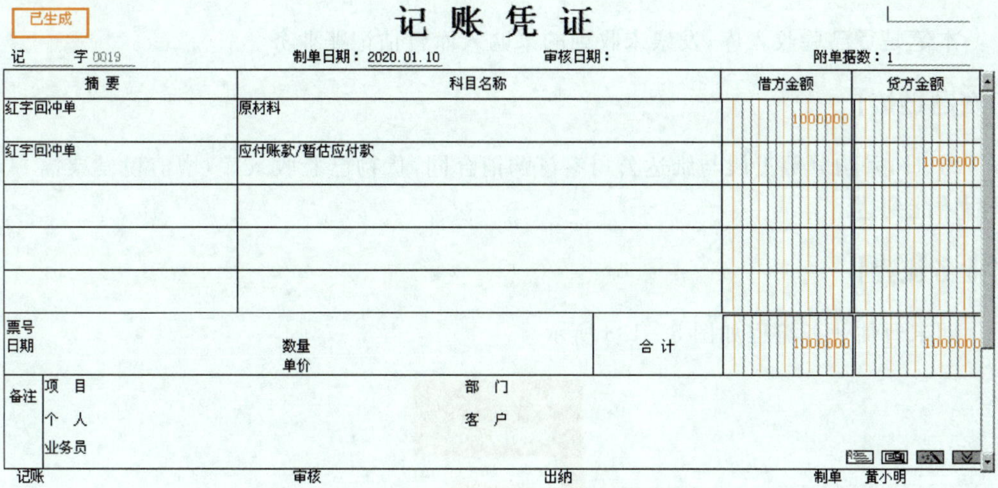

已生成

记账凭证

记 字 0019　　制单日期：2020.01.10　　审核日期：　　附单据数：1

| 摘要 | 科目名称 | 借方金额 | 贷方金额 |
|---|---|---|---|
| 红字回冲单 | 原材料 | 1000000 | |
| 红字回冲单 | 应付账款/暂估应付款 | | 1000000 |
| | | | |
| | | | |
| | | | |
| 票号 日期 | 数量 单价 合计 | 1000000 | 1000000 |

备注　项目　　部门
　　　个人　　客户
　　　业务员

记账　　审核　　出纳　　制单 黄小明

图 5-131 【记账凭证——红字回冲单】页面

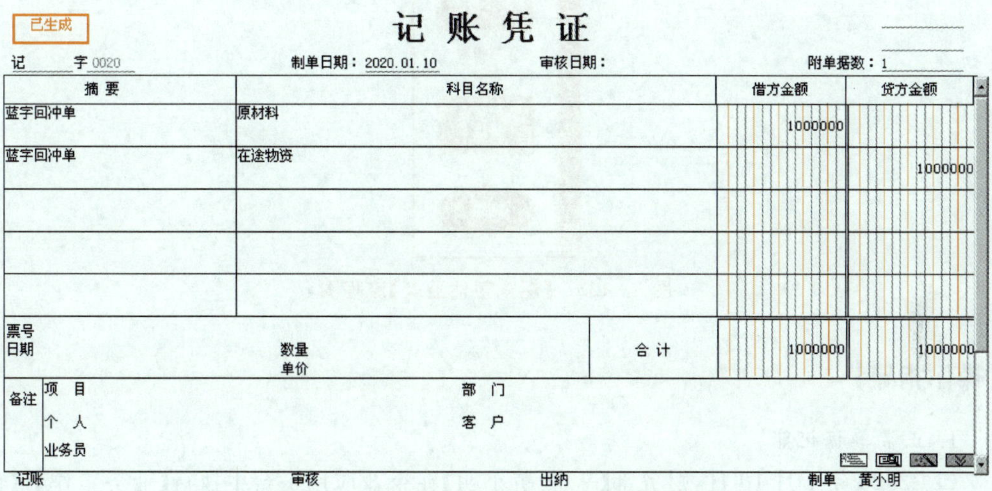

已生成

记账凭证

记 字 0020　　制单日期：2020.01.10　　审核日期：　　附单据数：1

| 摘要 | 科目名称 | 借方金额 | 贷方金额 |
|---|---|---|---|
| 蓝字回冲单 | 原材料 | 1000000 | |
| 蓝字回冲单 | 在途物资 | | 1000000 |
| | | | |
| | | | |
| | | | |
| 票号 日期 | 数量 单价 合计 | 1000000 | 1000000 |

备注　项目　　部门
　　　个人　　客户
　　　业务员

记账　　审核　　出纳　　制单 黄小明

图 5-132 【记账凭证——蓝字回冲单】页面

## 业务二 期末暂估

### 【业务描述】

截至 2020 年 1 月 10 日(假设的期末),尚未收到 2020 年 1 月 5 日从新兴铸管采购方管的发票。

### 【岗位说明】

财务部【W02 黄小明】记账并制单。

5

## 【业务解析】

本笔是货已验收入库，发票未收到的采购入库暂估记账业务。

## 【赛题链接】

27 日，采购分部王晨与维达公司签订购销合同，货物已验收入库，增值税发票需一个月后才能到达。

## 【业务流程】

期末暂估业务流程如图 5－133 所示。

图 5－133 【期末暂估业务】流程图

5

## 【操作指导】

1. 正常单据记账

(1) 2020 年 1 月 10 日，财务部【W02 黄小明】在企业应用平台中执行【业务工作】|【供应链】|【存货核算】|【业务核算】|【正常单据记账】命令，打开【查询条件选择】窗口。

(2) 单击【确定】按钮，打开【正常单据记账列表】窗口，如图 5－134 所示。

正常单据记账列表

记录总数：1

| 选择 | 日期 | 单据号 | 存货编码 | 存货名称 | 规格型号 | 存货代码 | 单据类型 | 仓库名称 | 收发类别 | 数量 | 单价 | 金额 |
|---|---|---|---|---|---|---|---|---|---|---|---|---|
| Y | 2020-01-05 | 0000000003 | 003 | 方管 | | | 采购入库单 | 原料库 | 采购入库 | 400.00 | 50.00 | 20,000.00 |
| 小计 | | | | | | | | | | 400.00 | | 20,000.00 |

图 5－134 【正常单据记账】窗口

(3) 单击【全选】按钮，再单击【记账】按钮。

2. 生成暂估凭证

(1) 2020 年 1 月 10 日，财务部【W02 黄小明】在企业应用平台中执行【业务工作】|【供应链】|【存货核算】|【财务核算】|【生成凭证】命令，打开【生成凭证】窗口。

(2) 单击【选择】按钮，打开【查询条件】窗口，选择【采购入库单(应付暂估记账)】。

(3) 单击【确定】按钮，打开【选择单据】窗口。

(4) 单击【全选】按钮，再单击【确定】按钮，打开【生成凭证】窗口，如图 5－135 所示。

凭证类别 记 记账凭证

| 选择 | 单据类型 | 单据号 | 摘要 | 科目类型 | 科目编码 | 科目名称 | 借方金额 | 贷方金额 | 借方数量 | 贷方数量 | 科目方向 | 存货编码 | 存货名称 | 存货代码 | 部门编码 | 部门名称 | 业务员编码 | 业务员名称 |
|---|---|---|---|---|---|---|---|---|---|---|---|---|---|---|---|---|---|---|
| 1 | 采购入库单 | 0000000003 | 采购入库单 | 存货 | 1403 | 原材料 | 20,000.00 |  | 400.00 |  | 1 | 003 | 方管 |  | 3 | 采购部 | 301 | 叶敏 |
|  |  |  |  | 应付暂估 | 220202 | 暂估应付款 |  | 20,000.00 |  | 400.00 | 2 | 003 | 方管 |  | 3 | 采购部 | 301 | 叶敏 |
| 合计 |  |  |  |  |  |  | 20,000.00 | 20,000.00 |  |  |  |  |  |  |  |  |  |  |

图 5－135 【生成凭证】窗口

(5) 单击【生成】按钮，生成暂估凭证，单击【保存】按钮，凭证显示【已生成】，如图 5－136 所示。

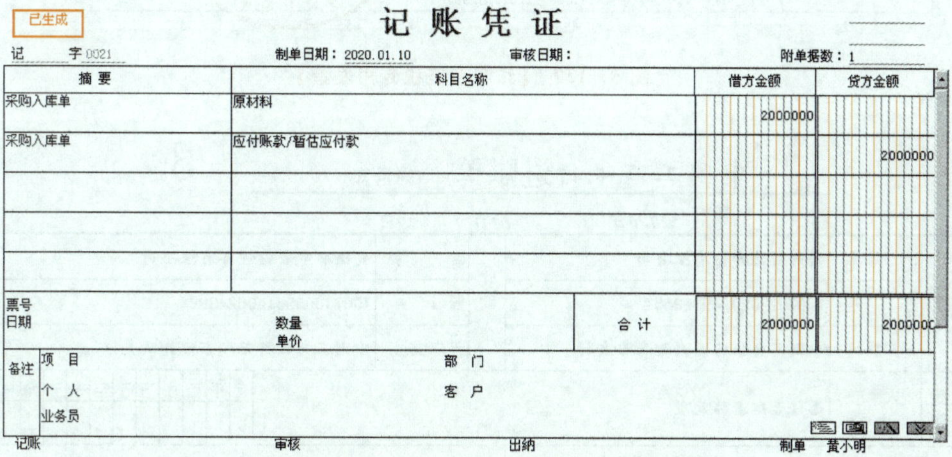


图 5－136 【记账凭证——应付暂估】页面

3. 账套备份

将账套输出至【F:\616 账套备份\5－2】文件夹。

# 实训三 采购退货业务

## 【业务描述】

2020 年 1 月 10 日，从百盛脚轮采购的脚轮有 10 个存在质量问题，双方协商退货，取得与业务相关的原始单据如图 5－137～图 5－139 所示。

采购退货业务

## 【岗位说明】

采购部【G01 叶敏】填制采购退货单(审核)、红字采购专用发票；仓储部【C01 李红】填制红字采购入库单(审核)；财务部【W03 李卉】填制红字收款单；财务部【W02 黄小明】审核发票、收款单、核销、单据记账并制单。

**浙江增值税专用发票**

销项负数　　　　　　　　发票联　　　　NO.87215767　3302194130　87215767

开票日期：2020年01月10日

| 购买方 | 名　　称：安徽环宇仓储设备有限公司<br>纳税人识别号：913402076897786088<br>地 址、电 话：芜湖市经济技术开发区潜湾路188号，0553-4471388<br>开户行及账号：中国工商银行芜湖市经开区支行，1307100026160024388 | | | | | 密码区 | 略 |
|---|---|---|---|---|---|---|---|
| 货物或应税劳务、服务名称 | 规格型号 | 单位 | 数量 | 单价 | 金额 | 税率 | 税额 |
| *金属制品*脚轮 | | 个 | -10.00 | 100.00 | -1000.00 | 13% | -130.00 |
| 合　计 | | | -10.00 | | ¥-1000.00 | | ¥-130.00 |
| 价税合计（大写） | ⊗（负数）壹仟壹佰叁拾元整 | | | | （小写）¥ -1130.00 | | |
| 销货方 | 名　　称：嘉兴百盛脚轮有限公司<br>纳税人识别号：91330285723354486 6<br>地 址、电 话：嘉兴市滨湖区迎春路88号，0573-82301288<br>开户行及账号：中国工商银行嘉兴迎春路支行，1307022029249363661 | | | | | 备注 | |

收款人：略　　复核：略　　开票人：略　　销售方（章）：

税总函〔2019〕124号南宋印刷有限公司

第三联：发票联 购买方记账凭证

图 5－137 【红字增值税专用发票】

**中国工商银行进账单（收账通知）**　　3

2020年　01月　10日

| 出票人 | 全称 | 嘉兴百盛脚轮有限公司 | 收款人 | 全称 | 安徽环宇仓储设备有限公司 |
|---|---|---|---|---|---|
| | 账号 | 1307022029249363661 | | 账号 | 1307100026160024388 |
| | 开户银行 | 中国工商银行嘉兴迎春路支行 | | 开户银行 | 中国工商银行芜湖市经开区支行 |
| 金额 | 人民币（大写） | 壹仟壹佰叁拾元整 | | 亿千百十万千百十元角分 | ¥113000 |
| 票据种类 | 电汇 | 票据张数 | 1 | | |
| 票据号码 | 43567657 | | | | |
| | 复核 略　　记账 略 | | | 收款人开户银行签章 | |

中国工商银行芜湖市经开区支行 2020.01.10 转讫

此联是收款人开户银行交给收款人的收账通知

图 5－138 【进账单（收账通知）】

**入　库　单**

2020年　01月　10日　　　　单号：0006

| 交货部门 | 采购部 | 发票号码 | | 验收仓库 | 原料库 | 入库日期 | 2020/1/10 |
|---|---|---|---|---|---|---|---|
| 编号 | 名称及规格 | 单位 | 数量 应收 | 数量 实收 | 实际价格 单价 | 实际价格 金额 | 备注 |
| 001 | 脚轮 | 个 | -10.00 | -10.00 | | | |
| | | | | | | | |
| | | | | | | | |
| | | | | | | | |
| | 合　计 | | -10.00 | -10.00 | | | |

部门经理：略　　会计：略　　仓库：略　　经办人：略

会计联

图 5－139 【红字入库单】

## 【业务解析】

本笔是已结算的采购退货退款业务。

## 【赛题链接】

11 日，对上笔货物进行复检，确定非正常破损 10 件，经与对方协商后即日办理退货，并于当日收到退还的价税款及红字发票（使用现付功能处理）。（原始单据：红字采购专用发票、收款回单略）

## 【业务流程】

采购退货业务流程如图 5－140 所示。

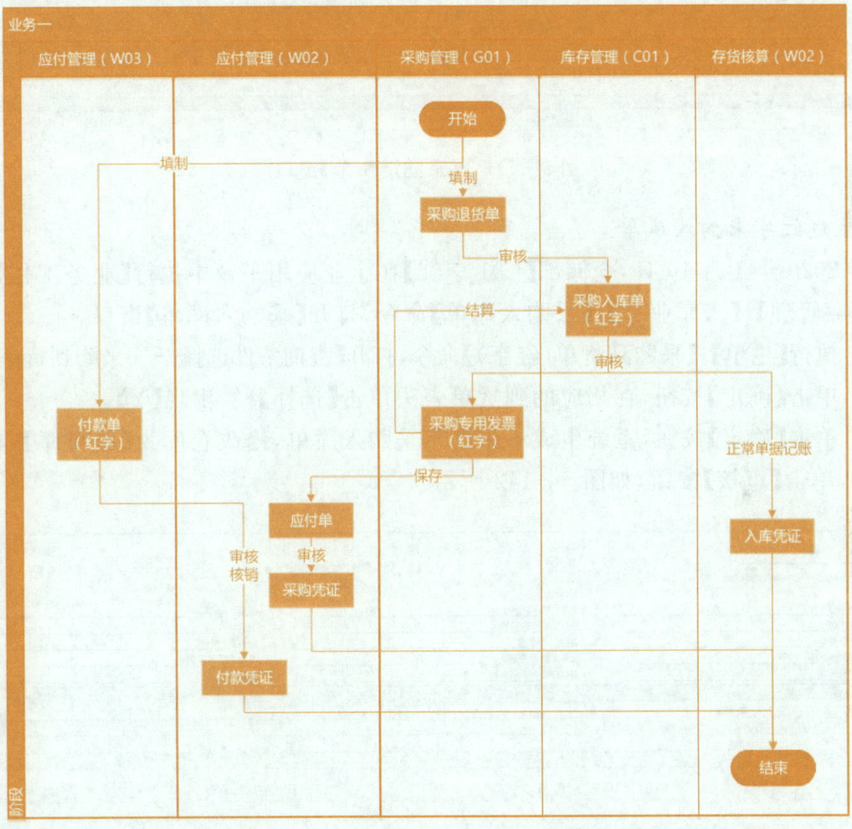


图 5－140 【采购退货业务】流程图

## 【操作指导】

1. 生成采购退货单

（1）2020 年 1 月 10 日，采购部【G01 叶敏】在企业应用平台中执行【业务工作】|【供应链】|【采购管理】|【采购到货】|【采购退货单】命令，打开【采购退货单】窗口。

（2）单击【增加】按钮，执行【生单】|【采购订单】命令，打开【查询条件选择——采购订单列表过滤】窗口，单击【确定】按钮。

5

(3) 打开【拷贝并执行】窗口，选中所要拷贝的采购订单，单击【确定】按钮，系统自动生成采购退货单，修改税率为【13.00】，修改退货数量为【-10】，单击【保存】按钮。

(4) 单击【审核】按钮，根据采购订单生成的采购退货单，如图 5-141 所示。

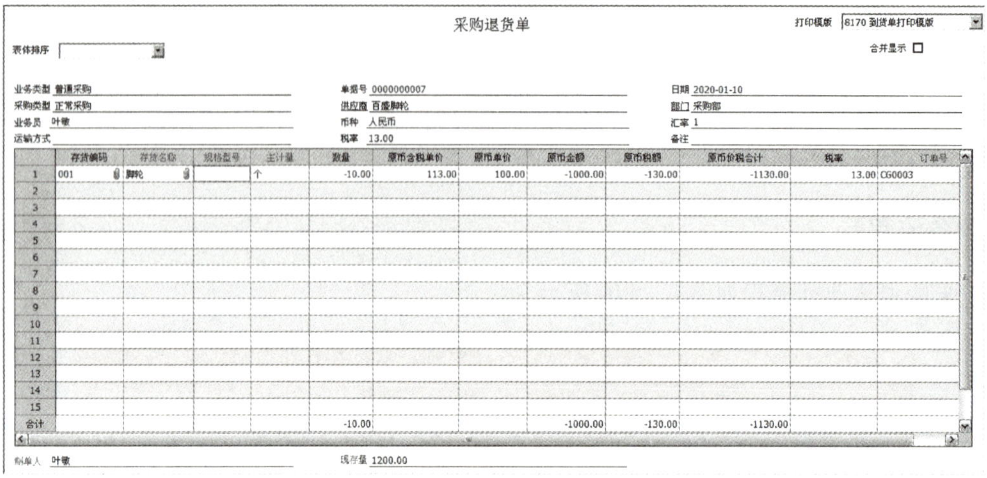


图 5-141 【采购退货单】窗口



2. 生成红字采购入库单

(1) 2020 年 1 月 10 日，仓储部【C01 李红】在企业应用平台中执行【业务工作】|【供应链】|【库存管理】|【入库业务】|【采购入库单】命令，打开【采购入库单】窗口。

(2) 执行【生单】|【采购到货单(红字)】命令，打开【查询条件选择——采购到货单列表】。

(3) 单击【确定】按钮，在相应的到货单表头单击【选择】栏，出现【Y】。

(4) 单击【确定】按钮，系统生成 1 张红字采购入库单，修改仓库为【原料库】，单击【保存】按钮，单击【审核】按钮，如图 5-142 所示。

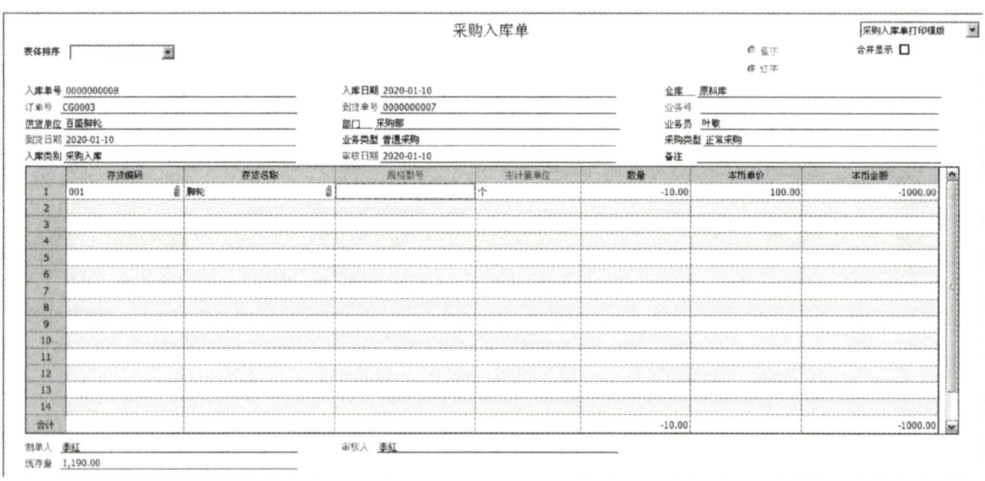


图 5-142 【红字采购入库单】窗口

3. 生成红字专用采购发票

(1) 2020 年 1 月 10 日，采购部【G01 叶敏】在企业应用平台中执行【业务工作】|【供应链】|【采购管理】|【采购发票】|【红字专用采购发票】命令，打开【红字专用采购发票】窗口。

（2）单击【增加】按钮，单击【生单】|【入库单】命令，打开【查询条件选择——采购入库单列表过滤】窗口，单击【确定】按钮，打开【拷贝并执行——发票拷贝入库单列表】窗口，选中对应的采购入库单。

（3）单击【确定】按钮，生成红字采购专用发票，修改发票号为【87215767】，税率为【13.00】，单击【保存】按钮，如图 5－143 所示。

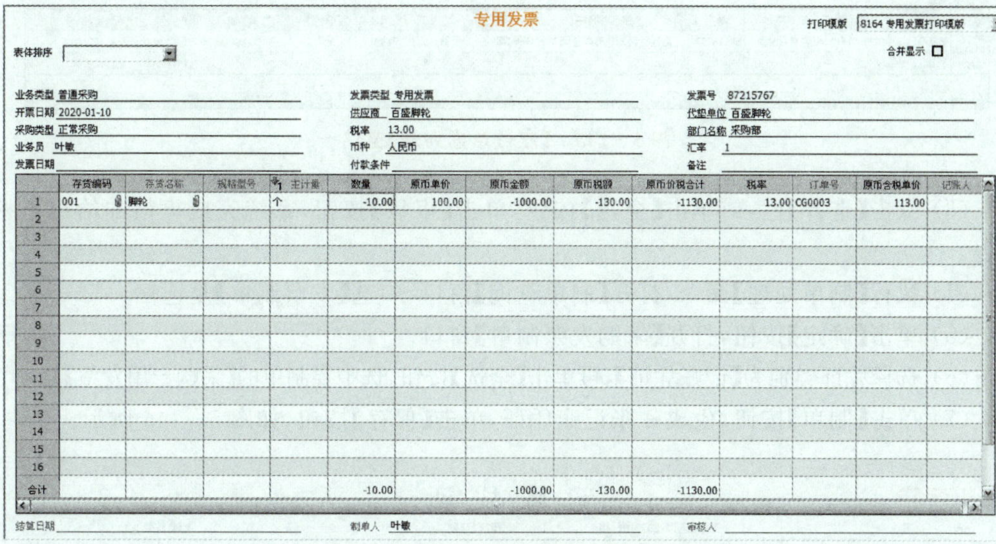


图 5－143　【红字采购专用发票】窗口

4. 采购结算（自动结算）

（1）2020 年 1 月 10 日，采购部【G01 叶敏】在企业应用平台中执行【业务工作】|【供应链】|【采购管理】|【采购结算】|【自动结算】命令，打开【自动结算】窗口。

（2）勾选【入库单和发票】【红蓝入库单】和【红蓝发票】复选框。

（3）单击【确定】按钮，系统提示采购专用发票【已结算】，如图 5－144 所示。

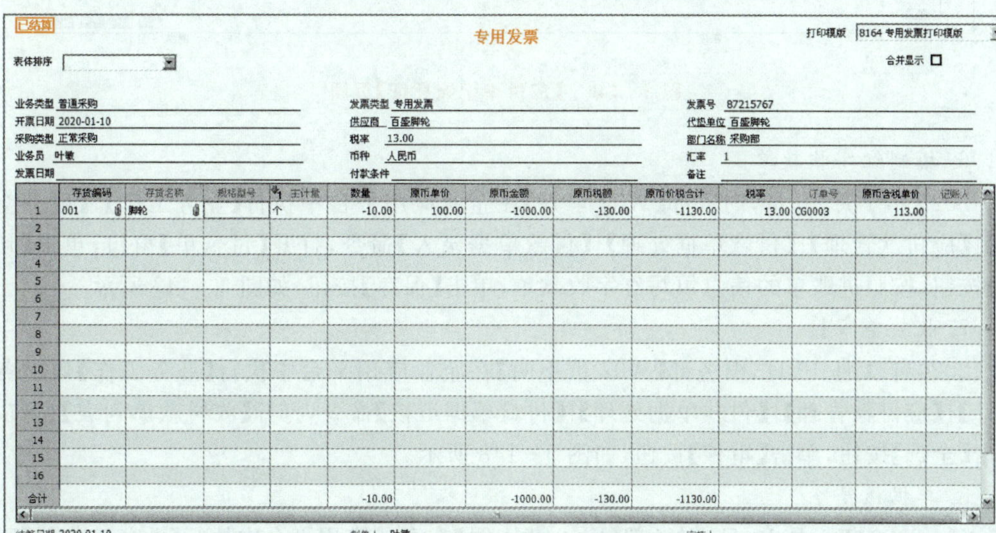


图 5－144　【已结算红字采购专用发票】窗口

5. 应付单审核并制单

(1) 2020 年 1 月 10 日，财务部【W02 黄小明】在企业应用平台中执行【业务工作】|【财务会计】|【应付款管理】|【应付单据处理】|【应付单据审核】命令，打开【应付单据查询条件】窗口。

(2) 单击【确定】按钮，系统弹出【应付单据列表】窗口，如图 5－145 所示。

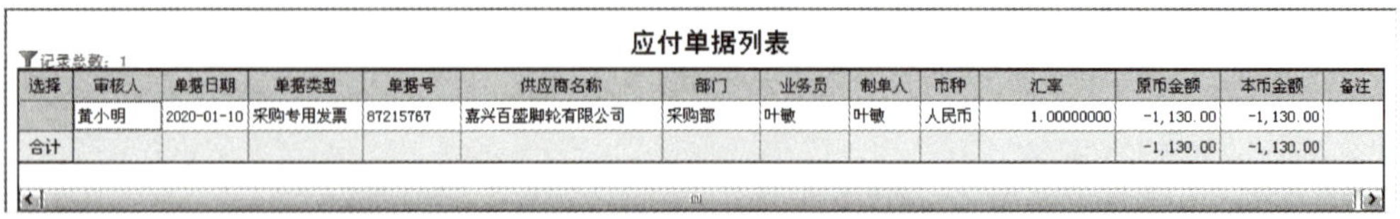


图 5－145 【应付单据列表】窗口

(3) 双击【选择】栏，或单击【全选】按钮，单击【审核】按钮，系统完成审核并给出审核报告。

(4) 执行【制单处理】命令，打开【制单查询】窗口，勾选【发票制单】复选框。

(5) 单击【确定】按钮，打开【采购发票制单】窗口。

(6) 选择凭证类别为【记账凭证】，再单击【全选】按钮，选中要制单的【采购专用发票】。

(7) 单击【制单】按钮，生成一张记账凭证，单击【保存】按钮，如图 5－146 所示。

图 5－146 【应付单记账凭证】页面

6. 填制红字收款单

2020 年 1 月 10 日，财务部【W03 李卉】在企业应用平台中执行【业务工作】|【财务会计】|【应付款管理】|【付款单据处理】|【付款单据录入】命令，打开【付款单】窗口，单击【切换】按钮，按照进账单的信息填写红字收款单，单击【保存】按钮，如图 5－147 所示。

7. 收款单审核

2020 年 1 月 10 日，财务部【W02 黄小明】在企业应用平台中执行【业务工作】|【财务会计】|【应付款管理】|【付款单据处理】|【付款单据审核】命令，打开【收付款单列表】窗口，单击【全选】按钮，单击【审核】按钮，如图 5－148 所示。

8. 单据核销

(1) 2020 年 1 月 10 日，财务部【W02 黄小明】在企业应用平台中执行【业务工作】|【财务会计】|【应付款管理】|【核销】|【手工核销】命令，打开【核销条件】窗口。

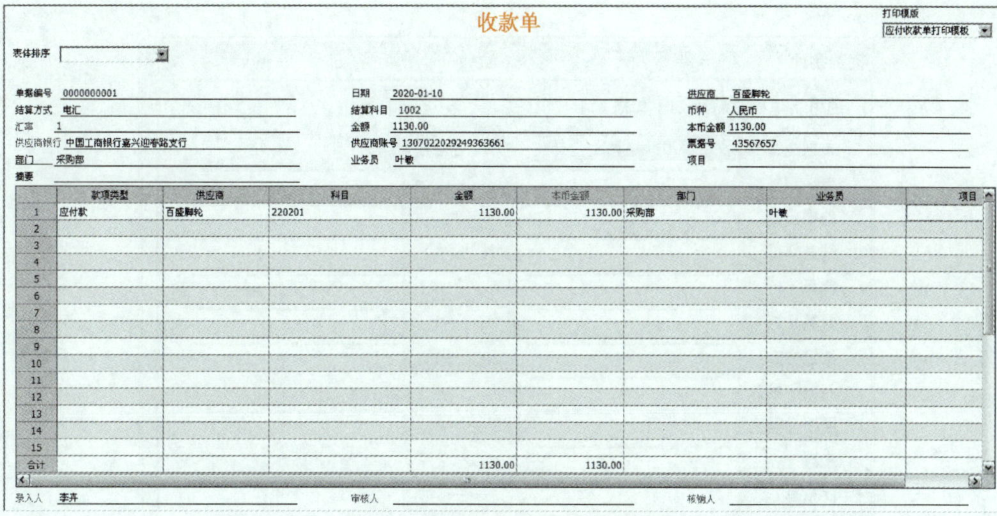


图 5-147 【红字收款单】窗口

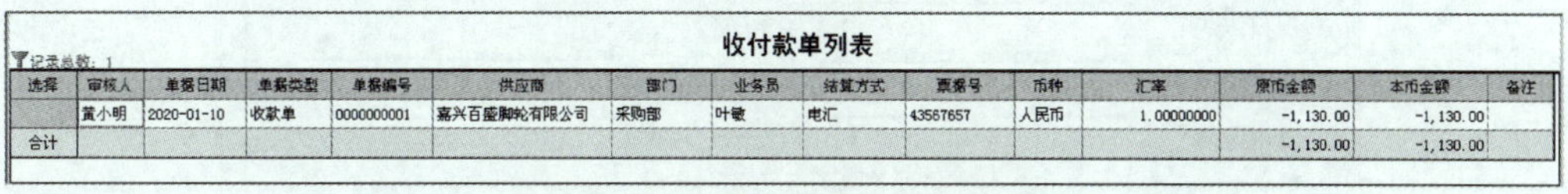


图 5-148 【收付款单列表】窗口

5

(2) 单击【确定】按钮，选择供应商为【001】，单据类型为【收款单】，如图 5-149、图 5-150所示。

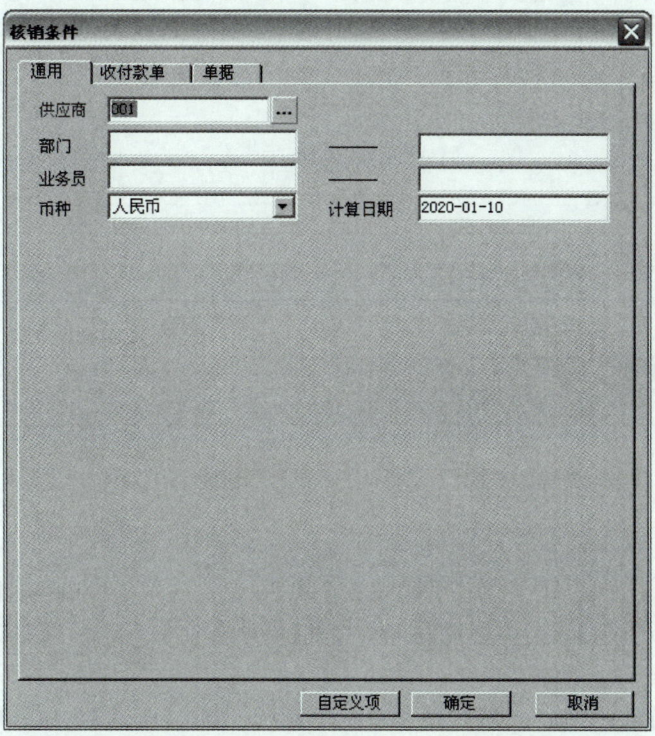


图 5-149 【核销条件——通用】选项卡

图 5-150 【核销条件——收付款单】选项卡

(3) 单击【确定】按钮，打开【单据核销】窗口，输入本次结算金额【1130.00】，如图 5-151 所示，单击【保存】按钮。

| 单据日期 | 单据类型 | 单据编号 | 供应商 | 款项类型 | 结算方式 | 币种 | 汇率 | 原币金额 | 原币余额 | 本次结算 | 订单号 |
|---|---|---|---|---|---|---|---|---|---|---|---|
| 2020-01-10 | 收款单 | 0000000001 | 百盛脚轮 | 应付款 | 电汇 | 人民币 | 1.00000000 | 1,130.00 | 1,130.00 | 1,130.00 | |
| 合计 | | | | | | | | 1,130.00 | 1,130.00 | 1,130.00 | |

| 单据日期 | 单据类型 | 单据编号 | 到期日 | 供应商 | 币种 | 原币金额 | 原币余额 | 可享受折扣 | 本次折扣 | 本次结算 | 订单号 | 凭证号 |
|---|---|---|---|---|---|---|---|---|---|---|---|---|
| 2020-01-10 | 采购专用发票 | 87215767 | 2020-01-10 | 百盛脚轮 | 人民币 | 1,130.00 | 1,130.00 | 0.00 | 0.00 | 1,130.00 | CG0003 | 记-0022 |
| 合计 | | | | | | 1,130.00 | 1,130.00 | 0.00 | | 1,130.00 | | |

图 5-151 【单据核销】窗口

9. 收款单制单

(1) 2020 年 1 月 10 日，财务部【W02 黄小明】在企业应用平台中执行【业务工作】|【财务会计】|【应付款管理】|【制单处理】命令，打开【制单查询】对话框，勾选【收付款单制单】复选框，如图 5-152 所示。

(2) 单击【确定】按钮，打开【收付款单制单】窗口，单击【全选】按钮，单击【合并】按钮，如图 5-153 所示。

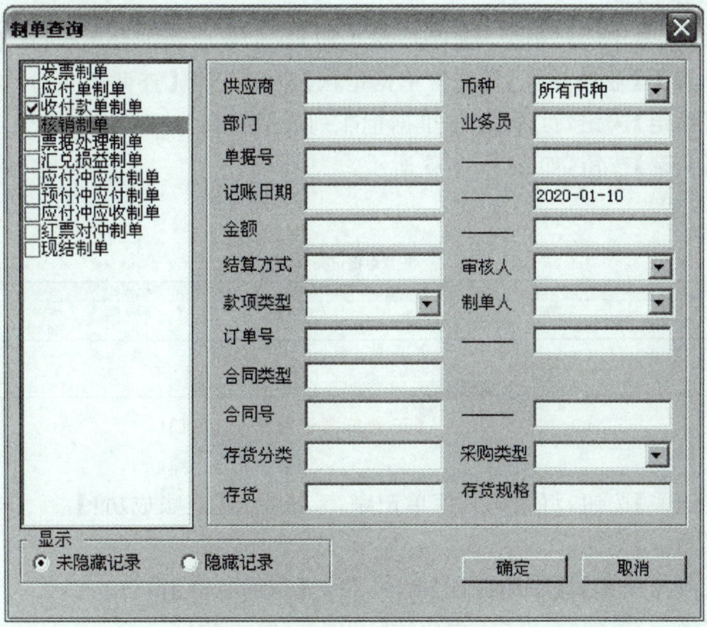


图 5－152　【制单查询】对话框

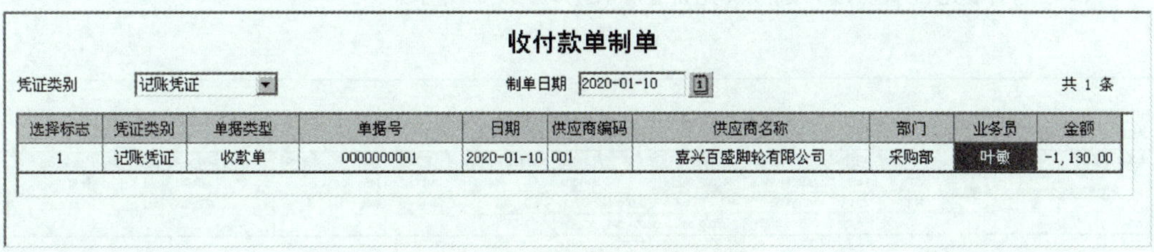


图 5－153　【收付款单制单】窗口

（3）单击【制单】按钮，系统自动生成一张凭证，单击【保存】按钮，如图 5－154 所示。

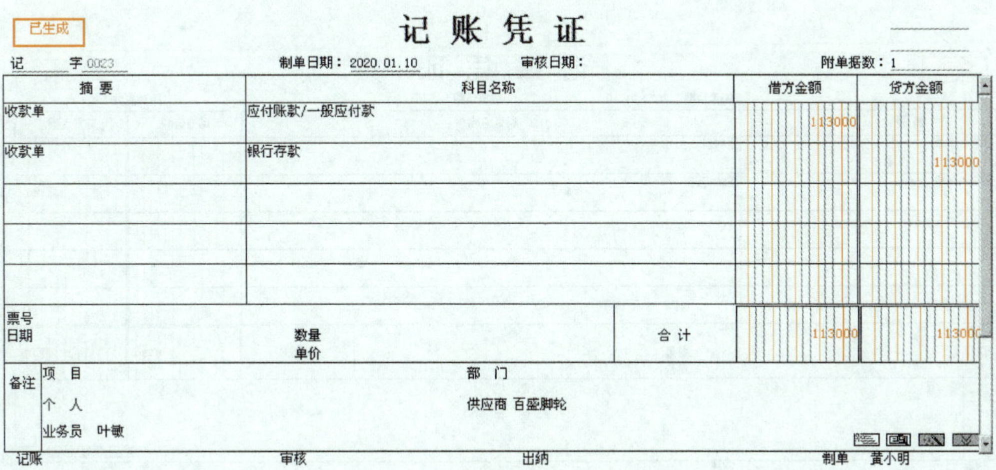


图 5－154　【收款单记账凭证】页面

10. 采购成本核算

(1) 2020 年 1 月 10 日，财务部【W02 黄小明】在企业应用平台中执行【业务工作】|【供应链】|【存货核算】|【业务核算】|【正常单据记账】命令，打开【查询条件选择】窗口。

(2) 单击【确定】按钮，打开【正常单据记账列表】窗口。

(3) 单击【全选】按钮，如图 5－155 所示。

正常单据记账列表

记录总数：1

| 选择 | 日期 | 单据号 | 存货编码 | 存货名称 | 规格型号 | 存货代码 | 单据类型 | 仓库名称 | 收发类别 | 数量 | 单价 | 金额 |
|---|---|---|---|---|---|---|---|---|---|---|---|---|
| Y | 2020-01-10 | 0000000008 | 001 | 脚轮 | | | 采购入库单 | 原料库 | 采购入库 | -10.00 | 100.00 | -1,000.00 |
| 小计 | | | | | | | | | | -10.00 | | -1,000.00 |

图 5－155 【正常单据记账列表】窗口

(4) 单击【记账】按钮，将采购入库单记账，系统提示【记账成功!】。

(5) 单击【确定】按钮。

(6) 执行【财务核算】|【生成凭证】命令，打开【查询条件】窗口。

(7) 单击【确定】按钮，打开【未生成凭证单据一览表】窗口。

(8) 单击【选择】栏，或单击【全选】按钮，选中待生成凭证的单据，单击【确定】按钮。

(9) 选择【凭证类别】为【记账凭证】，如图 5－156 所示。

凭证类别 记 记账凭证

| 选择 | 单据类型 | 单据号 | 摘要 | 科目类型 | 科目编码 | 科目名称 | 借方金额 | 贷方金额 | 借方数量 | 贷方数量 | 科目方向 | 存货编码 | 存货名称 | 存货代码 | 部门编码 | 部门名称 | 业务员编码 | 业务员名称 |
|---|---|---|---|---|---|---|---|---|---|---|---|---|---|---|---|---|---|---|
| 1 | 采购入库单 | 0000000008 | 采购入库单 | 存货 | 1403 | 原材料 | -1,000.00 | | -10.00 | | 1 | 001 | 脚轮 | | 3 | 采购部 | 301 | 叶敏 |
| | | | | 对方 | 1402 | 在途物资 | | -1,000.00 | | -10.00 | 2 | 001 | 脚轮 | | 3 | 采购部 | 301 | 叶敏 |
| 合计 | | | | | | | -1,000.00 | -1,000.00 | | | | | | | | | | |

图 5－156 【生成凭证】窗口

(10) 单击【生成】按钮，生成一张记账凭证，单击【保存】按钮，如图 5－157 所示。

已生成

记 账 凭 证

记 字 0024 制单日期：2020.01.10 审核日期： 附单据数：1

| 摘要 | 科目名称 | 借方金额 | 贷方金额 |
|---|---|---|---|
| 采购入库单 | 原材料 | 100000 | |
| 采购入库单 | 在途物资 | | 100000 |
| | | | |
| | | | |
| | | | |
| 票号<br>日期 | 数量<br>单价 合计 | 100000 | 100000 |

备注 项 目 部 门

个 人 客 户

业务员

记账 审核 出纳 制单 黄小明

图 5－157 【采购成本核算记账凭证】页面

**温馨提示**

● 结算前的退货业务如果只录入了到货单，则只须开具到货退回单，不用进行采购结算，按照实际入库数量录入采购入库单。

● 如果退货时已经录入采购入库单，但还没有收到发票，则只须根据退货数量录入红字入库单，对红蓝入库单进行自动结算。

● 如果已经录入采购入库单，同时退货时已经收到采购发票，则需要根据退货数量录入红字采购入库单，并录入采购发票，其中发票上的数量＝原入库单数量－红字入库单数量。这时需要采用手工结算方式将红字采购入库单与原采购入库单、采购发票进行采购结算，以冲减原入库数量。

● 如果采购结算后发生退货业务，需开具到货退回单，录入红字入库单，红字专用采购发票，并进行采购结算。

11. 账套备份

将账套输出至【F:\616 账套备份\5－3】文件夹。



# 实训四 账表查询

## 【业务描述】

账表查询

2020 年 1 月 10 日，查询采购明细表和应付明细账。

## 【岗位说明】

【A01 李金泽】查询采购明细表和应付明细账。

## 【操作指导】

1. 查询采购明细表

(1) 2020 年 1 月 10 日，【A01 李金泽】在企业应用平台中执行【业务工作】|【供应链】|【采购管理】|【报表】|【统计表】|【采购明细表】命令，打开【查询条件选择——采购明细表】窗口。

(2) 单击【确定】按钮，打开【采购明细表】窗口，如图 5－158 所示。

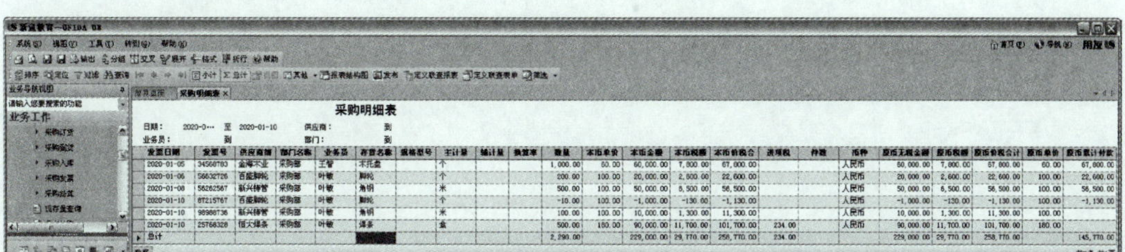

图 5－158 【采购明细表】窗口

2. 查询应付明细账

(1) 2020 年 1 月 10 日,【A01 李金泽】在企业应用平台中执行【业务工作】|【财务会计】|【应付款管理】|【账表管理】|【业务账表】|【业务明细账】命令,打开【查询条件选择——应付明细账】窗口。

(2) 单击【确定】按钮,打开【应付明细账】窗口,如图 5-159 所示。

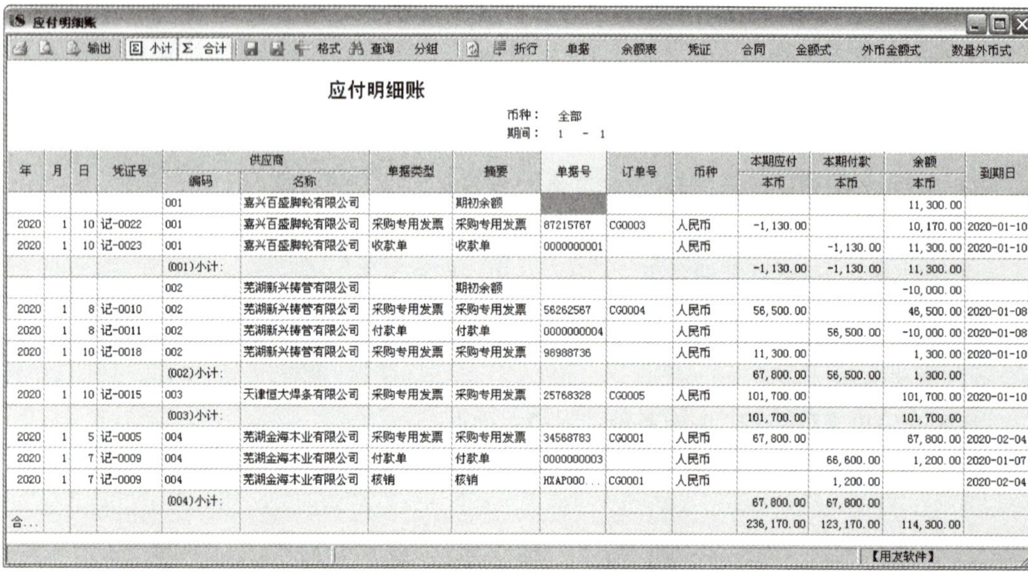


应付明细账

币种: 全部
期间: 1 - 1

| 年 | 月 | 日 | 凭证号 | 供应商 | | 单据类型 | 摘要 | 单据号 | 订单号 | 币种 | 本期应付 | 本期付款 | 余额 | 到期日 |
|---|---|---|---|---|---|---|---|---|---|---|---|---|---|---|
| | | | | 编码 | 名称 | | | | | | 本币 | 本币 | 本币 | |
| | | | | 001 | 嘉兴百盛脚轮有限公司 | | 期初余额 | | | | | | 11,300.00 | |
| 2020 | 1 | 10 | 记-0022 | 001 | 嘉兴百盛脚轮有限公司 | 采购专用发票 | 采购专用发票 | 87215767 | CG0003 | 人民币 | -1,130.00 | | 10,170.00 | 2020-01-10 |
| 2020 | 1 | 10 | 记-0023 | 001 | 嘉兴百盛脚轮有限公司 | 收款单 | 收款单 | 0000000001 | | 人民币 | | -1,130.00 | 11,300.00 | 2020-01-10 |
| | | | | (001)小计: | | | | | | | -1,130.00 | -1,130.00 | 11,300.00 | |
| | | | | 002 | 芜湖新兴铸管有限公司 | | 期初余额 | | | | | | -10,000.00 | |
| 2020 | 1 | 8 | 记-0010 | 002 | 芜湖新兴铸管有限公司 | 采购专用发票 | 采购专用发票 | 56262567 | CG0004 | 人民币 | 56,500.00 | | 46,500.00 | 2020-01-08 |
| 2020 | 1 | 8 | 记-0011 | 002 | 芜湖新兴铸管有限公司 | 付款单 | 付款单 | 0000000004 | | 人民币 | | 56,500.00 | -10,000.00 | 2020-01-08 |
| 2020 | 1 | 10 | 记-0018 | 002 | 芜湖新兴铸管有限公司 | 采购专用发票 | 采购专用发票 | 98988736 | | 人民币 | 11,300.00 | | 1,300.00 | 2020-01-10 |
| | | | | (002)小计: | | | | | | | 67,800.00 | 56,500.00 | 1,300.00 | |
| 2020 | 1 | 10 | 记-0015 | 003 | 天津恒大焊条有限公司 | 采购专用发票 | 采购专用发票 | 25768328 | CG0005 | 人民币 | 101,700.00 | | 101,700.00 | 2020-01-10 |
| | | | | (003)小计: | | | | | | | 101,700.00 | | 101,700.00 | |
| 2020 | 1 | 5 | 记-0005 | 004 | 芜湖金海木业有限公司 | 采购专用发票 | 采购专用发票 | 34568783 | CG0001 | 人民币 | 67,800.00 | | 67,800.00 | 2020-02-04 |
| 2020 | 1 | 7 | 记-0009 | 004 | 芜湖金海木业有限公司 | 付款单 | 付款单 | 0000000003 | | 人民币 | | 66,600.00 | 1,200.00 | 2020-01-07 |
| 2020 | 1 | 7 | 记-0009 | 004 | 芜湖金海木业有限公司 | 核销 | 核销 | HXAP000... | CG0001 | 人民币 | | 1,200.00 | | 2020-02-04 |
| | | | | (004)小计: | | | | | | | 67,800.00 | 67,800.00 | | |
| 合... | | | | | | | | | | | 236,170.00 | 123,170.00 | 114,300.00 | |

图 5-159 【应付明细账】窗口

5

# 项目六　销售与应收款管理系统业务处理

## 实训一　普通销售业务

同舟共济之合作精神——有收款条件的销售业务处理

### 业务一　销售仓储笼

销售仓储笼

6

**【业务描述】**

2020 年 1 月 10 日，与格力签订购销合同（计算现金折扣时不考虑增值税），取得与业务相关的原始单据如图 6－1～图 6－3 所示。

**购销合同**

供货方：安徽环宇仓储设备有限公司　　　　合 同 号：xs0001

购买方：格力电器有限公司　　　　签订日期：2020年01月10日

经双方协议，订立本合同如下：

| 商品型号 | 名　称 | 数　量 | 单　价 | 总　额 | 其他要求 |
|---|---|---|---|---|---|
|  | 仓储笼 | 800.00 | 508.50 | 406800.00 |  |
|  |  |  |  |  |  |
|  |  |  |  |  |  |
|  |  |  |  |  |  |
|  |  |  |  |  |  |
| 合　计 |  | 800.00 |  | ¥406,800.00 |  |
| 货款合计（大写）：人民币肆拾万零陆仟捌佰元整 |  |  |  |  |  |

质量验收标准：货物验收合格

交 货 日 期：2020年1月10日

交 货 地 点：格力电器有限公司

结 算 方 式：转账支票，付款条件（2/10，1/20，n/30），计算现金折扣时不考虑增值税。

发 运 方 式：公路运输。运费由购买方承担。

违约条款：违约方需赔偿对方一切经济损失。但遇天灾人祸或其他不可抗力因素而导致延误交货，购买方不能要求供货方赔偿任何损失。

解决合同纠纷的方式：经双方有好协商解决，如协商不成的，可向当地仲裁委员会提出申诉解决。

本合同一式两份，供需双方各执一份，自签订之日起生效。

供货方（盖章）　　　　购买方（盖章）：

地　　址：芜湖市经济技术开发区港湾路188号　　　　地　　址：芜湖市三山区联合路18号

法定代表：李金泽　　　　法定代表：赵辉

联系电话：0553-4471388　　　　联系电话：0553-6916585

图 6－1　【业务一——购销合同】

**安徽增值税专用发票**

NO.45684336　3402194130　45684336

此联不做报销、扣税凭证使用　　开票日期：2020年01月10日

| 购买方 | 名称：格力电器有限公司<br>纳税人识别号：913402043212604688<br>地址、电话：芜湖市三山区联合路18号，0553-6916585<br>开户行及账号：中国农业银行芜湖联合路支行，6217680186600024189 | 密码区 | 略 |
|---|---|---|---|

| 货物或应税劳务、服务名称 | 规格型号 | 单位 | 数量 | 单价 | 金额 | 税率 | 税额 |
|---|---|---|---|---|---|---|---|
| *搬运设备*仓储笼 | | 个 | 800.00 | 450.00 | 360000.00 | 13% | 46800.00 |
| 合　计 | | | 800.00 | | 360000.00 | | 46800.00 |
| 价税合计（大写） | ⊗肆拾万零陆仟捌佰元整 | | | | （小写）¥406800.00 | | |

| 销货方 | 名称：安徽环宇仓储设备有限公司<br>纳税人识别号：913402076897786088<br>地址、电话：芜湖市经济技术开发区港湾路188号，0553-4471388<br>开户行及账号：中国工商银行芜湖市经开区支行，1307100026160024388 | 备注 | |
|---|---|---|---|

收款人：略　复核：略　开票人：略　销售方（章）：

第一联：记账联　销货方记账凭证

税总函〔2019〕562号上海印钞有限公司

图 6-2 【业务一——增值税专用发票】

**出 库 单**

2020年　01月　10日　　单号：0001

| 提货单位 | 格力电器有限公司 | 发票号码 | | 发出仓库 | 产成品库 | 出库日期 | 2020/1/10 |
|---|---|---|---|---|---|---|---|
| 编号 | 名称及规格 | 单位 | 数量：应发 | 数量：实发 | 金额 | 备注 | |
| 008 | 仓储笼 | 个 | 800.00 | 800.00 | | | |
| | | | | | | | |
| | | | | | | | |
| | | | | | | | |
| | 合　计 | | 800.00 | 800.00 | | | |

部门经理：略　会计：略　仓库：略　经办人：略

会计联

图 6-3 【业务一——出库单】

## 【岗位说明】

销售部【X01 张立】填制销售订单（审核）、销售专用发票；仓储部【C01 李红】填制销售出库单（审核）；财务部【W02 黄小明】审核发票（制单）、单据记账。

## 【赛题链接】

14 日，福建营销分部朱坤与沃尔玛公司（思明店）签订购销合同（编号：XS0010），付款条件为：3/10，2/20，n/30。货已发出，并开出增值税专用发票。（原始单据：购销合同、销售专用发票略）

## 【业务解析】

本笔是签订销售合同、开票发货、有付款条件的业务。

## 【业务流程】

销售仓储笼业务流程如图 6－4 所示。

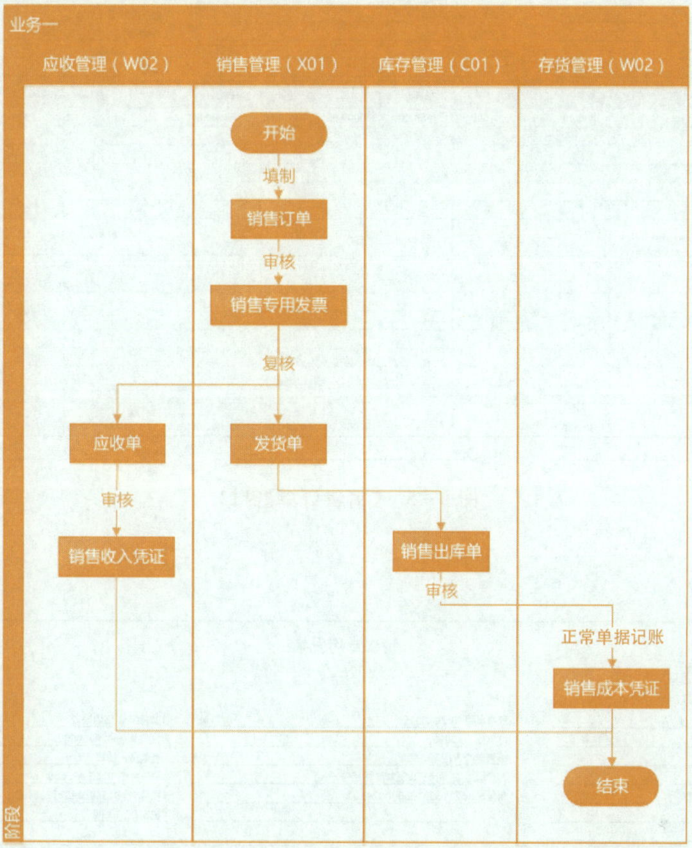


图 6－4　【销售仓储笼业务】流程图

6

## 【操作指导】

1. 填制销售订单

(1) 2020 年 1 月 10 日，销售部【X01 张立】在企业应用平台中执行【业务工作】|【供应链】|【销售管理】|【销售订货】|【销售订单】命令，打开【销售订单】窗口。

(2) 单击【增加】按钮，修改订单编号为【XS0001】，选择销售类型为【正常销售】，按照购销合同录入订单信息，单击【保存】按钮。

(3) 单击【审核】按钮，审核填制的销售订单。如图 6－5 所示。

2. 生成销售专用发票

(1) 2020 年 1 月 10 日，销售部【X01 张立】在企业应用平台中执行【业务工作】|【供应链】|【销售管理】|【销售开票】|【销售专用发票】命令，打开【销售专用发票】窗口。

(2) 单击【增加】按钮，打开【查询条件选择——参照订单】窗口，选择相应的订单，单击【确定】按钮，选择仓库名称为【产成品库】，修改发票号为【45684336】，单击【保存】按钮，单击【复核】按钮，如图 6－6 所示。

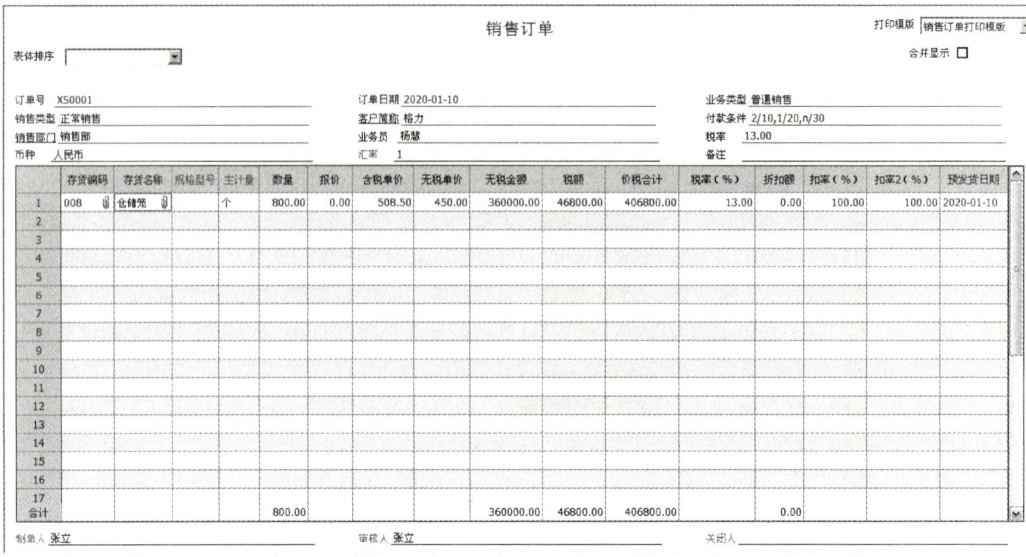


图 6－5 【销售订单】窗口

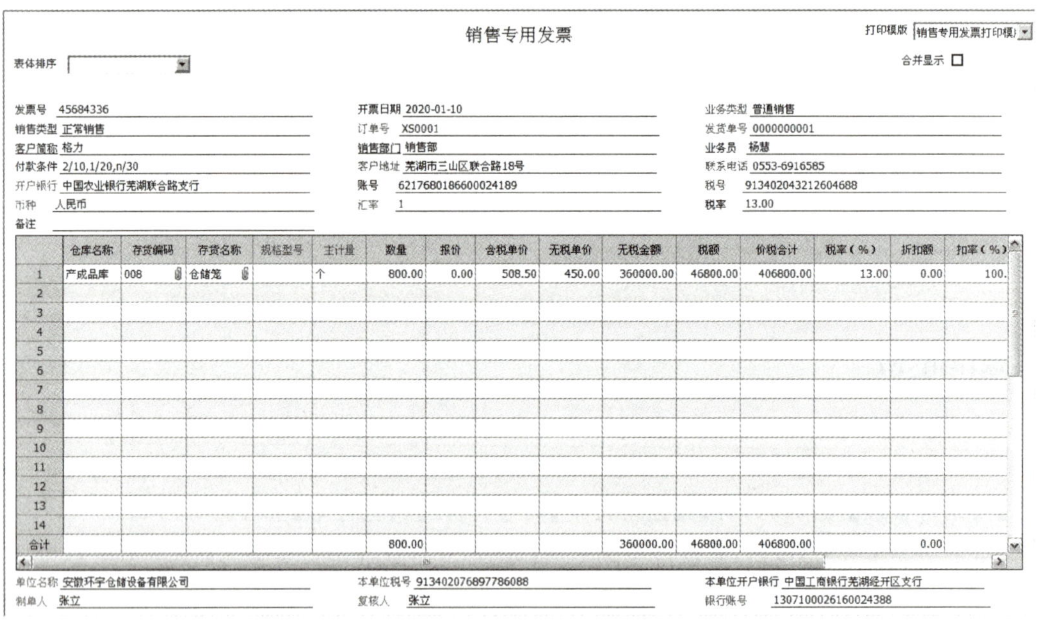


图 6－6 【销售专用发票】窗口

3. 查询发货单

（1）2020 年 1 月 10 日，销售部【X01 张立】在企业应用平台中执行【业务工作】|【供应链】|【销售管理】|【销售发货】|【发货单】命令，打开【发货单】窗口。

（2）单击【浏览】按钮，可以查看系统根据销售专用发票自动生成的发货单，如图 6－7 所示。

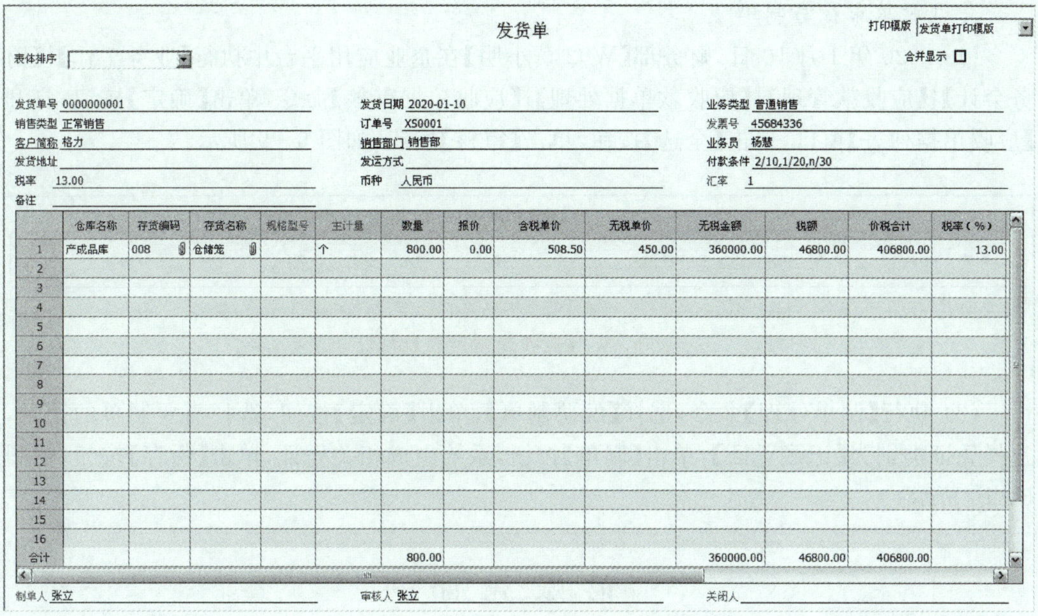

发货单

打印模版 发货单打印模版

表体排序

合并显示

发货单号 0000000001　发货日期 2020-01-10　业务类型 普通销售

销售类型 正常销售　订单号 XS0001　发票号 45684336

客户简称 格力　销售部门 销售部　业务员 杨慧

发货地址　发运方式　付款条件 2/10,1/20,n/30

税率 13.00　币种 人民币　汇率 1

备注

| | 仓库名称 | 存货编码 | 存货名称 | 规格型号 | 主计量 | 数量 | 报价 | 含税单价 | 无税单价 | 无税金额 | 税额 | 价税合计 | 税率（%） |
|---|---|---|---|---|---|---|---|---|---|---|---|---|---|
| 1 | 产成品库 | 008 | 仓储笼 | | 个 | 800.00 | 0.00 | 508.50 | 450.00 | 360000.00 | 46800.00 | 406800.00 | 13.00 |
| 2 | | | | | | | | | | | | | |
| 3 | | | | | | | | | | | | | |
| 4 | | | | | | | | | | | | | |
| 5 | | | | | | | | | | | | | |
| 6 | | | | | | | | | | | | | |
| 7 | | | | | | | | | | | | | |
| 8 | | | | | | | | | | | | | |
| 9 | | | | | | | | | | | | | |
| 10 | | | | | | | | | | | | | |
| 11 | | | | | | | | | | | | | |
| 12 | | | | | | | | | | | | | |
| 13 | | | | | | | | | | | | | |
| 14 | | | | | | | | | | | | | |
| 15 | | | | | | | | | | | | | |
| 16 | | | | | | | | | | | | | |
| 合计 | | | | | | 800.00 | | | | 360000.00 | 46800.00 | 406800.00 | |

制单人 张立　审核人 张立　关闭人

图 6-7 【发货单】窗口

4. 生成销售出库单

(1) 2020 年 1 月 10 日，仓储部【C01 李红】在企业应用平台中执行【业务工作】|【供应链】|【库存管理】|【出库业务】|【销售出库单】命令，打开【销售出库单】窗口。

(2) 执行【生单】|【销售生单】命令，打开【查询条件选择——销售发货单列表】窗口，单击【确定】按钮。

(3) 打开【销售生单】窗口，选择相应的【发货单】，单击【确定】按钮，系统自动生成销售出库单。

(4) 单击【审核】按钮，如图 6-8 所示。

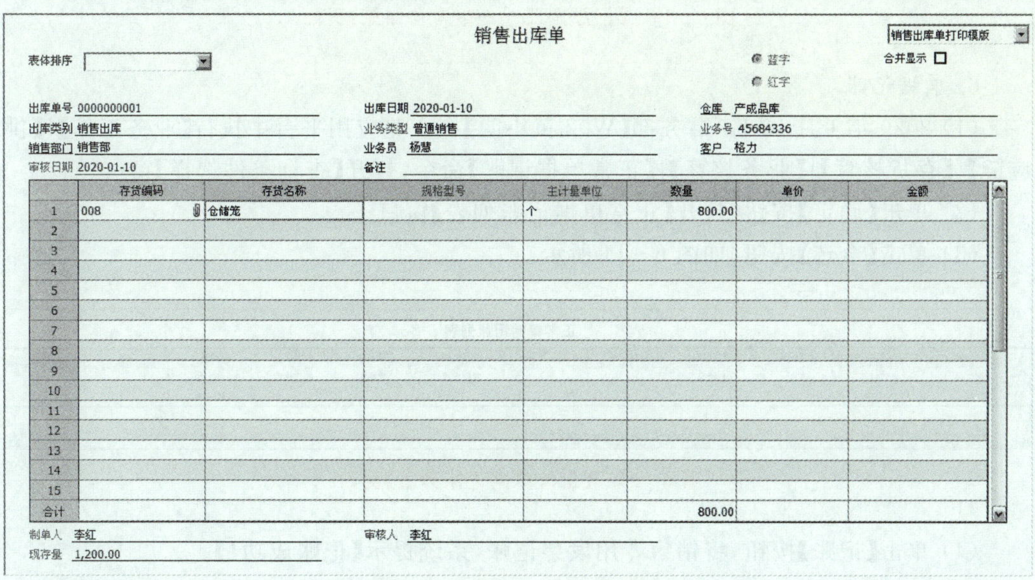

销售出库单

销售出库单打印模版

表体排序

蓝字　红字

合并显示

出库单号 0000000001　出库日期 2020-01-10　仓库 产成品库

出库类别 销售出库　业务类型 普通销售　业务号 45684336

销售部门 销售部　业务员 杨慧　客户 格力

审核日期 2020-01-10　备注

| | 存货编码 | 存货名称 | 规格型号 | 主计量单位 | 数量 | 单价 | 金额 |
|---|---|---|---|---|---|---|---|
| 1 | 008 | 仓储笼 | | 个 | 800.00 | | |
| 2 | | | | | | | |
| 3 | | | | | | | |
| 4 | | | | | | | |
| 5 | | | | | | | |
| 6 | | | | | | | |
| 7 | | | | | | | |
| 8 | | | | | | | |
| 9 | | | | | | | |
| 10 | | | | | | | |
| 11 | | | | | | | |
| 12 | | | | | | | |
| 13 | | | | | | | |
| 14 | | | | | | | |
| 15 | | | | | | | |
| 合计 | | | | | 800.00 | | |

制单人 李红　审核人 李红

现存量 1,200.00

图 6-8 【销售出库单】窗口

6

5. 应收单审核与制单

(1) 2020 年 1 月 10 日，财务部【W02 黄小明】在企业应用平台中执行【业务工作】|【财务会计】|【应收款管理】|【应收款单据处理】|【应收单据审核】命令，单击【确定】按钮，打开【应收单据列表】窗口，单击【全选】按钮，单击【审核】按钮，如图 6－9 所示。

应收单据列表

记录总数：1

| 选择 | 审核人 | 单据日期 | 单据类型 | 单据号 | 客户名称 | 部门 | 业务员 | 制单人 | 币种 | 汇率 | 原币金额 | 本币金额 |
|---|---|---|---|---|---|---|---|---|---|---|---|---|
| | 黄小明 | 2020-01-10 | 销售专用发票 | 45684336 | 格力电器有限公司 | 销售部 | 杨慧 | 张立 | 人民币 | 1.00000000 | 406,800.00 | 406,800.00 |
| 合计 | | | | | | | | | | | 406,800.00 | 406,800.00 |

图 6－9 【应收单据列表】窗口

(2) 执行【制单处理】命令，选择【发票制单】，单击【确定】按钮，选择需要制单的记录，选择凭证类别为【记账凭证】，单击【制单】按钮，系统生成相关凭证，单击【保存】按钮，如图 6－10 所示。

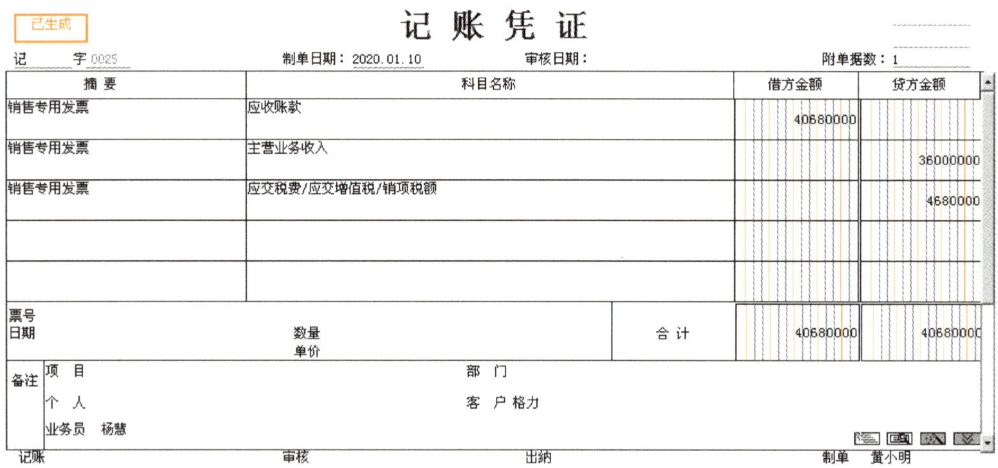


图 6－10 【记账凭证——销售仓储笼】页面

6. 单据记账

(1) 2020 年 1 月 10 日，财务部【W02 黄小明】在企业应用平台中执行【业务工作】|【供应链】|【存货核算】|【业务核算】|【正常单据记账】命令，打开【查询条件选择】窗口。

(2) 单击【确定】按钮，打开【正常单据记账列表】窗口。

(3) 单击【全选】按钮，如图 6－11 所示。

正常单据记账列表

记录总数：1

| 选择 | 日期 | 单据号 | 存货编码 | 存货名称 | 规格型号 | 存货代码 | 单据类型 | 仓库名称 | 收发类别 | 数量 | 单价 | 金额 |
|---|---|---|---|---|---|---|---|---|---|---|---|---|
| Y | 2020-01-10 | 45684336 | 008 | 仓储笼 | | | 专用发票 | 产成品库 | 销售出库 | 800.00 | | |
| 小计 | | | | | | | | | | 800.00 | | |

图 6－11 【正常单据记账列表】窗口

(4) 单击【记账】按钮，将销售专用发票记账，系统提示【记账成功!】。

(5) 单击【确定】按钮。

# 业务二 销售货架

## 【业务描述】

销售货架

2020 年 1 月 11 日，与沃尔玛签订购销合同，取得与业务相关的原始单据如图 6 - 12～图 6 - 14 所示。

**购销合同**

供货方：安徽环宇仓储设备有限公司　　合同号：xs0002

购买方：沃尔玛超市有限公司　　签订日期：2020年01月11日

经双方协议，订立本合同如下：

| 商品型号 | 名称 | 数量 | 单价 | 总额 | 其他要求 |
| --- | --- | --- | --- | --- | --- |
| | 货架 | 1000.00 | 542.40 | 542400.00 | |
| | | | | | |
| | | | | | |
| | | | | | |
| | | | | | |
| 合计 | | 1000.00 | | ¥542,400.00 | |
| 货款合计（大写）：人民币伍拾肆万贰仟肆佰元整 | | | | | |

质量验收标准：货物验收合格

交货日期：2020年1月11日

交货地点：沃尔玛超市有限公司

结算方式：转账支票，付款时间2020年2月11日。

发运方式：公路运输，运费由购买方承担。

违约条款：违约方需赔偿对方一切经济损失。但遇天灾人祸或其他不可抗力因素而导致延误交货，购买方不能要求供货方赔偿任何损失。

解决合同纠纷的方式：经双方友好协商解决，如协商不成的，可向当地仲裁委员会提出申诉解决。

本合同一式两份，供需双方各执一份，自签订之日起生效。

供货方（盖章）：　　购买方（盖章）：

地址：芜湖市经济技术开发区港湾路188号　　地址：芜湖市镜湖区中山路308号

法定代表：李金泽　　法定代表：袁涛

联系电话：0553-4471388　　联系电话：0553-3522166

图 6 - 12 【业务二——购销合同】

**安徽增值税专用发票**

NO.45684337　　3402194130　45684337

此联不做报销、扣税凭证使用　　开票日期：2020年01月11日

| 购买方 | 名称：沃尔玛超市有限公司<br>纳税人识别号：913402017357608878<br>地址、电话：芜湖市镜湖区中山路308号，0553-3522166<br>开户行及账号：中国工商银行芜湖中山路支行，1307310182600024932 | 密码区 | 略 | | | | |
| --- | --- | --- | --- | --- | --- | --- | --- |
| 货物或应税劳务、服务名称 | 规格型号 | 单位 | 数量 | 单价 | 金额 | 税率 | 税额 |
| *搬运设备*货架 | | 个 | 1000.00 | 480.00 | 480000.00 | 13% | 62400.00 |
| 合计 | | | 1000.00 | | ¥480000.00 | | ¥62400.00 |
| 价税合计（大写） | ⊗伍拾肆万贰仟肆佰元整 | | | | （小写）¥542400.00 | | |
| 销货方 | 名称：安徽环宇仓储设备有限公司<br>纳税人识别号：913402076897786088<br>地址、电话：芜湖市经济技术开发区港湾路188号，0553-4471388<br>开户行及账号：中国工商银行芜湖市经开区支行，1307100026160024388 | 备注 | | | | | |

收款人：略　　复核：略　　开票人：略　　销售方（章）：

第一联：记账联　销货方记账凭证

税总函〔2019〕562号上海印钞有限公司

图 6 - 13 【业务二——增值税专用发票】

6

**出 库 单**

2020年 01月 11日 单号：0002

| 提货单位 | 沃尔玛超市有限公司 | 发票号码 | | 发出仓库 | 产成品库 | 出库日期 | 2020/1/11 |
|---|---|---|---|---|---|---|---|
| 编号 | 名称及规格 | 单位 | 数量 应发 | 数量 实发 | 金额 | 备注 | |
| 007 | 货架 | 个 | 1000.00 | 1000.00 | | | |
| | | | | | | | |
| | | | | | | | |
| | | | | | | | |
| | 合计 | | 1000.00 | 1000.00 | | | |

会计联

部门经理：略 会计：略 仓库：略 经办人：略

图 6-14 【业务二——出库单】

## 【岗位说明】

销售部【X01 张立】填制销售订单（审核）、销售专用发票（复核）；仓储部【C01 李红】填制销售出库单（审核）；财务部【W02 黄小明】审核发票（制单）、单据记账。

## 【业务解析】

本笔是签订销售合同、开票发货的业务。

## 【业务流程】

销售货架业务流程如图 6-15 所示。

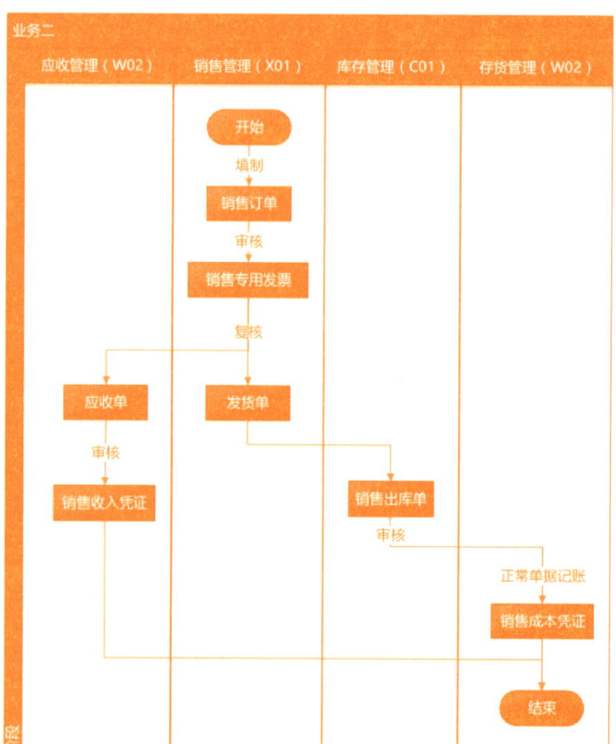


图 6-15 【销售货架业务】流程图

6

## 【操作指导】

1. 填制销售订单

(1) 2020 年 1 月 11 日,销售部【X01 张立】在企业应用平台中执行【业务工作】|【供应链】|【销售管理】|【销售订货】|【销售订单】命令,打开【销售订单】窗口。

(2) 单击【增加】按钮,修改订单编号为【XS0002】,选择销售类型为【正常销售】,按照购销合同录入订单信息,单击【保存】按钮。

(3) 单击【审核】按钮,审核填制的销售订单,如图 6-16 所示。

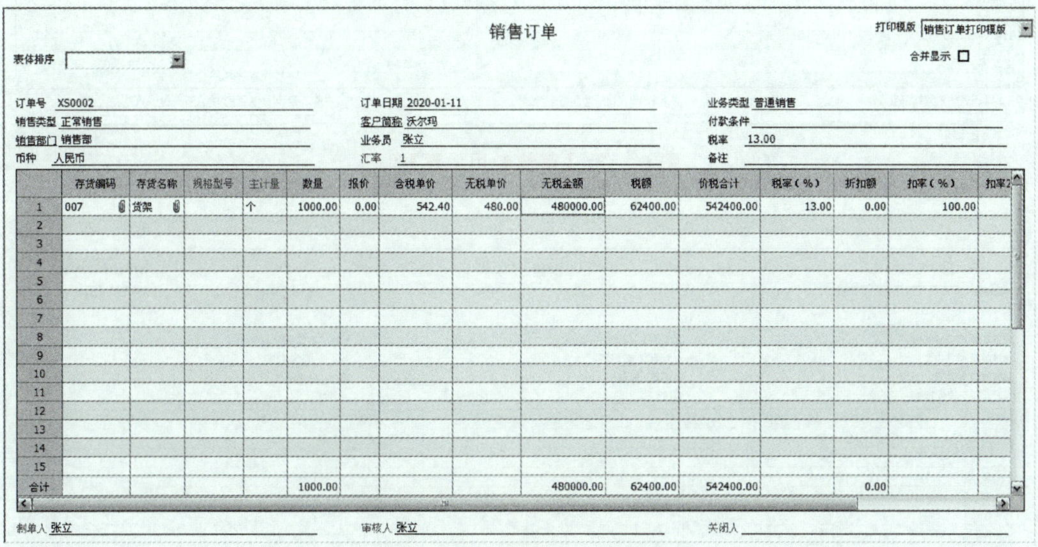


图 6-16 【销售订单】窗口

2. 生成销售专用发票

(1) 2020 年 1 月 11 日,销售部【X01 张立】在企业应用平台中执行【业务工作】|【供应链】|【销售管理】|【销售开票】|【销售专用发票】命令,打开【销售专用发票】窗口。

(2) 单击【增加】按钮,打开【查询条件选择——参照订单】窗口,选择相应的订单,单击【确定】按钮,选择仓库名称为【产成品库】,修改发票号为【45684337】,单击【保存】按钮,单击【复核】按钮,如图 6-17 所示。

3. 生成销售出库单

(1) 2020 年 1 月 11 日,仓储部【C01 李红】在企业应用平台中执行【业务工作】|【供应链】|【库存管理】|【出库业务】|【销售出库单】命令,打开【销售出库单】窗口。

(2) 执行【生单】|【销售生单】命令,打开【查询条件选择——销售发货单列表】窗口,单击【确定】按钮。

(3) 打开【销售生单】窗口,选择相应的【发货单】,单击【确定】按钮,系统自动生成销售出库单。

(4) 单击【审核】按钮,如图 6-18 所示。

销售专用发票

打印模版 销售专用发票打印模版

表体排序

合并显示

发票号 45684337　开票日期 2020-01-11　业务类型 普通销售

销售类型 正常销售　订单号 XS0002　发货单号 0000000002

客户简称 沃尔玛　销售部门 销售部　业务员 张立

付款条件　客户地址 芜湖市镜湖区中山路308号　联系电话 0553-3522166

开户银行 中国工商银行芜湖中山路支行　账号 1307310182600024932　税号 913402017357608878

币种 人民币　汇率 1　税率 13.00

备注

| | 仓库名称 | 存货编码 | 存货名称 | 规格型号 | 主计量 | 数量 | 报价 | 含税单价 | 无税单价 | 无税金 |
|---|---|---|---|---|---|---|---|---|---|---|
| 1 | 产成品库 | 007 | 货架 | | 个 | 1000.00 | 0.00 | 542.40 | 480.00 | |
| 2 | | | | | | | | | | |
| 3 | | | | | | | | | | |
| 4 | | | | | | | | | | |
| 5 | | | | | | | | | | |
| 6 | | | | | | | | | | |
| 7 | | | | | | | | | | |
| 8 | | | | | | | | | | |
| 9 | | | | | | | | | | |
| 10 | | | | | | | | | | |
| 11 | | | | | | | | | | |
| 12 | | | | | | | | | | |
| 合计 | | | | | | 1000.00 | | | | |

单位名称 安徽环宇仓储设备有限公司　本单位税号 913402076897786088　本单位开户银行 中国工商银行芜湖经开区支行

制单人 张立　复核人 张立　银行账号 1307100026160024388

图 6-17 【销售专用发票】窗口

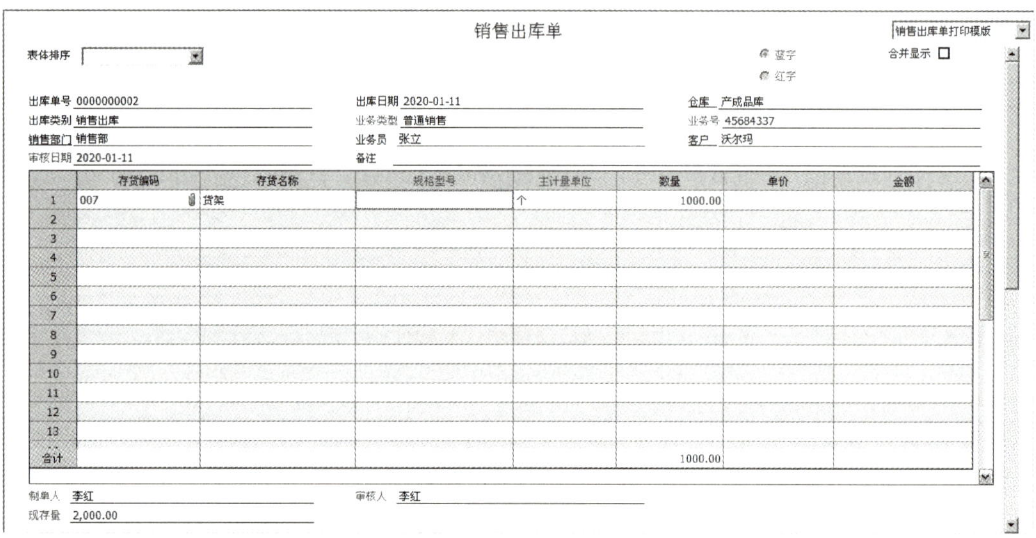

销售出库单

销售出库单打印模版

表体排序

蓝字　红字　合并显示

出库单号 0000000002　出库日期 2020-01-11　仓库 产成品库

出库类别 销售出库　业务类型 普通销售　业务号 45684337

销售部门 销售部　业务员 张立　客户 沃尔玛

审核日期 2020-01-11　备注

| | 存货编码 | 存货名称 | 规格型号 | 主计量单位 | 数量 | 单价 | 金额 |
|---|---|---|---|---|---|---|---|
| 1 | 007 | 货架 | | 个 | 1000.00 | | |
| 2 | | | | | | | |
| 3 | | | | | | | |
| 4 | | | | | | | |
| 5 | | | | | | | |
| 6 | | | | | | | |
| 7 | | | | | | | |
| 8 | | | | | | | |
| 9 | | | | | | | |
| 10 | | | | | | | |
| 11 | | | | | | | |
| 12 | | | | | | | |
| 13 | | | | | | | |
| 合计 | | | | | 1000.00 | | |

制单人 李红　审核人 李红

现存量 2,000.00

图 6-18 【销售出库单】窗口

4. 应收单审核与制单

(1) 2020 年 1 月 11 日，财务部【W02 黄小明】在企业应用平台中执行【业务工作】|【财务会计】|【应收款管理】|【应收款单据处理】|【应收单据审核】命令，单击【确定】按钮，打开【应收单据列表】窗口，单击【全选】按钮，单击【审核】按钮，如图 6-19 所示。

应收单据列表

记录总数：1

| 选择 | 审核人 | 单据日期 | 单据类型 | 单据号 | 客户名称 | 部门 | 业务员 | 制单人 | 币种 | 汇率 | 原币金额 | 本币金额 | 备注 |
|---|---|---|---|---|---|---|---|---|---|---|---|---|---|
| | 黄小明 | 2020-01-11 | 销售专用发票 | 45684337 | 沃尔玛超市有限公司 | 销售部 | 张立 | 张立 | 人民币 | 1.00000000 | 542,400.00 | 542,400.00 | |
| 合计 | | | | | | | | | | | 542,400.00 | 542,400.00 | |

图 6-19 【应收单据列表】窗口

6

(2) 执行【制单处理】命令，选择【发票制单】，单击【确定】，选择需要制单的记录，选择凭证类别为【记账凭证】，单击【制单】按钮，系统生成相关凭证，单击【保存】按钮，如图 6 - 20 所示。

已生成

**记 账 凭 证**

记　字 0026　　制单日期：2020.01.11　　审核日期：　　附单据数：1

| 摘要 | 科目名称 | 借方金额 | 贷方金额 |
|---|---|---|---|
| 销售专用发票 | 应收账款 | 54240000 | |
| 销售专用发票 | 主营业务收入 | | 48000000 |
| 销售专用发票 | 应交税费/应交增值税/销项税额 | | 6240000 |
| | | | |
| | | | |
| 票号<br>日期 | 数量<br>单价　　合计 | 54240000 | 54240000 |

备注　项　目　　部　门

个　人　　客　户 沃尔玛

业务员　张立

记账　　审核　　出纳　　制单　黄小明

图 6 - 20　【记账凭证——销售货架】窗口

5. 单据记账

(1) 2020 年 1 月 11 日，财务部【W02 黄小明】在企业应用平台中执行【业务工作】|【供应链】|【存货核算】|【业务核算】|【正常单据记账】命令，打开【查询条件选择】窗口。

(2) 单击【确定】按钮，打开【正常单据记账列表】窗口。

(3) 单击【全选】按钮，如图 6 - 21 所示。

**正常单据记账列表**

记录总数：1

| 选择 | 日期 | 单据号 | 存货编码 | 存货名称 | 规格型号 | 存货代码 | 单据类型 | 仓库名称 | 收发类别 | 数量 | 单价 | 金额 |
|---|---|---|---|---|---|---|---|---|---|---|---|---|
| Y | 2020-01-11 | 45684337 | 007 | 货架 | | | 专用发票 | 产成品库 | 销售出库 | 1,000.00 | | |
| 小计 | | | | | | | | | | 1,000.00 | | |

图 6 - 21　【正常单据记账列表】窗口

(4) 单击【记账】按钮，将销售专用发票记账，系统提示【记账成功!】。

## 业务三　收 到 货 款

收到货款

### 【业务描述】

2020 年 1 月 12 日，收到格力货款，取得与业务相关的原始单据如图 6 - 22 所示。

### 【岗位说明】

财务部【W03 李卉】填制收款单；财务部【W02 黄小明】审核收款单、核销并制单。

### 【业务解析】

本笔是有现金折扣的销售收款业务。

6

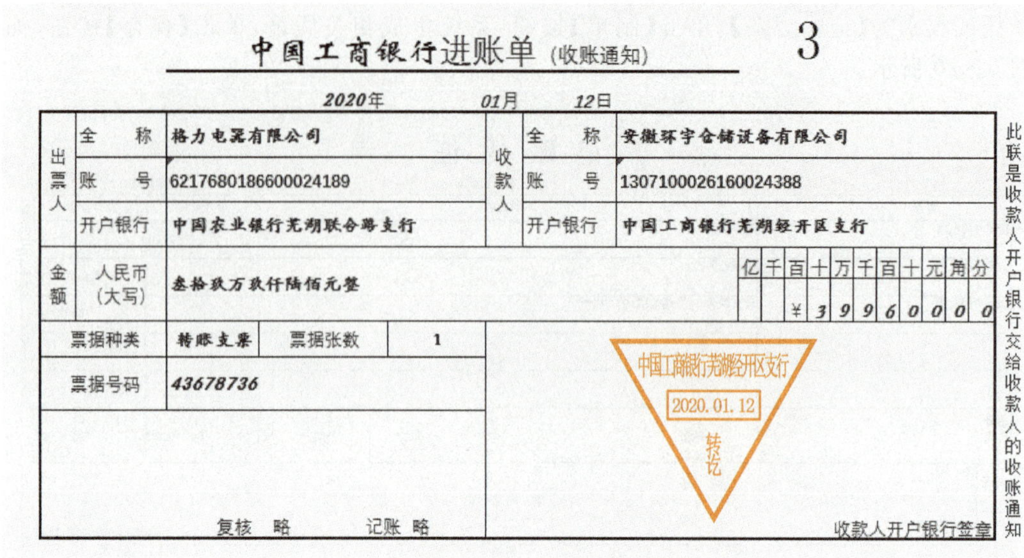

中国工商银行进账单（收账通知） 3

2020年 01月 12日

| 出票人 | 全称 | 格力电器有限公司 | 收款人 | 全称 | 安徽环宇仓储设备有限公司 |
|---|---|---|---|---|---|
| | 账号 | 6217680186600024189 | | 账号 | 1307100026160024388 |
| | 开户银行 | 中国农业银行芜湖联合路支行 | | 开户银行 | 中国工商银行芜湖经开区支行 |
| 金额 | 人民币（大写） | 叁拾玖万玖仟陆佰元整 | | 亿千百十万千百十元角分 | ¥39960000 |
| 票据种类 | 转账支票 | 票据张数 | 1 | | |
| 票据号码 | 43678736 | | | | |
| | 复核 略 | 记账 略 | | 收款人开户银行签章 | |

中国工商银行芜湖经开区支行 2020.01.12 转讫

此联是收款人开户银行交给收款人的收账通知

图 6-22 【业务三——进账单（收账通知）】

## 【赛题链接】

17 日，收到上一笔（合同编码号：XS0010）的货款，按照合同约定给予现金折扣。（收款与现金折扣需合并制单）（原始单据：银行进账单、现金折扣核销单略）。

6

## 【业务流程】

收到货款业务流程如图 6-23 所示。

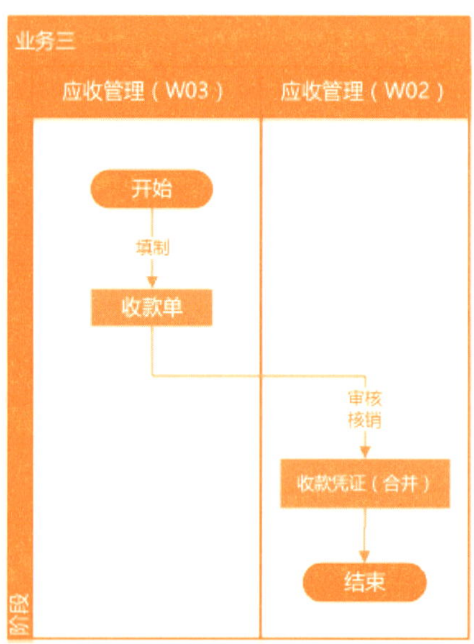


图 6-23 【收到货款业务】流程图

## 【操作指导】

1. 填制收款单

2020 年 1 月 12 日，财务部【W03 李卉】在企业应用平台中执行【业务工作】|【财务会计】|【应收款管理】|【收款单据处理】|【收款单据录入】命令，打开【收款单】窗口，单击【增加】按钮，按照进账单的信息录入，在表体中选择款项类型为【应收款】，单击【保存】按钮，如图 6 - 24 所示。

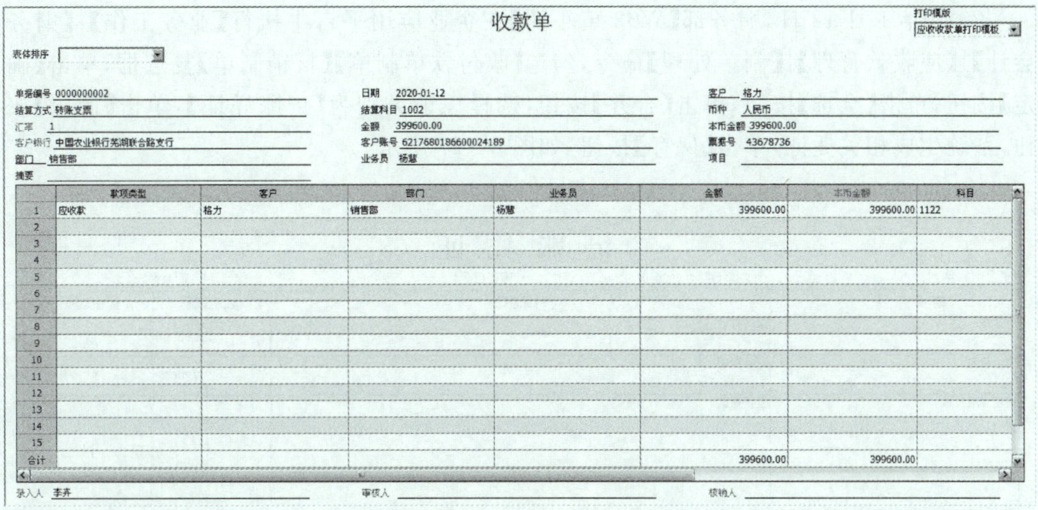


图 6 - 24 【收款单】窗口

2. 收款单据审核

2020 年 1 月 12 日，财务部【W02 黄小明】在企业应用平台中执行【业务工作】|【财务会计】|【应收款管理】|【收款单据处理】|【收款单据审核】命令，单击【确定】按钮，打开【收付款单列表】窗口，单击【全选】按钮，单击【审核】按钮，如图 6 - 25 所示。

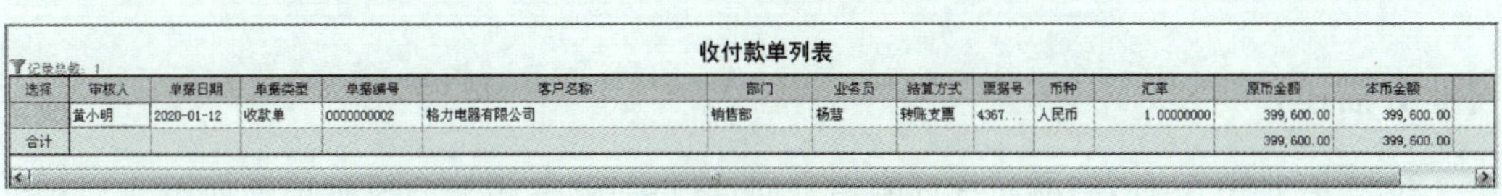


图 6 - 25 【收付款单列表】窗口

3. 单据核销

(1) 2020 年 1 月 12 日，财务部【W02 黄小明】在企业应用平台中执行【业务工作】|【财务会计】|【应收款管理】|【核销处理】|【手工核销】命令，打开【手工核销】窗口，选择客户为【格力】。

(2) 单击【确定】按钮，打开【单据核销】窗口，录入本次结算金额、折扣金额，如图 6 - 26 所示，单击【保存】按钮。

6

| 单据日期 | 单据类型 | 单据编号 | 客户 | 款项类型 | 结算方式 | 币种 | 汇率 | 原币金额 | 原币余额 | 本次结算金额 | 订单号 |
|---|---|---|---|---|---|---|---|---|---|---|---|
| 2020-01-12 | 收款单 | 0000000002 | 格力 | 应收款 | 转账支票 | 人民币 | 1.00000000 | 399,600.00 | 399,600.00 | 399,600.00 | |
| 合计 | | | | | | | | 399,600.00 | 399,600.00 | 399,600.00 | |

| 单据日期 | 单据类型 | 单据编号 | 到期日 | 客户 | 币种 | 原币金额 | 原币余额 | 可享受折扣 | 本次折扣 | 本次结算 | 订单号 | 凭证号 |
|---|---|---|---|---|---|---|---|---|---|---|---|---|
| 2020-01-10 | 销售专... | 45684336 | 2020-02-09 | 格力 | 人民币 | 406,800.00 | 406,800.00 | 8,136.00 | 7,200.00 | 399,600.00 | XS0001 | 记-0025 |
| 合计 | | | | | | 406,800.00 | 406,800.00 | 8,136.00 | 7,200.00 | 399,600.00 | | |

图 6-26 【单据核销】窗口

4. 收款单、核销合并制单

2020 年 1 月 12 日，财务部【W02 黄小明】在企业应用平台中执行【业务工作】|【财务会计】|【应收款管理】|【制单处理】命令，勾选【收付款单制单】【核销制单】复选框，单击【确定】按钮，单击【全选】按钮，单击【合并】按钮，选择凭证类别为【记账凭证】，单击【制单】按钮，系统生成相关凭证，单击【保存】按钮，如图 6-27 所示。

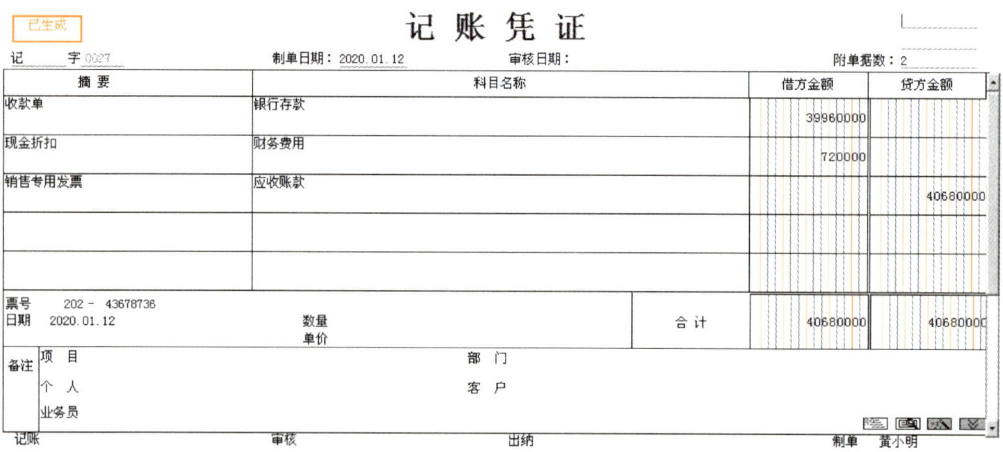
已生成

记账凭证

记 字 0027 制单日期：2020.01.12 审核日期： 附单据数：2

| 摘要 | 科目名称 | 借方金额 | 贷方金额 |
|---|---|---|---|
| 收款单 | 银行存款 | 39960000 | |
| 现金折扣 | 财务费用 | 720000 | |
| 销售专用发票 | 应收账款 | | 40680000 |
| | | | |
| | | | |
| 票号 202 - 43678736<br>日期 2020.01.12 | 数量<br>单价 合计 | 40680000 | 40680000 |

备注 项目 部门<br>个人 客户<br>业务员

记账 审核 出纳 制单 黄小明

图 6-27 【记账凭证——收款单】页面

## 业务四 销售货架

### 【业务描述】

2020 年 1 月 13 日，与欧尚签订购销合同，取得与业务相关的原始单据如图 6-28～图 6-30 所示。

### 【业务解析】

本笔是签订销售合同、开票发货的业务。

### 【岗位说明】

销售部【X01 张立】填制销售订单（审核）、销售专用发票（复核）；仓储部【C01 李红】填制销售出库单（审核）；财务部【W02 黄小明】审核发票（制单）、单据记账。

6

# 购销合同

供货方：安徽环宇仓储设备有限公司　　合同号：xs0003

购买方：欧尚超市有限公司　　签订日期：2020年01月13日

经双方协议，订立本合同如下：

| 商品型号 | 名称 | 数量 | 单价 | 总额 | 其他要求 |
|---|---|---|---|---|---|
| | 货架 | 100.00 | 542.40 | 54240.00 | |
| | | | | | |
| | | | | | |
| | | | | | |
| | | | | | |
| 合计 | | 100.00 | | ¥54,240.00 | |
| 货款合计（大写）：人民币伍万肆仟贰佰肆拾元整 | | | | | |

质量验收标准：货物验收合格

交货日期：2020年1月13日

交货地点：欧尚超市有限公司

结算方式：转账支票，付款时间2020年2月13日。

发运方式：公路运输。运费由购买方承担。

违约条款：违约方需赔偿对方一切经济损失。但遇天灾人祸或其他不可抗力因素而导致延误交货，购买方不能要求供货方赔偿任何损失。

解决合同纠纷的方式：经双方友好协商解决，如协商不成的，可向当地仲裁委员会提出申诉解决。

本合同一式两份，供需双方各执一份，自签订之日起生效。

供货方（盖章）：　　购买方（盖章）：

地址：芜湖市经济技术开发区港湾路188号　　地址：芜湖市弋江区花津南路28号

法定代表：李全添　　法定代表：刘静

联系电话：0553-4471388　　联系电话：0553-4795488

图 6－28 【业务四——购销合同】

# 安徽增值税专用发票

NO.45684338　　3402194130　45684338

此联不做报销、扣税凭证使用　　开票日期：2020年01月13日

| 购买方 | 名称：欧尚超市有限公司<br>纳税人识别号：913402019747907576<br>地址、电话：芜湖市弋江区花津南路28号，0553-4795488<br>开户行及账号：中国建设银行芜湖花津路支行，3478620195600024642 | | | 密码区 | 略 | | |
|---|---|---|---|---|---|---|---|
| 货物或应税劳务、服务名称 | 规格型号 | 单位 | 数量 | 单价 | 金额 | 税率 | 税额 |
| *搬运设备*货架 | | 个 | 100.00 | 480.00 | 48000.00 | 13% | 6240.00 |
| 合计 | | | 100.00 | | ¥ 48000.00 | | ¥ 6240.00 |
| 价税合计（大写） | ⊗伍万肆仟贰佰肆拾元整 | | | | （小写）¥ 54240.00 | | |
| 销货方 | 名称：安徽环宇仓储设备有限公司<br>纳税人识别号：913402076897786088<br>地址、电话：芜湖市经济技术开发区港湾路188号，0553-4471388<br>开户行及账号：中国工商银行芜湖经开区支行，1307100026160024388 | | | 备注 | | | |

收款人：略　　复核：略　　开票人：略　　销售方（章）：

税总函〔2019〕562号上海印钞有限公司

第一联：记账联 销货方记账凭证

图 6－29 【业务四——增值税专用发票】

出 库 单

2020年 01月 13日 单号：0003

| 提货单位 | 欧尚超市有限公司 | 发票号码 | | 发出仓库 | 产成品库 | 出库日期 | 2020/1/13 |
|---|---|---|---|---|---|---|---|
| 编号 | 名称及规格 | 单位 | 数量 应发 | 数量 实发 | 金额 | 备注 | |
| 007 | 货架 | 个 | 100.00 | 100.00 | | | |
| | | | | | | | |
| | | | | | | | |
| | | | | | | | |
| | 合计 | | 100.00 | 100.00 | | | |

部门经理：略 会计：略 仓库：略 经办人：略

会计联

图 6-30 【业务四——出库单】

## 【业务流程】

销售货架业务流程如图 6-31 所示。

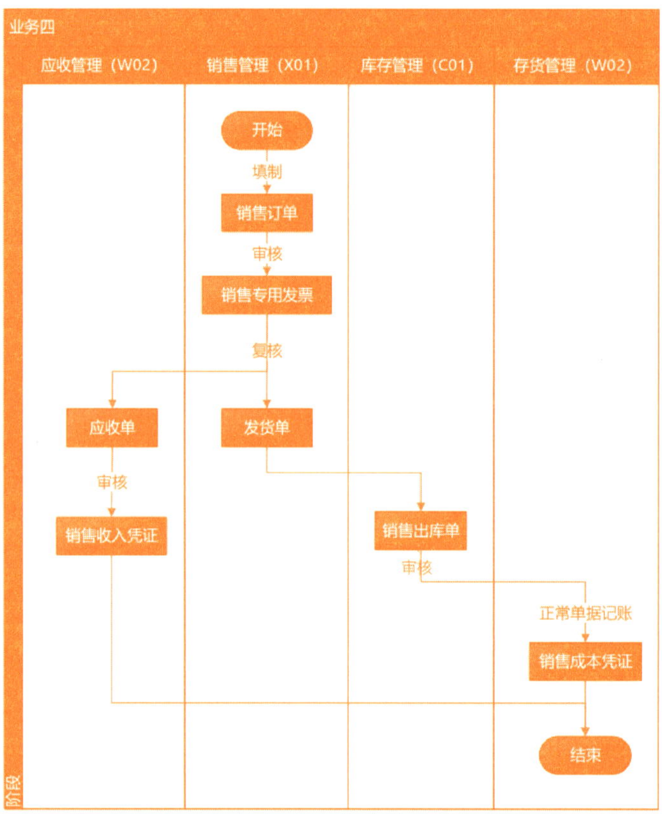


图 6-31 【销售货架业务】流程图



## 【操作指导】

1. 填制销售订单

(1) 2020 年 1 月 13 日，销售部【X01 张立】在企业应用平台中执行【业务工作】|【供应链】|【销售管理】|【销售订货】|【销售订单】命令，打开【销售订单】窗口。

（2）单击【增加】按钮，修改订单号为【XS0003】，选择销售类型为【正常销售】，按照购销合同录入订单信息，单击【保存】按钮。

（3）单击【审核】按钮，审核填制的销售订单，如图 6－32 所示。

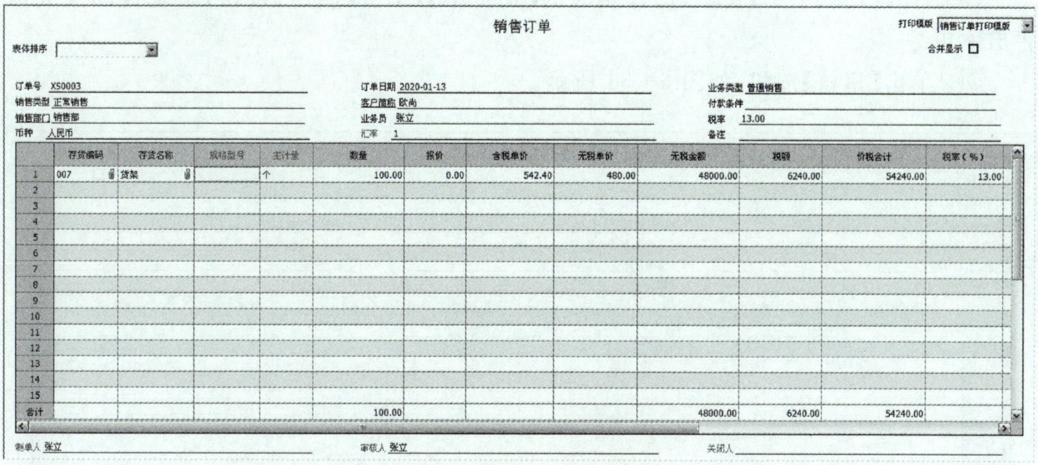


图 6－32 【销售订单】窗口

2. 生成销售专用发票

（1）2020 年 1 月 13 日，销售部【X01 张立】在企业应用平台中执行【业务工作】|【供应链】|【销售管理】|【销售开票】|【销售专用发票】命令，打开【销售专用发票】窗口。

（2）单击【增加】按钮，系统弹出【查询条件选择——参照订单】窗口，选择相应的订单，单击【确定】按钮，选择仓库名称为【产成品库】，修改发票号为【45684338】，单击【保存】按钮，单击【复核】按钮，如图 6－33 所示。

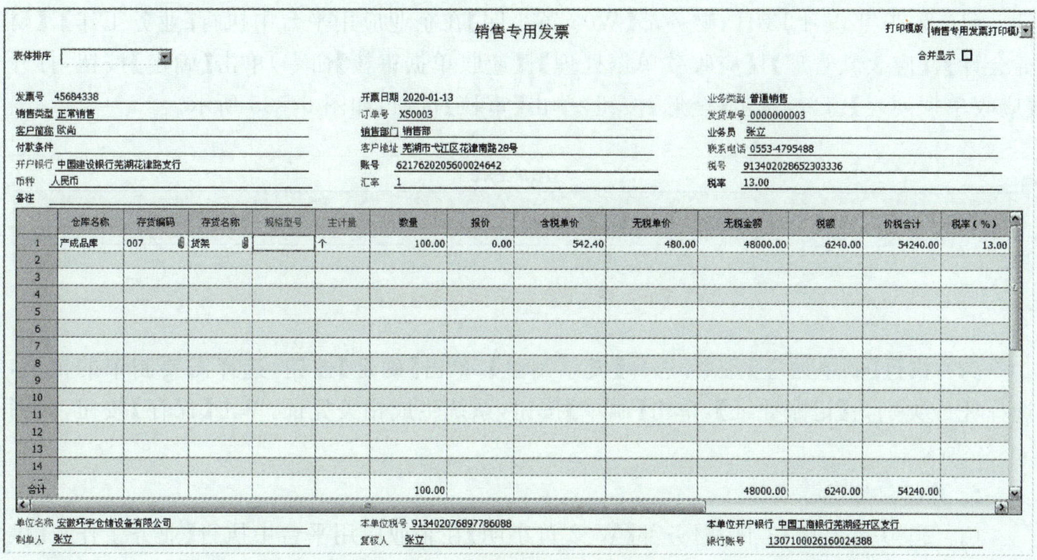


图 6－33 【销售专用发票】窗口

3. 生成销售出库单

（1）2020 年 1 月 13 日，仓储部【C01 李红】在企业应用平台中执行【业务工作】|【供应

6

链】|【库存管理】|【出库业务】|【销售出库单】命令，打开【销售出库单】窗口。

(2) 执行【生单】|【销售生单】命令，打开【查询条件选择——销售发货单列表】窗口，单击【确定】按钮。

(3) 打开【销售生单】窗口，选择相应的【发货单】，单击【确定】按钮，系统自动生成销售出库单。

(4) 单击【审核】按钮，如图 6 - 34 所示。

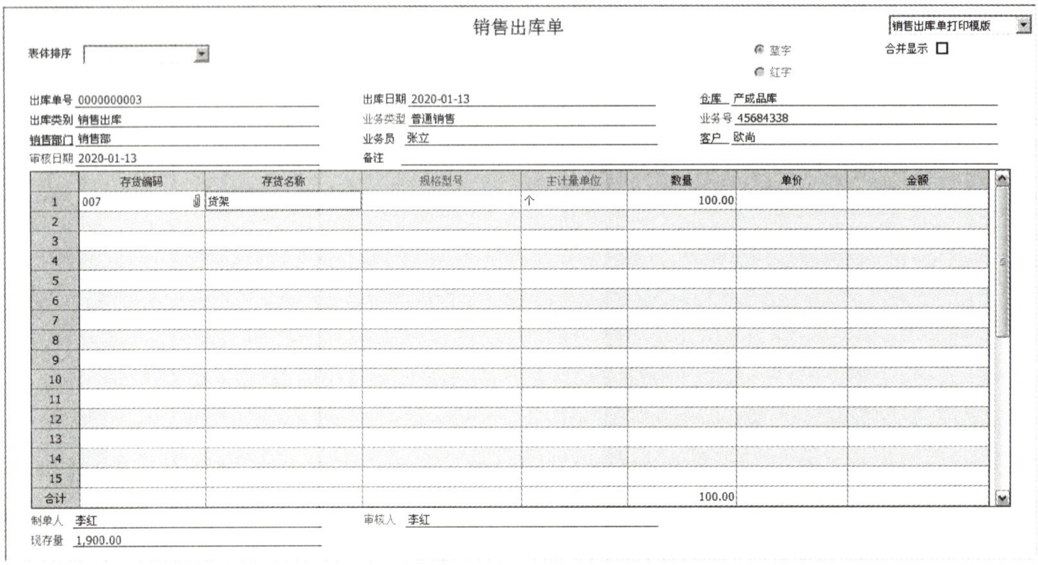


图 6 - 34 【销售出库单】窗口

6

4. 应收单据审核与制单

(1) 2020 年 1 月 13 日，财务部【W02 黄小明】在企业应用平台中执行【业务工作】|【财务会计】|【应收款管理】|【应收款单据处理】|【应收单据审核】命令，单击【确定】按钮，打开【应收单据列表】窗口，单击【全选】按钮，单击【审核】按钮，如图 6 - 35 所示。

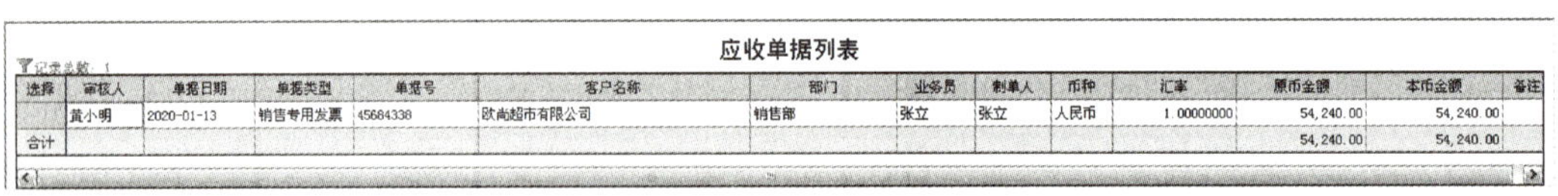


图 6 - 35 【应收单据列表】窗口

(2) 执行【制单处理】命令，选择【发票制单】，单击【确定】按钮，选择需要制单的记录，选择凭证类别为【记账凭证】，单击【制单】按钮，系统生成相关凭证，单击【保存】按钮，如图 6 - 36 所示。

5. 单据记账

(1) 2020 年 1 月 13 日，财务部【W02 黄小明】在企业应用平台中执行【业务工作】|【供应链】|【存货核算】|【业务核算】|【正常单据记账】命令，打开【查询条件选择】窗口。

(2) 单击【确定】按钮，打开【正常单据记账列表】窗口。

(3) 单击【全选】按钮，如图 6 - 37 所示。

(4) 单击【记账】按钮，将销售出库单记账，系统提示【记账成功!】。

已生成

**记 账 凭 证**

记 字 0026　　制单日期：2020.01.13　　审核日期：　　附单据数：1

| 摘要 | 科目名称 | 借方金额 | 贷方金额 |
|---|---|---|---|
| 销售专用发票 | 应收账款 | 5424000 | |
| 销售专用发票 | 主营业务收入 | | 4800000 |
| 销售专用发票 | 应交税费/应交增值税/销项税额 | | 624000 |
| | | | |
| | | | |
| 票号<br>日期 | 数量<br>单价　　合计 | 5424000 | 5424000 |

备注：项　目　　部　门
个　人　　客　户 欧尚
业务员 张立

记账　　审核　　出纳　　制单 黄小明

图 6-36 【记账凭证——应收单据】页面

**正常单据记账列表**

记录总数：1

| 选择 | 日期 | 单据号 | 存货编码 | 存货名称 | 规格型号 | 存货代码 | 单据类型 | 仓库名称 | 收发类别 | 数量 | 单价 | 金额 |
|---|---|---|---|---|---|---|---|---|---|---|---|---|
| Y | 2020-01-13 | 45684338 | 007 | 货架 | | | 专用发票 | 产成品库 | 销售出库 | 100.00 | | |
| 小计 | | | | | | | | | | 100.00 | | |

图 6-37 【正常单据记账列表】窗口

有容乃大之沟通理解——销售折让业务处理

# 业务五 销 售 折 让

## 【业务描述】

2020 年 1 月 14 日，销售给欧尚的部分货架有质量问题，双方协商给予 10% 折让，取得与业务相关的原始单据如图 6-38 所示。

**安徽增值税专用发票**

NO.45684339　　3402194130　45684339

销项负数

此联不做报销、扣税凭证使用　　开票日期：2020年01月14日

| 购买方 | 名称：欧尚超市有限公司<br>纳税人识别号：913402019747907576<br>地址、电话：芜湖市弋江区花津南路28号，0553-4795488<br>开户行及账号：中国建设银行芜湖花津路支行，3478620195600024642 | 密码区 | 略 |
|---|---|---|---|

| 货物或应税劳务、服务名称 | 规格型号 | 单位 | 数量 | 单价 | 金额 | 税率 | 税额 |
|---|---|---|---|---|---|---|---|
| *搬运设备*货架 | | 个 | | | -4800.00 | 13% | -624.00 |
| 合　计 | | | | | ¥ -4800.00 | | ¥ -624.00 |
| 价税合计（大写） | ⊗（负数）伍仟肆佰贰拾肆元整 | | | | （小写）¥ -5424.00 | | |

| 销售方 | 名称：安徽环宇仓储设备有限公司<br>纳税人识别号：913402076897786088<br>地址、电话：芜湖市经济技术开发区港湾路188号，0553-4471388<br>开户行及账号：中国工商银行芜湖经开区支行，1307100026160024388 | 备注 | |
|---|---|---|---|

收款人：略　　复核：略　　开票人：略　　销售方（章）：

第一联：记账联　销货方记账凭证

税总函〔2019〕562号上海印钞有限公司

图 6-38 【业务五——增值税专用发票】

6

## 【业务解析】

本笔是因商品质量问题的销售折让业务。

## 【岗位说明】

销售部【X01 张立】填制红字销售专用发票(复核);财务部【W02 黄小明】审核发票、红票对冲。

## 【业务流程】

销售折让业务流程如图 6-39 所示。

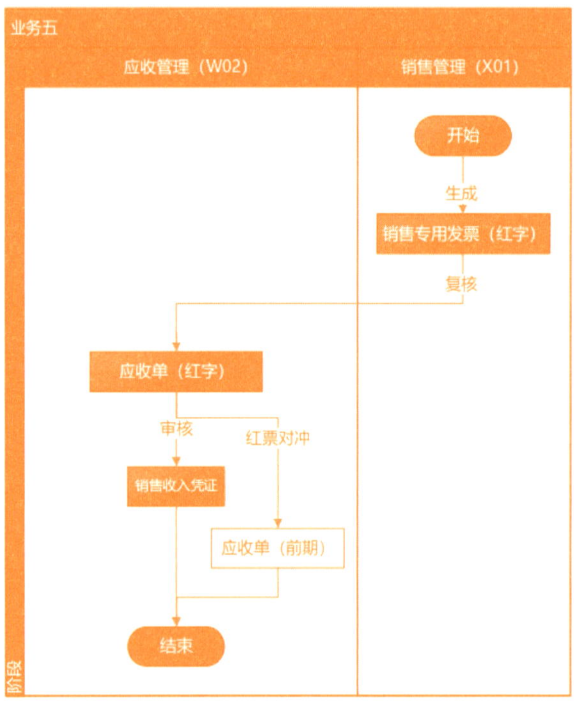


图 6-39 【业务五——业务流程图】



## 【操作指导】

1. 填制红字销售专用发票

(1) 2020 年 1 月 14 日,销售部【X01 张立】在企业应用平台中执行【业务工作】|【供应链】|【销售管理】|【销售开票】|【红字专用销售发票】命令,打开【红字销售专用发票】窗口。

(2) 单击【增加】按钮,修改发票号为【45684339】,按照红字增值税专用发票的信息录入,在表体中选择退补标志为【退补】,单击【保存】按钮,单击【复核】按钮,如图 6-40 所示。

2. 应收单据审核与制单

(1) 2020 年 1 月 14 日,财务部【W02 黄小明】在企业应用平台中执行【业务工作】|【财务会计】|【应收款管理】|【应收款单据处理】|【应收单据审核】命令,单击【确定】按钮,打开【应收单据列表】窗口,单击【全选】按钮,单击【审核】按钮,如图 6-41 所示。

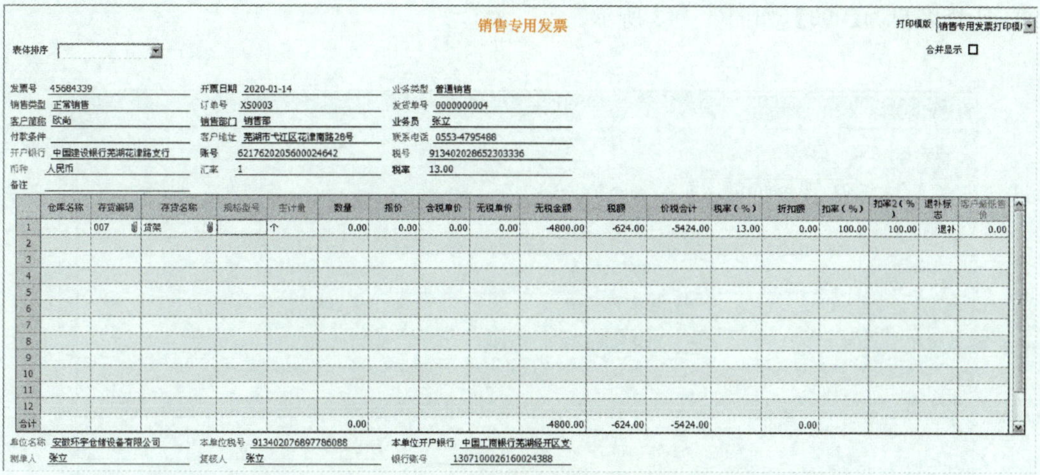


图 6-40 【红字销售专用发票】窗口

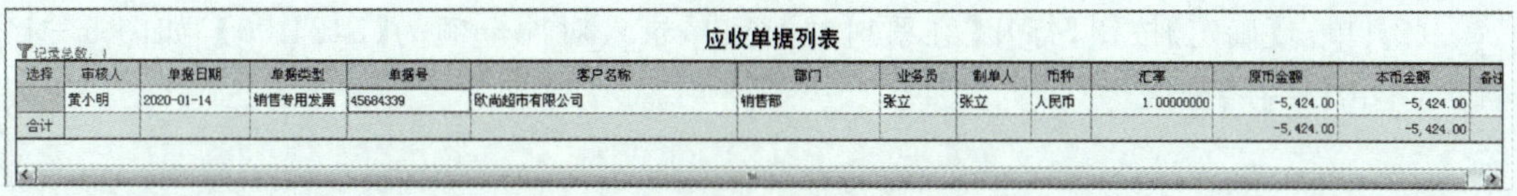


图 6-41 【应收单据列表】窗口

(2) 执行【制单处理】命令，选择【发票制单】，单击【确定】按钮，选择需要制单的记录，选择凭证类别为【记账凭证】，单击【制单】按钮，系统生成相关凭证，单击【保存】按钮，如图 6-42 所示。

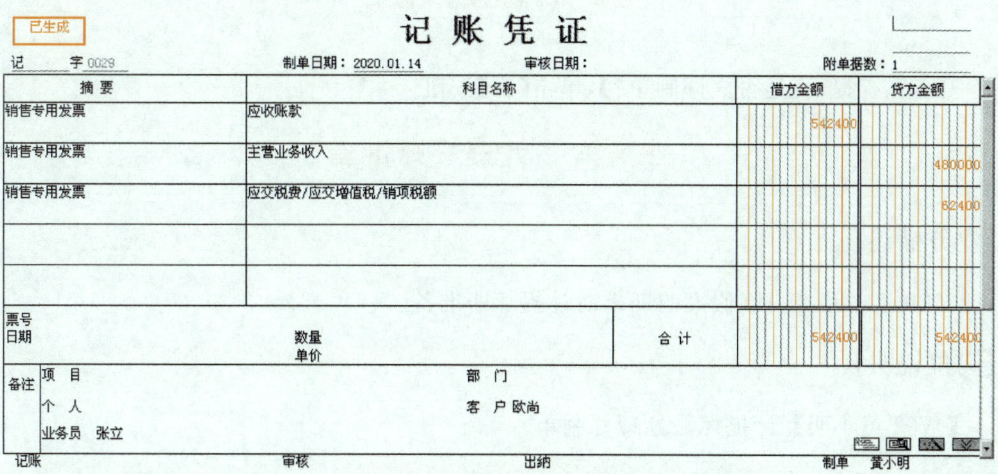


图 6-42 【记账凭证】页面

3. 红票对冲

(1) 2020 年 1 月 14 日，财务部【W02 黄小明】在企业应用平台中执行【业务工作】|【财务会计】|【应收款管理】|【转账】|【红票对冲】|【手工对冲】命令，打开【红票对冲条件】对话

框,选择客户为【003】,如图 6-43 所示。

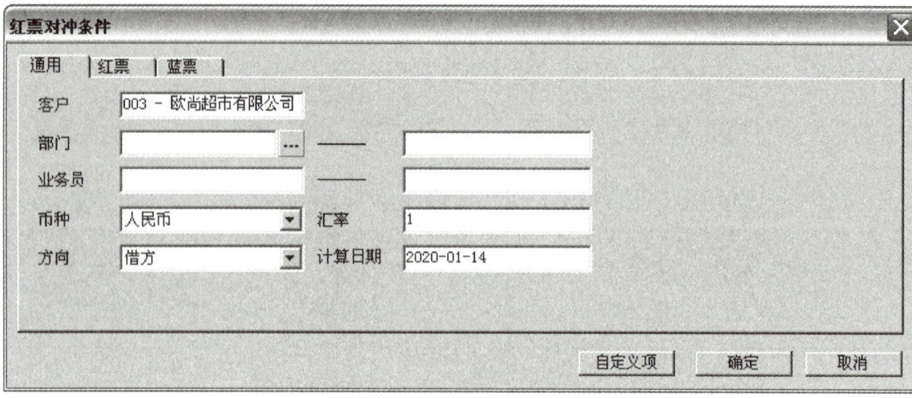


图 6-43 【红票对冲条件】对话框

(2) 单击【确定】按钮,打开【红票对冲】窗口,录入对冲金额为【5424.00】,如图 6-44 所示,单击【保存】按钮。

| 单据日期 | 单据类型 | 单据编号 | 客户 | 币种 | 原币金额 | 原币余额 | 对冲金额 | 部门 | 业务员 | 合同名称 |
|---|---|---|---|---|---|---|---|---|---|---|
| 2020-01-14 | 销售专用发票 | 45684339 | 欧尚 | 人民币 | 5,424.00 | 5,424.00 | 5,424.00 | 销售部 | 张立 | |
| 合计 | | | | | 5,424.00 | 5,424.00 | 5,424.00 | | | |

| 单据日期 | 单据类型 | 单据编号 | 客户 | 币种 | 原币金额 | 原币余额 | 对冲金额 | 部门 | 业务员 | 合同名称 |
|---|---|---|---|---|---|---|---|---|---|---|
| 2020-01-13 | 销售专用发票 | 45684338 | 欧尚 | 人民币 | 54,240.00 | 54,240.00 | 5,424.00 | 销售部 | 张立 | |
| 合计 | | | | | 54,240.00 | 54,240.00 | 5,424.00 | | | |

图 6-44 【红票对冲】窗口

(3) 系统提示【是否立即制单?】,单击【否】按钮。

## 业务六 计提坏账准备

计提坏账准备

### 【业务描述】

2020 年 1 月 15 日(假设的期末),计提坏账准备。

### 【岗位说明】

【W02 黄小明】计提坏账处理并制单。

### 【赛题链接】

30 日,比照年末,计提坏账准备。

### 【业务流程】

计提坏账准备业务流程如图 6-45 所示。

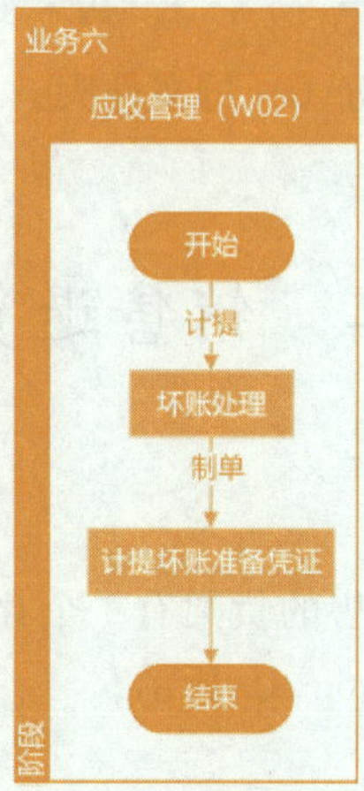


图 6-45　【计提坏账准备业务】流程图

## 【操作指导】

1. 计提坏账准备

（1）2020 年 1 月 15 日，【W02 黄小明】在企业应用平台中执行【业务工作】|【财务会计】|【应收款管理】|【坏账处理】|【计提坏账准备】命令，打开【应收账款百分比法】窗口，如图6-46所示。

| 应收账款总额 | 计提比率 | 坏账准备 | 坏账准备余额 | 本次计提 |
|---|---|---|---|---|
| 716,816.00 | 0.500% | 3,584.08 | 678.00 | 2,906.08 |

图 6-46　【应收账款百分比法】窗口

（2）单击【OK 确认】按钮，系统提示【是否立即制单?】，单击【是】按钮，生成坏账准备凭证，如图 6-47 所示。

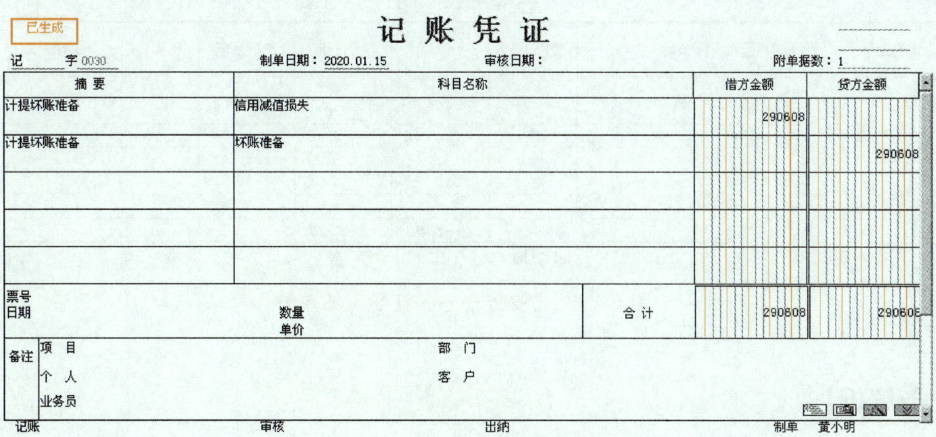


图 6-47　【记账凭证】页面

2. 账套备份

将账套输出至【F:\616 账套备份\6－1】文件夹。

# 实训二 销售退货业务

销售退货

## 【业务描述】

2020 年 1 月 15 日，向沃尔玛销售的货架有 1 个存在质量问题，双方协商退货，取得与业务相关的原始单据如图 6－48、图 6－49 所示。

**安徽增值税专用发票**

销项负数　　NO.45684340　　3402194130　45684340

此联不做报销、扣税凭证使用　　开票日期：2020年01月15日

| 购买方 | | 密码区 |
|---|---|---|
| 名　　称：沃尔玛超市有限公司<br>纳税人识别号：913402017357608878<br>地 址、电 话：芜湖市镜湖区中山路306号，0553-3522166<br>开户行及账号：中国工商银行芜湖中山路支行，1307310182600024932 | | 略 |

| 货物或应税劳务、服务名称 | 规格型号 | 单位 | 数量 | 单价 | 金额 | 税率 | 税额 |
|---|---|---|---|---|---|---|---|
| *搬运设备*货架 | | 个 | -1.00 | 480.00 | -480.00 | 13% | -62.40 |
| 合　计 | | | -1.00 | | ¥ -480.00 | | ¥ -62.40 |
| 价税合计（大写） | ⊗（负数）伍佰肆拾贰元肆角整 | | | | （小写）¥ -542.40 | | |

| 销售方 | 备注 |
|---|---|
| 名　　称：安徽环宇仓储设备有限公司<br>纳税人识别号：913402076897786088<br>地 址、电 话：芜湖市经济技术开发区港湾路188号，0553-4471388<br>开户行及账号：中国工商银行芜湖市经开区支行，1307100026160024388 | |

收款人：略　　复核：略　　开票人：略　　销售方（章）：

税总函〔2019〕562号上海印钞有限公司　　第一联：记账联　销货方记账凭证

图 6－48 【业务一——增值税专用发票】

**出　库　单**

2020年　01月　15日　　单号：0004

| 提货单位 | 沃尔玛超市有限公司 | 发票号码 | | 发出仓库 | 产成品库 | 出库日期 | 2020/1/15 |
|---|---|---|---|---|---|---|---|
| 编号 | 名称及规格 | 单位 | 数量 应发 | 数量 实发 | 金额 | 备注 | |
| 007 | 货架 | 个 | -1.00 | -1.00 | | | |
| | | | | | | | |
| | | | | | | | |
| | | | | | | | |
| | 合　计 | | -1.00 | -1.00 | | | |

部门经理：略　　会计：略　　仓库：略　　经办人：略　　会计联

图 6－49 【业务一——红字出库单】

## 【业务解析】

本笔是销售退货业务。

## 【赛题链接】

6 日，上月向武汉远程商贸有限公司销售的男士运动套装中，有 10 套存在不同程度的质量问题。经协商开出红字发票，同时退还了货款（服装单位成本 185 元）。（原始单据：红字发票、退货单、银行付款回单略）。

## 【岗位说明】

销售部【X01 张立】填制退货单（审核）、销售专用发票（现结、复核）；仓储部【C01 李红】填制红字销售出库单（审核）；财务部【W02 黄小明】审核发票（制单）、单据记账。

## 【业务流程】

销售退货业务流程如图 6－50 所示。

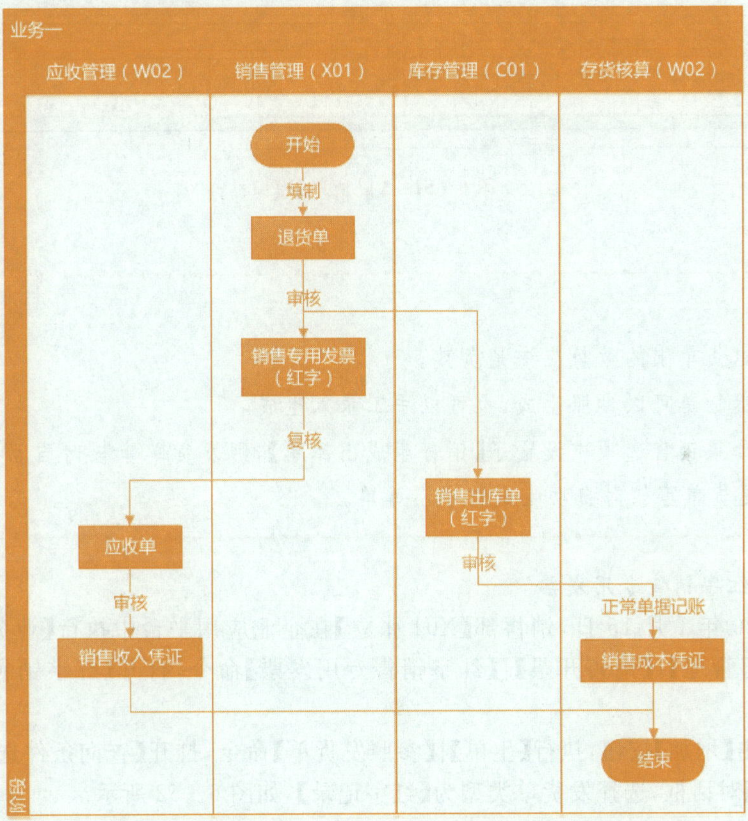


图 6－50 【销售退货业务】流程图

## 【操作指导】

1. 填制退货单

（1）2020 年 1 月 15 日，销售部【X01 张立】在企业应用平台中执行【业务工作】|【供应链】|【销售管理】|【销售发货】|【退货单】命令，打开【退货单】窗口。

（2）单击【增加】按钮，打开【查询条件选择——退货单参照订单】窗口，单击【确定】按钮,在【参照生单】窗口中,选择订单号为【XS0002】的记录,单击【确定】按钮,系统自动生成一张退货单,修改表体数量为【—1.00】,单击【保存】按钮,单击【审核】按钮,如图 6 - 51 所示。

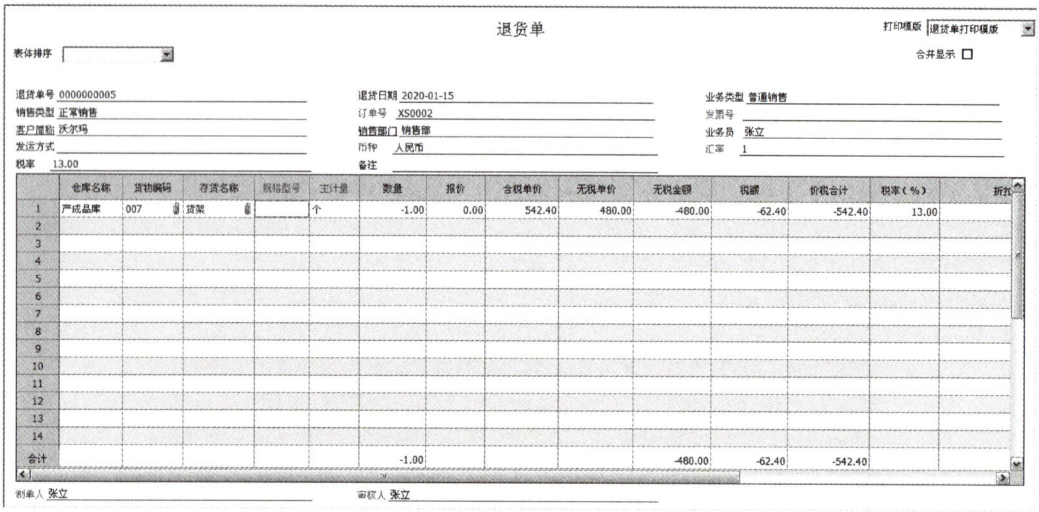


图 6 - 51 【退货单】窗口



**温馨提示**

- 退货单上的数量应该是负数。
- 退货单可以参照生成,也可以手工录入生成。
- 如果销售选项中设置了【销售生成出库单】,则发货单审核时自动生成销售出库单,退货单审核时自动生成红字出库单。

2. 生成红字销售专用发票

(1) 2020 年 1 月 15 日,销售部【X01 张立】在企业应用平台中执行【业务工作】|【供应链】|【销售管理】|【销售开票】|【红字销售专用发票】命令,打开【红字销售专用发票】窗口。

(2) 单击【增加】按钮,执行【生单】|【参照发货单】命令,打开【查询条件选择——发票参照发货单】对话框,选择发货单类型为【红字记录】,如图 6 - 52 所示。

(3) 单击【确定】按钮,在【参照生单】窗口中选择相应的发货单,单击【确定】按钮,如图 6 - 53 所示。

(4) 系统自动生成一张红字销售发票,修改发票号为【45684340】,单击【保存】按钮,单击【复核】按钮,如图 6 - 54 所示。

**温馨提示**

- 销售退货现结的原币金额录入负数金额。

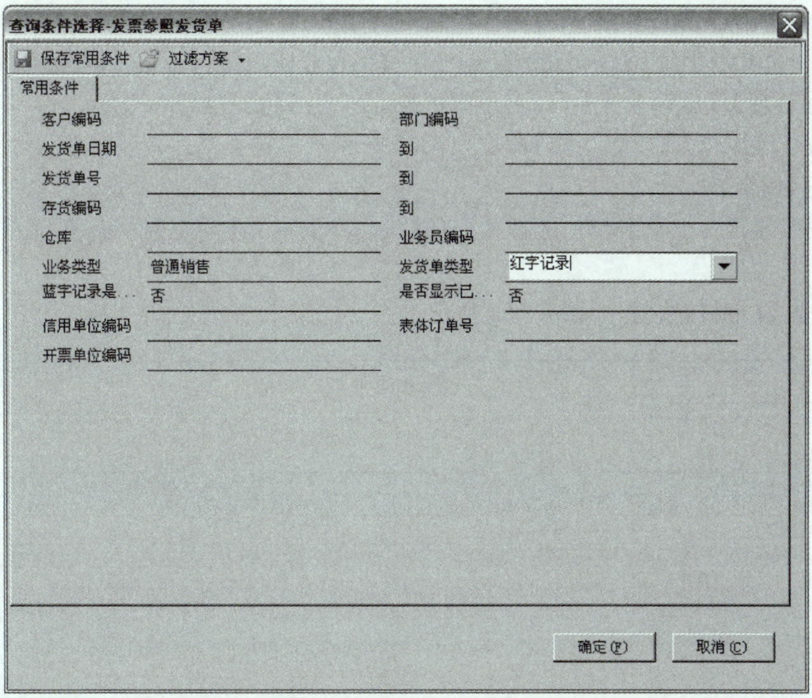


图 6－52 【查询条件选择——发票参照发货单】对话框

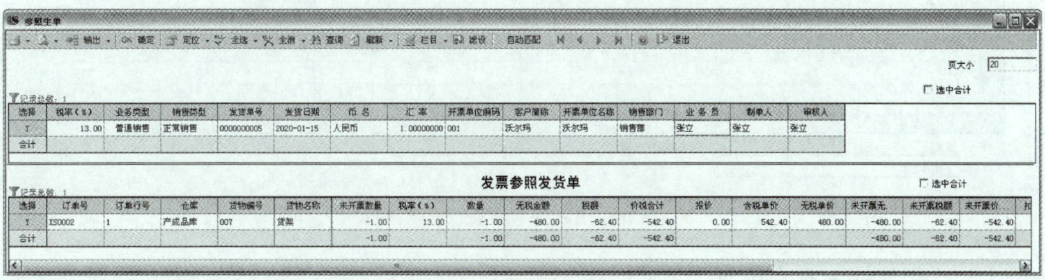


图 6－53 【参照生单】窗口

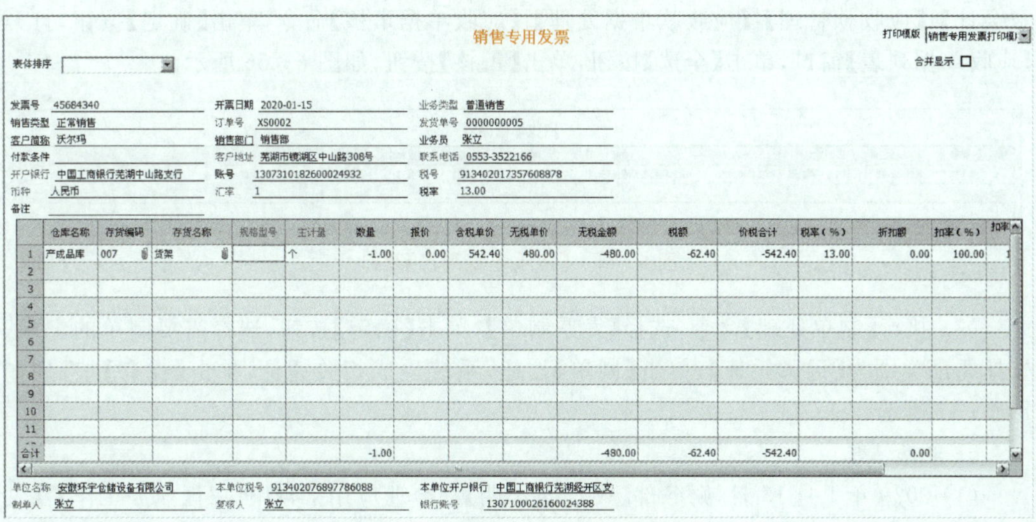


图 6－54 【红字销售专用发票】

3. 生成红字销售出库单

(1) 2020 年 1 月 15 日，仓储部【C01 李红】在企业应用平台中执行【业务工作】|【供应链】|【库存管理】|【出库业务】|【销售出库单】命令，打开【销售出库单】窗口。

(2) 执行【生单】|【销售生单】命令，打开【查询条件选择——销售发货单列表】窗口，单击【确定】按钮。

(3) 打开【销售生单】窗口，选择相应的【发货单】，单击【确定】按钮，系统自动生成销售出库单。

(4) 单击【审核】按钮，如图 6 - 55 所示。

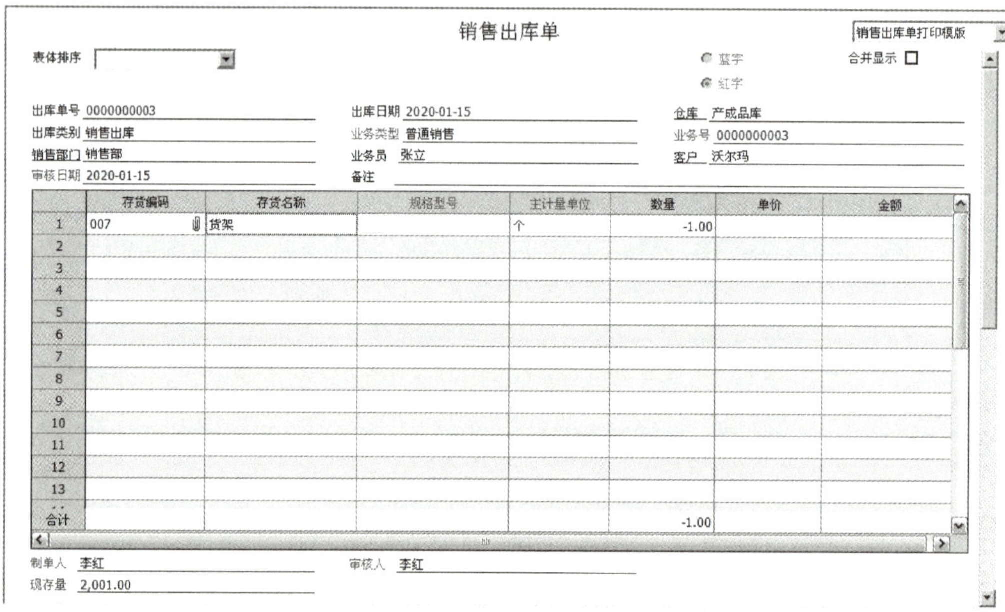


图 6 - 55 【红字销售出库单】窗口

4. 应收单据审核与制单

(1) 2020 年 1 月 15 日，财务部【W02 黄小明】在企业应用平台中执行【业务工作】|【财务会计】|【应收款管理】|【应收款单据处理】|【应收单据审核】命令，单击【确定】按钮，打开【应收单据列表】窗口，单击【全选】按钮，单击【审核】按钮，如图 6 - 56 所示。

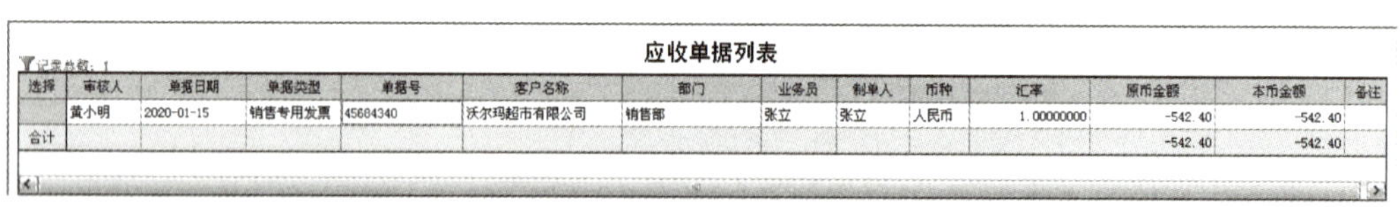


图 6 - 56 【应收单据列表】窗口

(2) 执行【制单处理】命令，选择【发票制单】，单击【确定】按钮，选择需要制单的记录，选择凭证类别为【记账凭证】，单击【制单】按钮，系统生成相关凭证，单击【保存】按钮，如图 6 - 57 所示。

5. 单据记账

(1) 2020 年 1 月 15 日，财务部【W02 黄小明】在企业应用平台中执行【业务工作】|【供应链】|【存货核算】|【业务核算】|【正常单据记账】命令，打开【查询条件选择】窗口。

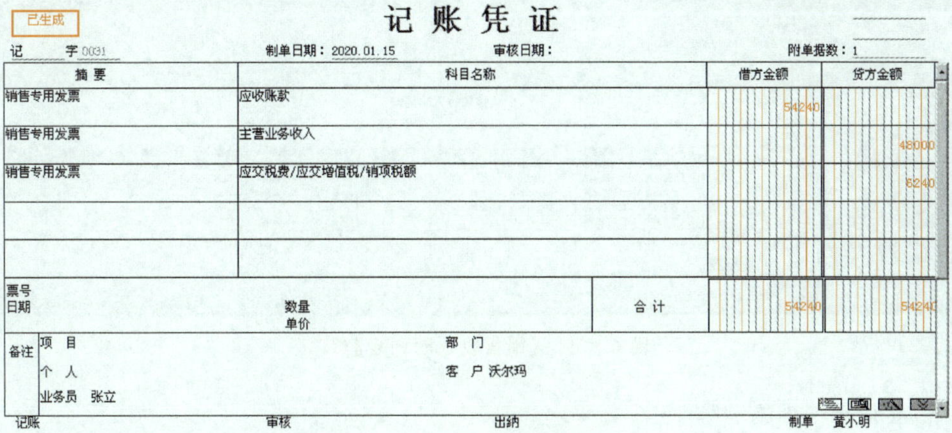


图 6-57 【记账凭证】页面

（2）单击【确定】按钮，打开【正常单据记账列表】窗口。

（3）单击【全选】按钮，如图 5-58 所示。

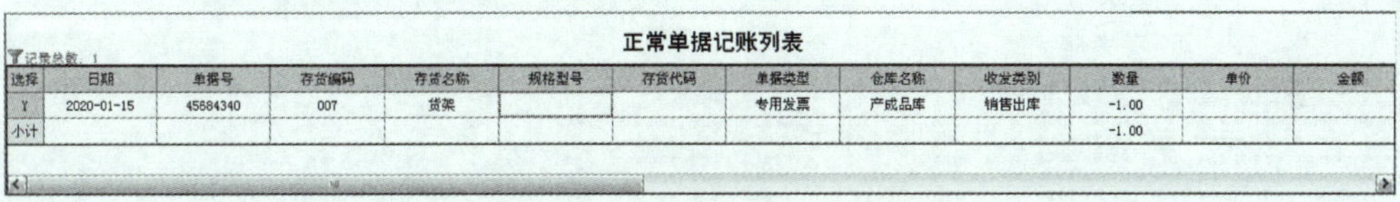

正常单据记账列表

记录总数：1

| 选择 | 日期 | 单据号 | 存货编码 | 存货名称 | 规格型号 | 存货代码 | 单据类型 | 仓库名称 | 收发类别 | 数量 | 单价 | 金额 |
|---|---|---|---|---|---|---|---|---|---|---|---|---|
| Y | 2020-01-15 | 45684340 | 007 | 货架 | | | 专用发票 | 产成品库 | 销售出库 | -1.00 | | |
| 小计 | | | | | | | | | | -1.00 | | |

图 6-58 【正常单据记账列表】窗口

（4）单击【记账】按钮，将销售专用发票记账，系统提示【记账成功!】。

6. 账套备份

将账套输出至【F:\616 账套备份\6-2】文件夹。

# 实训三 账表查询

## 【业务描述】

2020 年 1 月 15 日，查询销售收入明细账、出入库流水账和应收明细账。

账表查询

## 【岗位说明】

【A01 李金泽】查询销售收入明细账、出入库流水账和应收明细账。

## 【操作指导】

1. 查询销售收入明细账

（1）2020 年 1 月 15 日，【A01 李金泽】在企业应用平台中执行【业务工作】|【供应链】|【销售管理】|【报表】|【明细表】|【销售收入明细账】命令，打开【查询条件选择——销售收入明细账】窗口。

（2）单击【确定】按钮，打开【销售收入明细账】窗口，如图 6-59 所示。

图 6-59 【销售收入明细账】窗口

2. 查询出入库流水账

(1) 2020 年 1 月 15 日,【A01 李金泽】在企业应用平台中执行【业务工作】|【供应链】|【存货核算】|【账表】|【账簿】|【流水账】命令,打开【查询条件选择——流水账】窗口。

(2) 单击【确定】按钮,打开【流水账】窗口,如图 6-60 所示。

图 6-60 【流水账】窗口

6

3. 查询应收明细账

(1) 2020 年 1 月 15 日,【A01 李金泽】在企业应用平台中执行【业务工作】|【供应链】|【应收款管理】|【账表管理】|【业务账表】|【业务明细账】命令,打开【查询条件选择——应收明细账】窗口。

(2) 单击【确定】按钮,打开【应收明细账】窗口,如图 6-61 所示。

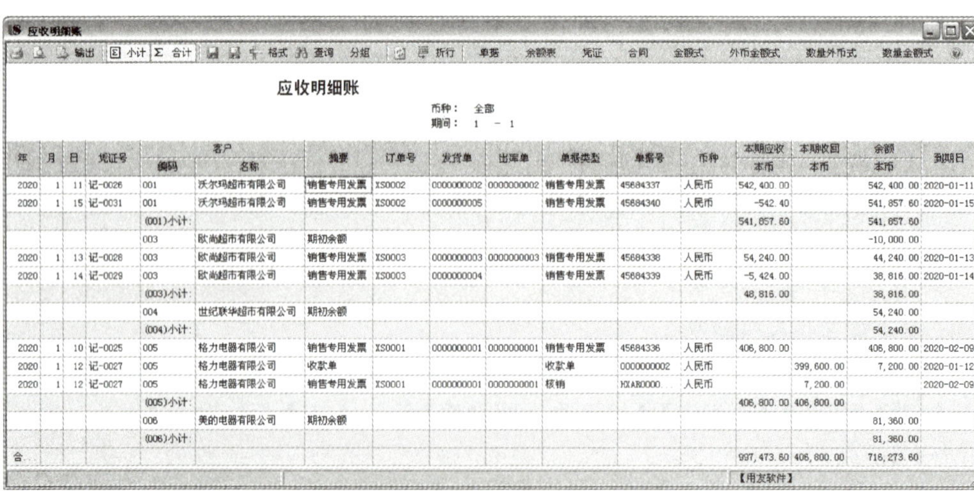


图 6-61 【应收明细账】窗口

# 项目七　库存管理系统业务处理

## 实训一　材料出库业务

### 业务一　一车间领料

**【业务描述】**

2020 年 1 月 15 日，一车间生产货架领用材料，取得与业务相关原始单据如图 7－1 所示。

一车间领料

**领料单**

领料部门：一车间

用途：生产货架　　　　2020年　01月　15日　　第　0001 号

| 材料 | | | 单位 | 数量 | | 成本 | | | | | | | | | | |
|---|---|---|---|---|---|---|---|---|---|---|---|---|---|---|---|---|
| | | | | | | 单价 | 总价 | | | | | | | | | |
| 编号 | 名称 | 规格 | | 请领 | 实发 | | 百 | 十 | 万 | 千 | 百 | 十 | 元 | 角 | 分 | |
| 003 | 方管 | | 米 | 400.00 | 400.00 | | | | | | | | | | | 会计联 |
| 004 | 角钢 | | 米 | 200.00 | 200.00 | | | | | | | | | | | |
| 005 | 焊条 | | 盒 | 200.00 | 200.00 | | | | | | | | | | | |
| 006 | 木托盘 | | 个 | 400.00 | 400.00 | | | | | | | | | | | |
| | | | | | | | | | | | | | | | | |
| 合计 | | | | 1200.00 | 1200.00 | | | | | | | | | | | |

部门经理：略　　会计：略　　仓库：略　　经办人：略

图 7－1 【业务一——领料单】

**【业务解析】**

本笔是材料出库业务。

**【岗位说明】**

仓储部【C01 李红】填制材料出库单并审核；财务部【W02 黄小明】进行材料出库单记账并制单。

## 【赛题链接】

30 日，结转本月发出材料成本(原材料发料凭证汇总表、周转材料发料凭证汇总表略)。

## 【业务流程】

一车间领料业务流程如图 7-2 所示。

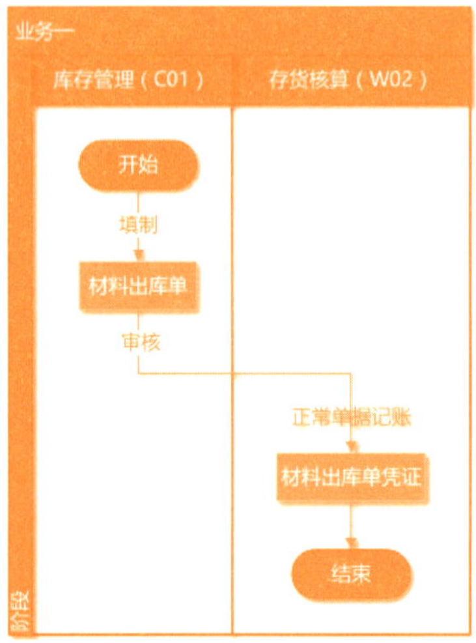


图 7-2 【一车间领料业务】流程图

## 【操作指导】

1. 填制材料出库单

(1) 2020 年 1 月 15 日，仓储部【C01 李红】在企业应用平台中执行【业务工作】|【供应链】|【库存管理】|【出库业务】|【材料出库单】命令，打开【材料出库单】窗口。

(2) 按照领料单录入材料出库单信息，单击【保存】按钮。

(3) 单击【审核】按钮，如图 7-3 所示。

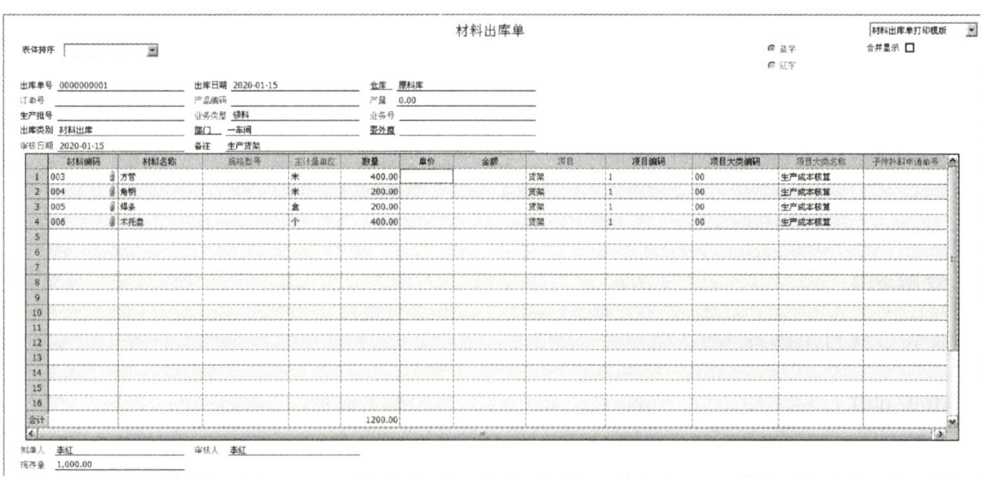


图 7-3 【材料出库单】窗口

2. 确认生产成本

(1) 2020 年 1 月 15 日，财务部【W02 黄小明】在企业应用平台中执行【业务工作】|【供应链】|【存货核算】|【业务核算】|【正常单据记账】命令，打开【查询条件选择】窗口。

(2) 单击【确定】按钮，打开【正常单据记账列表】窗口。

(3) 单击【全选】按钮，如图 7－4 所示。

正常单据记账列表

记录总数：4

| 选择 | 日期 | 单据号 | 存货编码 | 存货名称 | 规格型号 | 存货代码 | 单据类型 | 仓库名称 | 收发类别 | 数量 | 单价 | 金额 |
|---|---|---|---|---|---|---|---|---|---|---|---|---|
| Y | 2020-01-15 | 0000000001 | 003 | 方管 | | | 材料出库单 | 原料库 | 材料出库 | 400.00 | | |
| Y | 2020-01-15 | 0000000001 | 004 | 角钢 | | | 材料出库单 | 原料库 | 材料出库 | 200.00 | | |
| Y | 2020-01-15 | 0000000001 | 005 | 焊条 | | | 材料出库单 | 原料库 | 材料出库 | 200.00 | | |
| Y | 2020-01-15 | 0000000001 | 006 | 木托盘 | | | 材料出库单 | 原料库 | 材料出库 | 400.00 | | |
| 小计 | | | | | | | | | | 1,200.00 | | |

图 7－4 【正常单据记账列表】窗口

(4) 单击【记账】按钮，将材料出库单记账，系统提示【记账成功!】。

(5) 执行【财务核算】|【生成凭证】命令，单击【选择】按钮，打开【查询条件】窗口。

(6) 单击【确定】按钮，打开【未生成凭证单据一览表】窗口。

(7) 单击【选择】第 4 条记录材料出库单，单击【确定】按钮。

(8) 选择凭证类别为【记账凭证】，如图 7－5 所示。

凭证类别 记 记账凭证

| 选择 | 单据类型 | 单据号 | 摘要 | 科目类型 | 科目编码 | 科目名称 | 借方金额 | 贷方金额 | 借方数量 | 贷方数量 | 科目方向 | 存货编码 | 存货名称 | 存货代码 | 部门编码 | 部门名称 | 业务员编码 | 业务员名称 |
|---|---|---|---|---|---|---|---|---|---|---|---|---|---|---|---|---|---|---|
| 1 | 材料出库单 | 0000000001 | 生产货架 | 对方 | 500101 | 直接材料 | 32,000.00 | | 400.00 | | 1 | 003 | 方管 | | 501 | 一车间 | | |
| | | | | 存货 | 1403 | 原材料 | | 32,000.00 | | 400.00 | 2 | 003 | 方管 | | 501 | 一车间 | | |
| | | | | 对方 | 500101 | 直接材料 | 20,000.00 | | 200.00 | | 1 | 004 | 角钢 | | 501 | 一车间 | | |
| | | | | 存货 | 1403 | 原材料 | | 20,000.00 | | 200.00 | 2 | 004 | 角钢 | | 501 | 一车间 | | |
| | | | | 对方 | 500101 | 直接材料 | 36,000.00 | | 200.00 | | 1 | 005 | 焊条 | | 501 | 一车间 | | |
| | | | | 存货 | 1403 | 原材料 | | 36,000.00 | | 200.00 | 2 | 005 | 焊条 | | 501 | 一车间 | | |
| | | | | 对方 | 500101 | 直接材料 | 24,000.00 | | 400.00 | | 1 | 006 | 木托盘 | | 501 | 一车间 | | |
| | | | | 存货 | 1403 | 原材料 | | 24,000.00 | | 400.00 | 2 | 006 | 木托盘 | | 501 | 一车间 | | |
| 合计 | | | | | | | 112,000.00 | 112,000.00 | | | | | | | | | | |

图 7－5 【生成凭证】窗口

(9) 单击【生成】按钮，生成一张记账凭证，单击【保存】按钮，如图 7－6 所示。

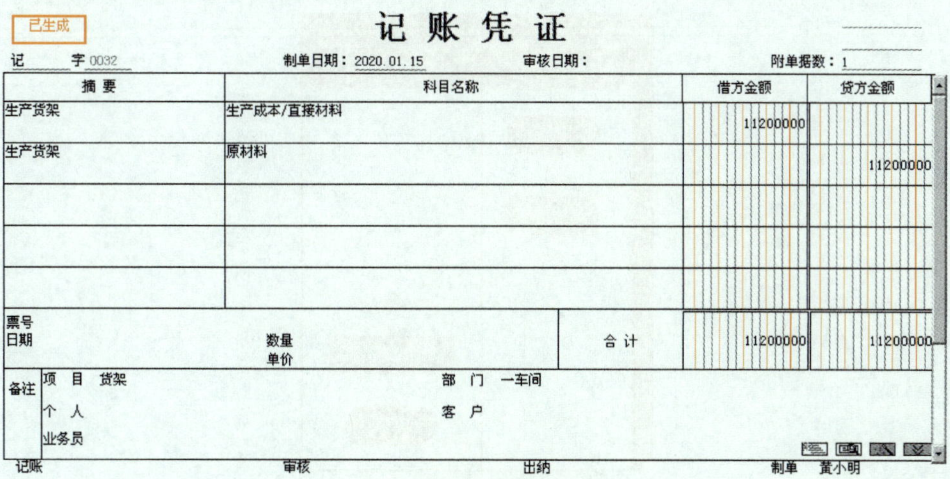

已生成

记 账 凭 证

记 字 0032 制单日期：2020.01.15 审核日期： 附单据数：1

| 摘要 | 科目名称 | 借方金额 | 贷方金额 |
|---|---|---|---|
| 生产货架 | 生产成本/直接材料 | 11200000 | |
| 生产货架 | 原材料 | | 11200000 |
| 票号 日期 | 数量 单价 合计 | 11200000 | 11200000 |

备注 项 目 货架 部 门 一车间

个 人 客 户

业务员

记账 审核 出纳 制单 黄小明

图 7－6 【记账凭证】页面

# 业务二 二车间领料

二车间领料

## 【业务描述】

2020 年 1 月 15 日，二车间生产仓储笼领用材料，取得与业务相关的原始单据如图 7－7 所示。

**领 料 单**

领料部门：二车间

用途：生产仓储笼　　2020年　01月　15日　　第　0002 号

| 材料 | | | 单位 | 数量 | | 成本 | | | | | | | | | |
|---|---|---|---|---|---|---|---|---|---|---|---|---|---|---|---|
| | | | | | | 单价 | 总价 | | | | | | | | |
| 编号 | 名称 | 规格 | | 请领 | 实发 | | 百 | 十 | 万 | 千 | 百 | 十 | 元 | 角 | 分 |
| 002 | 钢管 | | 米 | 800.00 | 800.00 | | | | | | | | | | |
| 004 | 角钢 | | 米 | 200.00 | 200.00 | | | | | | | | | | |
| 005 | 焊条 | | 盒 | 200.00 | 200.00 | | | | | | | | | | |
| | | | | | | | | | | | | | | | |
| | | | | | | | | | | | | | | | |
| 合计 | | | | 1200.00 | 1200.00 | | | | | | | | | | |

会计联

部门经理：略　　会计：略　　仓库：略　　经办人：略

图 7－7 【业务二——领料单】

## 【业务解析】

本笔是材料出库业务。

## 【岗位说明】

仓储部【C01 李红】填制材料出库单并审核；财务部【W02 黄小明】进行材料出库单记账并制单。

## 【业务流程】

7

二车间领料业务流程如图 7－8 所示。

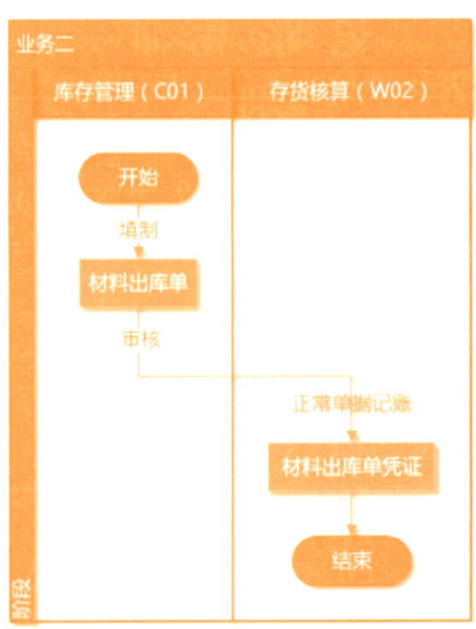


图 7－8 【二车间领料业务】流程图

## 【操作指导】

1. 填制材料出库单

(1) 2020 年 1 月 15 日,仓储部【C01 李红】在企业应用平台中执行【业务工作】|【供应链】|【库存管理】|【出库业务】|【材料出库单】命令,打开【材料出库单】窗口。

(2) 按照领料单录入材料出库单信息,单击【保存】按钮。

(3) 单击【审核】按钮,如图 7-9 所示。

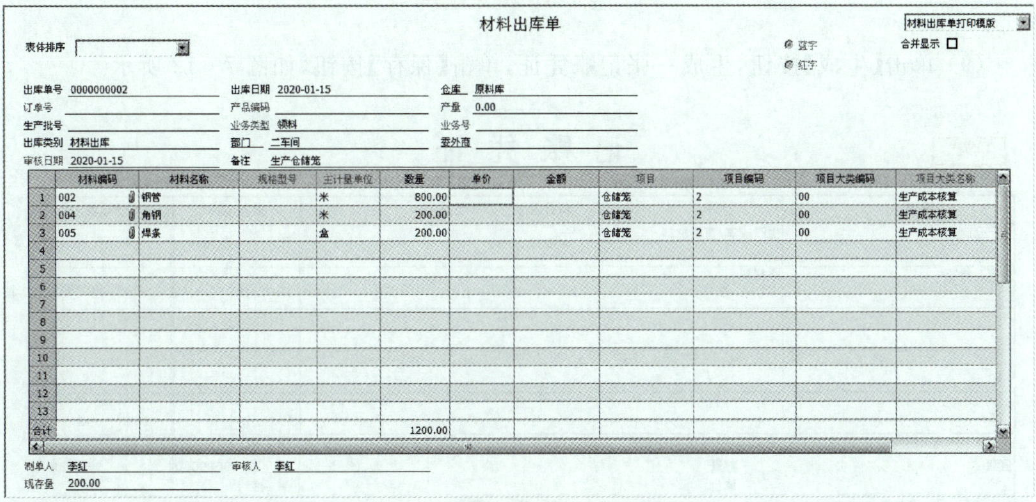

材料出库单

材料出库单打印模版

表体排序　　蓝字　红字　合并显示

出库单号 0000000002　出库日期 2020-01-15　仓库 原料库

订单号　产品编码　产量 0.00

生产批号　业务类型 领料　业务号

出库类别 材料出库　部门 二车间　委外商

审核日期 2020-01-15　备注 生产仓储笼

| | 材料编码 | 材料名称 | 规格型号 | 主计量单位 | 数量 | 单价 | 金额 | 项目 | 项目编码 | 项目大类编码 | 项目大类名称 |
|---|---|---|---|---|---|---|---|---|---|---|---|
| 1 | 002 | 钢管 | | 米 | 800.00 | | | 仓储笼 | 2 | 00 | 生产成本核算 |
| 2 | 004 | 角钢 | | 米 | 200.00 | | | 仓储笼 | 2 | 00 | 生产成本核算 |
| 3 | 005 | 焊条 | | 盒 | 200.00 | | | 仓储笼 | 2 | 00 | 生产成本核算 |
| 4 | | | | | | | | | | | |
| 5 | | | | | | | | | | | |
| 6 | | | | | | | | | | | |
| 7 | | | | | | | | | | | |
| 8 | | | | | | | | | | | |
| 9 | | | | | | | | | | | |
| 10 | | | | | | | | | | | |
| 11 | | | | | | | | | | | |
| 12 | | | | | | | | | | | |
| 13 | | | | | | | | | | | |
| 合计 | | | | | 1200.00 | | | | | | |

制单人 李红　审核人 李红

现存量 200.00

图 7-9 【材料出库单】窗口

2. 确认生产成本

(1) 2020 年 1 月 15 日,财务部【W02 黄小明】在企业应用平台中执行【业务工作】|【供应链】|【存货核算】|【业务核算】|【正常单据记账】命令,打开【查询条件选择】窗口。

(2) 单击【确定】按钮,打开【正常单据记账列表】窗口。

(3) 单击【全选】按钮,如图 7-10 所示。

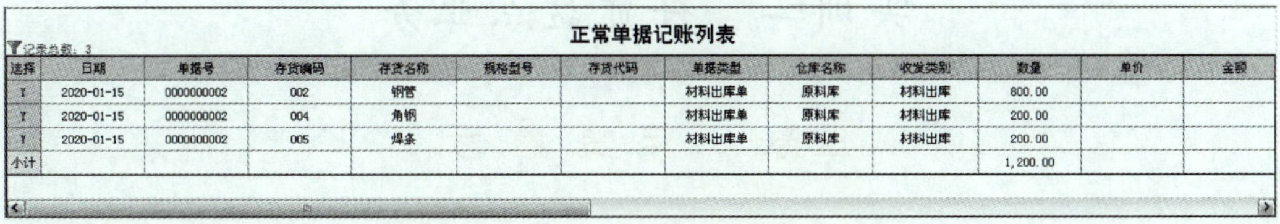

正常单据记账列表

记录总数:3

| 选择 | 日期 | 单据号 | 存货编码 | 存货名称 | 规格型号 | 存货代码 | 单据类型 | 仓库名称 | 收发类别 | 数量 | 单价 | 金额 |
|---|---|---|---|---|---|---|---|---|---|---|---|---|
| Y | 2020-01-15 | 0000000002 | 002 | 钢管 | | | 材料出库单 | 原料库 | 材料出库 | 800.00 | | |
| Y | 2020-01-15 | 0000000002 | 004 | 角钢 | | | 材料出库单 | 原料库 | 材料出库 | 200.00 | | |
| Y | 2020-01-15 | 0000000002 | 005 | 焊条 | | | 材料出库单 | 原料库 | 材料出库 | 200.00 | | |
| 小计 | | | | | | | | | | 1,200.00 | | |

图 7-10 【正常单据记账列表】窗口

(4) 单击【记账】按钮,将材料出库单记账,系统提示【记账成功!】。

(5) 执行【财务核算】|【生成凭证】命令,单击【选择】,打开【查询条件】窗口。

(6) 单击【确定】按钮,打开【未生成凭证单据一览表】窗口。

(7) 单击【选择】4 条记录材料出库单,单击【确定】按钮。

7

(8) 选择凭证类别为【记账凭证】,如图 7-11 所示。

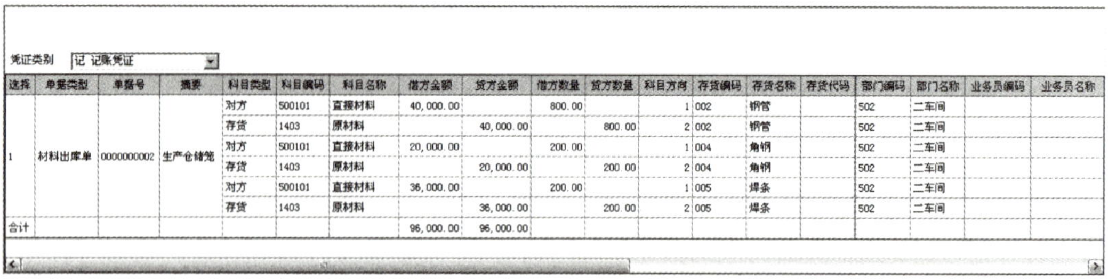

凭证类别 记 记账凭证

| 选择 | 单据类型 | 单据号 | 摘要 | 科目类型 | 科目编码 | 科目名称 | 借方金额 | 贷方金额 | 借方数量 | 贷方数量 | 科目方向 | 存货编码 | 存货名称 | 存货代码 | 部门编码 | 部门名称 | 业务员编码 | 业务员名称 |
|---|---|---|---|---|---|---|---|---|---|---|---|---|---|---|---|---|---|---|
| 1 | 材料出库单 | 0000000002 | 生产仓储笼 | 对方 | 500101 | 直接材料 | 40,000.00 | | 800.00 | | 1 | 002 | 钢管 | | 502 | 二车间 | | |
| | | | | 存货 | 1403 | 原材料 | | 40,000.00 | | 800.00 | 2 | 002 | 钢管 | | 502 | 二车间 | | |
| | | | | 对方 | 500101 | 直接材料 | 20,000.00 | | 200.00 | | 1 | 004 | 角钢 | | 502 | 二车间 | | |
| | | | | 存货 | 1403 | 原材料 | | 20,000.00 | | 200.00 | 2 | 004 | 角钢 | | 502 | 二车间 | | |
| | | | | 对方 | 500101 | 直接材料 | 36,000.00 | | 200.00 | | 1 | 005 | 焊条 | | 502 | 二车间 | | |
| | | | | 存货 | 1403 | 原材料 | | 36,000.00 | | 200.00 | 2 | 005 | 焊条 | | 502 | 二车间 | | |
| 合计 | | | | | | | 96,000.00 | 96,000.00 | | | | | | | | | | |

图 7-11 【生成凭证】窗口

(9) 单击【生成】按钮,生成一张记账凭证,单击【保存】按钮,如图 7-12 所示。

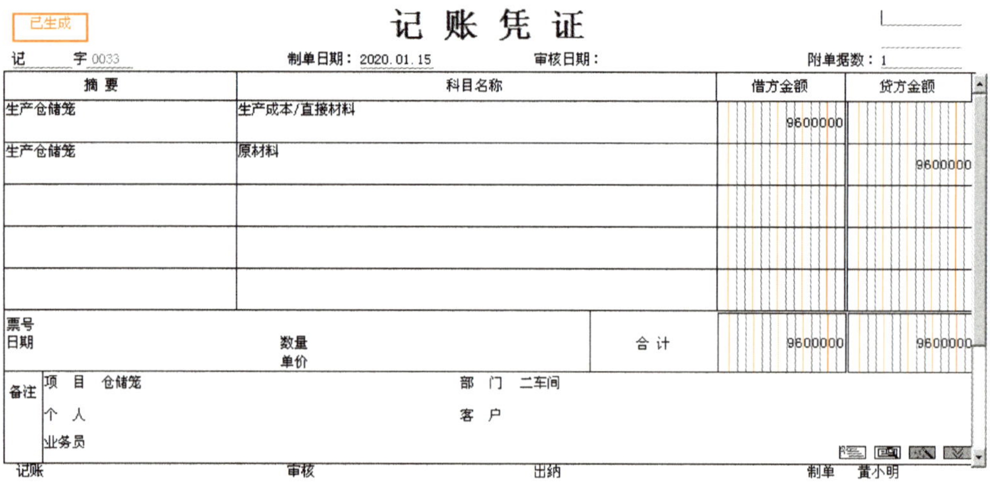


图 7-12 【记账凭证】页面

3. 账套备份



将账套输出至【F:\616 账套备份\7-1】文件夹。

# 实训二 存货盘点业务

## 业务一 存 货 盘 亏

存货盘亏

### 【业务描述】

2020 年 1 月 15 日(假设的期末),对周转材料库进行盘点,取得与该业务相关的凭证如图 7-13 所示。

### 【业务解析】

本笔是存货盘亏业务。

存货盘点表

盘点日期：2020.01.15　　　　盘点人：李红

| 序号 | 存货名称 | 型号 | 账面 | | | 盘盈 | 盘亏 | 实盘 | | |
|---|---|---|---|---|---|---|---|---|---|---|
| | | | 数量 | 单价 | 金额 | 数量 | 数量 | 数量 | 单价 | 金额 |
| 1 | 包装箱 | | 1600.00 | | | | 1.00 | 1599.00 | | |
| | | | | | | | | | | |
| | | | | | | | | | | |
| | | | | | | | | | | |
| | | | | | | | | | | |
| | | | | | | | | | | |
| 合计 | | | 1600.00 | | | | | 1599.00 | | |

图 7-13 【业务一——存货盘点表】

## 【赛题链接】

30 日，公司对存货进行清查，原因待查。

## 【岗位说明】

仓储部【C01 李红】填制盘点单（审核）、审核其他出库单；财务部【W02 黄小明】进行单据记账并制单。

## 【业务流程】

存货盘亏业务流程如图 7-14 所示。

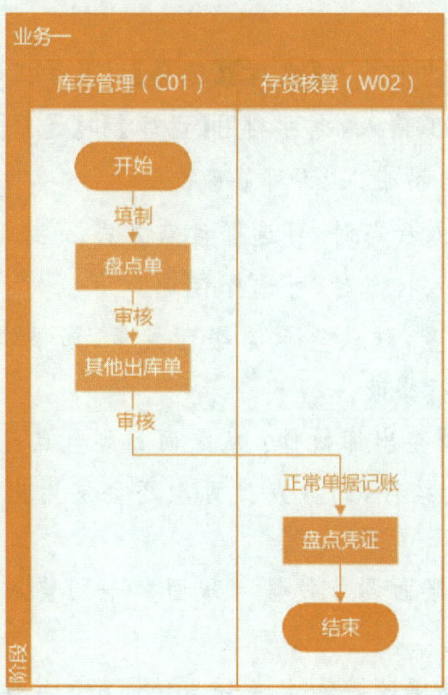


图 7-14 【存货盘亏业务】流程图

## 【操作指导】

1. 填制盘点单

(1) 2020 年 1 月 15 日，仓储部【C01 李红】在企业应用平台中执行【业务工作】|【供应

链】|【库存管理】|【盘点业务】命令，打开【盘点单】窗口。

(2) 单击【增加】按钮，选择盘点仓库为【周转材料库】，单击【盘库】按钮，录入存货编号为【009 包装箱】，盘点数量为【1599.00】，单击【保存】按钮。

(3) 单击【审核】按钮，审核填制的盘点单，如图 7－15 所示。

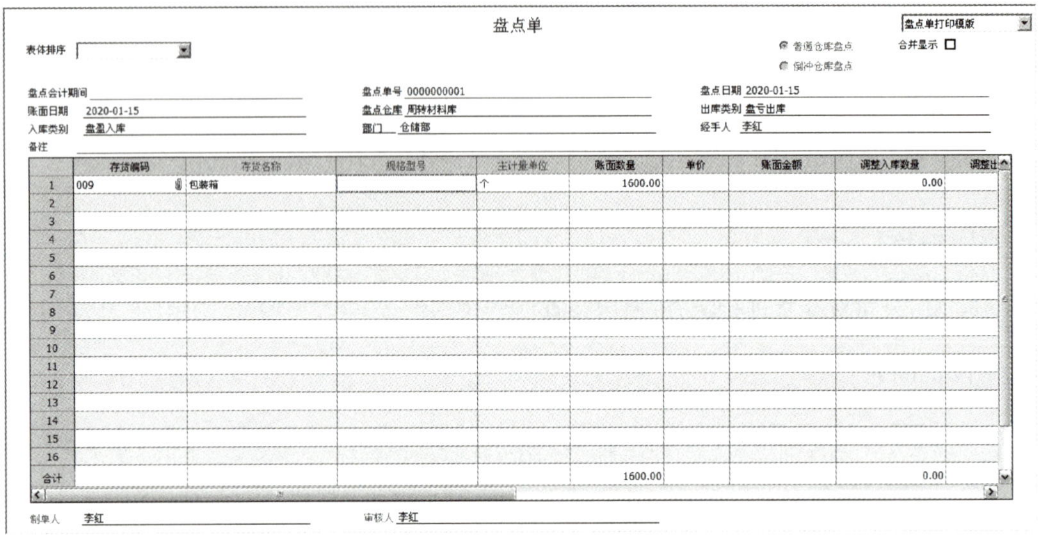


图 7－15 【盘点单】窗口

**温馨提示**

- 必须先选择仓库才能执行【盘库】【选择】以及手工输入存货功能。
- 表体内容可以手工输入，也可利用【盘库】和【选择】批量录入。
- 账面数量，系统自动带入，不可修改。
- 盘库：盘点单录入状态时，可选择盘点方式。
- 选择：盘点单录入状态时，可选择存货。
- 表体中的盘点数量，默认显示为账面数量，如果实盘数量与账面数量不一致，需要根据实盘数量进行修改。
- 调整入库数量、调整出库数量：从账面日到盘点日期间的出入库数量，可修改。账面数量为账面日的结存，到盘点日可能还会发生出入库，盘点数量要与账面调节数量进行比较。
- 账面调节数量：账面调节数量＝账面数＋调整入库数量－调整出库数量，系统自动计算，不可修改。
- 实盘数量与账面数量不一致时，系统自动计算盈亏数量，盈亏数量不可修改。

2. 审核其他出库单

2020 年 1 月 15 日，仓储部【C01 李红】在企业应用平台中执行【业务工作】|【供应链】|【库存管理】|【出库业务】|【其他出库单】命令，单击【浏览】按钮，找到盘点单自动生成的其他出库单，单击【审核】按钮，如图 7－16 所示。

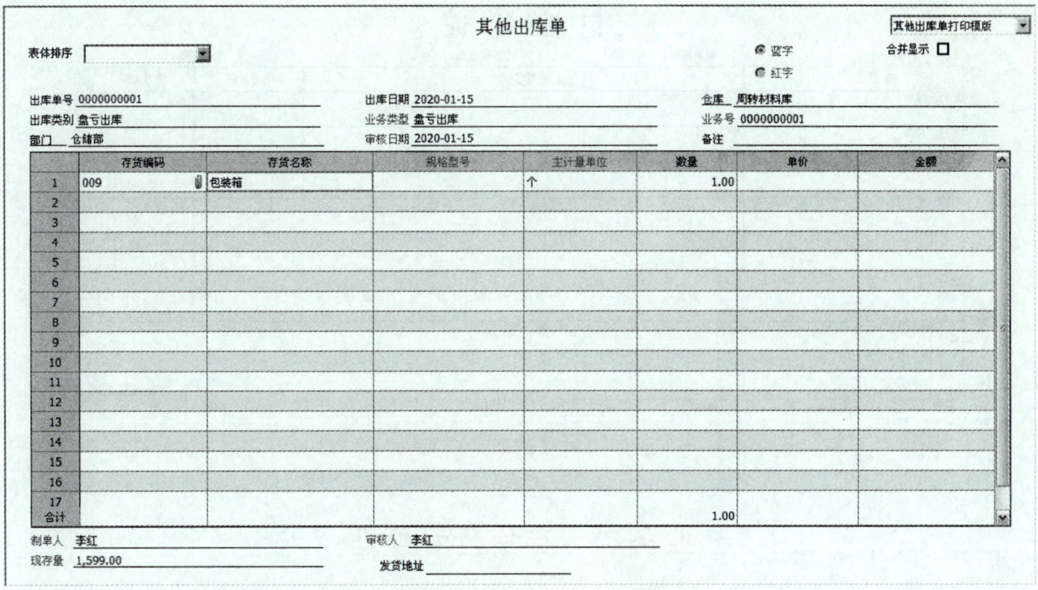


图 7-16 【已审核其他出库单】窗口

3. 单据记账

(1) 2020 年 1 月 15 日，财务部【W02 黄小明】在企业应用平台中执行【业务工作】|【供应链】|【存货核算】|【业务核算】|【正常单据记账】命令，打开【查询条件选择】窗口。

(2) 单击【确定】按钮，打开【正常单据记账列表】窗口。

(3) 单击【全选】按钮，如图 7-17 所示。

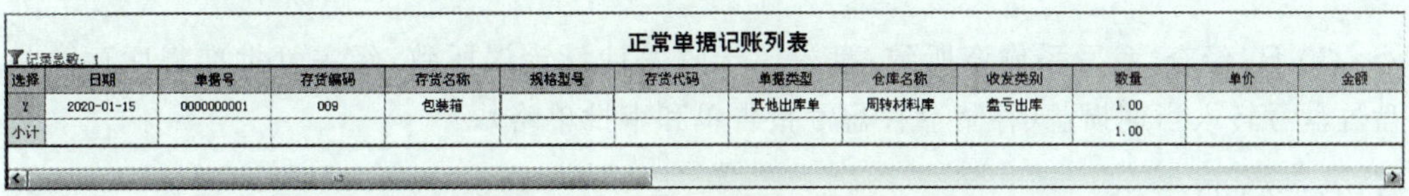


图 7-17 【正常单据记账列表】窗口

(4) 单击【记账】按钮，将其他出库单记账，系统提示【记账成功!】。

(5) 执行【财务核算】|【生成凭证】命令，单击【选择】按钮，打开【查询条件】窗口。

(6) 单击【确定】按钮，打开【未生成凭证单据一览表】窗口。

(7) 单击【选择】记录其他出库单，单击【确定】按钮。

(8) 选择凭证类别为【记账凭证】，如图 7-18 所示。

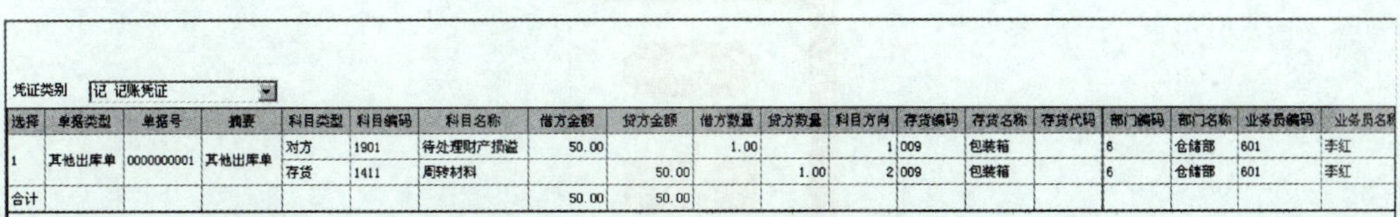


图 7-18 【生成凭证】窗口

(9) 单击【生成】按钮，生成一张记账凭证，单击【保存】按钮，如图 7-19 所示。

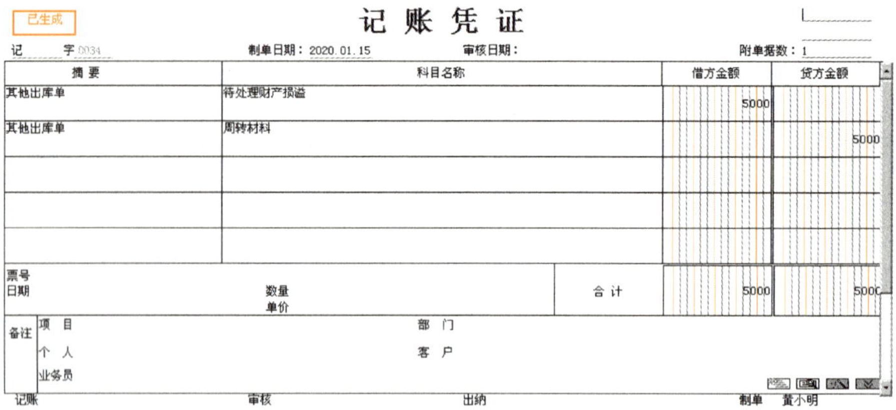

已生成

记账凭证

记 字 0034 制单日期：2020.01.15 审核日期： 附单据数：1

| 摘要 | 科目名称 | 借方金额 | 贷方金额 |
|---|---|---|---|
| 其他出库单 | 待处理财产损溢 | 5000 | |
| 其他出库单 | 周转材料 | | 5000 |
| | | | |
| | | | |
| | | | |
| 票号 日期 | 数量 单价 合计 | 5000 | 5000 |

备注 项目 部门

个人 客户

业务员

记账 审核 出纳 制单 黄小明

图 7－19 【记账凭证】页面

## 业务二 存货盘亏处理

盘亏处理

### 【业务描述】

2020 年 1 月 15 日，盘亏的存货损失请批准计入营业外支出。

### 【业务解析】

本笔是存货盘亏处理业务。

### 【赛题链接】

30 日，经查，盘亏系偷盗所致，盘盈属于收发计量错误所致，经主管批准将库存商品盘盈盘亏转入当期损益(存货盘存盈亏报告单和审批单略)。

### 【岗位说明】

7

财务部【W02 黄小明】填制凭证。

### 【业务流程】

存货盘亏处理业务流程如图 7－20 所示。

图 7－20 【存货盘亏处理业务】流程图

## 【操作指导】

1. 填制凭证

2020 年 1 月 15 日，财务部【W02 黄小明】在企业应用平台中执行【业务工作】|【财务会计】|【总账】|【凭证处理】|【填制凭证】命令，打开【填制凭证】窗口，填制一张如图 7－21 所示的凭证，单击【保存】按钮。

**记 账 凭 证**

记 字 0035　　制单日期：2020.01.15　　审核日期：　　附单据数：

| 摘 要 | 科目名称 | 借方金额 | 贷方金额 |
|---|---|---|---|
| 盘亏处理 | 营业外支出 | 5650 | |
| 盘亏处理 | 待处理财产损溢 | | 5000 |
| 盘亏处理 | 应交税费/应交增值税/进项税额转出 | | 650 |
| | | | |
| | | | |
| 票号 日期 | 数量 单价 | 合 计 5650 | 5650 |

| 备注 | 项 目 | 部 门 |
|---|---|---|
| | 个 人 | 客 户 |
| | 业务员 | |

记账　　审核　　出纳　　制单　黄小明

图 7－21 【记账凭证】页面

2. 账套备份

将账套输出至【F:\616 账套备份\7－2】文件夹。

7

# 项目八　固定资产管理系统业务处理

## 实训一　固定资产管理系统初始设置

### 业务一　固定资产管理系统参数设置

固定资产管理系统参数设置

**【业务描述】**

2020 年 1 月 1 日，设置固定资产管理系统的参数，相关信息如表 8－1 所示。

表 8－1　固定资产管理系统参数

| 约定与说明 | 我同意 |
| --- | --- |
| 启用月份 | 2020 年 01 月 |
| 折旧信息 | 本账套计提折旧<br>折旧方法：平均年限法(一)<br>折旧汇总分配周期：1 个月<br>当(月初已计提月份＋可使用月份－1)时，将剩余折旧全部提足 |
| 编码方式 | 资产类别编码方式：2－1－1－2<br>固定资产编码方式：按“类别编号＋序号”自动编码；卡片序号长度为 3 |
| 财务接口 | 固定资产对账科目：1601<br>累计折旧对账科目：1602<br>选中“在对账不平情况下允许固定资产月末结账” |
| 与账务系统接口 | 固定资产缺省入账科目：1601<br>累计折旧缺省入账科目：1602<br>减值准备缺省入账科目：1603<br>增值税进项税额缺省入账科目：22210101<br>固定资产清理缺省入账科目：1606<br>选中“业务发生后立即制单” |

**【岗位说明】**

【A01 李金泽】设置固定资产管理系统参数。

## 【操作指导】

(1)【A01 李金泽】在企业应用平台中执行【业务工作】|【财务会计】|【固定资产】命令，系统提示【这是第一次打开此账套，还未进行过初始化，是否进行初始化?】，如图 8-1 所示。

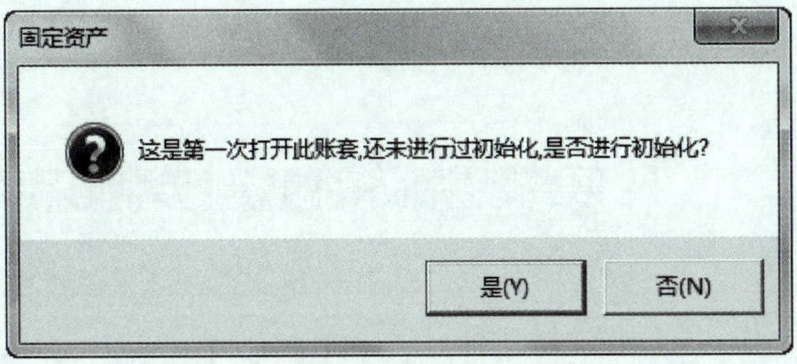


图 8-1　【固定资产初始化】提示框

(2) 单击【是】按钮，打开固定资产【初始化账套向导——约定及说明】对话框，如图 8-2 所示。

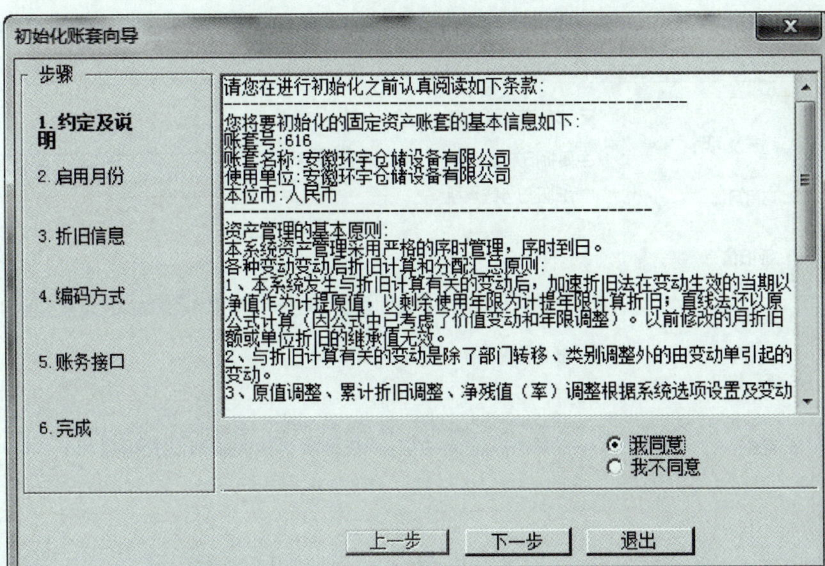


图 8-2　【初始化账套向导——约定及说明】对话框

(3) 选中【我同意】单选按钮，单击【下一步】按钮，打开固定资产【初始化账套向导——启用月份】对话框，系统默认账套启用月份【2020.01】，如图 8-3 所示。

8

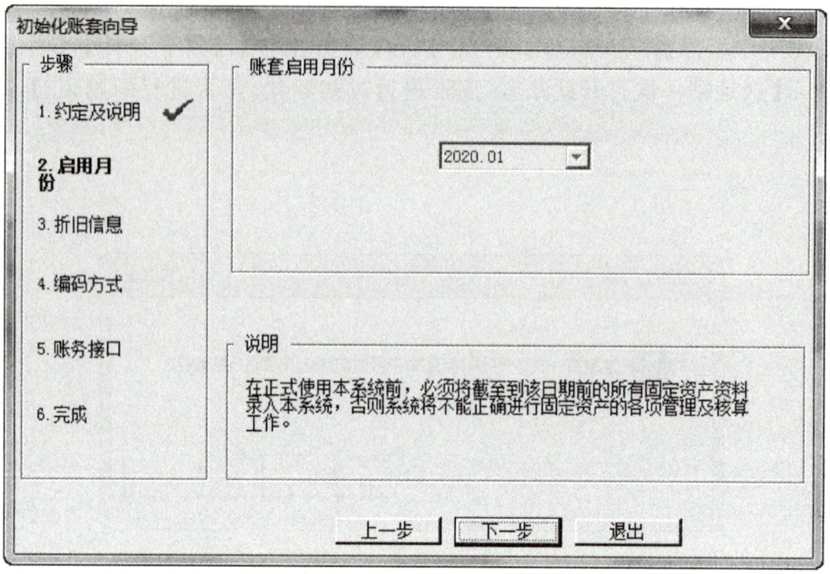


图 8-3 【初始化账套向导——启用月份】对话框

（4）单击【下一步】按钮，打开固定资产【初始化账套向导——折旧信息】对话框，选择主要折旧方法为【平均年限法(一)】，勾选【当(月初已计提月份＝可使用月份－1)时将剩余折旧全部提足(工作量法除外)】复选框，如图 8-4 所示。

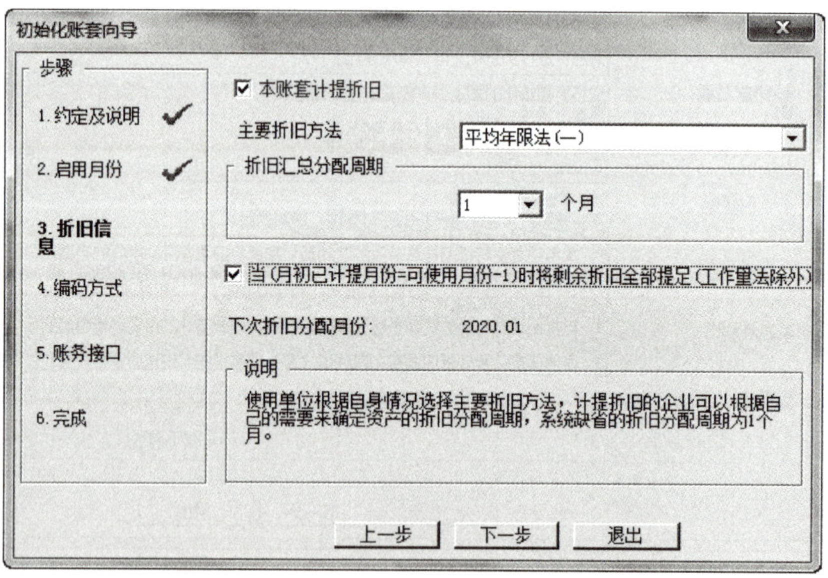


图 8-4 【初始化账套向导——折旧信息】对话框

（5）单击【下一步】按钮，打开固定资产【初始化账套向导——编码方式】窗口，选择固定资产编码方式为【自动编码】及【类别编码＋序号】，序号长度为【3】，如图 8-5 所示。

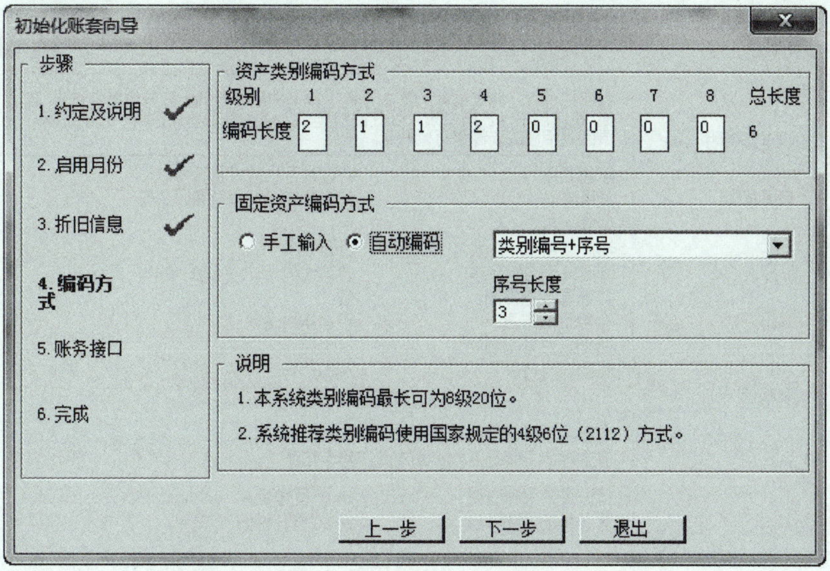


图 8-5【初始化账套向导——编码方式】窗口

（6）单击【下一步】按钮，打开固定资产【初始化账套向导——账务接口】窗口，录入固定资产对账科目为【1601】，累计折旧对账科目为【1602】，勾选【在对账不平的情况下允许固定资产月末结账】复选框，如图 8-6 所示。

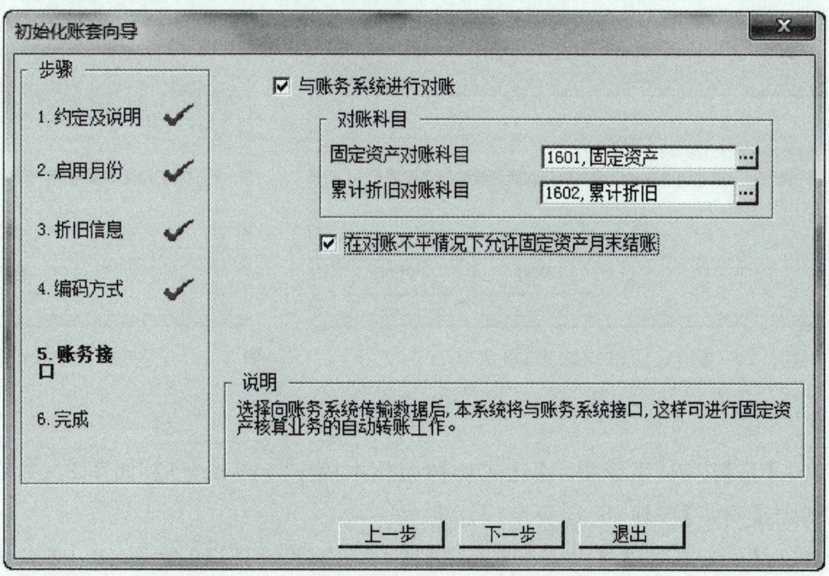


图 8-6【初始化账套向导——账务接口】对话框

（7）单击【下一步】按钮，打开固定资产【初始化账套向导——完成】对话框，如图 8-7 所示。

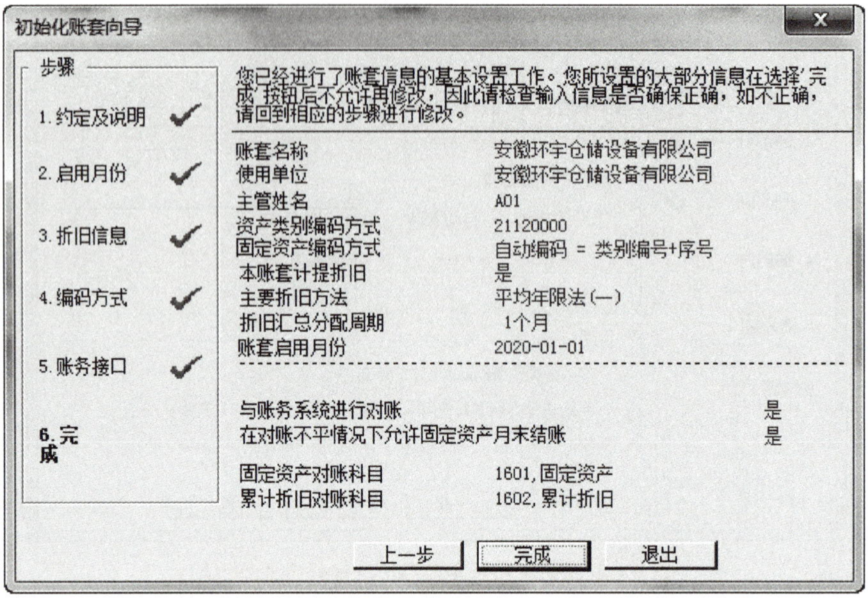


图 8-7 【初始化账套向导——完成】对话框

(8) 单击【完成】按钮，系统提示【已经完成了新账套的所有设置工作，是否确定所设置的信息完全正确并保存对新账套的所有设置?】，如图 8-8 所示。

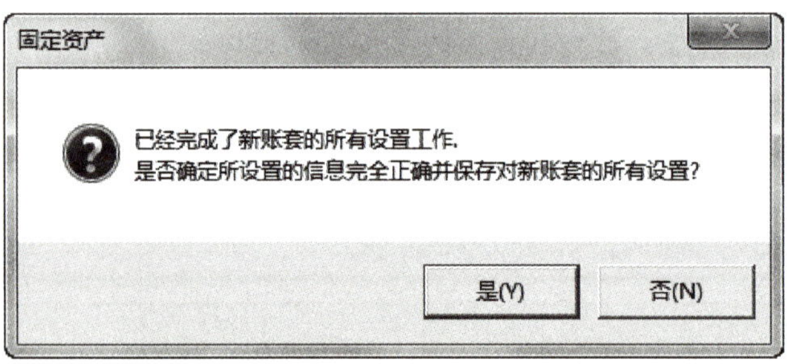


图 8-8 【固定资产初始化】提示框 1

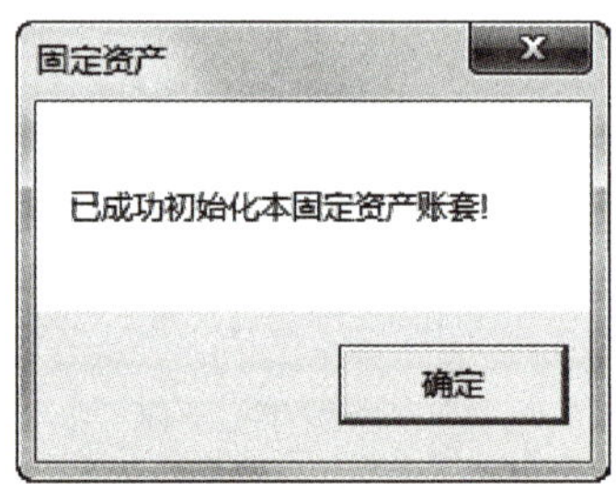


图 8-9 【固定资产初始化】提示框 2



(9) 单击【是】按钮，系统提示【已成功初始化本固定资产账套!】，如图 8-9 所示。

(10) 单击【确定】按钮，固定资产建账完成。

(11) 执行【固定资产】|【设置】|【选项】|【与账务系统接口】命令，单击【编辑】按钮，打开【选项】窗口，录入固定资产缺省入账科目为【1601】，累计折旧缺省入账科目为【1602】，减值准备缺省入账科目为【1603】，增值税进项税额缺省入账科目为【22210101】，固定资产清理缺省入账科目为【1606】；勾选【业务发生后立即制单】复选框，如图 8-10 所示。

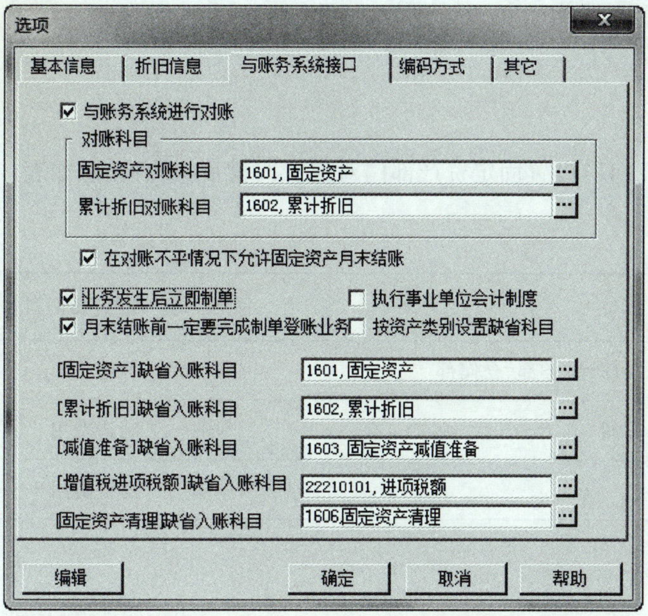


图 8－10　【固定资产——选项】窗口

**温馨提示**

- 在固定资产【初始化账套向导——启用月份】窗口中所列示的启用月份只能查看不能修改。启用日期确定后，在该日期前的所有固定资产都将作为期初数据，从启用月份开始计提折旧。
- 在固定资产【初始化账套向导——折旧信息】中，当(月初已计提月份＝可使用月份－1)时，将剩余折旧全部提足，(工作量法除外)是指除工作量法外，只要上述条件满足，则该月折旧净额＝净值－净残值，并且不能手工修改；如果不选该项，则该月不提足折旧，并且可手工修改，但如以后各月按照公式计算的月折旧率或折旧额是负数时，认定公式无效，令折旧率＝0，月折旧额＝净值－净残值。
- 固定资产编码方式包括【手工输入】和【自动编码】两种方式。自动编码方式包括【类别编号＋序号】【部门编号＋序号】【类别编码＋部门编码＋序号】【部门编码＋类别编码＋序号】，类别编号中的序号长度可自由设定为 1～15 位。
- 资产类别编码方式设定以后，一旦设定某一级类别，则该级的长度不能修改，未使用过的各级长度可以修改。每个账套的自动编码方式只能选择一种，一经设定，该自动编码方式不得修改。
- 固定资产对账科目和累计折旧对账科目应与账务系统内的对应科目一致。
- 对账不平不允许结账，是指在存在对应的账务账套的情况下，本系统在月末结账前自动执行一次对账，给出对账结果。如果不平，说明两系统出现偏差，应予以调整。

## 业务二 设置固定资产部门对应折旧科目

设置部门对应折旧科目

### 【业务描述】

2020 年 1 月 1 日，设置固定资产部门对应折旧科目，相关信息如表 8－2 所示。

表 8－2 固定资产部门对应折旧科目

| 部门 | 对应折旧科目 |
|---|---|
| 经理室、采购部、财务部、仓储部 | 660204 管理费用——折旧费 |
| 一车间、二车间 | 510101 制造费用——折旧费 |
| 销售部 | 660104 销售费用——折旧费 |

### 【岗位说明】

【A01 李金泽】设置固定资产部门对应折旧科目。

### 【赛题链接】

录入固定资产部门对应折旧科目。

### 【操作指导】

(1) 2020 年 1 月 1 日，【A01 李金泽】在企业应用平台中，执行【业务工作】|【财务会计】|【固定资产】|【设置】|【部门对应折旧科目】命令，打开【部门对应折旧科目——列表视图】窗口。

(2) 选择【总经办】所在行，单击【修改】按钮，打开【单张视图】窗口。也可直接选中部门编码目录中的【总经办】，单击打开【单张视图】窗口，选择折旧科目为【660204】，如图 8－11 所示。

8

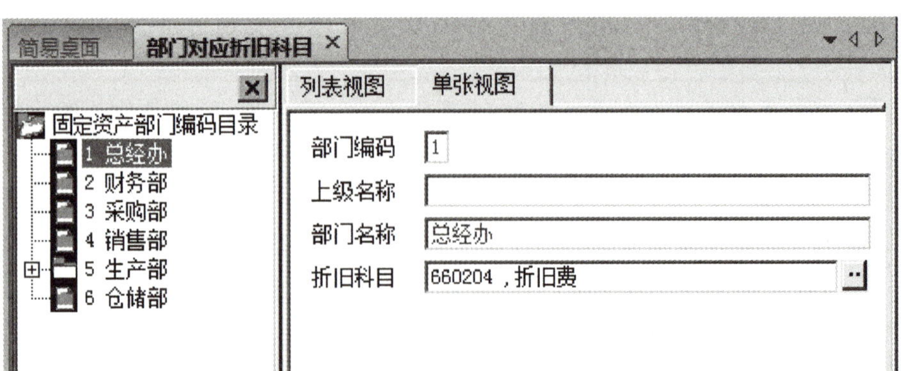


图 8－11 【部门对应折旧科目——单张视图】窗口

（3）单击【保存】按钮。以此方法依次录入其他部门对应的折旧科目，操作结果如图8-12所示。

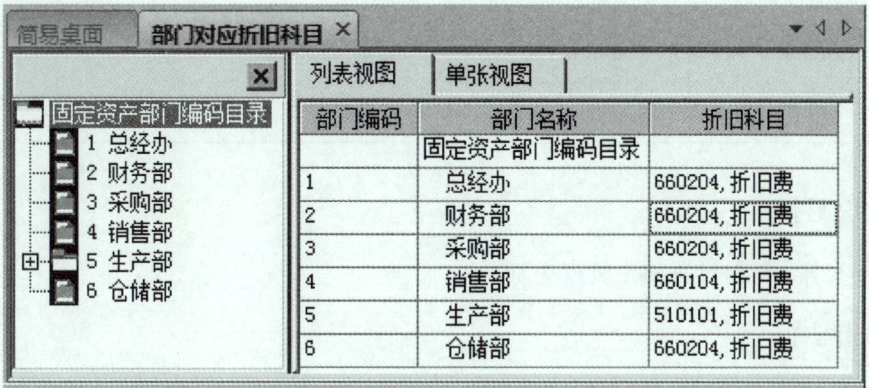


图8-12　【部门对应折旧科目——列表视图】窗口

**温馨提示**

本系统录入卡片时，只能选择明细部门，所以设置折旧科目也只有设置明细部门才有意义。如果某一上级部门设置了对应的折旧科目，则下级部门继承上级部门的设置。

设置生产部对应折旧科目为【510101 制造费用——折旧费】时，系统会提示【是否将生产部的所有下级部门的折旧科目替换为“制造费用——折旧费”？如果选择“是”，请在成功保存后单击“刷新”按钮查看】。单击【是】按钮，即将生产部的两个下级部门的折旧科目一并设置完成。

设置部门对应折旧科目时，必须选择末级会计科目。设置上级部门的折旧科目，则下级部门也可自动继承，也可以选择不同的科目，即上下级部门的折旧科目可以相同，也可以不同。

## 业务三　设置固定资产类别

8

**【业务描述】**

2020年1月1日，设置固定资产类别，相关信息如表8-3所示。

设置固定资产类别

表8-3　固定资产类别

| 编码 | 类别名称 | 折旧年限（总工作量） | 净残值率/% | 计提属性 | 折旧方法 | 卡片式样 |
|---|---|---|---|---|---|---|
| 01 | 房屋及建筑物 | 30年 | 5 | 正常计提 | 平均年限法（一） | 含税卡片样式 |
| 02 | 生产设备 | 5年 | 5 | 正常计提 | 平均年限法（一） | 含税卡片样式 |

续 表

| 编码 | 类别名称 | 折旧年限<br>（总工作量） | 净残值率<br>/% | 计提属性 | 折旧方法 | 卡片式样 |
|---|---|---|---|---|---|---|
| 03 | 办公设备 | 3 年 | 1 | 正常计提 | 平均年限法(一) | 含税卡片样式 |
| 04 | 运输设备 | 8 年<br>（600 000 公里） | 5 | 正常计提 | 工作量法 | 含税卡片样式 |

## 【岗位说明】

【A01 李金泽】设置固定资产类别。

## 【操作指导】

(1) 2020 年 1 月 1 日,【A01 李金泽】在企业应用平台中执行【业务工作】|【财务会计】|【固定资产】|【设置】|【资产类别】命令,打开【资产类别——列表视图】窗口,如图 8－13 所示。

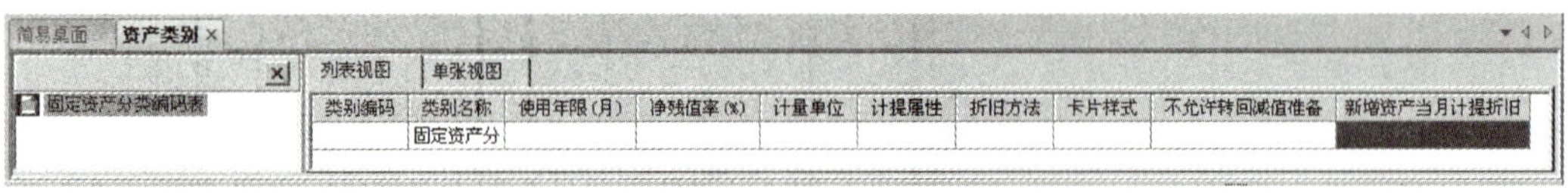


图 8－13 【资产类别——列表视图】窗口

(2) 单击【增加】按钮,打开【资产类别——单张视图】窗口,如图 8－14 所示。

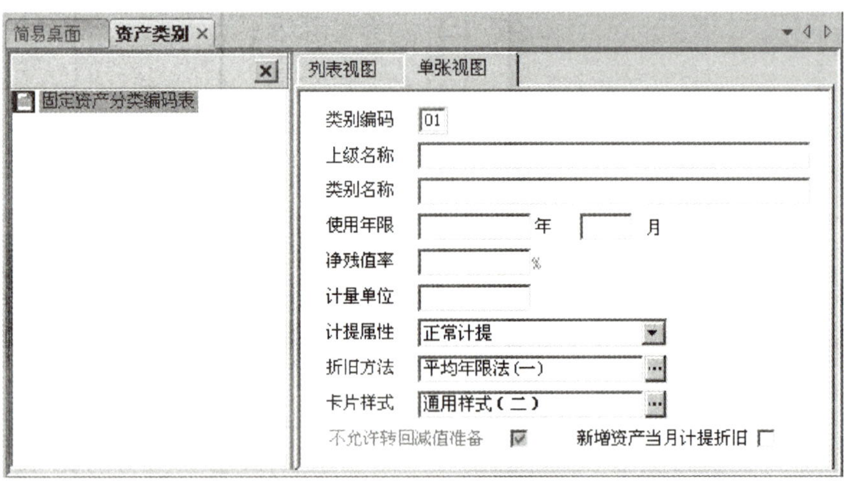


图 8－14 【资产类别——单张视图】窗口

(3) 录入类别名称为【房屋及建筑物】,使用年限为【30】,净残值率为【5】,选择卡片样式为【含税卡片样式】,如图 8－15 所示。

(4) 单击【确定】按钮,返回【资产类别】窗口,单击【保存】按钮,如图 8－16 所示。

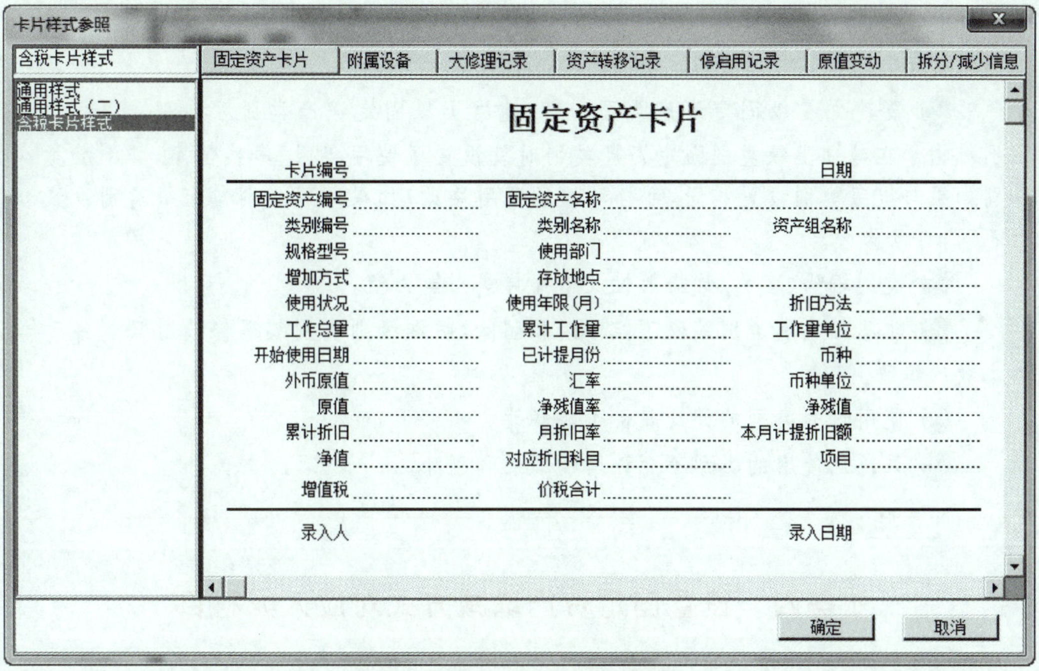


图 8-15　【卡片样式参照】窗口

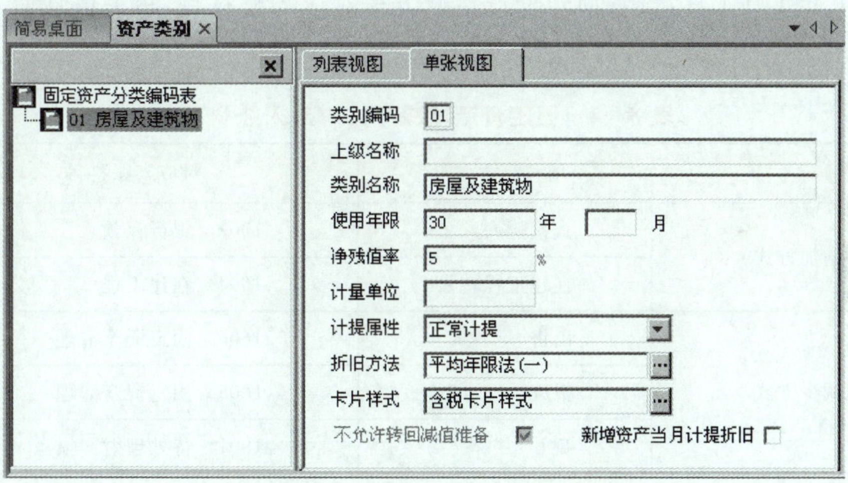


图 8-16　【资产类别——单张视图】窗口

（5）以此方法，依次录入其他固定资产类别，操作结果如图 8-17 所示。

图 8-17　【资产类别——列表视图】窗口

8

**温馨提示**

要建立多级固定资产类别，应先建立上级固定资产类别后再建立下级类别。由于在建立上级类别固定资产类别时就设置了使用年限、净残值率，其下级类别如果与上级类别设置相同，可自动继承不用修改；如果下级类别与上级类别设置不同，可以修改。

类别编码、名称、计提属性及卡片样式不能为空。

非明细级别类别编码不能修改和删除，明细级别类别编码修改时只能修改本级的编码。

使用过的类别的计提属性不能修改。

系统已使用的类别不允许增加下级和删除。

## 业务四　设置固定资产增减方式对应入账科目

设置固定资产增减方式对应入账科目

**【业务描述】**

2020 年 1 月 1 日，设置固定资产增减方式对应入账科目，相关信息如表 8－4 所示。

表 8－4　固定资产增减方式对应入账科目

| 项　　目 | 增 减 方 式 | 对应入账科目 |
| --- | --- | --- |
| 增加方式 | 直接购入 | 1002　银行存款 |
| | 在建工程转入 | 1604　在建工程 |
| 减少方式 | 出售 | 1606　固定资产清理 |
| | 报废 | 1606　固定资产清理 |
| | 盘亏 | 1901　待处理财产损溢 |

8

**【岗位说明】**

【A01 李金泽】设置固定资产增减方式对应入账科目。

**【操作指导】**

（1）2020 年 1 月 1 日，【A01 李金泽】在企业应用平台中执行【业务工作】|【财务会计】|【固定资产】|【设置】|【增减方式】命令，打开【增减方式】窗口，如图 8－18 所示。

（2）选中【直接购入】所在行，单击【修改】按钮，打开【增减方式——单张视图】窗口，选择对应入账科目为【1002】，如图 8－19 所示，单击【保存】按钮。

（3）以此方法，依次设置其他增减方式对应入账科目，操作结果如图 8－20 所示。

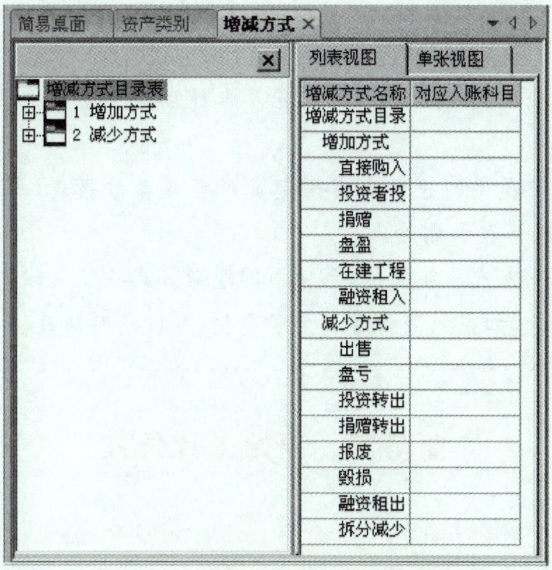


图 8－18　【增减方式——列表视图】

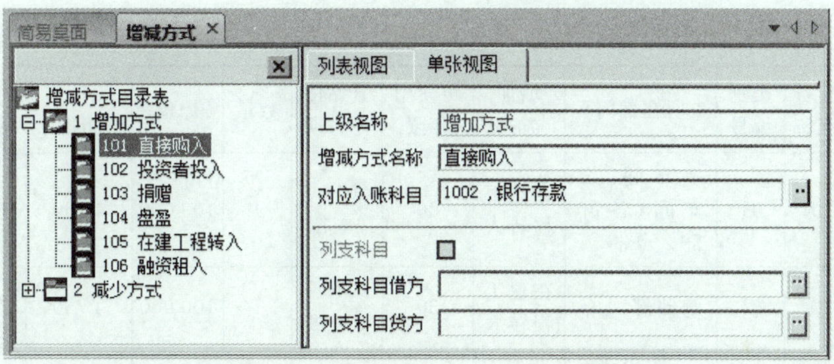


图 8－19　【增减方式——单张视图】

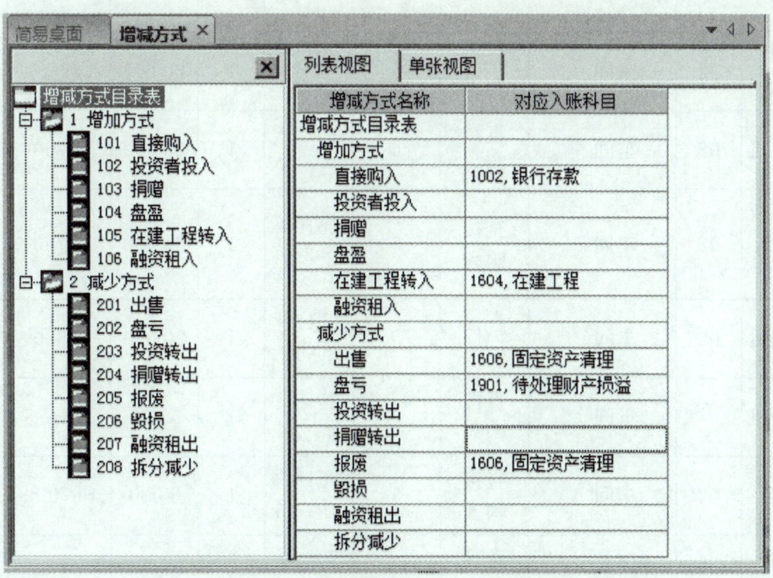


图 8－20　【增减方式——列表视图】

8

**温馨提示**

- 在资产增减方式中所设置的对应入账科目是为了生成凭证时自动带出会计科目。
- 因为本系统提供的报表中有固定资产盘盈盘亏报表，所以增减方式中“盘盈、盘亏、毁损”不能修改和删除。
- 非明细增减方式不能删除；已使用的增减方式不能删除。
- 生成凭证时，如果入账科目发生了变化，可以及时修改。

## 业务五 原始卡片录入

录入固定资产原始卡片



### 【业务描述】

2020 年 1 月 1 日，录入固定资产原始卡片，相关信息如表 8 - 5 所示。

**表 8 - 5 2020 年 1 月固定资产使用及折旧情况** 金额单位：元

| 固定资产编号 | 固定资产名称 | 类别编号 | 所在部门 | 增加方式 | 可使用年限 | 开始使用日期 | 数量 | 原值 | 累计用折旧 | 使用状况 | 净残值率 |
|---|---|---|---|---|---|---|---|---|---|---|---|
| 01001 | 厂房 | 01 | 一车间、二车间（各占 50%） | 在建工程转入 | 30 | 2018 - 6 - 18 | 1 | 100 000 | 4 750 | 在用 | 5% |
| 01002 | 仓库 | 01 | 仓储部 | 在建工程转入 | 30 | 2018 - 6 - 18 | 1 | 100 000 | 4 750 | 在用 | 5% |
| 02001 | 3T 柴油叉车 | 02 | 一车间、二车间（各占 50%） | 直接购入 | 5 | 2019 - 2 - 16 | 1 | 28 000 | 4 433.33 | 在用 | 5% |
| 02002 | S 生产线 | 02 | 一车间 | 直接购入 | 5 | 2019 - 2 - 16 | 1 | 20 000 | 3 166.67 | 在用 | 5% |
| 02003 | 剪板机 | 02 | 一车间 | 直接购入 | 5 | 2018 - 9 - 28 | 1 | 20 000 | 4 750 | 在用 | 5% |
| 02004 | 液压扳料折弯机 | 02 | 一车间 | 直接购入 | 5 | 2019 - 2 - 22 | 1 | 30 000 | 4 750 | 在用 | 5% |
| 02005 | 切割机 | 02 | 二车间 | 直接购入 | 5 | 2017 - 8 - 18 | 1 | 20 000 | 9 500 | 在用 | 5% |
| 02006 | 电焊机 | 02 | 二车间 | 直接购入 | 5 | 2018 - 9 - 28 | 1 | 5 000 | 1 187.5 | 在用 | 5% |
| 02007 | 气泵 | 02 | 二车间 | 直接购入 | 5 | 2015 - 01 - 16 | 1 | 5 000 | 4 670.83 | 在用 | 5% |
| 03001 | 联想电脑 | 03 | 总经办 | 直接购入 | 3 | 2019 - 2 - 14 | 1 | 4 000 | 1 100 | 在用 | 1% |

续　表

| 固定资产编号 | 固定资产名称 | 类别编号 | 所在部门 | 增加方式 | 可使用年限 | 开始使用日期 | 数量 | 原值 | 累计用折旧 | 使用状况 | 净残值率 |
|---|---|---|---|---|---|---|---|---|---|---|---|
| 03002 | 联想电脑 | 03 | 采购部 | 直接购入 | 3 | 2019-2-14 | 1 | 4 000 | 1 100 | 在用 | 1% |
| 03003 | 联想电脑 | 03 | 销售部 | 直接购入 | 3 | 2019-2-14 | 1 | 4 000 | 1 100 | 在用 | 1% |
| 03004 | 联想电脑 | 03 | 财务部 | 直接购入 | 3 | 2019-2-14 | 1 | 4 000 | 1 100 | 在用 | 1% |
| 03005 | 惠普打印机 | 03 | 财务部 | 直接购入 | 3 | 2019-2-14 | 1 | 3 000 | 825 | 在用 | 1% |
| 合计 | | | | | | | | 347 000 | 47 183.33 | 在用 | |

## 【岗位说明】

【A01 李金泽】录入固定资产原始卡片。

## 【操作指导】

(1) 2020 年 1 月 1 日,【A01 李金泽】在企业应用平台中执行【业务工作】|【财务会计】|【固定资产】|【卡片】|【录入原始卡片】命令,打开【固定资产类别档案】窗口,如图 8-21所示。

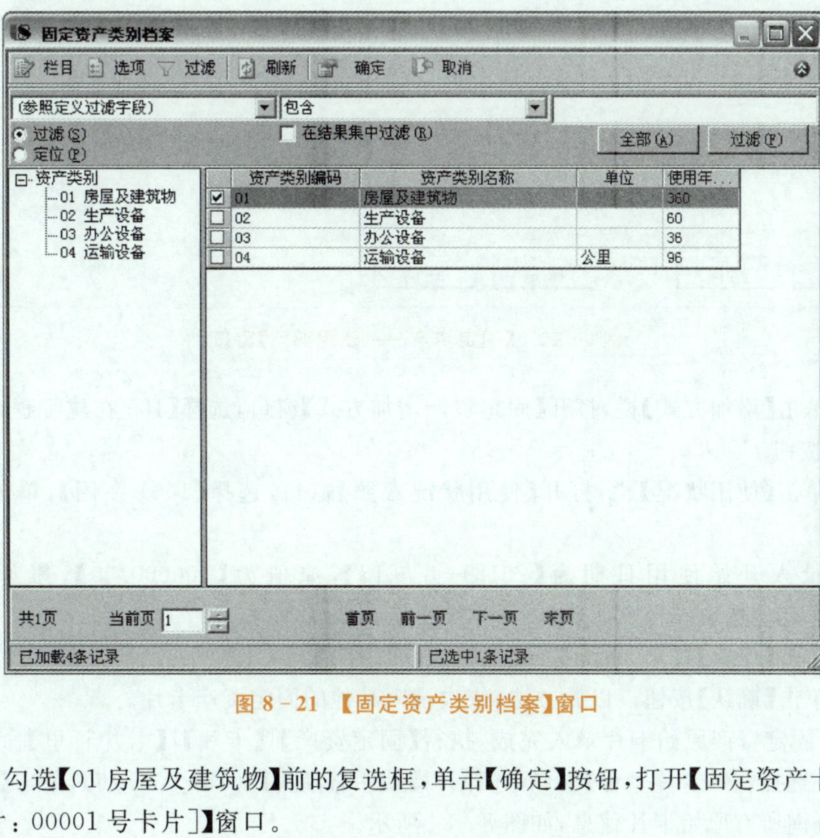


图 8-21　【固定资产类别档案】窗口

(2) 勾选【01 房屋及建筑物】前的复选框,单击【确定】按钮,打开【固定资产卡片[录入原始卡片:00001 号卡片]】窗口。

8

(3) 录入固定资产名称为【厂房】，单击【使用部门】，打开【固定资产】窗口，选择【多部门使用】单选框，单击【确定】按钮，打开【使用部门】窗口。

(4) 单击【增加】按钮，在第一行【使用部门】栏选择【一车间】，录入使用比例为【50】；在第二行【使用部门】栏选择【二车间】，录入使用比例为【50】，如图8－22所示，单击【确定】按钮。

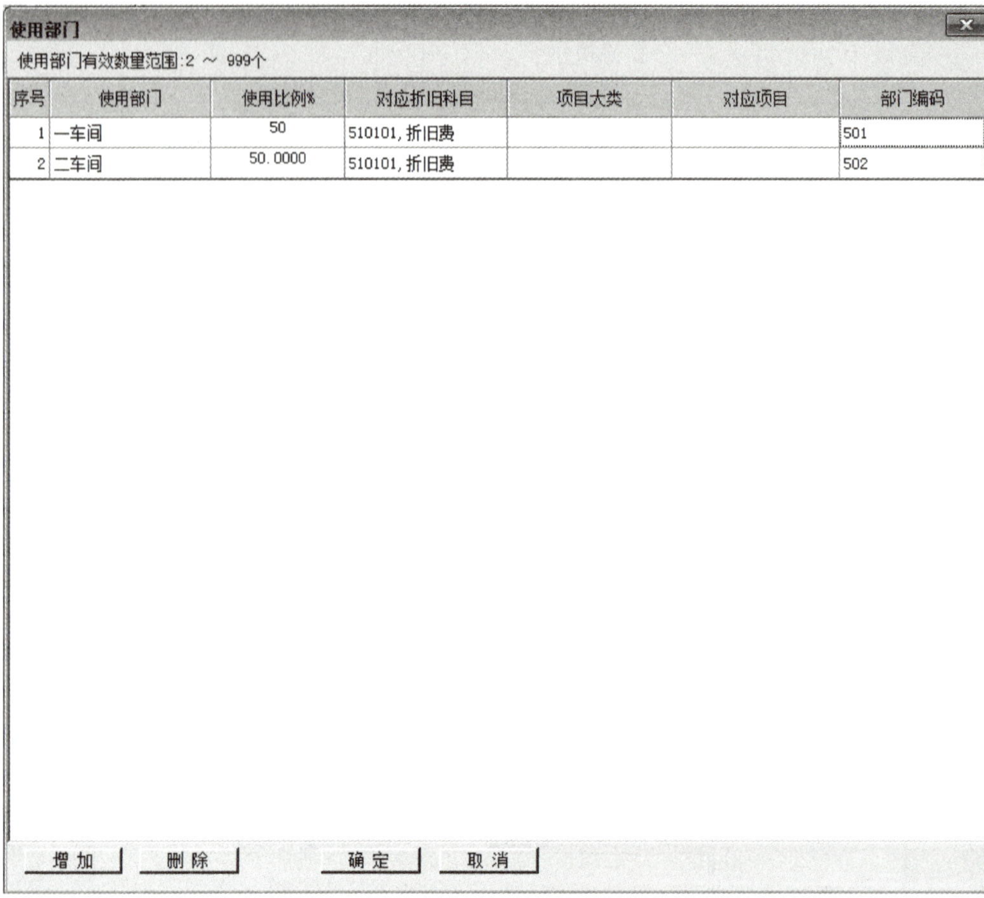


图8－22 【固定资产——使用部门】窗口



(5) 单击【增加方式】栏，打开【固定资产增加方式】窗口，选择【105 在建工程转入】，单击【确认】按钮。

(6) 单击【使用状况】栏，打开【使用状况参照】窗口，选择【1001 在用】，单击【确认】按钮。

(7) 录入开始使用日期为【2018－8－18】，原值为【100000.00】，累计折旧为【4750.00】，其他选项选择默认，如图8－23所示。

(8) 单击【保存】按钮，系统提示【数据成功保存！】。

(9) 单击【确认】按钮。以此方法，依次录入其他的固定资产卡片。

(10) 固定资产原始卡片录入完成，执行【固定资产】|【卡片】|【卡片管里】命令，打开【查询条件选择——卡片管里】窗口，选择开始使用日期为【2015－01－16】，单击【确定】按钮，即可查询所有原始卡片信息，如图8－24所示。

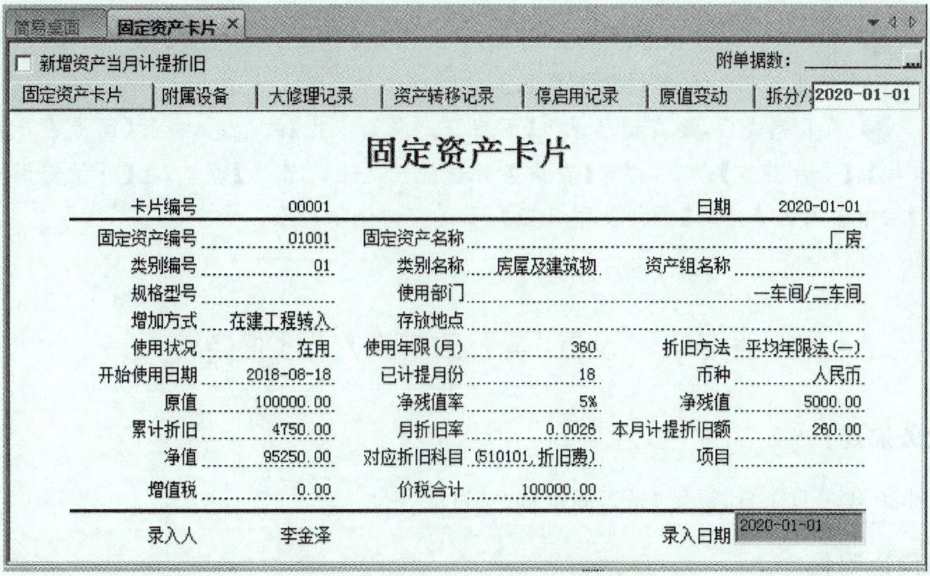


图 8-23　【固定资产原始卡片】窗口

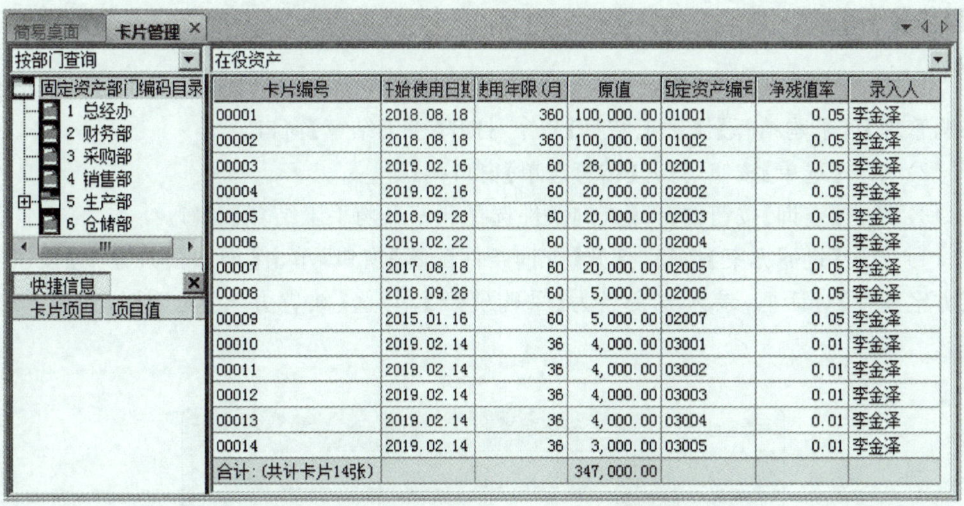


图 8-24　【固定资产——卡片管理】窗口

**温馨提示**

- 在【固定资产卡片】界面中，除【固定资产卡片】选项卡外，还有若干的附属选项卡，附属选项卡上的信息只供参考，不参与计算也不回溯。
- 在执行【原始卡片录入】或【资产增加】功能时，可以为一个资产选择多个使用部门。
- 当资产为多部门使用时，原值、累计折旧等数据可以在多部门之间按预先设置的比例分摊。

单个资产对应多个使用部门时，卡片上的【对应折旧科目】处不能输入，默认为选择使用部门时设置的折旧科目。

录入完成后，要查询已录入【固定资产原始卡片】的信息，执行【固定资产】|【卡片】|【卡片管里】命令，打开【查询条件选择——卡片管里】窗口，在【开始使用日期】栏中输入该资产的【开始使用日期】，否则查询记录为空。

## 业务六 设置“是否固定资产”过滤条件

设置“是否固定资产”过滤条件

### 【业务描述】

2020年1月1日，设置“是否固定资产”过滤条件。

### 【岗位说明】

【A01 李金泽】进行“是否固定资产”过滤条件设置。

### 【操作指导】

(1) 2020年1月1日，【A01 李金泽】在企业应用平台中执行【业务工作】|【供应链】|【采购管理】|【采购结算】|【手工结算】命令，打开【手工结算】窗口。

(2) 单击【选单】按钮，打开【结算选单】窗口。

(3) 单击【查询】按钮，打开【查询条件选择——采购手工结算】窗口。

(4) 单击【过滤方案】按钮，打开【查询条件配置】窗口，单击【增加公共方案】按钮，打开【方案属性】对话框，录入方案名为【采购资产】，勾选【缺省方案】复选框，如图 8－25 所示。

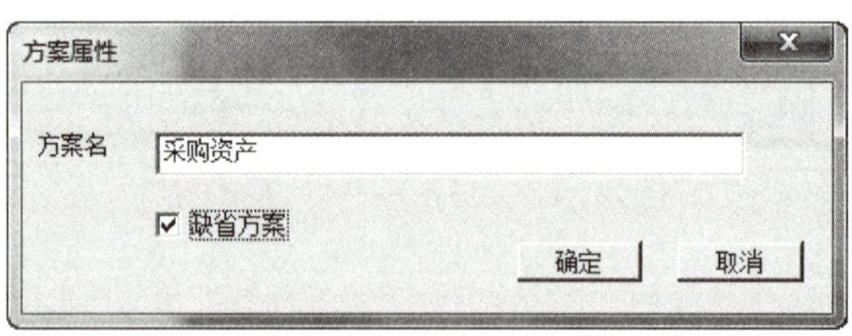


图 8－25 【方案属性】对话框

(5) 单击【确定】按钮，返回【查询条件配置】窗口。

(6) 单击选中【采购资产(缺省)[A01]】命令，在窗口右侧【标题】栏选中【是否固定资产】，双击打开【条件属性】对话框，勾选【常用条件】复选框，如图 8－26 所示。

(7) 单击【确定】按钮，返回【查询条件配置】窗口，将【是否固定资产】上移至【扣税类别】下方，如图 8－27 所示。

(8) 单击【关闭】按钮，返回【查询条件选择——采购手工结算】窗口，单击【过滤方案】

8

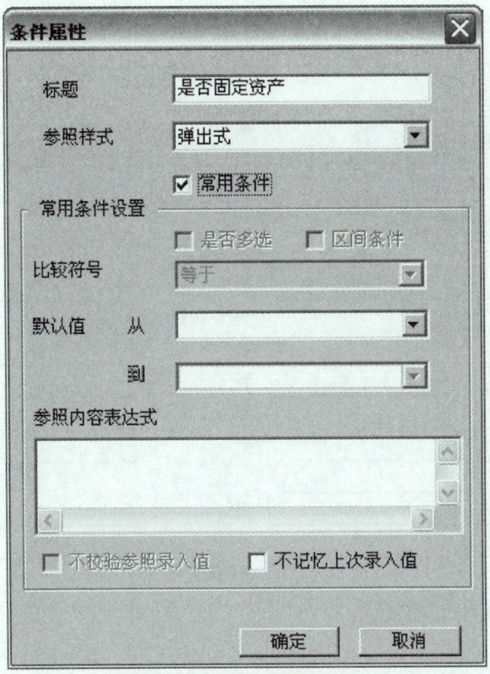


图 8－26　【条件属性】对话框

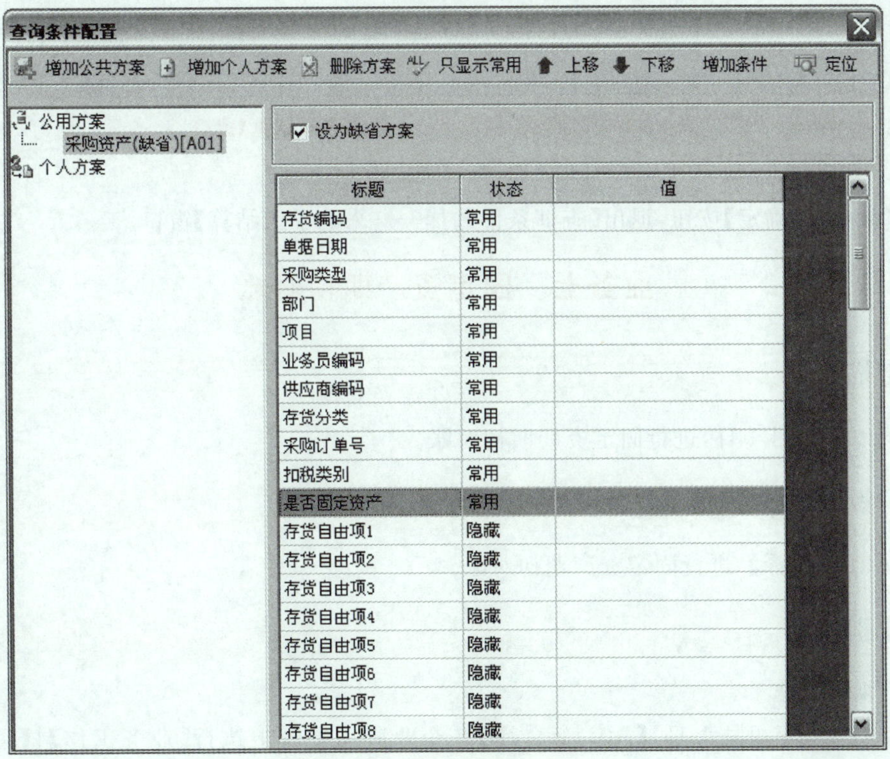


图 8－27　【查询条件配置】窗口

8

右方下拉箭头，出现【采购资产[A01]】，单击【采购资产[A01]】，窗口过滤条件出现【是否固定资产】项目，如图 8 - 28 所示。

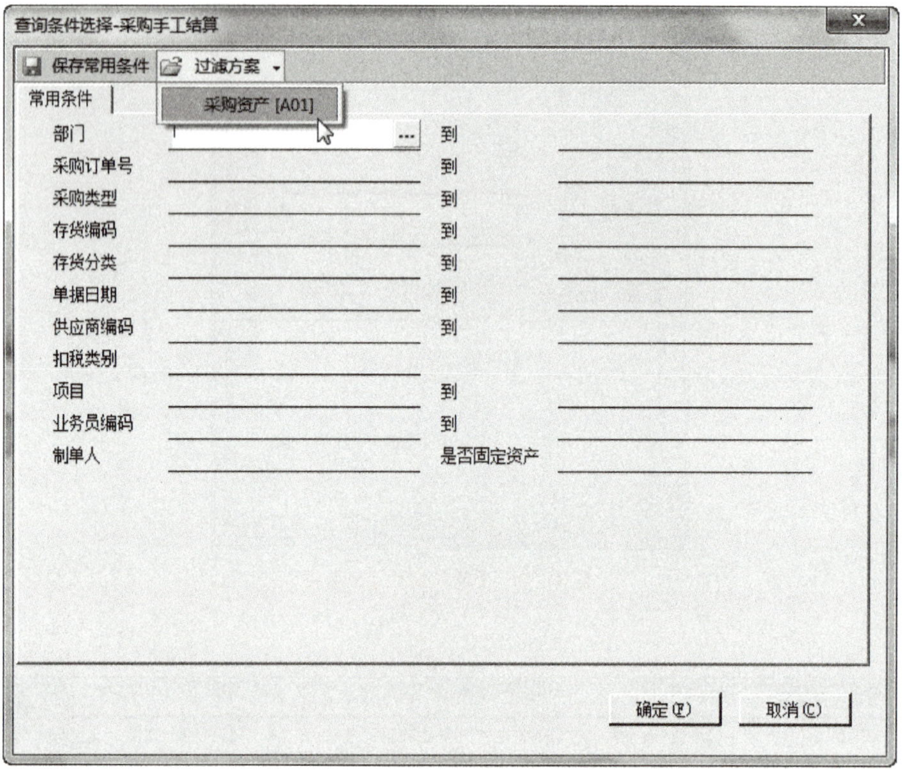


图 8 - 28 【查询条件选择——采购手工结算】窗口

(9) 单击【确定】按钮，退出【查询条件选择——采购手工结算】窗口。

## 业务七 固定资产期初对账

### 【业务描述】

8 2020 年 1 月 1 日，进行固定资产期初对账。

### 【岗位说明】

【A01 李金泽】进行固定资产期初对账。

### 【操作指导】

1. 期初对账

(1) 2020 年 1 月 1 日，【A01 李金泽】在企业应用平台中执行【业务工作】|【财务会计】|【固定资产】|【处理】|【对账】命令，打开【与账务对账结果】窗口，系统提示【结果平衡】，如图 8 - 29 所示。

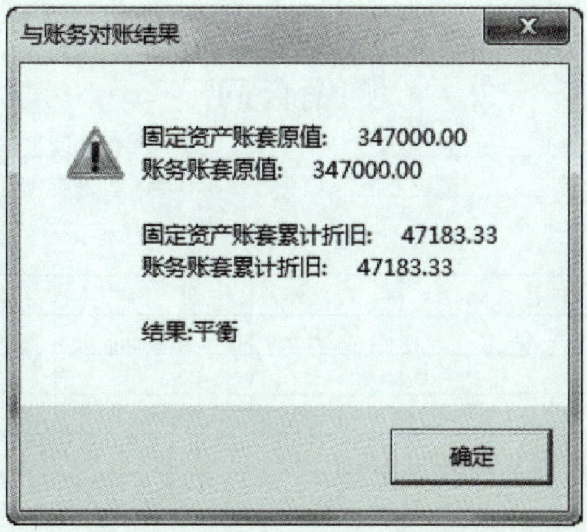


图 8-29　【固定资产——与账务对账结果】提示框

(2) 单击【确定】按钮,退出【与账务对账结果】窗口。

2. 账套备份

将账套输出至【F:\616 账套备份\8-1】文件夹。

**温馨提示**

录入完成后,执行【固定资产】|【处理】|【对账】命令,验证固定资产系统中录入的固定资产明细资料是否与总账中的固定资产数据一致;如果不一致,需要检查总账期初余额中固定资产的原值和累计折旧的期初余额录入是否错误,确定总账期初余额准确无误;再检查录入原始卡片的原值和累计折旧是否错误,最终要保证固定资产系统【固定资产原值】和【累计折旧原值】与总账中【固定资产】和【累计折旧】的期初余额平衡。

# 实训二　固定资产增加业务

8

## 【业务描述】

2020 年 1 月 21 日,因业务量扩大,采购液压扳料折弯机两辆,取得原始凭证如图 8-30～图 8-34 所示。

固定资产增加

## 【岗位说明】

财务部【G01 叶敏】增加并审核采购订单,增加并审核采购到货单,增加并结算采购专用发票;仓储部【C01 李红】增加并审核采购入库单;财务部【W02 黄小明】审核采购专用发票,增加采购资产并生成固定资产卡片,审核付款单并生成固定资产增加和付款的会计凭证;财务部【W03 李卉】增加银行承兑汇票。

## 购销合同

供货方：芜湖江森仓储设备有限公司　　合同号：CG1002

购买方：安徽环宇仓储设备有限公司　　签订日期：2020年01月21日

经双方协议，订立本合同如下：

| 商品型号 | 名称 | 数量 | 单价 | 总额 | 其他要求 |
|---|---|---|---|---|---|
| | 液压扳料折弯机 | 1.00 | 45200.00 | 45200.00 | |
| | | | | | |
| 合计 | | 1.00 | | ¥45,200.00 | |
| 货款合计（大写）：人民币肆万伍仟贰佰元整 | | | | | |

**质量验收标准**：

**交货日** 2020年1月21日

**交货地** 芜湖市三山区浮山路166号

**结算方** 银行承兑汇票。结算日期：2020年1月21日

**发运方** 式公路运输。运费由购买方承担。

**违约条款**：违约方需赔偿对方一切经济损失。但遇天灾人祸或其他不可抗力因素而导致延误交货，购买方不能要求供货方赔偿任何损失。

**解决合同纠纷的方式**：经双方友好协商解决，如协商不成的，可向当地仲裁委员会提出申诉解决。

本合同一式两份，供需双方各执一份，自签订之日起生效。

供货方（盖章）：芜湖江森仓储设备有限公司 合同专用章　　购买方（盖章）：安徽环宇仓储设备有限公司 合同专用章

地　址：芜湖市三山区浮山路166号　　地　址：芜湖市经济技术开发区港湾路188号

法定代表：程华　　法定代表：李金云

联系电话：0553-6578276　　联系电话：0553-4471388

图 8-30 【业务一——采购订单】

## 安徽增值税专用发票

全国统一发票监制章 安徽 国家税务总局监制

NO. 60972952　3402194130　60972952

发票联

开票日期：2020年01月21日

| 购买方 | 名称：安徽环宇仓储设备有限公司<br>纳税人识别号：913402076897786088<br>地址、电话：芜湖市经济技术开发区港湾路188号，0553-4471388<br>开户行及账号：中国工商银行芜湖经开区支行，1307100026160024388 | 密码区 | 略 |
|---|---|---|---|

| 货物或应税劳务、服务名称 | 规格型号 | 单位 | 数量 | 单价 | 金额 | 税率 | 税额 |
|---|---|---|---|---|---|---|---|
| *金属制品*液压扳料折弯机 | | 辆 | 1 | 40000.00 | 40000.00 | 13% | 5200.00 |
| 合计 | | | | | ¥40000.00 | | ¥5200.00 |
| 价税合计（大写） | ⊗肆万伍仟贰佰元整 | | | | （小写）¥ 45200.00 | | |

| 销货方 | 名称：芜湖江森仓储设备有限公司<br>纳税人识别号：913402048969502886<br>地址、电话：芜湖市三山区浮山路166号，0553-6578276<br>开户行及账号：中国建设银行芜湖浮山支行，6217800228934835876 | 备注 | |
|---|---|---|---|

芜湖江森仓储设备有限公司 913402048969502886 发票专用章

收款人：略　　复核：略　　开票人：略　　销售方（章）：

税总函〔2019〕124号西安印钞有限公司

第三联：发票联 购买方记账凭证

图 8-31 【业务一——采购专用发票】

**安徽增值税专用发票**

NO. 93567748 3402194130

93567748

**发票联**

开票日期：2020年01月21日

税总函〔2019〕124号西安印钞有限公司

| | | | | | | | | |
|---|---|---|---|---|---|---|---|---|
| 购买方 | 名　　称：安徽环宇仓储设备有限公司<br>纳税人识别号：913402076897786088<br>地 址、电 话：芜湖市经济技术开发区港湾路188号，0553-4471388<br>开户行及账号：中国工商银行芜湖经开区支行，1307100026160024388 | | | | 密码区 | 略 | | |
| 货物或应税劳务、服务名称 | | 规格型号 | 单位 | 数量 | 单价 | 金额 | 税率 | 税额 |
| *交通运输服务*运输费 | | | | | | 2000.00 | 9% | 180.00 |
| 合　计 | | | | | | ¥2000.00 | | ¥180.00 |
| 价税合计（大写） | | ⊗贰仟壹佰捌拾元整 | | | | （小写）¥2180.00 | | |
| 销货方 | 名　　称：安得物流有限公司<br>纳税人识别号：913402083456788262<br>地 址、电 话：芜湖市鸠江区万春西路98号，0553-5202686<br>开户行及账号：中国工商银行芜湖万春西路支行，1307022029249363386 | | | | 备注 | | | |

收款人：略　　复核：略　　开票人：略　　销售方（章）：

第三联：发票联 购买方记账凭证

图 8－32 【业务一——采购专用发票】

**固定资产卡片**

使用单位：二车间　　填制日期：*2020*年*01*月*21*日

| 类别 | 生产设备 | 出厂或交接验收日期 | 2019年4月15日 | 预计使用年限 | 5年 |
|---|---|---|---|---|---|
| 编号 | 02008 | 购入或使用日期 | 2020年1月21日 | 预计残值 | 2100.00 |
| 名称 | 液压扳料折弯机 | 放置或使用地址 | 二车间 | 预计清理费用 | 0 |
| 型号规格 | | 负责人 | 郑彦 | 月折旧率 | |
| 建造单位 | | 总造价 | 42000.00 | 月大修理费用提存率 | |

| 设备主要技术参数或建筑物占地面积、建筑面积及结构 | 设备主要配件名称数量或建筑物附属设备 | 大修理记录 | | 固定资产改变记录 |
|---|---|---|---|---|
| | | 时间 | 项目 | |
| | | | | |

图 8－33 【业务一——固定资产卡片】

**银行承兑汇票**（存根）　　3

68791083

出票日（大写）　贰零贰零年　零壹月　贰拾壹日

| | | | | |
|---|---|---|---|---|
| 出票人全称 | 安徽环宇仓储设备有限公司 | 收款人 | 全　称 | 芜湖江森仓储设备有限公司 |
| 出票人账号 | 1307100026160024388 | | 账　号 | 1307022029249363386 |
| 付款行全称 | 中国工商银行芜湖经开区支行 | | 开户银行 | 中国工商银行芜湖万春西路支行 |
| 出票金额 | 人民币（大写）肆万伍仟贰佰元正 | | | 亿 千 百 十 万 千 百 十 元 角 分<br>¥ 4 5 2 0 0 0 0 |
| 汇票到期日（大写） | 贰零贰零年零叁月贰拾壹日 | 付款行 | 行号 | 56234 |
| 承兑协议编号 | 1269872 | | 地址 | 芜湖市经济技术开发区 |
| | | 备注： | | |

此联由出票人存查

图 8－34 【业务一——银行承兑汇票】

8

## 【赛题链接】

1月22日,采购部何天华购入电脑一台,预计使用5年,以转账支票方式支付,已交付采购部使用(购销合同、发票、付款申请书、转账支票、固定资产验收单略)

## 【业务流程】

固定资产增加业务流程如图8-35所示。

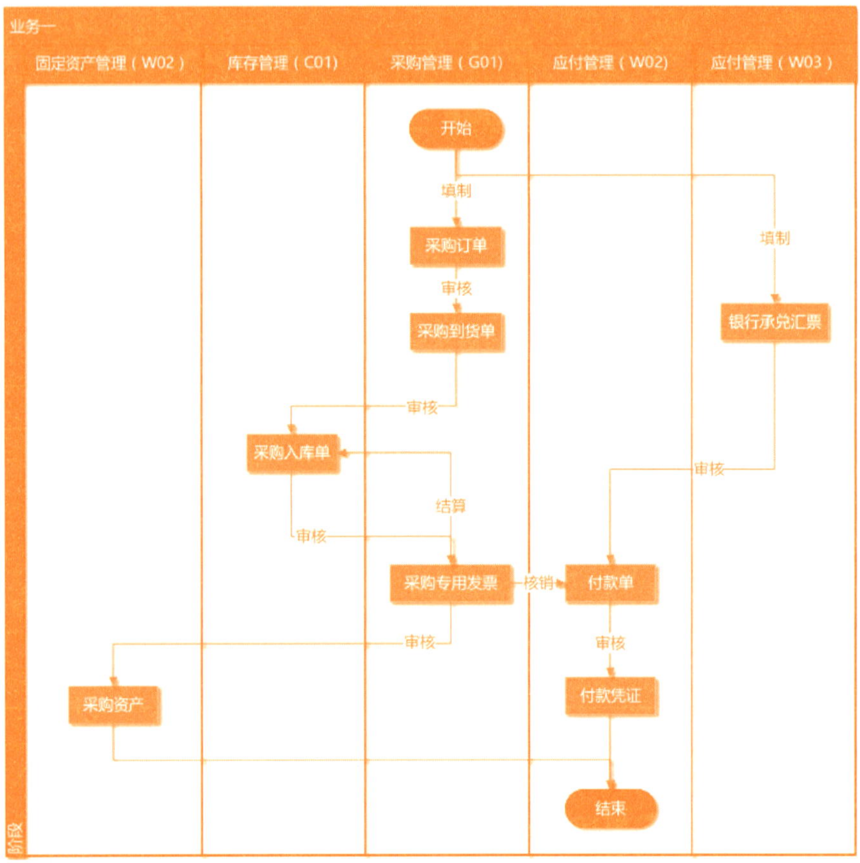


图8-35 【固定资产增加业务】流程图

8

## 【操作指导】

1. 增加采购订单

(1) 2020年1月21日,采购部【G01 叶敏】在企业应用平台中执行【业务工作】|【供应链】|【采购管理】|【采购订货】|【采购订单】命令,打开【采购订单】窗口。

(2) 单击【增加】按钮,在表头中修改业务类型为【固定资产】,订购日期为【2020-01-21】,订单编号为【CG1002】,采购类型为【正常采购】,选择供应商为【江森仓储】,其他信息默认;在表体中,选择存货编码为【010 液压扳料折弯机】,输入数量为【1】,原币含税单价为【45200.00】,修改计划到货日期为【2020-01-21】,其他信息由系统自动带出,单击【保存】按钮。

(3) 单击【审核】按钮,审核填制的采购订单。

2. 生成采购到货单

(1) 2020 年 1 月 21 日,采购部【G01 叶敏】在企业应用平台中执行【业务工作】|【供应链】|【采购管理】|【采购订货】|【采购到货】命令,打开【到货单】窗口。

(2) 单击【增加】按钮,修改业务类型为【固定资产】,执行【生单】|【采购订单】命令,打开【查询条件选择——采购订单列表过滤】窗口,单击【确定】按钮。

(3) 打开【拷贝并执行】窗口,选中所要拷贝的采购订单,单击【确定】按钮,系统自动生成【到货单】,单击【保存】按钮。

(4) 单击【审核】按钮,审核到货单。

3. 生成采购入库单

(1) 2020 年 1 月 21 日,仓储部【C01 李红】在企业应用平台中执行【业务工作】|【供应链】|【库存管理】|【入库业务】|【采购入库单】命令,打开【采购入库单】窗口。

(2) 执行【生单】|【采购到货单(蓝字)】命令,打开【查询条件选择——采购到货单表过滤】窗口,单击【确定】按钮。

(3) 打开【到货单生单列表】窗口,选中所要拷贝的到货单,单击【确定】按钮,生成【采购入库单】,修改仓库为【04 资产库】,其他信息默认,单击【保存】按钮。

(4) 单击【审核】按钮,审核入库单。

4. 填制采购专用发票

(1) 2020 年 1 月 21 日,采购部【G01 叶敏】在企业应用平台中执行【业务工作】|【供应链】|【采购管理】|【采购订货】|【采购发票】|【专用采购发票】命令,打开【采购专用发票】窗口。

(2) 单击【增加】按钮,修改业务类型为【固定资产】,执行【生单】|【入库单】命令,打开【查询条件选择——采购入库单列表过滤】窗口,单击【确定】按钮。

(3) 打开【拷贝并执行】窗口,选中所要拷贝的入库单,单击【确定】按钮,系统自动生成增值税专用发票,录入发票号为【60972952】,单击【保存】按钮。

(4) 继续单击【增加】,直接录入运费增值税专用发票(业务类型选择【固定资产】),录入完成,单击【保存】按钮。

5. 采购结算

(1) 2020 年 1 月 21 日,采购部【G01 叶敏】在企业应用平台中执行【业务工作】|【供应链】|【采购管理】|【采购结算】|【手工结算】命令,打开【手工结算】窗口。

(2) 单击【选单】按钮,打开【结算选单】窗口,单击【查询】按钮,打开【查询条件选择——采购手工结算】窗口,在【是否固定资产】处选择【是】,单击【确定】按钮。

(3) 选择相应的发票和入库单,单击【确定】按钮,返回【手工结算】窗口。

(4) 单击【分摊】按钮,打开【采购管理】窗口,系统提示【选择按金额分摊,是否开始计算?】,单击【是】按钮,运输费用分摊完毕,单击【确定】按钮,返回【手工结算】窗口。

(5) 单击【结算】按钮,系统提示【结算完成!】,单击【确定】按钮。

6. 审核采购专用发票

(1) 2020 年 1 月 21 日,财务部【W02 黄小明】在企业应用平台中执行【业务工作】|【财务会计】|【应付款管理】|【应付单据处理】|【应付单据审核】命令,打开【应付单据查询条件】窗口,单击【确定】按钮。

(2) 打开【应付单据列表】窗口,双击【选择】栏或单击【全选】按钮,单击【审核】按钮,系统提示【本次审核选中单据[2]】。

(3) 单击【确定】按钮。

7. 增加固定资产卡片

(1) 2020年1月21日，财务部【W02 黄小明】在企业应用平台中执行【业务工作】|【财务会计】|【固定资产】|【卡片】|【采购资产】命令，打开【未转采购资产订单列表】窗口，双击【选择】或单击【全选】按钮。

(2) 执行【编辑】|【新增】命令，打开【采购资产分配设置】窗口，修改类别编号为【02 生产设备】，使用部门为【二车间】，使用状况为【1001 在用】，其他信息默认，如图8-36所示。

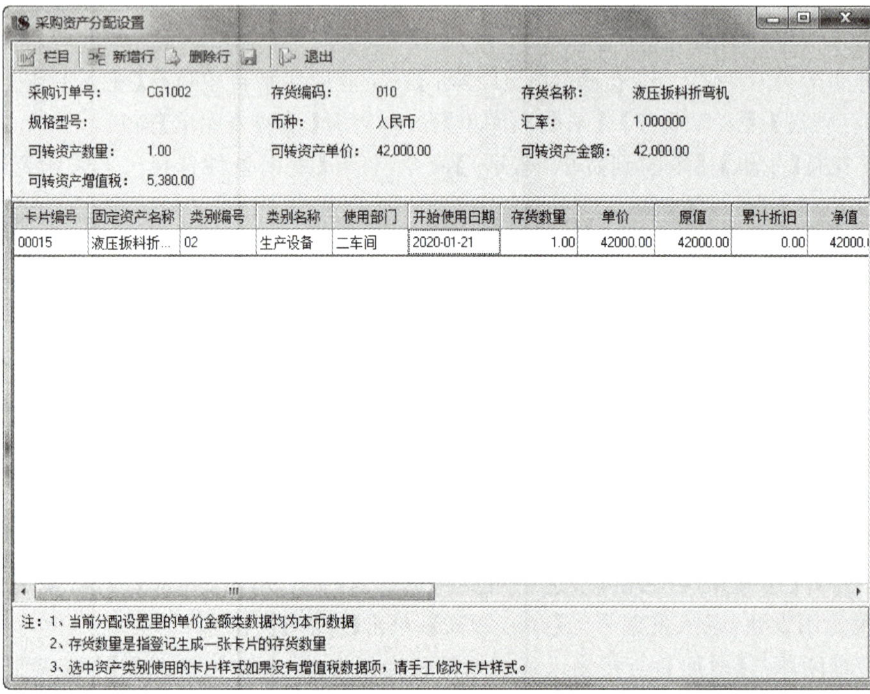


图8-36 【采购资产分配设置】窗口

(3) 单击【保存】按钮，生成【固定资产卡片】，如图8-37所示。

**固定资产卡片**

| 卡片编号 | 00015 | | | 日期 | 2020-01-21 |
|---|---|---|---|---|---|
| 固定资产编号 | 02008 | 固定资产名称 | | | 液压扳料折弯机 |
| 类别编号 | 02 | 类别名称 | 生产设备 | 资产组名称 | |
| 规格型号 | | 使用部门 | | | 二车间 |
| 增加方式 | 直接购入 | 存放地点 | | | |
| 使用状况 | 在用 | 使用年限(月) | 60 | 折旧方法 | 平均年限法(一) |
| 开始使用日期 | 2020-01-21 | 已计提月份 | 0 | 币种 | 人民币 |
| 原值 | 42000.00 | 净残值率 | 5% | 净残值 | 2100.00 |
| 累计折旧 | 0.00 | 月折旧率 | 0 | 本月计提折旧额 | 0.00 |
| 净值 | 42000.00 | 对应折旧科目 | 510101,折旧费 | 项目 | |
| 增值税 | 5380.00 | 价税合计 | 47380.00 | | |
| 录入人 | 黄小明 | | | 录入日期 | 2020-01-21 |

图8-37 【固定资产卡片】窗口

8

(4) 单击【保存】按钮，提示固定资产卡片成功生成，如图 8-38 所示。

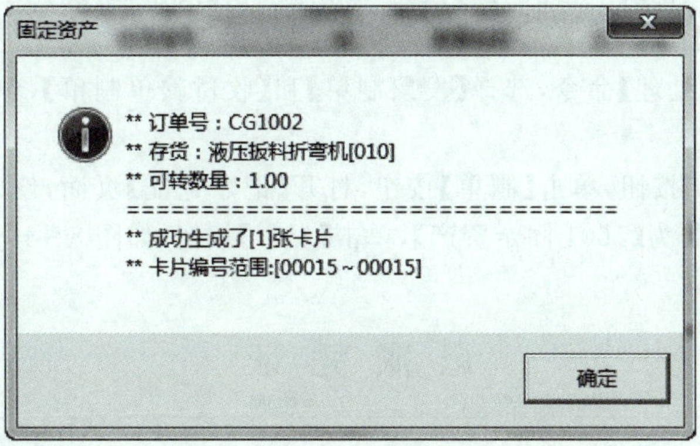


图 8-38 【固定资产卡片成功生成】提示框

8. 增加银行承兑汇票

(1) 2020 年 1 月 21 日，财务部【W03 李卉】在企业应用平台中执行【业务工作】|【财务会计】|【应付款管理】|【票据处理】命令，打开【查询条件】窗口，单击【确定】按钮。

(2) 单击【增加】按钮，打开【商业汇票】窗口，修改票据类型为【银行承兑汇票】，票据编号为【68791083】，结算方式为【银行承兑汇票】，收到日期为【2020-01-21】，出票日期为【2020-01-21】，到期日为【2020-03-21】，出票人账号为【1307100026160024388】，收款人为【芜湖江森仓储设备有限公司】，金额为【45200.00】，其他信息自动带出，如图 8-39 所示。

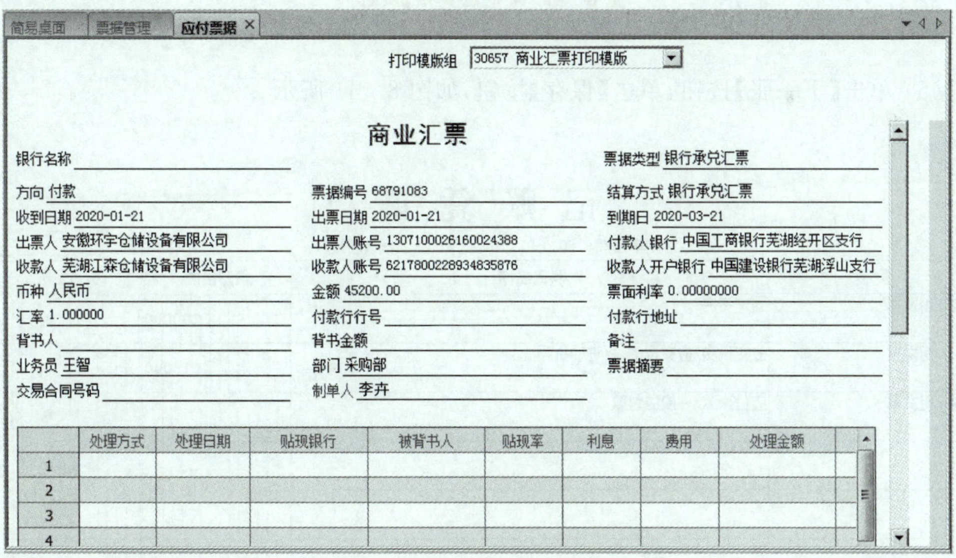


图 8-39 【商业汇票】窗口

(3) 单击【保存】按钮。

9. 付款单据审核与制单

(1) 2020 年 1 月 21 日，财务部【W02 黄小明】在企业应用平台中执行【业务工作】|【财务会计】|【应付款管理】|【付款单处理】|【付款单审核】命令，打开【付款单查询条件】窗口，

单击【确定】按钮。

（2）双击【选择】栏或单击【全选】按钮，单击【审核】按钮，系统提示【本次审核成功单据[1]】，单击【确定】按钮。

（3）执行【制单处理】命令，选择【发票制单】和【收付款单制单】，单击【确定】按钮，打开【应付制单】窗口。

（4）单击【全选】按钮，单击【制单】按钮，打开【记账凭证】页面，修改运输费增值税专用发票凭证借方科目为【1601 固定资产】，单击【保存】按钮，如图 8－40 所示。

**记 账 凭 证**

记 字 0036　　制单日期：2020.01.21　　审核日期：　　附单据数：1

| 摘 要 | 科目名称 | 借方金额 | 贷方金额 |
|---|---|---|---|
| 采购专用发票 | 固定资产 | 4000000 | |
| 采购专用发票 | 应交税费/应交增值税/进项税额 | 520000 | |
| 采购专用发票 | 应付账款/一般应付款 | | 4520000 |
| | | | |
| | | | |
| 票号<br>日期　数量<br>单价 | 合 计 | 4520000 | 4520000 |

备注　项 目　　部 门
个 人　　客 户
业务员

记账　审核　出纳　制单　黄小明

图 8－40 【记账凭证】页面 1

（5）单击【下一张】按钮，单击【保存】按钮，如图 8－41 所示。

**记 账 凭 证**

记 字 0037　　制单日期：2020.01.21　　审核日期：　　附单据数：1

| 摘 要 | 科目名称 | 借方金额 | 贷方金额 |
|---|---|---|---|
| 采购专用发票 | 固定资产 | 200000 | |
| 采购专用发票 | 应交税费/应交增值税/进项税额 | 18000 | |
| 采购专用发票 | 应付账款/一般应付款 | | 218000 |
| | | | |
| | | | |
| 票号<br>日期　数量<br>单价 | 合 计 | 218000 | 218000 |

备注　项 目　　部 门
个 人　　客 户
业务员

记账　审核　出纳　制单　黄小明

图 8－41 【记账凭证】页面 2

（6）继续单击【下一张】按钮，单击【保存】按钮，如图 8－42 所示。

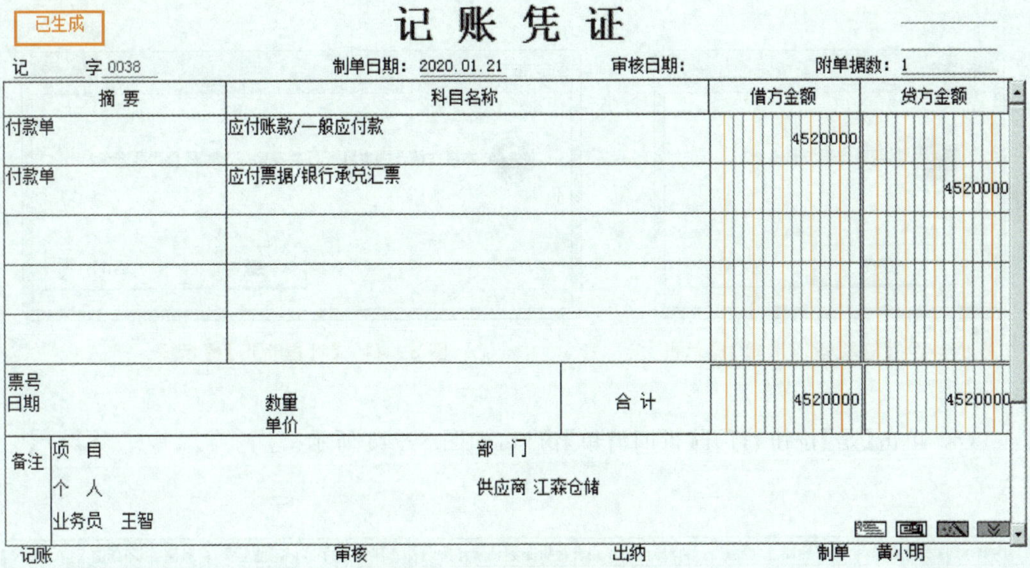
已生成

记账凭证

记　字 0038　　制单日期：2020.01.21　　审核日期：　　附单据数：1

| 摘要 | 科目名称 | 借方金额 | 贷方金额 |
|---|---|---|---|
| 付款单 | 应付账款/一般应付款 | 4520000 | |
| 付款单 | 应付票据/银行承兑汇票 | | 4520000 |
| | | | |
| | | | |
| | | | |
| 票号 日期 | 数量 单价 合计 | 4520000 | 4520000 |

备注　项　目　　部　门

个　人　　供应商 江森仓储

业务员　王智

记账　　审核　　出纳　　制单　黄小明

图 8－42　【记账凭证】页面 3

10. 账套备份

将账套输出至【F:\616 账套备份\8－2】文件夹。

# 实训三　固定资产期末处理

## 业务一　计提折旧

计提折旧

### 【业务描述】

2020 年 1 月 31 日，对所有固定资产计提折旧。

### 【岗位说明】

【W02 黄小明】计提固定资产折旧，并生成计提固定资产折旧的会计凭证。

### 【赛题链接】

30 日，计提本月固定资产折旧（使用批量制单处理）。

### 【操作指导】

（1）2020 年 1 月 31 日，【W02 黄小明】在企业应用平台中执行【业务工作】|【财务会计】|【固定资产】|【处理】|【计提本月折旧】命令，系统提示【是否要查看折旧清单？】，如图 8－43所示。

8

(2) 单击【是】按钮，系统提示【本操作将计提本月折旧，并花费一定时间，是否继续?】，如图 8-44 所示。

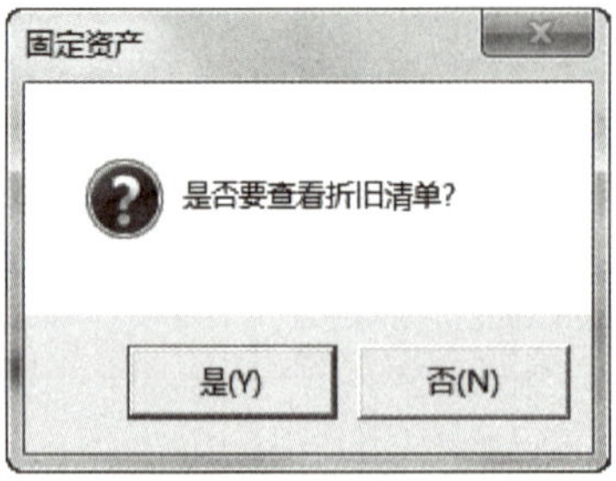


图 8-43 【查看折旧清单】提示框

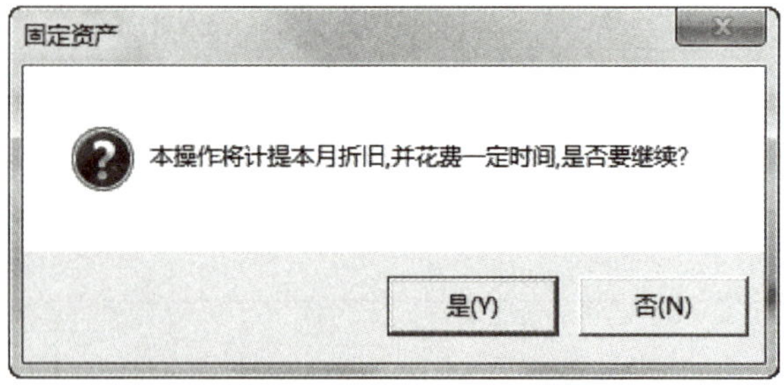


图 8-44 【计提折旧】提示框

(3) 单击【是】按钮，打开【折旧清单】窗口，如图 8-45 所示。

| 卡片编号 | 资产编号 | 资产名称 | 原值 | 计提原值 | 本月计提折旧额 | 累计折旧 | 本年计提折旧 | 减值准备 | 净值 | 净残值 | 折旧率 |
|---|---|---|---|---|---|---|---|---|---|---|---|
| 00001 | 01001 | 厂房 | 000.00 | 100,000.00 | 260.00 | 5,010.00 | 260.00 | 0.00 | 990.00 | 5,000.00 | 0.0026 |
| 00002 | 01002 | 仓库 | 000.00 | 100,000.00 | 260.00 | 5,010.00 | 260.00 | 0.00 | 990.00 | 5,000.00 | 0.0026 |
| 00003 | 02001 | 3T柴油叉车 | 000.00 | 28,000.00 | 442.40 | 4,875.73 | 442.40 | 0.00 | 124.27 | 1,400.00 | 0.0158 |
| 00004 | 02002 | S生产线 | 000.00 | 20,000.00 | 316.00 | 3,482.67 | 316.00 | 0.00 | 517.33 | 1,000.00 | 0.0158 |
| 00005 | 02003 | 剪板机 | 000.00 | 20,000.00 | 316.00 | 5,066.00 | 316.00 | 0.00 | 934.00 | 1,000.00 | 0.0158 |
| 00006 | 02004 | 液压扳料折 | 000.00 | 30,000.00 | 474.00 | 5,224.00 | 474.00 | 0.00 | 776.00 | 1,500.00 | 0.0158 |
| 00007 | 02005 | 切割机 | 000.00 | 20,000.00 | 316.00 | 9,816.00 | 316.00 | 0.00 | 184.00 | 1,000.00 | 0.0158 |
| 00008 | 02006 | 切割机 | 000.00 | 5,000.00 | 79.00 | 1,266.50 | 79.00 | 0.00 | 733.50 | 250.00 | 0.0158 |
| 00009 | 02007 | 气泵 | 000.00 | 5,000.00 | 79.17 | 4,750.00 | 79.17 | 0.00 | 250.00 | 250.00 | 0.0158 |
| 00010 | 03001 | 联想电脑 | 000.00 | 4,000.00 | 110.00 | 1,210.00 | 110.00 | 0.00 | 790.00 | 40.00 | 0.0275 |
| 00011 | 03002 | 联想电脑 | 000.00 | 4,000.00 | 110.00 | 1,210.00 | 110.00 | 0.00 | 790.00 | 40.00 | 0.0275 |
| 00012 | 03003 | 联想电脑 | 000.00 | 4,000.00 | 110.00 | 1,210.00 | 110.00 | 0.00 | 790.00 | 40.00 | 0.0275 |
| 00013 | 03004 | 联想电脑 | 000.00 | 4,000.00 | 110.00 | 1,210.00 | 110.00 | 0.00 | 790.00 | 40.00 | 0.0275 |
| 00014 | 03005 | 惠普打印机 | 000.00 | 3,000.00 | 82.50 | 907.50 | 82.50 | 0.00 | 092.50 | 30.00 | 0.0275 |
| 合计 | | | 000.00 | 347,000.00 | 3,065.07 | 50,248.40 | 3,065.07 | 0.00 | 751.60 | 6,590.00 | |

图 8-45 【折旧清单】窗口

(4) 单击【退出】按钮，系统提示【计提折旧完成!】，如图 8-46 所示。



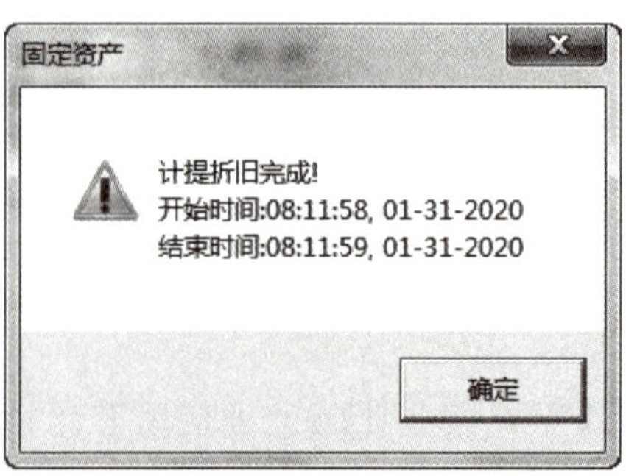


图 8-46 【折旧完成】提示框

(5) 单击【确定】按钮，打开【折旧分配表】窗口，如图 8-47 所示。

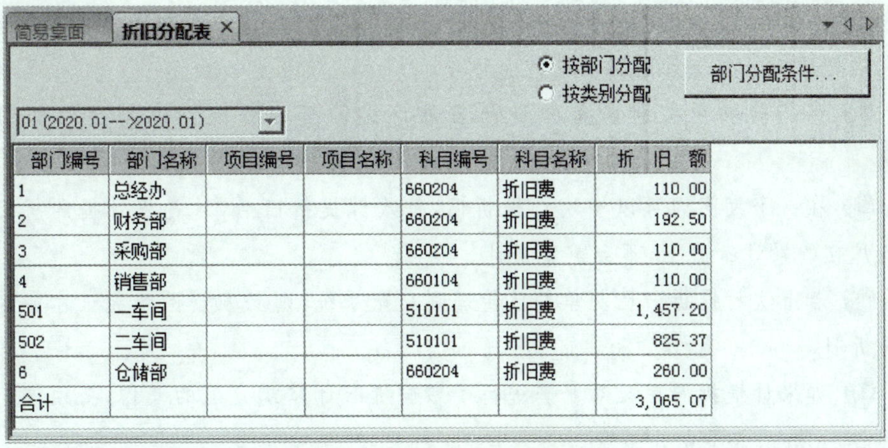


| 部门编号 | 部门名称 | 项目编号 | 项目名称 | 科目编号 | 科目名称 | 折旧额 |
|---|---|---|---|---|---|---|
| 1 | 总经办 | | | 660204 | 折旧费 | 110.00 |
| 2 | 财务部 | | | 660204 | 折旧费 | 192.50 |
| 3 | 采购部 | | | 660204 | 折旧费 | 110.00 |
| 4 | 销售部 | | | 660104 | 折旧费 | 110.00 |
| 501 | 一车间 | | | 510101 | 折旧费 | 1,457.20 |
| 502 | 二车间 | | | 510101 | 折旧费 | 825.37 |
| 6 | 仓储部 | | | 660204 | 折旧费 | 260.00 |
| 合计 | | | | | | 3,065.07 |

图 8-47　【折旧分配表】窗口

(6) 单击【凭证】按钮，生成记账凭证。
(7) 选择凭证类别为【记账凭证】，单击【保存】按钮，如图 8-48 所示。

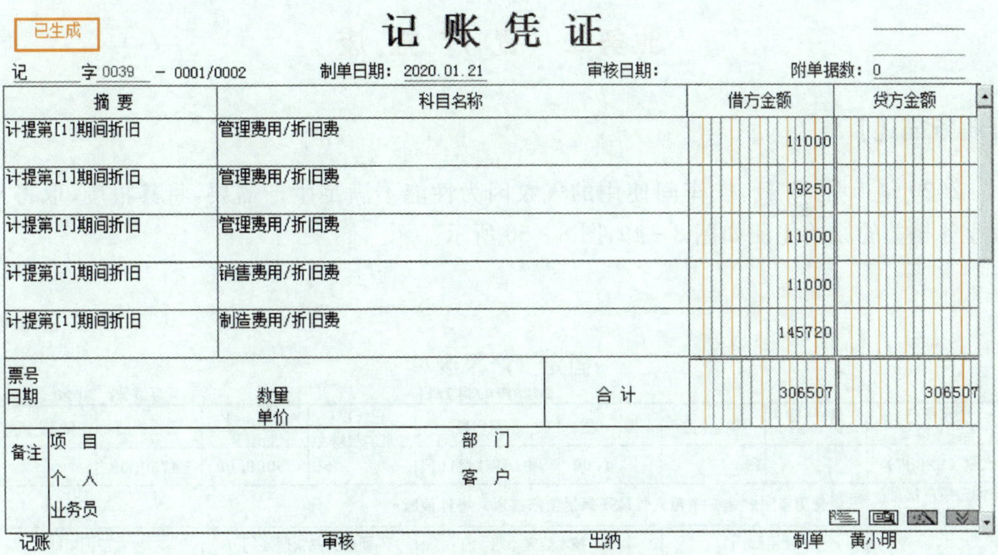


图 8-48　【记账凭证】页面

**温馨提示**

● 如果计提固定资产的折旧方法为工作量法，在计提折旧之前，要录入固定资产本月的工作量，这样，才能计提本月正确的折旧。

● 【计提折旧】功能对各项资产每期计提一次折旧，并自动生成折旧分配表，

8

然后生成会计凭证，将本期的折旧费用自动登账；计提折旧的会计凭证可以不立即生成并保存，而在【批量制单】中生成，在【批量制单】中勾选【方向相反时合并分录】，生成的凭证会合并会计科目相同的会计分录。

- 部门转移和类别调整的资产当月计提的折旧分配到变动后的部门和类别。
- 在一个期间内可以多次计提折旧，每次计提折旧后，只是将计提的折旧累加到月初的累计折旧上，不会重复累计。
- 若上次计提折旧已制单并已传递到总账系统，则必须删除该凭证才能重新计提折旧。
- 如果计提折旧后又对账套进行了影响折旧计算或分配的操作，必须重新计提折旧，否则系统不允许结账。
- 资产的使用部门和资产折旧要汇总的部门可能不同，为了加强资产管理，使用部门必须是明细部门，而折旧分配部门不一定分配到明细部门，不同的单位处理可能不同，因此要在计提折旧后，分配折旧费用时作出选择。

## 业务二 资产报废

资产报废

### 【业务描述】

2020 年 1 月 31 日，二车间使用的气泵因为性能不满足生产需要，将其报废，取得与该业务相关的原始凭证如图 8－49、图 8－50 所示。

**固定资产报废单**

2020年01月31日　　凭证编号：0020

| 固定资产名称及编号 | 规格型号 | 单位 | 数量 | 购买日期 | 已计提折旧月数 | 原始价值 | 已提折旧 | 备注 |
|---|---|---|---|---|---|---|---|---|
| 气泵（02007） | | 台 | 1.00 | 2015年1月16日 | 59 | 5000.00 | 4750.00 | |
| 固定资产状况及报废原因 | 气泵使用年限剩余一个月，性能不满足生产需求，将其报废。 | | | | | | | |
| 处理意见 | 使用部门 | | 技术鉴定小组 | | 固定资产管理部门 | | 主管部门审批 | |
| | 同意 | | 同意 | | 同意 | | 同意 | |

审核：略　　制单：略

图 8－49 【业务二——固定资产报废单】

### 【岗位说明】

【W02 黄小明】在固定资产管理系统中减少固定资产，生成固定资产减少的会计凭证；在总账系统中填制结转固定资产清理的会计凭证。

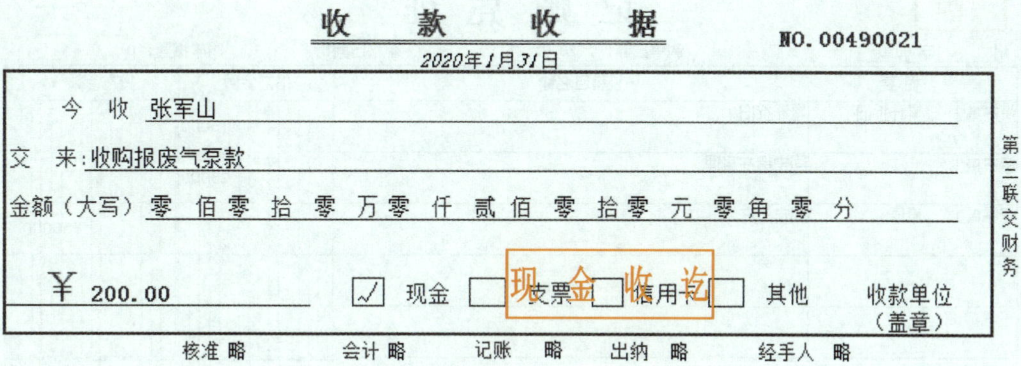
收　款　收　据　　NO.00490021

2020年1月31日

今　收　张军山

交　来：收购报废气泵款

金额（大写）零　佰　零　拾　零　万　零　仟　贰　佰　零　拾　零　元　零　角　零　分

¥ 200.00　☑ 现金　□ 支票　□ 信用卡　□ 其他　收款单位（盖章）

现金收讫

第三联交财务

核准 略　会计 略　记账 略　出纳 略　经手人 略

图 8－50　【业务二——收款收据】

## 【赛题链接】

30 日，根据协议，公司将一台闲置的货车（资产卡片号：00009）置换杭州神州电子科技有限公司的一批电子产品（采购订单号：ZH0001，已验收入库），同时结转置换损益。

## 【操作指导】

（1）2020 年 1 月 31 日，【W02 黄小明】在企业应用平台中执行【业务工作】|【财务会计】|【固定资产】|【卡片】|【资产减少】命令，打开【资产减少】窗口。

（2）选择卡片编号为【00009】，自动弹出资产编号为【02007】，单击【增加】按钮，选择减少方式为【报废】，录入清理原因为【资产报废】，如图 8－51 所示。

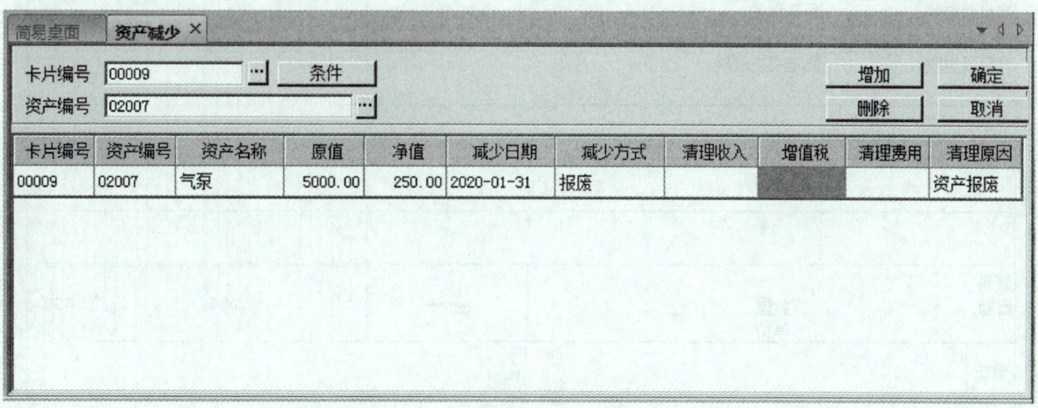


| 卡片编号 | 资产编号 | 资产名称 | 原值 | 净值 | 减少日期 | 减少方式 | 清理收入 | 增值税 | 清理费用 | 清理原因 |
|---|---|---|---|---|---|---|---|---|---|---|
| 00009 | 02007 | 气泵 | 5000.00 | 250.00 | 2020-01-31 | 报废 | | | | 资产报废 |

图 8－51　【资产减少】窗口

（3）单击【确定】按钮，系统提示【所选卡片已经减少成功！】。

（4）单击【确定】按钮，生成记账凭证，选择凭证类别为【记账凭证】，单击【保存】按钮，如图 8－52 所示。

8

已生成

**记 账 凭 证**

记 字 0040 制单日期：2020.01.21 审核日期： 附单据数：0

| 摘要 | 科目名称 | 借方金额 | 贷方金额 |
|---|---|---|---|
| 资产减少－累计折旧 | 累计折旧 | 475000 | |
| 资产减少 | 固定资产清理 | 25000 | |
| 资产减少－原值 | 固定资产 | | 500000 |
| | | | |
| | | | |
| 票号 日期 | 数量 单价 合计 | 500000 | 500000 |

备注 项 目 部 门

个 人 客 户

业务员

记账 审核 出纳 制单 黄小明

图 8－52 【记账凭证】页面 1

（5）【W02 黄小明】在企业应用平台中执行【业务工作】|【财务会计】|【总账】|【凭证】|【填制凭证】命令，打开【凭证】窗口。

（6）单击【增加】按钮，录入清理气泵收入的会计凭证，单击【保存】按钮，如图 8－53 所示。

**记 账 凭 证**

记 字 0041 制单日期：2020.01.21 审核日期： 附单据数：

| 摘要 | 科目名称 | 借方金额 | 贷方金额 |
|---|---|---|---|
| 气泵清理收入 | 库存现金 | 20000 | |
| 气泵清理收入 | 固定资产清理 | | 20000 |
| | | | |
| | | | |
| | | | |
| 票号 日期 | 数量 单价 合计 | 20000 | 20000 |

备注 项 目 部 门

个 人 客 户

业务员

记账 审核 出纳 制单 黄小明

8

图 8－53 【记账凭证】页面 2

（7）继续录入结转固定资产清理的会计凭证，单击【保存】按钮，如图 8－54 所示。

# 记账凭证

记 字 0042　　制单日期：2020.01.21　　审核日期：　　附单据数：

| 摘要 | 科目名称 | 借方金额 | 贷方金额 |
|---|---|---|---|
| 结转固定资产清理 | 资产处置损益 | | 5000 |
| 结转固定资产清理 | 固定资产清理 | | 5000 |
| | | | |
| | | | |
| | | | |
| 票号 日期 | 数量 单价 合计 | 5000 | 5000 |

| 备注 | 项目 | 部门 |
|---|---|---|
| | 个人 | 客户 |
| | 业务员 | |

记账　　审核　　出纳　　制单 黄小明

图 8-54 【记账凭证】页面 3

**温馨提示**

- 只有当资产在当月计提折旧以后，才可以使用资产减少功能，否则，减少资产只有通过删除卡片来完成。
- 在固定资产发生减少时，首先要从固定资产卡片中将该资产卡片删除，然后再进行凭证处理。
- 由于固定资产的减少当月仍需计提折旧，因此固定资产减少的核算必须在计提了当月的固定资产折旧后才能进行。
- 与资产减少相关的支付清理费用等业务凭证，需要在总账系统中填制。

## 业务三 资 产 盘 点

8

**【业务描述】**

资产盘点

2020 年 1 月 31 日，对办公设备进行盘点，发现销售部的联想电脑丢失，经查，损失由该部门负责人张立赔偿，尚未收到赔偿款。取得与该业务相关的原始凭证如图 8-55 所示。

**【岗位说明】**

【W02 黄小明】在固定资产管理系统中盘点固定资产，处理盘亏的固定资产，生成固定资产盘亏的会计凭证；在总账系统中录入结转固定资产清理的会计凭证。

**固 定 资 产 盘 盈 盘 亏 表**

2020年1月31日　　　　单位：元

| 固定资产编号 | 固定资产名称 | 盘盈 | | | | 盘亏 | | | | |
|---|---|---|---|---|---|---|---|---|---|---|
| | | 数量 | 原价 | 估计折旧额 | 估计净值 | 数量 | 原价 | 已提折旧额 | 已提减值准备 | 净值 |
| 03003 | 联想电脑 | | | | | 1.00 | 4000.00 | 1210.00 | | 2790.00 |
| | | | | | | | | | | |
| | | | | | | | | | | |
| | | | | | | | | | | |
| 合计 | | | | | | 1.00 | 4000.00 | 1210.00 | | 2790.00 |
| 差异原因 | 联想电脑丢失 | | | | | | | | | |
| 资产管理部门建议处理意见 | 由销售部门负责人赔偿。 | | | | | | | | | |
| 单位主管部门批复处理意见 | 同意 | | | | | | | | | |

单位主管：略　　财务经理：略　　资产管理部门：略　　制单：略

第一联 会计联

图 8－55 【业务三——固定资产盘盈盘亏报告表】

## 【操作指导】

1. 资产盘点

(1) 2020 年 1 月 31 日，【W02 黄小明】在企业应用平台中执行【业务工作】|【财务会计】|【固定资产】|【卡片】|【资产盘点】命令，打开【资产盘点】窗口。

(2) 单击【增加】按钮，打开【新增盘点单——数据录入】窗口，单击【范围】按钮，打开【盘点范围设置】对话框，勾选【按资产类别盘点】复选框，选择资产类别为【办公设备[03]】，如图8－56 所示。

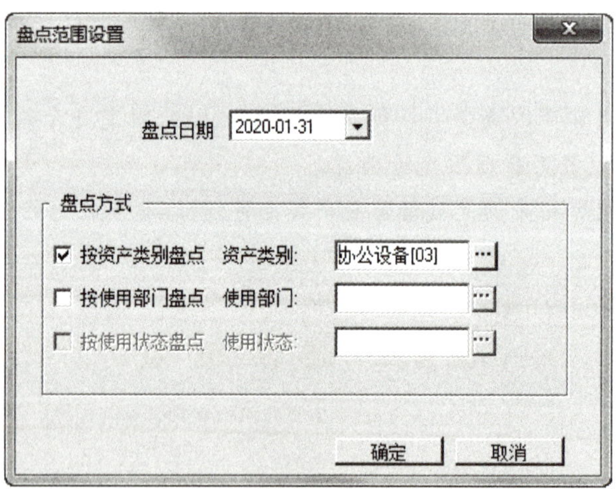


图 8－56 【盘点范围设置】对话框

(3) 单击【确定】按钮，系统列示全部办公设备类固定资产，双击选中【03003】行固定资产，如图 8－57 所示，单击【删行】按钮，删除【03003】资产。

(4) 单击【退出】按钮，系统提示【本盘点单数据已变更，是否保存！】。

(5) 单击【是】按钮，系统提示【盘点单保存成功！】。

(6) 单击【确定】按钮，资产盘点完成，操作结果如图 8－58 所示。

8

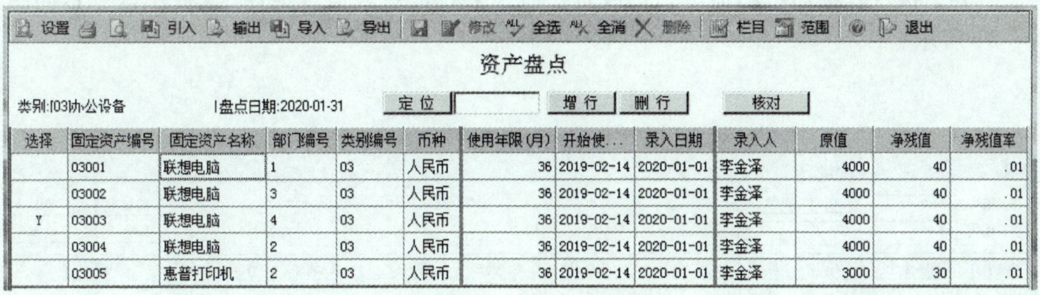


图 8－57　【资产盘点】窗口

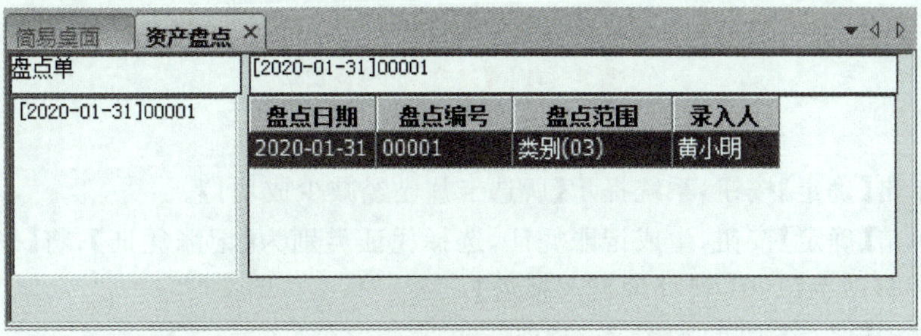


图 8－58　【资产盘点】窗口操作结果

(7) 关闭【资产盘点】窗口，执行【盘点盘亏确认】命令，双击选中【03003】资产，在【审核】栏选中【同意】，录入处理意见为【由部门负责人照价赔偿】，如图 8－59 所示。

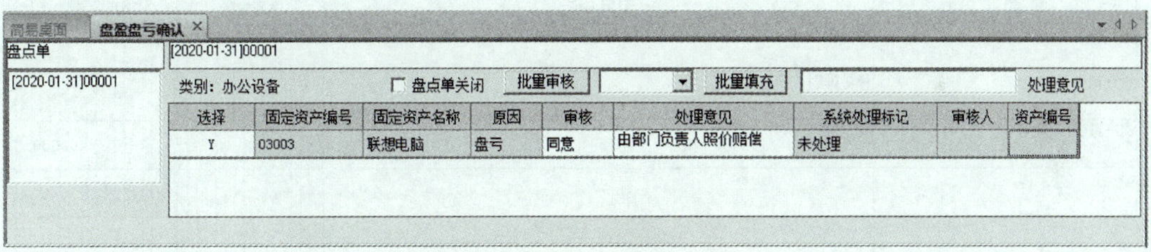


图 8－59　【盘盈盘亏确认】窗口

(8) 单击【保存】按钮，系统提示【保存成功！】。

(9) 单击【确定】按钮，退出【盘盈盘亏确认】窗口。

(10) 执行【资产盘亏】命令，打开【资产盘亏】窗口，双击选中【03003】资产，如图8－60所示。

8

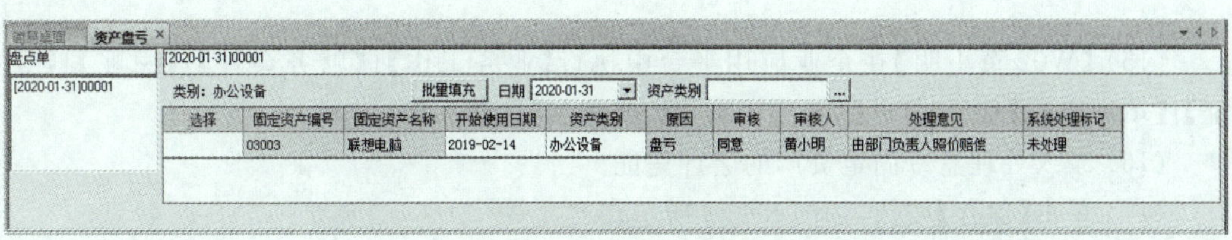


图 8－60　【资产盘亏】窗口

(11) 执行【盘亏处理】命令，打开【资产减少】窗口，录入清理原因为【资产盘亏】，如图 8－61 所示。

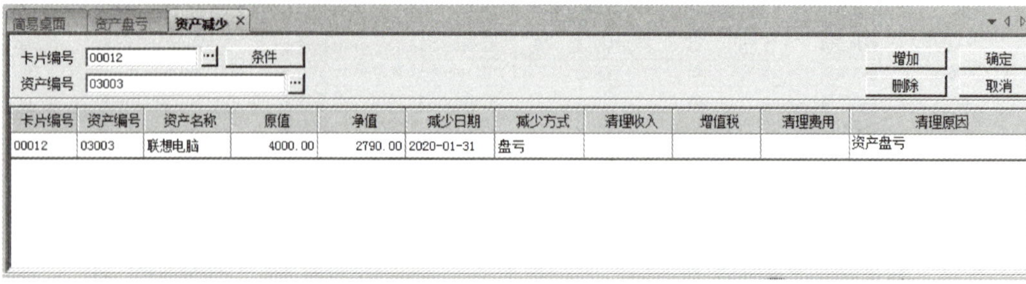


图 8－61 【资产减少】窗口

(12) 单击【确定】按钮，系统提示【所选卡片已经减少成功！】。

(13) 单击【确定】按钮，生成记账凭证，选择凭证类别为【记账凭证】，将【1606 固定资产清理】科目修改为【1901 待处理财产损溢】。

(14) 单击【保存】按钮，如图 8－62 所示。

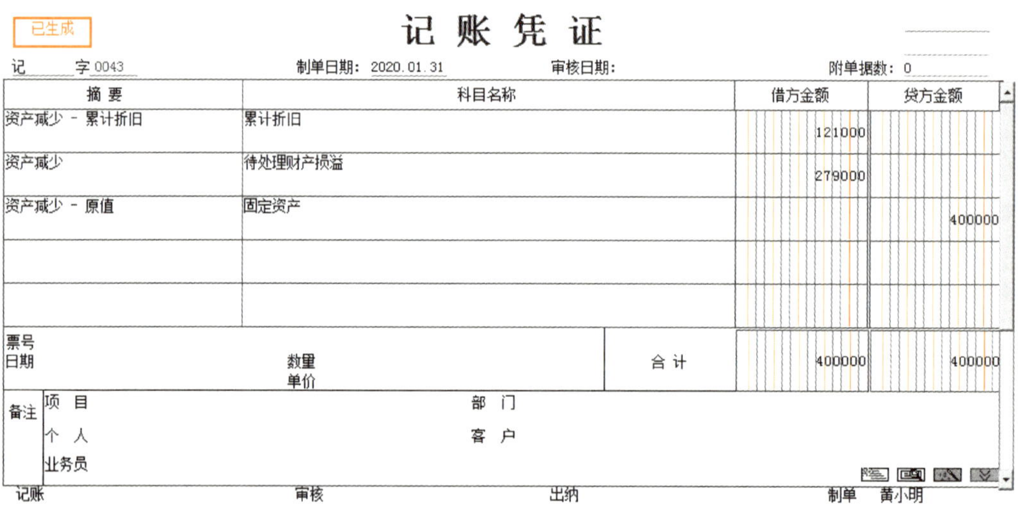


图 8－62 【记账凭证】页面 1



(15) 【W02 黄小明】在企业应用平台中执行【业务工作】|【财务会计】|【总账】|【凭证】|【填制凭证】命令，打开【凭证】窗口，单击【增加】按钮。

(16) 录入处理盘亏固定资产的会计凭证。

(17) 单击【保存】按钮，如图 8－63 所示。

2. 账套备份

将账套输出至【F:\616 账套备份\8－3】文件夹。

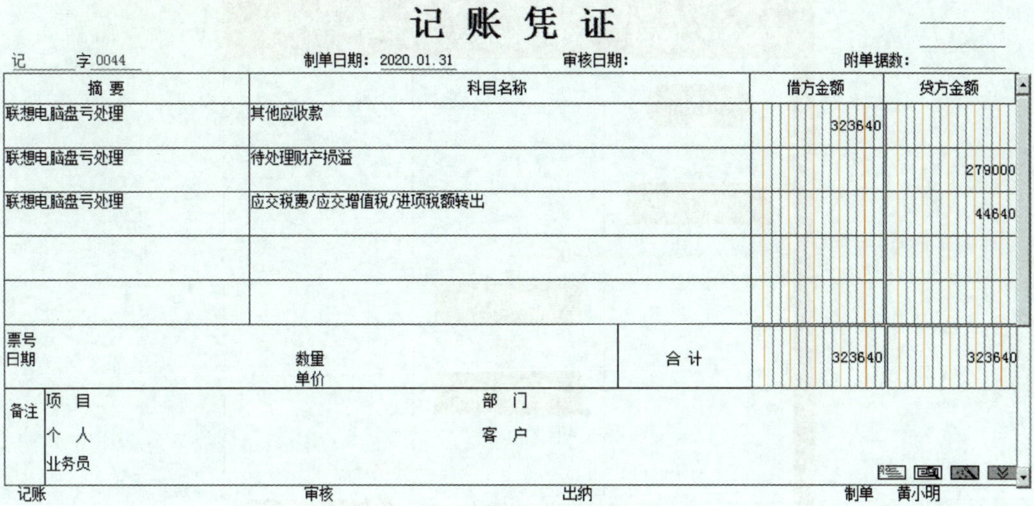

记账凭证

记 字 0044 制单日期：2020.01.31 审核日期： 附单据数：

| 摘要 | 科目名称 | 借方金额 | 贷方金额 |
| --- | --- | --- | --- |
| 联想电脑盘亏处理 | 其他应收款 | 323640 | |
| 联想电脑盘亏处理 | 待处理财产损溢 | | 279000 |
| 联想电脑盘亏处理 | 应交税费/应交增值税/进项税额转出 | | 44640 |
| | | | |
| | | | |
| 票号 日期 | 数量 单价 合计 | 323640 | 323640 |

备注 项 目 部 门 个 人 客 户 业务员

记账 审核 出纳 制单 黄小明

图 8-63 【记账凭证】页面 2

**温馨提示**

本案例中盘亏的联想电脑系 2019 年 2 月 14 日增加，此时，一般纳税人增值税税率为 16%，因此，计算进项税额转出时，选择增值税税率为 16%。

如果资产减少操作已制作凭证，必须删除凭证后才能进行恢复资产减少的操作。

# 实训四 固定资产结账及账表查询

## 业务一 固定资产结账

8

**【业务描述】**

2020 年 1 月 31 日，对固定资产系统对账、结账。

固定资产结账

**【岗位说明】**

【W02 黄小明】对固定资产系统对账、结账。

**【业务流程】**

固定资产结账业务流程如图 8-64 所示。

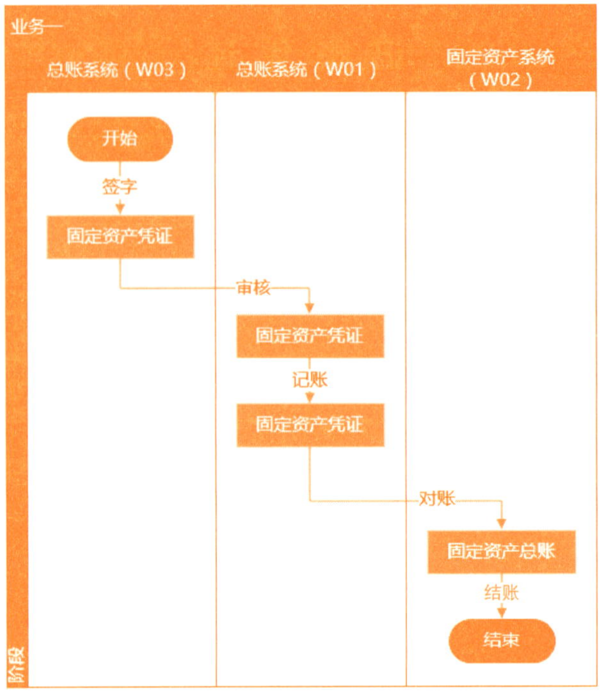


图 8-64 【固定资产结账】流程图

## 【操作指导】

(1) 2020 年 1 月 31 日，【W03 李卉】在企业应用平台中执行【业务工作】|【财务会计】|【总账】|【凭证】|【出纳签字】命令，对所有凭证进行出纳签字。

(2) 2020 年 1 月 31 日，【W01 宋清】在企业应用平台中执行【业务工作】|【财务会计】|【总账】|【凭证】|【审核凭证】命令，审核所有凭证。

(3) 2020 年 1 月 31 日，【W02 黄小明】在企业应用平台中执行【业务工作】|【财务会计】|【总账】|【凭证】|【记账】命令，完成凭证记账。

(4) 2020 年 1 月 31 日，【W02 黄小明】在企业应用平台中执行【业务工作】|【财务会计】|【固定资产】|【处理】|【对账】，打开【与账务对账结果】提示框，系统提示【结果：平衡】，如图 8-65 所示。

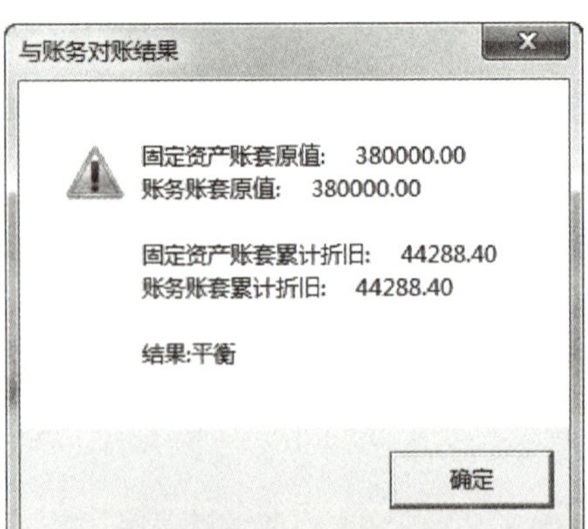


图 8-65 【固定资产——与账务对账结果】提示框

(5) 单击【确定】按钮，退出【与账务对账结果】窗口。

(6) 2020 年 1 月 31 日，【W02 黄小明】在企业应用平台中执行【业务工作】|【财务会计】|【固定资产】|【处理】|【月末结账】命令，打开【月末结账】窗口。

(7) 执行【开始结账】命令，打开【与账务对账结果】窗口。

(8) 单击【确定】按钮，系统提示【月末结账成功完成!】，如图 8-66 所示。

8

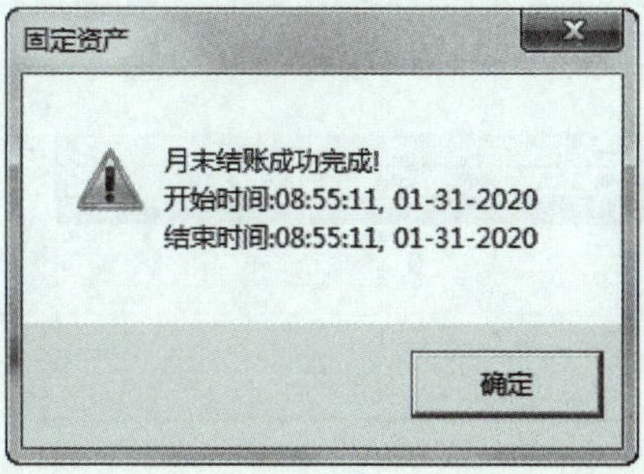


图 8-66 【固定资产——结账成功】提示框

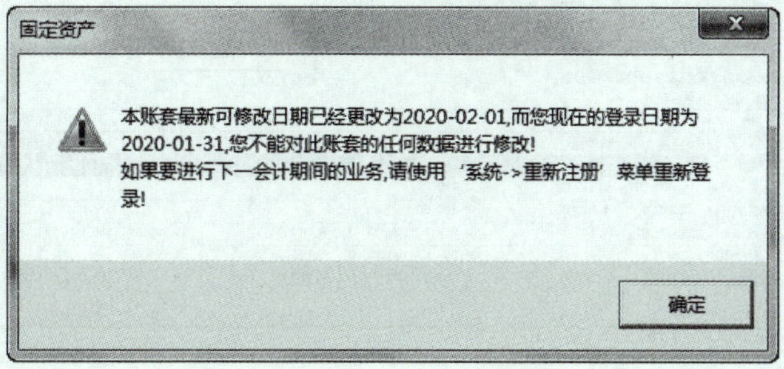


图 8-67 【固定资产——数据修改】提示框

(9) 单击【确定】按钮,系统提示【本账套最新可修改日期已经更改为 2020-02-01,而您现在的登录日期为 2020-01-31,您不能对此账套的任何数据进行修改!】,如图 8-67 所示。

**温馨提示**

- 固定资产系统与总账对账之前,要保证固定资产系统传递到总账系统中的凭证已经审核、记账;否则对账不成功。
- 如果对账不平,需要根据初始化是否选中【在对账不平的情况下允许固定资产月末对账】来判断是否可以进行结账处理。
- 月末结账工作每月进行一次,如果结账后发现结账前的操作有误,则可以使用系统提供的一个纠错功能,即【恢复月末结账前状态】进行【反结账】。
- 如果总账系统已经结账,则固定资产系统不可以再执行取消结账功能。

## 业务二　查询固定资产原值表

查询固定资产原值表

### 【业务描述】

2020 年 1 月 31 日,查询固定资产原值一览表。

### 【岗位说明】

【W02 黄小明】在固定资产管理系统查询固定资产原值一览表。

### 【操作指导】

(1) 2020 年 1 月 31 日,【W02 黄小明】在企业应用平台中执行【业务工作】|【财务会计】|【固定资产】|【账表】|【我的账表】命令,打开【报表】窗口。

(2) 执行【统计表】命令,双击【(固定资产原值)一览表】,打开【(固定资产原值)一览表】窗口,条件默认。

(3) 单击【确定】按钮,打开【(固定资产原值)一览表】窗口,如图 8-68 所示。

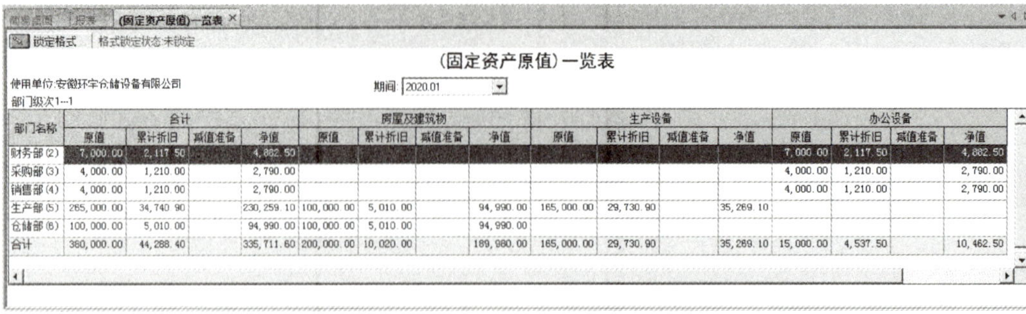

(固定资产原值)一览表

使用单位:安徽环宇仓储设备有限公司　　期间:2020.01

部门级次1--1

| 部门名称 | 合计 | | | | 房屋及建筑物 | | | | 生产设备 | | | | 办公设备 | | | |
|---|---|---|---|---|---|---|---|---|---|---|---|---|---|---|---|---|
| | 原值 | 累计折旧 | 减值准备 | 净值 | 原值 | 累计折旧 | 减值准备 | 净值 | 原值 | 累计折旧 | 减值准备 | 净值 | 原值 | 累计折旧 | 减值准备 | 净值 |
| 财务部(2) | 7,000.00 | 2,117.50 | | 4,882.50 | | | | | | | | | 7,000.00 | 2,117.50 | | 4,882.50 |
| 采购部(3) | 4,000.00 | 1,210.00 | | 2,790.00 | | | | | | | | | 4,000.00 | 1,210.00 | | 2,790.00 |
| 销售部(4) | 4,000.00 | 1,210.00 | | 2,790.00 | | | | | | | | | 4,000.00 | 1,210.00 | | 2,790.00 |
| 生产部(5) | 265,000.00 | 34,740.90 | | 230,259.10 | 100,000.00 | 5,010.00 | | 94,990.00 | 165,000.00 | 29,730.90 | | 35,269.10 | | | | |
| 仓储部(6) | 100,000.00 | 5,010.00 | | 94,990.00 | 100,000.00 | 5,010.00 | | 94,990.00 | | | | | | | | |
| 合计 | 360,000.00 | 44,288.40 | | 335,711.60 | 200,000.00 | 10,020.00 | | 189,980.00 | 165,000.00 | 29,730.90 | | 35,269.10 | 15,000.00 | 4,537.50 | | 10,462.50 |

图 8-68 【(固定资产原值)一览表】窗口

# 业务三 查询固定资产明细账

查询固定资产明细账

## 【业务描述】

2020 年 1 月 31 日,查询办公设备类固定资产明细账。

## 【岗位说明】

【W02 黄小明】在固定资产管理系统中,查询办公设备类固定资产明细账。

## 【操作指导】

1. 查询固定资产明细账

(1) 2020 年 1 月 31 日,【W02 黄小明】在企业应用平台中执行【业务工作】|【财务会计】|【固定资产】|【账表】|【我的账表】命令,打开【报表】窗口。

(2) 执行【账簿】命令,双击【(部门、类别)明细账】,打开【条件——(部门、类别)明细账】窗口,选择类别名称为【03 办公设备】,勾选【显示使用状况和部门】复选框,其他条件默认。

(3) 单击【确定】按钮,打开【(部门、类别)明细账】窗口,如图 8-69 所示。

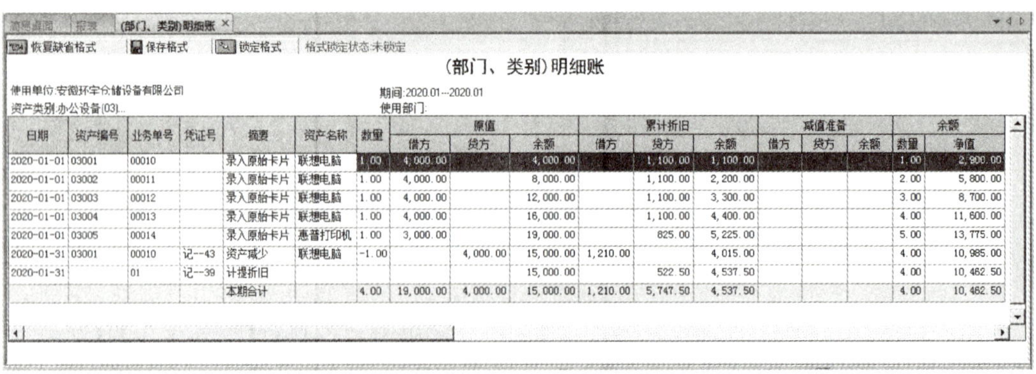

(部门、类别)明细账

使用单位:安徽环宇仓储设备有限公司　　期间:2020.01--2020.01

资产类别:办公设备(03)...　　使用部门:

| 日期 | 资产编号 | 业务单号 | 凭证号 | 摘要 | 资产名称 | 数量 | 原值 | | | 累计折旧 | | | 减值准备 | | | 余额 | |
|---|---|---|---|---|---|---|---|---|---|---|---|---|---|---|---|---|---|
| | | | | | | | 借方 | 贷方 | 余额 | 借方 | 贷方 | 余额 | 借方 | 贷方 | 余额 | 数量 | 净值 |
| 2020-01-01 | 03001 | 00010 | | 录入原始卡片 | 联想电脑 | 1.00 | 4,000.00 | | 4,000.00 | | 1,100.00 | 1,100.00 | | | | 1.00 | 2,900.00 |
| 2020-01-01 | 03002 | 00011 | | 录入原始卡片 | 联想电脑 | 1.00 | 4,000.00 | | 8,000.00 | | 1,100.00 | 2,200.00 | | | | 2.00 | 5,800.00 |
| 2020-01-01 | 03003 | 00012 | | 录入原始卡片 | 联想电脑 | 1.00 | 4,000.00 | | 12,000.00 | | 1,100.00 | 3,300.00 | | | | 3.00 | 8,700.00 |
| 2020-01-01 | 03004 | 00013 | | 录入原始卡片 | 联想电脑 | 1.00 | 4,000.00 | | 16,000.00 | | 1,100.00 | 4,400.00 | | | | 4.00 | 11,600.00 |
| 2020-01-01 | 03005 | 00014 | | 录入原始卡片 | 惠普打印机 | 1.00 | 3,000.00 | | 19,000.00 | | 825.00 | 5,225.00 | | | | 5.00 | 13,775.00 |
| 2020-01-31 | 03001 | 00010 | 记--43 | 资产减少 | 联想电脑 | -1.00 | | 4,000.00 | 15,000.00 | 1,210.00 | | 4,015.00 | | | | 4.00 | 10,985.00 |
| 2020-01-31 | | 01 | 记--39 | 计提折旧 | | | | | 15,000.00 | | 522.50 | 4,537.50 | | | | 4.00 | 10,462.50 |
| | | | | 本期合计 | | 4.00 | 19,000.00 | 4,000.00 | 15,000.00 | 1,210.00 | 5,747.50 | 4,537.50 | | | | 4.00 | 10,462.50 |

图 8-69 【(部门、类别)明细账】窗口

2. 账套备份

将账套输出至【F:\616 账套备份\8-4】文件夹。

# 项目九　薪资管理系统业务处理

## 实训一　薪资管理系统初始化设置

### 业务一　薪资管理系统参数设置

薪资管理系统参数设置

【业务描述】

2020 年 1 月 1 日，设置薪资管理系统的参数，相关信息如表 9－1 所示。

表 9－1　薪资管理系统参数

| 控制参数 | 参数设置 |
| --- | --- |
| 参数设置 | 单个工资类别；不核算计件工资 |
| 扣税设置 | 从工资代扣个人所得税 |
| 扣零设置 | 不扣零 |
| 人员编码 | 与公共平台的人员编码一致 |

【岗位说明】

【A01 李金泽】设置薪资管理系统参数。

【操作指导】

（1）2020 年 1 月 1 日，【A01 李金泽】在企业应用平台中执行【业务工作】|【人力资源】|【薪资管理】命令，打开【建立工资套——参数设置】对话框。

（2）选择本账套所需处理的工资类别个数为【单个】，币别默认为【人民币 RMB】，如图 9－1 所示。

（3）单击【下一步】按钮，打开【建立工资套——扣税设置】对话框，勾选【是否从工资中代扣个人所得税】复选框，单击【下一步】按钮，打开【建立工资账套——扣零设置】对话框。

（4）取消勾选【扣零】复选框，单击【下一步】按钮，打开【建立工资账套——人员编码】对话框，系统提示【本系统要求您对员工进行统一编号，人员编码同公共平台的人员编码保持一致】，如图 9－2 所示。

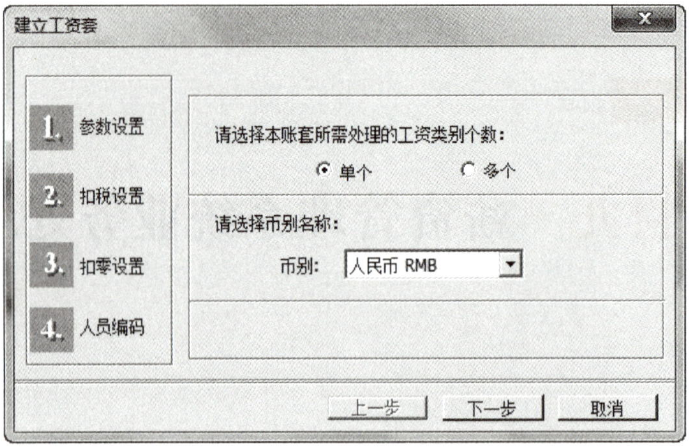


图 9-1 【建立工资套——参数设置】对话框

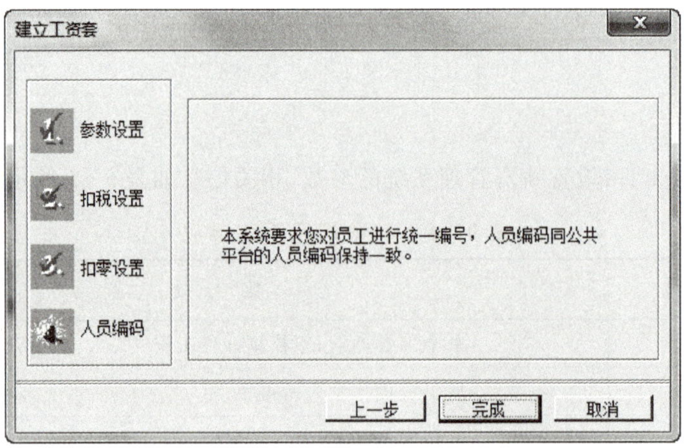


图 9-2 【建立工资套——人员编码】对话框

(5) 单击【完成】按钮，完成建立工资账套的过程。

**温馨提示**

工资账套与企业核算账套是不同的概念，企业核算账套在系统管理中建立，是针对整个用友 ERP 系统而言，而工资账套只针对用友 ERP 系统中的薪资管理子系统。可以说工资账套是企业核算账套的一个组成部分。

如果单位按周或月多次发放薪资，或者是单位有多种不同类别(部门)人员，工资发放项目不尽相同，计算公式也不相同，但需要进行统一核算管理，应选择【多个】工资类别。反之，如果单位中所有人员工资按统一标准进行管理，而且人员的工资项目、工资计算公式全部相同，则选择【单个】工资类别。

选择代扣个人所得税后，系统将自动生成工资项目【代扣税】，并自动进行代扣税金的计算。

9

扣零处理是指每次发放工资时将零头扣下，积累取整，在下次发放工资时补上，系统在计算工资时将依据扣零类型（扣零至元、扣零至角、扣零至分）进行扣零计算。一旦选择了【扣零处理】，系统会自动计算在固定工资项目中增加【本月扣零】和【上月扣零】两个项目，扣零的计算公式将由系统自动定义，不用设置。建账完成后，部分建账参数可以在【设置】|【选项】中进行修改。

## 业务二　薪资管理系统人员档案设置

薪资管理系统人员档案设置

### 【业务描述】

2020 年 1 月 1 日，设置人员档案，相关信息如表 9－2 所示。

表 9－2　人员档案

| 人员编号 | 人员姓名 | 行政部门 | 人员类别 | 银行名称 | 银行账号 |
|---|---|---|---|---|---|
| 101 | 李金泽 | 总经办 | 管理人员 | 中国工商银行 | 1307021609007089801 |
| 201 | 宋　清 | 财务部 | 管理人员 | 中国工商银行 | 1307021609007089802 |
| 202 | 黄小明 | 财务部 | 管理人员 | 中国工商银行 | 1307021609007089803 |
| 203 | 李　卉 | 财务部 | 管理人员 | 中国工商银行 | 1307021609007089804 |
| 301 | 叶　敏 | 采购部 | 采购人员 | 中国工商银行 | 1307021609007089805 |
| 302 | 王　智 | 采购部 | 采购人员 | 中国工商银行 | 1307021609007089806 |
| 401 | 张　立 | 销售部 | 销售人员 | 中国工商银行 | 1307021609007089807 |
| 402 | 杨　慧 | 销售部 | 销售人员 | 中国工商银行 | 1307021609007089808 |
| 501 | 秦　昊 | 一车间 | 车间管理人员 | 中国工商银行 | 1307021609007089809 |
| 502 | 何家鸿 | 一车间 | 生产人员 | 中国工商银行 | 1307021609007089810 |
| 503 | 许志军 | 一车间 | 生产人员 | 中国工商银行 | 1307021609007089811 |
| 504 | 郑　彦 | 二车间 | 车间管理人员 | 中国工商银行 | 1307021609007089812 |
| 505 | 沈　伟 | 二车间 | 生产人员 | 中国工商银行 | 1307021609007089813 |
| 506 | 吕　宏 | 二车间 | 生产人员 | 中国工商银行 | 1307021609007089814 |
| 601 | 李　红 | 仓储部 | 管理人员 | 中国工商银行 | 1307021609007089815 |

### 【岗位说明】

【A01 李金泽】设置人员档案。

### 【操作指导】

（1）2020 年 1 月 1 日，【A01 李金泽】在企业应用平台中执行【业务工作】|【人力资源】|【薪资管理】|【设置】|【人员档案】命令，打开【人员档案】窗口。

（2）单击【批增】按钮，打开【人员批量增加】窗口。

（3）在窗口左侧分别单击选中所有部门，单击【查询】按钮，显示人员列表，如图 9－3 所示。

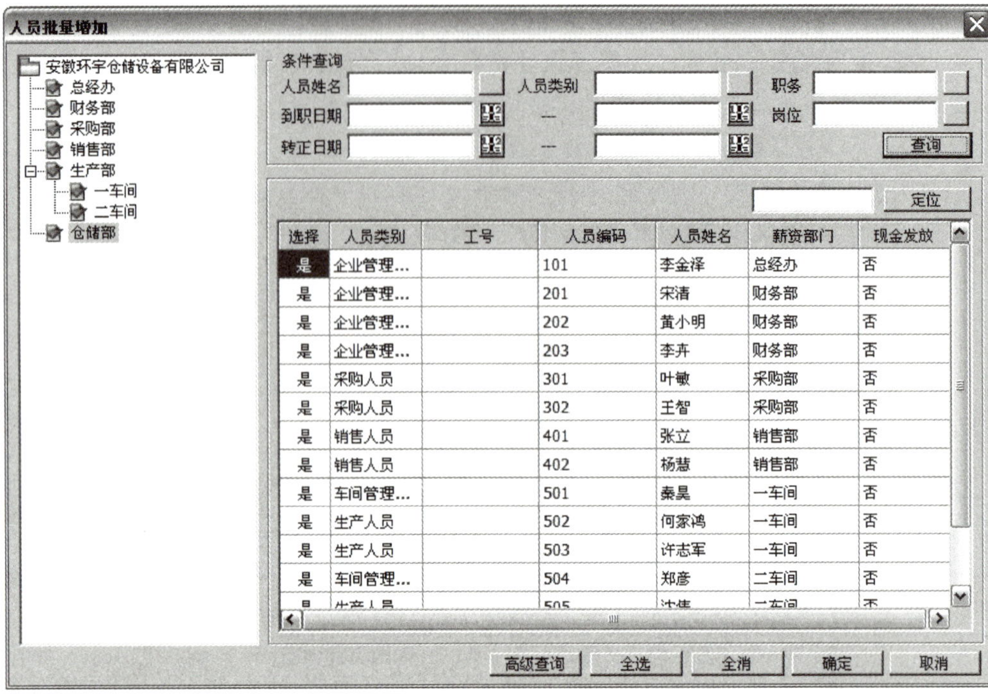


图 9-3 【人员批量增加】窗口

（4）单击【确定】按钮，返回【人员档案】窗口。

（5）双击人员档案记录打开【人员档案明细】窗口，在【基本信息】选项卡中，补充录入【银行名称】和【银行账号】信息，如图 9-4 所示。

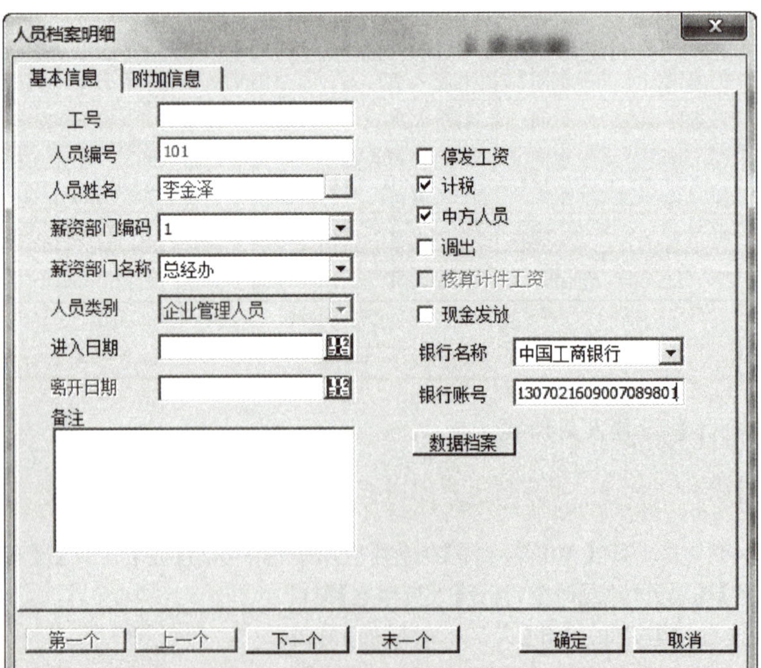


图 9-4 【人员档案明细】窗口

（6）银行档案信息录入完成，单击【确定】按钮，返回【人员档案】窗口，操作结果如图 9－5 所示。

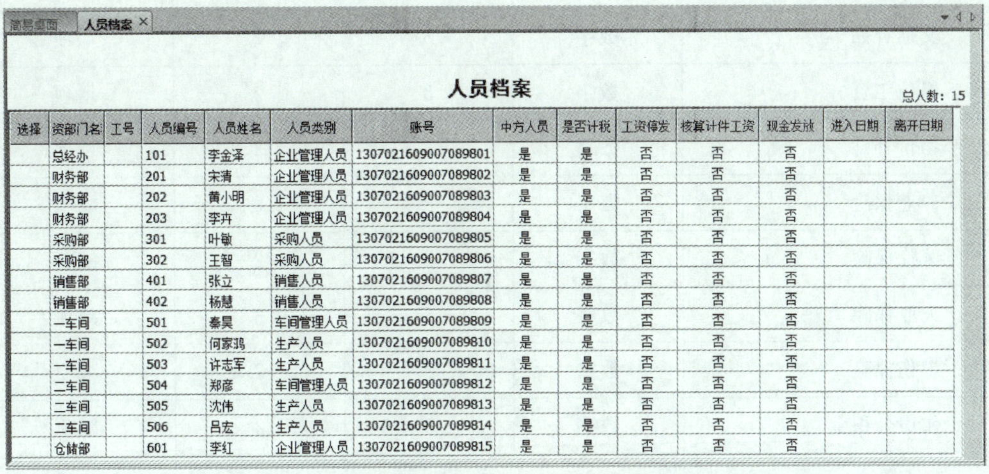


| 选择 | 资部门名 | 工号 | 人员编号 | 人员姓名 | 人员类别 | 账号 | 中方人员 | 是否计税 | 工资停发 | 核算计件工资 | 现金发放 | 进入日期 | 离开日期 |
|---|---|---|---|---|---|---|---|---|---|---|---|---|---|
| | 总经办 | | 101 | 李金泽 | 企业管理人员 | 1307021609007089801 | 是 | 是 | 否 | 否 | 否 | | |
| | 财务部 | | 201 | 宋清 | 企业管理人员 | 1307021609007089802 | 是 | 是 | 否 | 否 | 否 | | |
| | 财务部 | | 202 | 黄小明 | 企业管理人员 | 1307021609007089803 | 是 | 是 | 否 | 否 | 否 | | |
| | 财务部 | | 203 | 李卉 | 企业管理人员 | 1307021609007089804 | 是 | 是 | 否 | 否 | 否 | | |
| | 采购部 | | 301 | 叶敏 | 采购人员 | 1307021609007089805 | 是 | 是 | 否 | 否 | 否 | | |
| | 采购部 | | 302 | 王智 | 采购人员 | 1307021609007089806 | 是 | 是 | 否 | 否 | 否 | | |
| | 销售部 | | 401 | 张立 | 销售人员 | 1307021609007089807 | 是 | 是 | 否 | 否 | 否 | | |
| | 销售部 | | 402 | 杨慧 | 销售人员 | 1307021609007089808 | 是 | 是 | 否 | 否 | 否 | | |
| | 一车间 | | 501 | 秦昊 | 车间管理人员 | 1307021609007089809 | 是 | 是 | 否 | 否 | 否 | | |
| | 一车间 | | 502 | 何家鸿 | 生产人员 | 1307021609007089810 | 是 | 是 | 否 | 否 | 否 | | |
| | 一车间 | | 503 | 许志军 | 生产人员 | 1307021609007089811 | 是 | 是 | 否 | 否 | 否 | | |
| | 二车间 | | 504 | 郑彦 | 车间管理人员 | 1307021609007089812 | 是 | 是 | 否 | 否 | 否 | | |
| | 二车间 | | 505 | 沈伟 | 生产人员 | 1307021609007089813 | 是 | 是 | 否 | 否 | 否 | | |
| | 二车间 | | 506 | 吕宏 | 生产人员 | 1307021609007089814 | 是 | 是 | 否 | 否 | 否 | | |
| | 仓储部 | | 601 | 李红 | 企业管理人员 | 1307021609007089815 | 是 | 是 | 否 | 否 | 否 | | |

图 9－5 【人员档案】窗口

**温馨提示**

- 如果在银行名称设置中设置了【银行账号定长】，则在录入人员档案的银行账号时，录入了一个人员档案的银行账号后，在录入第二个人的银行账号时，系统会自动带出已设置的银行账号定长的账号，只需要录入剩余的账号即可。
- 如果账号长度不符合要求则不能保存。在增加人员档案时，【停发】【调出】和【数据档案】不可选，在修改状态下才能编辑。
- 在人员档案窗口中，可以单击【数据档案】按钮，录入薪资数据。如果个别人员档案需要修改，在人员档案窗口中可以直接修改。如果一批人员的某个薪资项目同时需要修改，可以利用数据替换功能，将符合条件的人员的某个薪资项目的内容统一替换为某个数据。若进行替换的薪资项目已设置了计算公式，则在重新计算时以计算公式为准。

## 业务三　薪资管理系统工资项目设置

薪资管理系统项目设置

### 【业务描述】

2020 年 1 月 1 日，设置工资项目，相关信息如表 9－3 所示。

表 9－3　工 资 项 目

| 工资项目名称 | 类型 | 长度 | 小数 | 增减项 |
|---|---|---|---|---|
| 基本工资 | 数字 | 8 | 2 | 增项 |
| 奖金 | 数字 | 8 | 2 | 增项 |

续 表

| 工资项目名称 | 类型 | 长度 | 小数 | 增减项 |
| --- | --- | --- | --- | --- |
| 交通补贴 | 数字 | 8 | 2 | 增项 |
| 岗位工资 | 数字 | 8 | 2 | 增项 |
| 物价补贴 | 数字 | 8 | 2 | 增项 |
| 养老保险 | 数字 | 8 | 2 | 减项 |
| 医疗保险 | 数字 | 8 | 2 | 减项 |
| 失业保险 | 数字 | 8 | 2 | 减项 |
| 工伤保险 | 数字 | 8 | 2 | 减项 |
| 住房公积金 | 数字 | 8 | 2 | 减项 |
| 子女教育 | 数字 | 8 | 2 | 其他 |
| 继续教育 | 数字 | 8 | 2 | 其他 |
| 大病医疗 | 数字 | 8 | 2 | 其他 |
| 住房贷款利息 | 数字 | 8 | 2 | 其他 |
| 住房租金 | 数字 | 8 | 2 | 其他 |
| 赡养老人 | 数字 | 8 | 2 | 其他 |
| 缺勤扣款 | 数字 | 8 | 2 | 减项 |
| 缺勤天数 | 数字 | 8 | 2 | 其他 |
| 计税工资 | 数字 | 8 | 2 | 其他 |
| 四险一金计提基数 | 数字 | 8 | 2 | 其他 |
| 工资分配基数 | 数字 | 8 | 2 | 其他 |

### 【岗位说明】

【A01 李金泽】设置工资项目。

### 【操作指导】

9

（1）2020年1月1日，【A01 李金泽】在企业应用平台中执行【业务工作】|【人力资源】|【薪资管理】|【设置】|【工资项目设置】命令，打开【工资项目设置】窗口。

（2）单击【增加】按钮，从名称参照下拉列表中选择【基本工资】，默认类型为【数字】，小数位为【2】，增减项为【增项】。以此方法，依次增加其他的工资项目，操作结果如图9-6所示。

（3）增加完成，单击【确定】按钮。

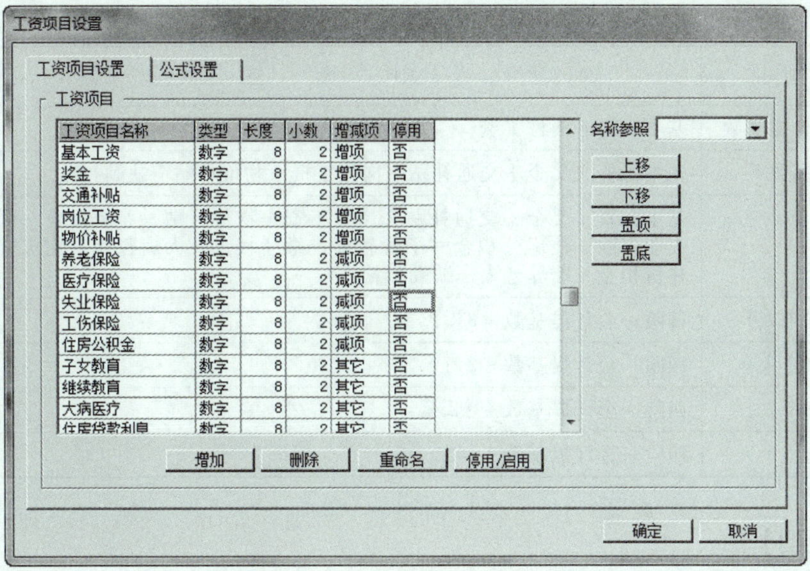


图 9-6 【工资项目设置】窗口

**温馨提示**

- 设置工资项目就是定义工资项目的名称、类型、长度。
- 薪资管理系统提供了一些固定项目，包括【应发合计】【扣款合计】【实发合计】工资项目。在建立工资套时，如果选择了【扣零处理】，则会增加【本月扣零】和【上月扣零】两个工资项目；如果选择了【扣税处理】，则会增加【代扣税】工资项目；如果选择【核算计件工资】，则会增加【计件工资】工资项目，这些也都是属于固定项目，不能修改或删除。
- 对于名称参照下拉列表中没有的项目可以直接输入；或者从名称参照中选择一个类似的项目后再进行修改。其他项目可以根据需要修改。
- 此处所设置的工资项目是针对所有工资类别需要使用的全部工资项目。
- 系统提供的固定工资项目不能修改、删除。

## 业务四 薪资管理系统公式设置

薪资管理系统公式设置

9

**【业务描述】**

2020 年 1 月 1 日，设置薪资公式，相关信息如表 9-4 所示。

表 9-4 薪资计算公式

| 薪资项目 | 计算公式 |
| --- | --- |
| 交通补贴 | 企业管理人员 800 元/月，采购人员 1 000 元/月，销售人员 1 000 元/月；车间管理人员、生产人员 600 元/月 |
| 缺勤扣款 | 如果缺勤天数<=2 天，缺勤扣款=(基本工资/22)*缺勤天数*50%<br>如果缺勤天数>2 天，缺勤扣款=(基本工资/22)*缺勤天数 |

续 表

| 薪资项目 | 计算公式 |
|---|---|
| 四险一金计提基数 | 基本工资＋岗位工资 |
| 工资分配基数 | 基本工资＋奖金＋交通补贴＋岗位工资＋物价补贴－缺勤扣款 |
| 计税工资 | 基本工资＋奖金＋交通补贴＋岗位工资＋物价补贴－养老保险－医疗保险－失业保险－住房公积金－子女教育－继续教育－大病医疗－住房贷款利息－住房租金－赡养老人－缺勤扣款 |
| 养老保险(个人) | 四险一金计提基数 * 8% |
| 医疗保险(个人) | 四险一金计提基数 * 2% |
| 失业保险(个人) | 四险一金计提基数 * 0.2% |
| 住房公积金(个人) | 四险一金计提基数 * 10% |

## 【岗位说明】

【A01 李金泽】设置薪资计算公式。

## 【赛题链接】

设置"病假扣款"项目计算公式：iff(工龄＞＝10,日工资 * 病假天数 * 0.2,iff(工龄＞＝5 and 工龄＜10,日工资 * 病假天数 * 0.3,日工资 * 病假天数 * 0.4))。

## 【操作指导】

1. 设置交通补贴公式

(1) 2020 年 1 月 1 日,【A01 李金泽】在企业应用平台中执行【业务工作】|【人力资源】|【薪资管理】|【设置】|【工资项目设置】命令,打开【工资项目设置】窗口。

(2) 选择【公式设置】选项卡,单击【增加】按钮,从下拉列表框中选择【交通补贴】。

(3) 单击【函数公式向导输入…】按钮,打开【函数向导——步骤之 1】对话框。

(4) 单击选中函数名列表中的【iff】函数,如图 9－7 所示。



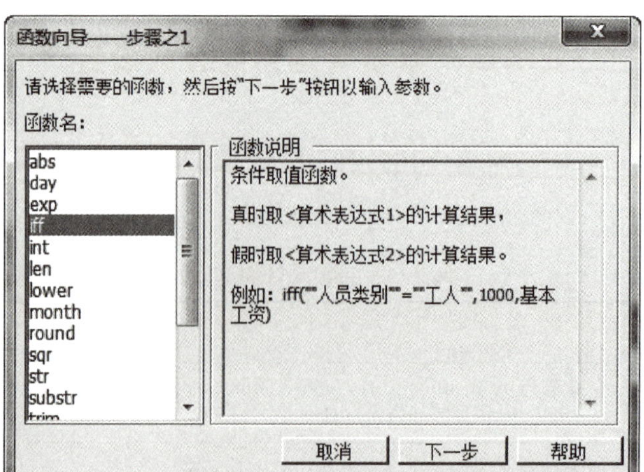


图 9－7 【函数向导——步骤之 1】对话框

（5）单击【下一步】按钮，打开【函数向导——步骤之 2】对话框。

（6）单击逻辑表达式栏右侧的【参照】按钮，打开【参照】对话框。

（7）单击参照列表栏的下三角按钮，选择人员类别为【企业管理人员】，如图 9－8 所示。

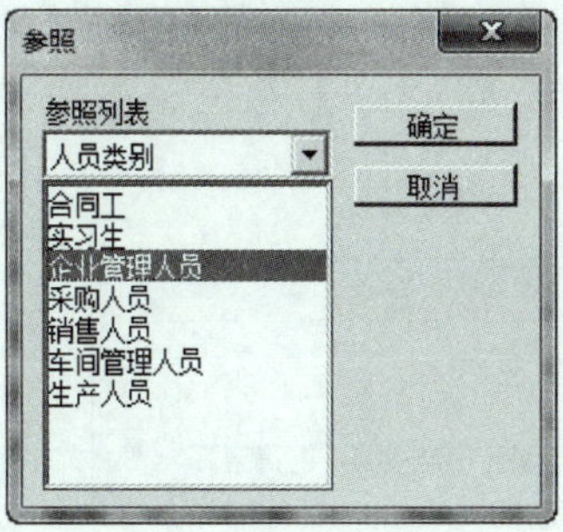


图 9－8　【薪资公式函数参照】对话框

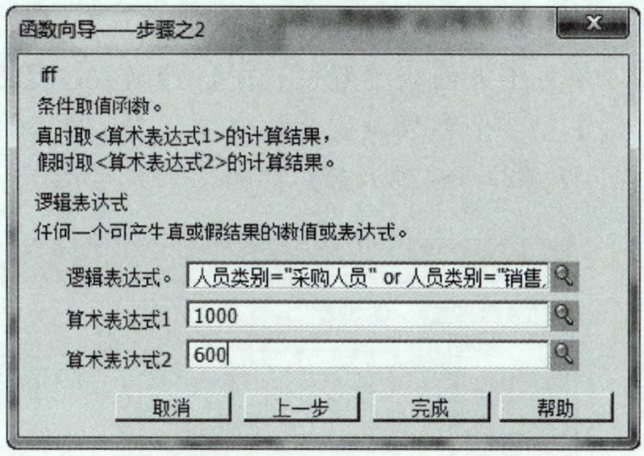


图 9－9　【函数向导——步骤之 2】对话框

（8）单击【确定】按钮，返回【函数向导——步骤之 2】对话框，在算术表达式 1 文本框中录入【800】。

（9）单击【完成】按钮，返回【工资项目设置——公式设置】窗口，将光标移至【iff】函数的第三个参数位置，继续单击【函数公式向导输入…】。

（10）单击选中函数名列表中的【iff】，单击【下一步】按钮，打开【函数向导——步骤之 2】窗口，单击逻辑表达式栏右侧的参照按钮，打开【参照】窗口。

（11）单击参照列表栏的下三角按钮，选择人员类别为【采购人员】，在生成的逻辑表达式后面输入【or】，注意前后必须空格。

（12）继续单击【参照】按钮，选择人员类别为【销售人员】，在算术表达式 1 文本框中录入【1000】，在算术表达式 2 栏中输入【600】，如图 9－9 所示。

（13）单击【完成】按钮，返回公式设置界面，如图 9－10 所示。

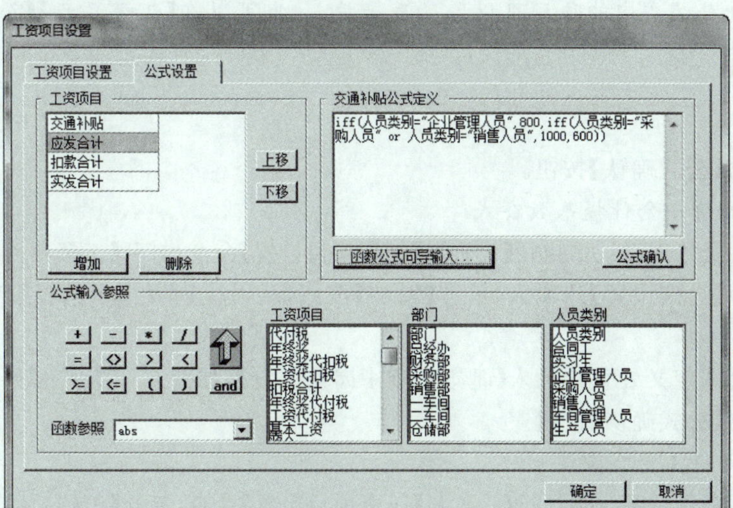


图 9－10　【工资项目设置】窗口

(14) 单击【公式确认】按钮。

2. 设置缺勤扣款公式

(1) 在薪资管理系统中执行【设置】|【工资项目设置】命令，打开【工资项目设置】窗口。

(2) 选择【公式设置】选项卡，单击【增加】按钮，从下拉列表框中选择【缺勤扣款】。

(3) 在左下方函数参照栏选中【iff】函数，将【iff】函数的第一个参数定义为【缺勤天数<=2】，第二个参数设置为【(基本工资/22)＊缺勤天数＊0.5】，第三个参数设置为【(基本工资/22)＊缺勤天数】，如图9-11所示。

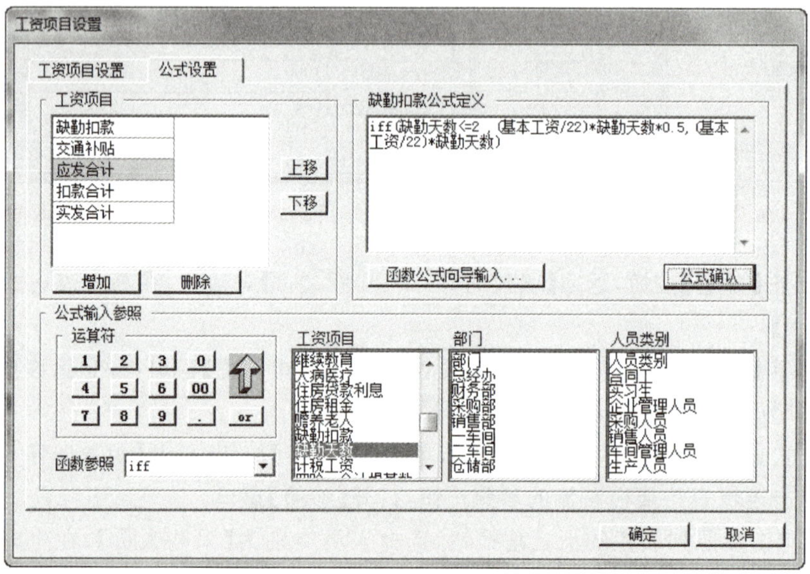

图9-11 【工资项目设置】窗口——设置缺勤扣款公式

**温馨提示**

此处公式中的项目可以手工直接录入，也可以在【工资项目】【公式输入参照】处直接选择。

(4) 单击【公式确认】按钮。

3. 设置四险一金计提基数公式

(1) 在薪资管理系统中执行【设置】|【工资项目设置】命令，打开【工资项目设置】窗口。

(2) 选择【公式设置】选项卡，单击【增加】按钮，从下拉列表框中选择【四险一金计提基数】。



(3) 在公式定义处直接录入【基本工资+岗位工资】，如图9-12所示。

(4) 单击【公式确认】按钮。

4. 设置计税工资公式

(1) 在薪资管理系统中执行【设置】|【工资项目设置】命令，打开【工资项目设置】窗口。

(2) 选择【公式设置】选项卡，单击【增加】按钮，从下拉列表框中选择【计税工资】。

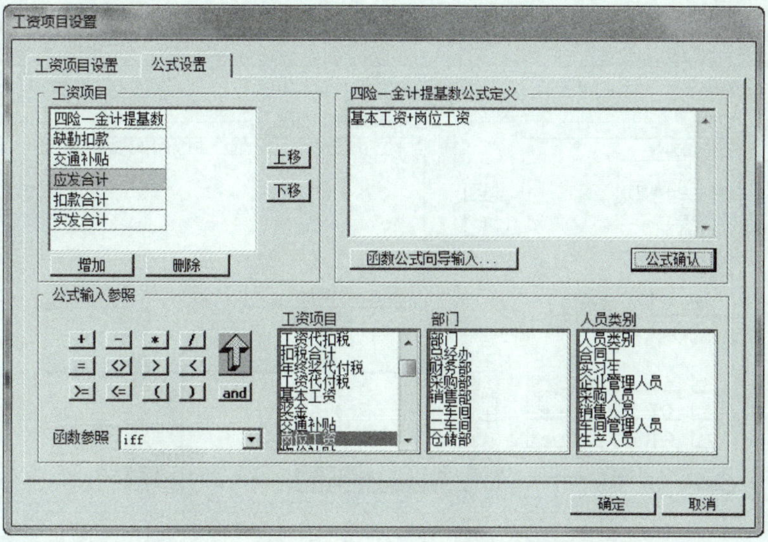


图 9-12　【工资项目设置】窗口——设置四险一金计提基数公式

(3) 在公式定义处直接录入【基本工资＋奖金＋交通补贴＋岗位工资＋物价补贴－养老保险－医疗保险－失业保险－住房公积金－子女教育－继续教育－大病医疗－住房贷款利息－住房租金－赡养老人－缺勤扣款】,如图 9-13 所示。

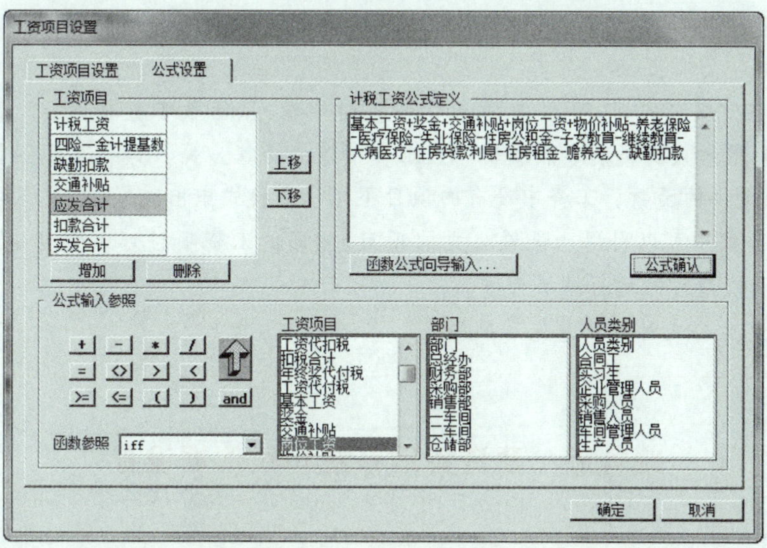


图 9-13　【工资项目设置】窗口——设置计税工资公式

(4) 单击【公式确认】按钮。

5. 设置工资分配基数公式

(1) 在薪资管理系统中执行【设置】|【工资项目设置】命令,打开【工资项目设置】窗口。

(2) 选择【公式设置】选项卡,单击【增加】按钮,从下拉列表框中选择【工资分配基数】。

(3) 在公式定义处直接录入【基本工资＋奖金＋交通补贴＋岗位工资＋物价补贴－缺勤扣款】,如图 9-14 所示。

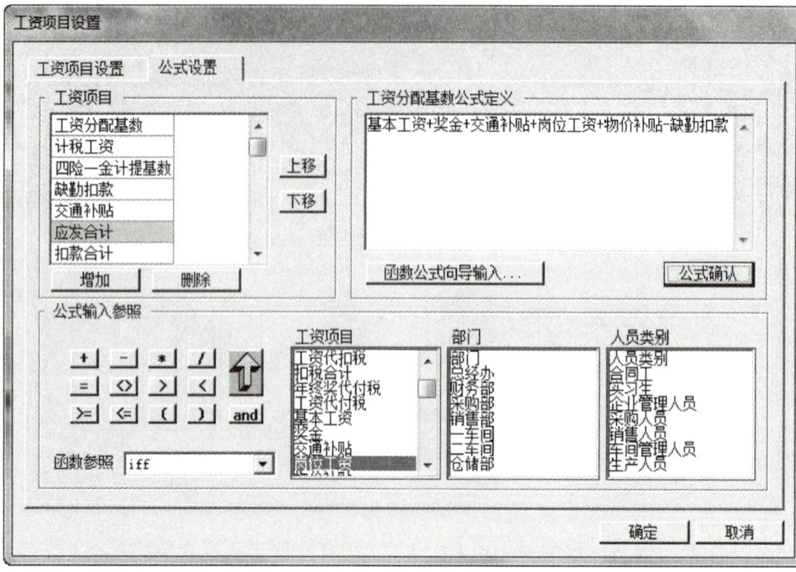


图 9-14 【工资项目设置】窗口——设置工资分配基数公式

(4) 单击【公式确认】按钮。

(5) 以此方法，依次增加养老保险、医疗保险、失业保险及住房公积金的公式设置。

**温馨提示**

- 在定义公式时，可以使用函数公式向导输入、函数参数输入、工资项目参照、部门参数和人员类别参照编辑输入工资项目的计算公式。其中函数公式向导只支持系统提供的函数。工资中没有的项目不允许在公式中出现。
- 公式中可以引用已设置公式的项目，相同的工资项目可以重复定义公式、多次计算，以最后的运行结果为准。
- 定义公式时要注意先后顺序。

## 业务五 薪资管理系统扣税依据设置

薪资管理系统扣税依据设置

9

### 【业务描述】

2020 年 1 月 1 日，将个人所得税的扣税依据修改为【计税工资】；根据表 9-5 设置个人所得税税率表，将基数修改为【5 000.00】，附加费用修改为【0.00】。

表 9-5 四项综合个人所得税税率

| 级数 | 全月应纳税所得额(含税级距，元) | 税率/% | 速算扣除数/元 |
|---|---|---|---|
| 1 | 不超过 3 000 元的部分 | 3 | 0 |
| 2 | 超过 3 000 元至 12 000 元的部分 | 10 | 210 |

续 表

| 级数 | 全月应纳税所得额(含税级距,元) | 税率/% | 速算扣除数/元 |
|---|---|---|---|
| 3 | 超过 12 000 元至 25 000 元的部分 | 20 | 1 410 |
| 4 | 超过 25 000 元至 35 000 元的部分 | 25 | 2 660 |
| 5 | 超过 35 000 元至 55 000 元的部分 | 30 | 4 410 |
| 6 | 超过 55 000 元至 80 000 元的部分 | 35 | 7 160 |
| 7 | 超过 80 000 元的部分 | 45 | 15 160 |

## 【岗位说明】

【A01 李金泽】设置个人所得税扣税依据。

## 【赛题链接】

将个人所得税扣税基数调整为 3 500.00 元、附加费用调整为 2 800.00 元,并根据表 9-6 调整代扣个人所得税计算表。

表 9-6 个人所得税税率表

| 级次 | 应纳税所得额下限 | 应纳税所得额上限 | 税率/% | 速算扣除数/元 |
|---|---|---|---|---|
| 1 | 0.00 | 1 500.00 | 3.00 | 0.00 |
| 2 | 1 500.00 | 4 500.00 | 10.00 | 105.00 |
| 3 | 4 500.00 | 9 000.00 | 20.00 | 555.00 |
| 4 | 9 000.00 | 35 000.00 | 25.00 | 1 005.00 |
| 5 | 35 000.00 | 55 000.00 | 30.00 | 2 755.00 |
| 6 | 55 000.00 | 80 000.00 | 35.00 | 5 505.00 |
| 7 | 80 000.00 | | 45.00 | 13 505.00 |

## 【操作指导】

1. 设置扣税依据

(1) 2020 年 1 月 1 日,【A01 李金泽】在企业应用平台中执行【业务工作】|【人力资源】|【薪资管理】|【设置】|【选项】|命令,打开【选项】窗口。

(2) 选择【扣税设置】选项卡,单击【编辑】按钮,把个人所得税申报表中"收入额合计"项所对应的工资项目修改为【计税工资】,如图 9-15 所示。

(3) 单击【税率设置】按钮,打开【个人所得税申报表——税率表】窗口,基数修改为【5 000.00】,附加费用修改为【0.00】,根据表 9-5 修改个人所得税税率表,如图 9-16 所示。

(4) 单击【确定】按钮。

2. 账套备份

将账套输出至【F:\616 账套备份\9-1】文件夹。

9

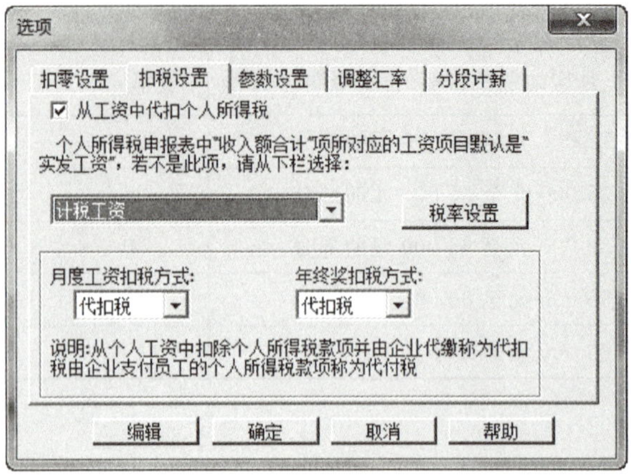


图 9-15 【选项】窗口

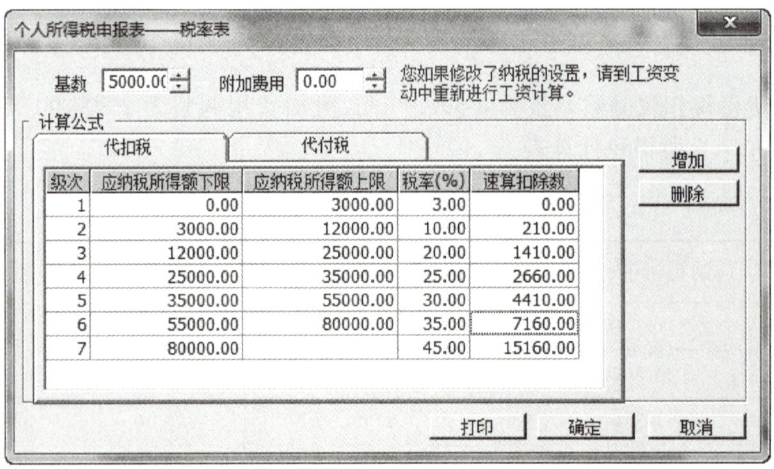


图 9-16 【个人所得税申报表——税率表】窗口

# 实训二 薪资变动及分摊设置

## 业务一 工资数据变动

工资数据变动

### 【业务描述】

2020 年 1 月 30 日，录入所有人员工资数据，并执行计算与汇总，相关信息如表 9-7 所示。

表 9-7 环宇仓储 2020 年 01 月人员工资数据表

| 人员编号 | 人员姓名 | 行政部门 | 人员类别 | 基本工资 | 奖金 | 岗位工资 | 物价补贴 | 子女教育 | 住房贷款利息 | 住房租金 | 缺勤天数 |
|---|---|---|---|---|---|---|---|---|---|---|---|
| 101 | 李金泽 | 总经办 | 管理人员 | 3 000 | 2 000 | 1 200 | 400 | 1 000 | | | |
| 201 | 宋　清 | 财务部 | 管理人员 | 2 500 | 1 500 | 1 000 | 400 | | 1 000 | | |

续 表

| 人员编号 | 人员姓名 | 行政部门 | 人员类别 | 基本工资 | 奖金 | 岗位工资 | 物价补贴 | 子女教育 | 住房贷款利息 | 住房租金 | 缺勤天数 |
|---|---|---|---|---|---|---|---|---|---|---|---|
| 202 | 黄小明 | 财务部 | 管理人员 | 2 000 | 1 200 | 800 | 400 | | | | 1 |
| 203 | 李　卉 | 财务部 | 管理人员 | 2 000 | 1 000 | 500 | 400 | | | | |
| 301 | 叶　敏 | 采购部 | 采购人员 | 2 200 | 1 500 | 800 | 400 | | 1 000 | | 3 |
| 302 | 王　智 | 采购部 | 采购人员 | 2 000 | 1 200 | 600 | 400 | | | | |
| 401 | 张　立 | 销售部 | 销售人员 | 2 400 | 1 500 | 800 | 400 | 1 000 | | | |
| 402 | 杨　慧 | 销售部 | 销售人员 | 2 000 | 1 300 | 500 | 400 | | | | |
| 501 | 秦　昊 | 一车间 | 车间管理人员 | 2 000 | 1 500 | 900 | 400 | | | 800 | 2 |
| 502 | 何家鸿 | 一车间 | 生产人员 | 2 000 | 1 300 | 700 | 400 | | | | |
| 503 | 许志军 | 一车间 | 生产人员 | 2 000 | 1 300 | 700 | 400 | | | | |
| 504 | 郑　彦 | 二车间 | 车间管理人员 | 2 000 | 1 200 | 700 | 400 | | | | |
| 505 | 沈　伟 | 二车间 | 生产人员 | 2 000 | 900 | 700 | 400 | | | 800 | |
| 506 | 吕　宏 | 二车间 | 生产人员 | 2 000 | 900 | 700 | 400 | | | | |
| 601 | 李　红 | 仓储部 | 管理人员 | 2 000 | 1 200 | 800 | 400 | | | | |
| 合　计 | | | | 32 100 | 19 500 | 11 400 | 6 000 | 2 000 | 2 000 | 1 600 | 6 |

## 【岗位说明】

【W02 黄小明】录入所有人员工资，并计算、汇总。

## 【赛题链接】

30 日，计算并处理本月应付工资。

## 【操作指导】

(1) 2020 年 1 月 30 日，【W02 黄小明】在企业应用平台中执行【业务工作】|【人力资源】|【薪资管理】|【业务处理】|【工资变动】命令，打开【工资变动】窗口。

(2) 根据表 9-7 分别录入基本工资、奖金、岗位工资、缺勤天数等工资数据。

(3) 单击【全选】按钮，在人员记录的选择栏出现选中标记【Y】。

(4) 单击【替换】按钮，打开【工资项数据替换】对话框，选择将工资项目【物价补贴】替换成【400】，如图 9-17 所示。

(5) 单击【确定】按钮，系统提示【数据替换后将不可恢复，是否继续?】，单击【是】按钮，系统提示【15 条记录被替换，是否重新计算?】，单击【是】按钮。

(6) 单击【计算】按钮，再单击【汇总】按钮，计算全部工资项目内容，计算结果如图 9-18 所示。

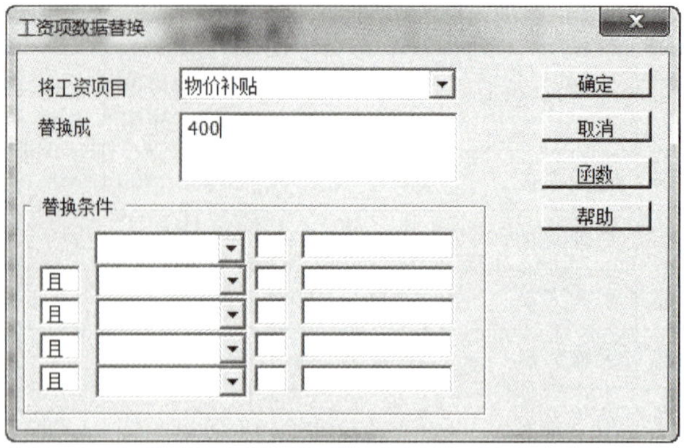


图 9－17 【工资项数据替换】对话框

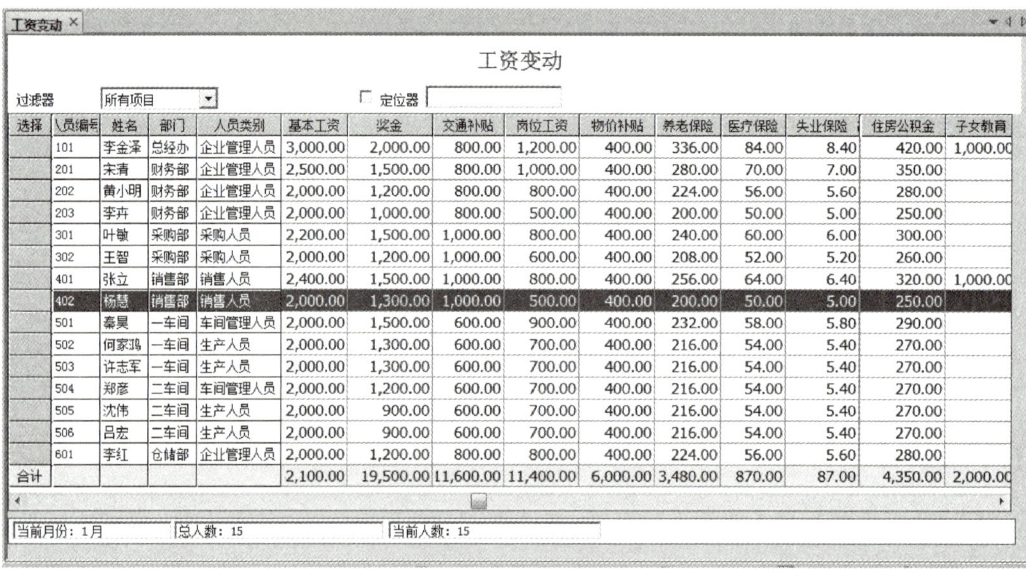

工资变动

过滤器 所有项目　　定位器

| 选择 | 人员编号 | 姓名 | 部门 | 人员类别 | 基本工资 | 奖金 | 交通补贴 | 岗位工资 | 物价补贴 | 养老保险 | 医疗保险 | 失业保险 | 住房公积金 | 子女教育 |
|---|---|---|---|---|---|---|---|---|---|---|---|---|---|---|
| | 101 | 李金泽 | 总经办 | 企业管理人员 | 3,000.00 | 2,000.00 | 800.00 | 1,200.00 | 400.00 | 336.00 | 84.00 | 8.40 | 420.00 | 1,000.00 |
| | 201 | 宋清 | 财务部 | 企业管理人员 | 2,500.00 | 1,500.00 | 800.00 | 1,000.00 | 400.00 | 280.00 | 70.00 | 7.00 | 350.00 | |
| | 202 | 黄小明 | 财务部 | 企业管理人员 | 2,000.00 | 1,200.00 | 800.00 | 800.00 | 400.00 | 224.00 | 56.00 | 5.60 | 280.00 | |
| | 203 | 李卉 | 财务部 | 企业管理人员 | 2,000.00 | 1,000.00 | 800.00 | 500.00 | 400.00 | 200.00 | 50.00 | 5.00 | 250.00 | |
| | 301 | 叶敏 | 采购部 | 采购人员 | 2,200.00 | 1,500.00 | 1,000.00 | 800.00 | 400.00 | 240.00 | 60.00 | 6.00 | 300.00 | |
| | 302 | 王智 | 采购部 | 采购人员 | 2,000.00 | 1,200.00 | 1,000.00 | 600.00 | 400.00 | 208.00 | 52.00 | 5.20 | 260.00 | |
| | 401 | 张立 | 销售部 | 销售人员 | 2,400.00 | 1,500.00 | 1,000.00 | 800.00 | 400.00 | 256.00 | 64.00 | 6.40 | 320.00 | 1,000.00 |
| | 402 | 杨慧 | 销售部 | 销售人员 | 2,000.00 | 1,300.00 | 1,000.00 | 500.00 | 400.00 | 200.00 | 50.00 | 5.00 | 250.00 | |
| | 501 | 秦昊 | 一车间 | 车间管理人员 | 2,000.00 | 1,500.00 | 600.00 | 900.00 | 400.00 | 232.00 | 58.00 | 5.80 | 290.00 | |
| | 502 | 何家鸿 | 一车间 | 生产人员 | 2,000.00 | 1,300.00 | 600.00 | 700.00 | 400.00 | 216.00 | 54.00 | 5.40 | 270.00 | |
| | 503 | 许志军 | 一车间 | 生产人员 | 2,000.00 | 1,300.00 | 600.00 | 700.00 | 400.00 | 216.00 | 54.00 | 5.40 | 270.00 | |
| | 504 | 郑彦 | 二车间 | 车间管理人员 | 2,000.00 | 1,200.00 | 600.00 | 700.00 | 400.00 | 216.00 | 54.00 | 5.40 | 270.00 | |
| | 505 | 沈伟 | 二车间 | 生产人员 | 2,000.00 | 900.00 | 600.00 | 700.00 | 400.00 | 216.00 | 54.00 | 5.40 | 270.00 | |
| | 506 | 吕宏 | 二车间 | 生产人员 | 2,000.00 | 900.00 | 600.00 | 700.00 | 400.00 | 216.00 | 54.00 | 5.40 | 270.00 | |
| | 601 | 李红 | 仓储部 | 企业管理人员 | 2,000.00 | 1,200.00 | 800.00 | 800.00 | 400.00 | 224.00 | 56.00 | 5.60 | 280.00 | |
| 合计 | | | | | 2,100.00 | 19,500.00 | 11,600.00 | 11,400.00 | 6,000.00 | 3,480.00 | 870.00 | 87.00 | 4,350.00 | 2,000.00 |

当前月份：1月　总人数：15　当前人数：15

图 9－18 【工资变动】窗口

**温馨提示**

第一次使用工资系统必须将所有人员的基本工资数据录入系统。工资数据可以在录入人员档案时直接录入，需要计算的内容在此功能中进行计算；也可以在工资变动功能中录入，当工资数据发生变动时应在此录入。

如果工资数据的变化具有规律性，可以使用【替换】功能进行成批数据替换。

在修改了某些数据、重新设置了计算公式、进行了数据替换或在个人所得税中执行了自动扣税等操作后，必须调用【计算】和【汇总】功能对个人工资数据重新计算，以保证数据正确。如果对工资数据只进行了【计算】的操作，则退出时系统提示【数据发生变动后尚未进行汇总，是否进行汇总?】，如果需要汇总则单击【是】按钮，否则，单击【否】按钮即可。

9

## 业务二　工资分摊设置

工资分摊设置

### 【业务描述】

2020 年 1 月 1 日，根据表设置工资分摊。安徽环宇仓储设备有限公司四险一金按“四险一金计提基数”计提，工会经费和职工教育经费按“应发合计”计提，公司承担的养老保险、医疗保险、失业保险、工伤保险、住房公积金、工会经费和职工教育经费计提比例分别为 16%、8.8%、1%、1%、10%、2%和 8%；职工个人承担的养老保险、医疗保险、失业保险、住房公积金计提比例分别为 8%、2%、0.2%、10%；职工福利费按实际发生数列支，不按比例计提。相关信息如表 9－8～表 9－14 所示。

提示：公司承担的养老保险和失业保险在“设定提存计划”项目核算；公司承担的医疗保险、工伤保险通过“社会保险费”项目核算；费用项目统一记入二级科目“社会保险费”。

表 9－8　计提工资转账分录一览表

| 分摊构成设置(计提比例 100%) | | | | |
|---|---|---|---|---|
| 部 门 名 称 | 人员类别 | 项　目 | 借方科目 | 贷方科目 |
| 总经办、财务部、仓储部 | 企业管理人员 | 工资分配基数 | 660201 | 221101 |
| 采购部 | 采购人员 | 工资分配基数 | 660201 | 221101 |
| 销售部 | 销售人员 | 工资分配基数 | 660101 | 221101 |
| 一车间、二车间 | 车间管理人员 | 工资分配基数 | 510102 | 221101 |
| 一车间 | 生产人员 | 工资分配基数 | 500102(货架) | 221101 |
| 二车间 | 生产人员 | 工资分配基数 | 500102(仓储笼) | 221101 |

表 9－9　计提工会经费转账分录一览表

| 分摊构成设置(计提比例 2%) | | | | |
|---|---|---|---|---|
| 部 门 名 称 | 人员类别 | 项　目 | 借方科目 | 贷方科目 |
| 总经办、财务部、仓储部 | 企业管理人员 | 应发合计 | 660201 | 221107 |
| 采购部 | 采购人员 | 应发合计 | 660201 | 221107 |
| 销售部 | 销售人员 | 应发合计 | 660101 | 221107 |
| 一车间、二车间 | 车间管理人员 | 应发合计 | 510102 | 221107 |
| 一车间 | 生产人员 | 应发合计 | 500102(货架) | 221107 |
| 二车间 | 生产人员 | 应发合计 | 500102(仓储笼) | 221107 |

表 9－10　计提职工教育经费转账分录一览表

| 分摊构成设置(计提比例 8%) | | | | |
|---|---|---|---|---|
| 部 门 名 称 | 人员类别 | 项　目 | 借方科目 | 贷方科目 |
| 总经办、财务部、仓储部 | 企业管理人员 | 应发合计 | 660201 | 221108 |
| 采购部 | 采购人员 | 应发合计 | 660201 | 221108 |

续 表

| 分摊构成设置(计提比例 8%) | | | | |
|---|---|---|---|---|
| 部 门 名 称 | 人员类别 | 项 目 | 借方科目 | 贷方科目 |
| 销售部 | 销售人员 | 应发合计 | 660101 | 221108 |
| 一车间、二车间 | 车间管理人员 | 应发合计 | 510102 | 221108 |
| 一车间 | 生产人员 | 应发合计 | 500102(货架) | 221108 |
| 二车间 | 生产人员 | 应发合计 | 500102(仓储笼) | 221108 |

表 9-11 计提公司——设定提存计划转账分录一览表

| 分摊构成设置(计提比例 17%) | | | | |
|---|---|---|---|---|
| 部 门 名 称 | 人员类别 | 项 目 | 借方科目 | 贷方科目 |
| 总经办、财务部、仓储部 | 企业管理人员 | 四险一金计提基数 | 660201 | 221105 |
| 采购部 | 采购人员 | 四险一金计提基数 | 660201 | 221105 |
| 销售部 | 销售人员 | 四险一金计提基数 | 660101 | 221105 |
| 一车间、二车间 | 车间管理人员 | 四险一金计提基数 | 510102 | 221105 |
| 一车间 | 生产人员 | 四险一金计提基数 | 500102(货架) | 221105 |
| 二车间 | 生产人员 | 四险一金计提基数 | 500102(仓储笼) | 221105 |

表 9-12 计提公司——社会保险费转账分录一览表

| 分摊构成设置(计提比例 9.8%) | | | | |
|---|---|---|---|---|
| 部 门 名 称 | 人员类别 | 项 目 | 借方科目 | 贷方科目 |
| 总经办、财务部、仓储部 | 企业管理人员 | 四险一金计提基数 | 660201 | 221104 |
| 采购部 | 采购人员 | 四险一金计提基数 | 660201 | 221104 |
| 销售部 | 销售人员 | 四险一金计提基数 | 660101 | 221104 |
| 一车间、二车间 | 车间管理人员 | 四险一金计提基数 | 510102 | 221104 |
| 一车间 | 生产人员 | 四险一金计提基数 | 500102(货架) | 221104 |
| 二车间 | 生产人员 | 四险一金计提基数 | 500102(仓储笼) | 221104 |

表 9-13 计提公司——住房公积金转账分录一览表

| 分摊构成设置(计提比例 10%) | | | | |
|---|---|---|---|---|
| 部 门 名 称 | 人员类别 | 项 目 | 借方科目 | 贷方科目 |
| 总经办、财务部、仓储部 | 企业管理人员 | 四险一金计提基数 | 660201 | 221106 |
| 采购部 | 采购人员 | 四险一金计提基数 | 660201 | 221106 |
| 销售部 | 销售人员 | 四险一金计提基数 | 660101 | 221106 |
| 一车间、二车间 | 车间管理人员 | 四险一金计提基数 | 510102 | 221106 |
| 一车间 | 生产人员 | 四险一金计提基数 | 500102(货架) | 221106 |
| 二车间 | 生产人员 | 四险一金计提基数 | 500102(仓储笼) | 221106 |

表 9－14　计提代扣个人所得税转账分录一览表

| 分摊构成设置(计提比例 100%) | | | | |
|---|---|---|---|---|
| 部门名称 | 人员类别 | 项目 | 借方科目 | 贷方科目 |
| 总经办、财务部、仓储部 | 企业管理人员 | 扣税合计 | 221101 | 222108 |
| 采购部 | 采购人员 | 扣税合计 | 221101 | 222108 |
| 销售部 | 销售人员 | 扣税合计 | 221101 | 222108 |
| 一车间、二车间 | 车间管理人员 | 扣税合计 | 221101 | 222108 |
| 一车间 | 生产人员 | 扣税合计 | 221101 | 222108 |
| 二车间 | 生产人员 | 扣税合计 | 221101 | 222108 |

## 【岗位说明】

【W02 黄小明】设置工资分摊。

## 【赛题链接】

在工资分摊中添加“公司——养老保险”分摊设置。

## 【操作指导】

1. 设置工资分摊

(1) 2020 年 1 月 1 日,【W02 黄小明】在企业应用平台中执行【业务工作】|【人力资源】|【薪资管理】|【业务处理】|【工资分摊】命令,打开【工资分摊】窗口。

(2) 单击【工资分摊设置…】按钮,打开【分摊类型设置】窗口。

(3) 单击【增加】按钮,打开【分摊计提比例设置】对话框。

(4) 录入计提类型名称为【计提工资】,分摊计提比例为【100%】,如图 9－19 所示。

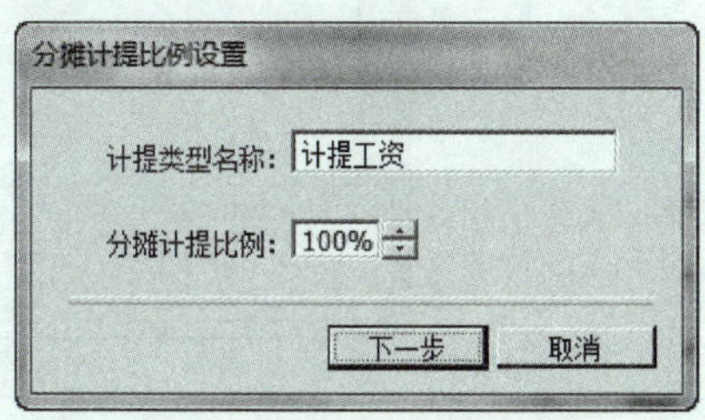


图 9－19　【分摊计提比例设置】对话框

(5) 单击【下一步】按钮,打开【分摊构成设置】对话框。分别选择【人员类别】【部门名称】,输入或选择不同人员类别工资项目、借方科目、贷方科目以及借方项目大类及借方项目名称,如图 9－20 所示。

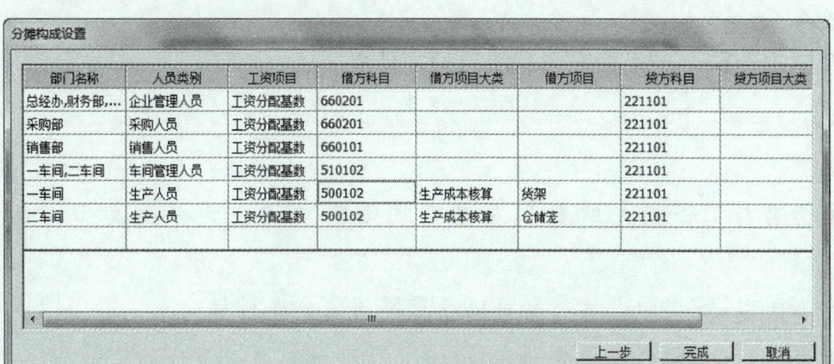


图 9－20　【分摊构成设置】对话框

(6) 单击【完成】按钮,返回到【分摊类型设置】对话框。

(7) 继续增加工会经费、职工教育经费、公司——设定提存计划、公司——社会保险费、公司——住房公积金以及代扣个人所得税的转账分录,操作结果如图 9-21 所示。

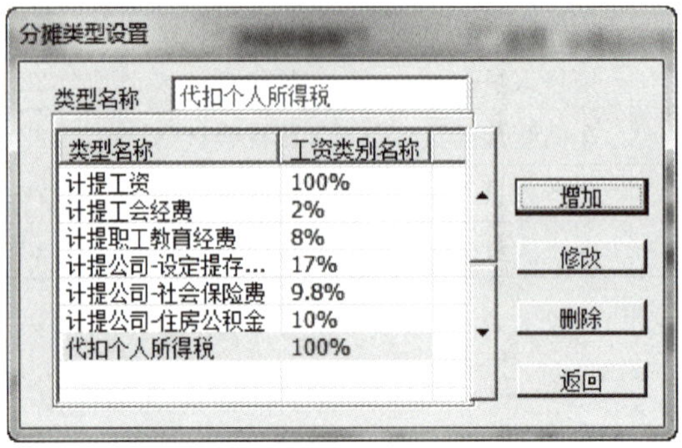


图 9-21 【分摊类型设置】对话框

(8) 单击【返回】按钮,返回到【工资分摊】对话框,如图 9-22 所示。

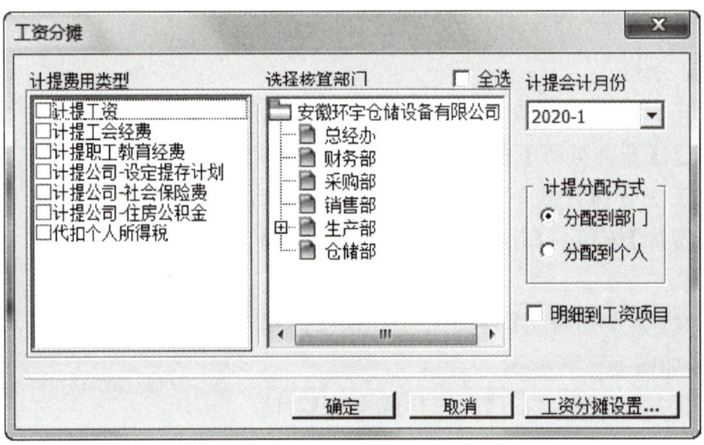


图 9-22 【工资分摊】对话框

(9) 单击【取消】按钮,退出【工资分摊】对话框。

2. 账套备份

将账套输出至【F:\616 账套备份 9-2】文件夹。



温馨提示

- 所有与工资相关的费用及基金均需建立相应的分摊类型名称及分类比例。
- 不同部门、相同人员类别可以设置不同的分摊科目。
- 不同部门、相同人员类别在设置时,可以一次选择多个部门。

# 实训三　工资分摊账务处理

## 业务一　计提工资费用

计提工资费用

### 【业务描述】

2020 年 1 月 20 日，完成工资变动，根据工资分摊设置完成计提工资、公司——设定提存计划、公司——社会保险费、公司——住房公积金的转账分录。

### 【赛题链接】

30 日，调整个人所得税扣税基数，完成工资变动处理及工资费用的分配处理（勾选：合并科目相同、辅助项相同的分录），并委托银行代发工资。

30 日，按规定计提本月应交的“五险一金”（勾选合并科目相同、辅助项相同的分录，“五险一金”计提表略）。

30 日，按规定计提本月应交的“五险一金”。

### 【岗位说明】

【W02 黄小明】根据工资分摊设置生成工资记账凭证。

### 【操作指导】

（1）2020 年 1 月 20 日，【W02 黄小明】在企业应用平台中执行【业务工作】|【人力资源】|【薪资管理】|【业务处理】|【工资变动】命令，打开【工资变动】窗口，单击【计算】按钮，完成计算，单击【汇总】按钮。

（2）执行【薪资管理】|【业务处理】|【工资分摊】命令，打开【工资分摊】对话框，勾选【计提工资】【公司——设定提存计划】【公司——社会保险费】【公司——住房公积金】复选框。

（3）勾选【全选】复选框，选中所有部门；勾选【明细到工资项目】【按项目核算】复选框，如图 9－23 所示。

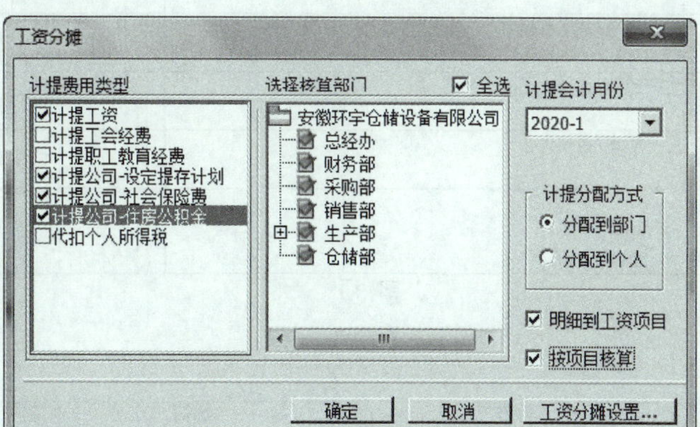


图 9－23　【工资分摊】对话框

(4) 单击【确定】按钮，打开【工资分摊明细】窗口，选中类型为【计提工资】，勾选【合同科目相同、辅助项相同的分录】复选框。【公司——设定提存计划】【公司——社会保险费】【公司——住房公积金】以此类推。

(5) 单击【批制】按钮，生成计提工资、公司——设定提存计划、公司——社会保险费、公司——住房公积金的记账凭证。

(6) 选择凭证类别为【记账凭证】，单击【保存】按钮，操作结果如图 9－24～图 9－27 所示。

已生成

**记 账 凭 证**

记 字 0045 － 0001/0002 制单日期：2020.01.20 审核日期： 附单据数：0

| 摘要 | 科目名称 | 借方金额 | 贷方金额 |
|---|---|---|---|
| 计提工资 | 制造费用/工资 | 1020909 | |
| 计提工资 | 销售费用/职工薪酬 | 1130000 | |
| 计提工资 | 管理费用/职工薪酬 | 3945455 | |
| 计提工资 | 生产成本/直接人工 | 1000000 | |
| 计提工资 | 生产成本/直接人工 | 920000 | |
| 票号 日期 | 数量 单价 合计 | 8016364 | 8016364 |

备注 项目 部门 个人 客户 业务员

记账 审核 出纳 制单 黄小明

图 9－24 【记账凭证】页面 1

已生成

**记 账 凭 证**

记 字 0047 － 0001/0002 制单日期：2020.01.20 审核日期： 附单据数：0

| 摘要 | 科目名称 | 借方金额 | 贷方金额 |
|---|---|---|---|
| 计提公司-社会保险费 | 制造费用/工资 | 54880 | |
| 计提公司-社会保险费 | 销售费用/职工薪酬 | 55860 | |
| 计提公司-社会保险费 | 管理费用/职工薪酬 | 209720 | |
| 计提公司-社会保险费 | 生产成本/直接人工 | 52920 | |
| 计提公司-社会保险费 | 生产成本/直接人工 | 52920 | |
| 票号 日期 | 数量 单价 合计 | 426300 | 426300 |

备注 项目 部门 个人 客户 业务员

记账 审核 出纳 制单 黄小明

图 9－25 【记账凭证】页面 2

**记 账 凭 证**

记　字 0046 － 0001/0002　　制单日期：2020.01.20　　审核日期：　　附单据数：0

| 摘 要 | 科目名称 | 借方金额 | 贷方金额 |
|---|---|---|---|
| 计提公司-设定提存计划 | 制造费用/工资 | 95200 | |
| 计提公司-设定提存计划 | 销售费用/职工薪酬 | 96900 | |
| 计提公司-设定提存计划 | 管理费用/职工薪酬 | 363800 | |
| 计提公司-设定提存计划 | 生产成本/直接人工 | 91800 | |
| 计提公司-设定提存计划 | 生产成本/直接人工 | 91800 | |
| 票号<br>日期　　数量<br>单价 | 合 计 | 739500 | 739500 |
| 备注 | 项 目　　部 门<br>个 人　　客 户<br>业务员 | | |

记账　　审核　　出纳　　制单　黄小明

图 9-26 【记账凭证】页面 3

已生成

**记 账 凭 证**

记　字 0048 － 0001/0002　　制单日期：2020.01.20　　审核日期：　　附单据数：0

| 摘 要 | 科目名称 | 借方金额 | 贷方金额 |
|---|---|---|---|
| 计提公司-住房公积金 | 制造费用/工资 | 56000 | |
| 计提公司-住房公积金 | 销售费用/职工薪酬 | 57000 | |
| 计提公司-住房公积金 | 管理费用/职工薪酬 | 214000 | |
| 计提公司-住房公积金 | 生产成本/直接人工 | 54000 | |
| 计提公司-住房公积金 | 生产成本/直接人工 | 54000 | |
| 票号<br>日期　　数量<br>单价 | 合 计 | 435000 | 435000 |
| 备注 | 项 目　　部 门<br>个 人　　客 户<br>业务员 | | |

记账　　审核　　出纳　　制单　黄小明

图 9-27 【记账凭证】页面 4

9

## 业务二　计提职工经费

计提职工经费

### 【业务描述】

2020 年 1 月 20 日，根据工资分摊设置，计提职工教育经费及工会经费。

## 【赛题链接】

30 日，计提本月工会经费及职工教育经费(勾选合并科目相同、辅助项相同的分录，工会经费及职工教育经费计提表略)。

30 日，计提工会经费及职工教育经费。

## 【岗位说明】

【W02 黄小明】根据工资分摊设置生成工资记账凭证。

## 【操作指导】

(1) 2020 年 1 月 20 日，【W02 黄小明】在企业应用平台中执行【业务工作】|【人力资源】|【薪资管理】|【业务处理】|【工资分摊】命令，打开【工资分摊】窗口，勾选【职工教育经费】复选框。

(2) 单击【全选】按钮，选中所有部门，勾选【明细到工资项目】和【按项目核算】复选框。

(3) 单击【确定】按钮，打开【工资分摊明细】窗口，在【类型】栏中选中【工会经费】【职工教育经费】，勾选【合同科目相同、辅助项相同的分录】复选框。

(4) 单击【批制】按钮，生成计提工会经费计职工教育经费的记账凭证。

(5) 选择凭证类别为【记账凭证】，单击【保存】按钮。操作结果如图 9－28、图 9－29 所示。

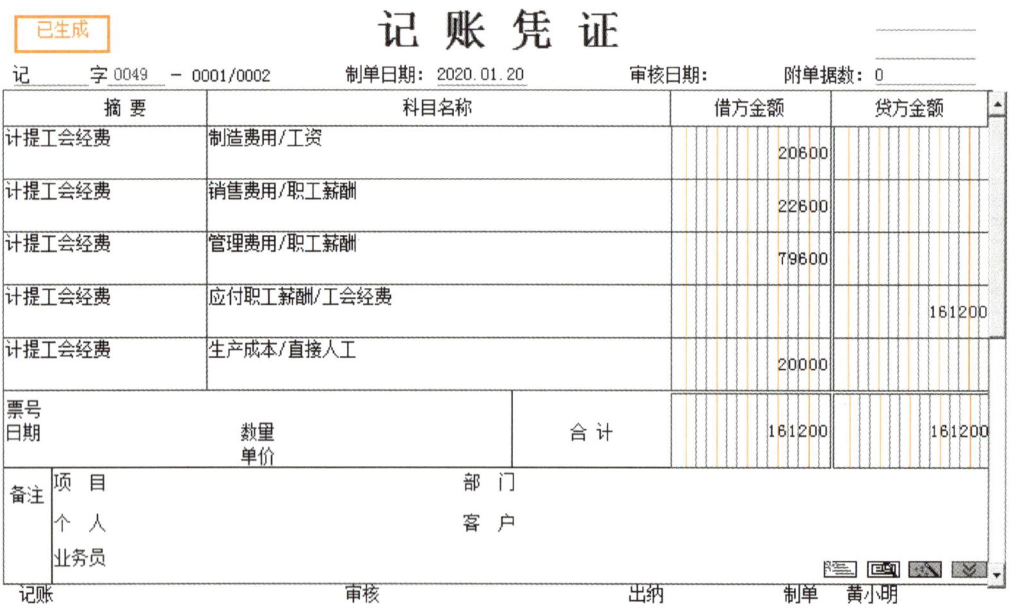

已生成

记账凭证

记 字 0049 － 0001/0002 制单日期：2020.01.20 审核日期： 附单据数：0

| 摘要 | 科目名称 | 借方金额 | 贷方金额 |
| --- | --- | --- | --- |
| 计提工会经费 | 制造费用/工资 | 20600 | |
| 计提工会经费 | 销售费用/职工薪酬 | 22600 | |
| 计提工会经费 | 管理费用/职工薪酬 | 79600 | |
| 计提工会经费 | 应付职工薪酬/工会经费 | | 161200 |
| 计提工会经费 | 生产成本/直接人工 | 20000 | |
| 票号 日期 | 数量 单价 合计 | 161200 | 161200 |

备注 项目 部门 个人 客户 业务员

记账 审核 出纳 制单 黄小明

图 9－28 【记账凭证】页面 1

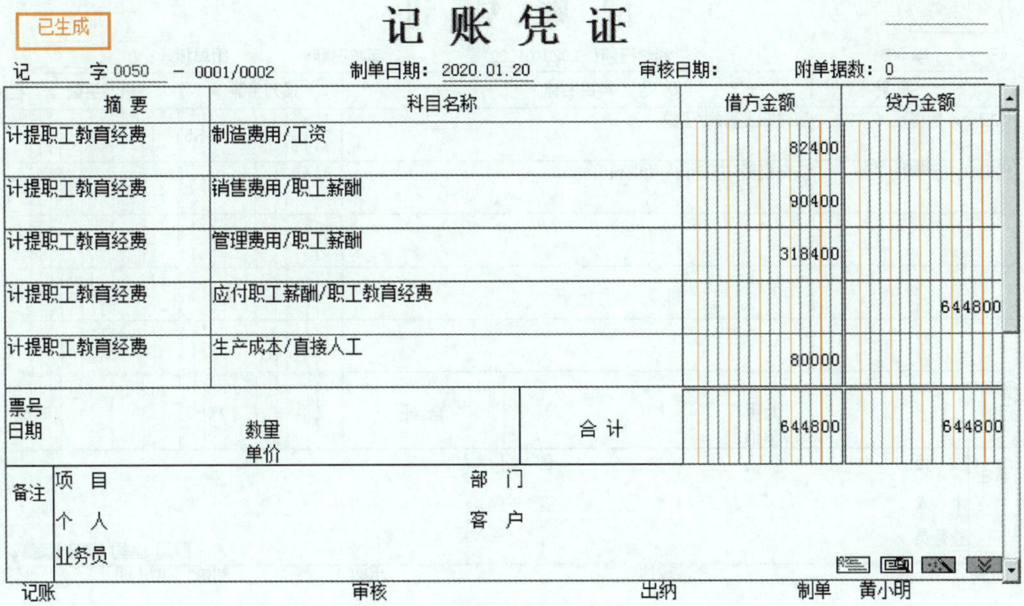

已生成

记账凭证

记　字 0050 － 0001/0002　　制单日期：2020.01.20　　审核日期：　　附单据数：0

| 摘要 | 科目名称 | 借方金额 | 贷方金额 |
| --- | --- | --- | --- |
| 计提职工教育经费 | 制造费用/工资 | 82400 | |
| 计提职工教育经费 | 销售费用/职工薪酬 | 90400 | |
| 计提职工教育经费 | 管理费用/职工薪酬 | 318400 | |
| 计提职工教育经费 | 应付职工薪酬/职工教育经费 | | 644800 |
| 计提职工教育经费 | 生产成本/直接人工 | 80000 | |
| 票号 日期 | 数量 单价　合计 | 644800 | 644800 |

备注　项目　　部门
个人　　客户
业务员

记账　　审核　　出纳　　制单　黄小明

图 9－29　【记账凭证】页面 2

## 业务三　计提个人所得税

计提个人所得税

### 【业务描述】

2020 年 1 月 20 日，根据工资分摊设置，完成计提个人所得税的账务处理。

### 【岗位说明】

【W02 黄小明】根据工资分摊设置生成计提个人所得税的记账凭证。

### 【操作指导】

(1) 2020 年 1 月 20 日，【W02 黄小明】在企业应用平台中执行【业务工作】|【人力资源】|【薪资管理】|【业务处理】|【工资分摊】命令，打开【工资分摊】窗口，勾选【个人所得税】复选框。

(2) 单击【全选】按钮，选中所有部门，勾选【明细到工资项目】复选框。

(3) 单击【确定】按钮，打开【工资分摊明细】窗口，选择类型为【个人所得税】，勾选【合同科目相同、辅助项相同的分录】复选框。

(4) 单击【制单】按钮，生成记账凭证，选择凭证类别为【记账凭证】。

(5) 单击【保存】按钮，结果如图 9－30 所示。

9

## 业务四　发 放 工 资

发放工资

### 【业务描述】

2020 年 1 月 30 日，填制发放上月职工工资的会计凭证，取得与该业务有关的原始凭

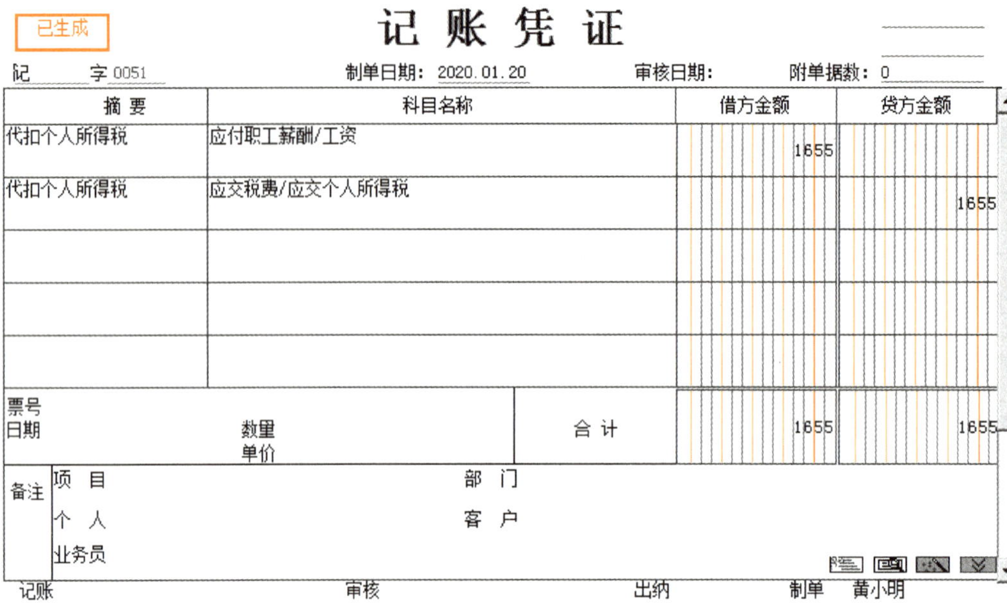

已生成

记 账 凭 证

记 字 0051 制单日期：2020.01.20 审核日期： 附单据数：0

| 摘 要 | 科目名称 | 借方金额 | 贷方金额 |
|---|---|---|---|
| 代扣个人所得税 | 应付职工薪酬/工资 | 1655 | |
| 代扣个人所得税 | 应交税费/应交个人所得税 | | 1655 |
| | | | |
| | | | |
| | | | |
| 票号 日期 | 数量 单价 合 计 | 1655 | 1655 |

备注 项 目 部 门

个 人 客 户

业务员

记账 审核 出纳 制单 黄小明

图 9－30 【记账凭证】页面

证如图 9－31 所示。

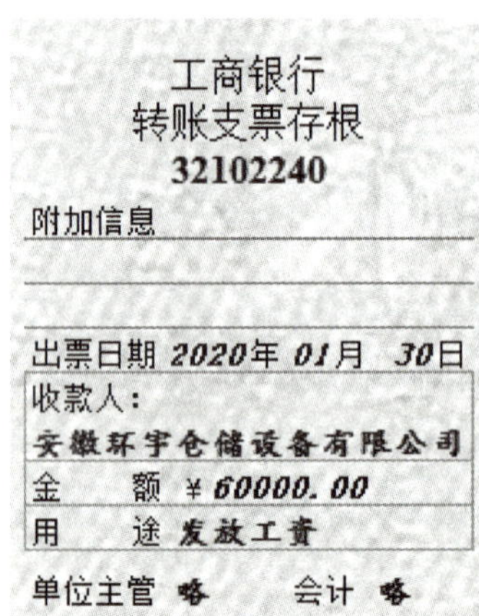

工商银行
转账支票存根
32102240
附加信息
出票日期 2020年 01月 30日
收款人：
安徽环宇仓储设备有限公司
金 额 ￥60000.00
用 途 发放工资
单位主管 略 会计 略

图 9－31 【业务四——转账支票存根】

## 【岗位说明】

【W02 黄小明】在总账管理系统中，填制发放职工工资的会计凭证。

9

## 【赛题链接】

11 日，发放上月工资（总账处理）。

## 【操作指导】

（1）2020 年 1 月 30 日，【W02 黄小明】在企业应用平台中执行【业务工作】|【财务会

计】|【总账】|【凭证】|【填制凭证】命令，打开【凭证】窗口。

（2）单击【增加】按钮。

（3）录入发放工资的会计凭证，单击【保存】按钮，如图 9－32 所示。

**记 账 凭 证**

记　　字 0052　　　　制单日期：2020.01.30　　　　审核日期：　　　　附单据数：

| 摘 要 | 科目名称 | 借方金额 | 贷方金额 |
|---|---|---|---|
| 发放工资 | 应付职工薪酬/工资 | 6000000 | |
| 发放工资 | 银行存款 | | 6000000 |
| | | | |
| | | | |
| | | | |
| 票号 202－ 32102240<br>日期 2020.01.30 | 数量<br>单价　　合 计 | 6000000 | 6000000 |

备注　项　目　　　　部　门

个　人　　　　客　户

业务员

记账　　　　审核　　　　出纳　　　　制单　黄小明

图 9－32　【记账凭证】页面

**温馨提示**

发放工资的会计凭证可以在工资系统中通过工资分摊设置完成，也可以直接在总账中填制会计凭证完成。

## 业务五　缴纳社保及住房公积金

### 【业务描述】

2020 年 1 月 30 日，填制缴纳本月企业和个人负担的社会保险和住房公积金的会计凭证。取得与该业务相关的原始单据如图 9－33～图 9－36 所示。

缴纳社保及住房公积金

### 【岗位说明】

【W02 黄小明】在总账管理系统中，填制缴纳社会保险和住房公积金的会计凭证。

### 【赛题链接】

11 日，缴纳上月应缴“五险一金”（总账处理，合并制单，票号统一略）。

30 日，缴纳本月应缴“五险一金”（使用系统自定义转账功能处理）。

9

**中华人民共和国**
**税收完税证明**

NO. 4340452000000

填发日期：2020-01-30　　税务机关：国家税务总局芜湖市税务局

| 纳税人识别号 | 913402076897786088 | | 纳税人名称 | 安徽环宇仓储设备有限公司 | |
|---|---|---|---|---|---|
| 原凭证号 | 税种 | 品目名称 | 税款所属时间 | 入（退）库日期 | 实缴（退）金额 |
| 434046200200004121 | 企业职工基本养老保险（单位） | 职工基本养老保险（单位） | 2020-01-01至2020-01-31 | 2020-1-30 | 6,960.00 |
| 434046200200004121 | 企业职工基本养老保险（个人） | 职工基本养老保险（个人） | 2020-01-01至2020-01-32 | 2020-1-30 | 3,480.00 |
| 434046200200004121 | 基本医疗保险（单位） | 职工基本医疗保险（单位） | 2020-01-01至2020-01-33 | 2020-1-30 | 3,828.00 |
| 434046200200004121 | 基本医疗保险（个人） | 职工基本医疗保险（个人） | 2020-01-01至2020-01-34 | 2020-1-30 | 870.00 |
| 434046200200004121 | 失业保险费 | 失业保险（单位缴纳） | 2020-01-01至2020-01-35 | 2020-1-30 | 435.00 |
| 434046200200004121 | 失业保险费 | 失业保险（个人缴纳） | 2020-01-01至2020-01-36 | 2020-1-30 | 87.00 |
| 434046200200004121 | 工伤保险费 | 工伤保险 | 2020-01-01至2020-01-37 | 2020-1-30 | 435.00 |
| 合计金额 | （大写）壹万陆仟零玖拾伍元整 | | | | 16,095.00 |
| 税务机关（盖章） | 填票人 电子税务局 | | 备注 | | |

收据联 交纳税人作完税证明

图 9－33 【业务五——社保收款收据】

工商银行
转账支票存根
**32102244**

附加信息

出票日期 *2020*年 *01*月 *30*日

收款人：芜湖市人力资源和社会保障局

金　额 ￥*16095.00*

用　途 缴纳社会保险费

单位主管 略　　会计 略

图 9－34 【业务五——转账支票存根】

**住房公积金收款收据**

No. 32590124

2020年01月30日

| 缴款单位 | 安徽环宇仓储设备有限公司 | 公积金账号 | 1602214861 | 单位性质 | 民营企业 |
|---|---|---|---|---|---|
| 单位人数 | 15人 | 缴 | 2020.01.01~2020.01.31 | 交款方式 | 转账支票 |
| 人民币（大写） | 捌仟柒佰元整 | | | 千百十万千百十元角分 | ￥870000 |
| 住房公积金管理中心盖章 | 备注 | | | | |

第三联 缴款单位记账联

9

图 9－35 【业务五——住房公积金收款收据】

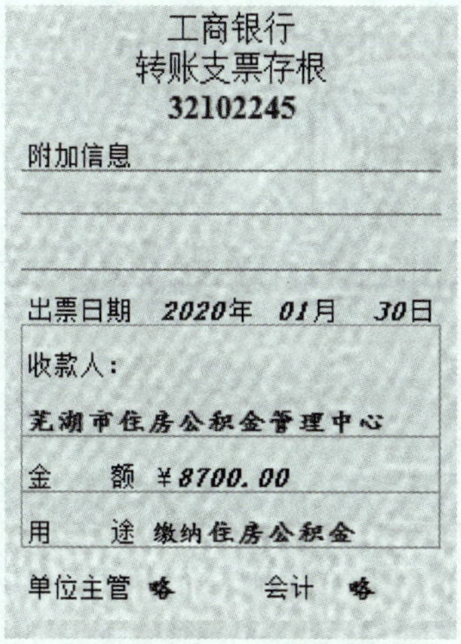

工商银行
转账支票存根
32102245

附加信息

出票日期 2020年 01月 30日

收款人：芜湖市住房公积金管理中心

金 额 ￥8700.00

用 途 缴纳住房公积金

单位主管 略 会计 略

图 9-36 【业务五——转账支票存根】

## 【操作指导】

1. 缴纳社保及住房公积金

(1) 2020 年 1 月 30 日，【W02 黄小明】在企业应用平台中执行【业务工作】|【财务会计】|【总账】|【凭证】|【填制凭证】命令，打开【凭证】窗口。

(2) 单击【增加】按钮，选择凭证类别为【记账凭证】，修改制单日期为【2020.01.30】，录入缴纳社会保险的会计凭证。

(3) 单击【保存】按钮，如图 9-37 所示。

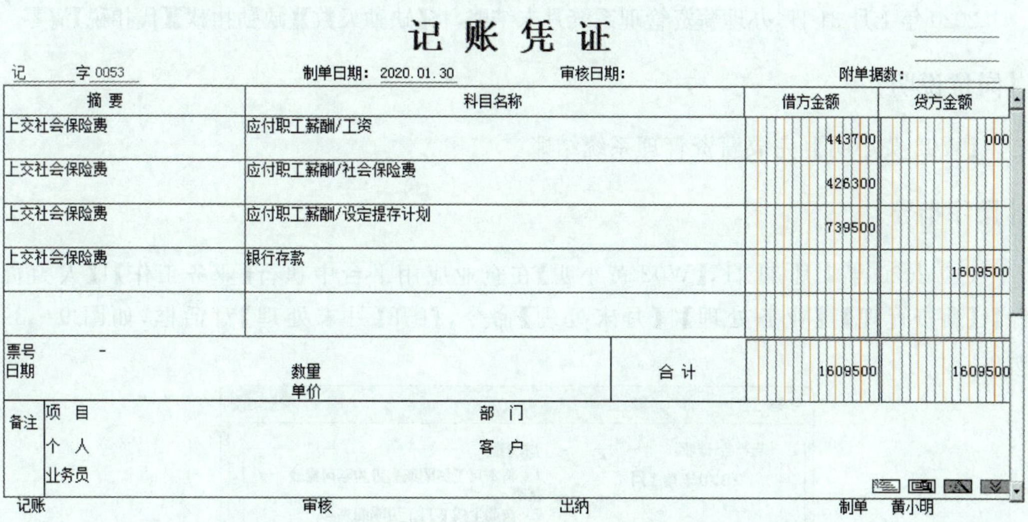

记账凭证

记 字 0053 制单日期：2020.01.30 审核日期： 附单据数：

| 摘要 | 科目名称 | 借方金额 | 贷方金额 |
| --- | --- | --- | --- |
| 上交社会保险费 | 应付职工薪酬/工资 | 443700 | 000 |
| 上交社会保险费 | 应付职工薪酬/社会保险费 | 426300 | |
| 上交社会保险费 | 应付职工薪酬/设定提存计划 | 739500 | |
| 上交社会保险费 | 银行存款 | | 1609500 |
| | | | |
| 票号 - 日期 | 数量 单价 | 合计 1609500 | 1609500 |

备注 项目 部门 个人 客户 业务员

记账 审核 出纳 制单 黄小明

图 9-37 【记账凭证】页面 1

(4) 以此方法，填制住房公积金的会计凭证，操作结果如图 9-38 所示。

2. 账套备份

将账套输出至【F:\616 账套备份 9-3】文件夹。

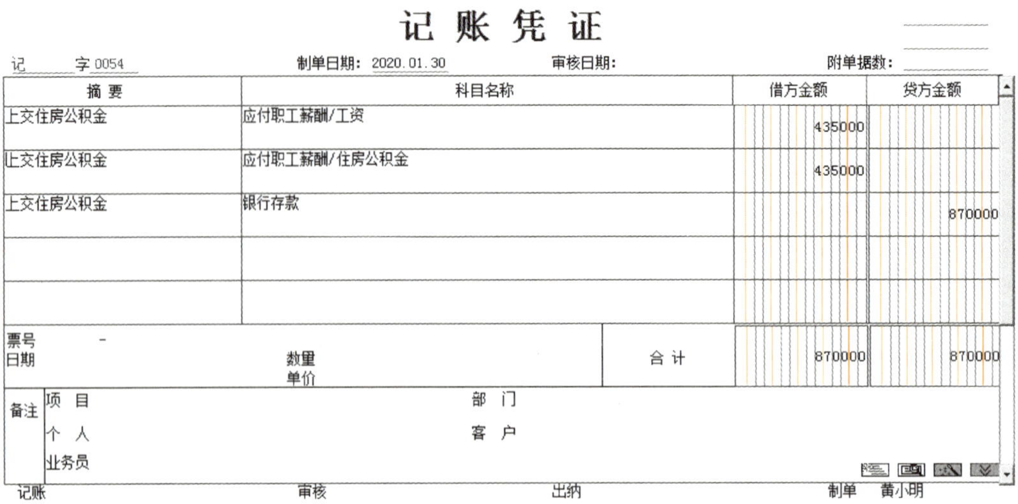


图 9-38 【记账凭证】页面 2

# 实训四 薪资管理系统结账及账表查询

## 业务一 期 末 结 账

### 【业务描述】

期末结账

2020 年 1 月 31 日，办理薪资管理系统月末结账，将【缺勤天数】【缺勤扣款】【代扣税】清零。

### 【岗位说明】

【W02 黄小明】完成薪资管理系统结账。

### 【操作指导】

(1) 2020 年 1 月 31 日，【W02 黄小明】在企业应用平台中执行【业务工作】|【人力资源】|【薪资管理】|【业务处理】|【月末处理】命令，打开【月末处理】对话框，如图 9-39 所示。

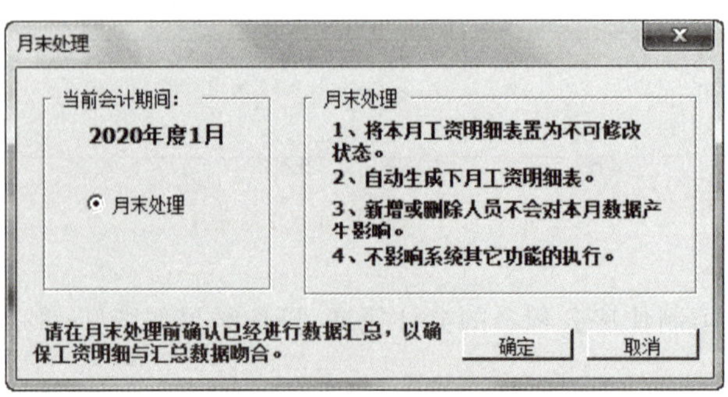


图 9-39 【月末处理】对话框

9

(2) 单击【确定】按钮，系统提示【月末处理之后，本月工资将不许变动！继续月末处理吗？】，单击【是】按钮，系统提示【是否选择清零？】，单击【是】按钮，打开【选择清零项目】对话框，选择需要清零的项目【缺勤扣款】【缺勤天数】【代扣税】，如图 9－40 所示。

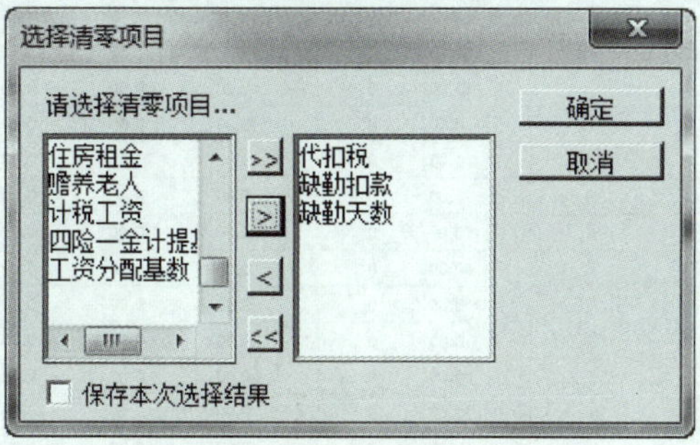


图 9－40　【选择清零项目】对话框

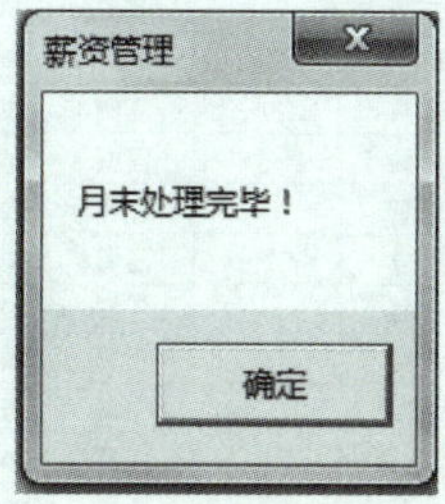


图 9－41　【薪资管理】提示框

(3) 单击【确定】按钮，系统提示【月末处理完毕！】，如图 9－41 示。

**温馨提示**

薪资系统月末结账时，若为处理多个工资类别，则应打开工资类别，分别进行月末结算。本书在初始设置中选择了单个工资类别，因此对薪资系统办理一次月末结账即可。

## 业务二　查询个人所得税申报表

查询个人所得税申报表

**【业务描述】**

2020 年 1 月 31 日，查询个人所得税年度申报表。

**【岗位说明】**

【W02 黄小明】查询个人所得税年度申报表。

**【操作指导】**

(1) 2020 年 1 月 31 日，【W02 黄小明】在企业应用平台中执行【业务工作】|【人力资源】|【薪资管理】|【业务处理】|【扣缴所得税】命令，打开【个人所得税申报模板】窗口。

(2) 选择【个人所得税年度申报表】，打开【所得税申报】窗口。

(3) 单击【确定】按钮，打开【系统扣缴个人所得税年度申报表】窗口，如图 9－42 所示。

9

## 业务三　查询银行代发表

查询银行代发表

**【业务描述】**

2020 年 1 月 31 日，查询银行代发一览表。

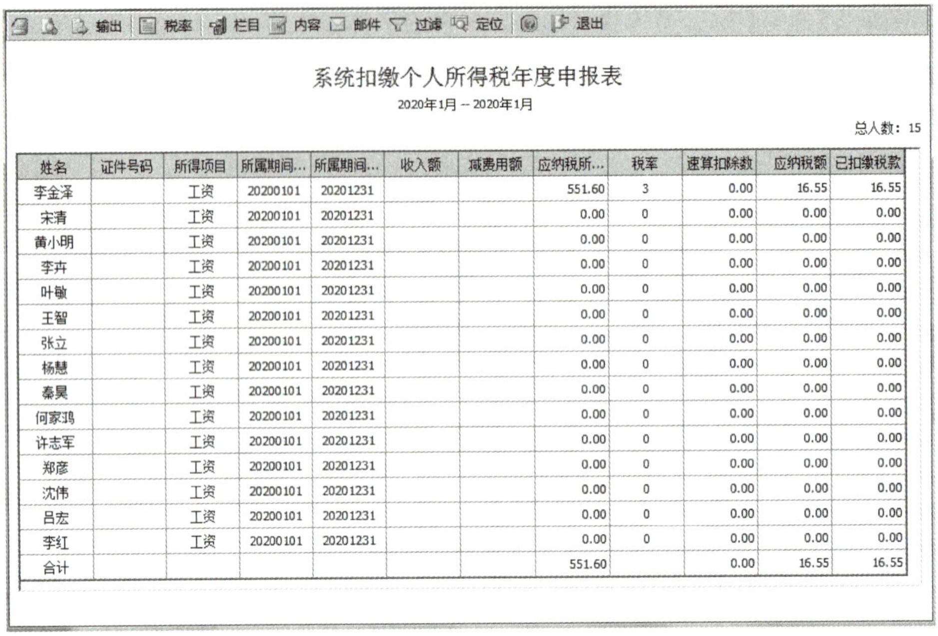



系统扣缴个人所得税年度申报表

2020年1月 -- 2020年1月

总人数：15

| 姓名 | 证件号码 | 所得项目 | 所属期间... | 所属期间... | 收入额 | 减费用额 | 应纳税所... | 税率 | 速算扣除数 | 应纳税额 | 已扣缴税款 |
|---|---|---|---|---|---|---|---|---|---|---|---|
| 李金泽 | | 工资 | 20200101 | 20201231 | | | 551.60 | 3 | 0.00 | 16.55 | 16.55 |
| 宋清 | | 工资 | 20200101 | 20201231 | | | 0.00 | 0 | 0.00 | 0.00 | 0.00 |
| 黄小明 | | 工资 | 20200101 | 20201231 | | | 0.00 | 0 | 0.00 | 0.00 | 0.00 |
| 李卉 | | 工资 | 20200101 | 20201231 | | | 0.00 | 0 | 0.00 | 0.00 | 0.00 |
| 叶敏 | | 工资 | 20200101 | 20201231 | | | 0.00 | 0 | 0.00 | 0.00 | 0.00 |
| 王智 | | 工资 | 20200101 | 20201231 | | | 0.00 | 0 | 0.00 | 0.00 | 0.00 |
| 张立 | | 工资 | 20200101 | 20201231 | | | 0.00 | 0 | 0.00 | 0.00 | 0.00 |
| 杨慧 | | 工资 | 20200101 | 20201231 | | | 0.00 | 0 | 0.00 | 0.00 | 0.00 |
| 秦昊 | | 工资 | 20200101 | 20201231 | | | 0.00 | 0 | 0.00 | 0.00 | 0.00 |
| 何家鸿 | | 工资 | 20200101 | 20201231 | | | 0.00 | 0 | 0.00 | 0.00 | 0.00 |
| 许志军 | | 工资 | 20200101 | 20201231 | | | 0.00 | 0 | 0.00 | 0.00 | 0.00 |
| 郑彦 | | 工资 | 20200101 | 20201231 | | | 0.00 | 0 | 0.00 | 0.00 | 0.00 |
| 沈伟 | | 工资 | 20200101 | 20201231 | | | 0.00 | 0 | 0.00 | 0.00 | 0.00 |
| 吕宏 | | 工资 | 20200101 | 20201231 | | | 0.00 | 0 | 0.00 | 0.00 | 0.00 |
| 李红 | | 工资 | 20200101 | 20201231 | | | 0.00 | 0 | 0.00 | 0.00 | 0.00 |
| 合计 | | | | | | | 551.60 | | 0.00 | 16.55 | 16.55 |

图 9-42 【系统扣缴个人所得税年度申报表】窗口

## 【岗位说明】

【W02 黄小明】查询银行代发表。

## 【操作指导】

（1）2020 年 1 月 31 日，【W02 黄小明】在企业应用平台中执行【业务工作】|【人力资源】|【薪资管理】|【业务处理】|【银行代发】命令，打开【请选择部门范围】窗口。

（2）选择所有部门，单击【确定】按钮，打开【银行文件格式设置】窗口，选择银行模板【中国工商银行】，如图 9-43 所示。

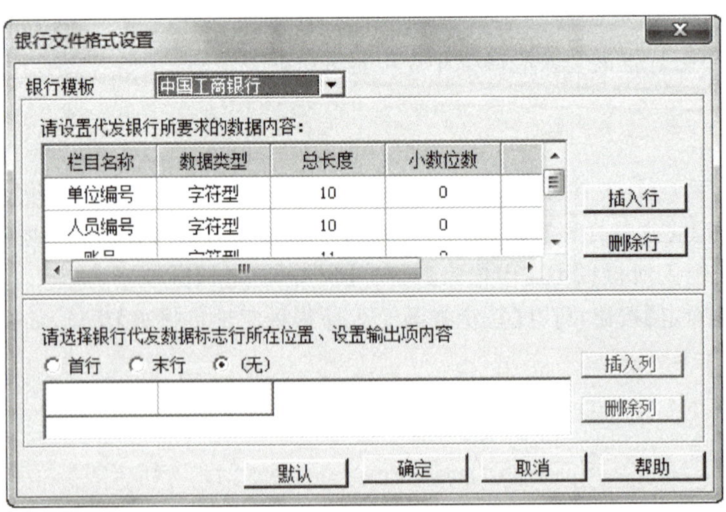



图 9-43 【银行文件格式设置】窗口

9

(3) 单击【确定】按钮，系统提示【确认设置的银行文件格式?】。

(4) 单击【是】按钮，打开【银行代发一览表】窗口，如图 9-44 所示。

简易桌面 | 银行代发

**银行代发一览表**

名称：中国工商银行　　　　人数：15

| 单位编号 | 人员编号 | 账号 | 金额 | 录入日期 |
|---|---|---|---|---|
| 1234934325 | 101 | 09007089801 | 6535.05 | 20200131 |
| 1234934325 | 201 | 09007089802 | 5493.00 | 20200131 |
| 1234934325 | 202 | 09007089803 | 4588.95 | 20200131 |
| 1234934325 | 203 | 09007089804 | 4195.00 | 20200131 |
| 1234934325 | 301 | 09007089805 | 4994.00 | 20200131 |
| 1234934325 | 302 | 09007089806 | 4674.80 | 20200131 |
| 1234934325 | 401 | 09007089807 | 5453.60 | 20200131 |
| 1234934325 | 402 | 09007089808 | 4695.00 | 20200131 |
| 1234934325 | 501 | 09007089809 | 4723.29 | 20200131 |
| 1234934325 | 502 | 09007089810 | 4454.60 | 20200131 |
| 1234934325 | 503 | 09007089811 | 4454.60 | 20200131 |
| 1234934325 | 504 | 09007089812 | 4354.60 | 20200131 |
| 1234934325 | 505 | 09007089813 | 4054.60 | 20200131 |
| 1234934325 | 506 | 09007089814 | 4054.60 | 20200131 |
| 1234934325 | 601 | 09007089815 | 4634.40 | 20200131 |
| 合计 | | | 71,360.09 | |

图 9-44 【银行代发一览表】窗口

**温馨提示**

银行文件格式可以进行设置，并且可以分别以 TXT、DAT 及 DBF 文件格式输出。

## 业务四 查询工资发放条

查询工资发放条

**【业务描述】**

2020 年 1 月 31 日，查询本月工资发放条。

**【岗位说明】**

【W02 黄小明】查询本月工资发放条。

**【操作指导】**

1. 查询工资发放条

(1) 2020 年 1 月 31 日，【W02 黄小明】在企业应用平台中执行【业务工作】|【人力资源】|【薪资管理】|【统计分析】|【账表】|【工资表】命令，打开【工资表】对话框。

9

(2) 选中【工资发放条】,如图 9－45 所示。

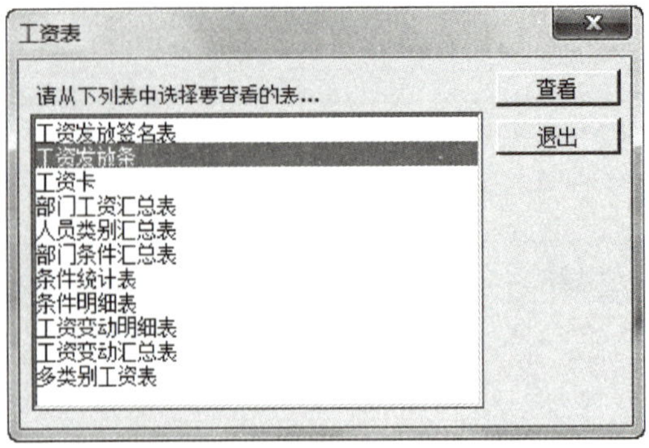


图 9－45 【工资表】对话框

(3) 单击【查看】按钮,打开【工资发放条】窗口。

(4) 选中所有部门,并勾选【选定下级部门】前的复选框。

(5) 单击【确定】按钮,打开【工资发放条】窗口,如图 9－46 所示。

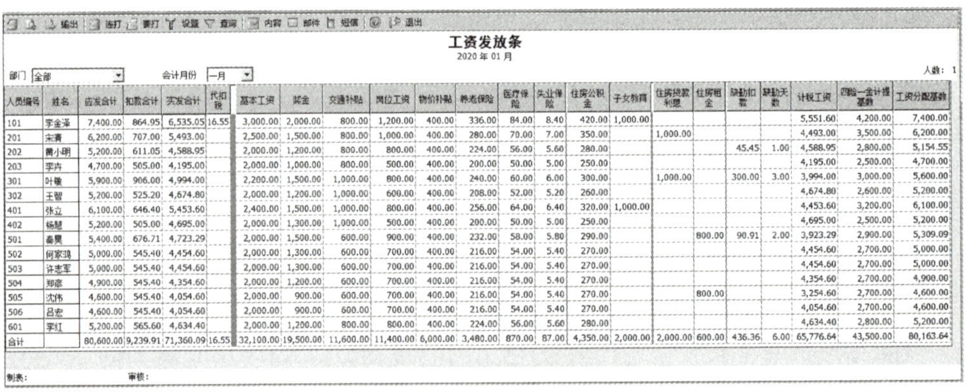

工资发放条

2020 年 01 月

部门 全部　　会计月份 一月　　人数: 1

| 人员编号 | 姓名 | 应发合计 | 扣款合计 | 实发合计 | 代扣税 | 基本工资 | 奖金 | 交通补贴 | 岗位工资 | 物价补贴 | 养老保险 | 医疗保险 | 失业保险 | 住房公积金 | 子女教育 | 住房贷款利息 | 住房租金 | 缺勤扣款 | 缺勤天数 | 计税工资 | 四险一金计提基数 | 工资分配基数 |
|---|---|---|---|---|---|---|---|---|---|---|---|---|---|---|---|---|---|---|---|---|---|---|
| 101 | 李金泽 | 7,400.00 | 864.95 | 6,535.05 | 16.55 | 3,000.00 | 2,000.00 | 800.00 | 1,200.00 | 400.00 | 336.00 | 84.00 | 8.40 | 420.00 | 1,000.00 | | | | | 5,551.60 | 4,200.00 | 7,400.00 |
| 201 | 宋清 | 6,200.00 | 707.00 | 5,493.00 | | 2,500.00 | 1,500.00 | 800.00 | 1,000.00 | 400.00 | 280.00 | 70.00 | 7.00 | 350.00 | | 1,000.00 | | | | 4,493.00 | 3,500.00 | 6,200.00 |
| 202 | 黄小明 | 5,200.00 | 611.05 | 4,588.95 | | 2,000.00 | 1,200.00 | 800.00 | 800.00 | 400.00 | 224.00 | 56.00 | 5.60 | 280.00 | | | | 45.45 | 1.00 | 4,588.95 | 2,800.00 | 5,154.55 |
| 203 | 李卉 | 4,700.00 | 505.00 | 4,195.00 | | 2,000.00 | 1,000.00 | 800.00 | 500.00 | 400.00 | 200.00 | 50.00 | 5.00 | 250.00 | | | | | | 4,195.00 | 2,500.00 | 4,700.00 |
| 301 | 叶敏 | 5,900.00 | 906.00 | 4,994.00 | | 2,200.00 | 1,500.00 | 1,000.00 | 800.00 | 400.00 | 240.00 | 60.00 | 6.00 | 300.00 | | 1,000.00 | | 300.00 | 3.00 | 3,994.00 | 3,000.00 | 5,600.00 |
| 302 | 王智 | 5,200.00 | 525.20 | 4,674.80 | | 2,000.00 | 1,200.00 | 1,000.00 | 600.00 | 400.00 | 208.00 | 52.00 | 5.20 | 260.00 | | | | | | 4,674.80 | 2,600.00 | 5,200.00 |
| 401 | 张立 | 6,100.00 | 646.40 | 5,453.60 | | 2,400.00 | 1,500.00 | 1,000.00 | 800.00 | 400.00 | 256.00 | 64.00 | 6.40 | 320.00 | 1,000.00 | | | | | 4,453.60 | 3,200.00 | 6,100.00 |
| 402 | 杨慧 | 5,200.00 | 505.00 | 4,695.00 | | 2,000.00 | 1,300.00 | 1,000.00 | 500.00 | 400.00 | 200.00 | 50.00 | 5.00 | 250.00 | | | | | | 4,695.00 | 2,500.00 | 5,200.00 |
| 501 | 秦昊 | 5,400.00 | 676.71 | 4,723.29 | | 2,000.00 | 1,500.00 | 600.00 | 900.00 | 400.00 | 232.00 | 58.00 | 5.80 | 290.00 | | | 800.00 | 90.91 | 2.00 | 3,923.29 | 2,900.00 | 5,309.09 |
| 502 | 何家鸿 | 5,000.00 | 545.40 | 4,454.60 | | 2,000.00 | 1,300.00 | 600.00 | 700.00 | 400.00 | 216.00 | 54.00 | 5.40 | 270.00 | | | | | | 4,454.60 | 2,700.00 | 5,000.00 |
| 503 | 许志军 | 5,000.00 | 545.40 | 4,454.60 | | 2,000.00 | 1,300.00 | 600.00 | 700.00 | 400.00 | 216.00 | 54.00 | 5.40 | 270.00 | | | | | | 4,454.60 | 2,700.00 | 5,000.00 |
| 504 | 郑彦 | 4,900.00 | 545.40 | 4,354.60 | | 2,000.00 | 1,200.00 | 600.00 | 700.00 | 400.00 | 216.00 | 54.00 | 5.40 | 270.00 | | | | | | 4,354.60 | 2,700.00 | 4,900.00 |
| 505 | 沈伟 | 4,600.00 | 545.40 | 4,054.60 | | 2,000.00 | 900.00 | 600.00 | 700.00 | 400.00 | 216.00 | 54.00 | 5.40 | 270.00 | | | 800.00 | | | 3,254.60 | 2,700.00 | 4,600.00 |
| 506 | 吕宏 | 4,600.00 | 545.40 | 4,054.60 | | 2,000.00 | 900.00 | 600.00 | 700.00 | 400.00 | 216.00 | 54.00 | 5.40 | 270.00 | | | | | | 4,054.60 | 2,700.00 | 4,600.00 |
| 601 | 李红 | 5,200.00 | 565.60 | 4,634.40 | | 2,000.00 | 1,200.00 | 800.00 | 800.00 | 400.00 | 224.00 | 56.00 | 5.60 | 280.00 | | | | | | 4,634.40 | 2,800.00 | 5,200.00 |
| 合计 | | 80,600.00 | 9,239.91 | 71,360.09 | 16.55 | 32,100.00 | 19,500.00 | 11,600.00 | 11,400.00 | 6,000.00 | 3,480.00 | 870.00 | 87.00 | 4,350.00 | 2,000.00 | 2,000.00 | 600.00 | 436.36 | 6.00 | 65,776.64 | 43,500.00 | 80,163.64 |

制表:　　审核:

图 9－46 【工资发放条】窗口

2. 账套备份

将账套输出至【F:\616 账套备份\9－4】文件夹。

**温馨提示**

工资业务处理完成后,相关工资报表数据同时生成,系统提供了多种形式的报表反映工资核算的结果。如果对报表的格式不满意还可以进行修改。

系统提供的工资报表主要包括【工资发放签名表】【工资发放条】【部门工资汇总表】【人员类别汇总表】【部门条件汇总表】【条件统计表】【条件明细表】及【工资变动明细表】等,其查询方法参照业务三中的操作步骤即可。

工资发放条是发放工资时交给职工的工资项目清单。系统提供了自定义工资发放打印信息和工资项目打印位置格式的功能,提供固化表头和打印区域范围的【工资套打】格式。

9

# 项目十　期末业务处理

## 实训一　期末结转制造费用

### 【业务描述】

2020 年 1 月 31 日，结转本月发生的制造费用。制造费用根据产品工时分配，本月产品生产工时信息如表 10 - 1 所示。

期末结转制造费用

表 10 - 1　产品工时统计表

| 产品名称 | 耗用工时/小时 |
|---|---|
| 货　架 | 50 000 |
| 仓储笼 | 50 000 |
| 合　计 | 100 000 |

### 【岗位说明】

【W02 黄小明】结转制造费用。

### 【操作指导】

1. 结转制造费用

(1) 2020 年 1 月 31 日，【W02 黄小明】在企业应用平台中执行【业务工作】|【财务会计】|【总账】|【账表】|【科目表】|【余额表】命令，打开【发生额及余额查询条件】窗口，录入科目为【5101】，选择级次为【2】，勾选【包含未记账凭证】复选框，其他条件默认，如图 10 - 1 所示。

(2) 单击【确定】按钮，打开 5101 制造费用【发生额及余额表】窗口，如图 10 - 2 所示。

(3) 执行【凭证】|【填制凭证】命令，打开【填制凭证】窗口，单击【增加】按钮。

(4) 选择凭证类别为【记账凭证】，填制日期为【2020.01.31】，录入摘要为【结转制造费用】，分别录入会计科目、辅助项及相应金额。

(5) 单击【保存】按钮，如图 10 - 3 所示。

2. 账套备份

将账套输出至【F:\616 账套备份\10 - 1】文件夹。

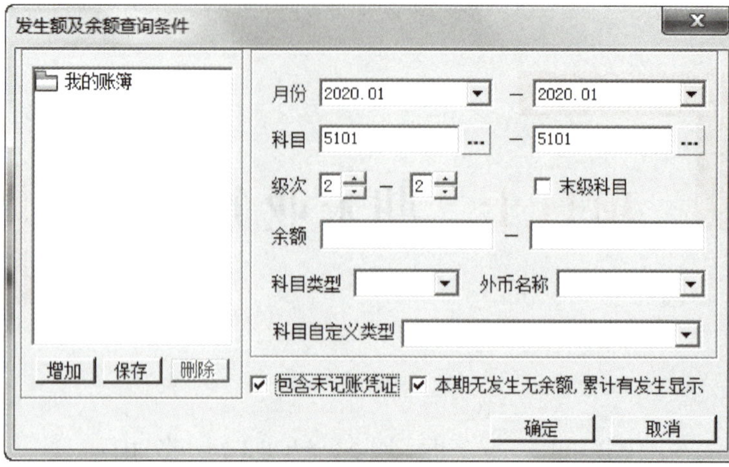


图 10－1 【发生额及余额查询条件】窗口

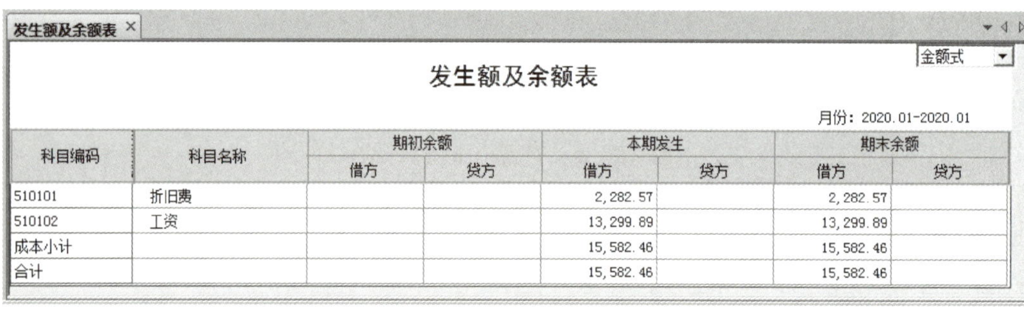

发生额及余额表

月份：2020.01-2020.01

| 科目编码 | 科目名称 | 期初余额 | | 本期发生 | | 期末余额 | |
|---|---|---|---|---|---|---|---|
| | | 借方 | 贷方 | 借方 | 贷方 | 借方 | 贷方 |
| 510101 | 折旧费 | | | 2,282.57 | | 2,282.57 | |
| 510102 | 工资 | | | 13,299.89 | | 13,299.89 | |
| 成本小计 | | | | 15,582.46 | | 15,582.46 | |
| 合计 | | | | 15,582.46 | | 15,582.46 | |

图 10－2 【发生额及余额表】窗口——制造费用

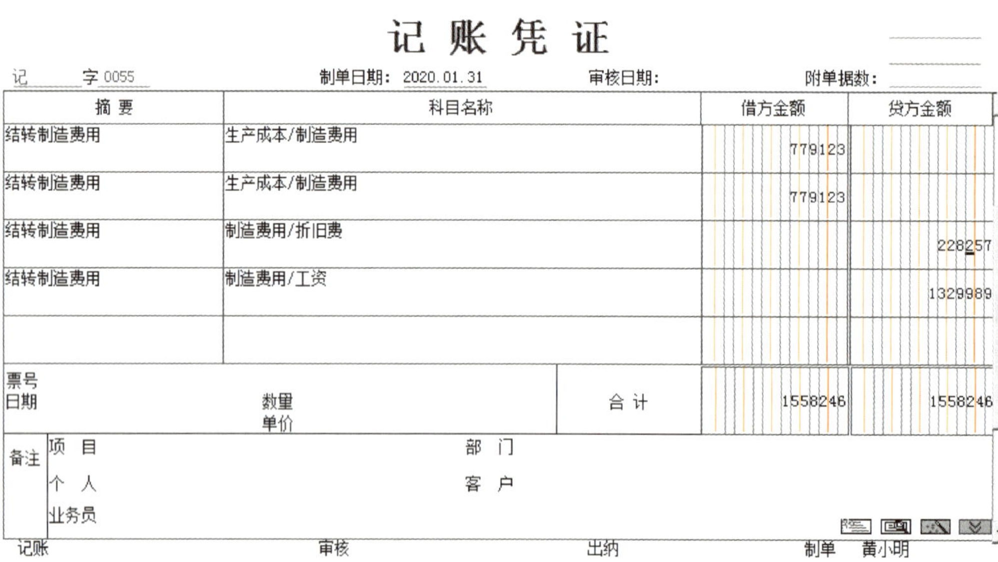

记 账 凭 证

记 字 0055　制单日期：2020.01.31　审核日期：　附单据数：

| 摘要 | 科目名称 | 借方金额 | 贷方金额 |
|---|---|---|---|
| 结转制造费用 | 生产成本/制造费用 | 779123 | |
| 结转制造费用 | 生产成本/制造费用 | 779123 | |
| 结转制造费用 | 制造费用/折旧费 | | 228257 |
| 结转制造费用 | 制造费用/工资 | | 1329989 |
| | | | |
| 票号 日期 数量 单价 | 合计 | 1558246 | 1558246 |

备注 项目　部门
个人　客户
业务员

记账　审核　出纳　制单 黄小明

图 10－3 【记账凭证】页面

**温馨提示**

如果月末制造费用在不同产品中的分配比例固定不变，可以通过总账系统的【自定义转账】或者【对应结账】功能完成。

# 实训二 产成品入库

## 业务一 产品完工入库

**【业务描述】**

2020 年 1 月 31 日，本月完工产品入库，相关信息如表 10－2 所示。

产品完工入库

**表 10－2 2020 年 1 月完工产品数量统计**

| 产品名称 | 单位 | 月初在产品数量 | 本月投产数量 | 本月完工产品数量 | 月末在产品 |
|---|---|---|---|---|---|
| 货 架 | 个 | 0 | 420 | 420 | 0 |
| 仓储笼 | 个 | 0 | 100 | 0 | 100 |

**【岗位说明】**

【C01 李红】填制并审核产品入库单。

**【赛题链接】**

30 日，结转本月入库产成品成本（产品成本计算单、产品交库汇总单略）。

**【操作指导】**

（1）2020 年 1 月 31 日，【C01 李红】在企业应用平台中执行【业务工作】|【供应链】|【库存管理】|【入库业务】|【产成品入库单】命令，打开【产成品入库】窗口。

（2）单击【增加】按钮，在表头中，修改仓库为【产成品库】，部门为【一车间】，入库类别为【产成品入库】；在表体中，选择产品编码为【007 货架】，录入数量为【420】，其他信息默认。

（3）单击【保存】按钮，如图 10－4 所示。

（4）单击【审核】按钮，完成入库单审核。

## 业务二 计算完工产品成本

计算完工产品成本

**【业务描述】**

2020 年 1 月 31 日，计算完工产品成本并生成凭证。

10

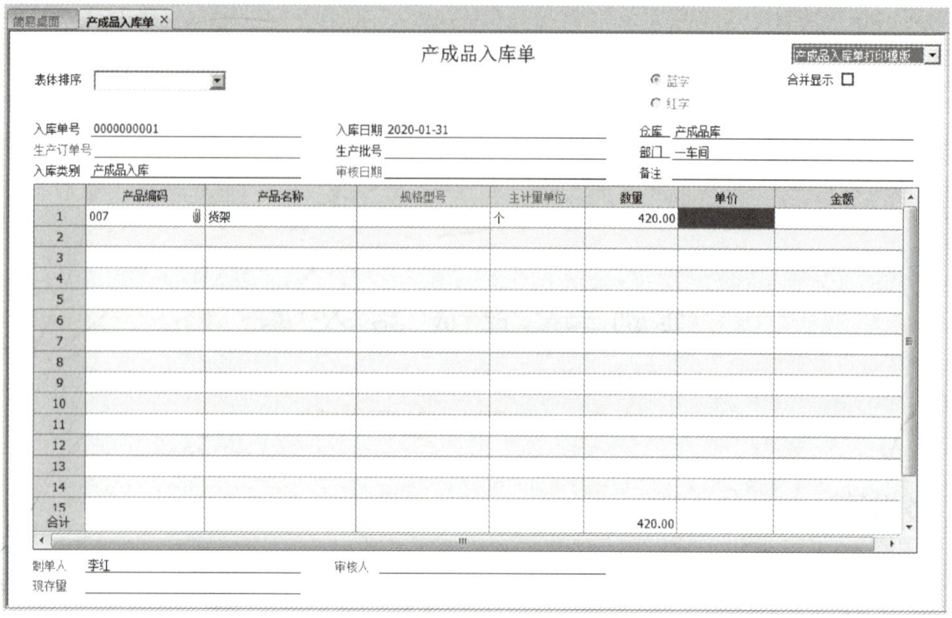


图 10-4 【产成品入库单】窗口

## 【岗位说明】

【W02 黄小明】计算完工产品成本并生成凭证。

## 【操作指导】

1. 查询"货架"项目总账

(1) 2020 年 1 月 31 日,【W02 黄小明】在企业应用平台中执行【业务工作】|【财务会计】|【总账】|【账表】|【项目辅助账】|【项目总账】|【项目总账】命令,打开【项目总账条件】窗口。

(2) 修改项目大类为【生产成本核算】,项目为【货架】,勾选【包含未记账凭证】复选框。

(3) 单击【确定】按钮,打开【项目总账】窗口,如图 10-5 所示。

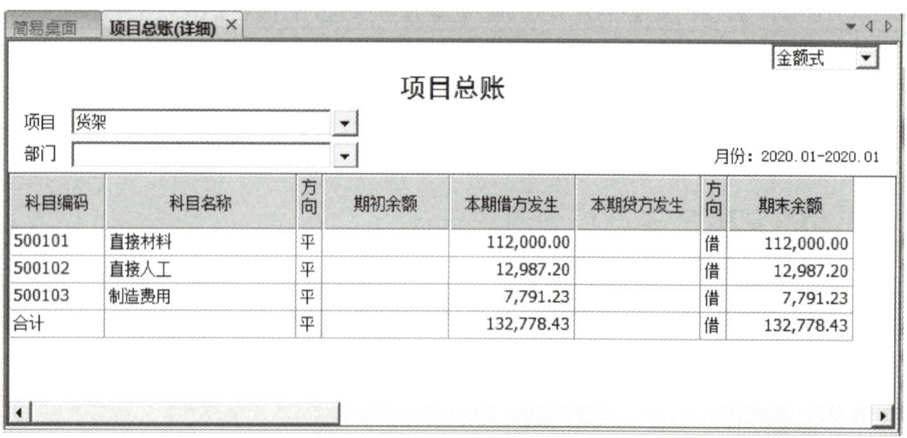


图 10-5 【项目总账】窗口

2. 录入“货架”完工产品成本

(1) 2020 年 1 月 31 日,【W02 黄小明】在企业应用平台中执行【业务工作】|【供应链】|【存货核算】|【业务核算】|【产成品成本分配】命令,打开【产成品成本分配】窗口。

(2) 单击【查询】按钮,打开【产成品成本分配表查询】窗口,选中【产成品库】,其他信息默认,如图 10-6 所示。

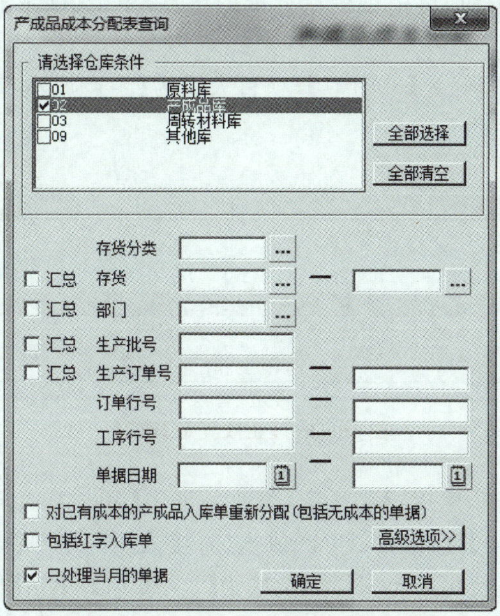


图 10-6 【产成品成本分配表查询】窗口

(3) 单击【确定】按钮,返回【产成品成本分配】窗口。

(4) 录入 007 货架金额为【132 778.43】,如图 10-7 所示。

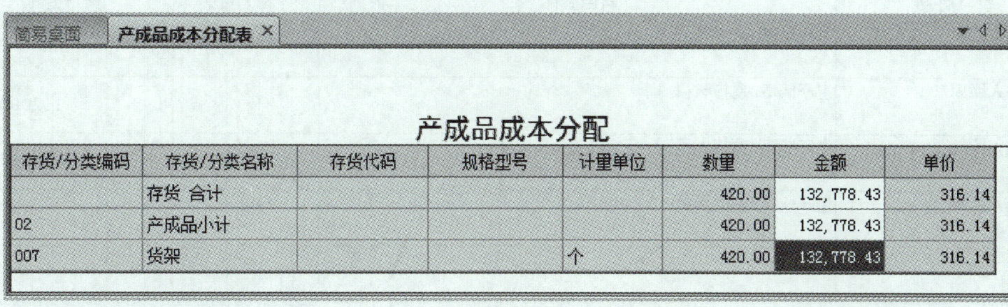


产成品成本分配

| 存货/分类编码 | 存货/分类名称 | 存货代码 | 规格型号 | 计量单位 | 数量 | 金额 | 单价 |
|---|---|---|---|---|---|---|---|
| | 存货 合计 | | | | 420.00 | 132,778.43 | 316.14 |
| 02 | 产成品小计 | | | | 420.00 | 132,778.43 | 316.14 |
| 007 | 货架 | | | 个 | 420.00 | 132,778.43 | 316.14 |

图 10-7 【产成品成本分配】窗口

(5) 单击【分配】按钮,弹出【存货核算】提示框,提示【分配操作顺利完成!】,如图 10-8 所示,单击【确定】按钮。

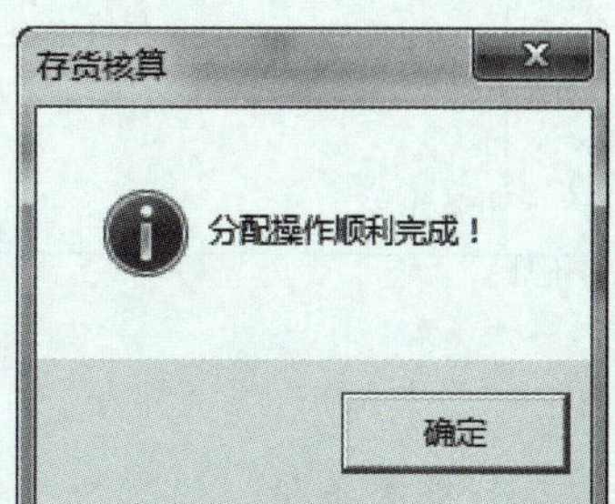


图 10-8 【存货核算】提示框

3. 产品成本核算

(1) 2020 年 1 月 31 日,【W02 黄小明】在企业应用平台中执行【业务工作】|【供应链】|【存货核算】|【业务核算】|【正常单据记账】命令,打开【查询条件选择】窗口。

(2) 单击【确定】按钮,打开【正常单据记账列表】窗口。

(3) 单击【全选】按钮，选中【007 货架】产品入库列表。

(4) 单击【记账】按钮，系统提示【记账成功!】。

(5) 单击【确定】按钮，单击【退出】按钮。

(6) 执行【财务核算】|【生成凭证】命令，打开【生成凭证】窗口。

(7) 单击【选择】按钮，打开【查询条件】窗口，勾选【产成品入库单】复选框，单击【确定】按钮或单击【全选】按钮，选中待生成凭证的信息，单击【确定】按钮，返回【生成凭证】窗口。

(8) 录入对方科目编码为【500101】，项目大类为【生产成本核算】，项目编码为【1 货架】，如图 10－9 所示。

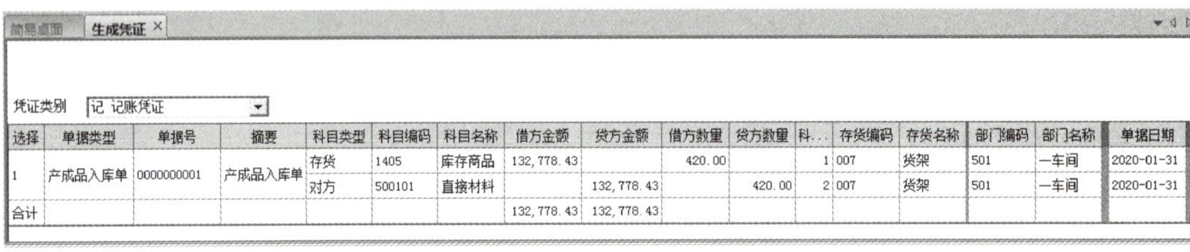


图 10－9 【生成凭证】窗口

(9) 单击【生成】按钮，生成记账凭证，修改凭证中【500101 生产成本(直接材料)——货架】金额为【112 000.00】;【500102 生产成本(直接人工)——货架】金额为【12 987.20】;【500103 生产成本(制造费用)——货架】金额为【7 791.23】，单击【保存】按钮，如图 10－10 所示。

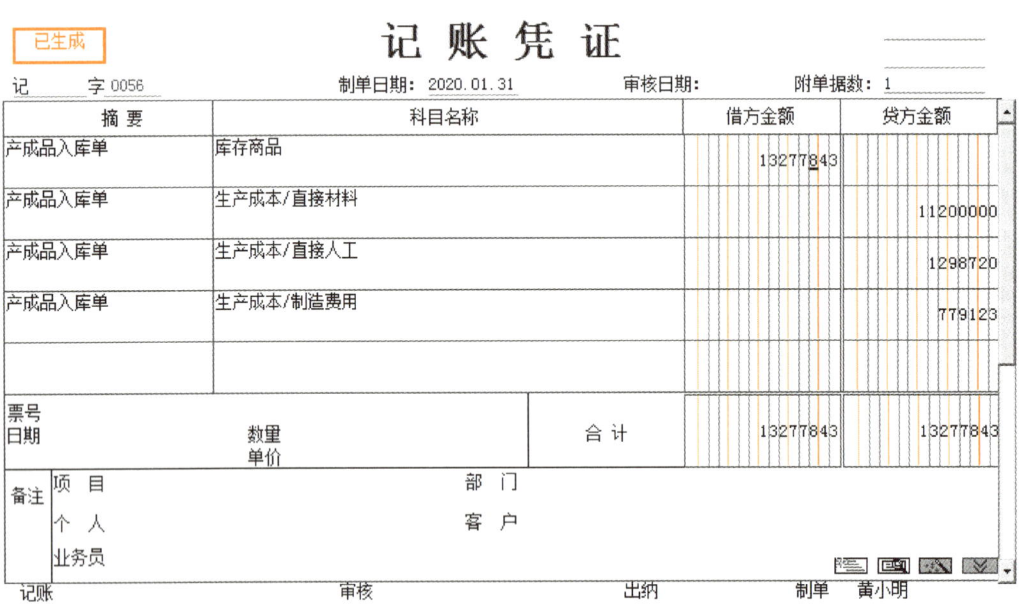


图 10－10 【记账凭证】页面

3. 账套备份

将账套输出至【F:\616 账套备份\10－2】文件夹。

10

# 实训三 结转销售成本

结转销售成本

## 【业务描述】

2020 年 1 月 31 日，结转已销售产品成本。

## 【岗位说明】

【W02 黄小明】结转已销售产品成本。

## 【操作指导】

1. 存货期末处理

（1）2020 年 1 月 31 日，【W02 黄小明】在企业应用平台中执行【业务工作】|【供应链】|【存货核算】|【业务核算】|【期末处理】命令，打开【期末处理——1 月】窗口，选中【产成品库】。

（2）单击【处理】，打开【仓库平均单价计算表】窗口，如图 10－11 所示。

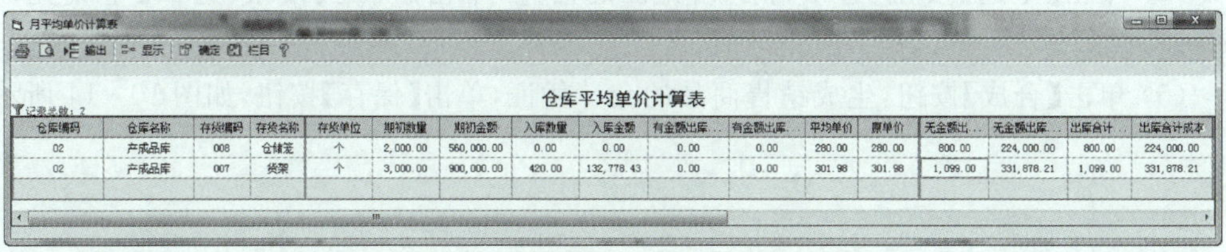


图 10－11 【仓库平均单价计算表】窗口

（3）单击【确定】按钮，返回【期末处理——1 月】窗口，提示【产成品库】期末处理完毕，如图 10－12 所示。

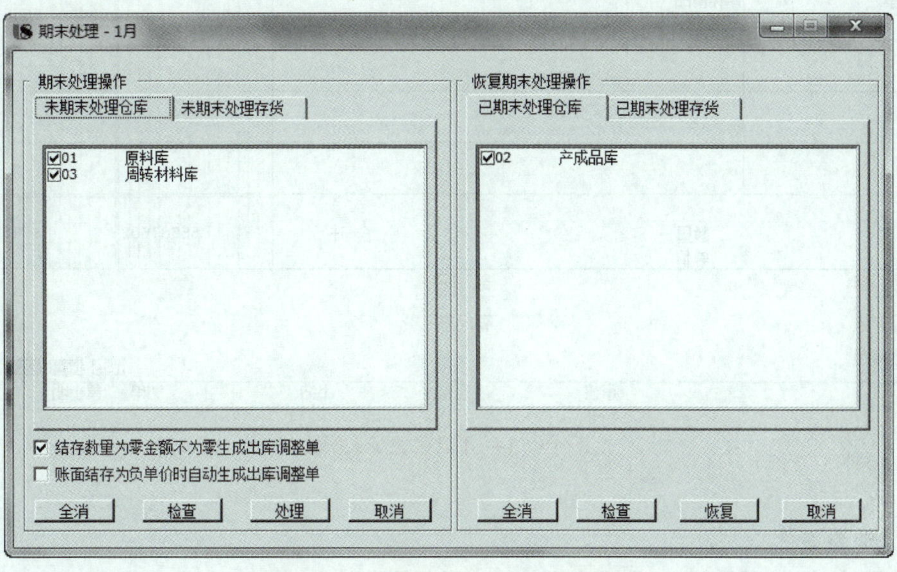


图 10－12 【期末处理——1 月】窗口

(4) 单击【取消】按钮,退出【期末处理——1 月】窗口。

2. 结转销售商品成本

(1) 2020 年 1 月 31 日,【W02 黄小明】在企业应用平台中执行【业务工作】|【供应链】|【存货核算】|【财务核算】|【生成凭证】命令,打开【生成凭证】窗口。

(2)单击【选择】按钮,打开【查询条件】窗口。

(3) 勾选【销售专用发票】复选框,单击【确定】按钮,打开【未生成凭证单据一览表】窗口,如图 10-13 所示。

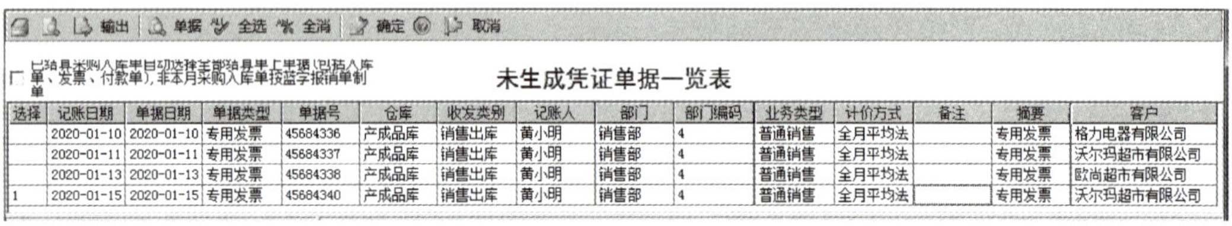


| 选择 | 记账日期 | 单据日期 | 单据类型 | 单据号 | 仓库 | 收发类别 | 记账人 | 部门 | 部门编码 | 业务类型 | 计价方式 | 备注 | 摘要 | 客户 |
|---|---|---|---|---|---|---|---|---|---|---|---|---|---|---|
| | 2020-01-10 | 2020-01-10 | 专用发票 | 45684336 | 产成品库 | 销售出库 | 黄小明 | 销售部 | 4 | 普通销售 | 全月平均法 | | 专用发票 | 格力电器有限公司 |
| | 2020-01-11 | 2020-01-11 | 专用发票 | 45684337 | 产成品库 | 销售出库 | 黄小明 | 销售部 | 4 | 普通销售 | 全月平均法 | | 专用发票 | 沃尔玛超市有限公司 |
| | 2020-01-13 | 2020-01-13 | 专用发票 | 45684338 | 产成品库 | 销售出库 | 黄小明 | 销售部 | 4 | 普通销售 | 全月平均法 | | 专用发票 | 欧尚超市有限公司 |
| 1 | 2020-01-15 | 2020-01-15 | 专用发票 | 45684340 | 产成品库 | 销售出库 | 黄小明 | 销售部 | 4 | 普通销售 | 全月平均法 | | 专用发票 | 沃尔玛超市有限公司 |

图 10-13 【未生成凭证单据一览表】窗口

(4) 单击【全选】按钮,选中待生成凭证的信息,单击【确定】按钮,返回【生成凭证】窗口。

(5) 单击【合成】按钮,生成销售商品的会计凭证,单击【保存】按钮,如图 10-14 所示。

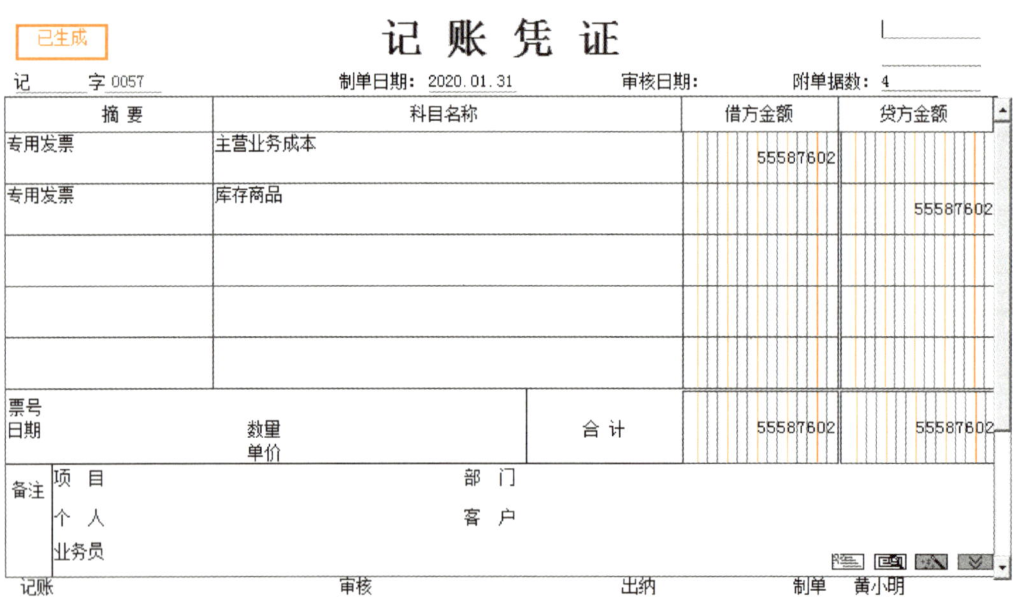


图 10-14 【记账凭证】页面

3. 账套备份

将账套输出至【F:\616 账套备份\10-3】文件夹。

# 实训四 期末自定义转账凭证设置与生成

## 业务一 设置并结转税费会计凭证

设置并结转税费会计凭证

**【业务描述】**

2020 年 1 月 31 日，自定义结转未交增值税、计提城建税、教育费附加、地方教育费附加及企业所得税的转账凭证并生成相应会计凭证，相关信息如表 10－3～表 10－7 所示。

**表 10－3 结转未交增值税(转账序号：0001)**

| 摘 要 | 方向 | 会计科目编码 | 金 额 公 式 |
|---|---|---|---|
| 结转未交增值税 | 借 | 22210104 | 取 222101 的期末余额 |
| | 贷 | 222102 | JG() |

**表 10－4 计提城建税(转账序号：0002)**

| 摘 要 | 方向 | 会计科目编码 | 金 额 公 式 |
|---|---|---|---|
| 计提城建税 | 借 | 6403 | 222102 的贷方发生额 * 0.07 |
| | 贷 | 222103 | JG() |

**表 10－5 计提教育费附加(转账序号：0003)**

| 摘 要 | 方向 | 会计科目编码 | 金 额 公 式 |
|---|---|---|---|
| 计提教育费附加 | 借 | 6403 | 222102 的贷方发生额 * 0.03 |
| | 贷 | 222104 | JG() |

**表 10－6 计提地方教育费附加(转账序号：0004)**

| 摘 要 | 方向 | 会计科目编码 | 金 额 公 式 |
|---|---|---|---|
| 计提地方教育费附加 | 借 | 6403 | 222102 的贷方发生额 * 0.02 |
| | 贷 | 222105 | JG() |

表 10-7 计提企业所得税费用(转账序号:0005)

| 摘 要 | 方向 | 会计科目编码 | 金 额 公 式 |
|---|---|---|---|
| 计提企业所得税费用 | 借 | 6801 | (4103 贷方发生额-4103 借方发生额)*0.25 |
| | 贷 | 222107 | JG() |

## 【岗位说明】

【W02 黄小明】设置自定义转账凭证,在出纳签字、凭证审核后完成凭证记账;【W03 李卉】完成凭证出纳签字,【W01 宋清】审核凭证。

## 【赛题链接】

30 日,结转本月未交增值税;计算城市建设维护税、教育费附加和地方教育费附加(使用系统自定义转账处理)。

30 日,计算本月应交增值税并结转本月未交增值税;计算城市维护建设税、教育费附加及地方教育费附加。

## 【操作指导】

1. 自定义结转税费转账凭证

(1) 2020 年 1 月 31 日,【W02 黄小明】在企业应用平台中执行【业务工作】|【财务会计】|【总账】|【期末】|【转账定义】|【自定义转账】命令,打开【自定义转账】窗口。

(2) 单击【增加】按钮,打开【转账目录】窗口,录入转账序号为【0001】,转账说明为【结转未交增值税】,选择凭证类别为【记账凭证】。

(3) 单击【确定】按钮,返回【自定义转账设置】窗口。

(4) 单击【增行】按钮,在第一条分录的科目编码栏录入【22210104】;在借贷栏方向选择【借】;在金额公式栏,单击参照按钮,打开【公式向导】窗口,选择【期末余额 QM()】,如图 10-15 所示。

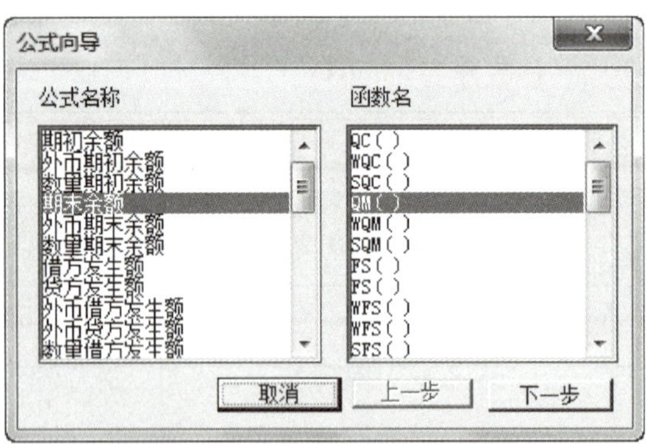


图 10-15 【公式向导】窗口

(5) 单击【下一步】按钮,打开【公式向导】窗口,修改科目为【222101】,其他条件默认,如图 10-16 所示。

(6) 单击【完成】按钮,返回【自定义转账设置】窗口。

(7) 继续单击【增行】按钮,在第二条分录的科目编码栏录入【222102】;在借贷方向栏选择【贷】;在金额公式栏直接录入【JG()】,单击【保存】按钮,如图 10-17 所示。

(8) 以此方法,依次增加计提城建税、教育费附加、地方教育费附加及企业所得税的转账凭证。操作结果如图 10-18~图 10-21 所示。

10

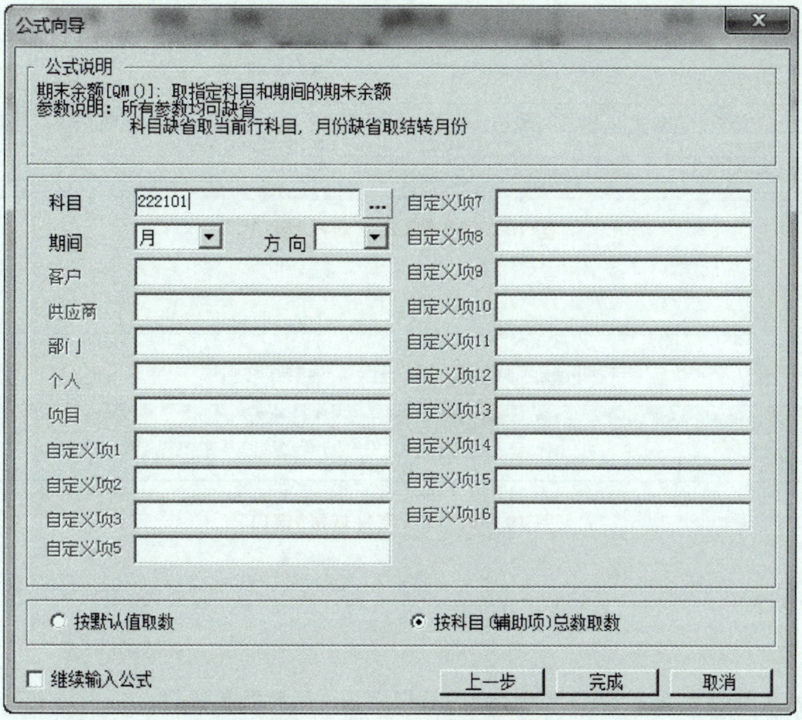


图 10－16 【公式向导】窗口

转账序号 0001　　转账说明 结转未交增值税　　凭证类别 记账凭证

| 摘要 | 科目编码 | 部门 | 个人 | 客户 | 供应商 | 项目 | 方向 | 金额公式 | 外币公式 | 数量公式 |
|---|---|---|---|---|---|---|---|---|---|---|
| 结转未交增值税 | 22210104 | | | | | | 借 | QM(222101,月) | | |
| 结转未交增值税 | 222102 | | | | | | 贷 | JG() | | |

图 10－17 【自定义转账】窗口

转账序号 0002　　转账说明 计提城建税　　凭证类别 记账凭证

| 摘要 | 科目编码 | 部门 | 个人 | 客户 | 供应商 | 项目 | 方向 | 金额公式 | 外币公式 | 数量公式 |
|---|---|---|---|---|---|---|---|---|---|---|
| 计提城建税 | 6403 | | | | | | 借 | FS(222102,月,贷)*0.07 | | |
| 计提城建税 | 222103 | | | | | | 贷 | JG() | | |

图 10－18 【自定义转账】窗口

转账序号 0003　　转账说明 计提教育费附加　　凭证类别 记账凭证

| 摘要 | 科目编码 | 部门 | 个人 | 客户 | 供应商 | 项目 | 方向 | 金额公式 | 外币公式 | 数量公式 |
|---|---|---|---|---|---|---|---|---|---|---|
| 计提教育费附加 | 6403 | | | | | | 借 | FS(222102,月,贷)*0.03 | | |
| 计提教育费附加 | 222104 | | | | | | 贷 | JG() | | |

图 10－19 【自定义转账】窗口

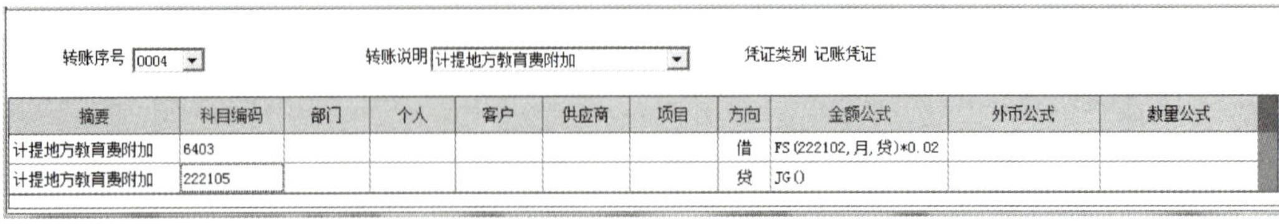


图 10 - 20 【自定义转账】窗口

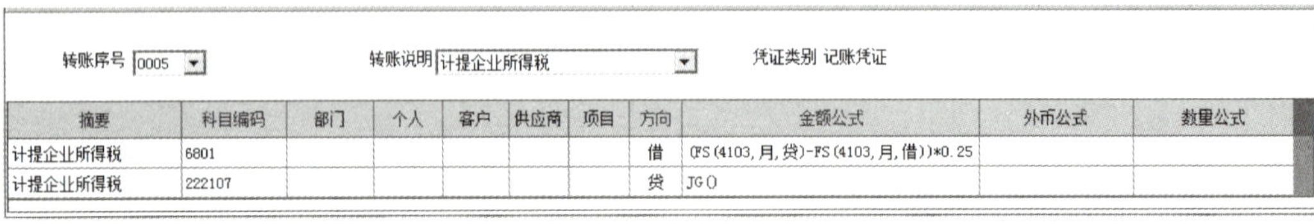


图 10 - 21 【自定义转账】窗口

**温馨提示**

- 转账科目可以为非末级、部门可以为空,表示所有部门。
- 城建税、教育费附加及地方教育费附加的计提基数为本期发生的增值税和消费税之和;本例中因本企业本月没有发生相关的消费税,因此,仅以增值税为计提基数。
- 计提城建税、教育费附加和地方教育费附加时,如果"应交税费——未交增值税"的期初余额为零,借方公式也可以以"应交税费——未交增值税"的期末余额为基数。
- 自定义转账功能可以完成对各种费用的分配、分摊、计提及税金的计算等,可以自定义期间损益记账凭证,系统也单独提供了结转期间损益的功能,用户可根据实际情况决定采用哪一种。如果用户使用了应收、应付系统,那么,在总账系统中,不能按客户、供应商辅助项进行结转,只能按科目总数进行结转。

2. 生成结转税费会计凭证

(1) 在总账管理系统中,【W03 李卉】完成凭证出纳签字。

(2) 在总账管理系统中,【W01 宋清】对尚未审核的凭证完成审核。

(3) 在总账管理系统中,【W02 黄小明】完成凭证记账。

(4) 2020 年 1 月 31 日,【W02 黄小明】在企业应用平台中执行【业务工作】|【财务会计】|【总账】|【期末】|【转账生成】命令,打开【转账生成】窗口,选择【自定义转账】单选框,在结转未交增值税栏对应的是否结转栏双击出现【Y】标记,如图 10 - 22 所示。

(5) 单击【确定】按钮,生成凭证,单击【保存】按钮,如图 10 - 23 所示。

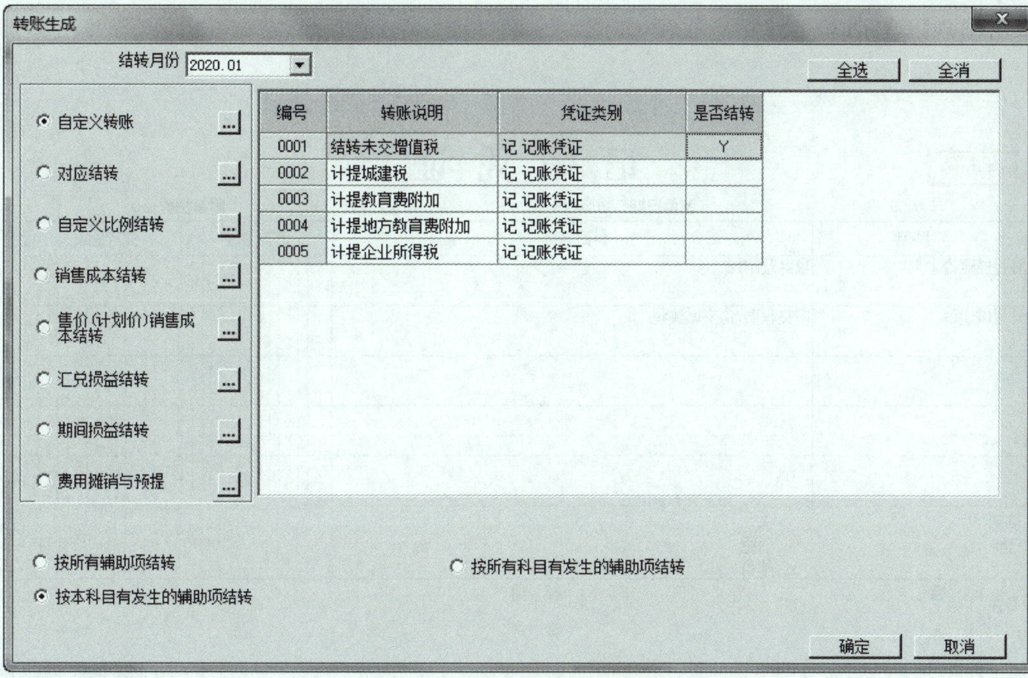


图 10－22　【转账生成】窗口

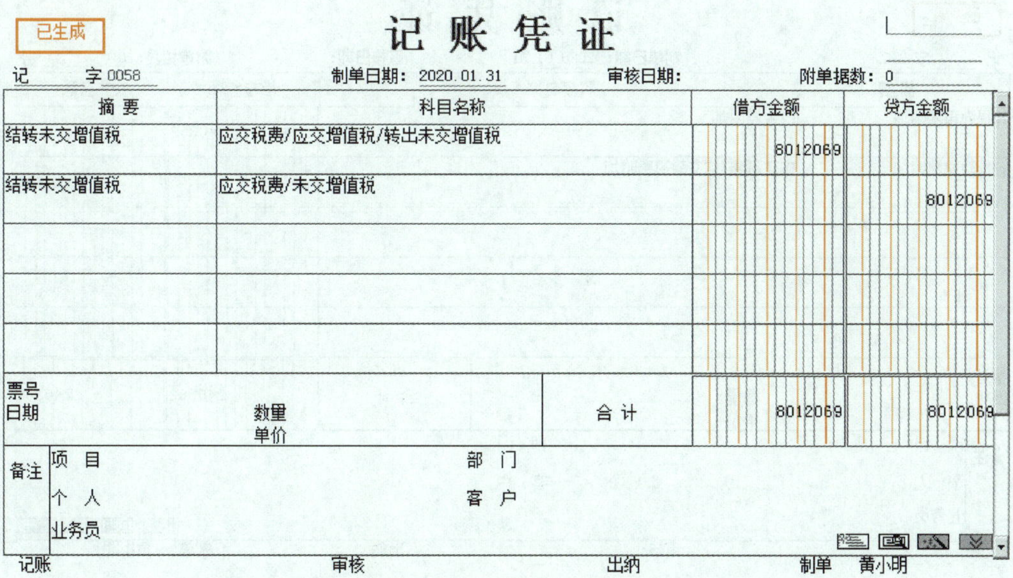


图 10－23　【记账凭证】页面 1

(6)【W01 宋清】对尚未审核的凭证完成审核,【W02 黄小明】完成凭证记账。

(7)【W02 黄小明】执行【转账生成】命令,打开【转账生成】窗口,选择【自定义转账】单选框,在【计提城建税】【计提教育费附加】【计提地方教育费附加】栏对应的【是否结转】栏双击出现【Y】标记,生成相应凭证,如图 10-24～图 10-26 所示。

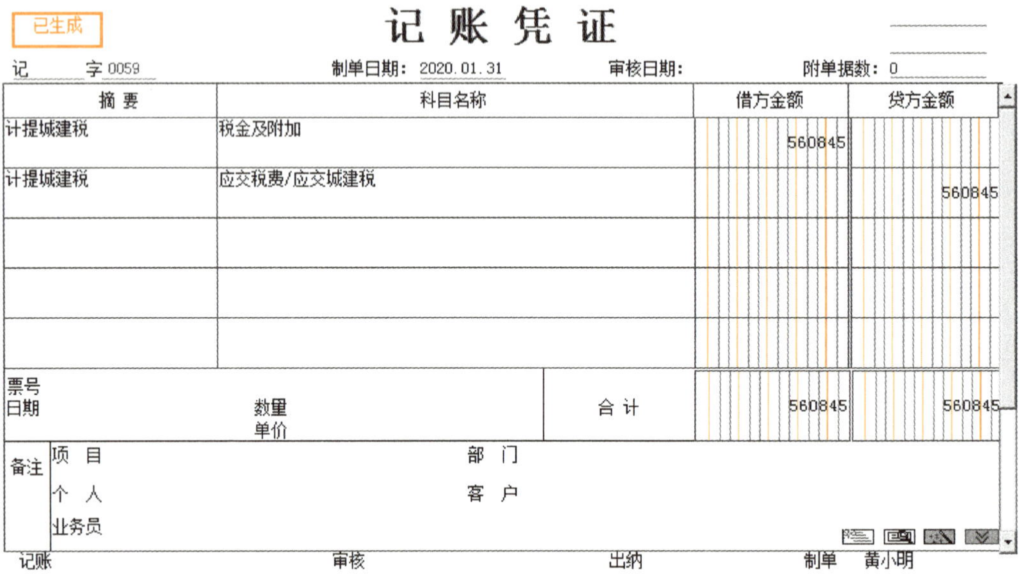

已生成

记账凭证

记 字 0059　制单日期: 2020.01.31　审核日期:　附单据数: 0

| 摘要 | 科目名称 | 借方金额 | 贷方金额 |
|---|---|---|---|
| 计提城建税 | 税金及附加 | 560845 | |
| 计提城建税 | 应交税费/应交城建税 | | 560845 |
| | | | |
| | | | |
| | | | |
| 票号 日期 | 数量 单价 合计 | 560845 | 560845 |

备注　项 目　部 门　个 人　客 户　业务员

记账　审核　出纳　制单 黄小明

图 10-24 【记账凭证】页面 2

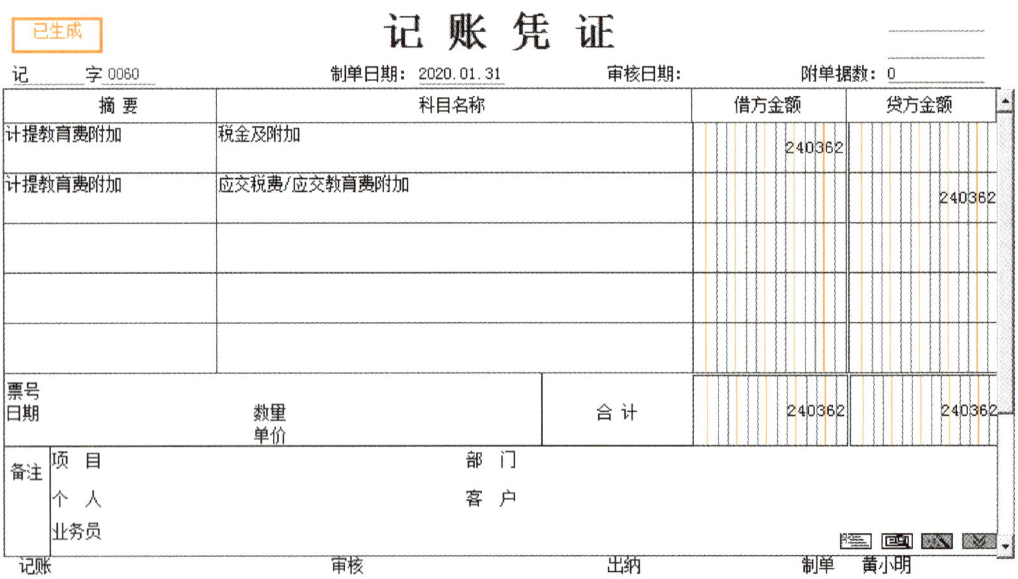

已生成

记账凭证

记 字 0060　制单日期: 2020.01.31　审核日期:　附单据数: 0

| 摘要 | 科目名称 | 借方金额 | 贷方金额 |
|---|---|---|---|
| 计提教育费附加 | 税金及附加 | 240362 | |
| 计提教育费附加 | 应交税费/应交教育费附加 | | 240362 |
| | | | |
| | | | |
| | | | |
| 票号 日期 | 数量 单价 合计 | 240362 | 240362 |

备注　项 目　部 门　个 人　客 户　业务员

记账　审核　出纳　制单 黄小明

图 10-25 【记账凭证】页面 3



(8)【W01 宋清】对尚未审核的凭证完成审核,【W02 黄小明】完成凭证记账。

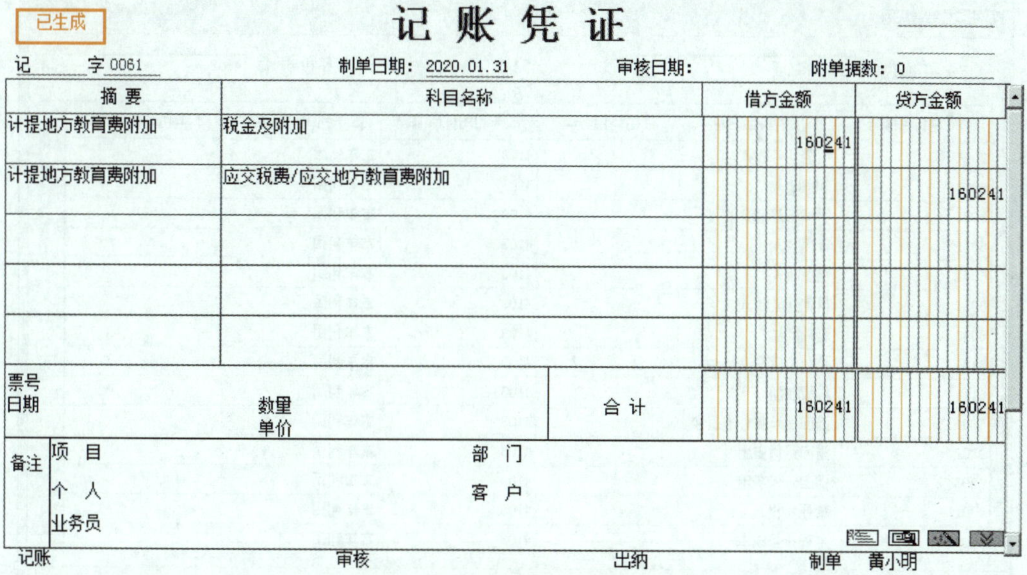

已生成

记账凭证

记　字 0061　　制单日期：2020.01.31　　审核日期：　　附单据数：0

| 摘要 | 科目名称 | 借方金额 | 贷方金额 |
|---|---|---|---|
| 计提地方教育费附加 | 税金及附加 | 160241 | |
| 计提地方教育费附加 | 应交税费/应交地方教育费附加 | | 160241 |
| | | | |
| | | | |
| | | | |
| 票号 日期 | 数量 单价 合计 | 160241 | 160241 |

备注　项　目　　部　门

个　人　　客　户

业务员

记账　　审核　　出纳　　制单　黄小明

图 10-26　【记账凭证】页面 4

## 业务二　设置并结转期间损益

设置并结转期间损益

### 【业务描述】

2020 年 1 月 31 日，设置并生成结转期间损益的会计凭证，并审核记账。

### 【岗位说明】

【W02 黄小明】设置并结转期间损益，并在凭证审核后完成凭证记账；【W01 宋清】审核凭证。

### 【赛题链接】

30 日，进行期末损益类账户结转。

30 日，进行期末损益类账户结转(使用系统自定义转账功能处理)。

### 【操作指导】

1. 设置结转期间损益转账凭证

(1) 2020 年 1 月 31 日，【W02 黄小明】在企业应用平台中执行【业务工作】|【财务会计】|【总账】|【期末】|【转账定义】|【期间损益】命令，打开【期间损益结转设置】窗口。

(2) 选择凭证类别为【记账凭证】，录入本年利润科目编码为【4103】，如图 10-27 所示。

(3) 单击【确定】按钮，完成期间损益结转设置。

2. 结转期间损益

(1) 2020 年 1 月 31 日，【W02 黄小明】在企业应用平台中执行【业务工作】|【财务会计】|【总账】|【期末】|【转账生成】命令，打开【转账生成】窗口，选择【期间损益结转】单选框，选择类型为【收入】，单击【全选】按钮，如图 10-28 所示。

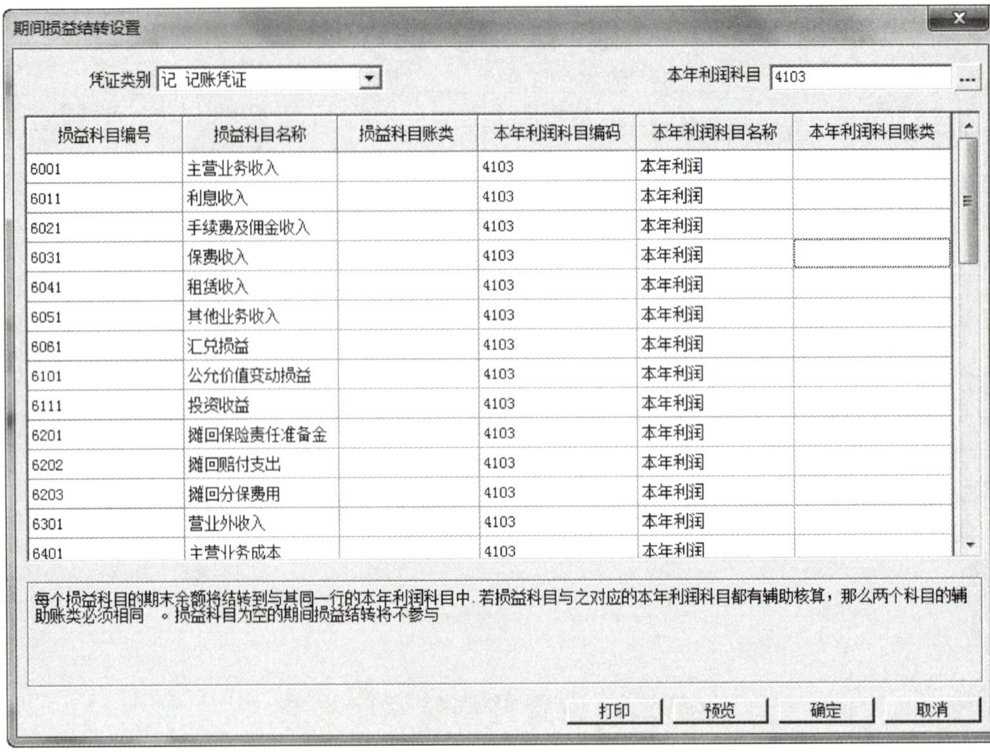


图 10-27 【期间损益结转设置】窗口

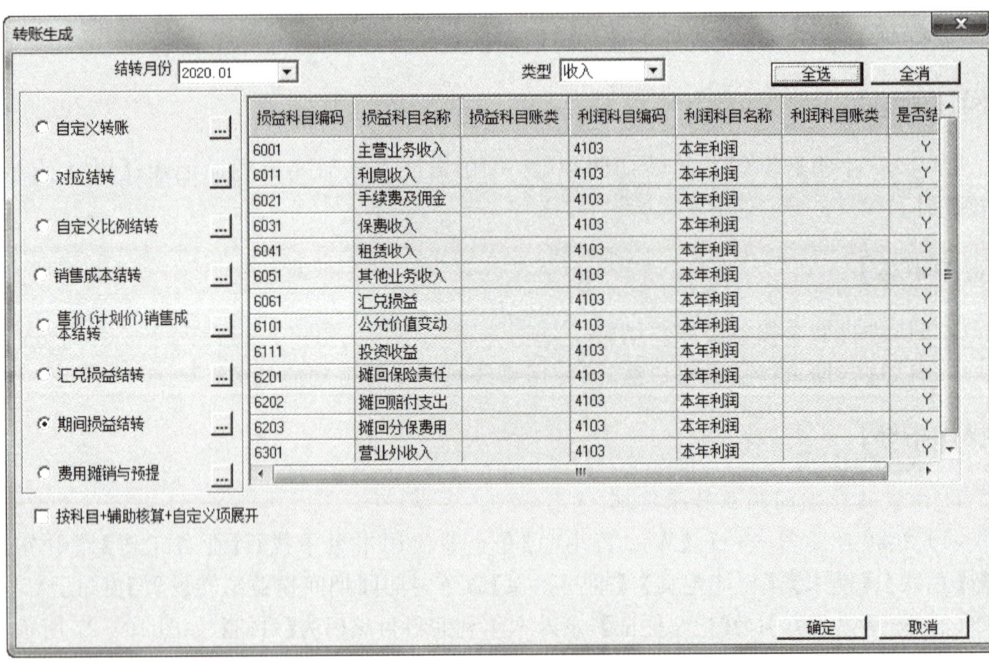


图 10-28 【转账生成】窗口

(2) 单击【确定】按钮，生成结转损益收入的凭证，如图 10-29 所示。

(3) 选择类型为【支出】，单击【全选】按钮，系统提示【2020.01 月或之前有未记账的凭证，是否继续结转?】，单击【是】按钮，生成结转损益支出的凭证，如图 10-30 所示。

10

已生成

## 记账凭证

记 字 0062 制单日期：2020.01.31 审核日期： 附单据数：0

| 摘要 | 科目名称 | 借方金额 | 贷方金额 |
|---|---|---|---|
| 期间损益结转 | 本年利润 | | 88267000 |
| 期间损益结转 | 主营业务收入 | 88272000 | |
| 期间损益结转 | 资产处置损益 | 5000 | |
| | | | |
| | | | |
| 票号 日期 | 数量 单价 合计 | 88267000 | 88267000 |

备注 项目 部门 个人 客户 业务员

记账 审核 出纳 制单 黄小明

图 10－29 【记账凭证】页面 1

已生成

## 记账凭证

记 字 0063 － 0001/0003 制单日期：2020.01.31 审核日期： 附单据数：0

| 摘要 | 科目名称 | 借方金额 | 贷方金额 |
|---|---|---|---|
| 期间损益结转 | 本年利润 | 64400821 | |
| 期间损益结转 | 主营业务成本 | | 55587602 |
| 期间损益结转 | 税金及附加 | | 961448 |
| 期间损益结转 | 销售费用/职工薪酬 | | 1452760 |
| 期间损益结转 | 销售费用/广告费 | | 283019 |
| 票号 日期 | 数量 单价 合计 | 64400821 | 64400821 |

备注 项目 部门 个人 客户 业务员

记账 审核 出纳 制单 黄小明

图 10－30 【记账凭证】页面 2

(4)【W01 宋清】对尚未审核的凭证完成审核，【W02 黄小明】完成凭证记账。

## 业务三 计提并结转企业所得税

### 【业务描述】

2020 年 1 月 31 日，计提并结转本月企业所得税并审核记账。

10

计提并结转企业所得税

## 【岗位说明】

【W02 黄小明】计提、结转企业所得税，在凭证审核后完成凭证记账；【W01 宋清】审核凭证。

## 【赛题链接】

计算(使用自定义转账功能)并结转本月所得税。

30 日，计算并结转本月应交所得税，不考虑纳税相关调整因素。

## 【操作指导】

1. 计提并结转企业所得税

(1) 2020 年 1 月 31 日，【W02 黄小明】在企业应用平台中执行【业务工作】|【财务会计】|【总账】|【期末】|【转账生成】命令，打开【转账生成】窗口，选择【自定义转账】单选框，在【计提企业所得税】栏对应的【是否结转】栏双击出现【Y】标记。

(2) 单击【确定】按钮，生成凭证。

(3) 单击【保存】按钮，如图 10-31 所示。

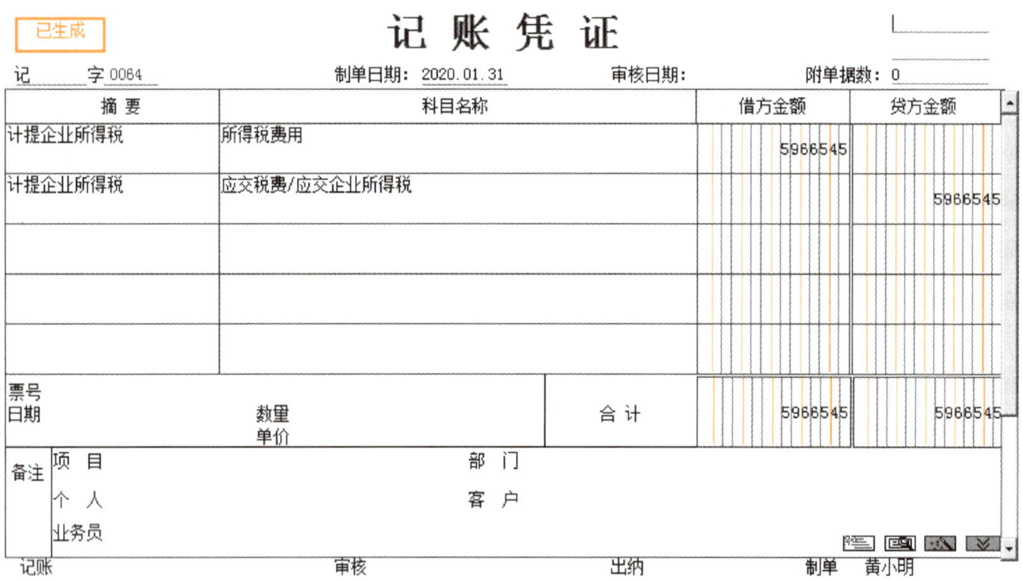

已生成

记账凭证

记 字 0064　　制单日期：2020.01.31　　审核日期：　　附单据数：0

| 摘要 | 科目名称 | 借方金额 | 贷方金额 |
| --- | --- | --- | --- |
| 计提企业所得税 | 所得税费用 | 5966545 | |
| 计提企业所得税 | 应交税费/应交企业所得税 | | 5966545 |
| | | | |
| | | | |
| | | | |
| 票号 日期　数量 单价 | 合计 | 5966545 | 5966545 |

备注　项目　部门　个人　客户　业务员

记账　审核　出纳　制单 黄小明

图 10-31 【记账凭证】页面 1

(4) 【W02 黄小明】在企业应用平台中执行【业务工作】|【财务会计】|【总账】|【凭证】|【填制凭证】命令，增加结转企业所得税的会计凭证，如图 10-32 所示。

(5) 【W01 宋清】对尚未审核的凭证进行审核，【W02 黄小明】对凭证记账。

2. 账套备份

将账套输出至【F:\616 账套备份\10-4】文件夹。

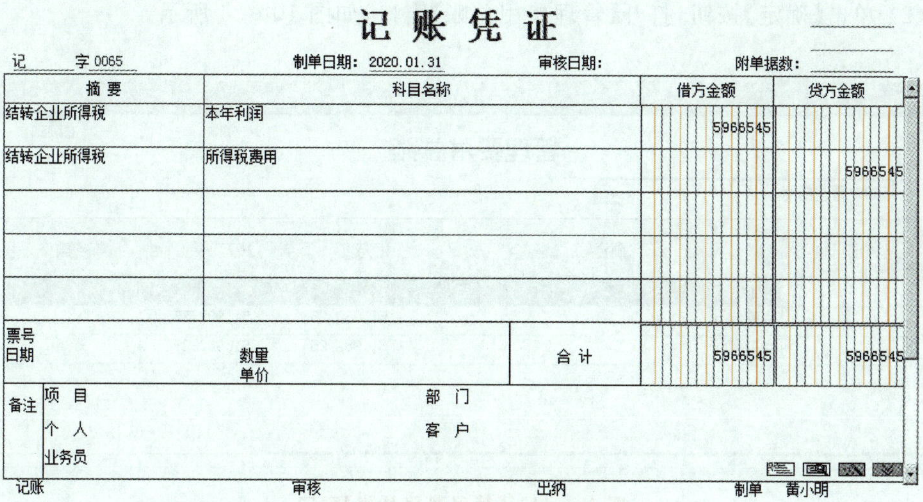

记账凭证

记 字 0065 制单日期：2020.01.31 审核日期： 附单据数：

| 摘要 | 科目名称 | 借方金额 | 贷方金额 |
|---|---|---|---|
| 结转企业所得税 | 本年利润 | 5966545 | |
| 结转企业所得税 | 所得税费用 | | 5966545 |
| 票号 日期 | 数量 单价 合计 | 5966545 | 5966545 |

备注 项目 部门 个人 客户 业务员

记账 审核 出纳 制单 黄小明

图 10－32 【记账凭证】页面 2

# 实训五 总账管理系统账表查询

## 业务一 查询总账

查询总账

**【业务描述】**

2020 年 1 月 31 日，查询 1 月份管理费用的总账。

**【岗位说明】**

【W02 黄小明】查询总账。

**【操作指导】**

(1) 2020 年 1 月 31 日，【W02 黄小明】在企业应用平台中执行【业务工作】|【财务会计】|【总账】|【账表】|【科目账】|【总账】命令，打开【总账查询条件】窗口，录入科目为【6602】，如图 10－33 所示。

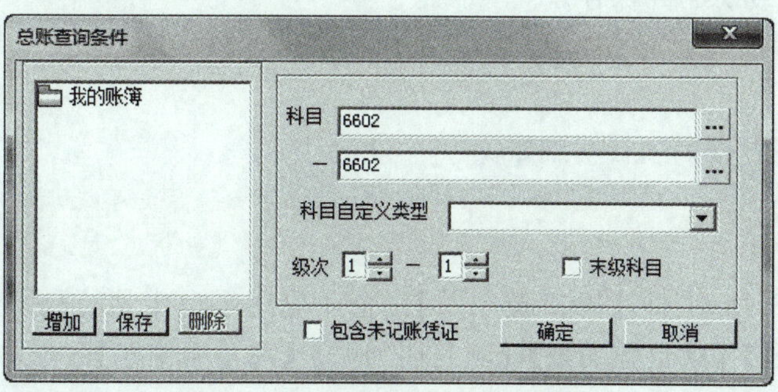


图 10－33 【总账查询条件】窗口

10

（2）单击【确定】按钮，打开【管理费用总账】窗口，如图 10－34 所示。

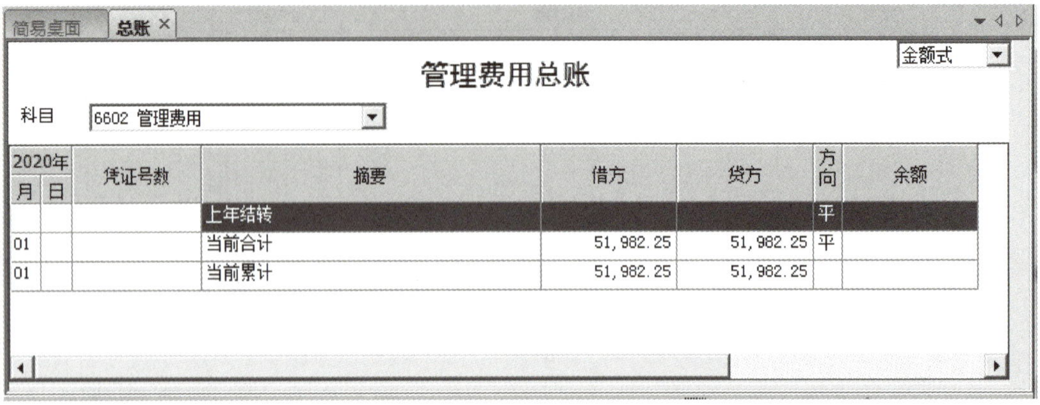


图 10－34 【管理费用总账】窗口

**温馨提示**

如果查询的科目涉及的会计凭证尚未记账，在查询条件中可以选中【包含未记账凭证】；如果需要查询某个明细科目的总账，可以在科目中录入该明细科目的编码，在【级次】栏中选择明细科目的级次即可。

在总账管理系统中，执行【账表】|【科目账】命令还可以根据需要查询【余额表】【明细账】【序时账】等多种账表，其查询方法与【总账】查询方法类似。

## 业务二 查询项目明细账

查询项目明细账

**【业务描述】**

2020 年 1 月 31 日，查询 2020 年 1 月货架的项目明细账。

**【赛题链接】**

30 日，在项目辅助账中查询男式西服套装明细账发生情况，输出到试题文件夹中，命名为“男式西服套装.xsl”并保存。

**【岗位说明】**

【W02 黄小明】查询项目明细账。

**【操作指导】**

（1）2020 年 1 月 31 日，【W02 黄小明】在企业应用平台中执行【业务工作】|【财务会计】|【总账】|【账表】|【项目辅助账】|【项目明细账】|【项目明细账】命令，打开【项目明细账条件】窗口。

(2) 选择项目大类为【生产成本核算】，选择项目为【货架】，其他条件默认，如图10－35所示。

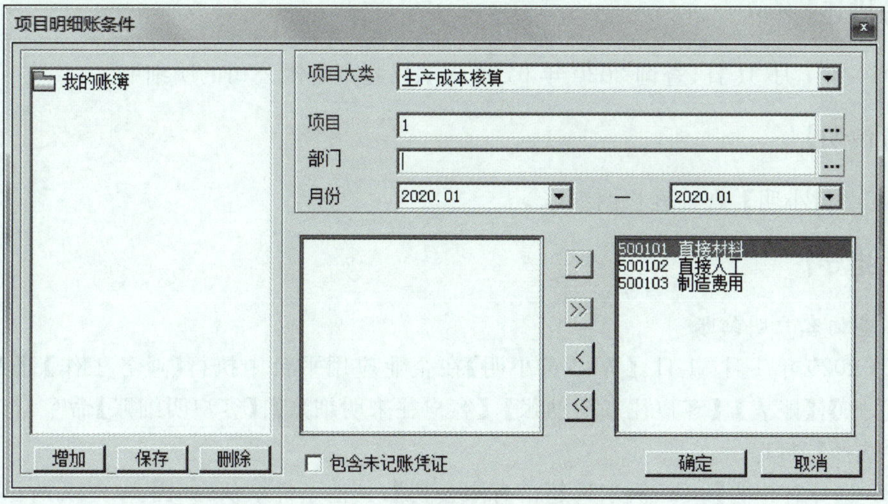


图10－35　【项目明细账条件】窗口

(3) 单击【确定】按钮，选择项目为【货架】，操作结果如图10－36所示。

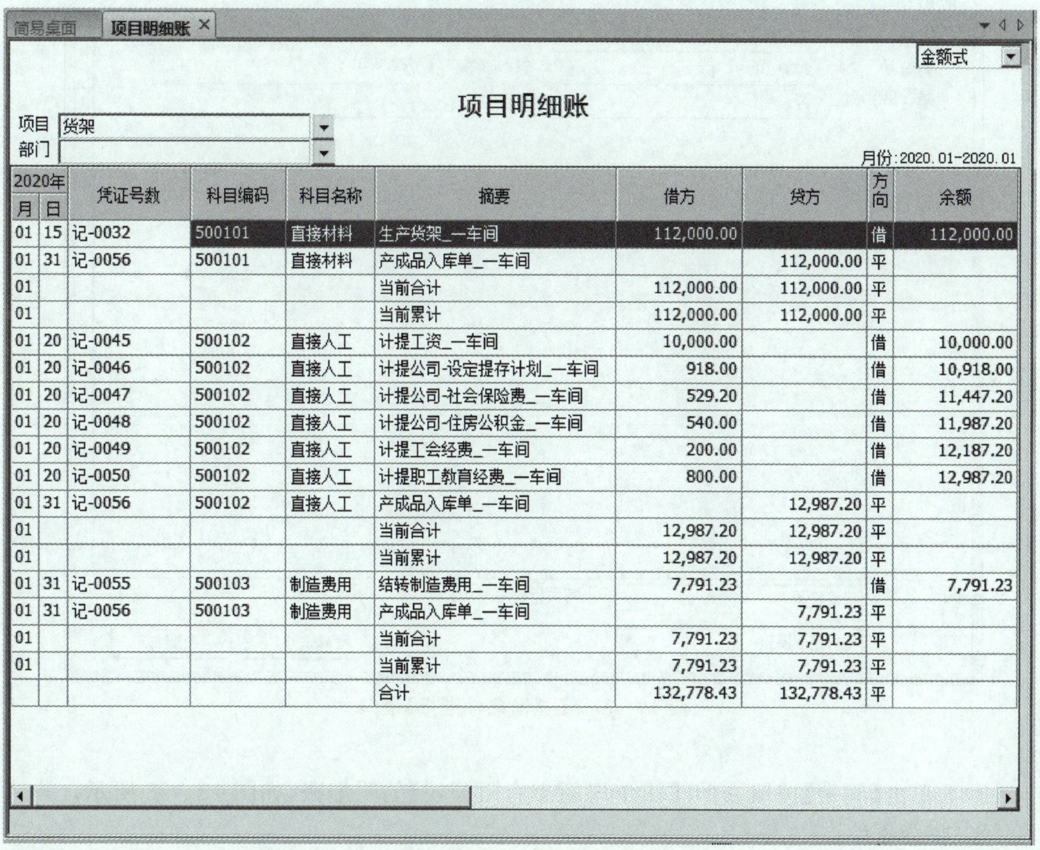


| 2020年 月 | 日 | 凭证号数 | 科目编码 | 科目名称 | 摘要 | 借方 | 贷方 | 方向 | 余额 |
|---|---|---|---|---|---|---|---|---|---|
| 01 | 15 | 记-0032 | 500101 | 直接材料 | 生产货架_一车间 | 112,000.00 | | 借 | 112,000.00 |
| 01 | 31 | 记-0056 | 500101 | 直接材料 | 产成品入库单_一车间 | | 112,000.00 | 平 | |
| 01 | | | | | 当前合计 | 112,000.00 | 112,000.00 | 平 | |
| 01 | | | | | 当前累计 | 112,000.00 | 112,000.00 | 平 | |
| 01 | 20 | 记-0045 | 500102 | 直接人工 | 计提工资_一车间 | 10,000.00 | | 借 | 10,000.00 |
| 01 | 20 | 记-0046 | 500102 | 直接人工 | 计提公司-设定提存计划_一车间 | 918.00 | | 借 | 10,918.00 |
| 01 | 20 | 记-0047 | 500102 | 直接人工 | 计提公司-社会保险费_一车间 | 529.20 | | 借 | 11,447.20 |
| 01 | 20 | 记-0048 | 500102 | 直接人工 | 计提公司-住房公积金_一车间 | 540.00 | | 借 | 11,987.20 |
| 01 | 20 | 记-0049 | 500102 | 直接人工 | 计提工会经费_一车间 | 200.00 | | 借 | 12,187.20 |
| 01 | 20 | 记-0050 | 500102 | 直接人工 | 计提职工教育经费_一车间 | 800.00 | | 借 | 12,987.20 |
| 01 | 31 | 记-0056 | 500102 | 直接人工 | 产成品入库单_一车间 | | 12,987.20 | 平 | |
| 01 | | | | | 当前合计 | 12,987.20 | 12,987.20 | 平 | |
| 01 | | | | | 当前累计 | 12,987.20 | 12,987.20 | 平 | |
| 01 | 31 | 记-0055 | 500103 | 制造费用 | 结转制造费用_一车间 | 7,791.23 | | 借 | 7,791.23 |
| 01 | 31 | 记-0056 | 500103 | 制造费用 | 产成品入库单_一车间 | | 7,791.23 | 平 | |
| 01 | | | | | 当前合计 | 7,791.23 | 7,791.23 | 平 | |
| 01 | | | | | 当前累计 | 7,791.23 | 7,791.23 | 平 | |
| | | | | | 合计 | 132,778.43 | 132,778.43 | 平 | |

图10－36　【项目明细账】窗口操作结果

## 业务三 查询客户明细账

查询客户明细账

### 【业务描述】

2020 年 1 月 31 日，查询 2020 年 01 月沃尔玛超市有限公司的明细账。

### 【岗位说明】

【W02 黄小明】查询客户明细账。

### 【操作指导】

1. 查询客户明细账

(1) 2020 年 1 月 31 日，【W02 黄小明】在企业应用平台中执行【业务工作】|【财务会计】|【总账】|【账表】|【客户往来辅助账】|【客户往来明细账】|【客户明细账】命令，打开【查询条件选择】窗口。

(2) 选择客户为【001 -沃尔玛超市有限公司】，其他条件默认，如图 10 - 37 所示。

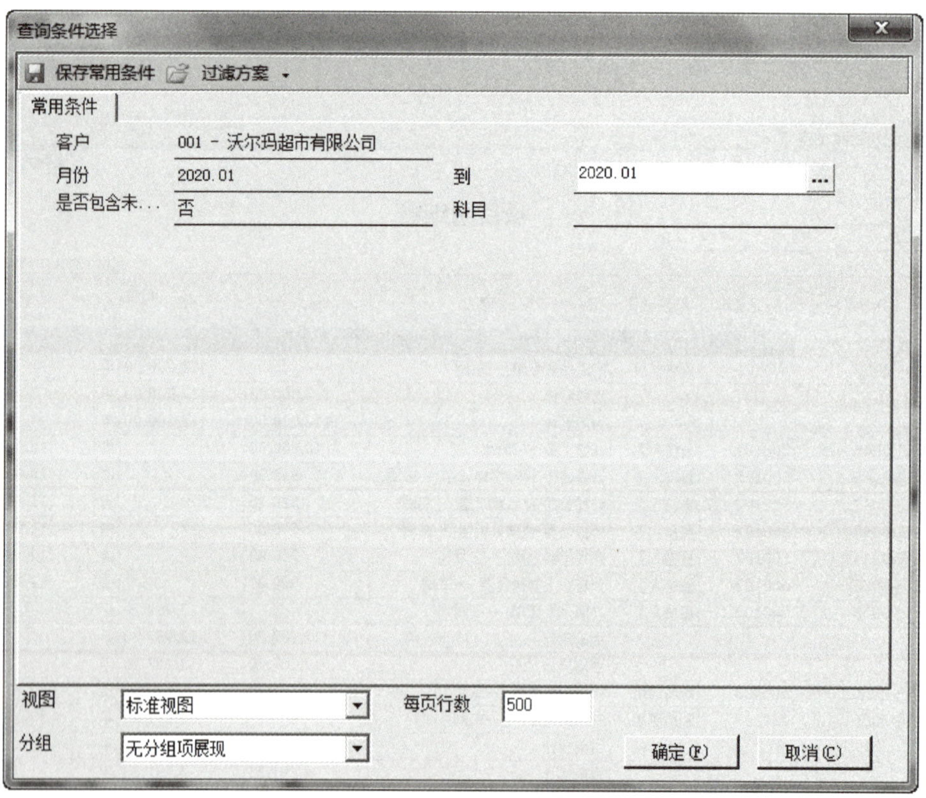


图 10 - 37 【查询条件选择】窗口

(3) 单击【确定】按钮，打开【沃尔玛超市有限公司】的明细账，如图 10 - 38 所示。

2. 账套备份

将账套输出至【F:\616 账套备份\10 - 5】文件夹。

简易桌面　客户明细账

客户明细账

月份：2020.01 - 2020.01

| 年 | 月 | 日 | 凭证号 | 客户 | | 科目 | | 摘要 | 借方 | 贷方 | 方向 | 余额 |
|---|---|---|---|---|---|---|---|---|---|---|---|---|
| | | | | 编码 | 名称 | 编码 | 名称 | | 本币 | 本币 | | 本币 |
| 2020 | 1 | 11 | 记-0026 | 001 | 沃尔玛 | 1122 | 应收账款 | 销售专用发票_张立 | 542,400.00 | | 借 | 542,400.00 |
| 2020 | 1 | 15 | 记-0031 | 001 | 沃尔玛 | 1122 | 应收账款 | 销售专用发票_张立 | -542.40 | | 借 | 541,857.60 |
| | | | | 001 | 沃尔玛 | 1122 | 应收账款 | 小计 | 541,857.60 | | 借 | 541,857.60 |
| | | | | | | | | 合计： | 541,857.60 | | 借 | 541,857.60 |

数据　共4条 共1页

**图 10－38 【客户明细账】窗口**

**温馨提示**

在总账管理系统中，用户可以根据需要在账表中查询【客户往来辅助账】【供应商往来辅助账】【个人往来账】【部门辅助账】等各种账表。

# 项目十一　报表管理系统业务处理

## 实训一　报表模板应用

### 业务一　生成资产负债表

生成资产负债表

**【业务描述】**

2020 年 1 月 31 日，利用报表模板生成本月资产负债表。

**【岗位说明】**

【W01 宋清】生成资产负债表。

**【赛题链接】**

打开选手文件夹下名为 zcfzb.rep 资产负债表，其中有 8 个计算公式未填写（绿色部分），利用账务函数定义计算公式，重新生成 2014 年 4 月份资产负债表并保存。（选手文件夹路径请查看电子题面）

**【操作指导】**

（1）2020 年 1 月 31 日，【W01 宋清】在企业应用平台中执行【业务工作】|【财务会计】|【UFO 报表】命令，打开【UFO 报表】，系统提示【日积月累】，单击【关闭】按钮。

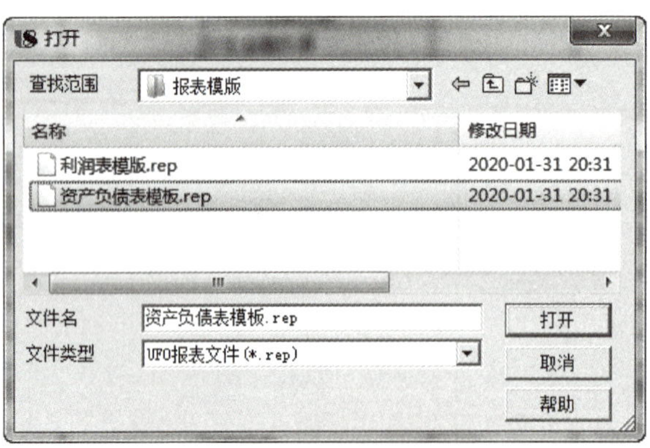


图 11－1　【报表模版】窗口

（2）单击【新建】按钮，打开一张空白表页。

（3）执行【文件】|【打开】命令，打开【打开】窗口，选择【F:\616 账套备份\报表模版\资产负债表模版.rep】，如图 11－1 所示。

（4）单击【确认】按钮，系统提示【模版格式将覆盖本表格式！是否继续?】,如图 11－2 所示。

(5) 单击【确定】按钮,生成资产负债表模板,此时报表为【格式】状态。

(6) 将报表从【格式】状态切换到【数据】状态。

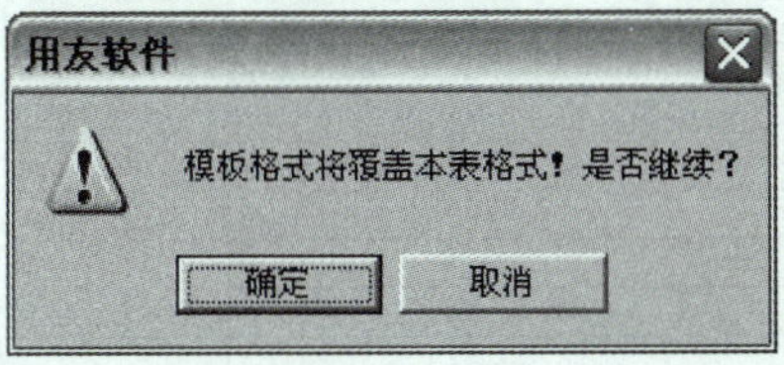


图 11－2 【报表格式覆盖】提示框

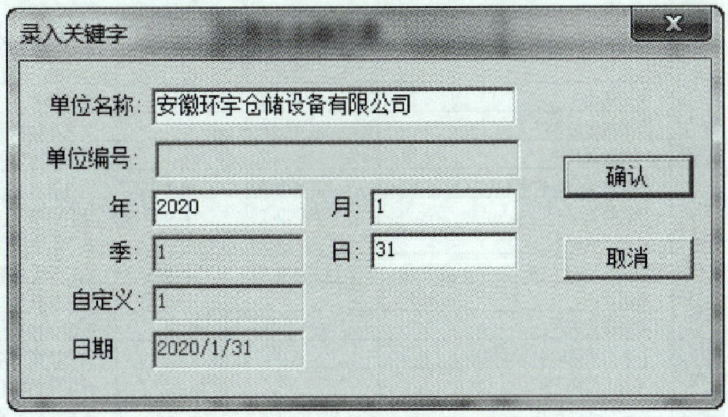


图 11－3 【录入关键字】对话框

(7) 执行【数据】|【关键字】|【录入关键字】命令,打开【录入关键字】对话框,录入单位名称为【安徽环宇仓储设备有限公司】,年为【2020】,月为【1】,日为【31】,如图 11－3 所示。

(8) 单击【确认】按钮,系统提示【是否重算第 1 页?】,单击【是】按钮,系统自动计算资产负债表各项目数据,计算结果如图 11－4 所示。

(9) 执行【文件】|【另存为】命令,将资产负债表以【zcfzb.rep】命名,保存到 F:\616 账套备 \11－1 文件夹下。

## 业务二　生成利润表

生成利润表

### 【业务描述】

2020 年 1 月 31 日,利用报表模板生成本月利润表。

### 【赛题链接】

打开选手文件夹下名为 lrb.rep 利润表,请仔细阅读计算公式,将本月数中的 3 个错误公式修改正确,重新生成 2014 年 4 月份利润表并保存。(选手文件夹路径请查看电子题面)

### 【岗位说明】

【W01 宋清】生成利润表。

### 【操作指导】

(1) 2020 年 1 月 31 日,【W01 宋清】在企业应用平台中执行【业务工作】|【财务会计】|【UFO 报表】命令,打开【UFO 报表】,系统提示【日积月累】,单击【关闭】按钮。

| | A | B | C | D | E | F |
|---|---|---|---|---|---|---|
| 1 | | | | 资产负债表 | | |
| 2 | | | | | | 会企01表 |
| 3 | 编制单位：安徽环宇仓储设备有限公司 | | 2020 年 | 1 月 | 31 日 | 单位：元 |
| 4 | 资产 | 期末余额 | 年初余额 | 负债和所有者权益（或股东权益） | | 年初余额 |
| 5 | 流动资产： | | | 流动负债： | | |
| 6 | 货币资金 | 473480.11 | 269990.20 | 短期借款 | 200000.00 | 200000.00 |
| 7 | 交易性金融资产 | | | 交易金融负债 | | |
| 8 | 衍生金融资产 | | | 衍生金融负债 | | |
| 9 | 应收票据及应收账款 | 776929.52 | 189162.00 | 应付票据及应付账款 | 248180.00 | 41640.00 |
| 10 | 预付账款 | 10000.00 | 10000.00 | 预收账款 | | |
| 11 | 其他应收款 | 5270.40 | | 合同负债 | 10000.00 | 10000.00 |
| 12 | 存货 | 1831950.84 | 2110000.00 | 应付职工薪酬 | 101664.09 | 82244.00 |
| 13 | 合同资产 | | | 应交税费 | 260472.17 | 111055.00 |
| 14 | 持有待售资产 | | | 其他应付款 | | |
| 15 | 一年内到期的非流动资产 | | | 持有待售负债 | | |
| 16 | 其他流动资产 | | | 一年内到期的流动负债 | | |
| 17 | 流动资产合计 | 3097630.87 | 2579152.20 | 其他流动负债 | | |
| 18 | 非流动资产： | | | 流动负债合计 | 820316.26 | 444939.00 |
| 19 | 债权投资 | | | 非流动负债： | | |
| 20 | 其他债权投资 | | | 长期借款 | | |
| 21 | 长期应收款 | | | 应付债券 | | |
| 22 | 长期股权投资 | | | 其中：优先股 | | |
| 23 | 其他权益工具投资 | | | 永续债 | | |
| 24 | 其他非流动金融资产 | | | 长期应付款 | | |
| 25 | 投资性房地产 | | | 预计负债 | | |
| 26 | 固定资产 | 335711.60 | 299816.67 | 递延收益 | | |
| 27 | 在建工程 | | | 递延所得税负债 | | |
| 28 | 生产性生物资产 | | | 其它非流动负债 | | |
| 29 | 油气资产 | | | 非流动负债合计 | | |
| 30 | 无形资产 | | | 负债合计 | 820316.26 | 444939.00 |
| 31 | 研发支出 | | | 所有者权益（或股东权益）： | | |
| 32 | 商誉 | | | 实收资本（或股本） | 2000000.00 | 2000000.00 |
| 33 | 长期待摊费用 | | | 其他权益工具 | | |
| 34 | 递延所得税资产 | | | 其中：优先股 | | |
| 35 | 其他非流动资产 | | | 永续债 | | |
| 36 | 非流动资产合计 | 335711.60 | 299816.67 | 资本公积 | 378029.87 | 378029.87 |
| 37 | | | | 减：库存股 | | |
| 38 | 演示数据 | | | 其他综合收益 | | |
| 39 | | | | 盈余公积 | | |
| 40 | | | | 未分配利润 | 234996.34 | 56000.00 |
| 41 | | | | 所有者权益（或股东权益）合计 | 2613026.21 | 2434029.87 |
| 42 | 资产总计 | 3433342.47 | 2878968.87 | 负债和所有者权益（或股东权益）总计 | 3433342.47 | 2878968.87 |

图 11-4 【资产负债表】窗口

(2) 单击【新建】按钮，打开一张空白表页。

(3) 执行【文件】|【打开】命令，打开【打开】窗口，选择【F:\616 账套备份\报表模版\利润表模版.rep】。

(4) 重复业务一中第(4)步至第(8)步，生成本月【利润表】，如图 11-5 所示。

(5) 单击【文件】|【另存为】按钮，将利润表以【lrb.rep】命名，保存到 F:\616 账套备\11-2 文件夹下。

| | A | B | C |
|---|---|---|---|
| 1 | 利润表 | | |
| 2 | | | 会企02表 |
| 3 | 编制单位：安徽环宇仓储设备有限公司 | 2020 年 1 月 | 单位：元 |
| 4 | 项目 | 本期金额 | 上期金额 |
| 5 | 一、营业收入 | 882720.00 | |
| 6 | 减：营业成本 | 555876.02 | |
| 7 | 税金及附加 | 9614.48 | |
| 8 | 销售费用 | 17467.79 | |
| 9 | 管理费用 | 51982.25 | |
| 10 | 研发费用 | | |
| 11 | 财务费用 | 6105.09 | |
| 12 | 其中：利息费用 | | |
| 13 | 利息收入 | | |
| 14 | 资产减值损失 | 2906.08 | |
| 15 | 信用减值损失 | | |
| 16 | 加：其他收益 | | |
| 17 | 投资收益（损失以“-”号填列） | | |
| 18 | 其中：对联营企业和合营企业的投资收益 | | |
| 19 | 净敞口套期收益（损失以“-”号填列） | | |
| 20 | 公允价值变动收益（损失以“-”号填列） | | |
| 21 | 资产处置收益（损失以“-”号填列） | -50.00 | |
| 22 | 二、营业利润（亏损以“-”号填列） | 238718.29 | |
| 23 | 加：营业外收入 | | |
| 24 | 减：营业外支出 | 56.50 | |
| 25 | 三、利润总额（亏损总额以“-”号填列） | 238661.79 | |
| 26 | 减：所得税费用 | 59665.45 | |
| 27 | 四、净利润（净亏损以“-”号填列） | 178996.34 | |
| 28 | （一）持续经营净利润（净亏损以“-”号填列） | | |
| 29 | （二）终止经营净利润（净亏损以“-”号填列） | | |
| 30 | 五、其他综合收益的税后净额 | | |
| 31 | （一）不能重分类进损益的其他综合收益 | | |
| 32 | 1.重新计量设定受益计划变动额 | | |
| 33 | 2.权益法下不能转损益的其他综合收益 | | |
| 34 | 3.其他权益工具投资公允价值变动 | | |
| 35 | 4.企业自身信用风险公允价值变动 | | |
| 36 | ...... | | |
| 37 | （二）将重分类进损益的其他综合收益 | | |
| 38 | 1.权益法下可转损益的其他综合收益 | | |
| 39 | 2.其他债权投资公允价值变动 | | |
| 40 | 3.金融资产重分类计入其他综合收益的金额 | | |
| 41 | 4.其他债权投资信用减值准备 | | |
| 42 | 5.现金流量套期储备 | | |
| 43 | 6.外币财务报表折算差额 | | |
| 44 | ...... | 演示数据 | |
| 45 | 六、综合收益总额 | | |
| 46 | 七、每股净收益： | | |
| 47 | （一）基本每股收益 | | |
| 48 | （二）稀释每股收益 | | |

图 11－5 【利润表】窗口

**温馨提示**

- 在实际工作中，用户也可执行【格式】|【报表模板】命令，从系统提供的 21 个行业的会计报表中查找适合本企业的报表模板。报表模板是预先设立了标准格式的会计报表，模板中各单元的计算公式已设立，可大大减少报表格式设计和公式定义的工作量。
- UFO 报表系统有两种工作状态，一种是【格式】状态，一种是【数据】状态。

11

两种状态的切换只需要单击窗口左下角以红色字体显示的【格式】或【数据】即可实现状态转换。

在数据状态下，执行【数据】|【整表重算】命令，打开【整表重算】窗口，单击【是】按钮，系统自动利用设计的报表公式从相关系统或表页中取数，完成整表重算，获得报表数据。也可以执行【数据】|【表页重算】命令，生成当前表页的报表项目数据。

资产负债表中的相关项目数据提取的是资产、负债、所有者权益各项目两个时点的数据，即期初数与期末数，各自对应的函数名为【QC】【QM】。而利润表各项目对应的账户为损益类账户，在提取项目金额时，应提取发生额，对应的函数名为【FS】。

# 实训二 财务指标分析

财务指标分析

## 【业务描述】

2020年1月31日，根据表11－1在UFO报表中设计该表页并生成相关指标数据。

**表11－1 企业主要财务指标分析表**

编制单位：安徽环宇仓储设备有限公司　　2020年01月

| 评价指标 | 指标公式 |
|---|---|
| 资产负债率 | 负债总额/资产总额 |
| 存货周转次数 | 销售收入/平均存货 |
| 净资产收益率 | 净利润/平均所有者权益 |

## 【赛题链接】

打开试题文件夹下名为cwzbfxb.rep的财务指标分析表(表11－2)，其中有3个指标数值计算公式未填写(蓝色部分)，完善公式，计算并保存。

**表11－2 财务指标分析表(赛题)**

2013年4月(视同年末)

| 指标名称 | 指标数值 |
|---|---|
| 成本费用利润率 | 利用利润表定义表间取数公式 |
| 净资产收益率 | 利用资产负债表和利润表定义表间取数公式 |
| 应收账款周转率 | 利用财务函数定义取数公式 |

打开选手文件夹下名为 cwzbfxb.rep 的财务指标分析表，定义数值计算公式（蓝色部分），生成财务指标分析表并保存（选手文件夹路径请查看电子题面）。

**表 11－3 财务指标分析表（赛题）**

2014 年 4 月（视同年末）

| 指　　标 | 要　　求 | 指标数值（%） |
|---|---|---|
| 产权比率 | 利用 zcfzb.rep 定义表间取数公式 | |
| 净资产收益率 | 利用 zcfzb.rep 和 lrb.rep 定义表间取数公式 | |
| 成本费用利润率 | 利用 lrb.rep 定义表间取数公式 | |

## 【岗位说明】

【W01 宋清】设计企业主要指标分析表，定义指标公式并生成指标数据。

## 【操作指导】

1. 创建新表

（1）2020 年 1 月 31 日，【W01 宋清】在企业应用平台中，执行【业务工作】|【财务会计】|【UFO 报表】命令，打开【UFO 报表】。

（2）单击【新建】按钮，生成一张空白表页。

> **温馨提示**
>
> 创建报表之后，就可以进行表样设计。表样设计实际上就是设置一张报表的大小和外观。其具体内容包括设置表尺寸、行高列宽、画表格线、定义组合单元、设置单元属性、录入对应项目名称、设置关键字等。除设置关键字外，表样设计的功能键基本集中在【格式】菜单下，也可右击鼠标后从列表中选用相关功能。

2. 设置表尺寸

（1）执行【格式】|【表尺寸】命令，打开【表尺寸】对话框。

（2）录入报表的行数为【6】，报表的列数为【2】，如图 11－6 所示。

（3）单击【确认】按钮，系统自动将报表显示区域的空白表根据所设置的行、列数进行显示，而不再显示整张空白表页。

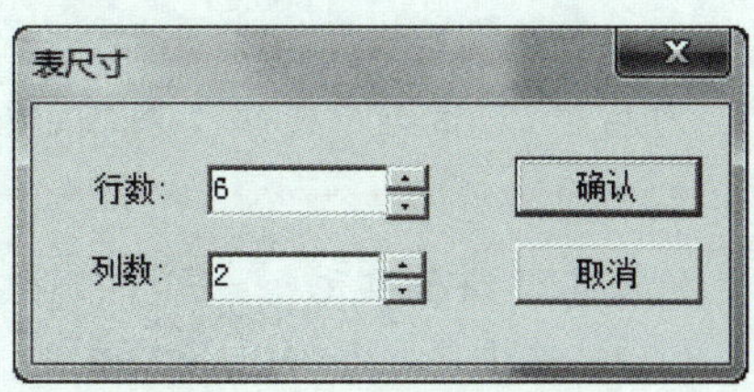


图 11－6 【表尺寸】对话框

> **温馨提示**
>
> 所谓表尺寸，是指报表的行数和列数。
>
> 在设置表的行数时，要特别注意加上表头和表尾部分所占的行数。

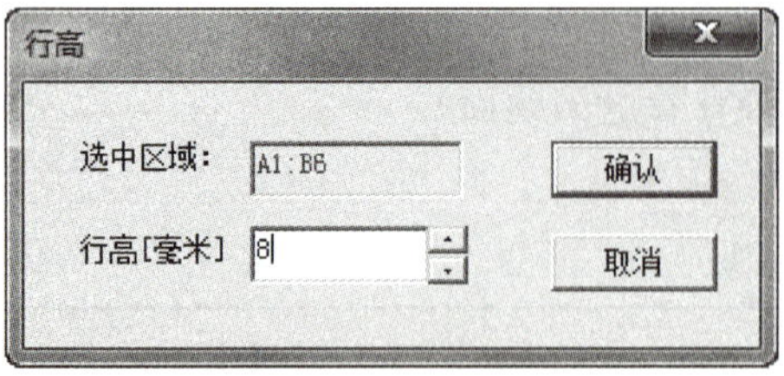


图 11－7 【行高】对话框

3. 设置行高、列宽

(1) 选定整张表,执行【格式】|【行高】命令,打开【行高】对话框,录入表报行高为【8】,单击【确认】按钮,如图 11－7 所示。

(2) 执行【格式】|【列宽】命令,打开【列宽】对话框,录入报表列宽【80】,单击【确认】按钮。

**温馨提示**

在定义报表行高或列宽时,必须首先选择需要被定义的行或列,否则系统只对光标停留处的行或列进行定义。操作时,可单击行号或列号快速选择行或列,若要选择整张表格,可以使用【Ctrl＋A】快捷键。

4. 画表格线

(1) 选中 A3：B6 区域,执行【格式】|【区域画线】命令,打开【区域画线】对话框。

(2) 选择画线类型为【网线】,如图 11－8 所示,单击【确认】按钮,表格画线成功。

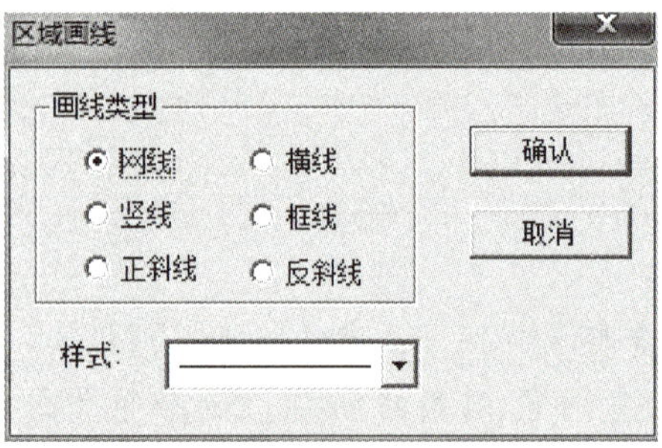


图 11－8 【区域画线】对话框

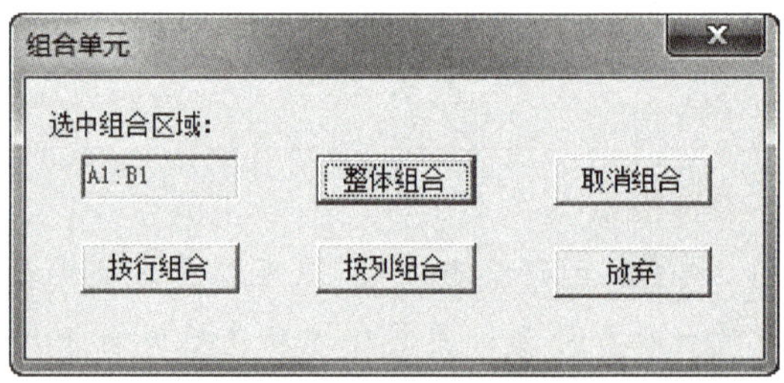


图 11－9 【组合单元】对话框

**温馨提示**

增加的空白表页是没有表格线的,选择拟画线区域,即可进入【区域画线】对话框,对话框中提供了网线、横线、竖线、框线、正斜线、反斜线等 6 种线型的选择。

5. 定义组合单元

(1) 选中第一行 A1：B1 单元,执行【格式】|【组合单元】命令,打开【组合单元】对话框。如图 11－9 所示。

(2) 单击【整体组合】按钮,该行的所有单元将被合并为一个组合单元。

**温馨提示**

【组合单元】对话框提供【整体组合】【按行组合】【按列组合】【取消组合】【放弃】等选项,用户根据实际情况进行选择,单击某一选项即可完成操作。

6. 设置单元属性

(1) 选中 B3：B6，执行【格式】|【单元属性】命令，打开【单元格属性】对话框。

(2) 系统默认单元类型为【数值】，如图 11－10 所示。

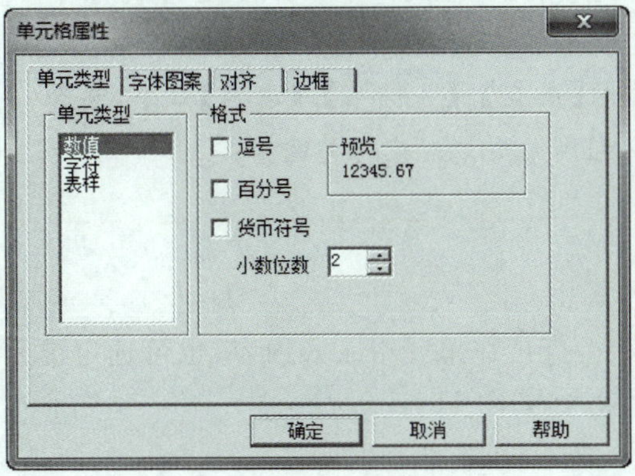


图 11－10　【单元格属性】对话框

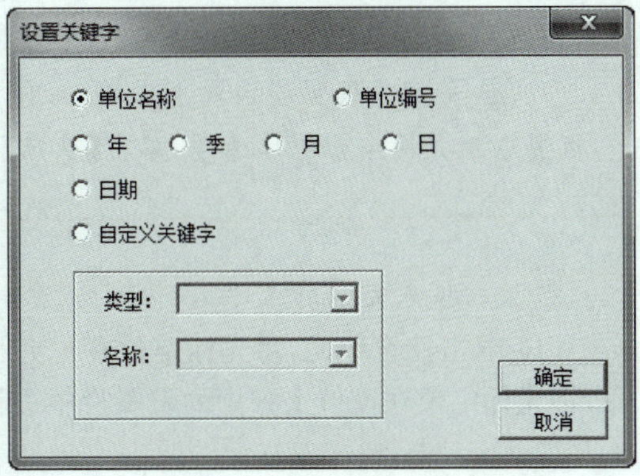


图 11－11　【设置关键字】对话框

(3) 单击【确定】按钮。

**温馨提示**

UFO 报表系统提供了较为全面的单元属性定义功能。主要对单元类型、字体图案、对齐方式、边框等内容进行调整。字体图案、对齐方式、边框等的设置与 excel 表相关设置类似。

7. 设置关键字

(1) 选择 A2 单元格，执行【数据】|【关键字】|【设置】命令，打开【设置关键字】对话框，选中【单位名称】，如图 11－11 所示，单击【确定】按钮。

(2) 重复第一步操作，选择 B2 单元格，设置关键字【年】【月】。

(3) 执行【数据】|【关键字】|【偏移】命令，打开【定义关键字偏移】对话框，输入年偏移量为【－80】，如图 11－12 所示，单击【确定】按钮。

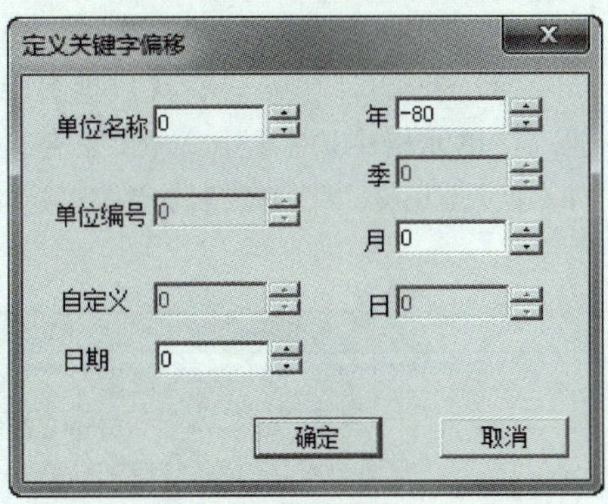


图 11－12　【定义关键字偏移】对话框

**温馨提示**

一般地，单元其他内容未修改字体颜色前，均以黑色显示，但关键字却是以红色字体显示，且在关键字名称前或后都有一串或长或短的红色小叉，这些红色小叉在切换到数据状态下则不显示，它们代表了该关键字内容的长度限制及关键字内容的显示位置。

一般地，关键字的位置是由关键字的偏移量大小决定的。单元偏移量的范围是{−300，300}，负数表示向左偏移，正数表示向右偏移。需要说明的是，关键字的偏移量设置不仅可以在格式状态下完成，也可以在数据状态下完成。

关键字设置错误或不合理，可以执行【数据】|【关键字】|【取消】命令，选择需要取消关键字前的单选项，单击【确定】按钮即可取消对应的关键字。

8. 录入报表文字内容

（1）双击选定单元，将光标定位在单元格中，直接在单元中录入内容；也可选定单元后，将光标定位在窗口上方中的编辑栏中进行录入，如图 11-13 所示。

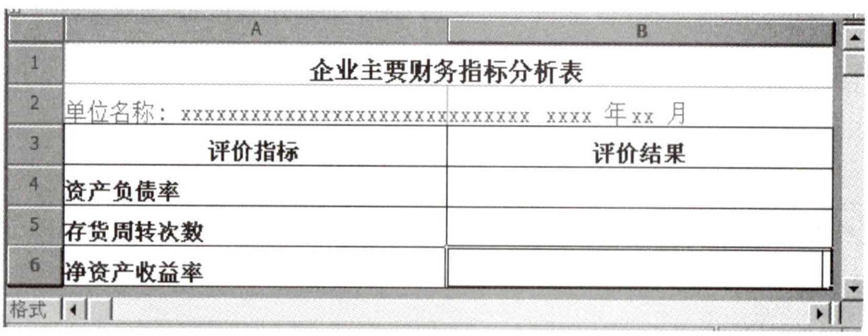


图 11-13 【企业主要财务指标分析表】窗口

（2）选择 C4 单元，执行【数据】|【编辑公式】|【单元公式】命令，打开【定义公式】对话框。在单元格中输入【"F:\616 账套备份\11-1\zcfzb.rep"->E32/"F:\616 账套备份\11-1\zcfzb.rep"->B45】，如图 11-14 所示。

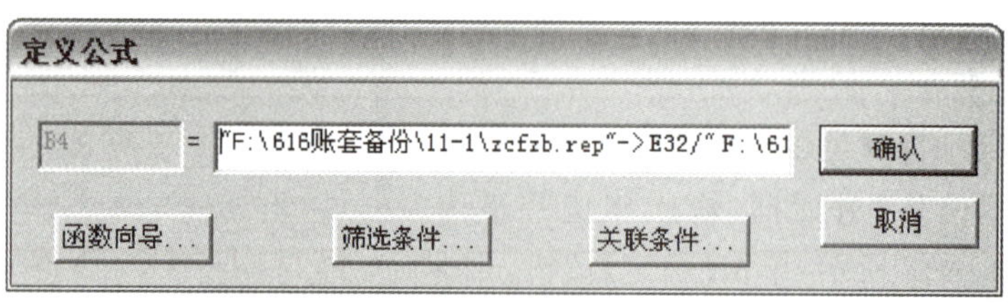


图 11-14 【定义公式】对话框

（3）单击【确认】按钮，资产负债率公式设置成功。

（4）选择 B5 单元，执行【数据】|【编辑公式】|【单元公式】命令，打开【定义公式】对话框。

（5）单击【筛选条件】按钮，打开【筛选条件】对话框，录入筛选条件为【ALL】，如图 11-15 所示。

图 11－15　【筛选条件】对话框

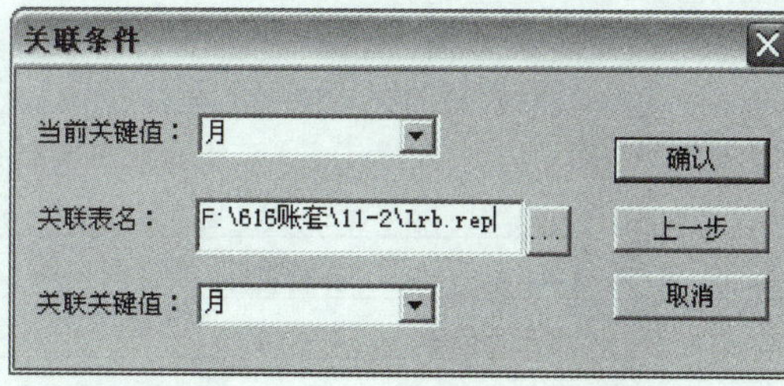


图 11－16　【关联条件】对话框

（6）单击【确认】按钮，继续单击【关联条件】按钮，选择当前关键值为【月】，关联表名为【F:\616 账套备份\11－2\lrb.rep】，关联关键值为【月】，如图11－16 所示。

（7）单击【确认】按钮，打开【定义公式】对话框，如图 11－17 所示，复制【B5】栏中【"F:\616 账套备份\11－2\lrb.rep"－>】部分。

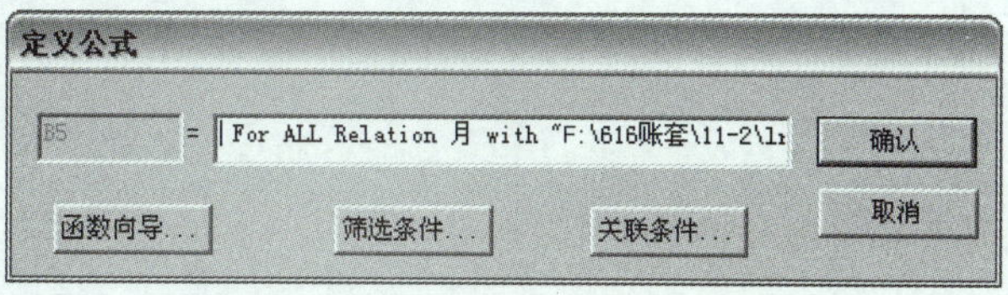


图 11－17　【定义公式】对话框

（8）删除【B5】栏中所有内容，粘贴【"F:\616 账套备份\11－2\lrb.rep"－>】，并在其后录入【B4＊2/()】。

（9）在【()】内重复第(4)步至第(8)步，寻找资产负债表存放路径，继续在【B5】单元格复制【"F:\616 账套备份\11－1\zcfzb.rep"－>】，并在其后录入【B14】，继续复制【"F:\616 账套备份\11－1\zcfzb.rep"－>】，在其后录入【C14】，如图 11－18 所示。

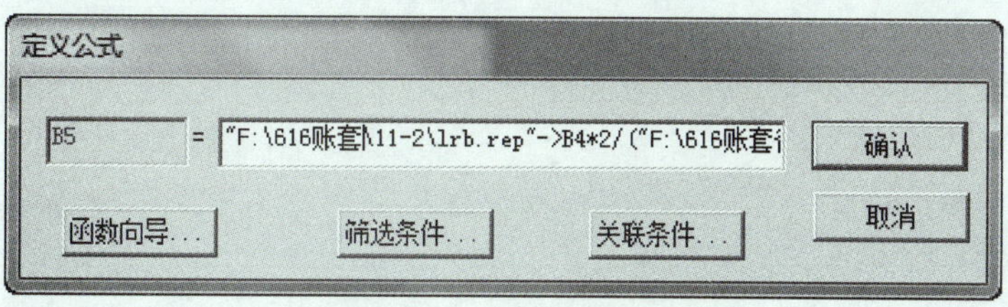


图 11－18　【定义公式】对话框

（10）单击【确认】按钮，【存货周转率】公式设置完成。

（11）重复第(4)步至第(10)步，设置 B6 单元格的公式为【"F:\616 账套备份\11－2\lrb.rep"－>B27＊2/("F:\616 账套备份\11－1\zcfzb.rep"－>E44＋"F:\616 账套备份\11－1\zcfzb.rep"－>F44)】。

（12）单击【数据/格式】切换按钮，进入数据状态，执行【数据】|【关键字】|【录入】命令，打开【录入关键字】窗口。

（13）录入单位名称为【安徽环宇仓储设备有限公司】，录入年为【2020】、月为【01】。

（14）单击【确认】按钮，系统提示【是否重算第一页?】，单击【是】按钮，生成 2020 年 01 月【企业主要财务指标分析表】，如图 11－19 所示。

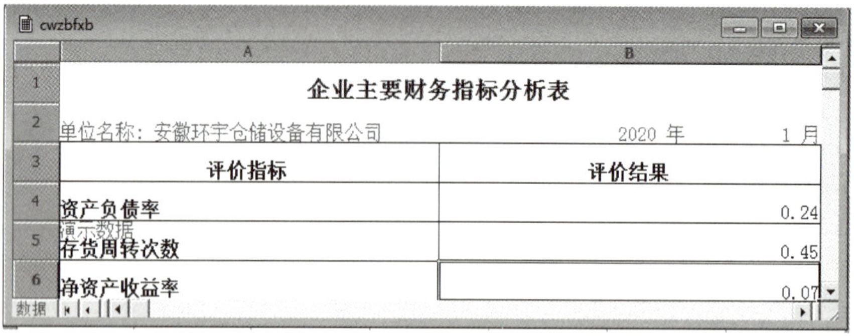

cwzbfxb

| | A | B |
|---|---|---|
| 1 | 企业主要财务指标分析表 | |
| 2 | 单位名称：安徽环宇仓储设备有限公司 | 2020 年 1 月 |
| 3 | 评价指标 | 评价结果 |
| 4 | 资产负债率 | 0.24 |
| 5 | 演示数据<br>存货周转次数 | 0.45 |
| 6 | 净资产收益率 | 0.07 |

数据

图 11-19 【企业主要财务指标分析表】窗口

（15）选择保存路径 F:\616 账套备份\11-3，输入文件名【cwzbfxb.rep】，单击【保存】按钮。

# 项目十二　系统结账与对账

## 实训一　系 统 结 账

### 业务一　采购管理系统结账

采购管理
系统结账

**【业务描述】**

2020 年 1 月 31 日，采购管理系统结账。

**【岗位说明】**

【G01 叶敏】完成采购管理系统结账。

**【操作指导】**

(1) 2020 年 1 月 31 日，【G01 叶敏】在企业应用平台中执行【业务工作】|【供应链】|【采购管理】|【月末结账】命令，打开【结账】窗口。如图 12－1 所示。

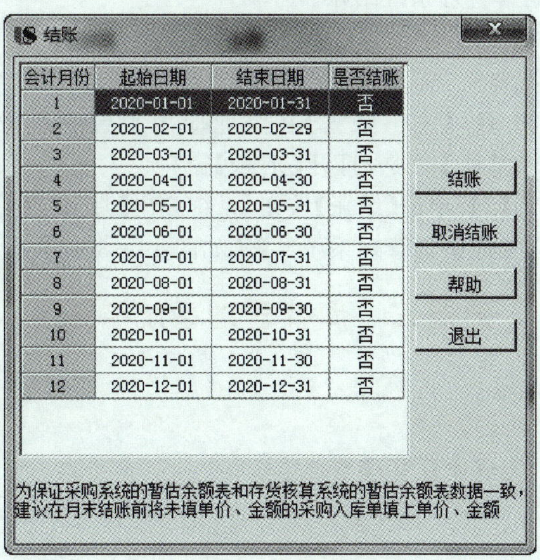


图 12－1　【结账】窗口

（2）选择会计月份为【1】，单击【结账】按钮，系统弹出【月末结账】提示框，如图 12－2 所示。

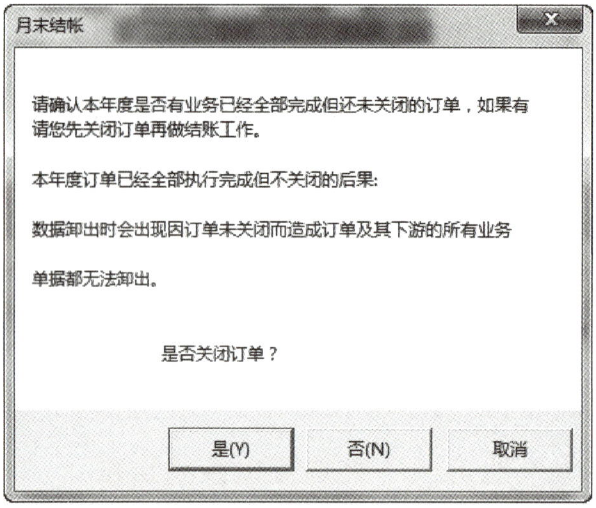


图 12－2 【月末结账】提示框

（3）单击【否】按钮，完成采购管理系统结账。

## 业务二 销售管理系统结账

销售管理系统结账

### 【业务描述】

2020 年 1 月 31 日，销售管理系统结账。

### 【岗位说明】

【X01 张立】完成销售管理系统结账。

### 【操作指导】

（1）2020 年 1 月 31 日，【X01 张立】在企业应用平台中执行【业务工作】|【供应链】|【销售管理】|【月末结账】命令，打开【结账】窗口。

（2）选择会计月份为【1】，单击【结账】按钮，系统弹出【月末结账】提示框。

（3）单击【否】按钮，完成销售管理系统结账，如图 12－3 所示。

## 业务三 库存管理系统结账

库存管理系统结账

### 【业务描述】

2020 年 1 月 31 日，完成库存管理系统结账。

### 【岗位说明】

【C01 李红】完成库存管理系统结账。

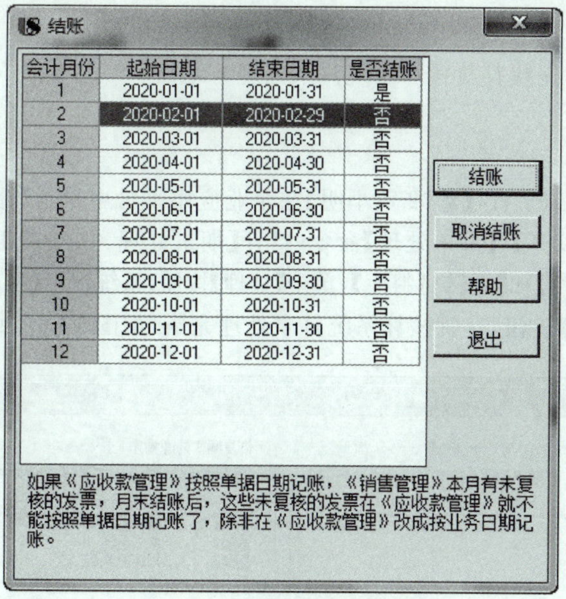


图 12-3　【结账】窗口

## 【操作指导】

(1) 2020 年 1 月 31 日，【C01 李红】在企业应用平台中执行【业务工作】|【供应链】|【库存管理】|【月末结账】命令，打开【结账】窗口。

(2) 选择会计月份为【1】，单击【结账】按钮，打开【库存管理】窗口。

(3) 系统提示【库存启用月份结账后将不能修改期初数据，是否继续结账?】，如图 12-4 所示。

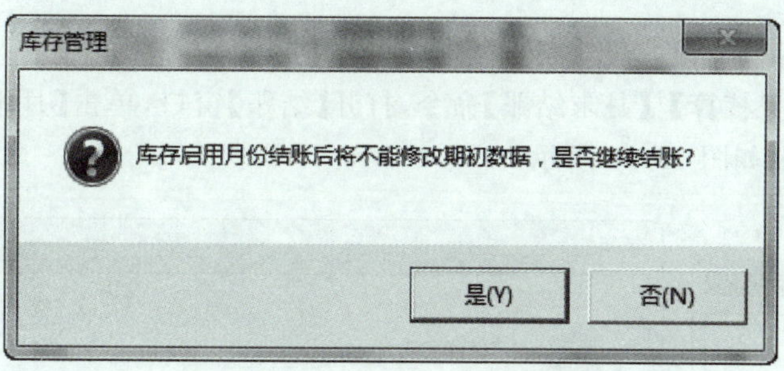


图 12-4　【库存管理结账】提示框

(4) 单击【是】按钮，完成库存管理系统结账。

# 业务四　存货核算系统月末处理与结账

存货核算系统月末处理与结账

## 【业务描述】

2020 年 1 月 31 日，存货核算系统月末处理与结账。

## 【岗位说明】

【W02 黄小明】完成存货核算系统月末处理与结账。

## 【操作指导】



(1) 2020 年 1 月 31 日,【W02 黄小明】在企业应用平台中执行【业务工作】|【供应链】|【存货核算】|【业务核算】|【月末处理】命令,打开【期末处理——1 月】窗口。

(2) 选中【原料库】和【周转材料库】,单击【处理】按钮,系统提示【月末处理完毕】。

(3) 单击【确定】按钮,存货核算系统月末处理完毕,如图 12－5 所示。

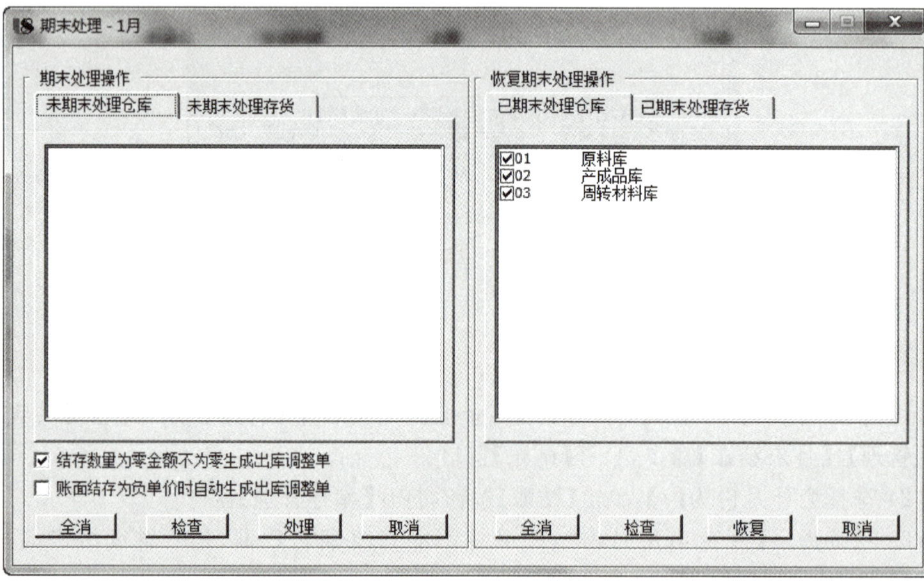


图 12－5 【月末处理——1 月】窗口

(4) 单击【取消】按钮,退出【期末处理——1 月】窗口。

(5) 执行【业务核算】|【月末结账】命令,打开【结账】窗口,单击【月末检查】按钮,系统提示【检测成功!】,如图 12－6 所示。

图 12－6 【检测成功】提示框

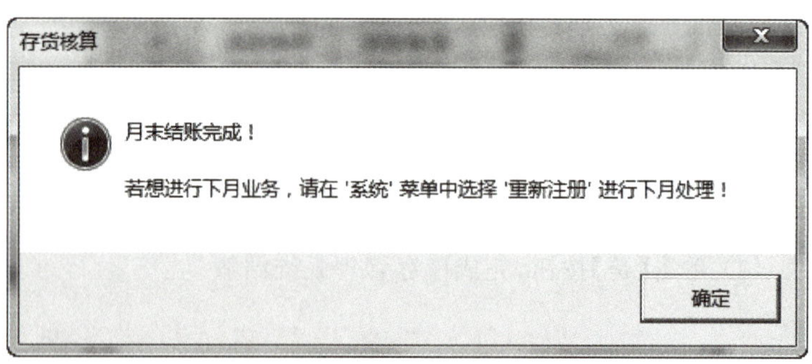


图 12－7 【结账完成】提示框

(6) 单击【确定】按钮,退出【存货核算】窗口。

(7) 单击【结账】按钮,系统提示【月末结账完成!】,如图 12－7 所示。

(8) 单击【确定】按钮，退出【结账】窗口。

## 业务五　应收款管理系统月末结账

12

应收款管理系统月末结账

### 【业务描述】

2020 年 1 月 31 日，应收款管理系统月末结账。

### 【岗位说明】

【W02 黄小明】完成应收款管理系统月末结账。

### 【操作指导】

(1) 2020 年 1 月 31 日，【W02 黄小明】在企业应用平台中执行【业务工作】|【财务会计】|【应收款管理】|【期末处理】|【月末结账】命令，打开【月末处理】窗口。

(2) 双击选中“1 月份结账标志”，如图 12－8 所示。

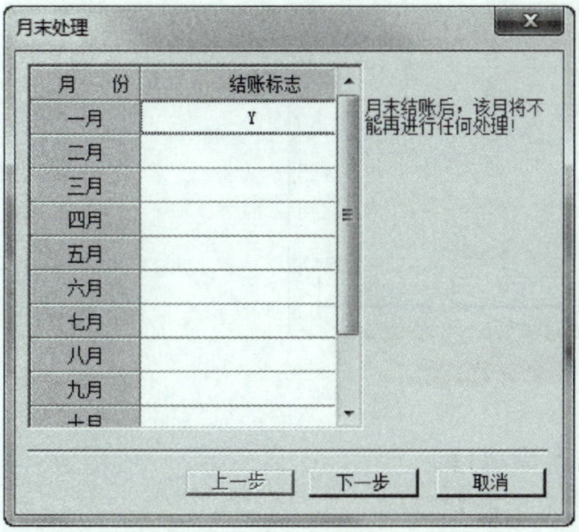


图 12－8　【月末处理】窗口 1

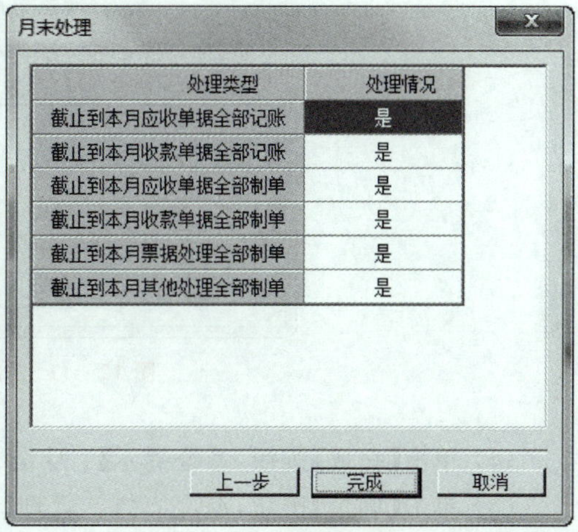


图 12－9　【月末处理】窗口 2

(3) 单击【下一步】，系统提示单据【处理情况】，所有单据均已处理完毕，如图 12－9 所示。

(4) 单击【完成】按钮，系统提示【1 月份结账成功!】，如图 12－10 所示。

(5) 单击【确定】按钮，退出应收款管理【月末结账】窗口。

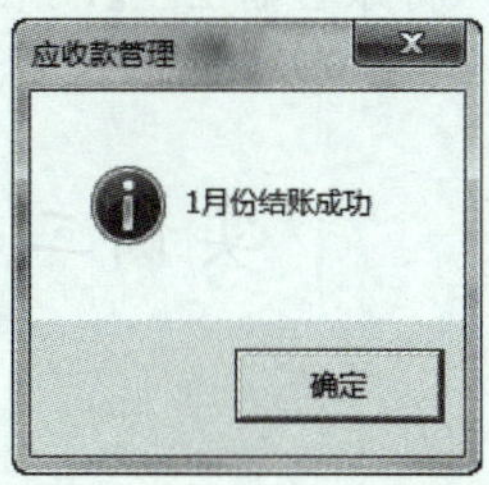


图 12－10　【结账成功】提示框

## 业务六　应付款管理系统月末结账

应付款管理系统月末结账

### 【业务描述】

2020 年 1 月 31 日，应付款管理系统月末结账。

**【岗位说明】**

【W02 黄小明】完成应付款管理系统月末结账。

**【操作指导】**



1. 应付款管理系统月末结账

(1) 2020 年 1 月 31 日,【W02 黄小明】在企业应用平台中执行【业务工作】|【财务会计】|【应付款管理】|【期末处理】|【月末结账】命令,打开【月末处理】窗口。

(2) 双击选中“1 月份结账标志”。

(3) 单击【下一步】,系统提示单据【处理情况】,所有单据均已处理完毕,如图 12－11 所示。

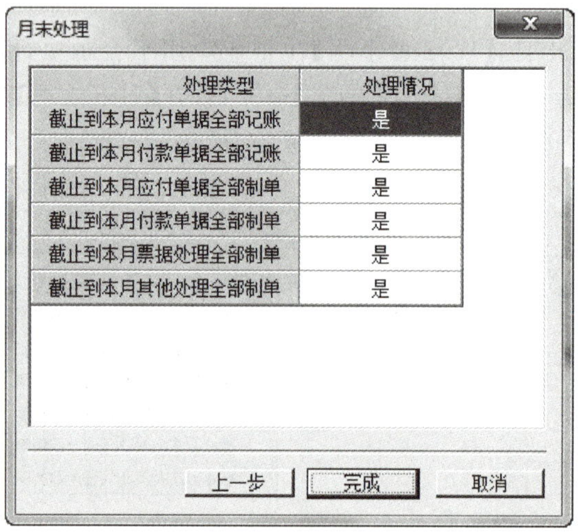


图 12－11 【月末处理】窗口

(4) 单击【完成】按钮,系统提示【1 月份结账成功!】。

(5) 单击【确定】按钮,退出应付款管理【月末结账】窗口。

2. 账套备份

将账套输出至【F:\616 账套备份\12—1】文件夹。

# 实训二 总账管理系统期末对账与结账

## 业务一 应收款管理系统对账

应收款管理系统对账

**【业务描述】**

2020 年 1 月 31 日,应收款管理系统与总账对账。

**【岗位说明】**

【W02 黄小明】完成应收管理系统对账。

## 【赛题链接】

30 日，对各系统进行对账、结账处理。

30 日，对月末各系统进行对账、结账处理。

12

## 【操作指导】

(1) 2020 年 1 月 31 日，【W02 黄小明】在企业应用平台中执行【业务工作】|【财务会计】|【应收款管理】|【账表管理】|【业务账表】|【与总账对账】命令，打开【对账条件】窗口，所有条件默认，如图 12－12 所示。

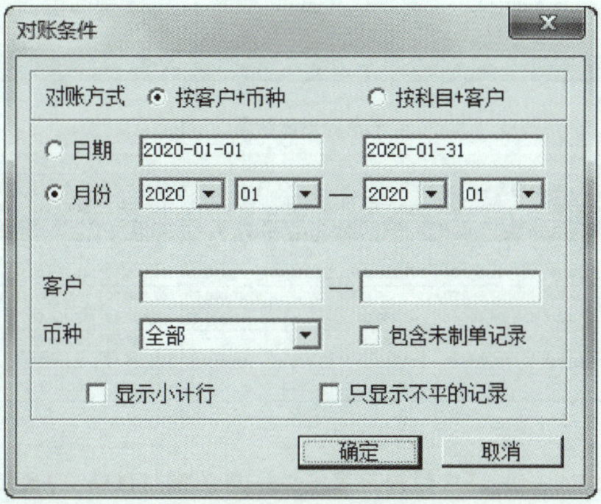


图 12－12 【应收管理系统——对账条件】窗口

(2) 单击【确定】按钮，打开【与总账对账结果】窗口，如图 12－13 所示，显示与总账对账结果平衡。

与总账对账结果

金额式　对账不平

日期：2020-01-01至2020-01-31

| 客户 | | 币种 | 应收系统 | | | | 总账系统 | | | | 差额(应收-总账) | | | |
|---|---|---|---|---|---|---|---|---|---|---|---|---|---|---|
| 编号 | 名称 | | 期初本币 | 借方本币 | 贷方本币 | 期末本币 | 期初本币 | 借方本币 | 贷方本币 | 期末本币 | 期初本币 | 借方本币 | 贷方本币 | 期末本 |
| 001 | 沃尔玛超市有限公司 | 人民币 | | 488,160.00 | | 488,160.00 | 488,160.00 | | | 488,160.00 | | | | |
| 002 | 华润苏果超市有限公司 | 人民币 | 54,240.00 | | | 54,240.00 | 54,240.00 | | | 54,240.00 | | | | |
| 003 | 欧尚超市有限公司 | 人民币 | -10,000.00 | 54,240.00 | 5,424.00 | 38,816.00 | -10,000.00 | 54,240.00 | 5,424.00 | 38,816.00 | | | | |
| 004 | 世纪联华超市有限公司 | 人民币 | 54,240.00 | | | 54,240.00 | 54,240.00 | | | 54,240.00 | | | | |
| 005 | 格力电器有限公司 | 人民币 | | 406,800.00 | 406,800.00 | | | 406,800.00 | 406,800.00 | | | | | |
| 006 | 美的电器有限公司 | 人民币 | 81,360.00 | | | 81,360.00 | 81,360.00 | | | 81,360.00 | | | | |
| | 合计 | | 179,840.00 | 949,200.00 | 412,224.00 | 716,816.00 | 668,000.00 | 461,040.00 | 412,224.00 | 716,816.00 | | | | |

图 12－13 【应收管理系统与总账对账结果】窗口

# 业务二　应付款管理系统对账

## 【业务描述】

2020 年 1 月 31 日，应付款管理系统与总账对账。

应付款管理系统对账

**【岗位说明】**

【W02 黄小明】完成应付管理系统对账。

**【操作指导】**

(1) 2020 年 1 月 31 日,【W02 黄小明】在企业应用平台中执行【业务工作】|【财务会计】|【应付款管理】|【账表管理】|【业务账表】|【与总账对账】命令,打开【对话条件】窗口,所有条件默认。

(2) 单击【确定】按钮,打开【与总账对账结果】窗口,如图 12－14 所示,显示与总账对账结果平衡。

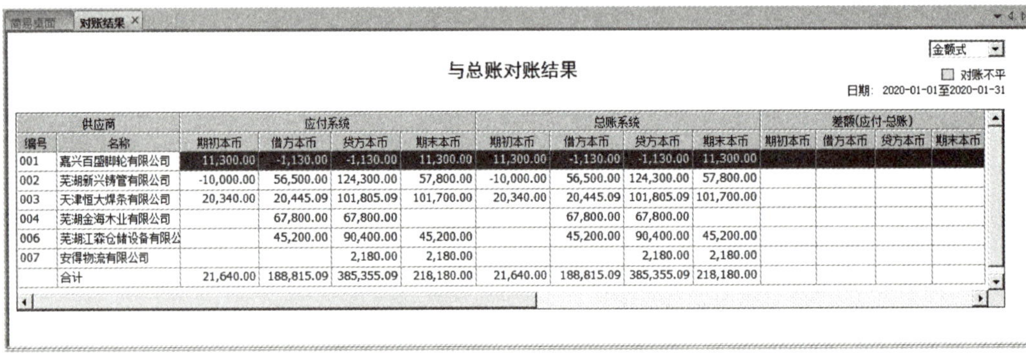


与总账对账结果

| 供应商 | | 应付系统 | | | | 总账系统 | | | | 差额(应付-总账) | | | |
|---|---|---|---|---|---|---|---|---|---|---|---|---|---|
| 编号 | 名称 | 期初本币 | 借方本币 | 贷方本币 | 期末本币 | 期初本币 | 借方本币 | 贷方本币 | 期末本币 | 期初本币 | 借方本币 | 贷方本币 | 期末本币 |
| 001 | 嘉兴百盛脚轮有限公司 | 11,300.00 | -1,130.00 | -1,130.00 | 11,300.00 | 11,300.00 | -1,130.00 | -1,130.00 | 11,300.00 | | | | |
| 002 | 芜湖新兴铸管有限公司 | -10,000.00 | 56,500.00 | 124,300.00 | 57,800.00 | -10,000.00 | 56,500.00 | 124,300.00 | 57,800.00 | | | | |
| 003 | 天津恒大焊条有限公司 | 20,340.00 | 20,445.09 | 101,805.09 | 101,700.00 | 20,340.00 | 20,445.09 | 101,805.09 | 101,700.00 | | | | |
| 004 | 芜湖金海木业有限公司 | | 67,800.00 | 67,800.00 | | | 67,800.00 | 67,800.00 | | | | | |
| 006 | 芜湖江森仓储设备有限公 | | 45,200.00 | 90,400.00 | 45,200.00 | | 45,200.00 | 90,400.00 | 45,200.00 | | | | |
| 007 | 安得物流有限公司 | | | 2,180.00 | 2,180.00 | | | 2,180.00 | 2,180.00 | | | | |
| | 合计 | 21,640.00 | 188,815.09 | 385,355.09 | 218,180.00 | 21,640.00 | 188,815.09 | 385,355.09 | 218,180.00 | | | | |

图 12－14 【应付管理系统——与总账对账结果】窗口

## 业务三 固定资产管理系统对账

**【业务描述】**

2020 年 1 月 31 日,固定资产管理系统与总账对账。

**【岗位说明】**

【W02 黄小明】完成固定资产管理系统对账。

**【操作指导】**

参照【项目八固定资产】|【实训五结账及账表查询】|【业务一】对账步骤。

## 业务四 总 账 对 账

总账对账

**【业务描述】**

2020 年 1 月 31 日,总账对账。

**【岗位说明】**

【A01 李金泽】完成总账对账。

## 【操作指导】

（1）2020 年 1 月 31 日，【A01 李金泽】在企业应用平台中执行【业务工作】|【财务工作】|【总账】|【期末】|【对账】命令，打开【对账】窗口。

（2）单击【试算】按钮，系统显示【试算结果平衡】，如图 12－15 所示。

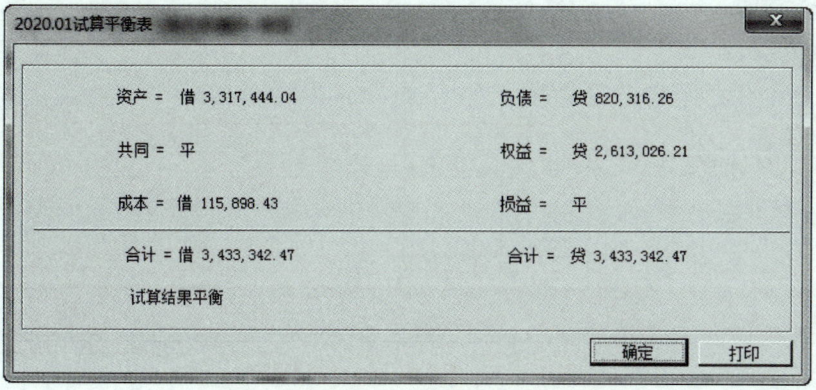


图 12－15　【2020.01 试算平衡表】对话框

（3）单击【确定】按钮，退出【2020.01 试算平衡表】对话框。

（4）单击【检查】按钮，系统提示【总账、辅助账、多辅助账、凭证数据正确!】，如图 12－16 所示。

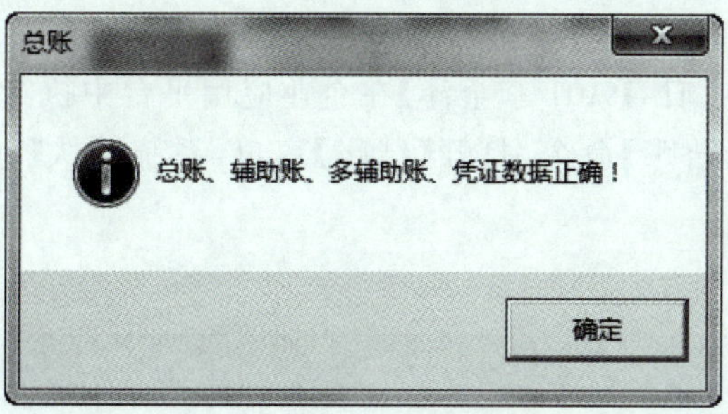


图 12－16　【总账——对账结果】提示框

（5）单击【确定】按钮，勾选【检查科目档案辅助项与账务数据的一致性】【总账与明细账】【总账与辅助账】及【辅助账与明细账】复选框。

（6）单击【选择】按钮，激活【对账】菜单。

（7）单击【对账】按钮，系统完成对账，对账结果如图 12－17 所示。

# 业务五　总 账 结 账

## 【业务描述】

2020 年 1 月 31 日，总账结账。

总账结账

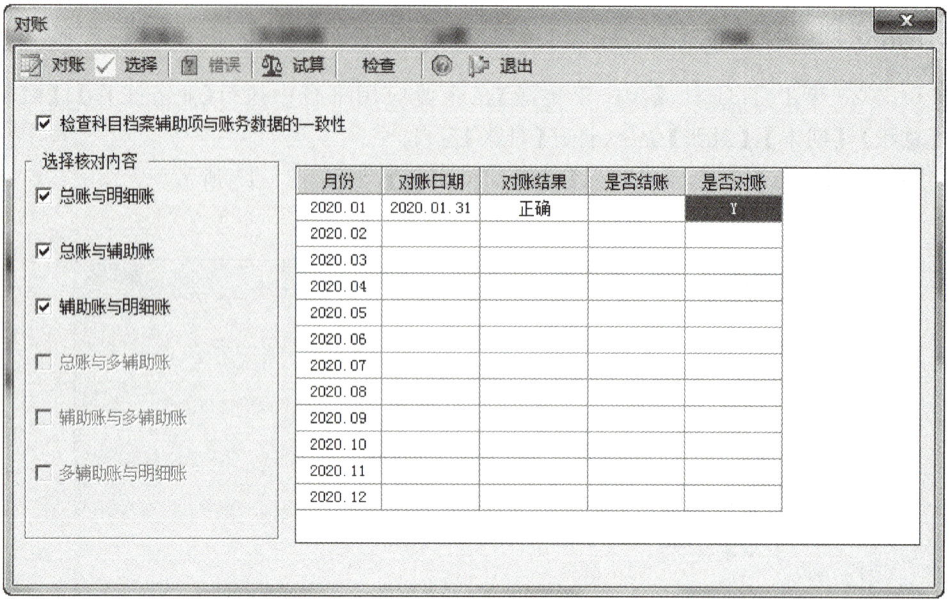


图 12－17 【总账——对账】窗口

## 【岗位说明】

【A01 李金泽】完成总账结账。

## 【操作指导】

1. 总账结账

(1) 2020 年 1 月 31 日,【A01 李金泽】在企业应用平台中执行【业务工作】|【财务会计】|【总账】|【期末】|【结账】命令,打开【结账】窗口,系统默认【2020.01】,如图 12－18 所示。

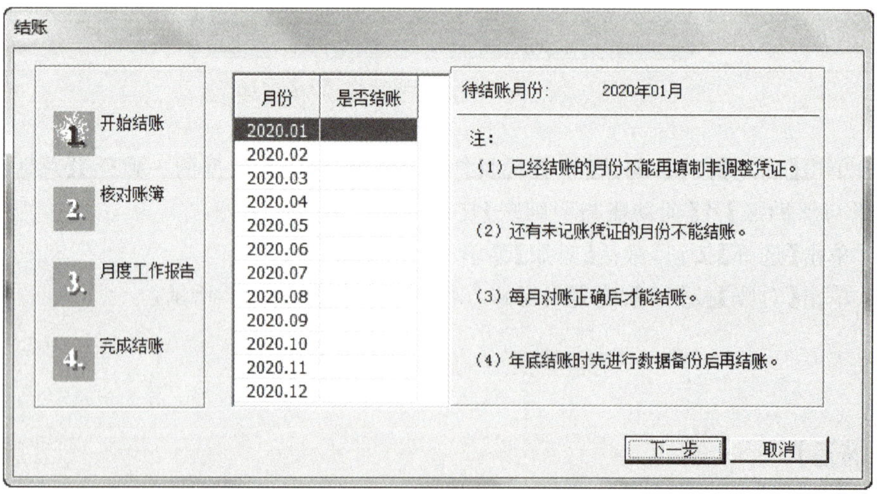


图 12－18 【结账】窗口

12

（2）单击【下一步】按钮，打开【结账——开始结账】窗口，单击【对账】按钮，系统显示【核对 2020 年 01 月账簿】，如图 12－19 所示。

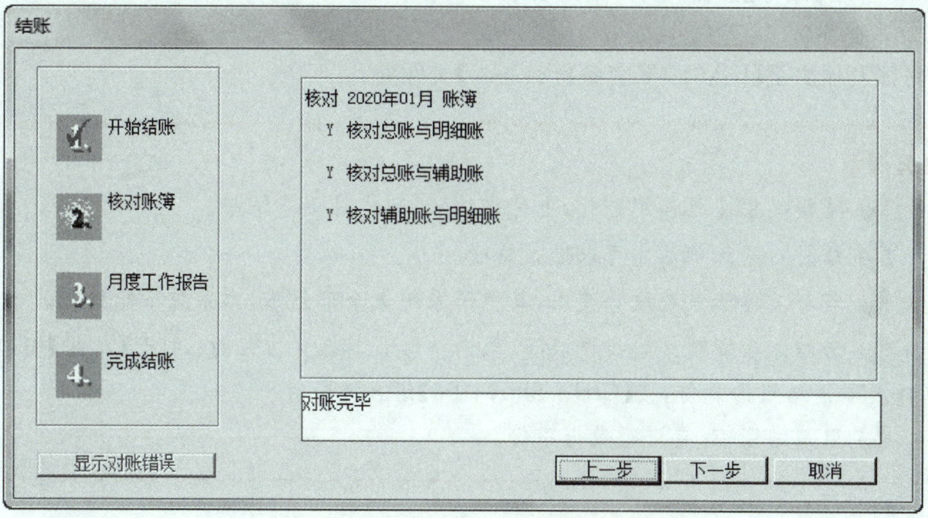


图 12－19　【结账——开始结账】窗口

（3）单击【下一步】按钮，打开【结账——核对账簿】窗口，显示【2020 年 01 月工作报告】。
（4）单击【打印】按钮，浏览【月度工作报告】，如图 12－20 所示。

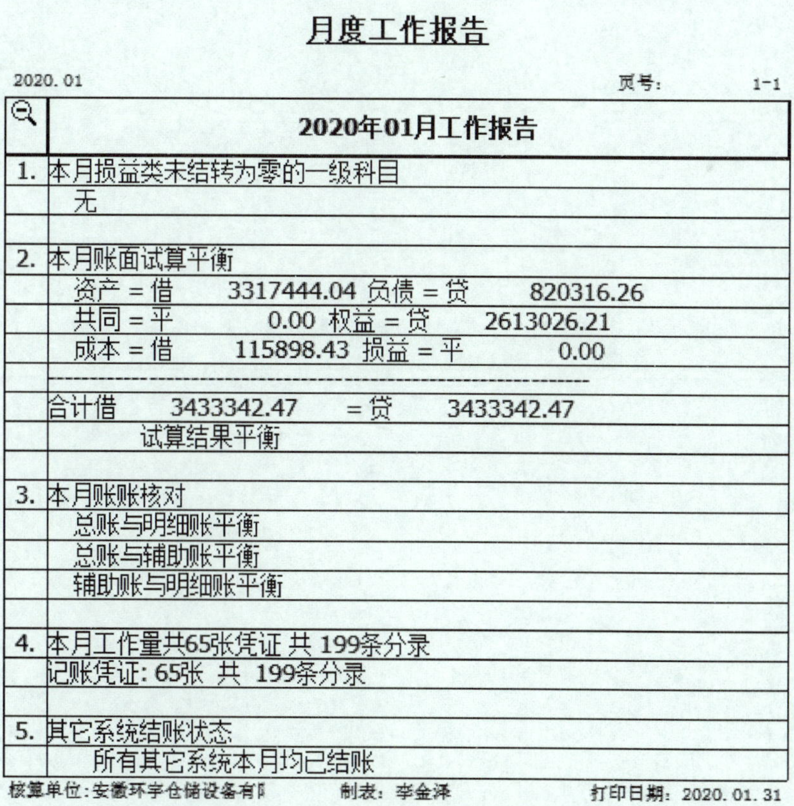

月度工作报告

2020.01　　　　页号：1-1

2020年01月工作报告

1. 本月损益类未结转为零的一级科目
　　无

2. 本月账面试算平衡
　　资产＝借　3317444.04　负债＝贷　820316.26
　　共同＝平　0.00　权益＝贷　2613026.21
　　成本＝借　115898.43　损益＝平　0.00
　　合计借　3433342.47　＝贷　3433342.47
　　试算结果平衡

3. 本月账账核对
　　总账与明细账平衡
　　总账与辅助账平衡
　　辅助账与明细账平衡

4. 本月工作量共65张凭证 共 199条分录
　　记账凭证：65张　共　199条分录

5. 其它系统结账状态
　　所有其它系统本月均已结账

核算单位：安徽环宇仓储设备有Ⅰ　　制表：李金泽　　打印日期：2020.01.31

图 12－20　【月度工作报告】窗口

(5) 单击【下一步】,打开【结账——月度工作报告】窗口,系统提示【2020 年 01 月工作检查完成,可以结账】。

(6) 单击【结账】按钮,总账结账完成。

2. 账套备份

将账套输出至【F:\616 账套备份\12－2】文件夹。



**温馨提示**

- 结账必须按月连续进行,上月未结账,则本月不能结账。
- 每月对账正确后才可以进行结账。
- 若与其他子系统联合使用,其他子系统未全部结账,本系统不能结账。
- 若结账后发现结账错误,可以取消结账。其操作方法为:打开【结账】窗口,选择要取消结账的月份,按【Ctrl＋Shift＋F6】组合键即可。
- 取消结账前,要进行数据备份。

# 附　录　企业会计信息化工作规范

## 第一章　总　　则

**第一条**　为推动企业会计信息化，节约社会资源，提高会计软件和相关服务质量，规范信息化环境下的会计工作，根据《中华人民共和国会计法》《财政部关于全面推进我国会计信息化工作的指导意见》（财会[2009]6 号），制定本规范。

**第二条**　本规范所称会计信息化，是指企业利用计算机、网络通信等现代信息技术手段开展会计核算，以及利用上述技术手段将会计核算与其他经营管理活动有机结合的过程。

本规范所称会计软件，是指企业使用的，专门用于会计核算、财务管理的计算机软件、软件系统或者其功能模块。会计软件具有以下功能：

（一）为会计核算、财务管理直接采集数据；

（二）生成会计凭证、账簿、报表等会计资料；

（三）对会计资料进行转换、输出、分析、利用。

本规范所称会计信息系统，是指由会计软件及其运行所依赖的软硬件环境组成的集合体。

**第三条**　企业（含代理记账机构，下同）开展会计信息化工作，软件供应商（含相关咨询服务机构，下同）提供会计软件和相关服务，适用本规范。

**第四条**　财政部主管全国企业会计信息化工作，主要职责包括：

（一）拟订企业会计信息化发展政策；

（二）起草、制定企业会计信息化技术标准；

（三）指导和监督企业开展会计信息化工作；

（四）规范会计软件功能。

**第五条**　县级以上地方人民政府财政部门管理本地区企业会计信息化工作，指导和监督本地区企业开展会计信息化工作。

## 第二章　会计软件和服务

**第六条**　会计软件应当保障企业按照国家统一会计准则制度开展会计核算，不得有违背国家统一会计准则制度的功能设计。

**第七条** 会计软件的界面应当使用中文并且提供对中文处理的支持，可以同时提供外国或者少数民族文字界面对照和处理支持。

**第八条** 会计软件应当提供符合国家统一会计准则制度的会计科目分类和编码功能。

**第九条** 会计软件应当提供符合国家统一会计准则制度的会计凭证、账簿和报表的显示和打印功能。

**第十条** 会计软件应当提供不可逆的记账功能，确保对同类已记账凭证的连续编号，不得提供对已记账凭证的删除和插入功能，不得提供对已记账凭证日期、金额、科目和操作人的修改功能。

**第十一条** 鼓励软件供应商在会计软件中集成可扩展商业报告语言（XBRL）功能，便于企业生成符合国家统一标准的 XBRL 财务报告。

**第十二条** 会计软件应当具有符合国家统一标准的数据接口，满足外部会计监督需要。

**第十三条** 会计软件应当具有会计资料归档功能，提供导出会计档案的接口，在会计档案存储格式、数据采集、真实性与完整性保障方面，符合国家有关电子文件归档与电子档案管理的要求。

**第十四条** 会计软件应当记录生成用户操作日志，确保日志的安全、完整，提供按操作人员、操作时间和操作内容查询日志的功能，并能以简单易懂的形式输出。

**第十五条** 以远程访问、云计算等方式提供会计软件的供应商，应当在技术上保证客户会计资料的安全、完整。对于因供应商造成客户会计资料泄露、毁损的，客户可以要求供应商承担赔偿责任。

**第十六条** 客户以远程访问、云计算等方式使用会计软件生成的电子会计资料归客户所有。

软件供应商应当提供符合国家统一标准的数据接口供客户导出电子会计资料，不得以任何理由拒绝客户导出电子会计资料的请求。

**第十七条** 以远程访问、云计算等方式提供会计软件的供应商，应当做好本厂商不能维持服务情况下，保障企业电子会计资料安全以及企业会计工作持续进行的预案，并在相关服务合同中与客户就该预案做出约定。

**第十八条** 软件供应商应当努力提高会计软件相关服务质量，按照合同约定及时解决用户使用中的故障问题。

会计软件存在影响客户按照国家统一会计准则制度进行会计核算问题的，软件供应商应当为用户免费提供更正程序。

**第十九条** 鼓励软件供应商采用呼叫中心、在线客服等方式为用户提供实时技术支持。

**第二十条** 软件供应商应当就如何通过会计软件开展会计监督工作，提供专门教程和相关资料。

## 第三章 企业会计信息化

**第二十一条** 企业应当充分重视会计信息化工作，加强组织领导和人才培养，不断推进会信息化在本企业的应用。

除本条第三款规定外，企业应当指定专门机构或者岗位负责会计信息化工作。

未设置会计机构和配备会计人员的企业，由其委托的代理记账机构开展会计信息化工作。

**第二十二条** 企业开展会计信息化工作，应当根据发展目标和实际需要，合理确定建设内容，避免投资浪费。

**第二十三条** 企业开展会计信息化工作，应当注重信息系统与经营环境的契合，通过信息化推动管理模式、组织架构、业务流程的优化与革新，建立健全适应信息化工作环境的制度体系。

**第二十四条** 大型企业、企业集团开展会计信息化工作，应当注重整体规划，统一技术标准、编码规则和系统参数，实现各系统的有机整合，消除信息孤岛。

**第二十五条** 企业配备的会计软件应当符合本规范第二章要求。

**第二十六条** 企业配备会计软件，应当根据自身技术力量以及业务需求，考虑软件功能、安全性、稳定性、响应速度、可扩展性等要求，合理选择购买、定制开发、购买与开发相结合等方式。

定制开发包括企业自行开发、委托外部单位开发、企业与外部单位联合开发。

**第二十七条** 企业通过委托外部单位开发、购买等方式配备会计软件，应当在有关合同中约定操作培训、软件升级、故障解决等服务事项，以及软件供应商对企业信息安全的责任。

**第二十八条** 企业应当促进会计信息系统与业务信息系统的一体化，通过业务的处理直接驱动会计记账，减少人工操作，提高业务数据与会计数据的一致性，实现企业内部信息资源共享。

**第二十九条** 企业应当根据实际情况，开展本企业信息系统与银行、供应商、客户等外部单位信息系统的互联，实现外部交易信息的集中自动处理。

**第三十条** 企业进行会计信息系统前端系统的建设和改造，应当安排负责会计信息化工作的专门机构或者岗位参与，充分考虑会计信息系统的数据需求。

**第三十一条** 企业应当遵循企业内部控制规范体系要求，加强对会计信息系统规划、设计、开发、运行、维护全过程的控制，将控制过程和控制规则融入会计信息系统，实现对违反控制规则情况的自动防范和监控，提高内部控制水平。

**第三十二条** 对于信息系统自动生成、且具有明晰审核规则的会计凭证，可以将审核规则嵌入会计软件，由计算机自动审核。未经自动审核的会计凭证，应当先经人工审核再进行后续处理。

**第三十三条** 处于会计核算信息化阶段的企业，应当结合自身情况，逐步实现资金管理、资产管理、预算控制、成本管理等财务管理信息化。

处于财务管理信息化阶段的企业，应当结合自身情况，逐步实现财务分析、全面预算管理、风险控制、绩效考核等决策支持信息化。

**第三十四条** 分公司、子公司数量多、分布广的大型企业、企业集团应当探索利用信息技术促进会计工作的集中，逐步建立财务共享服务中心。

实行会计工作集中的企业以及企业分支机构，应当为外部会计监督机构及时查询和调阅异地储存的会计资料提供必要条件。

**第三十五条** 外商投资企业使用的境外投资者指定的会计软件或者跨国企业集团统

一部署的会计软件，应当符合本规范第二章要求。

**第三十六条** 企业会计信息系统数据服务器的部署应当符合国家有关规定。数据服务器部署在境外的，应当在境内保存会计资料备份，备份频率不得低于每月一次。境内备份的会计资料应当能够在境外服务器不能正常工作时，独立满足企业开展会计工作的需要以及外部会计监督的需要。

**第三十七条** 企业会计资料中对经济业务事项的描述应当使用中文，可以同时使用外国或者少数民族文字对照。

**第三十八条** 企业应当建立电子会计资料备份管理制度，确保会计资料的安全、完整和会计信息系统的持续、稳定运行。

**第三十九条** 企业不得在非涉密信息系统中存储、处理和传输涉及国家秘密，关系国家经济信息安全的电子会计资料；未经有关主管部门批准，不得将其携带、寄运或者传输至境外。

**第四十条** 企业内部生成的会计凭证、账簿和辅助性会计资料，同时满足下列条件的，可以不输出纸面资料：

（一）所记载的事项属于本企业重复发生的日常业务；

（二）由企业信息系统自动生成；

（三）可及时在企业信息系统中以人类可读形式查询和输出；

（四）企业信息系统具有防止相关数据被篡改的有效机制；

（五）企业对相关数据建立了电子备份制度，能有效防范自然灾害、意外事故和人为破坏的影响；

（六）企业对电子和纸面会计资料建立了完善的索引体系。

**第四十一条** 企业获得的需要外部单位或者个人证明的原始凭证和其他会计资料，同时满足下列条件的，可以不输出纸面资料：

（一）会计资料附有外部单位或者个人的、符合《中华人民共和国电子签名法》的可靠的电子签名；

（二）电子签名经符合《中华人民共和国电子签名法》的第三方认证；

（三）满足第四十条第（一）项、第（三）项、第（五）项和第（六）项规定的条件。

**第四十二条** 企业会计资料的归档管理，遵循国家有关会计档案管理的规定。

**第四十三条** 实施企业会计准则通用分类标准的企业，应当按照有关要求向财政部报送 XBRL 财务报告。

## 第四章 监 督

**第四十四条** 企业使用会计软件不符合本规范要求的，由财政部门责令限期改正。限期不改的，财政部门应当予以公示，并将有关情况通报同级相关部门或其派出机构。

**第四十五条** 财政部采取组织同行评议，向用户企业征求意见等方式对软件供应商提供的会计软件遵循本规范的情况进行检查。

省、自治区、直辖市人民政府财政部门发现会计软件不符合本规范规定的，应当将有关情况报财政部。

任何单位和个人发现会计软件不符合本规范要求的，有权向所在地省、自治区、直辖市人民政府财政部门反映，财政部门应当根据反映开展调查，并按本条第二款规定处理。

**第四十六条**　软件供应商提供的会计软件不符合本规范要求的，财政部可以约谈该供应商主要负责人，责令限期改正。限期内未改正的，由财政部予以公示，并将有关情况通报相关部门。

## 第五章　附　　则

**第四十七条**　省、自治区、直辖市人民政府财政部门可以根据本规范制定本地区具体实施办法。

**第四十八条**　自本规范施行之日起，《会计核算软件基本功能规范》（财会字〔1994〕27号）、《会计电算化工作规范》（财会字〔1996〕17号）不适用于企业及其会计软件。

**第四十九条**　本规范自2014年1月6日起施行，1994年6月30日财政部发布的《商品化会计核算软件评审规则》（财会字〔1994〕27号）、《会计电算化管理办法》（财会字〔1994〕27号）同时废止。

# 参考文献


[1] 牛永芹，杨琴，喻竹.ERP财务管理系统实训教程(用友U8V10.1版)[M].3版.北京：高等教育出版社，2019.

[2] 牛永芹，杨琴，陶克三.ERP财务管理系统综合实训(用友U8V10.1版)[M].3版.北京：高等教育出版社，2019.

[3] 牛永芹，喻竹，曹方林.ERP供应链管理系统实训教程(用友U8V10.1版)[M].4版.北京：高等教育出版社，2019.

[4] 牛永芹，杨琴，陶克三.ERP供应链管理系统综合实训(用友U8V10.1版)[M].4版.北京：高等教育出版社，2019.

[5] 杨建华.ERP原理与应用[M].北京：电子工业出版社，2011.

[6] 欧阳文霞.ERP原理与应用[M].北京：人民邮电出版社，2011.

高等教育出版社

# 教学资源服务指南

仅限教师索取

感谢您使用本书。为方便教学，我社为教师提供资源下载、样书申请等服务，如贵校已选用本书，您只要关注微信公众号“高职财经教学研究”，或加入下列教师交流QQ群即可免费获得相关服务。

“高职财经教学研究”公众号

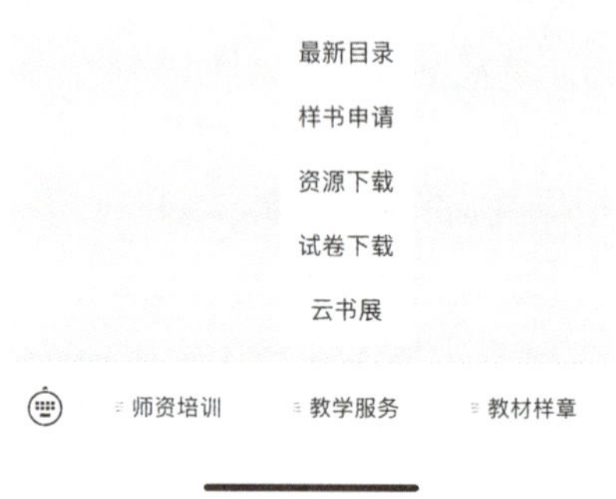


**资源下载**：点击“**教学服务**”—“**资源下载**”，或直接在浏览器中输入网址（http://101.35.126.6/），注册登录后可搜索相应的资源并下载。（建议用电脑浏览器操作）

**样书申请**：点击“**教学服务**”—“**样书申请**”，填写相关信息即可申请样书。

**试卷下载**：点击“**教学服务**”—“**试卷下载**”，填写相关信息即可下载试卷。

**样章下载**：点击“**教材样章**”，即可下载在供教材的前言、目录和样章。

**师资培训**：点击“**师资培训**”，获取最新会议信息、直播回放和往期师资培训视频。

## 联系方式

会计QQ3群：473802328　　会计QQ2群：370279388　　会计QQ1群：554729666

（以上3个会计QQ群，加入任何一个即可获取教学服务，请勿重复加入）

联系电话：（021）56961310　　电子邮箱：3076198581@qq.com

## 在线试题库及组卷系统

我们研发有10余门课程试题库：“基础会计”“财务会计”“成本计算与管理”“财务管理”“管理会计”“税务会计”“税法”“审计基础与实务”等，平均每个题库近3000题，知识点全覆盖，题型丰富，可自动组卷与批改。如贵校选用了高教社沪版相关课程教材，我们可免费提供给教师每个题库生成的各6套试卷及答案（Word格式难中易三档，索取方式见上述“试卷下载”），教师也可与我们联系咨询更多试题库详情。